JN406587

형이상학적 동물들

METAPHYSICAL ANIMALS

Copyright © Clare Mac Cumhaill and Rachael Wiseman 2022
All rights reserved.

Korean translation copyright © 2025 by BADA Publishing Co., Ltd.
Korean translation rights arranged with Rogers, Coleridge and White Ltd.
through EYA Co., Ltd.

이 책의 한국어판 저작권은 EYA Co., Ltd를 통해
Rogers, Coleridge & White Ltd.사와의 독점 계약으로 (주)바다출판사가 소유합니다.
저작권법에 의하여 한국 내에서 보호를 받는 저작물이므로 무단전재와 무단복제를 금합니다.

형이상학적 동물들
Metaphysical Animals

클레어 맥 쿠얼 · 레이철 와이즈먼

이다희 옮김

바다출판사

우리의 할머니와 어머니, 딸들에게 바칩니다.

앨리스, 조앤, 로즈, 크리스티나, 폴라, 린다,
퍼넬로피, 어설라에게

일러두기

— 본서는 국립국어원 한국어 어문 규범을 따랐고, 외래어의 경우 외래어 표기법을 따랐다. 단, 외래어의 경우 이미 익숙한 이름 및 명칭은 관례를 따랐다.
— 본문에서 도서 제목은 겹화살괄호(《 》)로, 논문, 기사, 그림 등의 제목은 홑화살괄호(〈 〉)로, 강의 제목은 작은따옴표(' ')로 표기했다.
— 각주는 저자 주이며, 옮긴이 주는 본문 내에 별도로 표기했다.

들어가며

유럽 철학의 역사는 대체로 남성의 생각, 관점, 희망, 두려움을 이야기한다. 게다가 주로 여성과 아이들로부터 분리되어 특별한 삶을 살았던 남자들의 생각, 관점, 희망과 두려움을 이야기한다. "위대한 유럽 철학자들은 거의 모두 미혼 남성이었다." 철학자 메리 미즐리가 1953년에 쓴 BBC 라디오 방송 대본은 이렇게 시작한다.[1] 방송에 나가지는 못했다. 해당 프로그램의 연출자는 철학자들의 혼인 여부를 따지는 메리의 의견이 "지적 세계에 대한 논의에 사소하고 불필요한 개인사"를 개입시킨다고 말했다.[2] 하지만 메리는 서양 철학 전통 특유의 유아론적, 회의주의적, 개인주의적 사상이 배우자나 연인과 친밀한 관계를 나눈 사람들, 아이를 가져보고 키워본 사람들, 풍요롭고 다양하며 보람찬 삶을 즐긴 사람들의 철학에서는 볼 수 없는 특징이라고 주장했다.

이 책에 담긴 역사의 중심에는 네 명의 여성 철학자와 그들의 우정이 있다. 메리 미즐리(결혼 전 성은 스크러튼), 아이리스 머독, 엘리자베스 앤스콤, 필리파 풋(결혼 전 성은 보즌켓)은 20세기 가장 소란스러웠던 시기에 성인이 되었다. 제1차 세계대전 직후 태어나서 히틀러의 군대가 오스트리아로 진군할 무렵 옥스퍼드 대학교에서 철학 공부를 시작한 것이다. 메리는 심지어 히틀러의 군대가 도착했을 때 빈에 있었다. 대학에 진학하기 전에 독일어 실력을 좀 더 늘리려고 여행 중이었다. 유럽 정세가 곧 안정될 것이라는 학교 교사의 말을 믿은 탓이다. 메리가 귀국한 직후 빈의 가게 진열창에는 이러한 게시물이 나 붙었다. "진정한 독일인이라면 가게에 들어올 때 '하일 히틀러'라고 인사하십시오."[3] 이후 몇 년간 벌어진 사건들, 나치즘, 홀로코스트, 총력전(민간 자원을 포함해서 나라의 전력을 기울여야 하는 전쟁을 의미하는 말로 이전과는 다른 새로운 양상이었다-옮긴이), 히로시마와 나가사키는 인간 세상을 바꾸어놓았다. 이들 세대는 그 이전 세대가 상상조차 하지 못했던 악행과 무질서를 마주하게 된 것이다.

아이리스 머독은 프랑스와 영국의 철학자들이 나치 이후의 현실에 매우 상이하게 반응하고 있다는 사실을 관찰했다. 프랑스의 전후 철학과 문학에는 독일에 점령을 당했던 경험이 배어 있었다.[4] 장 폴 사르트르의 철학이 자유의 도덕적, 정치적 함의를 탐구하고 비시 프랑스(독일 점령군에 협력했던 프랑스 정권-옮긴이) 체제를 겪은 이들에게 진정성과 성실성이 가능한지 이해하려고 시도했다면 영국인들에게는 그런 위기가 닥치지 않았다. 1945년 옥스퍼드의 남자들은 전시의 직책을 내려놓고 돌아와 팔을 걷어붙이고 그전에 하던 연구를 이어나갔다.

전쟁이 벌어지기 전에 시작된 이 젊은이들의 작업은 기존에 "철학"이라고 알려진 분야를 죽여 없애고 논리실증주의라는 새로운 논리적, 분석적, 과학적 방법론으로 대체하는 대담한 작업이었다. 인간 본성, 도덕성, 신, 실재, 진리, 아름다움 등에 관한 앎의 추구라는 사변적이고 형이상학적 탐구는 과학에 봉사하는 명료화 작업 그리고 언어 분석에 자리를 내주어야 한다고 그들은 주장했다. 경험적인 방법으로 답변할 수 있는 질문만이 허용되었다. "인생의 의미는 무엇인가?" "우리는 어떻게 살아야 하는가?" "신은 존재하는가?" "시간은 실재하는가?" "진리는 무엇인가?" "아름다움이란 무엇인가?" 이러한 식의 형이상학적 물음은 우리가 측정하고 관찰할 수 있는 것들 너머에 있으므로 "무의미하다"라고 규정되었다. 그 밖에도 신 혹은 선을 따르는 정신적인 존재로서의 인간, 실재의 근본적인 구조를 사유하고자 하는 시도로서의 철학을 상정했던 구시대의 사상도 퇴출당하였다. 그 자리를 차지한 것은 인간을 "효율적인 계산 기계"로 보는 시각이었다.[5] 지적인 능력을 통해 지저분한 동물적 본능을 넘어서는 개인으로, 미개하고 형태가 없는 세계를 조직하고 합리적으로 구성하는 개인으로 보는 관점이었다. 이 관점 아래 진정으로 철학적인 문제라는 것은 없었다. 과학적 연구 조건에 맞지 않는 문제는 민망한 잡설이나 언어적인 혼동으로 치부되었다.

전쟁이 가로막지 않았다면 메리, 아이리스, 엘리자베스, 필리파 역시 시와 신비, 정신세계와 형이상학이 제외된, 눈부신 철학의 신세계를 열고자 하는 그 남자들의 노력에 동참했을지도 모른다. 아니, 학위를 마치고 철학에 작별을 고했을 가능성이 더 크다. 오늘날 수많은 젊은 여성들처럼 이 분야가 잘 맞지 않는다고 확신했을 수 있다. 그러나 실상 젊은 남성들과 영국 철학의 "거물"(A. J. 에이어, 길버트 라일, J. L. 오스틴)은 옥스퍼드에서 뿌리 뽑혀 화이트홀(정부 기관이 모여 있는 런던 내 지구-옮긴이)과 전쟁사무국에 이식되었다.

우리의 네 친구는 옥스퍼드에 남아 학위를 마치게 되었다. 런던에서 대피한 이들과 유럽에서 온 피난민들로 어수선했던 옥스퍼드에

메리, 아이리스, 엘리자베스, 필리파가 수학한
옥스퍼드의 서머빌 칼리지.

서 철학은 되살아나기 시작했다. 과거의 형이상학자들은 다시금 시와 초월성, 지혜와 진리에 대해 자유롭게 논할 수 있었다. 양심적 병역 거부자들은 신의 뜻을 따르고 의무를 다하려면 어찌해야 하는지 물었다. 망명 학자들은 모국어가 아닌 언어로 이때까지 옥스퍼드에 없었던 학문과 지식을 공유했다. 한편 네 여성은, 말싸움에서 이기길 좋아했던 영리한 젊은 남성들이 강의실에서 모습을 감추자 다 함께 바깥세상으로 주의를 돌렸다.[6] 네 사람은 "인간을 둘러싼 현실, 그게 초월적 현실이든 뭐든" 그 현실에 관심이 있었다.[7] 그리고 궁금한 게 많았다. 아주 많았다.

이렇게 해서 네 여성은 그들만의 방식으로 철학을 바라보는 법을 배웠다. 그들에게 철학은 인간의 아주 오래된 탐구 방식으로서 수천 년간 이어져 온 대화를 통해 살아남은 것, 우리가 우리 모두를 초월하는 거대한 현실에서 다 함께 길을 찾을 수 있도록 도와주는 것이다. 젊은 남성들이 전쟁터에서 돌아와 분석 철학(언어와 논리적 분석을 통해 철학 문제를 다루는 영역을 뜻한다-옮긴이)의 방법론을 다지고 세계의 신비와 형이상학에 경멸의 시선을 보냈을 때 네 사람은 한목소리로 "아니!"라고 말할 준비가 되어 있었다.

우리 두 저자도 2013년 여름 우리만의 철학적 대화를 시작했다. 제네바에서 꿈의 본질을 이해하려는 철학자들의 모임이 열렸고 우리는 거기서 만났다. 둘 다 불분명하고 우연적이며 덧없는 것들에 끌리고 이상한 질문을 하길 좋아하는 경향이 있는 철학자였고 그런 서로를 알아보았다. 둘 다 철학이라는 학문에 정진하고자 했지만, 철학이라는 분야가 처한 현 상태에 대해 절망감을 느끼고 있었다. 계속 나아가려면 좀 더 적극적이고 창의적이며 개방적인 방식으로 철학하는 방법을 찾아야 했다.

우리는 남성이 남성에 관해서 쓴 책들에 대해 이야기하는 남성들이 따분하게 느껴졌다. 그리고 두 사람이 친구로서 함께 철학을 하고 싶었다. 그래서 도움이 될 이야기를 찾아 헤맸다. 그러다 11월 28일 《가디언》에 실린 한 서신을 읽게 됐다. 메리 미즐리가 쓴 〈여성 철학의 황금기〉였다. 들어본 이름이었지만 대학교 강의 계획에 등장하거나 주요 학술지에서 언급되는 철학자는 아니었다. 그 편지에서 메리는 이 책에 담긴 서사의 뼈대를 보여주었다. 철학이라는 분야는 여성에게 불친절하기로 정평이 나 있지만, 결정적인 순간에 남성들이 전쟁터로 나갔기 때문에 메리는 친구 아이리스, 엘리자베스, 필리파와 함께 철학이라는 학문 안에서 활약할 수 있었다고 설명했다.[8] "문제는 물론 남자들이 아니다. 남자들도 과거에는 꽤 괜찮은 철학을 했다." 메리는 눈을 찡긋하며 여성이 어떤 철학을 해왔고 앞으로 어떤 철학을 할 것인지 살펴볼 때가 되었다고 말하는 것 같았다. 우주는 우리가 찾던 것을 집 앞까지 배달해 준 것이다.

얼마 안 가 우리는 집에서 멀지 않은 뉴캐슬 근교에 자리한 요양시설을 밥 먹듯 드나들며 메리 미즐리와 수시로 이야기를 나누었다. 메리는 안락의자에 파묻히듯 앉아 책장에 있는 책의 저자들에 관해 이야기했다. R. G. 콜링우드, H. W. B. 조지프, H. H. 프라이스, 비트겐슈타인, J. L. 오스틴, A. J. 에이어, 리처드 헤어 등의 철학자들이 조금 전까지 방에 있다가 나간 것처럼 생생한 이야기였다. 그러면서 비좁은 거실의 창턱과 바닥, 카펫 위를 뒤덮은 종이 더미에서 논문이나 메모, 오려낸 기사 등을 찾아 우리에게 건네주었다. 이제는 모두 세상을 떠난 친구들, 아이리스, 필리파, 엘리자베스에 대해서도 이야기했다.

메리는 우리가 '전쟁 당시의 삶'에 대해서 제대로 이해하길 바랐다. 그 당시 우리는 '테러와의 전쟁'이 벌어지고 있다는 말을 10년이 넘도록 듣고 있었다. 메리는 전시의 삶이 어떻게 다른지 우리에게 확실하게 알려주려고 했다. "평소에 하던 것을 할 수가 없고 평소에 가던 곳을 갈 수도 없다. 가라는 데로 가야 하고 방향을 바꾸라고 하면 바꾸고, 가지 말라고 하면 가지 말아야 한다. 가족과 친구들도 뿔뿔이 흩어진다. 그게 아니면 죽거나 부상을 입거나 위험에 처한다. 무슨 일이 벌어지고 있는지 알기도 힘들다. 신문은 신뢰할 수 없고 라디오에서는 프로파간다가 나오며, 편지는 검열 대상이다. 식량은 부족하고 기름은 배급을 받아야 하며 여행도 제한된다. 미래는 불투명하다. 두렵고 어두운 시절이다."[9]

메리의 이야기는 고정되고 변함없는 과거의 회상이 아니라 메리가 우리에게 전달하고자 했던 철학의 살아 움직이는 배경이었다. 혼란스러운 시기에는 철학이 필요한 법이라고 하면서 메리는 공습경보가 울리는 와중에도 불빛을 차단하는 암막 커튼 뒤에서 담배로 배고픔을 달래며 친구들과 함께 구축한 인간 삶에 대한 이론을 우리에게 들려주었다.

세계가 팬데믹을 극복하려고 애쓰며 기후 위기의 현실에 눈을 뜬 이 시점, 메리와 친구들이 제2차 세계대전 이후 물었듯 우리도 다시 물어야 할지 모른다. 인간은 어떤 동물인가? 잘 살기 위해 우리에게 필요한 것은 무엇인가? 철학은 쓸모가 있는가?

전쟁이 끝난 뒤 영국 해협 양쪽의 남자들이 함께 구축한 '인간상'은 여전히 우리의 공통적 인식을 지배하고 있다. 아이리스는 현대 철학의 "영웅"이 "과학 시대의 자녀"라고 썼다. "자유롭고 독립적이고 고독하고 강력하며 합리적이고 책임감이 강하고 용감한 그는 수많은 소설과 도덕 철학 서적의 주인공"이다.[10] 그러나 그는 자신의 본성으로부터 소외되어 있다. 자신의 고향인 자연 세계로부터 소외되어 있으며 다른 인간으로부터 소외되어 있다.

현시대의 고독과 소외는 독특한 성질을 갖고 있다. 지난 몇십 년간의 기술 발전은 세상이 눈앞에 완전하게 펼쳐져 있다는 인상을 형성했다. 컴퓨터는 단 몇 초 만에 화성의 표면을, 말벌집 내부를, 원자로의 설계도를 우리에게 보여줄 수 있다. 그러나 인간 생의 압도적인 복잡성 앞에서, 가상 세계에서의 우정, 놀이, 사랑, 인간관계에 점점 만족해 가는 우리는, 우리가 직면한 문제를 집단으로 회피하고 있다. 우리는 대신 미래 세대가, 혹은 인공 지능이나 어떤 혁신적인 과학 기술이 우리의 짐을 덜어줄 것이라는 환상을 선호한다. 그러나 메리가 말한 것처럼 "우리에게 실제로 벌어지는 일은 여전히 인간의 선택에 따라 결정될 것이다. 아무리 대단한 기계라도 그 기계를 설계하는 인간들보다 더 나은 선택을 할 수는 없다."[11]

지금 우리에게 필요한 것은 우리가 우리를 이해할 수 있게 돕는 그림, 그래서 우리가 나아갈 길을 보여주는 그림이다. 우리는 과거와 현재를 아울러 우리의 삶을 특징 짓는 행동과 사고의 양상을 볼 수 있어야 하고 그 양상을 바꾸는 일이 가능한지, 가능하다면 어떤 작용을 통해 바꿀 수 있는지 알아야 한다.

"나는 인간을 고양이나 순무 같은 개체와 같은 선상에 놓았다"라고 엘리자베스 앤스콤은 1944년에 썼다. 인간을 이해하려는 모든 시도는 인간이 살아 움직이는 생명체라는 사실에서 시작해야 한다고 주장한 것이다.[12] 하지만 순무와 고양이의 생은 오로지 객관적으로, 바깥에서만 관찰할 수 있지만, 인간의 생을 관찰하는 인간은 내부에서부터 바라보아야 한다. 그리고 우리가 누군지 알아내는 게 목적이라면 메리와 친구들이 그랬듯이 인간들 사이에서 관찰을 시도해야 한다. 대학 강의실에서, 식당에서, 찻집에서, 거실에서, 편지를 주고받으며, 술집에서, 기저귀와 아기들 사이에서. 네 여성의 서식지는 울타리 친 정원, 강가, 화랑, 난민촌, 폭격당한 건물 등으로 이루어진 조각보 같았다.

메리와 친구들의 눈은 새로운 그림을 발견한다. 익숙한 세계는 무늬가 복잡하게 맞물린 화려한 양탄자로 변모한다. 그 안에는 형이상학적 힘을 가진 다양한 문물이 새겨져 있고 식물, 동물, 인간의 생명이 들끓는다. 살아가며 그 무늬와 사물을 만들고 유지하는 인간 개인은 묻고 창조하고 사랑하는 본성을 가진 동물로 새로이 조명된다. 우리는 형이상학적 동물이다. 우리는 함께 삶을 헤쳐가기 위해서 그림, 이야기, 이론, 언어, 신호, 예술 작품을 만들고 또 공유한다. 이러한 창조물은 엄청난 힘을 갖고 있다. 과거에는 어땠고, 지금은 어떠한지 드러내고 앞으로 나아갈 새로운 방향을 제안하기 때문이다. 공통의 과거라고 여겨지는 것은 항상 일시적이라는 사실도 알려준다. 과거는 증언과 보존을 통해 생명을 이어간다. 그러므로 바뀔 수 있으며 쉽게 숨기거나 잃어버릴 수 있다. 그러나 과거가 살아 있기 때문에 새로운 발견이 우리의 역사에 영향을 끼칠 수도 있다. 과거를 달리 볼 수 있다는 것이다. 우리는 과거에 일어났다고 여겨지는 일을 다시 쓸 수 있다. 다른 과거가 우리를 기다리고 있다.

우리는 과거를 재구성하기 위해 편지, 일기, 사진, 대화, 메모장, 추억, 엽서 등의 조각을 모아 여러 가지 그림을 만들었다. 이 그림들로 구성된 여러 무늬를 지탱하는 가장 중요한 한 가지는 서로 교차하면서 펼쳐지는, 눈부시게 훌륭한 네 여성의 삶이다. 우리가 네 여성을 처음 만날 때 그들은 전쟁이 발발하기 직전 변화하는 학문적, 정치적 배경 앞에서 진로를 고민하는 청소년이다. 우리는 그들이 세상이라는 무대에 발을 내딛기 시작하는 30대 후반까지 그들의 삶을 따라갈 것이다. 출판물에 이름을 새기고 라디오에서 목소리를 들려주기 시작하는 시점이다. 각각의 여성은 세계를 이해하는 작업에 헌신하는 데 여러 방법이 있다는 사실을 보여준다. 여성으로서 철학을 할 때 생기는 실질적, 학문적, 정신적 문제들에 저마다 다른 해답을 찾은 것이다. 다만 네 사람 모두 서로와의 우정에서 힘을 얻었다.

나아가 이 여성들의 삶은 일반적으로 알려진 20세기 철학사에 대한 대항 서사counter-narrative를 조명한다. 이 대항 서사의 주인공은 A. J. 에이어, J. L. 오스틴, 리처드 헤어가 아니다. 독자들이 잘 모를 수도 있는 H. H. 프라이스, H. W. B. 조지프, 수전 스테빙, R. G. 콜링우드, 도로시 에밋, 메리 글로버, 도널드 맥키넌, 로테 라보프스키다.

이 서사는 현대 철학을 19세기와 20세기 초의 위대한 사변적 형이상학자들, 관념론자들, 실재론자들과 연결시킨다. 이들은 진실과 현실, 선의 본질을 이해하고자 애썼지만, 언어 분석은 철학을 "참이다" "실재한다" "선하다"라는 말의 의미만을 고려하는 학문으로 격하시켰다. 이 대항 서사는 형이상학적 질문을 던지고 답을 찾는 행위가 인간 삶의 자연적이고 본질적인 일부임을 보여준다. 추상적이고 난해해 보이는 탐구 주제들을, 우리가 날마다 마주하는 뚜렷하고 시급한 윤리적, 일상적, 영적 물음과 연결시켜 준다. 그리고 플라톤, 아리스토텔레스, 아퀴나스, 데카르트, 흄, 칸트, 헤겔, 프레게, 비트겐슈타인으로 이어지는 서양 철학 사상의 위대한 역사적 흐름이 이 서사를 관통한다. 물론 이 모든 삶과 삶의 양상을 깨뜨리는 것이 있었으니 피난민, 이민자, 살육과 전쟁, 죽음과 무질서로 나타난 20세기의 거대한 혼돈이었다.

 이 책은 첫 장면부터 철학적 문제를 제기하고 있다. 1956년 엘리자베스 앤스콤은 옥스퍼드 대학교의 교원들 앞에 나와 히로시마와 나가사키의 폭격을 명령한 전 미국 대통령 해리 S. 트루먼이 대량 학살을 저질렀으며, 그러므로 명예 학위를 받을 자격이 없다고 선언한다. 교수들은 거의 만장일치로 앤스콤의 주장에 반대하고 트루먼을 환대한다. 엘리자베스는 의아하다. 엘리자베스에게 보이는 것을 왜 다른 교수들은 보지 못할까? 죄 없는 사람 수만 명을 무참히 죽인 것으로 유명한 사람에게 영예를 수여하고 싶은 사람은 길을 잃어버린 사람이라고 엘리자베스는 생각했다. 이 책에 담긴 철학은 어떻게 그런 생각이 나왔는지 보여주는 지도이다.
 이 책을 하나의 이야기로서 읽고 인간의 삶에 대한 네 여성의 시각을 본받을 수도 있을 것이다. 그들은 평범한 세상을 매우 놀랍고도 취약한 것, 끊임없는 돌봄과 관심이 필요한 것으로 보았다. 이 책을 하나의 철학적 논의, 철학에 다시 생명을 불어넣는 논증으로 읽을 수도 있을 것이다. 할 수 있다면 친구들과 읽기를 바란다.

목차

들어가며 7
등장인물 20

프롤로그 **철학, 권력 앞에 서다** ——————— 23
1956년 5월 옥스퍼드

1장 **억눌린 목소리** ——————— 37
1938년 10월 - 1939년 9월 옥스퍼드

2장 **전쟁의 소용돌이 속에서** ——————— 105
1939년 9월 - 1942년 6월 옥스퍼드

3장 **절망과 저항 사이** ——————— 167
1942년 6월 - 1945년 8월 케임브리지와 런던

4장 **철학의 불꽃을 되살리다** ——————— 231
1945년 9월 - 1947년 8월
옥스퍼드, 브뤼셀, 그라츠, 케임브리지와 치즈윅

5장   한목소리로 "아니"라고 외치다 ──────── 297
         1947년 10월 – 1948년 7월 옥스퍼드와 케임브리지

6장   다시 삶으로 ──────────────── 343
         1948년 10월 – 1951년 1월
         옥스퍼드, 케임브리지, 더블린 & 빈

7장   우리는 형이상학적 동물이다 ─────── 391
         1950년 5월 – 1955년 2월 뉴캐슬 & 옥스퍼드

에필로그   끝내 인간을 향하다 ──────────── 455
         1956년 5월 옥스퍼드

그 후 이야기 468
옮긴이의 말 475
주 478
참고문헌 550
그림 출처 564

등장인물

엘리자베스 앤스콤	필리파 풋 (결혼 전 필리파 보즌켓)	메리 미즐리 (결혼 전 메리 스크러튼)	아이리스 머독

여성 철학자들

앨리스 앰브로즈
도로시 에밋
메리 글로버
마사 닐
마거릿 매스터먼
수전 스테빙
메리 워녹 (결혼 전 메리 윌슨)

여성 교직원

마이라 커티스
헬렌 다비셔
베라 파넬
바버라 과이어
밀드레드 하틀리
이소벨 헨더슨
로테 라보프스키
루시 서덜랜드
재닛 본

관념론자들과 보어스힐 주민들

E. F. 캐릿과 위니프리드 캐릿
H. W. B. 조지프
A. D. 린지와 에리카 린지
길버트 머리와 메리 머리
E. J. 톰슨과 시오 톰슨

실재론자들

G. E. 무어
H. A. 프리처드
W. D. 로스

'노교수'와 양심적 병역 거부자들

R. G. 콜링우드
E. R. 도즈
피터 기치
도널드 맥키넌
H. H. 프라이스
빅터 화이트
오스카 우드

망명 학자들	비트겐슈타인 학파	실존주의자
하인츠 카시러와	루트비히 비트겐슈타인	마르틴 부버
에바 카시러	와스피 히잡	캐서린 페러
에두아르트 프랭켈	게오르크 크라이젤	가브리엘 마르셀
프리츠 하이네만	러시 리스	장 폴 사르트르
레이먼드 클리반스키	칸티 샤	
프란츠 슈타이너	요릭 스미디스	
프리드리히 바이스만	존 위즈덤	
리하르트 발처		

클럽 '형이상학자들'	징병된 '젊은 남성'들	소크라테스 클럽
이언 크롬비	교수진	스텔라 얼드윈클
오스틴 페러	J. L. 오스틴	C. S. 루이스
마이클 포스터	A. J. 에이어	
바실 미첼	이사야 벌린	
에릭 매스컬	길버트 라일	
데니스 나인엄		
	학생	
	닉 크로즈비	
	리처드 헤어	
	데이비드 힉스	
	M. R. D. 풋	
	제프리 미즐리	
	프랭크 톰슨	
	제프리 워녹	

프롤로그

철학, 권력 앞에 서다

1956년 5월 옥스퍼드

프롤로그

엘리자베스 앤스콤 반기를 들다

1956년 5월 점심시간 직후 성모 마리아 성당의 높은 종소리가 울리며 옥스퍼드 대학교 강사와 연구원들을 구 보들리언 도서관으로 불러들였다.[1] 4세기 동안 남성의 학문적 종교적 노력의 중심지였던 이곳이 갑자기 불가사의한 이유로 '여성'의 위협 아래 놓이게 되었다는 말들이 오가고 있을 때였다.[2] 세인트 존 칼리지, 뉴 칼리지, 우스터 칼리지에서 나온 교원들은 검정 가운과 총회용 겉옷, 후드를 펄럭이며 세인트 자일스 대로를 따라 남쪽으로, 홀리웰 가를 따라 서쪽으로, 브로드 가를 따라 동쪽으로 향했다.[3] 총회장 안뜰로 삼삼오오 모여들던 이들 사이로는 소문이 돌고 있었다. "여자들이 총회에서 무슨 일을 벌일 작정인가 봅니다. 표로 압도해야 합니다."[4]

이미 알려진 사실도 있었다. 총장 앨릭 핼포드 스미스는 주례회(당시 옥스퍼드 대학교 최고 의사 결정 기구-옮긴이)에서 미국의 해리 S. 트루먼Harry S. Truman 전 대통령에게 옥스퍼드 명예 학위를 수여할 것을 제안한 바 있었다.[5] 이에 따라 대학은 졸업생 총회(학내의 모든 석사와 박사로 이루어진 운영 기구)를 소집했다. 제안이 통과되면 다음 달 열리는 오래된 전통 의례인 엔카이니아에서 학위가 수여될 예정이었다. 그러나…… 여기서부터 사실이 아닌 소문이었다. 사람들은 저마다 말끝을 흐리며 아는 대로 갖다 붙였다. "여자들이" 이 제안에 반대표를 던질 것이라고 수근댔다.

    세인트 존 칼리지의 강사와 연구원들은 "표로 압도해야 한다"라는 목표로 총회장에 도착했다.[6] 그들은 이내 어떤 여자들이 말썽인지 알아내겠다고 하면서 어슬렁거렸다. 역시나 이 모든 것의 중심에 서머빌 칼리지가 있었고, 이는 놀라운 일도 아니었다. (옥스퍼드 대학교는 여러 개의 칼리지로 이루어진 학교로서 각 칼리지에는 학생과 교직원이 속해 있고 대부분의 칼리지에 개별 기숙사와 식당이 있다-옮긴이) 서머빌 칼리지(1879년 설립된 옥스퍼드 최초의 여성 전용 칼리지 중 하나다-옮긴이)는 신을 믿지 않는, 뛰어난 두뇌를 가진 여자들이 모인 곳이었다("괴짜"라고 하는 사람들도 있었다).[7] 올소울즈 칼리지 교수는 이같은 불의를 지켜만 볼 수 없다는 듯 들고 일어섰다. "제기랄, '명령문에 그 사람 서명이 있다는 이유만으로' 그 사람 책임으로 몰고 갈 수는 없지." 뉴 칼리지 식당에 모인 남자들은 '그 결정'이 '잘못'된 결정이었다는 사실에는 다들 동의했지만, 트루먼의 "공직 인생 전체를 봤을 때 부수적인 일부분에" 지나지 않았다고 했다.[8] 그나마 그중 몇몇은 트루먼 대통령의 공직 인생에 대해 알려진 게 별로 없다는 점을 언급했다. '트루먼'이라는 이름을 들으면 '히로시마' '나가사키'를 연이어 생각하지 않을 수 없었다.

    강사와 연구원들은 줄지어 총회장으로 들어갔다. 중세 시대에 법정이었던 이곳은 영국 하원의 축소형처럼 꾸며져 있었다. 모든 참석자의 시선이 말썽꾸러기를 찾아 입구 근처의 긴 의자들을 훑었다. (이곳은 관례로 여성들의 자리였다.) 당사자 엘리자베스 앤스콤Elizabeth Anscombe은 미동도 없이 조용히 앉아 있었다.

    뒤에서 대학 내 칼리지들의 학생감과 학장들은 짜증을 감추지 못했다. '단체 행동'이 벌어질지도 모르는 일이었다. 엘리자베스는 아니라고 했지만, 곧이곧대로 믿을 수만은 없었다.[9] 이런 식의 저항에 어떻게 대처해야 하는지 알지 못했던 대학 관계자들은 부지런히 규정을 살피고 과거 사례를 찾아보았다. 하지만 아무도 이와 비슷한 과거 사례를 기억해 낼 수 없었다. 은퇴를 코앞에 두고 있었던 앨릭 햄포드 스미스 총장은 후임자 존 매스터먼에게 총회의 주재를 맡겼다.[10] 아직 업무를 배우는 중이었던 매스터먼은 가운의 후드를 매만지며 자리에 앉을 준비를 하면서 절차를 잘 모르겠다고 생각했다. 중요한 안건이 적지 않았다. 신학 학위 과정에서 고대 그리스어 신약을 어떻게 다룰 것인지에 대한 논의도 해야 했다. 총장을 위원장으로 하는 주례회는 트루먼에게 학위를 수여하는 제안을 통과시키려고 안달이었는데 이는 이미 1년이나 지연된 안건인 데다 이제 '앤스콤'까지 말썽을 부리면 치욕적인 사건으로 이어질 가능성도 있었다.[11] 게다가 엘리자베스 앤스콤은 (라틴어를 완벽하게 구사할 수 있었지만) 총회 앞에서 라틴어가 아닌 영어로 의견 발표를 하게 해달라는 요청을 함으로써 문제를 더 복잡하게 만들고 있었다.[12]

    매스터먼은 '최대한 물을 흐리지 않는 방향으로' 진행을 하는 것을 최우선 목표로 삼고 있었다.[13] 근처에는 기자들이 간절히 소식을 기다리며 맴돌고 있었다. 한바탕 '소동'이 일어날 것이 분명하다고 생각했다. 한편 학생감들에게 엘리자베스는 오래전부터 눈엣가시였다. 무엇보다 강의실에 바지 차림으로 나타나기로 유명했다. 대학 규정은 여성의 바지 착용을 금지하고 있었다. 엘리자베스가 자리에서 일어났을 때 가운 아래로 치마와 스타킹을 신은 다리가 보이자 여기저기서

마음을 놓는 기색이 명백했다.[14]

엘리자베스가 강단으로 내려가는 동안 침묵 비슷한 것이 내려앉았다. 농담이나 조롱을 웅얼대던 사람들도 발표가 시작되자 점차 입을 다물었다. 평판이 좋지 않았던 엘리자베스의 겉모습(풀어헤친 긴 머리, 화장기 없는 맨얼굴, 펑퍼짐한 옷)은 낭랑한 저음의 아름다운 목소리가 어쩐지 상쇄해 주고 있는 것 같았다. "저는 트루먼 전 대통령에게 명예 학위를 수여하려는 우리 옥스퍼드 대학교의 제안에 반대할 결심으로 여기 나왔습니다."[15] 엘리자베스는 긴장한 상태였지만 천천히 또박또박 말했다.

"명예 학위는 어떤 업적이나 성취에 대한 보상은 아닙니다. 그것은 말하자면 매우 저명한 인물이 된 대가로 주는 것입니다. 후보자가 그토록 저명한 인물이 될 자격이 있는지 따지는 일 자체가 우스운 일이지요. 그래서 대개의 경우 누군가에게 명예 학위를 내릴지 말지의 문제는 조금도 흥미롭지 않은 문제입니다."

엘리자베스가 이같이 달래는 듯한 말로 시작하자 관중의 긴장이 눈에 띄게 누그러진 듯 보였다. "매우 저명한 인물이 동시에 악명 높은 범죄자일 가능성은 매우 낮습니다." 엘리자베스가 말을 이어갔다. "만약 만에 하나 그 인물이 악명 높지 않은 범죄자라면 그것을 문제 삼는 것은 적절하지 않을 것입니다." 엘리자베스가 미소를 지으며 이렇게 말하자 소수의 관중도 마지못해 미소를 짓는 것 같았다. "다만 그 인물이 어떤 행위를 저질렀다는 사실을 만인이 알고 있는 드문 경우에는 그 인물에게 영예를 내리는 것이 아첨이 된다는 점에서 조금은 흥미로운 문제가 됩니다." 엘리자베스의 말과 그 의미가 무겁게 스며들었다.

엘리자베스가 말을 이어갈수록 그 자리에 모인 교수들은 그 논거를 따라가려고 애를 썼다. 엘리자베스는 트루먼의 행위가 '아마도 수

많은 생명을 구했음이 확실하다는 사실'을 부인하지는 않았다. 더 끔찍한 앞일을 미리 차단했다는 사실도 받아들였다. "양측에서 수많은 군인들이 죽임을 당했을 것이며 일본군은 포로를 학살했을 것"이라고, "기존 방식"의 폭격으로도 수많은 민간인 사망자가 나왔을 것이라고 엘리자베스는 말했다. 엘리자베스는 평화주의가 "거짓된 주의"라고 생각했으며, 사형 제도에도 반대하지 않는다고 했다. 그럼에도 트루먼의 행위는 '살인'이며 트루먼은 '두 차례의 대량 학살'에 대한 책임이 있다는 주장을 굽히지 않았다.

이따금 미국의 전 대통령에 대해서 심한 모욕을 퍼붓는 것처럼 보이기도 했다. "별 볼일 없는 사람도 굉장히 악한 일을 함으로써 깊은 인상을 남길 수는 있습니다." "바보가 어리석은 짓을 한다는데 어쩔 도리는 없습니다." "멍청하면 쓸모가 없고 쓸모 있는 사람이 될 수도 없는 법입니다."[16] 트루먼을 역사상 최고의 악당들과 비교하기도 했다. "이 학위를 수여하면 언젠가 또 다른 네로나 칭기즈 칸, 히틀러, 스탈린이 같은 영예를 받을지 않니까?"[17] '도살'이라는 표현도 사용했다.[18]

존 매스터먼은 이 "여성 구성원"이 "과격한 연설"을 이어가는 동안 점점 "격노"했다. 총회장을 둘러보며, 투표로 '여성'들을 굴복시킬 자신은 있다고 생각했다. 하지만 최대한 물을 흐리지 않고 해내야 했다. 기자들은 당연히 이 일에 촉각을 세우고 있었고, 잘못하면 옥스퍼드 대학교와 차기 총장은 귀빈으로 모시게 될 트루먼 대통령에게 "무례"를 범하게 될 터였다. 매스터먼은 표결을 시작하기 전에 잠시 회의를 연기할 생각도 했다.[19]

엘리자베스는 연설을 마무리했다. "권력이 없는 사람의 저항은 시간 낭비입니다." 엘리자베스는 여전히 매우 느리고 차분하게 말을 하고 있었다. "저는 원자 폭탄에 대한 '저항'의 뜻을 드러내기 위해 이

기회를 이용하는 것이 아닙니다. 저는 트루먼 전 대통령에게 명예 학위를 수여하려는 우리의 행동에 강력히 반대하는 것입니다. 그릇된 행위에 대한 죄책감은 칭찬하고 아첨하는 사람도 나누어 갖게 되기 때문입니다."[20] 엘리자베스가 자리로 들어가는 동안 관중은 침묵했다. 웅얼거리는 사람도, 움직이는 사람도, 표정을 바꾸는 사람도 없었다.[21]

학위 수여 제안에 대한 찬성 발언은 주례회의 구성원인 역사학자 앨런 불럭이 하게 되어 있었다. 그 자리에 모인 관중은 극도로 차분해 보였지만 그래도 불럭의 단호하고 남성적인 목소리와 요크셔 억양은 의지가 되었을 것이다.[22] "우리는 그 행위에 찬성하지 않습니다." 불럭의 "우리"는 주변의 남성들을 하나의 엄숙한 공동체로 묶어내며 질서를 회복시키고 안정감을 주었다. "오히려 그 행위가 잘못된 것이었다고 생각합니다."[23] 그럼에도 참작할 다른 수많은 사유가 있다고 말했다. "트루먼 전 대통령이 폭탄을 개발한 것도 아니고, 독단적으로 투하를 결정한 것도 아닙니다." 불럭은 역사학자로서의 권위를 드러내며 발언했다. 최초의 히틀러 전기 집필을 끝낸 참이었다.[24] 트루먼은 "오직 자신이 내린 결정에 대한 책임만" 있다고 했다. "명령문 말미에 서명했을" 뿐이라는 것이다.[25] 불럭은 트루먼 전 대통령의 행위가 단지 사무적인 절차의 일부였음을 암시했다. 그리고 길게 말하는 것을 좋아하지 않는다면서 이렇게 결론지었다. "이러한 행위는 따지고 보면 하나의 일화에 불과합니다. 공직 인생 전체를 봤을 때 부수적인 일부분에 지나지 않습니다. 트루먼 전 대통령은 좋은 일을 많이 한 사람입니다."[26]

휴회를 고민했지만 매스터먼은 결국 해야 할 일을 했다. 안건을 표결에 부친 것이다. "동의하십니까, 박사 여러분? 동의하십니까, 석사 여러분?" 만약 누구든 "논 플라켓Non placet", 즉 동의하지 않는다고 말했다면 정식으로 투표를 진행해야 했지만, 다행히 아무도 그렇게 외치지 않았다. 적어도 매스터먼의 귀에는 들리지 않았다. 그런 절차가 있다는 사실을 엘리자베스도 모르고, 지지자들이 있다고 해도 그들 또한 모르고 있는 것 같았다. 다행이었다. 잠시 침묵이 이어졌고 매스터먼은 이 결정이 만장일치로 통과되었다고 기록했다.[27]

회의가 끝난 뒤 그 자리에 있었던 사람들은 정확히 어떤 일이 벌어졌는지 혼란스러웠다. 앤스콤은 위장한 평화주의자인가? 가톨릭 신자로서 반대한 것인가? 이게 도대체 무슨 "고상한" 헛소리인가?[28] "여자들"이 이러한 일을 꾸민 이유가 아직 밝혀지지 않은 것인가? 저 "과격한 여자"는 일본군이 얼마나 싸우고 싶어 안달이었는지 알지 못하는가?[29] 어떤 사람들은 엘리자베스가 철저히 혼자서 반대 입장에 섰다고 확신했지만 또 다른 이들은 엘리자베스를 지지하는 사람들이 있었고 함께 목소리를 냈다고 확신했다. 세인트 앤 칼리지의 (은근히 나대는) 허버드가 손을 들지 않았던가? 서머빌 칼리지의 풋 여사가 뭐라고 말을 했다고 맹세하는 사람도 있었다.[30]

다음 날 《맨체스터 가디언》에 "유일한 반대자"라는 제목의 기사가 실렸다. 매스터먼의 노력에도 언론은 정보를 입수한 것이다.[31] 기사에 따르면, 엘리자베스를 제외한 다른 반대자는 없었다. 하지만 그 다음 주 편집국은 이와 상반된 내용을 담은 편지를 받고, 이를 신문에 실었다. 발신자는 M.R.D. 풋이었다.[32] 앤스콤은 혼자가 아니었다는 내용이었다. 몇몇 사람들이 "동의하지 않습니다"라고 말했지만, 매스터먼이 편의상 듣지 못했다고 주장했다.

이 "여성 1인 시위" 소식은 대서양을 건너 《뉴욕 타임스》에도 실렸다. 그걸 본 한 기자는 해리 트루먼에게 앤스콤의 발언에 대한 입장을 묻기까지 이르렀다. 트루먼은 "나는 당시에 있었던 사실에 근거해서 결정을 내렸고 다시 결정을 내려야 한대도 똑같이 그렇게 할 것입니다"라고 대답했다.³³ 그럼에도 포츠담 회담 전날 밤 '정복당한 베를린의 처참한 폐허'를 목격한 트루먼은 일기장에 이렇게 썼다. "나는 카르타고, 바알베크, 예루살렘, 로마, 아틀란티스, 베이징을 떠올렸고…… 스키피오, 람세스 2세, 셔먼 장군, 칭기즈 칸을 떠올렸다. 기술은 도덕보다 수백 년 앞서 가고 있으며 도덕이 따라잡을 무렵에는 이미 도덕의 존재 이유가 없어진 뒤는 아닐까 두렵다."³⁴

6월 20일이 돌아오자 총회에서 있었던 사건은 아득한 기억으로 남았고 뉴 칼리지의 파운더스 도서관에는 트루먼 부부를 환영하기 위한 복숭아와 샴페인이 준비되었다. 잠시 뒤 검은 벨루어 모자와 붉은 가운으로 휘황찬란하게 단장한 트루먼은 학위 수여식에 참석하기 위해 크리스토퍼 렌 경이 지은 셸도니언 극장으로 향했다. 1200명이 극장을 가득 채웠다. 명예 총장인 핼리팩스 백작이 "하리쿰 Harricum"(해리의 라틴어식 이름) 트루먼을 "민법학 박사"로 선언할 때 박수가 3분 동안 끊이지 않았다. 성모 마리아 성당의 종 여섯 개가 모두 울렸다.

그날 밤, 트루먼은 크라이스트처치 칼리지에서 열리는 격식 있는 연례행사인 "고디 디너"(기쁨을 뜻하는 라틴어 가우디움gaudium에서 이름을 따왔고 남성만 참석할 수 있다)에 참석했고 주빈석에 앉았다. 좌우로는 주교나 기사, 상원 의원, 대사, 백작 같은 사람들이 줄줄이 앉아 있었다. 식사로 나온 코스 요리가 일곱 가지로 베이컨으로 감싼 파테, 거북 수프, 그랑빌산 연어 에스칼로프, 에일즈버리산 새끼 오리 무스, 양고기 등심, 배 조림과 아이스크림, 긴 파르마산 치즈 과자였다.³⁵ 와인 역시 세르시얼 마데이라에서 베른카스텔러 라이 1953년산, 샤토 세르탕 드 메이, 루이 로데레 콕번 1935년산, 세공작 파인 샴페인 1924년산에 이르기까지 다양했다.³⁶ 행사가 끝나고 트루먼이 안뜰을 지나가자 이를 본 학부생들은 창문 밖으로 외쳤다. "놈들한테 지옥을 보여줘Give 'em hell(1948년 선거 운동 당시 트루먼 진영의 구호-옮긴이), 해리쿰!"³⁷

실마리를 잡은 필리파 풋

17개월 후인 1957년 10월, 서머빌 칼리지 사람들은 너나없이 독감에 걸려 있었다. 서머빌 칼리지 소속 철학 강사였던 필리파 풋Philippa Foot은 파크타운 16번지에 있는 자신의 집에서 뜨거운 물주머니와 손수건 한 무더기, (주식으로 삼고 있던) 고급 초콜릿 상자를 곁에 두고 침대에 누워 있었다.³⁸ 필리파는 깃털 이불을 덮고 일하는 데 익숙했다. 졸업을 앞둔 학부생일 때에도 보즌켓Bosanquet(결혼 전 성)은 어린 시절 얻은 병이 재발해 한참을 누워만 지내야 했기 때문이다. 이번에는 매우 중요한 편지를 쓰는 중이었다.³⁹ 편지는 "친애하는 학장님께"로 시작했다.

수신자는 서머빌 칼리지 학장이자 혈액학자 재닛 본이었다. 트루먼 대통령이 원자 폭탄의 존재에 대해 알게 되었을 당시 재닛 본은, 본인의 말을 빌자면 "지옥에서 과학을 하느라 고생하고 있었다."⁴⁰ 영국 의료연구위원회의 요청으로 갓 해방된 베르겐-벨젠 수용소에 파견되어 아사 직전의 사람들에게 어떻게 영양을 공급해야 가장 안전한지 조언하는 중이었다.⁴¹ 이후 옥스퍼드로 돌아온 재닛 본은 방사능이 인간 뼈에 미치는 영향을 연구하기 시작했고 곧 세계적인 권위를 인정받았다.⁴²

"독감이 잠잠해지면 엘리자베스 앤스콤의 앞일에 대해 면담을 좀 할 수 있을까요?" 필리파는 이렇게 편지를 시작했다. 독감에다 베개까지 도와주지 않아 안 그래도 거미줄 같은 글씨가 더 알아보기 힘들었다. 좀처럼 힘이 나지 않았다. 그래도 필리파는 계속 써나갔다. 일자리가 필요한 앤스콤이 있을 곳은 "당연히 서머빌"이라는 내용이었다. "앤스콤은 아마도 현재 이 대학에서 가장 다재다능한 철학자일 것이며 (논리학 방면으로 최고는 아닐지언정) 전국에서도 더 나은 사람을 찾기 힘들 것입니다. 은퇴한 러셀Bertrand Russell과 G. E. 무어G. E. Moore를 제외한다면 말입니다. 앤스콤처럼 철학을 할 수 있는 여성은 이때까지 없었습니다."

당시 서머빌에 연구원 자격으로 있던 엘리자베스의 재직 기간이 곧 끝날 예정이었다. 필리파와 서머빌 칼리지의 고대사 연구원인 이소벨 헨더슨Isobel Henderson은 엘리자베스가 서머빌에 남을 수 있도록 계획을 꾸미고 있었다. 하지만 서머빌에는 자리가 없었고, 자리를 만들 예산도 없었다. 필리파는 자신이 낸 아이디어를 설명하기에 앞서 베개를 고쳐 놓았다.

"결론은 하나뿐입니다. 저와 엘리자베스가 한 자리를 나눠 갖든지 제가 그만두는 방법밖에 없습니다. 하지만 전 그만두고 싶지 않습니다. 도덕 철학에서 결실을 맺을 수 있는 방향을 이제 막 잡은 것 같은 지금, 그 어느 때보다 그만두기 싫습니다…… 그런데 서머빌이 아무리 소중하다고 해도 다른 방법이 없다면 그만둘 수밖에 없습니다. 제가 계속 자리를 지키고 있는 탓에 엘리자베스가 들어올 수 없다면 제 자신이 몹시 부끄러울 것입니다."

필리파는 이러한 식으로 열 장을 써 내려갔다. 독감으로 멍멍한 상태였지만 명확하게 설명하고자 심혈을 기울였다. "확실하게 해두고 싶은 게 하나 있습니다. 이것은 엘리자베스를 위해서 하는 일이 결코 아닙니다. 엘리자베스를 서머빌에 잡아두는 것은 제가 원하는 바입니다…… 엘리자베스는 항상 제 철학에 도움이 되었고 제가 윤리학에서 어떤 실마리를 잡은 게 맞다면 지금은 그 어느 때보다 엘리자베스가 필요합니다."[43]

필리파가 이 편지를 썼을 때 엘리자베스와 필리파는 이미 생의 절반을 함께 철학하며 성장해 온 사이였다. 아이리스 머독Iris Murdoch과 메리 미즐리Mary Midgley도 마찬가지였다. 트루먼 전 대통령이 히로시마와 나가사키에 "파멸의 빗발"을 내리치는 명령에 서명한 이후 10년 동안, 네 사람은 함께 "도덕 철학에서 결실을 맺을 수 있는 방향"을 잡기 위해 애썼다.[44] 카페와 침실, 거실, 술집, 강의실에서 바닥, 의자, 소파에 앉아, 심지어 자전거를 타면서 나눈 대화를 통해 네 사람은 시작점으로 돌아갈 수 있었다. 전쟁이 끝난 뒤 엘리자베스는 아이리스에게, 철학을 할 때는 "원점"에서 시작해야 하는데 그 원점으로 가는 데는 "굉장히 오랜 시간"이 걸린다고 말한 적이 있었다.[45]

1956년 5월 1일 벌어진 사건들은 네 사람이 깨달은 점을 다시금 확인시켜 주었다. 도덕 철학 역시 원점에서 시작해야 한다는 사실이었다. "도덕적으로 옳은 행위가 무엇인가?" 혹은 "어떤 도덕 원칙을 선택해야 하는가?" 혹은 "어떤 결과가 도덕적으로 더 좋은가?" 등의 질문보다 훨씬 더 전으로 거슬러 올라가야 한다. 엘리자베스는 '살인'이라는 개념에 어떤 변화가 일어난 것을 목격했다. 그 변화로 인해 옥스퍼드 대학교에서 교육받은 학식 있는 사람들, 종교학자, 철학자, 역사학자들, 즉 학식 있고 인간적인 옥스퍼드 대학교의 남녀들로 꽉 찬 공간에서 인류 역사상 가장 심각한 대량 학살을 두 건이나 명령한 사람이 영예를 수여받는 일이 가능해졌다. 학자의 명예를 드러내는 예복을 걸친 사람들이 그런 사람과 대학 안뜰에서 샴페인을 마시는 일이 가능해졌다.

그날 총회장을 채운 남녀는 엘리자베스와 동일한 사건을 목격했지만, 엘리자베스가 본 것을 보지는 못했다. 엘리자베스와 달리 그들은 트루먼의 행위를, 종이에 펜을 대는 사소한 행위를, 이후 언론에서 보도한 바에 따르면 8만 명, 아니 14만 명, 아니 20만 명을 죽음으로 몰고 간 그 무시무시하고 끔찍한 장면과 동일한 테두리 안에서 이해할 수 없었다. 그들은 엘리자베스와 엘리자베스의 저항 역시 명확히 볼 수 없었다. 그들의 눈에 엘리자베스는 "무례한" "고상한 척하는" "순진한" "평화주의자"이자 "가톨릭 신자"이며, "여성"이었다. 반면 트루먼은 "용감하고" "결단력 있으며" "정치가다운" 사람이었다. 10년이 지났고 포화의 연기는 사라졌지만 그럼에도…….

인간이 막대한 규모의 행위를 벌이거나 불안정하고 힘겨운 상황에서 선택의 기로에 놓일 때, 누구나 벌어진 일에 대해 명확한 판단을 내릴 수 있으며, 누구나 그 의미를 쉽게 이해할 수 있을 거라고 당연하게 여길 수는 없다. 우리 삶의 배경이 흔들리면 우리의 언어는 과거처럼 작동하지 않을 수 있으며, 우리가 서로를 그리고 세계를 바라보고 이해하는 다양한 방식도 쓸모없어질 수 있다. 때로는 가장 중요한 순간에 타인이 무엇을 하고 있는지(또는 우리가 무엇을 하고 있는지) 잘 보이지 않거나 어둡게 보일 수 있다. 바로 이때 빛을 발하기 시작하는 것이 철학이다.

1장

억눌린 목소리

1938년 10월 – 1939년 9월
옥스퍼드

서머빌 칼리지의
메리 스크러튼과 아이리스 머독

    학창 시절 초기 메리 스크러튼은 순수한 감각 정보를 경험한 적이 있다. 메리는 당시를 이렇게 기억한다. "목욕물을 받은 나는 욕조에 들어가기 전에 상체를 숙여 물을 젓고 있었다. 그때 뒤통수를 누가 가볍게 때리는 듯한 느낌이 들었고 눈앞의 세상이 갑자기 흰 삼각형이 펼쳐진 무한한 공간으로 변했다." 이를 신기하게 여기며 바라보고 있는데 삼각형이 움직이며 가장자리부터 파란색으로 변하기 시작했다. 그러다 곧 형체들이 다시 조합되기 시작했다. 흰 조각들은 자잘한 감각 반응이나 개인 경험의 파편들이 아니었다. 천장에서 떨어져 나온 석회 조각이었다. 석회 조각이 메리의 머리에 가볍게 부딪혀 잘게 부서지며 목욕물로 떨어진 것이다. 이후 철학을 공부하기 시작한 메리는 순수한 색채와 형태를 경험했던 이 순간을 떠올렸다. 욕실과 천장이라는 안정된 세계가 그토록 덧없는 파편으로 조합되어 있다면? 메리는 궁금했다. 욕실과 천장은 단지 현상으로 수놓인 별자리가 아닐까?[1] 메리가 하고 있는 생각은 고대 철학자 프로타고라스가 에게해의 어느 섬에서, 예수 탄생 450년 전 했던 고민과 같았다.

메리가 옥스퍼드 대학교의 번잡한 우드스톡 가에 서 있는 지금은 1938년의 어느 바람 포근한 가을날이다. 앞으로는 서머빌 칼리지 입구의 아치가, 뒤로는 낮게 뜬 아침 해가 있고 메리의 콧등에는 완벽한 원형의 안경이 높이 걸쳐 있다. 아치문을 들어서는 메리의 뒤로 어린 시절이 소리 없이 포개져 닫혔다. 소녀 시절 살던 집의 정원 담장, 호랑가시나무와 밤나무가 자랐던 미들섹스주 그린퍼드의 교구 사제 사택, 킹스턴어폰템스의 새집에 살았던 청소년 시절, 온갖 책이 흩어져 있던 침실. 메리와 엄마 레슬리가 같은 시누아즈리 드레스를 입고 웃는 모습, 실용성이 떨어지는 몸매를 가진 닥스훈트가 축음기 옆에서 노래하는 모습, 보닛 아래가 아닌 운전석 옆에 시동 핸들이 있어서 비 오는 날에도 젖지 않을 수 있었던 아버지의 자동차까지.[2-5] 메리의 머리는 이때만큼은 어른스럽게 말려 있었지만 걸스카우트처럼 땋아 내려져 있을 때가 더 많았다.[6] 어린 시절 메리는 인형보다 작은 도롱뇽을 모으는 쪽을 선호했다. 인형처럼 뻣뻣한 파마머리를 한 현실 속 여자들의 모습은 메리를 불편하게 했다. 엄마가 메리에게 마르셀 웨이브 스타일을 권했을 때 메리는 완강하게 사양했다. "너무 뻣뻣해요. 예뻐 보이지 않아요."[7]

키가 180센티미터에 가까웠던 메리는 "가녀린" 여성이 될 방법이 없었다. 메리의 구두끈은 풀려 있거나 끊어져 있기 일쑤였고 노끈이 구두끈을 대신하기도 했다.[8] 주머니에서는 장갑이나 콤팩트 등 성인 여성의 소지품보다 잉크가 새어 나오는 만년필이 나올 때가 더 많았다. 은근히 또래와 어른들의 부아를 돋우는 능력이 있었던 메리는 그런 능력을 꽤 자랑스러워했기 때문에 바꾸지 않았다. 아버지가 보낸 편지는 메리가 앞으로 나아갈 방향을 제시해 주고 있었다. "머릿속을 명확하게 정리하고 케케묵은 고정관념을 거부하는 게 중요하다. 인류의 바람직한 모습을 그리고 그 상태로 가는 길을 찾아야 한다."[9]

메리가 서머빌 칼리지의 수위실 앞에 섰을 당시 네빌 체임벌린 Neville Chamberlain 총리는 "우리 시대를 위한 평화"를 선언한 뒤였지만 런던의 공원에서는 이미 참호를 파는 작업이 이루어지고 있었다. 사람들 대부분은 유럽이 두 번째 전쟁을 향해 가차 없이 돌진하고 있다는 사실을 알고 있었다. 메리와 다름없이 옥스퍼드 칼리지의 입구에, 그리고 성인이 되는 길목에 선 수많은 젊은 남학생들은 학위를 마칠 수 없으리라 생각했다.

계획이 틀어지지 않았다면 메리는 오스트리아 빈에서 곧장 서머빌로 향했을 것이다. 독일어로 유창하게 대화하며 빈의 문화와 예술에 대해 아무렇지 않게 언급했을 것이다. 하지만 오스트리아에서 메리의 모험은 예정보다 일찍 끝났다. 메리가 빈에 도착한 지 2주 만에 오스트리아가 존재하지 않게 된 것이다. 메리의 스승 진 라운트리(퀘이커 교도이자 자선가인 조지프 라운트리의 손녀)는 메리의 부모에게 오스트리아가 안전할 것이며, 파시즘이 우려스럽기는 해도 대신 메리의 독일어 실력은 늘 것이라고 했다.[10] 진은 1935년 빈에서 안식년을 보내면서 다른 퀘이커 교도들과 함께 피난을 떠나려는 민간인들을 도와준 적이 있었고 그 후 프라하로 가서 같은 일을 했다. 그래서 유럽의 상황에는 상당히 밝았다.[11]

그러나 3월 12일 메리는 나치가 도심을 행진하면서 링슈트라세의 가로등에 붉은 깃발을 줄줄이 매다는 모습을 창밖으로 지켜보았다. 펄럭이는 깃발에는 스와스티카 문양이 꿰매어져 있었다. 금발의 독일 소녀들이 환하게 웃으며 꽃다발을 나눠주는 동안 유대인이 운영하는 가게들은 약탈을 당했고 주인들은 속속 체포되었다. 메리가 머물고 있던 집의 주인이었던 예루살렘 교수도 유대인이었고 체포당했다. 메리는 깨진 유리가 흩어진 거리를 위태롭게 지나 퀘이커 교도들의 집회 장소로 향했다. 퀘이커 친우회의 도움을 받기 위해 간절히 줄지어 선 사람들 틈에 합류했다. 하지만 친우회는 도움을 줄 수 없었다. 예루살렘 교수는 오스트리아 시민이었기 때문이다. 메리는 면담 내내 눈물을 멈출 수 없었다.[12]

메리는 4월이 되기 전에 영국으로 돌아왔고 메리에게 머물 곳을 제공했던 예루살렘 가족도 다행히 얼마 가지 않아 영국으로 뒤따라올 수 있었다. 예루살렘 교수는 풀려나자마자 예루살렘 부인과 14살 딸 레니를 데리고 오스트리아를 벗어나 메리의 집으로 왔다. 예루살렘 가족은 이듬해 4월까지 스크러튼 가족에게 신세를 지다가 팔레스타인으로 이주 허가를 받아 새로운 삶을 시작하게 되었다.[13]

메리는 1937년 가을 입학시험을 치를 당시, 너무 당황한 나머지 시험을 완전히 망쳤다고 생각했지만, 디킨 장학금(3년간 매년 50파운드)을 받게 됐다.[14] 메리는 다운하우스 졸업생이었다. 이 학교는 원래 찰스 다윈의 집에서 시작했다가 버크셔주의 한 여성 종교 공동체가 몸담고 있었던 클로이스터cloister로 자리를 옮겼다. 학교의 설립자이자 교장 올리브 윌리스는 미국 실용주의 철학자 존 듀이로부터 큰 영향을 받은 사람이었다.[15] 듀이에 따르면 교육자의 근본적인 역할은 학생들에게 경험을 통해 여러 좋은 인상을 심어줌으로써 그 인상이 이후의 경험 속에서 결실을 맺고 창작으로 이어지도록 하는 것이다.[16] 아이가 자라면서 "생의 공간과 생의 지속 기간은 확장된다"라고 듀이는 설명한다.[17] 그러므로 아이가 이렇게 확장하는 미래 속을 적당한 호기심을 가지고 나아갈 수 있도록 학교에서는 다양한 경험을 충분히 제공해야 한다.[18]

올리브 윌리스는 선생이 학생 위에서 군림해서는 안 된다고 생각했으며, 나이 많은 사람과 어린 사람이 진정한 친구가 되어야 한다고 생각했다.¹⁹ 행동 교정이 필요할 때는 부드럽게 했다. 메리의 경우 한때 학급 반장이 되어 매우 기뻐했는데, 알고 보니 '덤벙이 스크러튼 교정 운동'의 일환이었다. 메리가 자전거, 악보 가방, 샤프펜슬 세 개, 배드민턴 라켓, 《구약 성경》의 〈판관기〉까지 잃어버리자 학급 친구들까지 나서게 된 것이다.²⁰ 다운하우스에서는 상장을 주지 않았고 학생회장직도 없었으며 아이들을 기숙사별로 나누지도 않았다. 시험과 경쟁 역시 메리의 학창 시절에서는 보기 힘든 것이었다. 그래서 메리는 서머빌 입학시험을 보고 불안에 떨었지만, 논술 시험 답안은 깊은 인상을 남겼다.

　서머빌 칼리지의 요청으로 메리는 대학교에 입학하기 전 1년 동안 즈베긴초프(결혼 전 이름은 다이애나 루커스) 선생과 라틴어와 그리스어를 공부했다. 즈베긴초프 선생은 러시아 이민자 집안의 아들과 결혼했으며, 키가 훤칠하고 당당한 서머빌 졸업생으로 종종 칼리지의 요청에 따라 예비 학생들을 가르치곤 했다.²¹ 즈베긴초프 선생의 방식은 엄격하고 놀라웠다. 이 선생과 공부했던 또 다른 서머빌 학생 프루던스 스미스는 남자 친구에게 이렇게 불평했다. "선생님이 표정 하나 변하지 않고 나더러 찬물을 받아놓고 거기 들어가서…… 명사 변화랑 동사 변화를 노래로 부르면서 외우라고 하시는 거야." 프루던스는 처음에는 이 특이한 방법을 불신했지만, 효과는 아주 좋았다. 죽음을 앞둔 순간에도 굿윈의 '고대 그리스어 법과 시제'가 머릿속을 행진하는 것은 아닌지 두려울 정도였다.²² 즈베긴초프 선생은 메리가 너무 무지하다며 놀라워했고, 메리가 서머빌 장학금을 받고 입학하게 되자 다시 한번 놀라며 이렇게 말했다. "그래도 못난 선생이라는 말보다는 내 예언이 틀렸다는 말을 듣는 편이 낫지."²³

　그해 즈베긴초프 선생은 제자를 한 명 더 받았는데 이 제자에 대해서도 어떤 예언을 했을 것이 분명하다. 바로 아이리스 머독이었다. 아이리스는 한때 "부자들만 다니는 여학교에 가까스로 들어간 가난한 여자아이"라는 소리를 들었다.[24] 아일랜드에서 이민 온 개신교 집안의 외동딸이었던 아이리스는 1919년 7월 15일 더블린의 블레싱턴 59번지에서 태어났다. 리피강 북쪽에 위치한 아이리스의 집은 조지 왕조 시대에 지어진 초라한 연립 주택이었다. 바로 그해 말 아이리스의 가족은 아일랜드해를 건너 런던에 자리를 잡았다. 1921년 아일랜드가 분단되고, 대규모 이주가 벌어진 격변의 시기였다. 아이리스의 말에 따르면 아버지는 잘 살아보려고 잉글랜드로 왔지만 동화되지 못했다. 런던 서쪽 외곽에 살았던 아버지에게는 친구가 거의, 아니 하나도 없었을 것이다. 아버지 휴 머독이 잉글랜드에서 거주한 지 45년 뒤 세상을 떠났을 때, 장례식에는 단 여섯 명만이 참석했다.[25]

1932년 12살이었던 아이리스는 브리스틀 외곽에 있는 일류 여학교인 배드민턴 스쿨에 입학 장학금을 받고 들어갔다. 단 두 학생에게 주어진 기회였다. 학교의 행정을 맡고 있던 콜브룩 선생은 아이리스의 장학금 수여 소식이 《더 타임스》《맨체스터 가디언》그리고 여러 지역 신문에 실렸다고 아이리스의 부모에게 전했다. "기사가 아주 잘 나왔던데요."[26] 배드민턴 학교 교장 비어트리스 메이 베이커 선생("베이커 교장"이라고도 불렸다)은 국제 정세에도 밝은 진보적인 여성으로, 두 차례 세계대전 사이에 끼인 학생들에게 이렇게 말하기도 했다. "독일 아이들은 저렇게 굶주리는데 차를 마실 때 잼까지 달라고 해서야 쓰겠니."[27] 아이리스는 처음 학교에 도착했을 때 집을 끔찍하게 그리워했다. 첫 주에는 얼마나 많이 울었는지 선배 학생들이 아이리스 학대 방지 연합을 만들었는데, 아이리스에게 친절을 베푸는 것이 이 모임의 유일한 활동이었다.[28] 베이커 교장은 "자극이 덜한" 분위기에서 아이리스가 안정을 찾을 수 있도록 수석 정원사 밑으로 보내 정원

일을 시켰다. 온실에 가면 교복인 모직 블라우스 위에 새끼 사슴 색깔의 긴 겉옷을 걸치고 말없이 공들여 새싹을 이식하는 어린 아이리스를 볼 수 있었다.[29]

베이커 교장과 아이리스 학대 방지 연합의 공동 노력은 효과가 있었고 아이리스는 금세 "울음을 멈추고 뛰어난 상상력을 보여주는 다채롭고 훌륭한 에세이"를 쓰기 시작했다고 학급 동료는 말했다.[30] 학교에 다니는 동안 아이리스는 베이커 교장이 가장 아끼는 학생이었고, 언뜻 어울리지 않아 보이는 두 사람이 베이커 교장의 응접실에서 철학에 관한 대화에 푹 빠져 있는 모습이 종종 목격되었다.[31] 아래 학년 학생들은 아이리스가 실력 있는 하키 선수였고 "아주 똑똑하기로" 유명한 데다 인기도 많은 학생 대표였다고 기억했다.[32] "아이리스는 놀라운 학생이고 벌써 삶에 대한 철학이 있단다." 베이커 교장은 한 학년 아래 학생들에게 이렇게 말했다.[33] 라틴어를 가르친 제프리 선생은 아이리스가 "내가 만난 사람 중 가장 친절한 사람에 속했다"라고 회상했다.[34] 1938년 아이리스는 서머빌 칼리지에서 수여하는 연간 40파운드의 공개 장학금을 받게 되었다.

그해 여름, 메리는 즈베긴초프 선생 집에서, 고대 그리스어 명사 변화가 머릿속을 맴도는 가운데 소지품과 구두끈을 질질 끌며 복도를 지나가다가 아이리스와 마주쳤을지도 모른다. 하지만 서머빌 칼리지에 도착해서야 둘은 제대로 서로를 만나게 된다. 뭉툭하게 자른 앞머리와 풍성한 치마를 입은 아이리스는 어느새 당당하고 멋진 모습으로 새로운 환경과 역할에 빠르게 적응하는 학생이 되어 있었다. 배드민턴 스쿨에서 그랬던 것처럼 집을 그리워하는 기색은 없었다.[35] 메리가 훨씬 더 키가 컸지만 두 사람이 나란히 서머빌 칼리지 안뜰을 지나가면 아이리스가 더 깊은 인상을 남겼다. 아이리스의 옥수수 수

서머빌 칼리지 1938년 입학 기념 사진 속 아이리스 머독과 메리 스크러튼.

엄 같은 머리칼과 자신감은 시선을 가로챘다.[36] "아이리스는 꼭 작은 황소 같아!" 한 친구의 어머니는 이렇게 말했다.[37] 학부 동료였던 캐럴 스튜어트는 아이리스가 "토착민" 같다고 묘사하며, "단순함, 순수함, 힘, 존재감"이 있다고 말했다.[38] 그해 입학 기념사진 속에서 어두운 모직 정장을 입은 메리는 맨 앞줄(왼쪽에서 네 번째)에 어색하게 앉아 있고, 밝은색 면 블라우스를 입은 아이리스는 그 뒷줄(앞에서 두 번째 줄, 오른쪽에서 네 번째)에 서 있다.

그해 서머빌 입학생은 총 43명이었고, 즈베긴초프 선생은 어처구니가 없었지만 고전학 전공을 할 수 있는 자격을 갖춘 학생은 아이리스와 메리밖에 없었다.[39] 4년제 고전학 전공 과정은 두 부분으로 나뉘어 있었다. 먼저 5학기 동안 예비 과정을 이수하고, 마지막에 7일 연속으로 3시간짜리 시험을 12차례 보아야 한다. 이 시험에서 학생들은 수업에서 다루지 않은 그리스어와 라틴어 운문과 산문을 유창하고 매끄럽게 번역해야 한다. 시험을 통과한다면 본과 7학기 동안 고대 그리스와 로마의 역사, 고고학, 예술, 그리고 철학을 공부하게 된다.[40] 현대 철학은 칸트까지 다루고, 이후로는 헤겔과 마르크스 정도를 배우며, 논리학, 윤리학, 정치 철학도 약간 포함된다. 그러나 주로 배우게 될 분야는 고대 철학과 그것이 중세 기독교 사상에 끼친 영향이었다. 고대 그리스어 원문으로 읽게 될 《플라톤 국가》와 아리스토텔레스의 《니코마코스 윤리학》이 이들의 주식이 될 터였다. 7학기 과정이 시작된 첫 해, 아이리스와 메리가 선택할 수 있는 강의 중에는 2000년이 넘은 작품에 관한 강의가 무려 14개나 있었다.

입학 첫 학기, 아이리스의 방바닥에 책상다리를 하고 앉아 있는 메리에게 이 모든 것은 나중 일이었다. 아이리스는 책과 꽃으로 둘러싸인 침대에 누워 여학교 시절 친구에게 신나서 편지를 쓰고 있었다. 아이리스는 교수들에게 "머독"이라고 불리는 게 좋았다. 여학교 때는 그냥 아이리스였기 때문이다.[41] 이름이 바뀌었다는 사실은 상태가 바뀌었음을 의미했다. 아이리스는 서머빌 칼리지의 정면에 신축된 건물인 '이스트'에 볕이 잘 드는 방을 배정받았다. 반대쪽 가장 오래된 건물인 '웨스트'에 있는 메리의 방은 어두웠다.[42] 돈이 있는 학생은 그 즉시 나가서 편안한 의자를 샀다. 작은 앞뜰이 내다보이는 아치 위에 있는 아이리스의 2층 방 창문을 내다보면 각종 안락의자가 줄을 지어 안뜰을 가로지르고 출입구를 드나드는 모습이 보였다. 기숙사로 짐을 옮기는 입학생들이었다.[43] 아이리스는 의자 대신 아르데코 양식의 청록색 줄무늬 방석으로 만족하기로 했다.[44] 서머빌 칼리지의 불어 강사 베라 파넬은 아이리스와 메리를 비롯해서 미래의 동물학자, 언어학자, 수학자, 역사학자가 될 동료 입학생들을 학생 사교실에 소집했다. 학생감이기도 했던 베라 파넬은 앞으로 어떤 실수, 어떤 규칙 위반을 저지르거나 추문에 얽히든 그것은 학생 자신뿐만 아니라 여성 학자를 꿈꾸는 모든 후배에게 해가 된다고 경고했다. "행동거지를 조심해

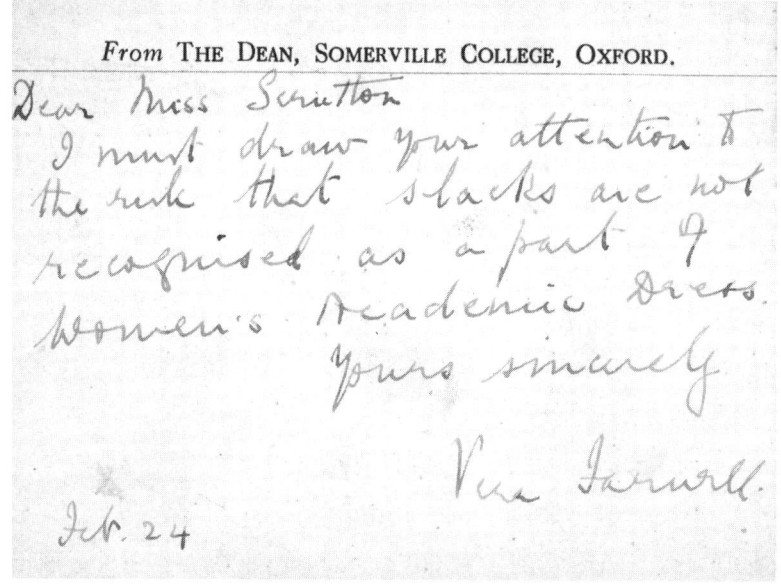

수업 복장에 관해 베라 파넬이 메리 스크러튼에게 보낸 쪽지.

야 한다는 사실을 심각하게 받아들여야 합니다. 웃어넘길 일이 아니에요. 이 대학교에서 여성은 아직도 수습 기간이 끝나지 않은 상태라고 보면 됩니다. 좀 자유분방하게 굴어도 상관없다고 생각할 수도 있지만 그렇지 않습니다."[45] 베라 파넬이 근엄하게 말했다. 몇 달 후 베라 파넬은 메리의 수업 복장(학생용 검은 가운 아래 입는 옷)을 눈여겨보기 시작했다.[46]

어느 날, 메리는 우편함에서 "교칙에 따르면, 바지는 여학생 수업 복장으로 인정되지 않으니 참고 바랍니다"라고 적힌 경고문을 발견했다.[47]

베라 파넬에게 복장 지적을 받은 입학생은 메리 스크러튼이 처음이 아니었다. 학부생 시절, 베라 파넬은 당시 학장이던 에밀리 펜로즈의 메시지를 동료 학부생(그리고 미래의 소설가) 도로시 L. 세이어즈에게 전한 적이 있었다. '울긋불긋한 앵무새를 가둔 금빛 새장이 대롱거리는' 귀고리는 '불필요하고 심지어 무도할 정도로 눈에 띄는 행동이자 복장'이라는 내용이었다.[48]

베라 파넬의 경고는 경험에서 나온 것이었다. 베라는 1911년 현대 언어 전공으로 서머빌에 입학했다. 여성에게 학위가 허용된 지 거의 10년이 지난 시점이었다. 힘겹게 이긴 싸움이었지만, 여전히 여성을 포함한 많은 동료 시민들이 의심을 품고 있었다. 여학생 칼리지 안에서 여성의 삶이 어떤 새로운 모습으로 변하고 있으며, 그것이 외부 세계에 어떤 영향을 끼칠 것인지 누가 알겠는가?

1926년 배서스트 백작 부인(여성 인권 반대 운동가이자 우파 반유대주의 신문《모닝 포스트》의 전 소유자)은 이렇게 불평했다.[49] "여학생들이 이미 옥스퍼드를 엉망으로 해놓았고 여학생 칼리지를 더 만들면 완전히 못쓰게 될 것입니다. 제 아들이 거기 다니고 있는데 여교수가 가르치는 강좌를 세 개나 들어야 한다더군요. 나는 이것이 터무니없고 모욕적이라고 생각합니다. 애들을 케임브리지로 보내지 않은 것을 후회합니다. 그곳은 아직 박력 있는 분위기라고 하더군요."[50] 케임브리지 대학교에서는 1897년 여성에게 학위를 주는 안건이 표결에 부쳐졌는데, 이는 폭동으로 끝났다. 남자 학부생들은 앤 클러프(뉴넘 칼리지의 초대 학장)와 고전학자 캐서린 젝스-블레이크(스코틀랜드 최초의 여성 의사 소피아 젝스-블레이크의 조카)가 자전거를 타고 있는 모습을 본떠 만든 인형을 불태웠다.[51] 안건은 다시 상정되지 않았고 1948년까지 케임브리지는 여성에게 학위를 수여하지 않았다. 옥스퍼드 남학생들이 아침에 커피를 유행처럼 마시게 된 것도 여성 탓이라고 했다. 1920년대의 찻집에서는 총장 루이스 파넬(베라 파넬의 삼촌)이 "불필요하고 남자답지 못한 음식"이라고 부른 메뉴들을 팔기

시작했기 때문이다. 분위기 일체가 "여성화"되고 있다는 우려도 있었다.[52, 53]

옥스퍼드 여학생들은 메리와 아이리스가 입학하기 전 약 10년 동안 상당한 진보를 이루어냈다. 1925년까지 여학생들은 보호자 없이는 어디에도 갈 수 없었고, 강의실도 마찬가지였다. 베라 파넬은 학창 시절을 이렇게 회상했다. "강의를 듣는 여학생이 두어 명에 불과한데도 거의 모든 강사는 여학생이 보호자를 대동해야 한다고 고집했다. 기절하거나 갑자기 흥분하는 등 여성 특유의 법석을 떨어 강사를 곤란하게 만들 수 있다며 우려를 표명한 것이다."[54]

약간의 "보호 비용"을 받고 나이 먹은 기혼 여성들이 대형 강의실에 앉아 '1863년 이후 영국 관념론 역사' 같은 강의를 뜨개질하며 듣는 일도 흔했다.[55] 그러나 아이리스와 메리는 보호자 없이 강의를 들을 수 있었고 심지어 남학생들의 초대를 받아 보호자 없이 남자 기숙사에서 계피 토스트를 먹기도 했다.[56] 반대로 남학생들은 토요일이면 여학생들의 칼리지에 초대받아 차를 마실 수 있었다.

마사 허스트는 결혼을 하고 남편의 성을 따라 '마사 닐Martha Kneale'이 된 뒤에도 레이디마거릿홀에서 연구를 지속할 수 있었던 두 번째 여성 철학자였다. 그런데도 아이리스와 메리가 1학년일 당시 몇몇 여학생이 미심쩍은 설문지를 받았을 때 서머빌 칼리지 식당은 공포에 휩싸이는 것처럼 보였다. 설문지에는 이렇게 적혀 있었다.

"결혼과 일 중에 어느 쪽을 선택할 생각입니까?" 메리는 훗날 이 설문지에 대해서 이렇게 회상했다. "문제는 우리가 그 질문을 외면하고 싶었다는 점이었다." 학생들은 학교 당국이 학생들의 비밀을 캐려는 것은 아닌가 의심했다.[57] "학교가 그걸 알아서 뭐 하게?" 설문지를 받은 학생이 메리에게 물었다. 역정을 내면서도 설문지를 받았다는 사실에 약간 설레어 보였다. 설문지를 받지 못한 메리는 섭섭한 마음이 들었다. 메리는 외모와 두뇌 때문에 영영 사랑을 찾지 못할 수도 있다는 은밀한 두려움을 갖고 있었다.[58] 그래서 학교 당국이 궁금해하지도 않은 걸까? 하지만 설문지는 동료 학부생이 보낸 것으로 결국 밝혀졌다. 훗날 결혼 대신 일을 선택했고 저명한 경제학자가 된 피터 애디의 짓이었다. 피터 애디는 아마도 이때부터 결혼하지 않겠다고 결심했을지 모른다. 이후 피터는 자동차 뒷좌석에서 아이리스와 열정적인 입맞춤을 나누기도 했다.

메리는 두 마리 토끼를 다 잡을 수 있기를 바랐던 반면 아이리스는 우선순위가 뚜렷했다.[59] "나는 간절히 결혼하고 싶어. 결혼할 수 있다면 뭐든 하겠어." 1학년이 끝난 여름, 처웰강을 거슬러 올라 선술집인 빅토리아 암스로 가는 배 안에서 아이리스는 이렇게 선언했다. 메리는 손가락을 강물에 담근 채 물결을 느끼고 있었고 윌리엄스-엘리스 자매 중의 하나(샬롯 아니면 수지)가 삿대로 배를 움직이고 있었다. 쇠물닭 부부가 새끼들을 줄줄이 이끌고 지나쳐 갔다. "이번 학기에만 청혼을 여섯 번이나 받았잖아." 자매 중 하나가 소리치자 배가 잠시 기우뚱한 것 같았다. "그건 무효야." 아이리스가 말했다.[60]

여성 칼리지 네 곳 중에서 서머빌을 제외한 세 곳은 잉글랜드 국교회(성공회) 소속이었고 각 칼리지는 뚜렷한 이미지를 가지고 있었다. 레이디마거릿홀은 부잣집 애들, 세인트 힐다는 가난한 집 애들, 세인트 휴는 독실한 애들, 서머빌은 똑똑한 애들이 간다고 했다. 실제로 이러한 말이 있을 정도였다. "어린 숙녀는 레이디마거릿홀, 운동하면 세인트 힐다, 종교는 세인트 휴, 머리 좋으면 서머빌."[61]

남성 칼리지도 각각 특징이 있었다. 자존심 세고 자유분방한 크라이스트처치, 깡마른 신부 같은 케블, 똑똑하고 진보적인 모들린, 쾌활하고 운동 좋아하는 트리니티, 두뇌가 명석하고 야심에 찬 평등주의자들의 베일리올, 재치 있는 워덤, 진지하게 이성적인 뉴 칼리지.[62] 개별 칼리지의 식당을 보면 더 자세한 구분이 가능했다. 모들린 식당은 사슴 고기를, 크라이스트처치는 들새 고기를 냈고 브레이즈노즈는 퐁듀를 냈다. 머튼은 껍질에 담아내는 게 요리와 산토끼 고기 수프를 제공했다.[63]

각 칼리지는 예산 규모도 달랐다. 서머빌은 다른 여성 칼리지에 비하면 돈이 많았지만, 가장 부유한 세인트 존의 예산은 서머빌의 100배에 달했다.[64] 여성 칼리지는 옥스퍼드 대학의 학생 수 제한 규칙 때문에 더 많은 예산을 확보할 수가 없었다. 이 규칙에 따르면 여학생 한 명을 받을 때마다 남학생 다섯 명을 받아야 했다. 따라서 예산도 제한되었고 수많은 여학생이 입학을 거절당했으며, 사슴 고기나 게 요리는 꿈도 꿀 수 없었다.[65]

돈이 없는 칼리지는 교원도 부족했기에 여성 칼리지는 학부생들을 공유하는 일도 많았다. 세인트 휴 학생이 서머빌에 가서 역사 강의를 듣는 경우가 그랬다. 여학생들은 종종 남성 칼리지 강사들의 지도를 받기도 했지만, 각종 예방 조치가 있었다. 남성 강사는 소규모 수업을 할 때 본인의 연구실에서 여학생들을 가르칠 수 없었고 여성 칼리지로 들어와서 가르쳐야 했다. 그러나 1921년 당시 서머빌 학장 마저리 프라이는 존 매벗이라는 젊은 철학자에게 세인트 존 칼리지에 있는 본인의 연구실에서 여학생들을 가르칠 수 있도록 허락했다. 매벗이 5년 동안 "흉한 일 없이" 여학생들을 잘 가르쳤기 때문이라고 프라이 학장은 설명했다. "뭐, 누구하고든 결혼해야 할 일은 없었잖아요?"[66]

학장이 "흉한 일"을 걱정한 데에는 이유가 있었다. 옥스퍼드 교외의 응접실에서 주름진 접시에 샌드위치를 나누어주는 교수의 부인들 중 다수가 한때 나이가 훨씬 많은 남편의 학생이었다. 1차 대전 이전 옥스퍼드 학생이었던 앨리스 캐머론은 남성 강사들이 여성 학부생들을 편애한 이유에 대해 그들이 이제 막 문을 연 풋내기 여성 칼리지를 "기사도 정신을 가지고 거의 낭만에 젖은 시선으로 보았기 때문"이라고 말했다.[67] 그러나 1930년대 후반 메리와 아이리스가 대학교에 다닐 때 여성 칼리지들은 더 이상 풋내기가 아니었고 그럼에도 "낭만에 젖은 시선"은 끊이지 않았다. 서머빌 학생 진 쿠츠는 메리와 아이리스보다 1년 먼저 입학한 전도유망한 예비 철학자였는데, 고전학 전공 본과를 시작하자마자 수강생이 많지 않았던 J. L. 오스틴J. L. Austin의 아리스토텔레스 강의를 들었다. 첫 수업이 있고 나흘 뒤 진 쿠츠는 오스틴으로부터 새것이 분명해 보이는 손수건을 받았다. 쪽지도 있었다.

친애하는 쿠츠,

손수건을 놓고 가셨나요? 금요일에 연구실 안락의자 위에 놓여 있는 걸 보았습니다. 그런데 손수건에 적힌 건 당신 이름이 아니네요. 일종의 언어적 혼란.

진심을 담아,
오스틴[68]

진 쿠츠는 이 이후로 6개월 동안 오스틴으로부터 적어도 세 번 청혼을 받았고 결국 승낙했다. 서머빌 칼리지 운영 기구가 특별히 허락해 준 덕분에 진 쿠츠는 졸업 시험 이전에 결혼했고, 첫 아이를 밴 상태로 시험을 보았다.

유럽과 대영제국의 미래에 대한 불안감을 배경으로 청소년기를 보낸 메리와 아이리스는 옥스퍼드에 도착했을 때, 이미 정치적 대화를 나눌 준비가 되어 있었고, 바로 이러한 대화를 배경 삼아 서머빌에서 두 사람의 우정이 시작되었다.

메리는 어릴 때부터 최신 좌파 및 진보 사상을 접할 수 있었다. 정치적인 삶을 당연시했고 "날씨처럼 피할 수 없는 것"이라고 보았다.[69] 교구 사택 안에 《뉴 스테이츠먼》이 흩어져 있는 모습은 벽에 붙은 벽지처럼 당연한 일상으로 여겨졌다. 다운하우스에 입학하자마자 메리는 베르사유 평화 협정에 포함된 전쟁 책임 조약에 대한 시를 썼다. 지금은 유실되었지만 올리브 윌리스 교장은 이 시를 교지에 실었다(간결하지만 날카로운 어휘, 독자를 흠칫 놀라게 하는 비유를 구사하는 메리의 문장력은 훗날까지 사라지지 않았다).

"아시다시피 우리 학교 사람들은 다 좌익이에요." 베이커 교장은 배드민턴 학교의 예비 교사들에게 이렇게 다시 일깨워주고는 했다.[70] 아이리스가 배드민턴에 입학하기 1년 전, 베이커 교장은 기자에게 이렇게 설명한 바 있다. "우리의 목표는 봉사의 본질을 가르치는 것입니다…… 학교는 더 이상 외딴 공동체가 되어서는 안 돼요. ……여학생들이 현대 사회의 문제를 용감하고 현명하게 마주하려면 바깥세상과 연결되어야 합니다."[71] 교내 토론 모임에서는 '여자는 가정을 지켜야 한다'라는 주제로 토론을 검토했지만, 반대표가 12표, 찬성표는 없었다. 아이리스도 반대표를 던졌다.[72] 국제 연맹(유엔 이전의 국제기구-옮긴이) 청소년부 회원이었던 십 대 시절의 아이리스는 (다른 학생 여섯 명과 함께) 열흘 동안 제네바에 있는 연맹 여름 학교에 참가하기도 했다. 제네바호에서 헤엄을 치고 발코니가 있는 호텔 방에 놓인 개인 전화기를 보고 감탄하는, 학생으로서는 상상하기 힘든 사치를 누렸다.[73] 베이커 교장은 국제 연맹에 거는 정치적 기대가 컸다. 특별한 의상을 입고 모이는 성탄절 기념 교내 파티에서 베이커 교장은 국제 연맹으로 분장했다.[74] 안타깝게도 사진은 남아 있지 않다.

아이리스는 국제 연맹 논술 대회에서 2년 연속 우승하기도 했다. 첫 번째 우승작은 민주주의와 독재 간에 무엇을 선택할지에 관한 문제를 스페인 내전과 연결해서 서술한 글이었는데 상금이 2파운드 12실링 6펜스였다. 글은 이렇게 시작한다. "사람들은 내일의 세계가 우리 세대의 것이고 우리 마음대로 해도 좋다고 말한다. 그렇지만 그 세상은 다루기가 몹시 곤란한 세상일 것이며, 문제는 이것이다. 세상을 우리 마음대로 한다면 무엇을 어떻게 할 것인가?"[75]

두 번째 우승작의 제목은 '내가 외무부 장관이라면'으로 파시스트 국가가 계속해서 영토 확장을 고집한다면 엄격한 제재로 위협하여 태도를 바꾸게 만들어야 한다는 주장을 담고 있었다. 오로지 경제적 이익으로 파시스트 국가들을 유혹해서 민주 국가들의 대열에 서게 할 수 있다면 "세상은 안정과 확신을 찾을 것이며 전쟁의 위험은 서서히 사라질 것"이라고도 했다.[76] 이 글은 아이리스의 소녀다운 낙관을 보여준다. 당시 히틀러와 무솔리니가 힘을 합쳐 프란시스코 프랑코의 국민 진영을 돕고 있었고, 소련은 공화 진영을 돕고 있었지만 국제 연맹은 바라만 보고 있었다. 다수의 영국 사람들은 스페인 내전을 피와 무기로 사상의 승부를 가르는 결투라고 생각했다. 영국과 아일랜드에서만 2500명이 자원해서 전쟁에 참가했다. 아이리스와 메리보다 불과 몇 살 더 많은 청년이었다. 그중 5분의 1은 돌아오지 못했다. 사회주의 철학자 E. F. 캐릿E. F. Carritt(옥스퍼드에서 최초로 미학 강좌 및 변증법적 유물론 강좌를 연 인물)의 두 아들도 국제 여단 International Brigade에 지원했고 한 명만 살아 돌아왔다.[77]

메리가 실리를 따지는 주의 깊은 성격이었다면 참을성이 부족하고 잠시도 가만히 있지 않았던 아이리스는 어른이자 학부생이라는 역할 속으로 곧장 돌진했다. 금세 학생 사교실 위원회의 1학년 대표가 되었고 학보사 두 곳, 〈처웰〉과 〈옥스퍼드 포워드〉의 기자로 활동했다. 배드민턴 스쿨 교지에 보낸 편지를 통해 아이리스는 "폭풍처럼 휘몰아치는 논문과 작문 과제, 캠페인과 위원회 활동, 셰리주 파티, 정치와 미학 토론"으로 이어지는 대학생활을 묘사했다.[78] 하필 내가 없을 때 신나는 일이 벌어질까 늘 두려워했던 아이리스의 사회생활은 그래서 정신없이 돌아갔다. 칼리지 규칙을 대놓고 어기며 서머빌 칼리지 바로 건너편에 있는 술집 로열 오크에서 "아주 늠름한" 캐럴 스튜어트와 처음 술을 마시기도 했다. 아이리스는 다른 또래들에 비해 (메리 스크러튼도 물론 포함해서) "좀 더 정글의 짐승 같은" 캐럴이 멋있다고 생각했다.[79] 캐럴은 김릿 두 잔을 주문했다.[80]

이탈자는 더 있었다. 베라 파넬의 경고가 무색하게도 밤이 되면 메리의 기숙사 방에서는 월튼 가와 맞닿은 칼리지 담장을 넘는 여학생들을 볼 수 있었다. 이렇게 제멋대로 행동해도 별일 없는 경우도 많았다. 서머빌을 무단이탈한 학생에게 내려지는 유일한 벌은 목욕이었다. 감기에 걸리지 않게 하기 위해서였다.[81] 그러나 유연하지 않은 규칙도 있었다. 특히 칼리지 내의 생활과 공동체 의식에 관한 규칙이 그랬다. 밴버리 가를 따라 1마일 떨어진 세인트 휴 칼리지에 살던 엘리자베스 앤스콤은 일주일에 세 번이나 허락 없이 저녁 식사를 걸러서 지도를 받았다. 바버라 과이어Barbara Gwyer 학장은 엘리자베스가 그다음 주 5일 내내 칼리지 식당에서 저녁을 먹도록 했고 그 이후로도 자리를 비울 때는 사전에 통지하라고 했다. "그때그때 결정하면 안 되나요? 밖에서 먹을 때는 주로 즉흥적으로 초대를 받아 가는 거라서요." 엘리자베스가 애원했다. "앤스콤 씨, 설마 그렇게 마음 내키는 대로 어영부영 살고 있다는 말은 하지 말아요." 학장이 말했다.[82]

아이리스도 자기 나름대로 어영부영하며 서머빌 식당을 돌아다

넜다. 서머빌 식당에서 사람들이 조금씩 자기 자리를 찾아가고 있을 때였다. 상석은 교수들 차지였다. 베라 파넬은 주로 학장 헬렌 다비셔 Helen Darbishire와 무언가를 상의하는 모습이었다. (두 사람은 가까운 친구였고 훗날 한집에 살기도 했다.) 고전학자 밀드레드 하틀리는 고대사를 가르치는 매혹적인 이소벨 헨더슨, 혹은 역사학자 루시 서덜랜드와 담소를 나누곤 했다. 3학년은 창가의 긴 식탁 세 곳에 나누어 앉았고 2학년은 식당의 한가운데, 1학년은 배식구에 가까운 쪽에 앉았다. 평범하게 한 방향으로 살피면 이렇지만, 삐딱하게 수직 방향으로 보면 좀 더 미묘한 질서가 지배하고 있었다. 교수들이 앉은 식탁에 가까운 쪽에는 걱정 많은 학생들이 앉아 있었다. 주로 감색과 베이지색 옷을 입은 이 학생들은 식사 시간이 되면 무리 지어 도서관을 나와 식당으로 왔다가 식사가 끝나면 다시 도서관으로 돌아갔다. 이러한 유형의 학생들에게는 "토끼"라는 별명도 있었다. 베라 파넬의 시야를 벗어난 반대쪽 식탁에는 "머리가 길고 눈이 암사슴처럼 어여쁜 학생들을 중심으로 이런저런 학생들이 앉아 있었다. 이들은 다채로우면서도 하나같이 흥미로운 옷차림이었고 식사 시간에 늦는 경우가 많았다." 나탈리아 갈리친 공주도 그쪽에 앉았는데, 1학기 때 애인과 함께 달아났다.[83] 대담하고 패션 감각이 아주 뛰어났던 공산주의자 레오니 마시는 볼셰비키처럼 옷을 입었는데…… 따뜻한 모직 조끼에 파란 서지 스커트를 입고 빨간 벨트와 샌들, 빨간 장갑을 착용했다. 머리는 "덤비는 사자의 검은 갈기털" 같았다.[84]

라트비아계 유대인의 피가 섞인 아름다운 루시 클라츠코도 그쪽에 앉았다. 당시 졸업반이었던 루시는 서머빌 담장을 넘다가 걸리기도 했지만, 이후 수녀가 되었고 아이리스와 절친하게 지냈다.[85] 훗날 아이리스에게 "인생의 진실"을 알려주었다고 주장했던, 도발적인 앤 클로크, 폴란드에서 온 학부생이자 공산당원이었던 주잔나 프셰보르

서머빌 칼리지 식사 시간, 1930년경.

스카도 있었다. 한편 "중간 식탁은 꽤 어중간했다."[86, 87] 토끼들, 어중간한 애들, 어여쁜 애들 순이었다. 한편 아이리스는 이들을 "답답한 애들, 그저 그런 애들, 화끈한 애들"로 분류했다.[88]

메리는 중간에 앉았다. 삿대를 잡았던 동물학과 학생 샬럿도 함께였다(샬럿은 아주 어렸을 때 엄마한테 "새들은 왜 있어요?"라고 물었다고 한다).[89] 메리의 머릿속 지도에 기본 생물학 지식을 넣어준 그레타 마이어스도 이쪽이었다. 세상일에 밝았던 그레타는 메리에게 머리를 걸스카우트처럼 땋지 말 것과 신발을 어떻게 좀 해볼 것을 당부했다.[90] 아이리스는 다양한 사람들과 어울렸지만, 친구들을 서로 소개시켜 줄 생각은 하지 않았고, 여기저기 떠돌아다녔어도 대체로 메리와

함께 중간 쪽 식탁에 앉아 있었다.[91]

바로 이 식당에서 아이리스와 메리는 이 책의 세 번째 주인공인 세인트 휴 칼리지의 엘리자베스 앤스콤을 만나게 된다. 하지만 아직은 아니다.

세인트 휴 칼리지의
엘리자베스 앤스콤

엘리자베스 앤스콤은 1937년 여름 클라라 에블린 모던 장학금 수상자로 선정되어 60파운드를 지원받았다.[92] 여성 참정권 운동가이자 여성의 교육을 지지한 클라라 모던은 1897년 장학금을 만들고 한 가지 조건을 달았다. 장학금을 수여받은 자는 "해당 기간 동안 살아 있는 동물을 대상으로 하는 어떤 실험이나 시연을 해서도 안 되고 그런 실험에 참여해서도 안 된다"라는 조건이었다.[93] 엘리자베스는 옥스퍼드에서 아이리스와 메리보다 1년 먼저 고전학 전공을 시작했고, 2년 후 2차 대전이 시작되었다. 2학기 말 세인트 휴 칼리지의 고전학 강사 도로시아 그레이는 "앤스콤의 가장 뛰어난 미덕"으로 "논리와 유머 감각"을 꼽았다.[94]

런던의 루이셤에 위치한 시드넘 스쿨은 뛰어난 학생의 졸업을 슬퍼했다고 한다. 이 학교의 학생 정치부 서기는 엘리자베스가 마지막 학기에 참여한 '모의 재판'에 대해 다음과 같이 적었다.

모의 재판의 성공은 누구보다 엘리자베스 앤스콤 덕택이었다. 재판 전체를 아주 훌륭하게 기획했을 뿐만 아니라, 판사 역할도 아주 잘 해냈다. 법관다운 태도를 정확하게 보여주었고 적당한 순간에 싱거운 발언을 던져 재판 절차를 더욱 재미있게 만들었으며, 능숙하고 재치 있게 마무리했다. 학기가 끝나고 엘리자베스와 작별하게 되어 정말 안타까웠다. 언제나 정치부에서 가장 적극적인 회원이었고 정치부 활동에 늘 열심히 참여했으며 회의를 성공적으로 이끌었다.[95]

엘리자베스는 즈베긴초프 선생에게 갈 필요가 없었다. 1935년 교지에는 다음과 같은 내용이 실려 있다. "그리스어 능력이 우수한 졸업생에게 수여하는 조지 핼럼상, 라틴어 능력이 우수한 졸업생에게 수여하는 매리 거니상, 성년聖年 논술 교감상, 총 세 개의 재단상을 수여받은 엘리자베스 앤스콤의 뛰어난 성과에 축하를 전한다."[96] 어릴 때부터 쌍둥이 오빠 존, 톰과 함께 어머니 거트루드 토마스에게 그리스어를 배운 덕분이다. 삼남매가 플라톤을 처음 접한 것도 이때다.[97] 흔치 않은 일이기는 했지만, 거트루드를 가르친 가정 교사들이 남성이었기 때문이다. 거트루드의 삼촌이 여성 가정 교사들에게 지칠 줄 모르고 추파를 던진 탓에 거트루드의 부모는 남성을 고용할 수밖에 없었다. 그래서 거트루드는 프랑스어와 자수를 배우는 대신 라틴어와 그리스어를 공부했고 에버리스트위스 대학교에서 고전학을 전공한 뒤, 여학교 교장이 되었다. 그리고 서른아홉에 늦은 결혼을 할 때까지 일을 계속했다. 엘리자베스가 시드넘 스쿨에 입학했을 때 거트루드는 엘리자베스가 계속해서 그리스어를 배워야 한다고 고집하면서 학교장 이디스 터너에게 딸을 대학에 보낼 생각이라고 말했다.[98]

"종교는 세인트 휴"라는 말답게 세인트 휴 칼리지는 1만 7000평의 아름다운 정원 위에 자리하고 있다. 봄여름, 여학생들은 넓은 잔디

세인트 휴 칼리지 정원의 엘리자베스 앤스콤, 1938년경.

정원 위에 이리저리 흩어져 깔개를 깔고 늘어져 앉거나 이따금 휴대용 의자를 펼쳐 놓고 블랙커피를 마시고 책을 읽었다. 엘리자베스 앤스콤의 앞날을 예언하는 듯한 환경이었다. 위 사진에서 엘리자베스는 맨 뒷줄, 오른쪽에 서 있다.

과이어 학장은 세인트 휴 칼리지가 "하느님에 의해 존재하게 되었다"라고 믿었다.[99] 실제로는 데임 엘리자베스 워즈워스(여기서 '데임Dame'은 기사 작위를 받은 여성에게 붙는 존칭-옮긴이)가 설립했다. 1886년 워즈워스는 (여성을 교육하는 것은 "야만적"이라는 오빠의 말을 무시하고 학장이 된 뒤) 레이디마거릿홀을 확장해서 "넉넉지 않은 집안" 출신의 여학생, 주로 교구 사제 집안의 딸들을 위한 새로운 기숙사형 교육 공간을 만들었다.[100] 이렇게 설립된 세인트 휴 홀은 이후 세인트 휴 칼리지로 이름이 바뀌었고 여학교 교장을 배출하는 데 딱 알맞은 곳이라는 명성을 얻었다.[101]

과이어 학장이 세인트 휴 칼리지를 책임졌다면 아름다운 정원은 옥스퍼드 최초 여성 강사였던 애니 로저스Annie Rogers의 영역이었다. 애니 로저스는 대학 내 여학생들의 지위를 남학생과 동등하게 만들기 위한 투쟁을 기록으로 남겼던 사람이기도 하다.[102] 1857년에 태어나 어릴 때는 루이스 캐럴(《이상한 나라의 앨리스》의 작가-옮긴이)의 모델이 되기도 했던 애니 로저스는 그 투쟁을 직접 경험했다.[103] 17세에 카운티 시험(지역 상급생 시험)에서 1등을 했고 우스터 칼리지와 베일리올 칼리지 공개 장학금 수여 대상이 됐다. 두 칼리지의 교수진은 이름만 보고는 이처럼 높은 성적을 얻은 학생이 여학생인 줄 꿈에도 몰랐다. 결국 A.M.A.H. 로저스가 "애니" 로저스라는 사실이 밝혀졌을 때 장학금 수여 결정이 취소되었다. (베일리올은 위로를 건네며 총 네 권으로 이루어진 호메로스 전집을 선물로 주었다.)[104] 애니 로저스가 1921년 고전학 강사직에서 은퇴했을 때 세인트 휴 칼리지는 로저스를 위해 정원지기 자리를 만들었다. 애니 로저스가 주재한 정원 관리 위원회의 초기 회의록은 먹을거리를 더 많이 키워야 한다는 1차 대전 이후의 분위기를 반영했다. 감자, 루바브, 자두, 사과나무를 심었고 까치밥나무와 구스베리나무도 심었다. 하지만 애니 로저스는 꽃이 피는 식물을 키우는 데 가장 자신이 있었고, 세인트 휴 정원은 이 목적에 아주 적합했다. 시계꽃, 은매화, 비파나무, 석류나무는 남쪽을 바라보는 본관 건물의 보호 아래 무럭무럭 자랐다. 작은 골짜기의 음지에서는 고사리가 무성했다. 테라스에는 색깔을 고려해서 헬리안테뭄, 꽃잔디, 바위취 등을 심었다.[105] 애니 로저스는 주로 풀이 많은 정원 가장자리에 나타나 접이식 의자에 앉아 아주 오래된 벨벳 모자를 쓰고 식물을 가꾸곤 했다. 아무리 정원이라도 공공장소에서는 절대 모자를 벗지 않는다는 오랜 관습을 지킨 것이다.

엘리자베스는 옥스퍼드에 도착했을 때 이미 철학 공부를 '치열하게' 해본 경험이 있었다. 처음 엘리자베스의 호기심을 사로잡은 것은 어머니가 선택한 플라톤의 대화편이 아니라 19세기 예수회 서적《자연신학》이었다. 13세 즈음 G. K. 체스터턴이 종교에 대해 쓴 여러 글을 읽은 엘리자베스는 가톨릭 신앙에 이끌려 가족 신앙이었던 잉글랜드 성공회와 멀어지게 되었다.[106] 부모님은 딸의 개종을 막으려고 애썼지만, 이를 무시한 엘리자베스는 온갖 다양한 글을 왕성하게 읽기 시작했고 그러는 와중에《자연신학》도 읽게 된 것이다. 게걸스럽게 이를 탐독한 엘리자베스는 두 가지 생각에 대한 의문이 생겼다. 한 가지는 인간이 모든 미래 시점에 자유롭게 하게 될 선택을 신이 틀림없이 알 수 있다는 생각이었다.[107] 모순이 있는 것 같았다. 예를 들어, 앨런 웰스 앤스콤과 결혼하기로 한 어머니의 선택을 신이 틀림없이 알고 있었다면 어떻게 자유로운 선택이라고 할 수 있을까?

두 번째 의문은 엘리자베스로 하여금 철학을 하게 만들었다. 이 책에는 모든 사건에 필히 원인이 있어야 한다는 원칙에 대한 이른바 증명이 들어 있었다. 그러나 엘리자베스는 이 증명의 논증에 오류가 보인다고 생각했고, 그 오류를 수정하기 위해 나섰다. 이런저런 시도를 해보았고 새로운 논증을 종이에 옮겨 적어보았지만 그럴 때마다 동일한 문제가 겉만 다른 모습으로 계속 되풀이되었다. 엘리자베스는 공들여 적은 내용을 찢어버리고 다시 시도하는 일을 반복했다. 또 엘리자베스는 플라톤이 그려낸 스승 소크라테스에게 영향을 받은 것은 아닌가 싶게 주변 사람들을 취조했다. "어떤 일이 일어났을 때, 그 일에 원인이 있다고 왜 확신하는 걸까요?"[108] 왜? 왜? 왜? 아무도 제대로 된 답변을 주지 않았고 엘리자베스는 멈추지 않았다. 2, 3년간 애쓴 뒤에 '예비 증명 다섯 가지'를 도출했지만, 각각 매번 좀 더 교활하게 위장했을 뿐 동일한 오류를 숨기고 있었다.[109] 이 와중에도 엘리자베스는 정치부 활동에 학생다운 열정을 쏟아붓고 있었으며, 남는 시간에는 쌍둥이 오빠들을 상대로 길고 긴 (때로는 살인적인) 형제 간의 전투를 벌이고 있었다(엘리자베스는 오빠들의 놀이 천막 속에 막대기를 들고 잠복한 적이 있다고 훗날 메리에게 고백했다. 오빠가 머리를 들이미는 순간 공격할 작정이었다).[110]

옥스퍼드에 입학한 뒤 엘리자베스는 정식으로 개종 절차를 밟았다. 도미니코회 사제 리처드 키호 신부를 찾아가 질문을 던진 것이다. 신부는 조숙했던 엘리자베스가 어린 시절 가졌던 여러 가지 의문이 재미있다고 여기면서 공감했다. 도미니코회와 예수회 간의 치열한 교리 논쟁의 핵심을 건드렸기 때문이었다. 그럼에도 신부는 그런 걸 다 믿지 않아도 가톨릭이 될 수 있다고 엘리자베스를 안심시켜 주었다. 이렇게 엘리자베스는 잉글랜드 성공회 관할 사제의 아내와 딸들이 이어온 대를 끊고 로마 가톨릭교회로 개종했다. 엘리자베스가 가톨릭 교도가 된 것은 1938년 부활절로 아이리스와 메리가 옥스퍼드에 입학하기 몇 달 전이었다.[111] 이 책에서 다루는 이야기 속에서 엘리자베스가 예배를 드린 곳은 서머빌 기숙사에서 노란 종탑이 보이고 종소리가 들리는 성알로이시오 성당이다. 새벽 기도 시간에 이곳으로 가면 엘리자베스를 찾을 수 있다.

1938년 엘리자베스는 기혼 여성 철학 교수 마사 닐로부터 논리학 수업을 들었다. 철학 강의 목록에 단 한 명이지만 기혼 여성이 새로이 등장했다는 사실은 앤스콤에게 약간의 위로가 되었다. 아이리스가 청혼을 (여섯 번) 받기도 전에 엘리자베스는 이미 처음으로 받은 청혼을 수락해서 약혼자가 있는 상태였기 때문이다. 엘리자베스는 정식으로 가톨릭교도가 된 지 몇 달 뒤 옥스퍼드 북서쪽으로 5마일 정도 떨어진 작은 마을 베그브로크에 있는 한 작은 수도원에서 성체 축일 행렬에 참여했다. 감사와 나눔의 행사인 이날은 예수 그리스도의 몸, 피, 영혼과 신성의 실재적 존재를 기념하는 날이다. 미사가 끝난 뒤에는 진회색 수사복을 입은 성모 마리아 시종회 수사들이 향 연기와 라틴어가 어우러진 안개 속에서 성찬을 들고 교회를 가로질러 제단으로 간다. 그곳에서 엘리자베스는 피터 기치Peter Geach를 만났다. 엘리자베스보다 세 살 많은 기치 역시 가톨릭으로 개종했고 베일리올 칼리지에서 철학을 가르치고 있었다.

피터는 올리버 트위스트와 존 스튜어트 밀을 섞어놓은 듯한 불행한 어린 시절을 보냈다. 폴란드 이민자의 딸 엘리오노라 스고니나는 케임브리지 대학교에서 문학을 공부했다.[112] 거기서 피터의 아버지 조지 헨더 기치를 만나 결혼했고 펀자브주의 라호르로 갔다. 조지가 인도 교육부 일원으로 철학을 가르치게 되었기 때문이다. 결혼 생활은 행복하지 않았고 1916년 영국으로 가서 피터를 낳은 엘리오노라는 남편과의 결혼 생활이 아닌 학업을 계속하기로 했다. 도로시 L. 세이어즈의 지도를 받으며 서머빌에서 세 학기 동안 공부한 뒤 시를 출간하기 시작했다.[113] 피터는 걸음마를 할 무렵 폴란드 말을 하는 조부모와 함께 카디프에서 살았다. 그동안 엘리오노라는 공부를 계속했고 도로시 L. 세이어즈, 토머스 웨이드 어프와 함께《옥스퍼드 시 1918》을 편집했다.

1920년에 피터의 인생은 갑자기 뒤바뀌었다. 아직 라호르에 있던 조지는 피터의 양육을 타르에게 맡기는 법원 명령을 얻어냈다. 타르는 한때 조지의 보호자이기도 했던 노년 여성이었다. 피터는 어머니와 헤어졌고 이후 다시 만나지 못했으며 기숙 학교로 보내졌다. 4

년 후 피터의 아버지는 라호르에서 돌아왔지만, 영국 내 대학교에서 교수직을 얻지 못한 까닭에 직접 피터를 가르쳤다. 조지가 케임브리지 대학교에서 윤리학을 전공한 덕에 피터는 열세 살에 이미 네빌 케인스의《형식 논리학》을 통달했고 러셀과 화이트헤드의《수학 원리》를 공부했으며, 조지 버클리의《하일라스와 필로누스가 나눈 대화 세 마당》, 존 스튜어트 밀의《공리주의》, 맥타거트의《종교에 관한 교리들》에 들어 있는 논리적 오류를 연구했다.[114]

피터는 1934년 옥스퍼드에 입학한 뒤 지칠 줄 모르고 아들을 훈련시켰던 아버지를 벗어날 수 있었다. 조지는 아들이 케임브리지 교육을 받는 쪽을 훨씬 선호했지만, (조지는 "피터, 옥스퍼드에서 논리학이라고 부르는 건 형편없는 장난에 지나지 않는단다"라고 말했다.[115]) 경제적인 이유에서 보낼 수 없었다. 베일리올 칼리지에서 장학금도 받았지만 조지는 피터의 나머지 등록금을 낼 능력이 되지 않았다. 한두 해쯤 지났을까 베일리올 칼리지는 피터에게 전액 장학금을 제공하기로 했는데 놀라운 조건이 한 가지 있었다. 정신과 의사의 충고를 받들어 아버지를 다시는 보지 않는 데 동의하는 조건이었다.[116] 피터는 조건을 받아들였고 18세에 고아나 다름없는 신세가 된 뒤 로마 가톨릭 교회로 개종했다.

피터의 말에 따르면 종교적으로 다시 태어난 그는 "사랑과 사랑에 빠졌고", "구애하고 결혼할 여자"가 간절했다.[117] 베그브로크에서 미사를 마치고 한 젊은 여자를 만난 피터는 그 여자를 다른 사람과 착각하고 청혼했다.[118] 엘리자베스의 이야기는 다르다. 엘리자베스는 피터가 축일 행렬 이후에 다가와 어깨를 주무르면서 이렇게 말했다고 한다. "앤스콤 씨, 난 당신의 지성이 마음에 들어요."[119] 향내와 영적인 흥분 상태가 어우러져 두 사람의 기억이 잘못된 걸 수도 있지만 두 이야기 모두 딱히 믿을 만한 것은 못 되고 개인의 독자성에 관심이 있는 두 철학자가 은밀히 공유하는 농담일 가능성이 크다. 엘리자베스는 "좋아요"라고 했거나 "나도 그래요"라고 대답했는데 어느 쪽인지는 독자가 판단하면 된다. 얼마 안 가 엘리자베스는 약혼자와 토마스 아퀴나스, 그리고 고틀로프 프레게의 새로운 논리학을 공부했다. 둘은 함께 루트비히 비트겐슈타인Ludwig Wittgenstein의 《논리-철학 논고》를 읽기도 했다. 1차 대전 당시 참호 속에서 쓴 이 짧지만 어려운 책은 언어 구조에 대한 설명을 통해 사유의 경계를 설정하려는 비트겐슈타인의 첫 시도를 담고 있었다. 피터는 이후 이렇게 우쭐대며 말하기도 했다. "엘리자베스는 나로부터 철학에 관해 배운 게 많다. 이 방면으로 재능이 보였다."[120]

메리와 아이리스, 정치판에 뛰어들다 & 보어스힐 거주자들을 만나다

아이리스의 그리스어 실력은 메리보다는 좀 나았지만 두 사람 모두 공교육을 받은 남학생들에 비하면 심각하게 뒤처져 있었다. 즈베긴초프 선생의 응접실에서 아무리 많은 시간을 보내도 인격 형성이라는 교육 목적 아래 일찍부터 그리스어와 라틴어를 배운 남학생들을 따라갈 수는 없었다. 그래서 두 사람은 짐을 푸는 동시에 함께 남학생들을 "따라잡기 위한 절박한 달리기"를 시작했다.[121] 서머빌 칼리지 소속으로 두 사람의 소규모 수업 강사였던 깐깐한 밀드레드 하틀리는 두 학생의 낮은 수준이 썩 마음에 들지는 않았지만, 남학생과 다름없는 기준을 적용해야 한다고 고집했다. 밀드레드는 여학생들이 남학생보다 "말도 안 되게 더 높은" 허들을 넘어야 한다는 사실을 간과하고, 그것을 평등이라고 믿었다. 아이리스와 메리는 그런 그의 지도에 괴로워하면서 더욱 끈끈해졌다. 밀드레드의 지도에 따라 두 사람은 선택 과정으로 '라틴어와 그리스어 운문·산문 쓰기'를 택했는데 이는 빛을 던져줄 2차 문헌으로의 접근을 스스로 차단해 버리는 자학적인 결정이었다.[122] 밀드레드가 이처럼 최고를 요구한 것은 그리스어에 대한 본인의 애정이 컸기 때문이다. 밀드레드는 기꺼이 두 학생과 함께 경기에 참가했다. 밀드레드는 아이리스의 다소 기묘한 옷차림을 눈감아 주었는데 (밀드레드는 "항상 화려한 옷을 입고 오는 것 같았다"라고 회상했다.) 아이리스의 넘치는 에너지가 마음에 들었기 때문이다. "빈둥거리는 법을 모르는 학생이었다"라고 밀드레드는 회상한다.[123] 이것은 굉장한 찬사였다. 놀라운 활력을 보여주며 한순간도 긴장을 놓지 않다가 방학이 되면 비로소 바지로 갈아입고 한 손에는 스릴러물, 다른 한 손에는 파이프를 드는 밀드레드였기 때문이다.[124]

볕이 잘 드는 아이리스의 방에서 두 친구는 그리스어 운문과 산문을 놓고 씨름하면서 매주 방대한 양의 오역과 수준 이하의 연습 문장을 생산했다. 그러나 1938년이 되자 정치적 상황의 긴급한 부름은 무시하기 힘들어졌고 둘은 선거 운동의 광풍에 휘말리게 되었다. 네빌 체임벌린 총리가 1938년 9월 뮌헨에서 돌아와 "우리 시대를 위한 평화"를 선언하자 대중은 극심하게 분열되었다. 서머빌 출신의 비어트릭스 월시는 "히틀러의 손에서 갓 전달된 종이를 휘두르던" 체임벌린의 모습을 기억한다.[125] 이 모습을 본 일부는 그를 구세주, 일부는 역적으로 생각했다. 이미 유럽을 도망쳐 나와 영국 여러 도시의 길에 나앉아 있던 피난민들에게 이것은 충격적인 배신이었다. 아버지 에른스트와 함께 독일을 떠나 영국으로 온 칸트 연구자 하인츠 카시러 Heinz Cassirer는 며칠 후 밀드레드 하틀리의 기숙사를 찾았다. 서머빌 칼리지로 가면 마음을 같이 하는 사람들, 친구가 되어줄 사람들을 찾을 수 있다는 소문을 들었던 것이다. 카시러는 나치의 위협 아래서도 단호하게 버틸 사람들이 아직 주위에 있다는 확신을 얻고자 했다.[126]

뮌헨 협정 한 달 뒤 옥스퍼드에서 치러진 하원의원 보궐 선거는 체임벌린의 행동에 반대 의사를 표명할 기회였다. 크라이스트처치 칼리지의 경제학자 로이 해러드는 일간지 《옥스퍼드 메일》에 노동당과 자유당 후보들에게 보내는 공개 서신을 실어 사퇴하고 유화 정책에 반대하는 무소속 후보를 지원해 줄 수 있겠느냐고 제안했다. 두 당은 투표 겨우 9일 전에 합의에 이르렀다.[127] 공석을 놓고 경쟁하게 된 두 후보 모두 옥스퍼드 교수였다. 유화 정책에 찬성하는 쪽은 보수당 후보 퀸틴 호그로 올소울즈 칼리지 소속이었다. 반대하는 쪽은 베일리올 칼리지 학장인 정치 철학자 A. D. 린지A. D. Lindsay였다.

메리와 아이리스는 세인트 피터홀 건너편 급조된 린지의 선거 운동 본부에서 다른 학부생들과 컨베이어 벨트를 이루어 봉투에 내용물을 넣는 작업을 했다.[128] 메리는 "허드렛일을 돕고 봉투에 주소를 적었다"라고 회상했다.[129] 두 사람 곁에는 서머빌의 뛰어난 고대사 강사인 이소벨 헨더슨이 있었다. 아이리스와 메리, 엘리자베스는 옥스퍼드에 있으면서 모두 이소벨의 수업을 들었다. 이소벨이 1차 문헌을 바탕으로 재구성한, 유명하지는 않아도 독창적인 로마 정치사 강의를 따라가려고 애쓰면서 그들은 이 "단연코 정치적인 동물"의 연구실에 흩뿌려진 사회주의 동맹 소책자들을 보았을 것이다.[130] 프란시스코 프랑코가 정권을 잡았을 때 이소벨은 "스페인을 깊이 사랑하는 사람이었음에도 프랑코가 몰락하기 전까지 다시는 스페인 땅을 밟지 않겠다고 맹세했다."[131] 정치와 강의 외에도 "이소벨의 삶에서 빼놓을 수 없는 것은 음악, 경마, 시, 크리켓, 지중해였다."[132] 이소벨은 흥을 돋울 줄 아는 발랄한 사람이었다. 긴 드레스에 어깨에는 모피를 걸치고,

1938년 옥스퍼드 보궐 선거에서 A. D. 린지의 선거 책자.

팔꿈치까지 오는 흰 장갑 위에 다이아몬드 팔찌를 겹쳐 낀 채 닭고기 앙크루트에 고기용 칼을 꽂는 모습이 마치 순간을 포착한 사진처럼 누군가의 기억에 남아 있다.[133] 비극적인 과거는 이소벨의 매력을 더했다. 결혼 전 성이 먼로였던 이소벨은 약혼자가 있는 상태에서도 연구원에 선정된 최초의 여성이었다. 결혼식은 1933년 6월 옥스퍼드에서 있었고 한때 이소벨을 가르쳤던 R. G. 콜링우드R. G. Collingwood의 딸이 들러리를 섰다.[134] 부부는 이탈리아로 신혼여행을 떠났지만, 이소벨은 홀몸이 되어 돌아왔다. 찰스 헨더슨이 몬테산탄젤로 성역을 여행하던 중에 심장 마비로 숨을 거두었기 때문이다.[135]

린지의 지지자들은 다양했다. 공산주의자, 노동당원, 자유당원도 있었고 엇나가는 보수당원도 몇 있었다. 스톡턴의 보수당 의원이었던 해럴드 맥밀런은 타운홀에서 열린 집회에서 A. D. 린지를 지지하는 연설을 했다. 옥스퍼드 동물학자 솔리 저커만은 수화기를 친구 랜돌프 처칠이 있는 쪽으로 돌렸다. 반대편에서 랜돌프의 아버지 윈스턴 처칠의 우렁찬 목소리가 들려왔다. "린지가 반드시 당선되어야 해."[136]

에드워드 히스(미래의 보수당 총리)는 자전거를 타고 옥스퍼드 시내를 돌면서 좌익 성향의 데니스 힐리와 함께 선거 운동을 했다. 두 사람 모두 린지의 제자였고, 재킷 안주머니에는 존 로크의 책은 물론 쇠렌 키르케고르나 신비주의자 표트르 우스펜스키의 책이 들어 있을 가능성이 컸다.[137] 옥스퍼드의 무정부주의자 집단도 베일리올 학장에 대한 '지지 아닌 지지'를 약속했다.

친애하는 학장님,

우리 옥스퍼드 무정부주의자들은 귀하의 의원 선거 운동을 지지할 수 없습니다. 사실상 우리는 어떤 선거에서도 투표하지 않을 것을 독려하는 운동을 준비 중입니다. 하지만 귀하께서 체임벌린을 저지할 준비가 되었다고 하시니, 우리는 퀸틴 호그의 지지층만을 상대로 불투표 운동을 벌일 예정임을 알려드립니다.[138]

호그의 지지자들은 린지가 스탈린으로부터 전보를 받았다고 경고했지만, 이플리 가의 우편함에 린지의 선거 책자를 줄줄이 꽂아 넣고 있던 서머빌의 수많은 젊은 여성에게 이것은 더 큰 용기를 주었다.[139]

아이리스와 메리는 함께 '최고의 여학생들'이 간다는 교내 노동당 클럽에 들어갔다(1936년에 이 클럽 여학생들은 일본의 중국 침략에 저항해서 실크 스타킹을 불태웠다고 한다).[140] 베라 파넬의 심기를 건드릴 작정을 한 몇몇은 붉은 맹세에 걸맞게 붉은 립스틱을 발랐다. 전해지는 말에 따르면, 남성 회원도 있었는데 오로지 '여자를 만나기 위해' 들어온 학생들이었다. 보수당 클럽의 운영위원 두 명이 노동당 클럽 회원 목록에 이름을 올린 것도 그런 이유에서였을 것이다. 그러나 회원들에게 중요한 문제는 '얼마나 멀리 가느냐'보다 '얼마나 왼쪽으로 가느냐'였다. 분홍빛 노동당이냐, 아니면 아이리스와 레오니 마시처럼 새빨간 공산당이냐? "내가 옥스퍼드에 도착하자마자 한 일은 공산당 입당하는 것"이라고 아이리스는 훗날 말했다.[141] (엄밀히 말하자면 사실이 아니다. 제일 먼저 노란 종탑이 있는 성알로이시오 성당으로 갔다. 가는 길에 엘리자베스와 스쳤을지도 모른다. 아이리스는 성당에 가서 문을 두드렸지만, 아무런 대답이 없었다.)[142]

서머빌에서 두 번째 학기를 맞은 아이리스가 배드민턴 시절 친구 앤 리치에게 보낸 편지에서 젊고 순진한 아이리스의 열광적인 마음이 엿보인다. "이전까지 모호하고 무력했던 나의 이상주의적 생각을 인도하고 바로 잡아주는 당이 있어서 정말 신께 감사할 일이야. 이제야 내가 어느 정도 도움이 되는 사람처럼 느껴져. 인생에 목적이 있고, 문명의 역사가 그저 우연하고 뒤죽박죽 얽혀 있는 것이 아니라 가장 고차원적 사회인 소비에트 세계 국가로 향하는 합리적인 발전이라는 사실을 깨닫고 있어." 그리고 유혈 사태에 대한 앤의 우려를 예상했는지 이렇게 안심시켰다. "볼셰비키 혁명은 아무렇게나 폭탄을 던지는 감정적이고 광적인 일이 아니야. 정교하게 기획된 과학적인 사건이고 폭력을 최소화할 수 있는 시점에 벌어지게 되어 있어."[143] 아이리스는 그 영광스럽고 효율적인 날을 기다리며 "괜찮은 옥스퍼드 좌익"들과 함께 로열 앨버트홀에서 열리는 인민 음악 축제에 갔다.

스페인 국가가 흐를 때 아이리스는 자리에서 일어났고 붉은 사제복을 입은 캔터베리 대성당의 주임 사제는 "소비에트 연방 사람들의 충만한 삶"을 칭송했다.[144]

"최소한"의 학살도 많다고 느꼈던 메리는 분홍빛으로 남아 있었다. 집안 여기저기 탁자에 놓여 있던 레프트북 클럽(1936년 전쟁, 불평등, 파시즘에 저항하기 위해 만들어진 단체-옮긴이) 책자들은 소비에트 연방에 대해 상반된 태도를 담고 있었다. 모스크바 재판에 대한 여러 이야기가 나돌고 있었고 사회주의자이자 지식인인 비어트리스 웹은 "스탈린이 '고사목'을 잘라내 기쁘다"라고 했지만 많은 사람은 환멸을 느끼고 있었다.[145] 1937년 4월 존 듀이(올리브 윌리스가 다운하우스를 설립하는 데 영감을 준 바로 그 철학자)는 대표단을 이끌고 멕시코로 가서 추방당한 레프 트로츠키와 면담을 했다. 듀이 위원회가 쓴 400페이지 보고서의 제목 '무죄'는 위원회가 내린 결론을 함축적으로 보여준다.[146] 듀이는 모스크바 재판이 "날조"였다고 결론 내렸다. 이 때문에 스크러튼 가족은 소비에트 연방에 거는 기대가 크지 않았다.

학업을 계속하는 동안 메리는 아이리스가 공산당에 그토록 열렬히 집착하는 이유를 점점 이해할 수 없었다. 노동당 클럽은 분열되었고, 온건한 쪽이 빠져나가 민주사회주의 클럽을 창립했다. 메리와 아이리스는 이제 서로 다른 진영에 서게 되었다. 메리는 민주사회주의 클럽의 첫 모임에서 자기도 모르게 "열정적인 연설"을 함으로써 운영위원에 선출되었다. 아이리스는 마르크스주의 색채가 짙은 기존 노동당 클럽에서 같은 역할을 맡았다.[147] 아이리스의 정치적 열정은 멈출 줄 몰랐고 아이리스는 그 열정이 철학에 대한 관심에 비할 수 없다고 메리에게 똑똑히 말했다.

옥스퍼드의 분위기는, 적어도 학생 사교실 내에서는 메리 쪽에 가까웠다. 빨강보다는 분홍색이었다. 아이리스가 참가한 노동절 행렬이 고마운 줄 모르는 듯한 지역 프롤레타리아에게 토마토 세례를 받은 후, 메리는 아이리스에게 다음과 같은 시를 선물했다.

> 아이리스 머독은 어디 갔지? 어디로 갔지?
> 노동자들의 시위를 도우러 갔지!
> 금권귀족 토마토가 머리를 적실지언정
> 아이리스는 프롤레타리아를 버리지 않지.
> 금칠한 젊은이들이 짖어대고
> 불링던 클럽(옥스퍼드 내 남학생 사교 클럽-옮긴이) 아이들은 너의 목을 노리지만
> 피 같은 방울이 드리운 왕관을 쓰고 눈부신 너는 마침내 진심을
> 마침내 붉은 본색을 보여줄 수 있게 되었네![148]

그러나 보궐 선거를 위해서는 붉은색이든 분홍색이든 모든 좌파가 남녀노소 한마음으로 린지를 밀었다. 철학자이자 올소울즈 연구원이었던 이사야 벌린Isaiah Berlin은 호그를 지지하는 스티커를 붙인 차량이 있으면 린지를 응원하는 스티커로 바꾸어 붙였다.[149] 워덤 칼리지의 재치 있는 학장 모리스 보우라는 젊은 남학생들이 죄다 정치에만 관심이 있는 현실을 슬퍼하면서도 ("어제의 심미가들은 다 어디로 갔는가?"라고 했다)[150] 선거 운동에 힘을 보탰다. 손수건 전달자 J. L. 오스틴은 '호그를 찍는 자, 히틀러를 찍는다'라는 비공식 선거 운동 문구를 만들어 이곳저곳에 퍼뜨렸고, 이 모임 저 모임으로 호그를 따라 다니며 야유를 퍼부었다. 그리스어 흠정 교수였던 E. R. 도즈의 기억에 따르면 "호그는 영리했지만, 오스틴이 더 영리했다. 오스틴은 검을 던지듯 예리한 답변을 날렸다. 빈틈을 결코 놓치는 법이 없었으며,

아이리스 머독이 메리 스크러튼에게 그려 보낸 엽서.

자신의 빈틈을 보이지도 않았다."[151]

투표일은 10월 27일이었다. 린지는 선거 운동을 조기에 마감했다. 오스틴의 표어에 반감이 들었던 탓이다. 결국, 호그가 크지 않은 표 차이로 승리했다. 늘 과반수 이상이었던 토리당 표는 절반으로 줄었다. 개표 결과는 타운홀 발코니에서 발표되었다.[152] 호그는 1만 5797표, 린지는 1만 2363표.

9일간의 선거 운동 기간 동안 젊은 활기가 죄다 59세의 A. D. 린지에게 모였다. 린지는 상류 계급의 국제주의자, 관념론자, 페이비언 사회주의자(페이비언 협회 회원으로, 협회는 영국에 민주 사회주의 정권을 세우는 것을 목표로 1884년 런던에서 만들어졌다-옮긴이), 시를 쓰는 공산주의자나 계관 시인들과 더불어 말하자면 고지대에 외따로 떨어진 세계 안에서 활동하는 인물이었다. 그 세계는 옥스퍼드 서쪽에 자리 잡은 언덕 마을 보어스힐Boars Hill에 거주하는 지식인 공동체였다. 보수 성향의 작가 에벌린 워의 《다시 찾은 브라이즈헤드》에서 재스퍼는 사촌 찰스 라이더에게 짤막한 경고를 듣는다. "보어스힐 근처에도 가지 마."[153] 그러나 메리, 아이리스, 필리파는 모두 이곳을 수시로 드나들었다.

보어스힐 마을 일상의 중심에는 고전학자 길버트 머리Gilbert Murray와 아내 메리 머리가 있었다. 부부의 집 야츠콤의 전화번호는 보어스힐 1번이었다.[154] 그 곁에 널찍이 펼쳐진 관할 사제의 사택 히스 배로우스에는 사회주의 철학자 E. F. 캐릿(린지의 옛 스승)이 아내 위니프리드, 그리고 수많은 자녀와 상주하고 있었다. 단정한 회양목 울타리 사이로 난 자갈길을 따라가면 크로케 뜰, 과수원, 잔디 테니스장, 작은 방목지가 나왔고 아담한 숲도 있었다.[155] 캐릿은 (위니프리드와는 달리) 공산주의자가 아니었지만, 1930년대 후반까지 변증법적 유물론 강의를 했다. 캐릿의 수업은 늘 학부생들로 꽉 차 있었고 안뜰에서는 《월간 노동》이 팔리고 있었다.[156] 3000평 부지 위에 앉은 스카 톱에는 에드워드(E. J.) 톰슨과 그의 아내 테오, 그리고 두 아들 프랭크와 에드워드(E. P.) 톰슨이 살고 있었다. 보궐 선거 당시 시오 톰슨은 차에 '체코슬로바키아를 살립시다!'라고 적힌 간판을 붙이고 옥스퍼드를 돌다가 경찰에게 제지당했다.[157] 1931년에는 인도의 간디가 옥스퍼드에 방문했는데, 간디를 태운 차량은 톰슨의 집으로 향했고 거기서 (간디를 성인처럼 존경하던) 린지는 인도 독립에 대한 의견을 나누는 격식 없는 자리를 마련했다. (한때 린지의 제자였던 철학자 도로시 에밋Dorothy Emmet은 옥스퍼드 기차역에서 간디를 만나 지붕이 열린 낡은 베이비 오스틴 자동차에 태웠다.)[158]

칠즈웰 하우스에는 계관 시인 로버트 브리지스가 살았으며, 딸 마거릿은 플라톤 철학자 H.W.B. 조지프H. W. B. Joseph와 결혼했다. 마거릿의 자매이자 시인인 엘리자베스 다리우시는 스톡웰에 살았다. 보어스힐의 이러한 낭만주의자와 이상주의자들 그리고 그 주변 인사들은 국제 연맹, 옥스팜(기근 구제를 위한 옥스퍼드 위원회), 그리고 과학과 교육의 보호를 위한 협회(윌리엄 베버리지가 나치 정권을 피해 망명한 학자들을 돕기 위해 만든 모임)의 설립에 기여했다.

머리와 린지 같은 남성들은 여성의 교육권을 위한 투쟁에서도 없어서는 안 될 지원군이었다. 린지의 어머니 애나 던롭은 1880년대 스코틀랜드 여성 노동조합의 설립에 기여했던 사람으로, 에든버러 대학교 첫 여학생이었고, 도덕 철학과 실험 물리학에서 최고 성적을 받기도 했다. 에밀리 펜로즈가 1923년 서머빌 학장직에서 물러났을 때 길버트 머리와 A. D. 린지는 축하 만찬에서 곁을 지켰다. 두 사람은 계속해서 서머빌 칼리지를 뒷받침했다. 머리는 새로 취임한 학장 헬렌 다비셔, 그리고 역사학자 이소벨 헨더슨의 친구이자 멘토였다. 린지는 서머빌 칼리지 출신의 시적이고 진지한 에리카 바이올렛 스토어와 결혼했지만 스토어는 학장 부인 역할에는 어울리지 않았다. 조정팀 '베일리올 에잇'이 학장 사택에 축하 파티를 하러 왔을 때 스토어는 학생들을 구석에 붙잡아두고 찰스 몬태규 도티의 《아라비아 사막 여행기》를 낭독해 주었다.[159]

린지는 "나는 보수주의자이고 자유주의자이며 동시에 사회주의자다"라고 농담처럼 말한 적이 있다.[160] 이런 정체성이 형성된 곳은 이프르의 전장, 광부들을 가르쳤던 도예 마을, 그리고 어린 시절 클라이드 조선소의 망치 소리에 잠을 깬 글래스고였다. 그러나 이러한 태도, 즉 경쟁에 대한 거부감, 그리고 국가 공동체, 단일한 국교, 능동적인 국가와 국가 교육 체계에 대한 믿음은 전시 영국의 많은 사람에게

와닿았을지 몰라도 젊은 교수들과 학부생들에게는 고루하게 느껴졌다.[161] 보어스힐 아래 옥스퍼드의 미로 같은 작은 골목에서, 기숙사 방과 연기 자욱한 술집에서는 이러한 린지의 정체성이 앞뒤가 맞지 않는 것으로 보였다. 학부생 간행물《이시스》는 린지가 "천성이 안일한 몽상가이자 보수주의자이며, 귀족 계급을 옹호하는 사람이지만, 자신과 친구들을 속이며 이상주의자, 급진주의자, 집단주의자 행세를 한다"라고 묘사했다.[162]

"틴에이저"라는 말이 생겨나기 전이었지만, 그럼에도 10대 청소년들은 있었고 옥스퍼드 전역에서 10대 특유의 감성과 행동이 넘쳐났다.[163] 학부생들은 방에서 듀크 엘링턴 레코드를 들었고 베시 스미스의 블루스 노래가 기숙사 창문 밖으로 흘러나왔다. 대부분의 칼리지에는 재즈 밴드가 있었다. 딕시랜드(재즈 장르 중 하나이다-옮긴이) 밴드인 '더 밴디츠'는 담배를 피는 좌파 학생들 앞에서 연주하곤 했다.[164]

모리스 보우라가 이끄는 워덤 칼리지에서는 고급 사교 클럽을 만들어 재능이 뛰어난 10대 청소년 중에서도 최고들을 (거의 남학생들만) 불러 모아 연회를 열었다. 보우라 학장이 앉은 테이블에서는 기발한 언어유희를 최고로 쳐주었다. 소문을 세련되게 전달하는 능력을 고급 예술로 여겼다. 재미없이 악의만 있는 발언은 무시당했다. 어떤 통찰도 없이 충격만 주려는 농담도 마찬가지였다. 하지만 잔인해도 재치 있는 농담은 허용되었다. 예를 들어 "베일리올 학장은 한동안 몸이 안 좋았지만, 불행히도 좋아지고 있습니다"라고 말한 사람도 있었다.[165]

린지는 자신의 학생들을 보우라의 식사 모임에 보내지 않았다. 한때 길버트 머리는 학부생들이 자동차를 소유하지 못하도록 앞장

섰는데, 자동차 뒷좌석이 자연스레 성관계 장소가 될 게 분명하다고 생각했기 때문이다. 그러나 이러한 머리를 좌절시킨 것이 보우라였다.[166] 새로운 세대의 학부생들과 젊은 교수들은 아무리 온정적인 의도에서 비롯된 규정이라도 용인하지 않았으며, 린지의 국제주의 속에 남아 있던 제국주의적 측면도 거부했다. 이 틴에이저들은 자유와 개성을 강조한, 좀 덜 답답한 세계관을 찾고 있었던 것이다.

《아가멤논》강의

이소벨 헨더슨은 메리와 아이리스 곁에서 봉투를 붙이면서 두 사람의 학업 전략을 구상했다. 밀드레드 하틀리가 정한 고전 번역 연습 과제는 고전학자 지망생들에게 흥미를 불러일으키기에 부족했다. 밀드레드는 제자들의 지력을 시험할 수 있는 글을 선호했기 때문에 카이사르나 키케로는 좀처럼 선택하지 않았다. 대신 루이스 캐럴의 글을 특히 좋아했다. 체셔 고양이가 소리 없는 히죽임grin만 남기고 사라지는 장면은 그리스어로 번역하는 게 거의 불가능했다. "체셔 고양이의 히죽임은 '미소smile'보다 번역하기 어렵다. 그리스어에는 히죽임에 해당하는 명사가 없기 때문이다. 그래서 동사의 분사형으로, 그것도 형용사적 용법의 분사로 만들어 명사에 붙여야 한다. 그렇기 때문에 고양이가 사라지고 난 뒤에도 남아 있는 미소를 번역하기가 힘들 수밖에 없다." 밀드레드의 또 다른 제자 프루 스미스는 이렇게 불평했다.[167]

결국, 아이리스와 메리는 서머빌 칼리지 밖으로 나가서야 비로소 학문의 힘과 매력, 그 순수한 짜릿함을 느낄 수 있었다. 이소벨 헨더슨이 두 사람을 코퍼스 크리스티 칼리지에서 열리는 에두아르트 프랭켈Eduard Fraenkel의 《아가멤논》 수업에 보내준 덕분이었다.

에두아르트 프랭켈 교수의 지식은 살아 있는 그 어느 고전학자에도 비할 수 없었고 연구에 거의 종교적으로 매달리는 헌신적인 자세는 유럽 전역에서 전설처럼 회자되고 있었다.168 그럼에도 1933년 나치가 유대인으로부터 공무원 임용을 금지하는 법을 통과시켰을 때, 프랭켈은 당대의 수많은 유대인 학자들과 마찬가지로 가르치던 대학을 떠나야 했다.169 프라이부르크 대학교 총장이었던 마르틴 하이데거는 프랭켈의 교수직 박탈에 직접 관여했다.170 그러나 과학과 교육의 보호를 위한 협회(SPSL, 나치 정권에 의해 해직된 학자들을 영국으로 피신시키기 위해 설립된 단체다-옮긴이)가 도운 덕분에 프라이부르크의 손실은 옥스퍼드에 이득이 되었다. 그리스어 흠정 교수 E. R. 도즈는 "학문적인 관점에서 프랭켈보다 더 구제받아 마땅한 사람은 없다"라고 증언한 바 있다.171

메리와 아이리스는 코퍼스 크리스티 칼리지의 아주 오래된 회랑에 들어서면서 약간의 긴장했을 것이다. "굉장한 특권" "매우 저명한" "진지한" 등 이소벨 헨더슨의 말이 귓가에 맴돌았다. 이소벨 헨더슨은 수줍어하지 말라고 독려하며 "사람은 항상 좋아하는 게 있어야 하는 법"이라고 말하곤 했다.172 이렇게 경고하기도 했다. "프랭켈 교수가 아마도 너희를 좀 거칠게 다루겠지만 신경 쓰지 마."173

두 사람이 학생복을 고쳐 입고 16세기에 만들어진 작은 문을 밀고 들어가자 언뜻 보기에도 오래되어 보이는 방이 나타났다(천장은 낮고 창문은 긴 튜더식 창이었으며 중앙에는 큰 탁자가 있었다). 그곳에서 두 사람은 때에 따라 달라지는 교수와 학부생을 포함한 스무 명의 등장인물과 함께 아이스퀼로스의 비극을 한 줄 한 줄 공부하게 되었다. 이 수업은 메리와 아이리스가 대학교에 입학하기 전에 시작된 수업으로 두 사람은 83행에서 합류했다. ("현 상황은 이와 같고 이제는 정해진 운명에 따라 펼쳐질 것이다." 합창단이 멀리 트로이에서 벌어지는 전쟁에 관한 소식을 기다리면서 구슬프게 노래한다.)[174]

일주일에 두 시간, 오후 5시에서 7시까지 진행되는 이 강의는 학생들이 더듬더듬 번역을 하는 동안, 프랭켈이 탁자의 끝에서 수업을 주재하는 방식이었다.[175] 독일 전통의 세미나 방식을 따른 이 강의는 옥스퍼드에서는 흔하지 않은 형식이었다. 이때까지 학생들은 규모가 큰 강의 아니면 학생이 한두 명뿐인 소규모 수업을 들었기 때문이다.[176] 두 사람은 절대로 결석을 하지 않는다는 엄격한 조건하에 수업에 들어갈 수 있었다.[177]

메리는 "시간을 초월한 위대한 작업의 일원이 된다는 느낌"에 짜릿함을 느꼈다. 프랭켈의 작업은 무려 2400년 전에 아이스퀼로스가 펜을 들고 써나간 말들이 무엇이고 어떤 의미인지 발견하는 작업이었다. 과거와 현재 사이의 그 막대한 시간적·문화적 거리를 메운 것은 끊임없이 파피루스와 양피지, 종이를 보존하고 필사하고 보호하고 복제했던 인간의 활동이었다. 프랭켈은 시간의 켜를 한층 한층 벗기며 여러 필사본의 표면을 살피면서 반복된 필사로 인해 생긴 특이점과 원문의 훼손을 체로 치듯 가려냈다. 이 작업은 서로 연결된 작은 사실들에 대한 지식을 필요로 했다. 필사본이 만들어진 방법은 무엇인지, 어떻게 필사되었는지, 필사를 하는 사람들의 습관과 특이한 성향에는 어떤 것이 있었는지. 이뿐만 아니라 오로지 텍스트에만 그 흔적을 남긴 사실들도 있었다. 실수가 들어 있는 필사본에는 "종일 글을 옮기느라 녹초가 된 수사"의 자취가 있었다. 축적된 오류와 의도하지 않은 실수의 층을 걷어낸 프랭켈은 깨끗하고 명확해진 텍스트를 소

리로 변환했다. 메리는 아이스퀼로스의 운문이 낭독을 위해 쓰였다는 점을 깨닫고 감탄했다.[178]

프랭켈이 망명자라는 사실은 아가멤논의 포로가 되어 고향인 트로이에 돌아갈 수 없는 신세였던 여사제 카산드라를 해석하는 데 영향을 주었다. 프랭켈은 이렇게 썼다. "카산드라가 처한 상황은 낯선 환경으로 인해 더욱 처참해진다. 카산드라가 적어도 한동안은 주변 사람들이 쓰는 언어를 이해할 수 없다는 사실은 이를 심화하는 요소이다."[179] 프랭켈의 아내 루스 폰 펠젠(결혼 후 고전문헌학 공부를 그만두었다)은 프랭켈과 다섯 자녀가 1934년 영국에 도착했을 당시 유일하게 영어를 할 수 있는 사람이었다.[180] 독일 유대인 구호 협회는 영국 내 반독일 정서를 우려하며 루스와 프랭켈 같은 망명자들에게 이렇게 조언했다. "남는 시간은 즉시 영어와 영어 발음 공부에 투자하십시오. 거리와 대중교통, 식당과 같은 공공장소에서는 독일어 사용을 자제하십시오. 유창한 독일어보다 어눌한 영어를 쓰십시오. 그리고 큰 소리로 대화하지 마십시오. 공공장소에서 독일 신문을 읽지 마십시오."[181]

아직 스무 살도 되지 않은 학생들을 비롯한 학부 수강생들은 그들의 미래가 펼쳐질 세계 무대가 이처럼 엄중했기에 전사의 귀환을 다룬 《아가멤논》이 더 무겁고 심각하게 느껴졌다. 아이리스는 이후 이 감정을 《〈아가멤논〉 수업 1939년》이라는 시에 담았다.

> 우리는 전쟁이 올 줄 알았던가? 무얼 두려워하고 있었을까?
> 첫사랑의 활활 타오르는 치명적인 불꽃이었을까,
> 익숙한 동사의 과거형을 알지 못한다는 사실이
> 만천하에 드러나는 상황이었을까?

좀 더 나이가 든 대학원생 몇몇은 1차 대전 당시에는 너무 어려서 전장에 나가지 않았고, 다가오는 전쟁에서 싸우기에는 나이가 너무 많았다. 그들은 후배들의 번역을 돕는 데 온 힘을 쏟았다. 아이스퀼로스의 합창단도 나이가 많음을 한탄했다. "낡은 육신으로 인해 싸울 능력이 없는 우리는 원정대에 합류하지 못하고 뒤에 남는다. 아이 같은 힘을 지팡이에 옮긴다."[182] 트로이에서 "그리스의 청년들"이 죄다 쓰러지고 생성의 논리가 붕괴하는 동안 그들은 지켜볼 뿐 다른 도리가 없다.[183]

> 83행과 1000행 사이
> 우리의 순수는 실종되고
> 청춘은 황폐해지는 듯했다.
> 그 투명하고 엄격한 공기 속
> 미리 경험하는 전란의 여파
> 불안에 의해 더욱 똑똑히 드러난 붉은 명멸
> 태양과 빗물의 극히 신비로운 혼합[184]

프랭켈은 아이리스를 "거칠게 다루었"지만, (아이리스는 신경 쓰이지 않았다고 회고했다) 메리는 그러지 않았다. 당시 메리는 조용하고 곱게 생긴 닉 크로즈비와 사랑에 빠져 바쁜 나날을 보내고 있었다. 한편 닉의 친구였던 케네스 커크가 메리에게 푹 빠져 있었고, 노엘 마틴은 오로지 아이리스를 보려고 강의에 참석했다.[185] 프랭크 톰슨에게 녹색 원피스를 입은 아이리스는 "꿈속의 여성"이었다. 보어스힐에 사는 부모님께 보내는 편지에 프랭크는 이렇게 썼다. "아이리스는 시를 쓰는 아일랜드 출신 공산당원이고 고전학 예비 과정을 듣는 학생인데, 제가 숭배하는 사람이에요."[186] 프랭크와 함께 윈체스터 스쿨을 나왔고, 이후 학자가 되는 마이클 풋은 당시 레오니 마시를 동경했지만,

이후 "아이리스와 지내본 사람들은 거의 모두 아이리스에게 푹 빠졌다"라고 회상했다.[187] 아이리스는 프랭크에게 공산당에 가입하라고 애원했다. 프랭크는 유혹하는 듯한 말투로 이렇게 대답했다. "며칠 후에 나와 차 한잔해요. 그때 나를 설득해 봐요."[188] 아이리스는 차도 마시고 설득에도 성공했다.

철학 혁명: A. J. 에이어 형이상학과 윤리학에 전쟁을 선포하다

옥스퍼드를 거쳐간 고전학 전공 본과 학생들은 플라톤과 아리스토텔레스를 (아주 아주 많이) 섭취하는 데서 그치지 않고 사변적 형이상학speculative metaphysics을 배웠다. 사변적 형이상학이란 오로지 이성만으로 실재의 본질에 대한 이론을 구축하려는 철학자들의 시도를 말한다. 1900년도 졸업 예정인 학부생이 엘리자베스 앤스콤의 시대로 온다면 보호자도 없고 모자도 쓰지 않은 여성을 본 데서 충격을 받기는 하겠지만 《플라톤의 국가》, 아리스토텔레스의 《니코마코스 윤리학》과 《영혼에 관하여》, 플라톤의 《이데아론》 등 고전학 본과 1학년 수업을 듣는 엘리자베스의 모습이 낯설지 않을 것이다. 하지만 '도덕적 의무라는 관념'에 대한 H. A. 프리처드H. A. Prichard의 강의나 '도덕 철학'에 대한 W. D. 로스W. D. Ross의 강의를 접한다면 꽤 난감할 것이다. 20세기 초 약 30년 동안 철학의 정통성에 대한 시각은 급격히 변화했으며, 이는 옥스퍼드 대학교의 공식 간행물 《옥스퍼드 가제트》에 실린 개설 강의 목록에 잘 반영되어 있다. 엘리자베스가 공부를 시작할 무렵, 이 힘겨루기는 극에 달하고 있었다.

20세기 초에는 관념론적 형이상학자들이 옥스퍼드를, 적어도 강단만큼은, 꽉 잡고 있었다. 대표적으로 F. H. 브래들리, 버나드 보즌켓, J. H. 뮤어헤드, 콜링우드, G.R.G. 뮤어 등이었다. 이 남성 철학자들 영감의 원천은 독일 철학자 G.W.F. 헤겔G. W. F. Hegel이었다. 그들이 볼 때 실재를 합리적, 혹은 '관념적' 질서를 가진 통일체로 보는 헤겔의 관점이야말로 진정으로 형이상학적인 관점이었다. 그 질서는 의식 속에서, 그리고 의식에 의해 구성되며, 모든 주체와 객체를 서로 연결한다. 인식하는 자와 인식된 대상은 모든 것을 포괄하는 절대자 안에 포개진다. 철학의 임무는 바로 이 절대자를 이해하는 것이다. 그리고 이것은 부분적이고 불완전할지언정 자기 초월을 통해 달성할 수 있다. 이를 통해 (자기 초월을 달성하는 철학자가 속한) 전체의 구조가 드러난다.

관념론자들은 인간의 인식이 식탁 혹은 산같이 따로 떨어진 개체들을 단지 감각적으로 이해하는 데서 끝나는 게 아니라, 그것들을 통합하는 시각, 즉 절대자의 인식을 향하여 나아간다고 보았다. 시, 예술, 종교, 그리고 역사를 이해하는 것은 이러한 철학적 임무를 수행하는 데 필수적이다. 반면 관찰과 측정 같은 과학적이고 경험적인 방식은 미미한 역할을 할 뿐이다. 1900년대 초 옥스퍼드 강단에 선 관념론자Idealist들은 철학적 탐구의 궁극적인 목표가 삶과 세계의 조화라고 선언했다. 철학은 바람직한 질서를 만드는 일, 즉 이상Ideal을 실재로 만드는 일에 기여한다는 생각이었다.[189]

1차 세계대전 직전 관념론자들은 현실에 발을 딛고자 한 실재론자Realist들로부터 공격을 받았다. 케임브리지 대학교의 철학자 버트런드 러셀과 G. E. 무어로부터 영감을 받고, 무어의 1903년 선언 〈관념론 반박)을 바탕으로 삼은 실재론자들은 관념론자들과 달리 인식 주체와 인식 대상은 구별된다고 주장했다.[190] 정신과 세계는 서로 연결되어 있지 않고, 모든 것을 포괄하는 절대자도 없다고 보았다. 이들은 철학의 임무가 과학의 임무와 크게 다르지 않다고 주장했다. 즉 철학 역시 완전히 독립적인 실재를 발견하고 설명하는 일이라는 것이다. 지식은 개별적이고 단편적인 조각의 축적을 통해 쌓아나갈 수 있는 것이라고 생각했다. 관찰이 사변을 대체하고 현실적인 고려가 낭만주의적 고려를 밀어내리라고 여겼다.

1920년과 1930년대에 걸쳐 옥스퍼드 강단에 섰던 철학자들, (작은 키, 왜소한 몸집에 숱이 적은 백발과 검고 짙은 콧수염, 높고 날카로운 음성을 가진) H. A. 프리처드와 (프리처드보다 젊고 머리카락도 수염도 없이 매끈하며 스코틀랜드 억양을 가진) W. D. 로스는 이 실재론적 구조 안에서 자리하는 "직관주의적" 윤리학을 가르쳤다. 이 생각에 따르면, 인간은 도덕적 직관이라는 능력을 가지고 있으며, 이는 일반적인 시각 능력과 비슷하지만, 실재 속의 도덕적 요소를 분간하는 데 특화되어 있다. 인간은 자기 초월이 아닌 바로 이 능력을 통해 도덕적 실재를 이해할 수 있다. 1900년대에서 온 학부생에게, 과학자가 관찰을 통해 지식을 얻는 것과 비슷한 방식으로 도덕적 앎을 구할 수 있다는 이 생각은 꽤 충격적으로 다가왔을 것이다.

실재론realism의 기초를 닦은 G. E. 무어는 세계의 세간살이에 "선함goodness"이라는 속성을 포함시켜 블룸즈버리 그룹(영국의 지식인, 철학자, 예술인으로 이루어진 모임-옮긴이)의 가슴을 뛰게 했다. 절대자를 해체하면서도 실재에 근본적인 균열, 즉 자연적인 사실과 비자연적인 가치가 있다고 주장함으로써 선의 자율성과 순수성을 보존한 무어는 선함이 "자연적인 속성"이 아니며, 심리학이나 자연 과학 영역에 포함되는 어떤 것으로도 환원되거나 심지어 이해될 수 없음에도 여전히 존재한다고 주장했다.[191] 실재에는 수많은 가치 있는 것들이 있고, 우리는 그것들이 주는 경험을 통해 그 가치를 인식한다. 인간관계, 애정, 사랑이 주는 기쁨, 예술과 자연의 아름다움에 대한 감상이 그것이다. 무어는 이러한 경험을 유발하는 대상을 만들어냄으로써 세상의 가치를 높이는 것이 개인의 의무라고 주장했다.

옥스퍼드의 프리처드와 로스도 무어처럼 실재론자였지만, 의무와 가치를 연결한 무어의 설명에는 동의하지 않았다. 강단에 선 프리처드는 이렇게 말했다. 그동안 도덕 철학자들 사이에서는 "나는 왜 의무를 다해야 하는가"라는 질문에 "그것이 선하기 때문에"라고 대답하는 경향이 퍼져 있었다. 그다음 단계에서는 의무를 다하면 이익이 생기기 때문에 (즉 나 자신에게 선하기 때문에), 혹은 의무가 그 자체로 선하기 때문에 의무를 다하는 것이 선하다는 점을 입증해야 했다. 그러나 나에게 이익이 된다는 이유로 의무를 다한다면, 도덕은 이기주의로 전락한다. 그리고 의무에 따른 행위는 선할 수 있지만, 그것은 의무의 이행이 선하기 때문이지 무어가 생각했던 것처럼 선한 행위를 하는 것이 우리의 의무이기 때문은 아니다. 프리처드는 아리스토텔레스가 강조했던 '탁월함'이나 '성품'의 개념을 가져와 의무와 별개로 "선한 행위"의 관념을 설명하려는 도덕 철학자들의 시도는 오히려 논의를 흐릴 뿐이라고 주장했다. 즉 내가 어떤 일을 하는 데 있어 그것이 옳은가를 판단하는 문제는 나의 의도와는 아무런 관계가 없다는 것이다.

프리처드의 유명한 논문 〈도덕 철학은 실수에 기반하고 있는가?〉는 의무에 관한 이론을 세우려는 도덕 철학자들의 노력, 자신이 외부 세계에 대해 알고 있음을 자기 자신에게 입증하려고 했던 데카르트의 유명한 시도를 나란히 놓는다. 우리는 때때로 회의감에 붙들려 "내가 정말로 알고 있는 것은 무엇인가?" 자문하기도 하고 다소 곤란한 의무를 별다른 의심 없이 수행하고 있는 자신이 어리석은 것은 아닌지 고민하며 "내가 왜 이 의무를 이행해야 하지?"라고 묻는다. 그러나 프리처드는 두 경우 모두 확신을 제공할 이론을 찾기 위한 방향이 잘못 설정되었다고 말한다. 예를 들어 대출 도서를 반납해야 할지, 친구를 돕기로 한 약속을 지켜야 할지를 두고 고민할 때처럼, 이론이나 증명은 내게 실질적인 도움이 되지 않는다. 프리처드는 1912년 집필한 이 논문의 끝에서 이렇게 말한다. "유일한 해결책은 실제로 그 의무가 발생하는 상황으로 들어가…… 우리 사유의 도덕적 능력이 제 일을 하게 하는 것이다."[192] 즉, 우리의 도덕적 직관에 의지해야 한다는 것이다.

프리처드와 로스의 도덕적 직관론에 학생들은 좌절감을 느꼈다. 철학자 도로시 에밋은 "프리처드와 로스는 우리와는 다른 도덕적 확실성의 세계에 살고 있는 것 같았다"라고 불평했다. 도로시 에밋은 1차 세계대전 직후 레이디마거릿홀에 입학해 두 철학자의 수업을 (보호자와 함께) 들었다. "그들은 어떤 행위가 옳고, 어떤 행위가 그른지 꽤 확실하게 알고 있었다." 하지만 '도덕적 능력'이 언제나 옳은 행위를 판단해 준다는 생각에도, 옳은 일과 선한 일이 분명하게 구분된다는 생각에도 도로시는 동의하지 않았다. 윤리학에는 올바름과 선이 특정한 관계를 가지는 배경, 즉 우리가 선하다고 믿고 있는 인간관계나 삶의 방식에 대한 언급이 있어야 한다고 생각했다."[193] 이후 도로시는 이러한 깊이와 배경을 보여주는 여러 권의 책을 집필한다.

로스의 수업에 출석한 아이리스도 도로시와 비슷한 반응을 보였다. 아이리스는 옥스퍼드 친구에게 쓴 편지에서 "깊이도 없고, 우유도 물도 아닌 멍청한 '윤리학'"이라고 불평했다.[194]

엘리자베스가 시드넘 스쿨에서 모의 재판을 주재하고 있을 무렵, 옥스퍼드에서는 힘겨루기의 마지막 단계에 접어들고 있었다. 이 시기에는 관념론자들뿐만 아니라, 뜻밖에도 로스와 프리처드 역시 공격의 대상이 되었다.

1933년에 열린 어느 공개 철학 모임에서 반백의 수많은 학자 사이에서 윤기가 흐르는 검은 머리에, 색이 화려한 셔츠를 입은 이름 없는 젊은이가 일어섰다. 이어진 선전 포고에 "나이든 남자들은 어안이 벙벙한 표정이었다." 젊은이는 "여러분 모두가" "조기 멸종"을 앞두고 있다고 선언했다. 실재론자와 관념론자를 지구에서 사라지게 만들 사건이 이미 시작되었고, 가차 없이 진행되고 있다는 설명이었다. "케임브리지와 빈의 군대가 이미 여러분을 덮치고 있습니다!"[195] 이 젊은이는 크라이스트처치 칼리지의 스물여섯 살의 연구원 A. J. 에이어A. J. Ayer였다. 에이어의 스승 마이클 포스터Michael Foster는 에이어가 후배들을 가르치는 데는 적합하지 않다고 생각했지만 에이어를 식사 자리에 불러 가르침을 주곤 했던 워덤의 모리스 보우라 학장은 그를 "젊은 천재"라고 생각했다.[196, 197]

옥스퍼드와 케임브리지에서 실재론자와 관념론자들이 논쟁을 벌이는 동안, 또 다른 지식인들은 오스트리아-헝가리 제국의 붕괴 이후 철학의 미래를 의논하기 위해 빈의 카페에서 만남을 갖곤 했다.[198] 이들의 명목상의 우두머리는 모리츠 슐리크Moritz Schlick로 빈 대학교 자연철학 교수였다. 이 자리는 원래 박식가 에른스트 마흐Ernst Mach를 위해 만들어졌던 자리였다. 슐리크 교수는 마흐의 경험론empiricism이 민주주의와 인본주의를 구제할 수 있을 것이라고 믿었다.

19세기 기하학의 혁명적인 발전은 계몽주의 철학자 임마누엘 칸트의 생각을 산산조각냈다. 칸트는 모든 가능한 경험의 형식이 유클리드적 공간이라고 생각했으며, 경험으로부터 나오거나 습득되지 않은 일종의 선험적a priori 지식에 대한 개념을 정립했다. 이 개념이 무너지자 마흐는 대안을 들고 끼어들었다. 감각 경험이 확인하거나 예

빈 라트하우스파크에 있는 에른스트 마흐의 흉상.

측하지 않는 어떤 것을 가정할 필요가 없다는 주장이었다. 정치적인 관점에서, 마흐에 의한 선험적 지식의 거부는 심리학뿐만 아니라 사회 이론과 경제학에도 효과적으로 적용할 수 있는 반권위주의적 교훈이었다.

마흐는 자신의 "정신물리학psycho-physics"이 물질에 감각 속성을 부여하는 방향으로 발전해서 심리 현상을 자연 현상과 같은 선상에서 설명해 주길 바랐다. 옥스퍼드에는 1935년이 되어야 실험심리학 연구소(애나 와츠의 기부금 1만 파운드로 설립되었다)가 생겼지만 그 실험을 가능하게 할 개념들을 마흐는 이미 1870년대에 발전시키고 있었다.[199]

메리는 1938년 여름 스메타나의 오페라 〈팔려간 신부〉를 보기 위해 서둘러 라트하우스파크를 질러갔을 때, 분홍색 화강암 위에 놓인 마흐의 흰 대리석 흉상을 지나갔을 것이다. ("그 뒤로 한동안 오페라가 보기 싫었다"고 회상했다.)[200] 그때 이미 모리츠 슐리크는 이미 세상을 떠난 상태였고, (가르쳤던 학생의 손에 죽임을 당했다) 그가 가르쳤던 제자 중 상당수는 학계에서 쫓겨났거나, 선견지명을 발휘해 그만두고 이민을 간 상태였다. 훗날 그중 한 명인 프리드리히 바이스만 Friedrich Waismann을 옥스퍼드와 케임브리지 강의실에서 만나게 된다.

선전 포고는 A. J. 에이어가 했지만, 원래 "빈의 군대"를 초청해 케임브리지 실재론자와 힘을 합치게 한 사람은 영국 최초의 여성 철학 교수 수전 스테빙 Susan Stebbing이었다. 스테빙은 1930년 영국에서 슐리크를 만났고 그 즉시 논리실증주의(과학과 측정, 관찰을 중시하는 빈 학파의 이론)를 G. E. 무어와 주고받고 있던 명확성의 필요에 대한 논의로 끌어들일 방법을 포착했다. 무어는 스테빙의 동료이자 과거의 멘토였다.

스테빙은 언어와 세계의 숨겨진 구조를 드러내는 데 "분석"의 힘이 유용하리라는 것을 인정했다. 분석을 (문장뿐만 아니라) 사실에 적용하면 우리의 일상 경험을 구성하는 근본 단위를 밝혀낼 수 있을 것 같았다. 스테빙은 또한 철학 강의실 바깥에서도 분석의 용도를 찾았다. 만약 일반 대중이 정치 선전이나 광고, 언론 기사 등과 마주했을 때 "이것은 어떤 의미인가?"라고 질문하는 법을 배우고, 그 문장과 논증을 그것의 구성 요소로 분해한 다음 답을 제시하는 법을 배운다면, 더 폭넓은 지식을 가진, 정치적으로 영리한 대중이 될 수 있을 것이라고 보았다.

한편 G. E. 무어는 〈관념론 반박〉을 발표한 이후로 계속해서 난해한 철학을 공격하면서 학부생, 발표자, 동료 등에게 가리지 않고 반복해서 물었다. "그 말이 도대체 무슨 뜻입니까?"[201] 처음에는 관념론자들을 겨냥한 질문이었지만 (관념론자들이 주장하는 '절대자'는 그야말로 불분명했다) 무어가 자꾸만 질문을 던지면서 탁자를 내리치거나 종이를 찢곤 하자 케임브리지에서는 방법론의 변화가 시작됐다. (스테빙의 보다 온건한 노력도 일조했다.)

무어의 불편하고 고집스러운 문제 제기와 스테빙의 신중한 뒷받침 덕분에 1920년대 후반 케임브리지 철학자들은 더 이상 "무엇이 선인가?"라고 묻지 않고 "'선'이라는 말은 무슨 의미인가?"라고 묻기 시작했다.

스테빙은 이러한 질문에 대답하기 위한 방법을 빈 학파 논리학자들의 연구에서 찾았다. 1933년 스테빙은 영국 학술원에서 '논리실증주의와 분석'이라는 강의를 통해 관찰에 중점을 둔 빈 학파의 논리 분석 방법이 명확성을 추구하기 위한 도구가 될 수 있음을 보였다. 스테빙은 또한 분석 철학analytic philosophy을 다루는 학술지《분석》의 창간을 도왔고, 슐리크와 동료들이 이 학술지에 글을 실었다.

1936년, 슬로바키아 태생의 미국 과학철학자 어니스트 네이글은 1년 동안의 조사를 바탕으로 〈유럽 분석 철학 평가〉를 집필했다. 이 글에서 네이글은 "케임브리지, 빈, 프라하, 바르샤바, 그리고 리비우에서 이루어지는 철학" 사이에 형성된 방법론적 그리고 학술적 관계를 미국 독자들에게 설명했다.[202] 네이글은 스테빙이 이 분야에 "놀라운 에너지를 쏟았다"라고 적었다.[203]

동료들도 스테빙의 헌신을 인정했다. "나는 항상 수전이 책이나 적어도 논문 하나쯤은 다른 의무나 마감의 압박 없이 쓸 수 있기를 바랐어요"라고 탄식하는 사람도 있었다. "하지만 항상 운영 회의가 있거나 아일랜드로 가기 위해 택시를 타야 하거나 하는 일들이 있었지요. 수전은 한 손에 짐 가방을 들고, 머리에는 약간 불안하게 모자를

없은 채 어디론가 바삐 사라져 버리곤 했어요."²⁰⁴

스테빙은 대체로 학자들의 공동체를 만드는 데 에너지를 쏟았지만, 일반 대중에게 새로운 논리학 방법론을 설명하기 위한 노력도 했다. 스테빙의 《현대 논리학 개론》은 최초의 현대 논리학 교과서로 논리실증주의자들이 명제를 분석하기 위해 쓰는 기술적 방법을 담고 있다. 스테빙은 이 책의 서문을 이렇게 시작한다. "논리는 가장 흔하고 폭넓은 의미에서 반성하는 사유와 관련이 있다."²⁰⁵ 논리적으로 생각한다는 것은 단지 명확하게 목적을 가지고 생각한다는 것이다. 하지만 최근 들어 "오로지 형식만을 다루는 순수 논리학"이 있다는 사실이 알려지고 있으며 이 기술적인, 좁은 의미의 '논리'는 논증의 일반적이고 추상적인 구조와 관련이 있다고 스테빙은 설명한다. 예를 들어 "만약 모든 정치인들이 비일관적이고 볼드윈이 정치인이라면 볼드윈은 비일관적이다"라는 주장을 살펴보자. 전제와 결론은 사실일 수도 있고, 거짓일 수도 있으며 무의미하거나 부적절할 수도 있지만 이러한 속성은 현대 논리학자에게 관심의 대상이 아니다. 오직 논증의 형식에만 관심이 있기 때문이다. "논리학자의 이상은 완전한 일반화에 있으며, 주장을 완전하게 형식화함으로써 이러한 이상을 달성한다"라고 스테빙은 말한다. 이를 위해 새로운 논리학 도구인 '정항 constant term'과 '변항 variable term'이라는 도구를 사용한다. '볼드윈'을 b, '비일관적이다'를 β, '정치인'을 α로 놓고 '모든 α가 β일 때 b가 α라면 b는 β이다'라고 표현할 수 있다.²⁰⁶ 그런 다음 '모든' '~일 때' '~라면' 등도 기호(∀, →, &)로 바꾸면 다음과 같은 형식이 된다. $((\forall x)(\alpha \times \rightarrow \beta \times) \& \alpha b) \rightarrow \beta b$.

논리학자는 이렇게 연결된 기호의 논리적 타당성을 따지기 위해 세계를 관찰하거나 볼드윈과 동료 정치인들의 행동을 볼 필요가 없다.

옥스퍼드에서 보궐 선거가 한창일 당시 스테빙은 《목적이 있는 사유》를 출간했다. 이 책은 (가장 넓은 의미의) 논리적 사유의 힘과 중요성을 설파하고자 했다. 당시 영국은 전쟁 위기에 놓여 있었고, 스테빙은 독자들에게 세뇌의 위험을 미리 알려주고 싶었다. 예를 들어 선전 공작은 흔히 "캔에 담긴 개념"에 의존한다. 이는 캔에 담긴 고기처럼 소화는 잘 되지만, 정신에 필요한 비타민 등 필수 영양소는 공급하지는 못하는 개념이다.[207] "비겁한 평화주의자" "배부른 자본주의자" "나약한 기독교인" 같은 표현의 경우 "수식어가 명사와 한 묶음이어서 심리적으로 나약하지 않은 기독교인을 상상할 수 없게끔 만든다." 그래서 이러한 상투적인, "캔에 담긴" 사고방식에서 벗어나 "사실을 재평가"해야 한다고 강조한다.[208]

1939년 케임브리지에서 무어의 교수 자리가 공석이 되었을 때 수전 스테빙이 그 자리에 지원했다. 당시 크라이스트처치 칼리지에서 학생을 가르치던 길버트 라일Gilbert Ryle은 동료 스테빙에게 이렇게 말했다. "다들 무어 교수의 자리가 선생님께 가야 한다고 생각합니다. 여자가 아니었다면 말이죠."[209] 공석은 루트비히 비트겐슈타인에게 돌아갔다.

바로 이 길버트 라일이 1933년, 어린 제자 A. J. 에이어를 먼저 케임브리지로 보내고 (그곳에서 에이어는 스테빙과 비트겐슈타인을 만났다) 이어서 오스트리아 빈에 몇 개월 머물게 했다. 에이어와 갓 혼인한 르네 오르드-리스도 함께였다. 교양이 뛰어난 수녀원 출신의 (정확히는 수녀원에서 쫓겨난) 르네는 깔끔한 단발머리에 실내용 부츠를 신고 페르시안 고양이에 목줄을 채워 데리고 다녔다. "에이어가 옥스퍼드 남학생 같지 않았던 만큼" 르네도 옥스퍼드 여학생 같지 않았다.[210] 남성이 여성을 바래다주는 것이 당연한 시절이었지만 (그래서 남성 칼리지가 여성 칼리지에 비해 늦게 문을 닫았다) 르네는 모터사이

클로 에이어를 날라다주곤 했다. 에이어는 사이드카에 앉아 책을 읽거나 글을 썼다.[211]

르네가 빈의 영화관, 무도회장, 박물관을 도는 동안 에이어는 빈학파 모임에 참석했다. 당시에는 비트겐슈타인의 《논리-철학 논고》의 해석이 이 학파의 주된 관심사였다.[212] 비트겐슈타인은 "사유될 수 있는 모든 것은 명확하게 사유될 수 있다. 말로 표현될 수 있는 모든 것은 명확한 말로 표현될 수 있다"라고 썼다. "말할 수 없는 것에 대하여서는 침묵을 지킬 수밖에 없다"라고도 했다.[213] 에이어는 길버트 라일에게 보내는 편지에서 이렇게 말했다. "여기서 비트겐슈타인은 제2의 피타고라스 대접을 받고 있으며, 프리드리히 바이스만은 이 교단의 최고 사제입니다."[214] 에이어는 모임에서 하는 말을 거의 알아들을 수 없었다. 독일어 실력이 떨어져서 말의 흐름을 따라가지 못했기 때문이다. 하지만 얼마 안 가 에이어는 알 만큼 알게 되었다고 확신했다. "전체적으로 봤을 때 제가 배운 것은 적지만, 교수님 덕분에 비트겐슈타인에게 배울 수 있는 것은 이미 다 배운 것 같습니다. 그것은 바로 철학을 바라보는 올바른 태도, 즉 무엇이 진정으로 철학적인 문제이고, 무엇이 아닌지 평가하는 자세입니다."[215]

에이어가 길버트 라일 그리고 제대로 알아듣지 못한 빈 학파 모임에서 얻은 수확은 '논리 분석론'과 '경험론'이었다. 일상의 명제는 새로운 기호 체계를 통해 명확하게 형식화할 수 있으며, 경험을 통해 하나씩 검증할 수 있다는 생각이었다. 반면 이러한 분석과 검증 방법을 적용할 수 없는 명제는 생각을 표현하지 못하는 것으로 여겨졌다. 새로운 논리 분석 기법에 깊은 흥미를 느낀 에이어는 '감각 내용sense-contents'만으로 이루어진 설명에 도달할 때까지 분석이 진행되어야 한다고 주장했다. "'나는 지금 탁자 앞에 앉아 있다'라는 문장은 원칙적으로 탁자를 언급하지 않고 오로지 감각 내용만으로 표현될 수 있다"라는 것이 에이어의 생각이었다.[216] 이처럼 현대 논리학을 기반으로 에이어는 현상학phenomenology이라고 알려진 오래된 시각을 언어의 관점에서 다시 보았다. 탁자에 대해 말하는 행위는 곧 감각 내용에 대해서 말하는 행위이며, 신중한 철학자가 "나는 지금 탁자 앞에 앉아 있다"라는 문장을 분석하기 위해서 탁자의 존재를 인정할 필요는 없다고 에이어는 생각했다. "탁자는 감각 내용으로 이루어진 논리적 구조물이다."[217]

영국으로 돌아온 에이어는 런던 소호의 담배 가게 위에 있는 방에서 두문불출하며 타자기 앞에 구부정하게 앉아 글을 썼다. 에이어는 케임브리지와 빈 학파의 사상을 합쳤을 때 스테빙의 생각과는 매우 다른 용도가 생긴다는 사실을 발견했다. 그 파괴적인 힘을 이용해서 꽉 막힌 스승들, 늙은 빅토리아 시대 학자들을 상대로 "전쟁을 벌일" 생각이었다.[218] 그렇게 되면 개인이 전체 속에 포섭되어야 한다고 고집하는 관념론자들의 난해한 유기체 이론이 더 이상 개인성을 제한하지 않을 터였다. 또한 젊은이들은 마침내 실재론자들이 강제하는 책임과 의무의 요구에서 자유로울 수 있게 될 터였다! 에이어는 《논리-철학 논고》의 밀도 있고 섬세한 텍스트를 사변적 형이상학 이론을 (관념론이든 실재론이든 가리지 않고) 공격하는 선언문으로 삼은 것이다.

에이어의 타자기 해머 아래 제일 먼저 관념론자들이 놓였다. "절대자는 진화와 진보에 개입하지만, 그 자체로는 진화하거나 진보할 수 없다" 같은 명제를 그 어떤 관찰에 따른 지식이 증명할 수 있는가?[219] 그런 지식은 존재하지 않는다! 이 명제는 무의미하고 이러한 명제를 입에 담는 사람들은 허무맹랑한 소리를 하는 것이다. 우주의 본질에 대한 수 세기 동안의 형이상학적 사변이 쓰레기통에 던져졌다.

그다음은 직관적인 도덕 명제가 의미를 가진다는 실재론자의 주장이었다. "이웃을 도와야 한다"라는 명제를 어떤 경험적 지식으로 증명할 수 있겠는가? 할 수 없다!

에이어가 그린 철학에는 오직 기술만이 남았다. 철학자들은 명제를 분석하고 과학자들은 그것을 입증한다. 스테빙과 무어가 전망했던, 형이상학적 통찰의 원천으로서의 현대 논리학은 사라졌다. 언어 분석을 배운 일반 대중이 선전에 더 잘 저항하고 세상을 더 잘 이해할 수 있으리라는 스테빙의 확신도 사라졌다.

에이어는 분석 기술의 목적을 바꿔 일상 세계를 낯설고 불가해한 것으로 만들었다. 다양한 논리 장치를 갖춘 새로운 논리 체계는 기존과는 다른 세계의 모형을 구축하는 데 사용되고, 그 세계의 구조는 일종의 계산법 조작과 적용을 통해 파악할 수 있을 터였다. 타자기에는 없는 새로운 기호(예: $\exists x[(Kx \& \forall y(Ky \rightarrow y=x))] \& Bx$)가 논리학의 규칙에 따라 움직이고, 이 체계 안에서 표현될 수 없는 것은 무엇이든 '무의미한 것', 관찰을 통해 입증할 수 없는 것은 '말도 안 되는 것'으로 취급되는 세상이었다.[220] 종국에는 시인들만이 에이어의 학살을 비껴갔다. 시인들은 형이상학자들과 달리 진실이나 지식을 말한다고 주장하지 않기 때문에 에이어는 이들에게 자비를 베풀었다.[221] 시인은 자기가 "말도 안 되는 것"을 말한다는 사실을 알고 있다고 생각했기 때문이다.

훗날 아이리스는 에이어의 검증 기준이 "윤리학에 난폭한 영향을 끼쳤다"라고 썼다.[222] 빈 학파의 방법론과 영국의 경험주의 전통을 섞어 에이어는 치명적인 독약을 빚어낸 것이다. 메리는 이것을 "순수한 제초제"라고 말했다.[223] 18세기에 데이비드 흄David Hume은 경험주의 방법론을 이용해 사실 명제로부터 가치 명제를 도출할 수 없다고 주장하며, 스코틀랜드 칼뱅주의 교회의 억압적인 기독교 윤리를 비판했다.[224] 흄의 비판은 독단적인 교리와 기만을 겨냥한 공격이었다. '형편이 지금 이렇다'라는 명제로부터 '이렇게 되어야 마땅하다'라는 명제를 도출할 수 있다는 생각을 거부한 것이다. 반면 에이어의 주장은 도덕 철학이라는 관념 자체에 대한 무차별 공격이었다.[225]

관념론자들과 실재론자들은 실재의 구조에 대해 이견이 있었지만, 결코 '우정은 좋은 것이다' '도둑질은 나쁜 짓이다' 등의 도덕 판단 자체를 의심하지는 않았다. 인간에게 도덕적 진리를 발견할 능력이 주어졌으며, 그러한 발견이 인간 삶에서 깊은 중요성을 가진다는 사실도 절대 의심하지 않았다. 또한 관념론자와 실재론자는 자연 과학자들이 측정하고 관찰할 수 있는 실재가 전부가 아니라는 데 동의했다.

그러나 에이어는 옳고 그름, 선과 악, 정의와 미덕에 관한 발언이 경험주의 과학의 언어로 옮겨질 수 없는 만큼 말이 되지 않는다고 선언한 것이다. 좀 더 깊거나 초월적인 것, 가치 있는 것이 아예 존재하지 않는다는 주장이었다. 따라서 철학의 탐구 대상이기도 한 우리의 존재 이유와 의무에 대해 평생 고민하는 것이 무의미하며, 그렇게 얻은 깨달음에 따라 살고자 하는 것 또한 무의미하다고 했다.

무어의 '비자연적 속성'과 로스와 프리처드의 '직관'은 관념론자들의 '절대자'만큼이나 허튼소리라는 것이 에이어의 입장이었다. 에이어가 주창한 '주관적 도덕론 Moral Subjectivism' 즉 도덕이 객관적이지 않다는 철학적 시각에 따르면, 도덕적 '판단'은 단지 개인적 선호의 표현이었고 환호나 야유 같은 감정 표현과 크게 다를 것이 없었다. 그러므로 도덕 철학의 영역은 엄격하게 규제되어야 하고, 그러지 않으면 철학자들은 자칫하면 허황된 말을 하거나 과도한 감정 표현으로 독자들을 당황하게 할 우려가 있었다. "그러므로 윤리학에 대한 지극히 철학적인 이론은 결코 윤리적 선언을 해서는 안 된다."[226] A. J. 에

이어는 방구석에 처박혀 양쪽 검지로 타자를 치며 이렇게 규정한 것이다.[227] 의심과 좌절, 시와 예술의 원천인 초월적이고 신비로운 세계는 이처럼 어설프게 입력된 화려한 마지막 문장과 함께 괴멸되었다.

에이어의 《언어, 진실, 논리》는 9실링짜리 폭탄이었다. "그러면 그다음은 뭐가 와?" 친구가 묻자 에이어는 대답했다고 한다. "다음은 없어. 철학은 종착점에 도달했어. 끝났다고."[228]

에이어의 파괴적인 선언문은 대중적 인기를 끌었지만, 옥스퍼드에서는 소수의 남성만 이를 진지하게 다루었다. 1936년 여름 이사야 벌린의 올소울즈 칼리지 연구실에 모인 이 남자들은 스스로를 "형제회the Brethren"라고 불렀다. A. J. 에이어, J. L. 오스틴, 이사야 벌린, 스튜어트 햄프셔, 토니 우즐리, 도널드 맥냅, 도널드 맥키넌Donald MacKinnon이었다. 이들의 모임은 치열하고 소란스러웠으며 끈질겼다. 이들의 토론은 "사냥개가 무리 지어 사냥하는" 모습과 비슷했다.[229] 이들은 정교함이 떨어지거나 실증주의적으로 엄밀하지 않은 모든 작업을 기꺼이 쓰레기통에 처넣었다. "허튼소리"라는 말은 이들의 치명적인 무기였다. 형제회는 금세 강의 목록에 새로운 주제를 올리기 시작했다. 1936년과 1939년 사이 '현상학' '인식론의 문제' '명제와 사건' '가설과 귀납 추론' 등의 강의 제목이 처음 등장했고, 프리처드의 '도덕적 의무라는 개념', 콜링우드의 '자연과 정신'과 나란히 놓였다.

형제회 가운데 단 한 사람, 도널드 맥키넌만이 불편함을 느꼈다. 덩치가 산만한 젊은이였던 맥키넌의 외모는 동물을 닮아 있었다. 머리는 불곰처럼 거대했고 손은 사자의 발바닥만 했으며 눈은 부엉이처럼 부리부리했다. 말을 할 때는 스코틀랜드 억양으로 으르렁거렸다. 1939년 겨울, 맥키넌이 우리에 갇힌 짐승처럼 서성이며 강의하는 '형이상학의 가능성'을 들은 사람들은 철학을 절멸시키려는 사명을 가진 친구들의 열망이 그를 얼마나 불안하게 만들었는지 알 수 있었다. 도널드는 매우 종교적인 사람이었고, 형이상학을 싹쓸이하려는 에이어의 시도가 인간이라는 동물의 영혼 자체를 위협한다고 생각했다. "형이상학을 제거하려는 시도는 무엇보다 방법론을 위해 인간을 공격하는 일"이라고 보았다.[230] 인간이 경험주의 과학 절차에 '굴복'하게 만들기 위한 준비 과정이었다.[231] 전적으로 기계화가 예고된 제2차 세계대전의 코앞에서, 맥키넌은 그러한 굴복의 윤리적, 종교적 결과를 우려했다.

옥스퍼드 거리에 이따금 보이던 독일계 유대인 망명자들이 점점 늘어나며 눈에 띄는 흐름을 이루자, 에이어의 투쟁 구호는 점차 학생 사교실과 강의실에서도 들리기 시작했다.[232] 메리와 아이리스는 서머빌 학생이 되자마자 깨달았다. 이 세대 학부생들은 "다소 불편하게 느껴지는 학설에 반박하고 싶을 경우 그저 큰소리로 단호하게 '저로서는 이해할 수 없습니다' 혹은 '그게 대체 무슨 의미입니까?'라고 외치기만 하면 된다는 사실을 깨닫고 신이 나" 있었다.[233] 메리와 아이리스, 엘리자베스처럼 호기심이나 고민에 이끌려 철학을 하게 된 사람은 민망할 정도로 순진무구한 사람 취급을 받았다. "저로서는 이해할 수 없다"라는 말은 더 이상 철학 담론의 시작이 아닌 끝을 의미했다.

삶의 가장 중요한 문제들은 경험주의 과학의 영역 바깥에 있다는 관념론자와 실재론자들의 불가사의한 확신은 해묵은 독단주의로 여겨졌다. 수천 년 동안 생의 의미와 윤리를 고민했던 인간의 노력은 길게 이어진 무의미한 잡담 취급을 받았다. 게다가 이러한 선언이 나온 시점이 세계 역사상 윤리적 삶에 대한 진지한 고민이 꼭 필요한 시점이었다는 사실은 에이어로부터 멸종 선고를 받은 나이든 학자들을 더욱 괴롭게 만들었다.

블랙웰 서점에서 누군가 엿들은 말에 따르면, 실재론자 프리처드

(68세)와 플라톤 학자 H.W.B. 조지프(72세)는 에이어의 책을 내준 출판사가 있었다는 사실에 불만을 드러냈다.²³⁴ 대부분의 사람보다는 좀 더 동정적이었던 흄 연구자 H. H. 프라이스H. H. Price(38세)도 에이어가 "성급한 젊은이"라는 데는 동의했다.²³⁵ 길버트 머리(70세)에게 에이어는 존경심이 부족한 청년이었다.²³⁶ 유명한 사제이자 사랑을 연구하는 철학자 마틴 다시 신부(48세)는 에이어를 "옥스퍼드에서 가장 위험한 사람"이라고 칭하고 악평을 썼는데, "세계가 불타는 동안 현대 철학자들이 어떻게 빈둥거리고 묘기나 부리는지 보여주어 감사하다"라고 했다.²³⁷, ²³⁸ 서평을 다 쓴 다음에는 에이어의 책을 불속에 던졌다.²³⁹ 헤겔 학자 G. R. G. 뮤어(43세)는 에이어가 영국 경험주의 전통을 "고지식한 것에서 터무니없는 것으로 격하시켰다"라며 분노했다.²⁴⁰ 1937년 입학한 젊은 P. F. 스트로슨은 세인트 피터홀 정원에 앉아 "단숨에 그 책을 읽었지만" A. D. 린지의 한 학부생이 그 책을 수업에 가져오자 린지는 그 책을 빼앗아 창밖으로 던졌다.²⁴¹

관념론자들의 마지막 한마디

메리와 아이리스가 사방에서 철학의 조수가 뒤바뀌고 있는 것도 모른 채 이소벨 헨더슨과 함께 린지의 선거 운동 본부에서 봉투를 채우는 동안 관념론자이자 웨인플리트 석좌교수 R. G. 콜링우드(이소벨의 전 스승)는 병든 몸으로 발동기선 알시노어스를 타고 인도양을 건너 자바섬으로 가는 중이었다. 얼마 전 뇌졸중을 겪은 콜링우드는 네덜란드 화물선을 타고 떠나는 이 여행이 건강 회복에 도움이 되길 바

라고 있었다. 선장이 만들어준 갑판 위 연구실에서 콜링우드는《형이상학론》을 쓰고 있었다.[242]

"에이어의 연구는 오류를 범하고 있을 뿐 아니라, 그 오류를 스스로 반박하고 있다는 점에서 중요하다." 콜링우드는 이렇게 쓰며 미소를 지었다. "그 오류는 여기서 악화된 형태를 띠며, 불의 고리 안에 놓인 전갈이 스스로 불에 뛰어든다는 전설처럼 만천하에 그 결점을 드러내며, 스스로 목숨을 던진다."

에이어는 "관찰된 사실에 호소하여 입증할 수 없는 모든 명제는 허위 명제"라고 주장한다. 나아가 형이상학적 명제는 '허위 명제'이므로 허튼소리라는 결론을 도출한다.[243] 하지만 콜링우드는 형이상학이 에이어가 "명제"라고 부르는 것, 즉 분석이 완료되고 개별적 검증의 대상이 되는 진술을 통해 드러나지 않는다고 말한다. 형이상학은 인간 삶의 초월적 배경을 이해하려는 시도이며, 바로 이 배경에 견주어 개별 명제가 관찰이나 과학적 연구를 통해 검증될 수 있다는 것이다.

"나는 이 글을 배의 갑판에 앉아 쓰고 있다." 콜링우드의 펜이 종이 위로 움직인다. "눈을 들면 눈앞에 줄이 보인다. 내 머리 위로 비교적 수평을 유지하며 팽팽하게 당겨져 있다. '이것은 빨랫줄이다'라고 나는 생각한다. 하지만 '이것은 빨랫줄이다'라는 일개 명제는 관찰을 통해 검증할 수 없다. 줄을 아무리 면밀히 살펴보아도, 그 줄을 구성하는 요소를 과학적으로 연구해 봐도 진실을 드러낼 수는 없다. 왜냐하면 '이것은 빨랫줄이다'라는 말은 부분적으로 '빨래를 널기 위해 달았다'라는 의미이기 때문이다."[244]

그렇게 이 사물은 인간 삶과 역사라는 방대하고 합리적으로 구축된 배경 앞에 놓이게 된다. 그 배경에는 옷과 목욕, 비누, 위생, 취향의 기준, 청결과 냄새, 아름다움에 대한 생각, 이유, 의도, 욕구가 들어 있다. 이 초월적인 배경, 즉 우리를 둘러싼 현실이 바로 형이상학이

다루는 주제이며, 그것이 없다면 에이어가 좋아하는 명제는 저 빨랫줄처럼 공중에 덜렁 매달려 있을 뿐이다. 콜링우드는 에이어의 논변이 실재론뿐만 아니라 논리실증주의에도 사형을 선고한다고 보았다.

보궐 선거를 하루 앞두고 배에 올랐던 콜링우드는 옛 친구 린지에게 짧은 메모를 남겼다. 두 사람 모두 보어스힐의 사회주의 철학자 E. F. 캐릿의 제자였다. 린지 자신도 1924년 아리스토텔레스 학회에 보내는 학회장 발표문 〈정신은 무엇을 구축하는가?〉에서 관념론을 적절히 옹호했다. 여기서 린지는 이 세상이 이성에 근거한 존재entia rationis로 가득 차 있다고 했다. 지도나 모형, 그림, 종이 위에 배치된 기호들, 언어가 발화될 때 나오는 연결된 소리 같은 것들이 여기 속한다. 우리는 인식이라는 목적에 봉사하기 위한 것들을 만들어내는 존재들이고 그 창조물은 "그것이 가리키는 대상만큼이나 물리적인 세계의 일부이다."[245] 인식하는 자와 인식되는 대상이 구별되며 현실과 정신에 공통된 구조가 없다고 고집하는 실재론은 옳지 않다는 주장이었다.

콜링우드는 린지에게 이렇게 썼다. "나는 내일 동쪽으로 떠나지만, 자네가 선거에서 승리하기를 바라는 마음을 보내지 않고 갈 수는 없지. 이 나라가 지금보다 위태로운 형편에 놓인 적이 지난 역사를 통틀어 단 한 번도 없었다는 생각이 들어."[246]

2장

전쟁의 소용돌이 속에서

1939년 9월 – 1942년 6월
옥스퍼드

전쟁의 발발로
학교를 떠나게 된 젊은 남학도들

1939년 9월 1일 아이리스 머독은 글로스터셔에 있는 한 농장의 들판 위에 누워 있었다. 나치 치하의 독일에서 쫓겨난 평화주의 기독교 공동체 브루더호프에 손님으로 와 있었던 아이리스는 맥파이 플레이어스라는 극단과 여름 순회공연 중이었고, 이 농장에서 마지막 공연을 하기로 되어 있었다. 옥스퍼드 학부생으로 이루어진 극단 맥파이 플레이어스는 영국 남부를 돌며 발라드 시가詩歌와 단막 희극 등을 무대에 올리고 번 돈으로 옥스퍼드 대학교 난민 구호 기금에 보냈다.[1] 그날 아침 해가 뜨기 직전 첫 루프트바페(독일 공군-옮긴이) 폭탄이 낮게 깔린 구름을 꿰뚫고 바르샤바로 떨어졌다. 네빌 체임벌린은 체코슬로바키아에 대해 "대부분의 영국인은 아마 스펠링도 알지 못하는 저 멀리 떨어진 나라"라고 생각했다. 그렇지만 '폴란드'의 스펠링을 모르는 영국인은 없다고 메리는 생각했다.[2] 이어진 영국의 선전 포고는 브루더호프를 포함해서 영국에 사는 독일인과 오스트리아인 7만 명을 "적국 시민"으로 만들었다. 수용소 구금 여부를 심사하는 과정에서 이들은 더 자세하게 나뉘어졌다. (A) 수용 대상임, (B) 제한 대상이지만 수용 대상은 아님, (C) 제한 대상도 수용 대상도 아님과 같이.[3] 맥파이 단원들은 무대 의상과 배경을 내팽개치고 옥스퍼드로 돌아갔다. 버크셔 다운스를 에둘러 달리는 노란 스포츠카 뒷좌석에서 "청회색 구름과 초록 분홍 하늘이 지평선 위를 장식한 모습"을 본 아이리스는 "극도의 희열을" 느꼈다.[4]

그을린 얼굴로 옥스퍼드에 도착한 아이리스는 늘어나는 유럽 난민들을 위한 요긴한 자금을 모았다는 사실에 기쁘고 생기가 넘쳐 보였다. 반면 메리는 어떤 보람도 느끼지 못한 채 풀이 죽어 칙칙한 얼굴로 돌아왔다. 노동당 산하의, 지금은 기억에서 지워진 어느 부서에서 여름 내내 자원봉사자로 일한 메리에게는 제5열, 즉 간첩이나 공작원 세력이 무슨 계획을 세우고 있는지 알아내는 임무가 주어졌다. 하지만 비밀공작을 펼친다든지, 의심스러운 인물을 웨스트민스터 술집에서 직접 만난다든지 하는 대신 메리는 (아이리스라면 달랐을 테지만) 마치 대규모 역사 연구를 진행하듯 임무에 임했고, 대영박물관 도서관의 어느 어두컴컴한 구석에서 오래된 《더 타임스》 신문 더미에 파묻혀 여름을 보냈다.[5]

1939년도 미카엘마스 학기(9-12월 학기를 뜻한다-옮긴이) 옥스퍼드 기숙사의 남학생 수는 거의 1000명이나 줄어 있었다.[6] 징병 대상은 일단 20세와 21세 사이의 남성이었다. 앤스콤 가문의 쌍둥이와 메리의 오빠도 징집이 되었고 A. J. 에이어의 파괴적인 경험주의와 공격적인 몰이해가 세련된 철학이라고 생각했던 젊은 학생들도 마찬가지였다. 브로드 가 클래런던 빌딩에 자리한 옥스퍼드 통합 징병 위원회는 25세 이하의 모든 학부생과 기숙사 거주 대학원생에게 자원입대를 권하기도 했다. 자원입대 대상이었던 3000명 가운데 2362명이 자원했다.[7]

전후 취직 가능성을 높이기 위해 자원한 학생도 있었을 것이다. 필립 라킨의 조숙한 소설《질》에 등장하는 교사도 그런 생각을 갖고 입대한다. 하지만 대체로 1차 대전에서 복무한 아버지나 할아버지를 두고 있었기 때문에 교복을 벗어두고 참전할 의무가 있다고 여겼다. 평화를 지키겠다는 네빌 체임벌린의 약속이 말뿐이라는 것을 알았기 때문에, 이미 전년도 겨울에 자원입대한 학생도 많았다. 프랭크 톰슨과 마이클 풋도 그랬다. 전쟁 직전의 불안정한 상황에서 마이클의 아버지 리처드 풋 준장은 신문을 보니 상황이 좋지 않고, 다시 전쟁이 날 것 같은데 너도 가만히 있을 수는 없지 않겠느냐며 마이클을 불러들였다.[8]

남학생들이 전장으로 떠나기 전 아이리스는 "친구들 모두의 문학적 유해"를 모아두고자 했다. 농담 반, 젊은 열정 반으로 아이리스는 "전쟁이 끝나면 이 글로 작은 문집을 엮어 돈을 많이 벌겠다"라고 큰소리쳤다. 아이리스의 계획에 모두가 적극적으로 동참한 것은 아니다. 아이리스가 학생 언론 활동을 하며 만난 노엘 엘드리지는 어머니에게 보내는 편지에 이렇게 썼다고 한다. "아직 어떤 글도 주지 않았습니다. 돈을 가져올 때까지 안 줄 거예요!" 그럼에도 노엘은 '유일무이한 머독'의 온전한 정신을 칭찬했다.[9] 마이클 풋은 아이리스에게 출판에 관한 일체의 권한을 위임하며, 보헤미안 청년다운 과장된 몸짓을 보여주었다.[10]

재능 있는 언어학자 프랭크 톰슨은 연합군 간에 정보를 수집하고, 공유하기 위해 만들어진 비밀 연대인 '팬텀'의 일원으로 선발되었다. 팬텀은 군인보다는 도둑 고양이 같았고 아군도 적군도 그들을 그렇게 취급했다.[11] 연합군은 전장이라는 무대 뒤에서, 기존의 지휘 계통에서 벗어나 활동하는 팬텀을 수상하게 보았고 적의 포로가 된다면 처형될 가능성이 거의 확실했다. 프랭크는 옥스퍼드를 떠날 당시

'초록 머리칼의 여사제' 아이리스와 사랑에 빠져 있었다. "이건 보통 수식어가 아니야. 네 성격을 잘 담고 있다고 생각해. 좋은 초록이니 걱정하지 말고. 라파엘 전파Pre-Raphaelite Brotherhood의 그런 잔인한 초록이 아니야. 꿈처럼 아름다운 토끼풀 같은 머리칼이 자연스럽게 굽이치는 모습. 네 자아가 머리칼로 실현된다면 이러한 모습일 거야."[12] 프랭크가 입대하기 전 둘은 아마 함께 보어스힐로 가서 들판의 오솔길을 걸으며 울타리를 넘기도 하고 소나 말들을 지나쳤을 것이다. 프랭크는 아이리스에게 소네트 〈전쟁의 목전에서 이루시카에게〉를 써주기도 했다.[13]

> 전사자의 명단에 내 이름이 있다면
> 친구를 잃었다고 해주기를. 반은 어른, 반은 소년이었던
> 그에게 세월이 너그러웠다면 그 속에는
> 용기와 힘, 조화로움이 쌓였을 것이라고.
> 어줍고 수다스러웠던 그가, 진실과 빛에 대한
> 따뜻한 생각으로 넘치는 머릿속이 어지러웠던
> 그가 건넨 도움은 보잘것없었다고. 그럼에도 운명이 상냥했다면
> 침착함을 유지하며 싸우는 법을 배웠을 것이라고.
> 그대를 사랑한다고 생각했지만, 무슨 자격으로
> 그런 찬미의 말을 입에 담을 수 있었을까.
> 이글이글 뜨거운 납덩이가 무수히 몸에 박힌 그가,
> 총구의 불꽃 뒤로 숨은 자신의 허세와 자만을 볼 수 없었던 그가.
> 친구를 잃었다고 해주기를, 그리고 잊기를.
> 더 강하고 진실한 이들은 아직 그대와 함께이니.[14]

학교를 떠난 프랭크는 아이리스에게 늘 "반은 어른, 반은 소년"이

었다. 옥스퍼드에 남은 아이리스는 "사랑하는 프랭크"("용감한 내 사랑" "자유분방하고 상냥한 나의 기사"라고 하며)에게 보내는 편지에 색이 바랜 꿈같은 도시에 대해 썼다.[15] 두 사람은 종이 위에 함께 환상의 세계를 직조했다. 1939년의 낭만적 이상주의 속으로 뛰어들어 변화무쌍한 그리스 서사시에도, 아서 왕의 전설에도, 셰익스피어 비극 속에도 나타나는 원형적인 연인이 된 상상을 한 것이다.

닉 크로즈비는 해군에 입대했다. 그가 남쪽 해안에 위치한 왕립해군 훈련소 HMS세인트 빈센트에서 닉은 메리에게 보내는 편지에 이렇게 썼다. "옥스퍼드와 대학생활로부터 아주 멀리 떠내려왔어…… 사람이라는 생물의 적응력은 정말 놀라워…… 더 놀라운 건 밤에도 낮인 것처럼 활동하는 데 익숙해졌다는 거야."[16]

옥스퍼드에 갓 입학한 남학생들은 입대를 잠시 미루고 단축된 학사 일정에 따라 과정을 마칠 수도 있었다. 18세와 19세들은 학교에 도착해 짐을 풀고 학생 가운을 입었지만, 1년이나 2년 뒤에 입대해야 했다. 4년 과정을 밟고 있던 아이리스와 메리는 이로 인해 너무 일찍 어른이 되었다는 이상한 기분을 떨칠 수 없었다.

아이리스는 배드민턴 스쿨 교지에 이렇게 썼다. "옥스퍼드는 전방에 있는 도시라고는 할 수 없지만, 변화하는 세계와 함께 서서히 구슬프게 변화하고 있다. 학생들은 죄다 어려졌고 남학생의 경우 불완전하고 불충분한 1년 과정을 성급하게 이수하고 있다." 그리고 이어서 이렇게 덧붙였다. "그 학생들에게 옥스퍼드 대학교는 고등학교와 전쟁 사이에 놓인 묘한 간주곡 같은 것이다."[17]

콜링우드, 린지와 마찬가지로 E. F. 캐릿의 제자였던 C. S. 루이스C. S. Lewis(우리에게는 나니아 연대기의 작가로 잘 알려져 있다-옮긴이)는 설교단에서 입학생들의 두려움과 의심을 가라앉히려고 애썼다. "만약 우리가 안정을 찾을 때까지 지식과 아름다움의 탐구를 보류했다면 그 탐구는 시작도 하지 못했을 것입니다. 전쟁을 '일상'과 별개의 것으로 생각한다면 잘못입니다. 사람들은 포위된 도시에서 수학 정리를 도출하고, 감옥에 갇힌 채 형이상학적 논증을 펼치며, 교수대에서 농담을 던지고, 퀘벡의 성벽으로 전진하면서 가장 최근에 나온 시에 대해 논하며, 테르모필레에서 머리를 빗습니다. 이것은 허세가 아닙니다. 이것이 우리의 본성입니다."[18]

입대한 여학생도 있었지만 권장하는 분위기는 아니었다. 메리는 동료 서머빌 학생이 "나라를 위해 공부에 백기를 들고 옥스퍼드를 떠난다"라는 소식을 듣고 충격에 빠졌으며, 아이리스는 이를 '순전한 광기'라고 생각했다.[19] 전쟁 초기에는 "여성이 입대하는 것보다 학업을 끝내는 것이 나라에 더 유익하다"라는 말이 돌았다.[20] 서머빌 학장 헬렌 다비셔는 학생들이 즉시 유익한 일을 하길 바라는 마음에 강사들과 학부생들을 방으로 불러 뜨개실로 작은 사각 직물을 뜨게 했다. 완성된 조각을 엮어 먼 타향에서 싸우는 병사들에게 보낼 따뜻한 담요를 만들 예정이었다. 헬렌은 동료 베라 파넬의 뜨개바늘에서 나오는 무정형의 물체를 보고 열불이 났다. 베라는 훌륭한 학생감이었지만 뜨개질 실력은 형편없었다.[21] 얼마 안 가 헬렌은 베라의 뜨개바늘을 빼앗았고 뜨개질을 하는 학생들이 심심하지 않도록 헨리 제임스를 낭독하는 임무를 맡겼다.[22]

서머빌 같은 여성 칼리지의 식당에서는 여전히 답답한 부류, 평범한 부류, 자유분방한 부류가 다양한 색깔과 형태(베이지색, 감청색, 빨강, 모피, 실크)로 나뉘어 있었지만, "매달 남학생들이 한 무리씩 똑같은 군복 아래로 사라진다"라고 아이리스는 불평했다.[23] 그리고 이집트 영국문화원에 근무 중인 세 살 위의 옥스퍼드 동문 데이비드 힉스에게 보내는 편지에 이렇게 썼다. "나는 색이 바랜, 무너져가는, 전쟁 생각으로 가득한, 불안한, 난민들이 모여드는, 나를 좋아하지 않는 옥

스퍼드에서 공부를 계속하고 있어. 다른 학생들은 다 나보다 어리고 훨씬 더 흥분 상태에 있다니까."²⁴

함께 입학한 남학생들마저도 기억 속에서는 나이를 먹지 않는 것 같았다. "널 지금 이 시간 나와 나란히 성장하고 있는 독립적인 3차원적 존재로 생각하기는 훨씬 더 어려워."²⁵ 그들의 존재는 좀처럼 실감이 나지 않았다. "나는 너를 떠올릴 때마다 네 뒤로 수천 마일 뻗어나간 하늘을 상상해. 네가 머튼의 방안에 앉아 있는 모습은 잘 그려지지 않아." 아이리스를 짝사랑하다가 공군에 입대한 패디 오리건에게 보낸 편지에 담긴 내용이다.²⁶ 아이리스는 최신 소식을 재치 있게 전달하며, 동료들의 기운을 북돋기도 했다. 때로는 친구들도 느끼고 있을 두려움에 대해 숨김없이 이야기했다. "슬픈 편지네. 그렇게 우울하다니 나도 마음이 편치 않다" "정말 끔찍한 기분이야" "이러한 망할 세상에서 이러한 우울감이 드는 건 당연하겠지" "신들께서 너와 함께해주시고 더 밝은 날들을 보내주시길."²⁷

필리파 보즌켓 서머빌에 도착하다

이 심상치 않은 장면 속으로 필리파 보즌켓이 들어왔다. 이제 필리파가 서머빌 칼리지 정문 앞에 설 차례였다. 장갑을 끼고 허리띠를 맨 필리파와 필리파의 우아한 맞춤옷 그리고 품위 있는 행동은 접근하기 힘든 사람이라는 분위기를 풍겼다. 얼굴은 약간 여우 같았다.²⁸ 필리파는 평생 냉담하다는 소리를 듣곤 했지만, 사실 안면인식장애가 있는 데다 한쪽 귀가 들리지 않았다.²⁹ 그래서 "잘 들리는" 쪽으로 자리를 잡는 데 능숙했다.

　자신도 잘 믿기지 않았지만 ("정말 놀라운 일이었다") 보즌켓은 그리스어를 몰라도 무방한 철학, 정치, 경제 전공 과정 Philosophy, Politics, and Economics, PPE에 입학하게 됐다.[30] 이 학위 과정은 1920년에 개설된 과정으로 "힘없는 남자들을 위한 허술한 전공"이라고 비하하는 사람들도 있었던 반면 힘없는 남자가 대개 여성이라는 사실을 인식하고 있는 사람도 많았다.[31] 필리파에게 PPE 전공은 당연하게 여겨졌다. 그리스어를 공부하지 않았지만 ("그리스어 알파벳을 전혀 몰랐다. 심지어 맨 앞의 몇 글자도 몰랐다"라고 회상했다.)[32] 뭔가 이론적인 학문을 하고 싶었기 때문이다.[33]

　이 과정은 "철학적 사고 훈련"에 역사와 경제 과목을 결합해 학생들이 기업이나 공무, 공직 활동을 할 수 있도록 준비시키는 데 목적이 있었다.[34] 1936년 헬렌 다비셔를 비롯해서 여성 칼리지의 여러 학자는 《더 타임스》의 편집부에 서한을 보내 여성이 외교부나 영사 업무에 참여할 수 없다는 사실에 항의했다. 옥스퍼드의 PPE 학생들은 교내 다른 학생들과 비교해도 능력이 뛰어나고 이 학생들의 관심사를 고려할 때 국제적인 활동에 적합했다. 영국은 "국내 최고의 인재들"을 필요로 하고 있었고 "그 어떤 이유로도" 제한을 두어서는 안 된다는 주장이었다.[35]

　필리파는 메리나 아이리스, 엘리자베스보다 여러 단계 위에 있는 사회적 환경에서 자라났다. 미국 전 대통령 그로버 클리블랜드의 손녀딸이기도 했다. 어머니 에스더는 백악관에서 태어난 최초의 영아였다(지금까지도 유일하다). 뉴욕에서 사교계에 데뷔한 에스더가 약혼을 했다가 파혼을 당했다는 소문이 퍼지고 1년 뒤, 에스더는 1915년 여름 스위스에서 영국 콜드스트림 근위대의 보즌켓 대위를 만났다.[36] 두 사람은 웨스트민스터 성당에서 결혼식을 올리고 한적한 요크셔 시골

말을 타고 있는 필리파 보즌켓, 1938년경.

1만 8000평 부지에 자리한 침실 16개 규모의 저택인 커클리덤의 올드홀에 살림을 차렸다.[37] 거기서 필리파와 동생 매리언은 제틀랜드 사냥회 사람들과 말을 달렸다.[38] 8세 때부터 필리파는 비가 오나 눈이 오나 말을 탔는데, 나이가 들고 나니 이상하다는 생각이 들었다. ("아무도 '이 아이가 제대로 말을 탈 줄 알까?' 묻지 않았던 것 같다…… 엄마는 도대체 종일 무슨 생각을 한 걸까?")[39] 8세 즈음 복부 결핵에 걸린 필리파에게 내려진 치료법은 1년 동안 발코니에서 잠을 자는 것이었다. 노스요크셔의 겨울 날씨도 이를 막지 못했다.[40] 당시에는 미처 몰랐지만, 결핵으로 인해 필리파는 아이를 낳을 수 없게 됐다.[41] 아이들이 무럭무럭 성장하려면 관심이 필요한 법이지만 필리파와 매리언은 보모의 관심밖에 받지 못했다. ("아무래도 이러한 철저한 무관심이 나를…… 영원한 겁쟁이로 만든 것 같다"라고 회상했다.)[42]

필리파는 특이한 가정 교육이 초래한, 유별나게 불합리한 자신의 삶에 "이성을 상실케 하는" 요소들이 있었다고 말했다.[43] 이성을 상실하게 만드는 온갖 금기 중에는 잠옷을 입고 아래층으로 내려오지 않을 것, 정오 전에 진주를 착용하지 않을 것, 색깔이 어두운 음료를 마시지 않을 것 등이 있었다.[44] 올로로소, 피노, 만사니야, 아몬티야도 등의 셰리주는 예외였다. 필리파는 또한 "호칭과 성을 쓰는 사람보다 호칭과 이름을 쓰는 사람이 훨씬 대단한 사람이라는 것"(영국 귀족 호칭에서 'Lady+이름'은 귀족의 딸을, 'Lady+성'은 작위 있는 남성의 아내를 뜻해, 전자가 더 고귀한 혈통으로 여겨진다-옮긴이)도 알고 있었다. ("나는 이러한 걸 알고 있다는 게 싫었다. 하지만 이미 알고 있는 걸 어쩔 수 없었다"라고 회상했다.)[45]

필리파는 상류층의 관습을 마치 본능처럼 알고 있었지만, 정치나 철학, 경제에 관해서는 이야기할 준비가 덜 되어 있었다. 두 차례의 세계대전 사이 젊은 상류층 여성의 언어에 대한 통제와 감시는 치밀했다. 국제 연맹이나 베르사유 조약, 신적 예지 등에 대해 언급하는 것은 매우 부적절했다. 사교계에 발을 들인 미혼 여성은 젊은 미혼 남성들과 "대화를 이어가야" 했지만 "똑똑하다는 인상"을 주지 않아야 했는데, 그런 인상이 굳어지면 결혼 가능성이 처참한 수준으로 떨어지기 때문이다. 웨스트민스터 공작부인은 이렇게 조언했다. "할 말이 없으면 유령이나 왕실에 대해서 이야기하면 좋다."[46] 독서를 좋아한다는 분위기를 풍기기만 해도 치명적일 수 있었고, 안경은 그야말로 재앙이었다. 애스콧의 세인트 조지스 스쿨에 잠깐 다닌 것을 제외하면, 필리파는 가정 교사들과 공부했고, 그 교사들은 엘리자베스의 어머니를 가르친 남성 교사들과 달리 로마 문명이 그리스 문명 이전이었는지 이후였는지 알려주지 않았다.[47] "나는 교육을 받은 게 아니었다"라고 필리파는 이후 주장했다.[48]

나이가 들면서 필리파의 확신은 강해졌다. 필리파의 유년기를 형성했던 규범들은 너그러운 정원사가 식물을 키우고 보호하기 위해 만든 온실의 규범과는 달랐다. 오히려 해를 입히고, 성장을 방해하는 것이 분명했다. 주방 식탁 위에서 엉터리 수술을 받다가 한쪽 청력을 상실하거나 결핵으로 인해 여러 만성적인 건강 문제를 겪은 일을 예외로 한다면, 어린 시절의 양육 환경이 눈에 띄는 상처를 남기지는 않았다. 그러나 예사롭지 않은 자립심을 가지게 되었고, "병적으로 신중한" 사람이 되었다. 아이리스는 필리파를 정신적으로 강인하면서도 미묘한 사람, '스핑크스' 같은 존재로 여겼다.[49]

필리파는 평생을 '행복'이라는 개념에 대해 고심했다. 커클리덤에서 보낸 유년기에는 항상 물음표가 따라다녔다. 행복이란 기분일까? 아니면 인생을 잘 산 사람을 행복한 사람이라고 하는 걸까? 행복한 인생이 아니었다고 해도 행복을 느낄 수 있을까? 어떤 일을 당해서 행복의 가능성에 영원히 닿지 못하는 상태가 될 수도 있을까? 필리파는 80대가 되어서도 여전히 그 질문을 곱씹고 있었다.[50]

필리파가 서머빌에 입학했을 때, 백악관에서 태어난 필리파의 어머니 에스더는 위로가 필요할 정도로 낙심했다. "걱정하지 마. 똑똑하게 생기지는 않았잖아!" 에스더의 친구는 이렇게 달래주었다.[51] 이러한 종류의 평가 절하는 필리파의 유년기의 배경이 되었을 것이고 필리파의 자의식에 영향을 끼쳤다. 이후 다양한 인터뷰에서도 필리파는 반복해서 이야기한다. "나는 아주 똑똑하지는 않습니다. 직관이 발달하기는 했지만, 별로 똑똑하지는 않아요."[52] 필리파는 줄곧 철학 실력이 부족해서 서머빌에서 쫓겨날까 걱정하며 살았다.[53]

열아홉 살의 필리파는 그동안 받은 가정 교육에 철저히 반항하는 삶을 살고자 했다. 공산당원은 아니었지만 '매우 좌익'이었고 (돈 있는 집 여학생들을 위한 학교라는 이미지의) 레이디마거릿홀은 "사교계에서도 용인하지만, 서머빌은 그렇지 않다"라는 이야기를 듣고는 "그러면 저는 서머빌에 갈게요"라고 했다.[54] 먼저 원격 교육을 받은 뒤, 한동안 옥스퍼드 시내에서 하숙하며 개인 과외를 받았다.[55] 고전학 강사 밀드레드 하틀리는 아이리스와 메리를 잘 구슬려 예비 과정을 가르치는 동시에 필리파에게 'PPE 1차 시험을 통과할 수 있을 만큼의 라틴어'를 가르치기 위해 온갖 역경에 맞서 사투했다.[56] 필리파는 또 "수학은 못했다"라고 스스로 이야기한다.[57] 필리파는 두 학기를 이수한 시점에 '통계학 방법론'과 '경제학 원론' 기말 논문을 준비하기 위해 논리와 수학 예비 시험을 치렀다. 정치학 쪽으로는 '1871~1914년 정치사'와 '정치 제도 연구'와 씨름했다. PPE 전공 과정 학생들에게 철학은 17세기의 데카르트부터 시작했다.[58]

1939년 10월 방독면을 허리에 차고 우드스톡 가에 선 필리파는 누군가의 실수로 합격을 했을 수도 있다는 생각을 떨칠 수 없었다. 눈앞에 펼쳐진 서머빌 잔디 위에는 낯선 얼굴들이 흩어져 있었다. 좌절감을 느낄 수도 있었다. 하지만 그러지 않았다. 공부하겠다는 결심에 찬 필리파는 두려움이 없었다. 왕실에 대해 "이성을 상실케하는" 대화를 들어야 했던 어린 시절을 만회하고자 했다. 깊은 행복이 마침내 눈앞에 있는 것 같았다. 서머빌 칼리지는 다른 옥스퍼드 칼리지들과 마찬가지로 변화하고 있었지만, 필리파는 처음으로 자신이 있을 곳을 정확히 찾은 것 같았다.

옥스퍼드는 의심의 여지없이 전쟁 중이었다. 외부와 단절되었던 칼리지의 안뜰은 더 이상 학자들에게 일상으로부터의 도피처를 제공해 주지 않았다. 정원에는 군복을 입은 남자들이 가득했고, 잔디 위에는 임시 병원과 물탱크가 자리 잡았다. 꽃이 심겨 있던 정갈한 화단은 "승리를 위한 텃밭"으로 변했다. 《옥스퍼드 매거진》에는 이전에는

임시 병동으로 쓰였던 세인트 휴스 칼리지, 1940년.

상상할 수도 없었던 공지가 실렸다. 헌혈은 뉴보들리언 도서관에서 할 수 있고 말라리아에 걸린 적이 있어도 헌혈할 수 있다는 내용이었다.[59] 주간 공습을 감시하기 위한 "정찰원" 훈련도 진행됐다. 공습경보가 울리면 업무는 계속해도 되지만, 건물 간 이동이 있는 강의나 기타 행사의 경우 경보가 멈출 때까지 재개할 수 없었다.[60] 기존의 학습 공간은 전쟁 도구로 용도가 변경되었다. 보들리언 도서관에서는 트위드 양복을 입은 학자들이 유물과 필사본을 들여다보는 대신 번지르르한 화이트홀 공무원들이 공문서나 내각 보고서를 작성했다. 적십자 봉사자들은 포로 도서관에 보낼 책을 분류했다.[61] 외무부의 "정보국"은 (두뇌가 명석한) 베일리올 칼리지로 옮겼고 교통부는 머튼 칼리지에서 산토끼 수프로 식사를 했다. 식품부는 (가장 돈이 많은) 세인트 존 칼리지로 들어와 식량 가격을 규제했다.[62]

여성 칼리지도 예외 없이 방해를 받았다. 세인트 휴 칼리지는 병원으로 바뀌었고, 애니 로저스가 가꾼 아름다운 잔디 위에는 벽돌로 쌓은 임시 병동이 만들어졌다. 서머빌의 일부는 래드클리프 병원의 환자들을 위한 병동으로 쓰이게 됐다.[63] 서머빌의 학부생 150명은 뉴 칼리지로 옮겨 "혼성" 칼리지를 형성할 위기에 놓였다. 다행히 헬렌 다비셔가 좀 덜 곤란한 해결책을 제시함으로써 병동 침상을 늘릴 수 있었다. 메리를 포함해서 웨스트에 있는 학생 30여 명이 간호사들에게 공간을 내어주고 훨씬 더 웅장하고 전원적인 레이디마거릿홀로 들어간 것이다.[64] 서머빌 입구에 선 필리파의 곁으로 환자들, 침상, 의료 기구가 들어갔고 안락의자, 도서관 책, 학부생들이 빠져나갔다.

    레이디마거릿홀의 드넓은 정원은 처웰강 서쪽 강둑까지 이어졌다. 메리는 두 번 귀가 시간을 어겼는데, 그럴 때마다 담장을 넘기보다는 하이브리지를 건너 동쪽 강둑으로 간 다음 노를 저어 돌아왔다. 남들처럼 하기는 싫었기 때문이다.[65] 여름에는 매일 아침 식사 전에 강에서 수영을 했다. 물을 뚝뚝 흘리며 반숙 계란을 먹으러 잔디를 가로지르던 메리는 할레안데어잘레 교육 대학에서 교육 사회학 및 교육 이론을 가르쳤던 엘리자베스 블로흐만이 칼리지 내 꿀벌들과 용감한 결투를 벌이는 모습을 보았다.[66] 여성 교육 전문가이며, 한때 마르틴 하이데거의 연인이기도 했던 (히틀러의 블랙리스트에 오르기도 했다) 블로흐만은 에두아르트 프랭켈과 비슷한 시기 옥스퍼드에 도착했고 전시 협력의 일환으로 칼리지 내 양봉장 관리를 맡은 것이다. "노력의 결과는 처참했다. 꿀벌은 관리자를, 관리자는 꿀벌을 싫어했고 벌들의 공격이 견디기 힘들어지면 드네키(독일어 강사)가 방독면과 베일을 쓰고 나타나서 구원의 손길을 건넸다."[67]

    한편 아이리스는 진 쿠츠, 그리고 다른 여학생 두 명과 파크타운

43번지로 이사했다.[68] 레이디마거릿홀에서 강을 따라 몇백 미터만 올라가면 있는 모퉁이 집이었다. 네 사람은 저녁 식사만큼은 칼리지 식당에서 먹지 않아도 된다는 사실에 기뻐했다. 여전히 점심때는 서머빌에 모여 빠듯한 주방에서 만들어내는 음식을 먹었다. 전쟁이 지속되면서 식료품 배급이 엄격해질수록 음식은 더 소박하면서도 창의적으로 변해갔다. 버터, 설탕, 베이컨, 햄, 치즈, 잼, 시럽, 차, 마가린은 모두 배급표가 있어야 구매할 수 있었다.[69]

전기등도 마음껏 쓸 수 없었다. 밤에는 하늘에서 영국이 전혀 보이지 않도록 해야 한다는 법령이 전쟁의 시작과 함께 선포되었다. 칼리지에서는 암막 천을 펼쳐 고정한 틀로 창문을 가렸다. 자동차와 버스도 눈에 띄지 않게 전조등을 껐다. 제한 속도는 시속 20마일이었지만 운전자들은 어둠 속에서 속도계를 볼 수 없었기 때문에 감으로 속도를 제어해야 했다.[70] 인도에서 도로로 내려온 보행자가 있다면, 운전자의 눈에 띌 확률은 매우 낮았다. 사람들은 어둠 속에서 빛을 내는 조화를 옷깃이나 외투, 반려견에 붙이고 다니기도 했다. 이를 비롯해 야광 완장, 야광 지팡이, 야광 머리 장식 등이 전시 복장의 일부로 서서히 자리 잡기 시작했다. 《데일리 텔레그래프》 신문은 독자들에게 흰색 페키니즈 강아지를 데리고 다니라고 조언하기도 했다. 등화관제는 그 밖에도 다른 위험을 초래했다.[71] "어둠 속에서 젊은이들은 폭격의 위험뿐만 아니라 매춘부의 유혹에 노출될 수 있는데, 어떻게 하면 학생들을 보호할 수 있겠습니까?" 1939년 펨브로크 칼리지 학장은 대학 운영위원회에 이같이 물었다.[72] 아마도 학장은 보름달이 뜨고 옥스퍼드의 질퍽한 시냇물이 빛을 퍼뜨리는 밤이면 안심했을지 모른다. 그런 밤이면 철없는 학부생들은 불 꺼진 문간을 지나고, 보이지 않는 담장을 넘을 때, 잠시나마 소리와 촉각이 아닌 시각을 이용할 수 있었기 때문이다.

평화주의와 엘리자베스의 첫 소책자

보궐 선거 기간 동안 청년들의 지도자로 반짝 등장했던 A. D. 린지는 전쟁이 터지자 옥스퍼드 통합 징병 위원회의 위원장이라는 좀 더 자연스러운 역할을 맡게 됐다. 한때 린지의 선거 운동을 도왔던 붉은 좌파, 분홍 좌파 등의 학부생들은 이제 예비 군인으로서 린지 앞에 섰다.[73]

옥스퍼드의 학부생과 강사들 가운데 전장에서 싸울지 말지를 두고 고민하는 이들이 다수는 아니었지만, 이 고민은 히틀러 정권에 대해 많은 것이 밝혀진 지금에 와서 우리가 생각하는 것보다 훨씬 더 복잡한 고민이었다. 퀘이커 교도들만이 평화주의를 기독교의 근본적인 교리라고 생각한 것이 아니다. 그렇게 생각하는 잉글랜드 성공회

베일리올 조정팀과 리처드 헤어, 1938년.

신자들도 많았다. 메리의 오빠 휴 역시 친구들과 적어도 1년간은 논쟁을 벌이다가 입대했다.[74] 앞 사진에서 맨 뒷줄 중앙에 서 있는 리처드 헤어Richard Hare도 쉽게 결정을 내리지 못했다.

리처드 헤어는 엘리자베스와 같은 해에 고전학 전공으로 입학했다.[75] 잉글랜드 성공회 신자였던 리처드 헤어는 평화주의자 친구들 사이에서 24시간 동안 전쟁 참여 여부를 고민해 보기로 했다. 실재론자인 로스와 프리처드가 그토록 믿었던 도덕적 직관을 통해 자신의 의무를 알 수 있길 바랐다. 직관이라기보다는 어림짐작에 가까웠지만, 어쨌거나 리처드 헤어는 참전하기로 했다.[76]

엘리자베스의 약혼자 피터 기치는 징병 위원회 앞에서 양심에 따라 병역을 거부하는 이유를 설명해야 했을 것이다. 피터와 엘리자베스는 둘 다 팍스라는 가톨릭 시민 평화 운동에 참여하고 있었다. 1936년 시작된 이 운동은 평화주의와는 달랐다. 두 사람은 세인트 자일스 가의 블랙프라이어스(검은 옷을 입은 도미니코회 수사들이 약 7세기 전부터 공동체를 이루고 사는 곳)에서 열리는 세미나와 강연 등에 참석했다. 거기서 두 사람은 토마스 아퀴나스의 글에 대한 신학자들의 논의를 들었다. 가톨릭교회의 믿음을 바탕으로 정의로운 전쟁을 벌이기 위해 갖추어야 할 조건을 나열한 글이었다.[77] 또한 엘리자베스는 도미니코회 회지의 부편집자이기도 한, 누구보다 열성적인 빅터 화이트로부터 아퀴나스를 배우고 있었다.

아퀴나스에 따르면 전쟁이 정의롭기 위해서는 일곱 가지 조건에 부합해야 한다. 이 가운데 네 가지는 전쟁을 시작하는 정당한 이유와 관련이 있고, 세 가지는 특정한 전쟁의 정당성을 판단하기 위한 조건이다. 전쟁이 터지자 엘리자베스는 시드넘 스쿨에서 모의 재판을 할 때처럼 "판사다운 태도"를 취했다. 그리고 노먼 다니엘(세인트 존 칼리지의 역사 전공 학부생으로 나중에 이슬람 학자가 된다)과 함께 전쟁의 정당성을 검토하는 소책자를 발간하기 위한 작업을 시작했다. 엘리자베스가 앞의 절반을 썼다. 인쇄가 끝난 소책자는 옥스퍼드와 런던의 책방에서 6펜스에 팔렸다.

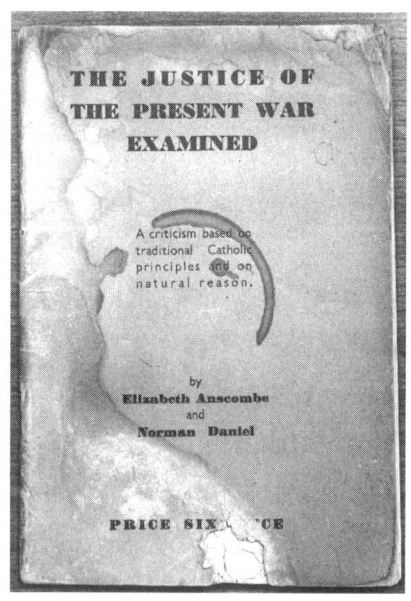

엘리자베스 앤스콤의 소책자
〈현 전쟁의 정당성 검토〉.

별생각이 없이 책을 집어 든 독자라도 엘리자베스의 첫 문장이 주는 저항적인 어조에 충격을 받았을 것이다. "요즘 당국은 국가의 정책뿐만 아니라 그 안의 모든 개인의 행동을 통제할 권리를 주장하고 있다. 게다가 그 주장은 다수 국민의 지지를 받고 있으며, 감정이라는 특별한 힘이 뒷받침하고 있다." 엘리자베스는 인간에게 "행동하기 전에 그 행동이 정의로운지 신중하게 따져보아야 할 의무"가 있으니 감

정에 눈이 멀어 그 의무에 소홀해서는 안 된다고 경고한다.[78]

아퀴나스에 따르면 가톨릭 신자에게 특정한 전쟁이 정의로우려면, 다음 조건을 충족해야 한다. 정부의 의도가 정의로워야 하고, 전쟁 수단이 도덕적이어야 하며, 선과 악을 비교했을 때, 결과적으로 선이 악보다 많을 것이라는 기대가 있어야 한다. 하지만 체임벌린이 선포한 전쟁은 이러한 조건을 단 하나도 충족시키지 못한다고 엘리자베스는 주장했다.

정부의 의도는 "무제한적"이기 때문에 정의롭지 못했다. "정부는 A, B, C라는 사안에 대해서 정의가 실현되면, 전쟁을 멈추겠다"라고 말하는 대신 "히틀러 사상이 나타내는 모든 것을 뿌리 뽑고, 유럽에 새로운 질서를 세우겠다"라고 말했다."[79]

수단의 측면에서 엘리자베스는 독일 민간인이 폭격을 당하거나 굶주리거나 흉악한 보복의 대상이 되지 않도록 하겠다는 약속이 없었다는 점을 지적했다. 대신 영국 민간인에게 피해를 주지 않는 한에서만 독일 민간인에게도 피해를 주지 않겠다고 약속했다.

마지막으로 결과에 대해서 보자면, 선이 악을 누를 것이라는 확신이 없다고 엘리자베스는 말했다. "사람은 죽고 자유는 제한되며, 재산은 파괴될 것이고 문화와 예술은 위축될 뿐만 아니라, 판단력은 격정과 이익에 흐려질 것이고 진실과 온정이 무시당할 것"이라고 예견했다.[80] 소책자를 준비하는 동안 엘리자베스의 아버지 앨런 웰스 앤스콤이 54세라는 이른 나이에 갑자기 예상치 못한 죽음을 맞았다.[81]

소책자는 수명이 짧았지만, 널리 알려졌다. 1940년 5월, 서점에서 판매된 지 몇 달 안 된 시점에 로마 가톨릭교회의 버밍엄 주교 토머스 레이턴 윌리엄스의 관심을 끌었다. 주교는 블랙프라이어스의 원장에게 편지를 보내 "임프리마투르(승인) 없이 '가톨릭' 교리를 바탕으로 했다고 말해서는 안 된다"라고 했다. 두 저자는 팔리지 않은 책을 회수할 수밖에 없었다. 이러한 교회의 요구가 "불합리하고 잘못된" 요구라고 두 사람은 생각했지만, 가톨릭 주교의 권위는 거스를 수 없는 것이었다.[82]

피터 기치는 린지의 징병 위원회 앞에 소환되어 병역을 거부하는 이유를 밝힐 때, 아마도 엘리자베스와 같은 논거를 제시했을 것이다. 하지만 피터가 국왕과 조국을 위해 싸우기를 거부한 데에는 다소 놀라운 또 다른 이유가 있었다. 피터는 잉글랜드의 군주 조지 6세를 왕으로 인정하지 않았던 것이다. 1937년 에드워드 8세가 (미국인 이혼녀 월리스 심슨과 결혼하기 위해서) 스스로 왕위에서 물러나면서 헌정이 위기에 처했을 때 "두 볼이 상기된" 피터는 새로운 왕을 추대함으로써 대역죄를 지었다.[83] 왕위를 세습하게 되어 있는 에드워드의 남동생 앨버트(조지 6세)가 아닌 바이에른 왕국의 전 왕세자 루프레히트를 추대한 것이다. 베일리올 칼리지 바로 바깥에 있는 순교 성지에 모인 몇 안 되는 "자코바이트 반란군" 무리를 향해 피터는 이 67세의 독일인이 참수당한 찰스 1세의 직계 후손이며, 영국의 국왕이 되어야 마땅하다고 선언한 것이다.

기자가 이 집단이 진심이라는 사실을 쉽게 믿지 못하자, 피터는 "우리는 스튜어트 가문이 1688년 이전의 권력을 되찾은 진정한 군주 국가의 회복을 바란다(이것이 1688년 당시 자코바이트 반란군의 주장이었다-옮긴이)"라고 말했다. 에드워드 왕이 퇴위하고 새 왕의 대관식이 있기까지 5개월 동안 피터는 트리니티 칼리지에 있는 방에서 무장 반란을 계획하고 있다고 주장했다. 《보스턴 글로브》는 피터의 경고문을 실었다. "선전을 통해 많은 것을 이룰 수 있기는 해도 폭력이 없을 수는 없을 것 같다. 피를 흘려야 왕위를 바로 세울 수 있다면 피를 흘릴 것이다."[84]

징병 위원회 앞에서 어떤 주장을 펼쳤는지는 모르지만, 피터는 전쟁이 벌어지는 동안 임업 분야에서 벌목꾼으로 일했다. 남자들이 갑자기 전쟁터로 나가면서 가장 큰 타격을 받은 분야가 바로 이 임업 분야였다. 피터를 비롯한 "콘치(양심적 병역 거부자를 속되게 부르는 말-옮긴이)"들은 전쟁 포로와 실향민들과 나란히 일했고 이후 여성 벌목꾼들과도 일했다. 피터는 포로들로부터 이탈리아어를 배워 단테를 원어로 읽기도 했다. 그리고 훗날 G. E. 무어의 사후 저작 권한을 관리하게 된 캐지미어 레비로부터 어머니의 모국어인 폴란드어도 배웠다.[85]

네 친구의 만남

나이 어린 남자들과 나이 지긋한 남자들, 그리고 점점 늘어가는 망명 학자들 사이에서 옥스퍼드의 생활은 미카엘마스(9월-12월), 힐러리(1월-3월), 트리니티(4월-6월)로 나뉘는 학기제 그리고 변화하는 계절의 리듬에 따라 체계적으로 흘러갔다. 메리와 아이리스가 고전학 예비 과정의 마지막 학기에 들어선 1940년 1월은 1895년 이후 가장 추운 학기였다. 템스강이 8마일에 걸쳐 얼어붙었고, 전국에 얼음 폭풍이 불어 닥쳐 전신주와 전선이 툭툭 부러졌다. 나뭇가지가 떨어져 나가고 새들은 날개에 생긴 얼음의 무게로 인해 날지 못했다.[86] 서머빌에서 북서쪽으로 1마일쯤 떨어진 유서 깊은 목초지 포트메도우에는 물이 차고 얼어붙었다.

옥스퍼드 사람들이 죄다 얼음 위로 나왔다. 아이시스강을 헤엄쳐 건너던 사람들은 이제 스케이트를 타고 건넜다. 물 위보다 물 밑이 익숙했던 메리는 스케이트를 타다 발목이 부러지고 오른쪽 팔목을 심하게 삐었다. 메리는 알아보기 힘든 글씨로 편지를 써서 에두아르트 프랭켈에게 《아가멤논》 수업에 참여할 수 없게 되었다고 알렸다.[87] 그 학기 내내 "끔찍하게 추운" 방에서 그리스어 명사 변화를 노래하거나 "깁스한 다리로 쿵쿵거리며 다니던" 메리의 적은 "질척한 눈과 옥스퍼드 안개"였다.[88]

3월에도 날씨는 조금도 풀어지는 기색이 없었다. 메리와 아이리스는 시험을 보기 위해 열탕 주머니를 꼭 안은 채 자전거를 타고 파크스 가를 따라 디비니티 스쿨(구 보들리언 도서관 내에 있는 대형 강의실-옮긴이)로 향했다. 이 귀하고 아름다운 시험장에서 메리는 돌처럼 차가워진 열탕 주머니를 무릎에 놓은 채 둥근 아치형 천장을 올려다보며 영감을 찾았다.[89]

밀드레드 하틀리 덕분에 두 사람 다 시험을 통과했다. 2등급 성적이었다. 이제 본과를 시작할 차례였다.

메리는 수십 년 후 이렇게 회상했다. "내가 철학 공부를 시작할 무렵 남자들은 몇 명을 제외하고 다 전쟁에 나가고 없었다. 내가 듣는 수업에는 여자들의 수가 남자들만큼 많았다. 그리고 그 남자들은 대체로 무해했다." 전쟁이 두 해째 계속되자 상급생들의 4분의 1 이상이 자리에 없었다. 메리의 말에 따르면 남아 있는 남자들은 다들 "양심적 병역 거부자이거나 장애인이거나 예비 성직자들이었다."[90] 반항아 A. J. 에이어는 서리에 위치한 샌다운 파크 훈련소에 입소한 전 스승 길버트 라일을 따라갔다. 1940년 J. L. 오스틴은 더비셔주 매틀록에 있는 군사 정보 학교로 훈련을 받으러 갔다.[91] 얼마 안 가 '우즐리' '햄프셔' '에이어' '오스틴'은 《옥스퍼드 매거진》 속 이름으로만 존재했다. 형제회와 함께 "나로서는 이해할 수 없다"라는 말로 대화를 차단하는 방식은 강의실에서 사라졌고, 망명 학자 프리드리히 바이스만이 가르치는 '현대 논리학'은 수강 목록에 남았지만, '현상학'과 '가설과 귀납 추론' 등 에이어의 제초제는 흔적도 없이 사라졌다.

젊은 강사들이 전쟁터로 불려 나가자, 에이어가 입을 막으려고 했던 나이든 학자들은 다시 목소리를 낼 수 있게 됐다. "철학의 오래된 전통"을 되살려야 한다고 주장하는 글들이 학술지에도 드문드문 등장하기 시작했다. 이 전통에 따라 "철학은 인간 삶 속의 모든 행위와 관련이 있고 그래야 마땅하다"라고 주장한 51세의 정치 철학자 C. E. M. 조드는 '언어의 의미를 철학적으로 분석하는 데만 몰두한' 이들을 비판했다.[92] 이러한 반격의 움직임의 비공식 구호는 "명확성만으로는 충분하지 않다"였다. A. D. 린지의 제자였던 도로시 에밋은 형이상학적 사유의 본질에 대한 책을 쓰기 시작했다.[93] 사회는 "벨탄샤웅 Weltanschauung, 즉 세상을 바라보는 일관된 관점"을 필요로 하며, "'언어를 보다 엄격하게' 사용하고자 하는 의욕이 지나쳐서는 안 된다"라고 흄 연구자 프라이스는 말했다.[94] 수년 전 강의 노트를 꺼낸 실재론자와 관념론자들은 다시 한번 강단에서 사변 철학을 말할 자유를 얻었다. 그들 중에는 윌리엄 어데어 피커드-케임브리지, E. F. 캐릿, 레슬리 워커도 있었다. 모두 60대였다. 레딩 대학교의 철학 석좌 교수이자 머튼 칼리지 졸업생인 (1866년생) 윌리엄 드 버그는 은퇴 생활을 잠시 멈추고 강단에 섰다. 오스틴이 떠나자 에이어를 "옥스퍼드에서 가장 위험한 사람"으로 칭하고 《언어, 진실, 논리》를 불 속에 넣었던 마틴 다시 신부가 대신 아리스토텔레스의 윤리학을 강의했다.

당시의 수업에 대한 메리의 기록을 보면, 소규모 수업과 강의와 더불어 독일식 세미나가 자리를 잡았다는 사실을 보여준다. 에두아르트 프랭켈을 바짝 뒤따르며 유럽 전역에서 학자들이 망명했고, 노스 옥스퍼드의 거리와 《옥스퍼드 가제트》에 실린 강의 목록에서 모습을 드러냈다. "주변에서 들려오는 언어로 봐서는 빈의 구시가지나 중부 유럽의 대학 도시에 있는 기분이었다"라고 역사가 A. L. 로우즈는 말했다.[95] 노스 옥스퍼드에서는 독일어를 모르면 다니기 힘들다는 말도 있었다.[96] 하지만 망명 학자 공동체의 다양성은 매우 높았다. 학자들은 여러 가지 언어를 사용했고 다양한 국제도시에서 온 사람들이었으며, 정치 신념과 종교 역시 다양했다. 유대교 교리를 실천하는 유대인 난민도 있었지만 실천하지 않는 유대인이 더 많았고, 기독교로 개종한 사람들도 있었다.[97] 유럽 학계의 정상에 있는 사람들도 많았다. 전쟁 전의 옥스퍼드가 학계의 촌구석이었다면 이제는 "반인반신 같은 눈을 가진 나이 지긋한 독일계 유대인들과 머리가 길고 문장은 더 긴 중부 유럽 학자들" 등 유럽의 거물들로 가득하다고 아이리스는 말했다.[98, 99] 수데텐란트(체코슬로바키아 내 독일인이 많이 거주하던 지역으로 1938년 뮌헨 협정으로 독일로 넘어갔다-옮긴이)에서 피난 온 루아젤 팜 부인은 커버드마켓 시장에 식료품점을 열어 난민들의 입맛에 맞는 음식을 제공했다. 엄선된 각종 소시지와 직접 만든 자우어크라우트였다.[100]

1940년 트리니티 학기 초, 《옥스퍼드 가제트》를 뒤적이던 메리와 아이리스는 뉴 칼리지와 코퍼스 크리스티 칼리지 사이 반 마일 크기의 작은 구역을 떠나지 않고도 히틀러 이전 옛 모습 그대로의 독일 대학교들을 돌아볼 수 있었다. 토요일 오전 10시에는 (히틀러의 블랙리스트에 이름을 올렸던) 프랑크푸르트 대학의 프리츠 하이네만Fritz Heinemann이 '철학과 과학'을 강의했다.[101] 월요일에는 (한때 빈 학파의 일원이었던) 프리드리히 바이스만의 '수학의 철학'을 듣거나 (역시 블랙리스트에 오른) 하이델베르크 대학의 레이먼드 클리반스키Raymond Klibansky로부터 형식에 얽매이지 않은 '중세 철학' 지도를 받을 수 있었다. 수요일과 금요일 정오에는 함부르크 대학의 하인츠 카시러가 가르치는 '도덕 철학의 기본 과제들' 세미나가 있었다. 목요일에는 베를린 대학교의 쿠르트 코프카의 수업이 있었는데, 주제는 그가 막스 베르트하이머와 볼프강 쾰러와 함께 발전시킨 게슈탈트 심리학이었다. 같은 베를린 출신의 리하르트 발처Richard Walzer의 금요일 강의는 옥스퍼드에 처음으로 소개되는 주제로 '이슬람 윤리 속 플라톤주의'였다.

메리와 아이리스는 본과 첫 학기였던 1940년 트리니티 학기에 전시 체제에 돌입한 서머빌 칼리지 식당에서 엘리자베스를 만났다. 엘리자베스는 (아이리스와 같은 집에 살고 있던) 친구 진 쿠츠와 식사를 하고 있었다. 진 쿠츠는 옥스퍼드의 학생 철학 클럽인 조웨트 소사이어티의 새 회장이었다.[102] 네 명의 풋내기 철학자들은 플라톤의 형상Forms 개념을 논했고, 메리는 엘리자베스의 조용하고 아름다운 목소리에 깊은 인상을 받았다. 변화하지 않고 영원하며 시공간을 초월하는 형상은 난민과 배급, 공습경보의 세계와는 동떨어져 있는 기이하고 초자연적인 객체였다. 메리는 플라톤이 옳은 것 같았다. 목욕 중 마주친 프로타고라스적 수수께끼를 이 기이한 형상이 세련된 방식으로 풀어주리라는 생각이 메리를 사로잡았을지도 모른다. 형상의 영역이 있다면 개인은 각각의 감각 정보의 파편으로 물질 세계를 구성하지 않아도 된다. 오히려 우리의 영혼은 사물의 유사성과 다양성을 설명해 주는, 어떤 객관적이며 공유된 것을 향해, 예를 들면 백색이라는 형상을 향해 손을 뻗을 것이다. 마찬가지로 개별적인 선한 행위와 인간 이면에는 선함 그 자체도 존재하고 인간 그 자체도 있어서 수많은 선함과 인간을 함께 묶어 본질적인 성격을 부여한다고 메리는 생각했다.

그러나 엘리자베스는 메리에게 좀 더 어려운 질문을 했다. 그것이 이면에 있다고 할 때 어떤 종류의 "이면성"을 말하는지? 선함이 존재한다, 거기 있다는 말은 무슨 의미인가?[103] 점심 식사가 끝난 후, 네 사람은 모두 진 쿠츠의 방으로 가서 오후 내내 이 문제를 파고들었다. 메리는 엘리자베스의 말을 들으며 "이 여자는 철학을 계속해야 마땅하다"라고 생각했다.[104, 105]

이렇게 시작된 대화는 저녁마다 숙소나 기숙사 방에서, 때로는 빵과 오렌지, 정어리를 놓고 이어졌다.[106] 이따금 시내로 가서 전시에도 열려 있는 식당이나 라이언스 혹은 타지마할 같은 찻집 앞에 함께 줄을 서기도 했지만, 줄은 길었고 "억울한" 상황이 생기기도 했다.[107] 일찍 일어나서 자전거를 타고 서머타운에 있는 케이크 공장으로 가는 편이 훨씬 나았다. 거기서 파는 '천상의 케이크'는 정어리에 질린 플라톤 연구자에게 매우 적절한 간식이었다. 엘리자베스는 이따금 제멋대로 행동하기도 했다. 메리는 엘리자베스가 한 개로 제한된 배급 계란을 두 개나 가져가는 모습을 보고 충격을 받은 적도 있다.[108]

필리파와 메리도 그 학기에 친구가 되었다. 필리파를 포함해서 '멋지고 활기찬 사람' 셋이 메리와 동급생이 되었다.[109] 이 삼총사는 점점 개성을 드러냈다. 한 사람은 필리파와 같은 PPE 전공생 대프니 반데페르였다. 또 한 사람은 고전학과 학부생 루스 콜링우드로 철학자 R. G. 콜링우드의 딸(역사학 강사 이소벨 헨더슨의 들러리를 섰던 바로 그 딸)이었다. 자카르타에서 돌아온 콜링우드는 시험 본부에서 '본성과 정신'에 대한 강의를 하고 있었다.

메리는 셋 중에 "가장 키가 크고 멋진" 필리파를 만났을 때 "가장 보람 있다"고 생각했고 친구가 되기로 마음먹었다.[110] 두 사람은 자주 만나기 시작했다.[111] 필리파는 메리를 약간 두려워했는데 공부를 잘하는 메리가 필리파의 무지를 눈치채고 질색을 할까 봐 겁이 났기 때문이다. 반대로 메리도 필리파를 경외의 눈으로 바라보았다. "필리파는 좀 만만찮게 느껴졌다. 기준이 아주 높은 사람 같았다. 내가 그 기준을 충족할 수 있을까?"[112]

방학 기간에 필리파의 집 커클리덤 올드홀을 방문한 메리는 이곳이 발산하는 분위기에 압도되었다. 필리파의 세상에서 "여자아이들은 대학에 가지 않았다."[113] 하지만 메리의 집안에서 여자아이들은 당연히 대학에 갔다. 메리의 대모 베시 컬렌더는 1894년 더럼 대학교에서 학위를 받은 최초의 여학생 가운데 하나였다. 이모 모드도 레이디 마거릿홀에서 영문학을 전공했으며, 고모 제인은 케임브리지 대학교 거튼 칼리지에서 역사를 전공했다.[114] 메리의 진보적인 가정 환경에서 우정은 세대를 초월했으며, 메리는 나이나 위계를 따지지 않고 애정 어린 관계를 맺을 수 있었지만, 필리파가 속한 상류층 자제들은 차를 마시는 시간에만, 그러니까 길어야 한 시간, 씻고 단장을 한 뒤 비로소 부모를 만날 수 있었다. 이러한 의례가 당연한 환경 속에서 부모는 일정한 공식에 따라 애정을 표현했다. 어린 시절의 필리파는 한 어른이 "내가 너라면"이라고 말하자 "정말 그 어른이 나라면, 나와 그 어른을 어떻게 구별하지?"라고 생각했다. 이것은 필리파가 처음으로 한 철학적 사유였다.[115]

모든 위대한 사랑 이야기가 그렇듯 아이리스와 필리파의 우정에 대한 이야기들은 일관적이지만은 않다. 아이리스가 들려주는 이야기에 따르면, 두 사람은 필리파가 도착하자마자 만났다. 그래서 아이리스가 얼어붙을 듯 추운 디비니티 스쿨에서 메리 옆에 앉아 전공 시험을 볼 당시 아이리스의 현실은 이미 강인하면서도 섬세한 필리파의 존재에 의해 재구성되고 있었다. 아이리스는 "너무 총명하고 아름다운 필리파를 보고 느낀 기쁨"을 떠올리며 "우리는 철학이며 온갖 것들에 대해 이야기를 나누었다"라고 회상한다.[116] 필리파는 두 사람의 첫 만남에 대해 다른 이야기를 했다. 아이리스가 서머빌 학생 사교실 위원회장 선거에 출마했을 때 처음 보았는데 필리파 자신은 "매우 좌익"이었음에도 공산주의자들이 성가신 존재라고 생각했으며, 아이리스가 불필요한 회의를 자주 소집할 것 같다고 생각했기 때문에 다른 후보를 추천한 것으로 기억했다. 아이리스는 선출되지 않았다. 아이리스의 매력이 아주 난공불락의 것은 아니었던 것 같다.[117] 또 다른 이야기에 따르면, 두 사람은 옥스퍼드를 졸업할 때가 다 되어서 만났다. 이 만남에 대한 이야기는 나중에 나온다. 아마도 이 세 가지 이야기의 혼합이 진실에 가장 가까울 것이다. 두 사람은 서로 아는 친구들을 통해서 얼굴을 익혔을 테고, 식당에서 자연스럽게 마주 앉아 식사했을 것이다. 그러나 정말 중요한 만남은 이후에 이루어졌을 것이다. 이 만남이 과거를 조명해 그동안의 마주침에 특별한 의미를 부여했을 것이다.

필리파와 메리, 아이리스, 엘리자베스의 철학적 우정의 시작은 이른바 가짜 전쟁(영국이 선전 포고를 했으나, 독일과 본격적인 전투가 없던 시기-옮긴이)의 종식과 때가 일치한다. 뒤따른 30개월은 혼란스럽고 불안정한 시기였으며, (가까운 사람의 참전, 식량 부족, 공습, 대피 등으로 인해) 국내에서 느껴진 직접적인 불안감은 침략과 패배라는, 상상할 수 없지만 지울 수도 없는 가능성으로 인해 더 심각하게 다가왔다. 1940년 5월 10일 독일군이 벨기에를 침공했고, 동쪽과 남쪽으로 멈출 줄 모르는 피의 진격을 이어갔다. 트리니티 학기가 끝날 무렵 서유럽에서 전투는 마무리됐다. 벨기에, 네덜란드, 룩셈부르크, 프랑스까지 나치에 항복한 것이다. 《맨체스터 가디언》지는 34만 영국군이 됭케르크에서 철수한 사건을 기적이라고 보도했지만, 독일군이 영국 해안에서 남쪽으로 30마일도 떨어지지 않은 곳까지 다다르자 영국 국민은 침공에 대비해야 했다.

됭케르크 철수하는 모습, 1940년 6월.

'적국 시민'에 대한 영국 정부의 정책과 국민의 태도는 순식간에 바뀌었다. 외국 억양을 가진 이웃 사람들과 등화관제를 열심히 하지 않는 사람들은 제5열이라는 의심을 받았다. 전쟁이 시작됐을 때, 프리츠 하이네만, 로렌초 미니오-팔루엘로, 프리드리히 바이스만, 하인츠 카시러, 리하르트 발처는 모두 "(C) 제한 대상도 수용 대상도 아님"으로 분류되었지만 현시점에서 모두 체포되었다.[118] 정부는 교회 종도 치지 못하게 했다. 침공을 알리기 위해서만 울려야 했다. 시민들은 우유 장수나 수녀로 변장한 독일 낙하산 부대가 내려오기라도 할 듯 구름을 올려다보았다.

9월이 되자 잉글랜드 남부 해안의 하늘은 전투기로 가득 찼고, 루프트바페의 폭격이 시작되었다. 옥스퍼드 거리는 런던과 버밍엄에서 피난 온 사람들로 가득 찼다. 당시 시의 피난민 수용 대책을 책임지고 있었던 플라톤 학자 H. W. B. 조지프는 런던에서 온 피난민들에게 머물 곳을 찾아주는 일의 어려움에 대해 일기에 기록했다. 집중 공습이 시작된 첫 달 옥스퍼드의 인구는 1만 5000명 증가했다.[119] 런던에 있는 학교 19곳에서 학생들과 교사들이 도착했다.[120] "공식" 대피 인원에 "자진" 대피 인원(약 7500명)이 더해졌다.[121] 문 닫은 영화관은 군인들의 임시 숙소, 대학교 내 칼리지는 난민 수용소 역할을 했다. 유니버시티 칼리지의 안뜰 세컨드 쿼드에는 아기들의 기저귀가 깃발처럼 널려 있었고, 17세기에 지어진 건물에는 배고픈 아이들의 날카로운 울음소리가 울려 퍼졌다.[122] 런던 토박이 억양의 빠른 말은 독일 난민들의 서툰 영어와 뒤섞였다. "옥스퍼드에는 피난민, 나랏일하는 사람들, 우리 편인 외국인들이 바글바글하다." 아이리스는 배드민턴 스쿨 교지에 이렇게 썼다.[123] 하지만 아이리스에게 옥스퍼드 아일랜드 학생회의 회계직을 물려준 친구 패디 오리건에게는 담담하지 못했다. "서부 런던과 서유럽은 콘마켓 가와 하이 가의 모퉁이 길바닥에서 레벤스라움(생활권이라는 의미로 나치 독일의 확장 정책의 구실이기도 했다-옮긴이)을 위해 다투고 있어. 마제스틱 영화관에서 1000명이나 되는 사람들이 상상할 수도 없는 환경에서 잠을 자고 생활해." 벽돌로 지은 지상 대피소가 도시 전역에 들어섰다. "혼란스럽지만 이곳 생활은 어찌어찌 흘러가는 중이야."[124]

집중 공습은 옥스퍼드를 건드리지 않았다. "히틀러는 옥스퍼드를 자신의 것으로 만들고 싶어 한다……"라고 헬렌 다비셔는 경고했다. "혹시라도 명예 학위를 받으러 올 때, 그곳이 예전 그대로의 모습이길 바라니까."[125]

노학자:
H. H. 프라이스의 흄 강의

메리는 서머빌로 점심을 먹으러 오는 엘리자베스가 인내심이 많고 너그럽다고 생각했지만, 어떤 사람들은 엘리자베스의 한결같은 태도를 힘들어했다. 나중에 정식으로 소개할 예정인 또 다른 메리, 메리 윌슨Mary Wilson은 도서관에서는 흄이나 칸트에 제법 몰입했지만, 친구들과 만나 놀이를 하거나 수다를 떨거나 음악을 들을 때는 기꺼이 철학적 문제들을 잊었다. 하지만 엘리자베스와 어울릴 때는 피할 수가 없었다. "네가 진심으로 고민하는 문제는 어떤 거야?" 엘리자베스는 이러한 질문으로 메리를 압박하곤 했다. 메리 윌슨은 인과성의 문제로 밤잠을 못 자지는 않는다고 고백할 자신은 없었기에 없는 고민을 만들어내려고 애썼다.[126] 반면 엘리자베스는 철학의 문제들이 곧 삶이었고, 깊은 흥미를 느꼈으며 친구들을 끊임없이 추궁했다. 블랙프라이어스를 주기적으로 방문한 덕분에 철학의 문제들은 개인적으로도 종교적으로도 시급하게 느껴졌다.

고전학 예비 과정 당시 엘리자베스는 위대한 스코틀랜드 계몽주의 철학자 데이비드 흄에 대한 프라이스의 강의를 들었다. 영국의 심령 연구 학회 회장이었던 프라이스는 부엉이와 닮은, 세속과 다소 거리가 있는 사람이었다. 옥스퍼드의 시끌시끌한 술집에 가는 것보다 누이와 집에 있는 쪽을 선호했고, 대개 코코아 한 잔을 들고 일찍 잠자리에 들었다. 사람들은 당시 코코아를 다소 여성스러운 음료라고 여겼지만, 프라이스는 코코아에 진정 효과가 있다고 오해하고 있었다.[127] 에이어를 "성급한 젊은이"라고 말한 바 있었던 프라이스 자신은 정반대의 성향이었다. 1차 대전에 참전한 그는 나이가 많아서 두 번째 징집의 위험은 없었다.

엘리자베스는 프라이스가 집필한 《흄의 외부 세계론》을 첫 장부터 끝 장까지 읽었고, 에이어가 그린 원형적 분석가로서의 흄의 모습, 형이상학을 공격하고 철학을 깎아내리기로 작정한 모습은 그 안에서 거의 찾아볼 수 없었다.[128, 129] 프라이스가 그린 흄은 경험이 제공하는 것보다 훨씬 풍요로운 우리의 관념에 매료되었으며, 흄의 천재성은 (프라이스의 관점에서) 인간 정신의 원리에 대한 이론을 통해서 경험의 빈틈을 메우려고 했던 그의 시도에 있었다. 엘리자베스는 "옥스퍼드에서 여러 교수들의 강의를 들었지만, 프라이스에게 가장 큰 존경심이 일었다. 배울 만한 가치가 있는 사람이었다"라고 말했다.[130] 1940년 트리니티 학기에 메리와 아이리스는 엘리자베스와 함께 뉴 칼리지에서 프라이스의 강의 '흄의 인식론에 나타나는 주요 관점들에 대하여'를 들었다.

프라이스는 강의 시작과 함께 "우리는 왜 어떤 객체가 지속적이고 독립적으로 존재한다고 믿을까요?"라는 질문을 던지며, 학부생들에게 "이러한 어려운 질문을 묻는 일이 철학자의 주된 역할일 수 있습니다"라고 진지하게 말했다.[131] 프라이스는 흄이 내놓은 위대하지만, 매우 까다로운 답변을 설명하기 앞서 직접 만든 일상적인 예시를 들었다. "방 한구석에 검은 고양이가 보입니다. 나는 고개를 숙여 30초쯤 신문을 봅니다. 그런 다음 다시 고개를 들어 반대편 구석에 있는 검은 고양이를 봅니다. 처음에 고양이가 있었던 자리에는 고양이가 없습니다." 이 고양이에 관한 나의 경험은 불연속적, 파편적이다. 나는 (a) 시점에서 고양이를 본다. 그리고 이후 시점 (d)에 다른 곳에 있는 고양이를 본다. 그사이 (b)와 (c) 시점에는 신문을 읽고 있다. 그러면 나는 내가 신문을 읽고 있는 동안 고양이가 사라졌다가 내가 고개를 드는 순간 고양이가 반대편 구석에 다시 나타났다고 생각할까?

아니다! 나는 지속적으로 존재하는 고양이가 내가 신문을 읽는 동안 지속적으로 방을 가로질러 갔다고 믿는다. 왜 이렇게 믿는 걸까?[132]

프라이스는 일단 학생들을 안심시키고 흄의 놀라운 주장을 설명한다. 이전에도 검은 고양이가 방을 (길을, 그리고 정원을) 가로질러 걷는 모습을 보았기 때문이다. 그 경우에 고양이에 관한 내 경험은 일련의 불연속적이거나 파편적인 (a……d) 일이 아니라 지속적(a, b, c, d)이었다. 우리의 경험이 파편적일 때, 상상력이 과거 지속적인 경험에 대한 기억을 이용해서 누락된 부분을 채워 넣는다고 흄은 말한다. 과거 경험의 기억으로 빈칸을 채움으로써 우리가 감각하고 있지 못한 것의 지속적인 존재를 믿게 된다는 것이다.

프라이스는 흄의 주장을 더 확장해서 적용할 수 있다고 생각했다. 눈앞에 없는 고양이에 대한 믿음을 설명하는 원리가 시공간적으로 멀리 있는 사건에 대한 우리의 믿음 역시 설명할 수 있다고 생각했다. 우체부가 편지를 배달할 때 나는 편지의 이동을 관찰할 수 없고 우체부가 현관 앞 계단을 올라오는 모습을 볼 수 없다고 프라이스는 말했다. (이 지점에서 프라이스는 자신이 만든 예시가 아니라 흄의 《인간이란 무엇인가》에서 예시를 가져왔다.) 그러나 "편지가 한 지점에서 다른 지점에 도착하려면 그 사이의 인접한 지점을 통과해야 하고 '우체국과 수송선'이 있어야 한다고 과거 경험이 말해준다."[133]

이제 프라이스는 흄과 정면 승부를 벌인다. 데이비드 흄은 잡다하고 파편적인 인상을 한데 묶어 외부 세계라는 방대한 구조를 조직할 수 있는 상상력의 힘에 의문을 가진 바 있었다.[134] 그러나 (상상력이 뛰어났던) 프라이스는 흄의 의구심을 뒤집어 놓았다. 우리의 경험이 본질적으로 빈틈이 많고 파편적이기 때문에 직접적인 경험 너머에 초월적 현실이 있다는 사실을 알 수 있다고 프라이스는 설명한다. 신문, 낮잠, 닫힌 문, 감긴 눈 등의 끊김, 빈틈, 장애물이 없다면 우리는 보이지 않지만, 존재하는 세계에 대한 관념 자체가 없을 것이다. 우리는 (흄의 걱정과 달리) 저 너머의 현실을 인식하기 위해서 경험의 장막을 통과할 (그것은 불가능하기에) 필요가 없다. 오히려 빈틈이 많은 경험은 눈에 보이는 것이 다가 아니라는 사실을 보여주고 장막을 봉합할 모든 것은 세계가 이미 제공하고 있다. 이러한 관점에서 '이면성'은 오직 문자 그대로의 평범한 '뒤에 있음'이다. 신문 뒤에 있는 고양이, 문 뒤에 있는 우체부가 가진 이면성이다.[135]

엘리자베스는 프라이스의 강의가 정곡을 찌른다고 생각했다. 그러나 메리나 아이리스가 엘리자베스를 보았다면 얼굴에서 기쁨이나 동의의 기색을 발견하지 못했을 것이다. 엘리자베스는 학생복을 쥐어뜯으며 프라이스의 강의를 들었다.[136] 수업이 끝나면 옥스퍼드의 카디나 카페로 가서 짙은 머리를 뒤로 빗어 넘긴 채 앉아 눈앞의 탁자에 놓인 커피잔과 담뱃갑을 뚫어져라 바라보았다. 머릿속으로는 마치 주문처럼 외웠다. "정말로 내 눈에 보이는 것은 무엇인가? 여기 노란 공간 이상의 무엇이 있다고 말할 수 있는가?"[137] 물건의 이면은 어떠한가?[138] (탁자 위에 놓인 담뱃갑의 뒷면, 소파 뒤의 고양이, 문 뒤의 우체부 모두 눈에 보이지 않는다.) 나는 표면을 볼 때, 담뱃갑 전체를 보는가? (두 손으로 얼굴을 감싸 쥐고 교차하는 손가락 사이로 앞을 보며 엘리자베스는 자문했다.)

엘리자베스의 집중력, 주변의 그 어떤 소란, 소음, 요구도 차단해 버릴 수 있는 능력은 이후 전설이 되었다. 종업원이 바닥을 쓸며 지나가도, 참을성 없는 손님들이 바지를 입은 이상한 여학생이 자리에서 일어나기를 기다리며 헛기침을 해도 엘리자베스의 시선 밖에 있는 세상은 엘리자베스의 의식을 조금도 침범할 수 없었다.

젊은 엘리자베스를 사로잡은 것은 프라이스의 (혹은 흄의) 답변이 아니라 질문이었으며, 그 질문에 다가간 특이한 방식이었다. 프라이스는 신비와 추측을 없애려고 하지 않고 정면으로 승부했다. 1950년대 초반에는 그 호기심을 극한으로 가져갔다. 순수한 감각 정보를 보고 싶은 마음에 메스칼린 실험에 자원한 것이다. 심령 연구 학회의 존 스미디스 박사는 메스칼린 0.4그램을 투여했고 프라이스는 황혼 무렵 환각을 경험했다.[139] 침대보 위에 호랑가시나무 잎과 비슷한 나뭇잎이 잔뜩 쌓여 있었고, 각각의 잎과 잎 더미는 모두 분명히 입체적이며 단단해 보였다. 프라이스는 "만약 전적으로 선하며 모든 것을 사랑하는 절대자가 이 세상을 만들었다고 믿는다면 그 세상은 이렇게 생겨야 마땅하다"라고 생각했다. 우리가 평상시의 의식 상태에서는 그렇게 생각하지 않을지라도, "어쩌면 세상은 실제로 그렇게 생겼는지도 모른다."[140]

엘리자베스와 함께 수업을 들은 메리와 아이리스는 각자 자기만의 생각에 잠겼을 것이다. 메리는 다운하우스 목욕물에 떨어졌던 석회칠 조각을 떠올렸을지 모른다. 프라이스와 마찬가지로 메리는 감각 정보를 신뢰했다. "겉보기는 세상의 일부이다. 실제로 나타나기 때문이다. 내가 보았기 때문이다." 메리는 말없이 생각했다.[141] 메리에게는 메스칼린이 필요 없었다. 곁에 있던 아이리스는 흄이 그다지 흥미롭지 않았다. 그러나 프라이스의 현상 세계에 수많은 고양이들의 삶이 포함되어 있다는 사실이 놀라웠다. "너희 칼리지 출신인 프라이스 선생님에 대해 (학문적인 의미에서) 알아가고 있어." 아이리스는 프랭크 톰슨에게 보내는 편지에 이렇게 썼다. "프라이스 선생님도 너처럼 친고양이파야. 선생님 강의에도 책에도 온통 고양이야. 방 한구석에 보이는 고양이, 눈에 띄지 않고 반대편으로 가로질러 가는 고양이, 소파 뒤에 서서 꼬리만 내놓고 있는 고양이, 우유를 좋아하는 게 분명한 고양이, 그리고 귀납법에 따라 우유를 좋아한다는 오해를 받는 고양이, 그리고 일반적인 고양이……."[142] 프라이스는 "고양이를 초자연적인 영향에 특히 민감하다고 여기며, 말들도 그렇다"라고 믿었는데 아이리스가 이를 알았다면 무척 기뻐했을 것이다.[143]

1940년 메리에게 쓴 편지에서는 흄에 대한 아이리스의 무관심이 명백히 드러난다.[144] 1940년에서 1941년까지 아이리스는 바닷가 마을 블랙풀로 대피한 부모님 집에서 시간을 보내며 지하 저장고나 공습 대피소에서 책을 읽는 일이 많았다.[145] 치즈윅에 있는 부모님 집이 코앞에 떨어진 폭탄에 피해를 입은 뒤였다. 프라이스가 흄에 대해 쓴 책을 구하는 메리에게 아이리스는 책을 갖고 있지 않아 "부탁해도 소용없어"라고 편지에 썼다. 전시에는 종이도 부족했기 때문에 책도 귀했다. 한 학생이 기다리는 동안 다른 학생은 재빨리 리포트를 쓴 다음 귀중한 책을 넘겨주었다. 아이리스는 "사랑하는 우리 메리"에게 패턴을 보내주어 고맙다는 편지를 쓰기도 했다. 아마 H. J. 패턴이 1936년에 쓴 《칸트의 경험적 형이상학》일 것이다. 하지만 아이리스는 읽을 틈이 없을 것 같다고 말한다. 블랙풀 부두에서 일간지 《데일리 워커》를 파느라 바빴기 때문이다.[146]

망명 학자:
하인츠 카시러의 칸트 강의

리하르트 발처, 프리츠 하이네만, 프리드리히 바이스만, 로렌초 미니오-팔루엘로와 하인츠 카시러를 비롯한 유럽의 여러 뛰어난 학자들이 체포되어 수용소로 보내졌을 때, 남겨진 아내와 자녀들은 두렵고 절박했다. 아이리스는 마음이 불편했다. "인류를 위해 나 같은 사람은 꿈도 꾸지 못할 큰일을 해낸 이런 사람들이 정신적인 고통을 받고 있을 것이라고 생각하면 정말 이성을 잃을 것 같아. 적어도 입대한 사람들은 상황이 어떻게 돌아가는지 알고 있고, 사랑하는 것을 지키기 위해 애쓰고 있다는 기분이라도 있지. 이러한 시절에 몸과 마음이 수감되어 있다니. 게다가 평생 파시즘에 반대하며 싸워온 사람들인데."[147] 이디스 로스 부인(실재론자 W. D. 로스의 아내)은 여성들로만 구성된 옥스퍼드 난민 위원회의 일원이었는데, 이 위원회는 난민 가족에게 학비를 대주고 취업 추천서를 써주는 등의 도움을 주는 데 중추적인 역할을 했다.[148] 미니오-팔루엘로 가족은 로스 가족의 집에서 묵고 있었는데, 경찰은 당황한 아내 마그다 앞에서 (아리스토텔레스와 중세 철학 강사였던) 로렌초를 다짜고짜 트럭에 태웠다. 하인츠 카시러가 체포됐을 때는 고전학 강사 밀드레드 하틀리와 또 다른 서머빌 강사가 교대하며 밤마다 칼튼 가 19번지에 있는 카시러의 집에서 잠을 잤다. 만약 군인들이 부인 에바 카시러까지 데리러 온다면 여덟 살 딸 아이린을 서머빌 칼리지로 데려갈 작정이었다. 하루는 이러한 일도 있었다. 그러던 어느 날 밤, 에바가 아이린을 달래기 위해 암막 차양이 내려와 있는지 미처 확인하지 못하고 불을 켜자, 익명의 이웃이 이를 경찰에 신고했다. 독일 여자가 적에게 신호를 보내고 있다고 주장한 것이다. 경찰서장이 방문했고 불안감은 더욱 커질 수밖에 없었다.

밀드레드가 파수꾼을 자처해 카시러 가족의 집에 머문 것은 지난 1년 동안 이 가족과 서머빌 사이에 형성된 애정과 우정의 관계를 시사한다. 함부르크 출신으로 하인츠의 동료이자 같은 난민 신세였던 로테 라보프스키Carlotta Labowsky는 서머빌 도서관 사서였다. 고전학자 라보프스키는 전쟁 시작 전 어머니와 자매들과 함께 독일을 떠나 빈털터리 상태로 옥스퍼드로 왔다. 이후 로테의 어머니는 서머타운에 있는 집에 난민들을 하숙인으로 들였고, 집은 어느새 독일 문화와 언어의 중심지가 됐다. 서머빌 학장 헬렌 다비셔가 모금 활동을 한 덕분에 라보프스키 박사는 명예 연구원이 될 수 있었고 객원 자격으로 서머빌 강사 사교실에 드나들며 돈을 내지 않고 식사를 할 수 있었다.[149] 망명 동료였던 마르가레테 비버, 케테 보스, 엘리제 바움가르텔, 레오니 춘츠도 객원 자격을 얻었다.[150] 바로 이러한 우정과 환대로 미루어 하인츠 카시러 역시 서머빌에서 휴식과 온정을 찾을 수 있으리라고 생각했던 것이다.[151] 밀드레드 하틀리는 카시러 집안에 자주 드나들었고 응접실에 앉아 검소한 독일식 가구 사이에서 A. P. 허버트의 매우 옥스퍼드스러운 범죄 코미디 연재물 〈오도하는 사건들〉을 낭독하곤 했다.[152]

밀드레드는 칼튼 가에 있는 카시러의 집에서 무려 다섯 달 동안 잠을 잤다. 적국 시민을 수용소로 보내는 정부의 정책이 초반에는 반유대주의와 외국인 혐오와 섞여 대중의 지지를 받았지만, 1940년 7월 이탈리아와 독일 피난민들을 태우고 캐나다로 향하던 여객선이 독일 유보트에 공격을 당해 침몰하자 여론이 변화했다. 800명 이상이 익사한 사건이었다.[153] 1940년 9월 새 학사 일정이 시작되고 집중 공습이 시작될 시점에 유럽의 가장 뛰어난 학자들은 수용소에서 풀려나 있었다. 그제야 밀드레드는 자기 침대에서 잠을 잘 수 있었다.

망명 학자 하인츠 카시러는 이렇게 해서 맨섬의 수용소에서 풀려나 1941년 힐러리 학기에 메리와 필리파, 아이리스에게 칸트를 가르치게 된다.[154] 이 수업에서 "여러 중요한 문제들을 훑어봤다"라고 메리는 회상한다. 적어도 모든 게 어떻게 들어맞는지 어렴풋이 알 수 있었다.[155] 메리가 빌려준 패턴의 책이 여전히 읽히지 않은 채 아이리스의 방바닥에 놓여 있었다면, 그리고 둘에게 여전히 프라이스의 책이 없었다면 이러한 훑어보기는 꽤나 혼란스러웠을 수 있다.

데이비드 흄의 경험주의 철학은 '우체국과 수송선'의 도움으로 영국 해협을 건너 쾨니히스베르크에 있는 임마누엘 칸트의 손에 들어갔다. 칸트는 이 스코틀랜드 학자의 말이 마치 자명종처럼 도그마에 빠져 잠자고 있던 자신을 깨웠다고 말했다.[156] 프라이스가 거의 200년 후, 엘리자베스에게 설명한 대로 흄은 우리가 경험하는 외부 세계가 상상력이 끼워 맞춘 파편적인 인상들로 이루어져 있다고 회의적인 주장을 한다. 이 관점에서 인과 관계는 세상의 일부가 아니라 관습의 문제, 과거 어떤 일이 다른 어떤 일로 이어졌는지 보여줄 뿐이다. 이는 칸트를 잠 못 들게 했다. 인과 관계가 단지 과거에 어떤 일을 뒤따랐는지의 문제라고 말하는 이 스코틀랜드 철학자의 제안을 받아들일 수 없었다. 인과 관계는 "상상력의 사생아"가 아니라고 칸트는 불평했다.[157] 그래서 칸트는 인과성을 제 위치에 돌려놓는 일을 하기 시작했다. 상상력의 소산이 아니라 인간 인식의 작용 덕분에 가능한 타당하고 객관적인 개념으로 본 것이다.[158]

칸트의 해법은 우아했다. 인과성은 한 경험을 다른 경험과 연결시키는 상상의 리본 같은 것이 아니다. 오히려 인간 경험은 이미 인과성의 개념에 의해 구성되어 있다. 우리의 인식은 감각에 인과성의 개념을 적용시켜 우리가 아는 세상을 형성한다. 우리가 경험 밖으로 나가 개념과 감각 사이의 이러한 상호 작용과 무관한 세상에 대해 아는 것은 불가능하다. 우리 같은 존재에게는 우리가 경험하는 세상이 우리가 아는 전부이다. 경험 너머의 세상이 어떤지 묻는 것은 아무 의미가 없다. 이것이 칸트의 첫 번째 비판,《순수이성비판》에 담긴 한 가지 가르침이다.

칸트의 두 번째 비판,《실천이성비판》은 이러한 제약에 한 가지 예외가 있을 수 있다는 사실을 지적한다. 도덕성이다. 도덕성의 핵심에는 칸트가 "정언 명령categorical imperative"이라고 부르는 도덕 법칙이 있다. 이 법칙은 우리에게 "내가 행동으로 옮기고자 하는 원칙이 보편적인 법칙이 되기를 바라는 한에서만 행해야 한다"라고 말한다.[159] "남에게 대접받고자 원하는 대로 남을 대접하라"라는 기독교의 황금률의 희미한 메아리 같다. 칸트의 생각에 따르면, 정말 신비로운 수수께끼는 우리가 때때로 우리의 욕망과 상관없이 무언가를 해야 한다는 사실을 인정한다는 점이다. 우리는 어떤 행위를 '해야 한다'고 생각하면 그 행위를 '할 수 있다'고 판단한다. 여기서 우리에게 주어진 자유가 드러난다. 우리는 우리의 감각과 욕망을 지배하는 원인과 결과의 법칙에서 벗어난 위치에 있다. 우리가 우리를 지배하는 도덕 법칙의 권위를 인정하면 우리 안에 깊은 '존경'이 피어난다고 칸트는 생각한다. 그리고 이를 인지하면 우리는 우리의 특수한 본성에 대한 통찰을 얻는다. 우리는 유한한 존재이며 글자나 고양이, 당구공처럼 인과의 세계에 속한다. 우리 몸의 움직임은 당구공의 움직임처럼 인과 법칙에 의해 결정된다. 그러나 우리는 동시에 자유로운 세계에 속한다. 우리는 자유롭게 선택할 수 있다. 우리의 의지는 구속되어 있지 않다.

이 수업은 '다소 험난한 여정'이었다고 메리는 기억한다.[160] 아이리스에게는 "불가사의 그 자체"였다.[161] 그럼에도 칸트의 세 번째 비판에 들어 있는 작은 사유의 파편이 아이리스의 관심을 끌었던 것으로 보인다. 아이리스는 카시러의 1938년 책 《칸트의 판단력 비판 주해》의 면지에 필기체로 칸트를 옮겨 적었다. "자연을 보고 느끼는 숭고함이라는 감정은 도덕 감정과 연관시키지 않고는 제대로 사유할 수 없다." 아이리스는 《판단력 비판》에서 칸트가 무수한 별이 박힌 막막한 하늘이 불러일으키는 경이로운 감정을 존경과 연결시키고 있음을 보았다.

카시러는 칼튼 가의 자택 응접실에서 칸트를 가르쳤다. 밀드레드 하틀리가 〈오도하는 사건들〉을 낭독하던 곳이다. 수업이 끝나고 칸트의 초월적 이상주의의 웅장함을 한구석으로 물리고 나면 아이린이 문을 열고 나타나기도 했다. 외동딸이자 학문적 호기심이 당연하게 여겨지는 분위기에서 자란 아이린은 다른 아이들과 쉽게 어울리지 못했다. 오히려 아버지가 가르치는 젊은 여성들을 친구로 생각했다.[162] 하인츠 카시러는 필리파를 대단하다고 생각했고, 젊은 세대 중에 철학적 재능이 가장 뛰어난 사람이라고 생각했다. 필리파는 어린 시절에 걸렸던 결핵이 재발해 칼리지 생활이 어려웠을 당시 카시러의 집에서 한동안 묵기도 했다.[163] 1945년에 《동물농장》이 나왔을 때, 이를 아이린에게 선물한 것도 필리파였다. 이후 아이리스는 아이린에게 배드민턴 스쿨이 잘 맞을 것이라며 추천하기도 했다. (아이린은 실제로 배드민턴 스쿨에 입학했다.)[164] 한편 1947년 아이리스의 해야 할 일 목록에는 "《실천이성비판》을 진지하게 공부하기"가 올라와 있었다.[165]

여성 학자:
메리 글로버의 플라톤 연구

1941년 트리니티 학기에 치러질 본과 졸업 시험을 준비하기 시작한 엘리자베스는 세인트 휴 칼리지의 철학 강사이자 과거 A. D. 린지의 제자였던 메리 글로버Mary Glover에게 도움을 청했다.[166] 1930년대를 거의 통틀어 《옥스퍼드 가제트》에 이름이 실린 미혼 여성 강사는 메리 글로버가 유일했다. 열정적이고 뛰어난 교사였던 메리 글로

메리 글로버.

버는 고전학 전공을 1등급 성적으로 졸업한 데다 아름답기까지 했던 서머빌 칼리지 선배였다. 글로버는 잘 웃었고 "타고난 개성"이 있었다. 글로버의 조카는 글로버가 "무슨 말을 던질지 예측이 불가능했다"라고 회상한다.[167] 세인트 휴 칼리지 강사답게 정원 일에도 능숙했고 바깥 활동을 좋아해서 종종 학부생들을 데리고 버크셔 다운스로 소풍을 가기도 했다. 바람을 쐬면 "아무리 무리하게 공부했거나 아무리 깊은 걱정이 있어도 싹 나을 수 있다"고 생각했기 때문이다.[168]

엘리자베스는 관심이 가지 않는 과목은 공부하지 않았는데, 여기서 글로버의 영향을 볼 수 있다. 글로버는 엄밀히 따져서 졸업 시험과 관련이 없는 강의라도 들어보라고 했고 강의 계획보다는 본인의 관심사를 따르기를 권했다. (시험을 잘 보는 비결도 알려주었다. 잘 아는 문제를 나중에 푸는 방법이었다.)[169] 엘리자베스가 블랙프라이어스에서 도미니코회 수사 빅터 화이트로부터 철학 지도를 받도록 허락한 사람도 글로버였다. 아무도 시도하지 않았던 지도 방법이었다. (화이트는 이 "특별한" 수업이 평상시의 학업을 방해하지 않을 것이라고 글로버를 안심시켰다.)[170] 이후 엘리자베스가 강사가 되어 가르칠 때에도 글로버의 방식을 따랐다. 엘리자베스의 제자들은 기말시험과 아무 관련이 없는 주제에 대한 매우 흥미롭고 까다로운 수업을 따라가는 데 익숙해졌다. 이와 관련해서 재미있는 일화가 있다. 1960년대 엘리자베스는 시험 준비가 부족했던 한 학생을 남편 피터 기치에게 보내 보충 수업을 받게 했다. 그러나 피터 기치 역시 시험 범위와 아무 관련이 없는 텍스트를 가르쳤고 잔뜩 긴장한 학부생은 이를 지적할 용기를 내지 못했다고 한다.[171]

엘리자베스가 세인트 휴 칼리지에 입학한 지 1년 뒤, 메리 글로버의 논문 〈의무와 가치〉가 저명한 학술지 《윤리학》에 실렸다.[172] 논문에서 글로버는 겸손하게 그러나 솔직하게, 프리처드가 '오류'라는 꼬리표를 붙이고, A. J. 에이어가 멸종을 선고한 도덕 철학의 편을 들고자 했다. 글로버는 "현실 경험의 압박 아래 새로운 개념이 형성되고 있다"라고 글을 시작하면서 도덕에도 이런 부흥이 필요하다고 말한다. 글로버의 주장에 따르면 우리는 "의무라는 범주나 욕망의 대상으로 해석되는 선이라는 범주 가운데 하나를 환원 불가능한 최종 개념으로 삼고, 그 관점에서 우리의 도덕적 삶을 이해해야 한다고" 흔히 생각하지만 이것은 잘못된 관점이다. 우리는 대신 플라톤과 아리스토텔레스의 도덕 언어와 재연결하려고 해야 하며 의무나 욕망을 논하기보다 도덕적 성품과 동기를 논해야 한다.[173]

이 논문에서 메리 글로버는 인간 행위의 본질과 정체성을 재고함으로써 프리처드가 제거했던 인간 삶이라는 배경을 복원하고자 했다. 인간 행위는 "동기뿐만 아니라 의도로 구별할 수 있다"라고 글로버는 말한다.[174] 여기서 글로버는 플라톤 연구자 H. W. B. 조지프의 논의를 가져온다. 지금은 난민들에게 잠잘 곳을 찾아주느라 바쁜 그 조지프이다.

"굴을 좋아하는 사람은 굴 맛을 즐기기 위해 앞에 놓인 굴 접시를 비울 것이다. 굴을 싫어하는 사람의 경우, 초대해 준 사람의 성의를 무시하지 않기 위해 굴 접시를 비울 수 있다. 굴을 싫어하거나 굴에 관심이 없는 사람이지만 옆자리, 내가 싫어하는 사람이 굴을 좋아할 경우, 그 사람이 2인분을 먹어 치우지 못하도록 굴 접시를 비울 수도 있다." 조지프의 주장이다. "이 세 가지는 서로 다른 행위이다. 하나는 도덕적이거나 상냥한 행위, 또 하나는 비도덕적이거나 악의적인 행위, 나머지 하나는 도덕적이지도 비도덕적이지도 않은 행위이다."[175]

"동기가 같지 않은, 서로 다른 행위라도 동일한 신체의 움직임으로 나타날 수 있다"라고 조지프는 말한다. 그러나 신체의 움직임은 행위가 아니라고 하면서, 조지프는 인간 행위를 일컬어 "삶의 조각"이라고 말한다.[176] 신체의 움직임은 물리적인 사건으로 물리적인 세계를 통제하는 힘에 의해 움직이므로 기계적인 인과 관계로 설명할 수 있다. "인간이나 다른 동물들의 행위를 철저히 물리적으로 해석한다면 욕망이라는 의식 상태가 무의미해진다. 이러한 상태에 대한 언급 없이도 동물의 근육에 의해 이루어지는 모든 과정에서 일어나는 변화를 충분히 설명할 수 있다." 에른스트 마흐와 의견을 같이 하는 정신물리학 분야의 심리학자라면 심지어 "욕망, 혐오, 두려움, 기쁨, 공포, 그리고 모든 사유와 상상의 의식 상태"에 대해 물리적인 설명을 시도할 것이다.[177] 그러나 조지프의 주장에 따르면 삶의 조각은, 즉 굴을 순수하게, 혹은 남을 위해, 혹은 악의적으로 먹는 행위는 과학자의 면밀한 조사로 파악할 수 없을 것이다. 이 조각들은 다른 형태의 설명, 즉 의도와 목적, 동기와 성품을 기술하는 설명을 필요로 한다. 삶의 조각들은 (신체의 움직임과 달리) 인과 관계라는 사슬을 구성하는 독립적인 고리가 아니라 전체를 이루는 '부분'이라는 정체성을 가지고 있다. 그 전체의 통일성, 조화와 아름다움이 바로 인간 삶 속에서 선함을 만든다. 물리적인 삶이 아닌 윤리적인 삶에 생명을 부여하는 것은 '삶이라는 포괄적 형태' 전체에 대한 의식이고 바로 이 관념이, 특정한 행위에 대한 판단의 핵심이 되는 것이지 규칙이나 원칙 체계에 대한 맹목적인 복종이 아니다.[178]

엘리자베스는 아마도 서머빌 칼리지 식당에서 아이리스, 메리, 필리파에게 글로버의 주장을 전달했을 것이다. "도덕에는 초월적인 기준이 있다"라고 글로버는 말했다. "우리 자신의 목적이 아무리 고상하더라도, 그 이상의 것이 관여"하는데 그것은 바로 "우리가 점진적으로 발견할지언정 우리가 만들어낸 것은 아닌 객관적인 기준이다."[179] 그런 점진적인 발견을 가능하게 할 태도나 기운은 '존경' 혹은 '사랑'이라고 명명할 수 있다. 사랑이 우리에게 동기를 부여하는 방식에 욕망은 관여하지만, 이기심은 관여하지 않는다. "표현하기 매우 어렵고, 비유를 사용하지 않고 말하기는 더 어렵지만 어떤 의미에서 우리는 진리, 아름다움, 선함이라는 초월적인 가치에 대해 이미 알고 있다. 우리는 우리의 삶이 어쩐지 그런 가치를 구체화할 수 있으며, 거기에 삶의 주된 기쁨이 있음을 알고 있다." 이 초월적인 선의 개념은 플라톤의 선과 매우 가깝다. "이 모든 것의 형이상학은 매우 난해하다"라고 글로버는 경고하며 "그런 형이상학이 있음을 깨달았다는 데 플라톤의 위대성이 있다"라고 말했다.[180] 아이리스는 깊은 인상을 받지 못했을 것이다. 아직 플라톤을 사랑하기 전이었다. 그러나 훗날 어느 기자가 전쟁 당시 아이리스와 친구들의 관심사에 대해 질문하자 아이리스는 이렇게 대답했다. "다들 인간을 둘러싼 실재에 관심이 있었어요. 초월적인 실재든 아니든."[181]

엘리자베스가 세인트 휴 칼리지에서 공부하는 동안 메리 글로버는 학부생 제자 가운데 가장 비범했고, 관심이 가는 주제를 찾아 옥스퍼드를 헤맸던 엘리자베스에게서 눈을 떼지 않았다. 강사들이 메리 글로버에게 보낸 학생 기록은 "좀 심각하게 게으른 편" "머리가 참으로 뛰어남" 등 다양했다.[182, 183] 글로버는 이러한 기록을 납작한 판지 봉투 안에 착착 포개어두었다. 73세의 은퇴 교수 윌리엄 드 버그는 "관심을 가져야 마땅한 철학자를 마음에 들지 않는다는 이유로 공부하지 않으려는 태도"가 엘리자베스의 "가장 큰 장애물"이 될 것이라고 불만을 말했다.[184] 플라톤에 대해 가르쳤던 도널드 맥키넌은 엘리자베스의 '민첩하고 확신에 찬 사고력'에 주목했고 '최상위 수준의 성적'을 예상했다.[185] 엘리자베스에게 고대 역사를 가르친 이소벨 헨더슨은 달랐다. "아는 게 적고 필독서도 자유롭게 활용하지 못한다"라며 좌절했다. "엘리자베스를 가르치는 일은 즐겁지만 성공적이었다고 할 수는 없다"라고도 했다.[186] 메리 글로버 자신은 엘리자베스의 아리스토텔레스 논문이 '다소 미흡하다'라고 생각했지만, 동정적인 태도를 갖고자 했다. "앤스콤 학생은 체계가 잡힌 글을 좋아하는데,《니코마코스 윤리학》은 체계적이지 못하다"라고 덧붙였다.[187]

시험이 다가오자 엘리자베스는 이러한 점을 보완하기 위해 힘을 쏟았다. "너무 늦게 시작했다"라고 이소벨 헨더슨은 슬퍼했다. 정치학 이론 기말시험 전날 엘리자베스는 메리 스크러튼의 방에 나타나 그제서야 관련 책을 읽기 시작했다고 나직하고 아름다운 목소리로 조심스럽게 말했다. "꽤 흥미로운 내용도 많다"라고 고백하기도 했다. 그런데 이해할 수 없는 게 있다고 토머스 홉스의《리바이어던》을 손에 든 채로 물었다. "내가 읽은 내용에 따르면, 홉스는 혁명을 할 수 있을 때까지는 혁명을 해서는 안 된다고 말하는 것 같아. 그런 의미가 맞아?" 메리는 이 책에 대해 흔히 있는 불만이라고 엘리자베스를 안

심시켰지만 엘리자베스가 얼마나 시험 준비를 안 했는지 알고 내심 놀랐다.[188]

엘리자베스가 관심 없는 분야는 공부하지 않았기 때문에 시험관들은 구두시험(비바)을 실시할 수밖에 없었다. 엘리자베스는 로마사 시험을 대대적으로 망쳤지만, 철학 시험관들이 고집한 덕분에 1등급 성적을 받았다. 구두시험 중에 "앤스콤 학생, 로마의 역사에 대해서 아는 게 있으면 아무거나 한번 말해보세요"라는 질문을 받자 박식한 가톨릭 신자였던 엘리자베스가 침울하게 고개를 저으며 "없습니다"라고 말한 일화는 유명하다.[189]

이 책에 등장하는 많은 남학생의 경우 1등급 성적으로 졸업하면 대학에서 일자리를 얻을 수 있었다. 에이어의 경우에는 어린 학생들을 가르칠 자격이 없다는 마이클 포스터의 반대가 있었지만, 학위를 마치기도 전에 연구원 자격을 얻었다. 그러나 훨씬 숫자가 적고, 규모도 작으며 가난했던 여성 칼리지는 모든 1등급 졸업생에게 일자리를 줄 수가 없었다. 그래서 엘리자베스는 대학원생이 되기로 했다. 블랙프라이어스에서 받은 '특별한' 수업의 주제였던 아리스토텔레스와 아퀴나스를 이번에는 비트겐슈타인의 대사제 프리드리히 바이스만의 지도 아래 연구하기로 한 것이다. 엘리자베스가 쓸 논문의 가제목은 "수적 동일성과 개별성의 문제, 그리고 (여기 종속된) 확장과 공간의 문제에 대한 고찰과 이에 대해 아리스토텔레스 철학 전통이 제안하는 해법의 논리적 인식론적 방법에 따른 검토"였다.[190] 엘리자베스는 길크리스트 학생 장학금을 받을 수 있었는데, 이 장학금은 "학위나 대학원 과정을 위한 재정을 마련했으나, 예상치 못한 재정적 어려움으로 인해 과정을 수료할 수 없게 된 학생들"을 위한 것이다. 전쟁으로 인해 누구나 어려운 시절이었지만, 1939년 엘리자베스의 아버지가 일찍, 뜻밖에 사망한 탓에 경제적 어려움은 더욱 악화되었을 것이다.

1941년 크리스마스 다음 날, 쓸쓸한 금요일에 엘리자베스는 피터 기치와 런던 서쪽에 있는 신고전주의 양식의 성당 브롬튼 오러토리에서 결혼식을 올렸다.[191] 오빠들은 피터가 "말도 안 되는 녀석"이라는 이유로 파혼을 종용했지만, 엘리자베스는 오빠들의 경고를 무시했다.[192] 남편의 성을 따라 엘리자베스 기치가 되었지만, 엘리자베스는 계속해서 앤스콤으로 불렸고, 본인도 그렇게 불리는 게 좋았다. 결혼 증명서 덕분에 엘리자베스는 그달에 통과된 새로운 징병 관련 법안에 영향을 받지 않을 수 있었다. 제2국가병역법은 20세와 30세 사이의 미혼 여성에게 적용되었다. 여성의 자원입대만으로는 전쟁사무국의 끝없는 필요를 충족할 수 없었다. 그리하여 정부는 불가피하게 '여론의 동요'를 감수하고 강제로 징집을 하게 된다. 글래스고 스프링번 지역구의 노동당 의원 애그니스 하디는 전쟁이 "남성의 일"이라고 생각했던 많은 사람들 중 하나로서 이렇게 주장했다. "나는 어느 누구 못지않은 페미니스트이지만, 정부는 여성을 징집할 권리가 없다."[193] 그러나 필요가 심적 거부감을 눌렀다.

피터 기치의 아내라는 역할이 안전을 확실히 담보해 주지는 못했다. 피터는 영국군에 입대하기를 거부했지만, 폴란드를 위해 싸울 결심은 확고했다. 그러나 폴란드 군대에 입대하려는 노력이 실패로 돌아가자 엘리자베스와 결혼했을 당시에는 폴란드 시민이 되고자 노력하는 중이었다.[194] 이소벨 헨더슨은 엘리자베스에게 피터가 폴란드 시민이 된다면 전쟁이 끝난 뒤 엘리자베스는 러시아 시민이 되어 있을 수도 있다고 경고했다. 국적이 어디든 아무런 상관이 없다고 말해온 엘리자베스였지만, 러시아 국적을 가질 수도 있다는 생각에 "다소 오싹해하는 것" 같았다고 이소벨은 메리에게 이야기했다.[195]

2장 전쟁의 소용돌이 속에서

양심적 병역 거부자:
도널드 맥키넌과 형이상학적 동물

메리와 아이리스, 필리파가 학부생으로서 마지막 두 학기를 시작할 무렵 프랭클린 D. 루즈벨트 대통령이 이끄는 미국은 일본에 진주만을 공격당한 뒤 참전한 상태였다. 의류도 배급 대상이 되었고 서머빌 식당의 학생들은 어느 테이블에 앉든 옷 색깔이 군복과 같은 황갈색이거나 그게 아니라도 아무튼 따분한 색깔로 바래어 갔다. 부츠(약품과 화장품 등을 파는 소매 업체-옮긴이)의 화장품 진열대는 텅텅 비었고 입술과 볼에 바를 화장품은 구하기가 거의 불가능했다. 젊은 강사들과 성인 남자 학부생은 "3월의 나비처럼 희귀해서" 계피 토스트를 대접하겠다고 초대하는 사람도 귀했다.[196] 약국에 나일론 손톱 솔이 들어온 것을 본 메리는 (9실링이라 바가지나 다름없었지만) "그 호화로운 기분에 혹해서" 자신을 위해 마지막 남은 하나를 샀다.[197]

매주 메리와 아이리스, 필리파는 돌아가며 우드스탁과 밴버리 가를 건너 (영국 보안국 MI5 비서진이 숙소로 삼고 있던) 키블 칼리지의 신고딕 양식 아치문을 지났다.[198] 이들도 선배 엘리자베스처럼 교내에 얼마 남지 않은 젊은 남성이자 양심적 병역 거부자 도널드 맥키넌으로부터 개인 지도를 받았다.

잉글랜드 성공회 고교회파의 독실한 신자였던 맥키넌은 스페인 내전 당시 평화주의 운동에 헌신하기로 결심했고, 1938년 여름 엘리자베스가 속해 있던 팍스의 일원들과 교류하면서 이 결심을 강화했다. 그러나 유럽 국가들이 히틀러와 충돌하면서 맥키넌의 입장이 흔들리기 시작했다. 히틀러의 침략 행위와 목적 앞에서 병역을 거부하

도널드 맥키넌.

는 것이 과연 그리스도의 증인이 되는 삶일까? 맥키넌은 다른 사람들이 고통을 받는 동안 자신은 괜찮다는 사실에 무거운 죄책감이 들었다. 1940년 7월 친구에게 보내는 편지에 "동료들이 고통받고 있는 곳에서 자꾸만 나를 부르고, 더 이상 버틸 수 있을 것 같지 않다"라고 썼다.[199] 마침내 입대를 하려고 했을 때는 천식이 있다는 이유로 거부당했다.[200] 맥키넌이 1939년 결혼한 아내 로이스 드라이어는 남편의 평화주의 신념이 흔들리자 괴로워했다. 로이스의 평화주의는 모든 전쟁에 반대하는 절대적, 혹은 "단순한" 평화주의였다.[201] 로이스는 도널드가 에든버러 대학교에서 가르쳤던 1936년에서 1937년 동안 가장 뛰어난 학생이었지만, 옥스퍼드에서 도널드의 학생들은 로이스를 "부인"이라고 칭했고 로이스는 무시당하고 소외당하는 기분이 들었다.[202] 설 곳을 찾으려고 애를 쓰는 도중에도 로이스는 하인츠 카시러와 프리드리히 바이스만에게 영어 읽기와 쓰기를 가르쳤다. "요점만 말하면 로이스는 내가 타락했다고 생각해." 맥키넌은 친구에게 이렇게 말했다.[203] 이때 맥키넌은 집에 들어가지 않고 칼리지 연구실에서 잠을

자고 있었다.²⁰⁴

제자들보다 고작 몇 살 더 많았던 도널드 맥키넌은 유망한 젊은 철학자 (허버트) 폴 그라이스와 경쟁한 끝에 키블 칼리지 강사직을 얻었다. 그라이스는 이후 언어 철학의 바탕이 되는 연구를 했다. 프라이스는 두 후보자 모두에 대해서 추천서를 썼는데, 그라이스는 "그 나름대로 확실히 더 훌륭한 후보"이고 맥키넌은 "덜 안정적이고 덜 상식적이며 학생들에게 다소 괴이한 선생으로 비추어질" 가능성이 높다고 했다. 그러나 장기적으로 보면 맥키넌이 아마도 더 멀리 갈 것이라고도 했다. 그뿐만 아니라 맥키넌의 관심사는 누구보다 독특했고 그를 뛰어난 학자로 만들기에 충분했다. 맥키넌은 논리 분석의 관념과 방법론에 헌신적일 뿐만 아니라 수학자가 아닌 사람치고 기호 논리학에 누구보다 정통한 학자인 동시에 종교적 문제에도 깊은 관심을 보였다. "능력과 관심사가 정확히 이러한 식으로 조합된 철학자는 현재 이 나라에, 아니 전 세계에 이 사람밖에 없을 것"이라고 프라이스는 결론지었다.²⁰⁵ (프라이스는 1939년 방학에 엘리자베스가 인과성에 대해 쓴 리포트를 읽고 잘 썼다고 생각했지만, 엘리자베스가 이미 맥키넌과 마찬가지로 누구보다 독특한 관심사를 갖고 있다는 사실은 알 수 없었을 것이다.)²⁰⁶ 이러한 조합은 쉽게 다룰 수 있는 칵테일이 아니었다. 아이리스는 맥키넌이 "항상 신경 쇠약에 걸리기 직전"이라고 말한 바 있다.²⁰⁷

맥키넌의 지도를 받을 수 있어서 "운이 엄청나게 좋았으며 그러지 못했다면 철학이라는 학문에서 영영 멀어졌을 것"이라고 메리는 생각했다.²⁰⁸ 린지가 《언어, 진실, 논리》를 창밖으로 던진 반면, 한때 형제회의 일원이기도 했던 도널드 맥키넌은 제자들의 손에 긴급히 이를 쥐어주었다. 맥키넌은 "아무 의미도 없으니 걱정할 필요가 없다"라는 A. J. 에이어의 "매우 교활한" 확언을 거부했지만, 제자들이 스스로 그 안의 거짓말을 알아보길 바랐다.[209] 성품으로 따지면 맥키넌은 에이어의 정반대였다. (이즈음 에이어는 웨일즈 근위대에서 훈련을 받으며 막사에서 잠을 자고 있었다.)[210] 맥키넌은 모든 것에 대해 걱정했고 모든 것에 아주 많은 의미가 있다고 생각했다. 메리의 기억에 따르면, 맥키넌은 칸트를 중요하게 여겼고 다른 사람들이 읽던 읽지 않던 실재론자 브래들리나 비트겐슈타인을 높이 샀다. 메리는 "다른 사람들과 달리 당시 이미 비트겐슈타인을 파고들었던 맥키넌 덕분에 즐겁게 수준 높은 철학 공부를 할 수 있었다"라고 말했다.[211] 로이스는 점점 불편하게 여겼지만, 아이리스는 맥키넌을 숭배하다시피 했다. 아이리스는 1942년 1월 "용감한 내 사랑" 프랭크 톰슨에게 보내는 편지에 "선생님에게 오로지 헌신하고픈 마음"이며 "보석" 같은 분이라고 썼다.[212] 셋 중에서는 필리파가 가장 깊이 빠져들었다고 할 수 있을 것 같다. "선생님처럼 나에게 깊은 영향을 준 사람은 없다…… 선생님은 나를 만들었다."[213] 어떻게 만들었는지, MI5 비서진의 감시 아래 키블 칼리지의 안뜰을 가로지르는 필리파를 따라가 보자.

키블 칼리지에 있는 도널드 맥키넌의 연구실로 가려면 어두운 통로를 지나야 한다. 회칠한 벽으로 둘러싸인 연구실은 텅 비어 있다시피 하다. 낡은 안락의자 두 개와 방 중앙에 칸트의 논문과 책이 높이 쌓여 있는 탁자가 있을 뿐이다.[214] 강의 노트는 봉투 뒷면에 끄적여 놓은 게 전부다.[215] 필리파는 좀 덜 망가진 의자에 앉는다.[216] 아랫도리와 윗도리가 연결된 작업복을 입은 맥키넌은 (폭격 및 화재 감시원으로서 자부심이 컸다) 바닥에 누워 있다(아이리스는 10년 후 세인트 앤 칼리지의 강사가 되고 나서 맥키넌이 했던 것처럼 때때로 누워서 강의를 하기도 했다).[217] 풋내기 철학도 필리파가 (엘리자베스, 메리, 아이리스와 마찬가지로) 책가방에서 손으로 쓴 리포트를 꺼내는 동안 맥키넌은 필리파가 《언어, 진실, 논리》를 보고 이해할 수 있게 해줄 배경을 설명한다.

맥키넌은 논리실증주의가 논리와 의미에 대한 주장처럼 보이지만, 위험한 "인간론"을 함축하고 있다는 말로 시작한다.[218] 빈 학파의 신중한 논리적 경험론은 원래 민주적이었고, 인식을 권위주의적 신화나 편견에 물든 미신에 사로잡히지 않는 위치에 놓고자 했지만, 에이어의 선언은 이 원천에서 인간을 "효율적인 계산 기계"로 보는 시각을 이끌어내고 있다.[219] 에이어는 인간의 합리적 이성을 지혜롭게 사용할 경우, 진정한 이해를 가져올 수 있는 능력의 실천으로 보기보다 단지 기호 조작의 문제로 만들어버린다. 새로운 무기가 되어버린 "이해할 수 없다"라는 말의 위협 아래 인간이라는 동물은 "과학에 종속되고" 도덕성뿐만 아니라 타고난 호기심, 인간의 본질 그 자체를 포기하도록 강요받는다. "나 또한 갈수록 어떤 인간 전형에 대한 생각을 윤리적 판단력의 근거로 삼게 된다는 점을 부인하지는 않겠다"라고 맥키넌은 1941년 1월에 신학자들로 이루어진 관중 앞에서 말했다. 그리고 인간을 규정하는 일이 "지독히 어려운" 일이 될 것임을 인정했다.[220]

이제 두 발로 선 맥키넌은 필리파에게 자신의 철학적 시각을 간략하게 설명한다. 철학자는 역사적으로 생각하는 법을 배워야 한다고 도널드 맥키넌은 말한다. R. G. 콜링우드에게 철학사를 배웠던 학부생 시절이 여전히 생생하다.[221] 우리의 탐구는 역사로부터, 혹은 우리 자신으로부터 소외되어 있지 않다. 역사적 동기는 인간의 지적 관심을 특정한 방향으로 향하게 한다.[222] 철학자는 저마다 나의 역사적 위치와 환경이 얼마나 나의 작업을, 그리고 나의 탐구 방식의 바탕이 되는 원칙을 결정하는지 자문해야 한다.[223] 철학은 인간 존엄의 표현이자 지표이다. 인간은 동물이며 인간의 본성, 인간의 본질은 호기심과 상상력을 통해 드러난다. 인간이라는 동물은 선함과 아름다움, 의미와 진리에 대해 말하고 질문한다. 심지어 어린아이들도 그렇게 한다. 아이들은 태어날 때부터 궁금한 게 많다. 필리파는 "정말 그 어른이 나라면 나와 그 어른을 어떻게 구별하지?"라고 생각한 적이 있다. 메리도 "욕실과 천장은 단지 현상으로 수놓인 별자리일까?" 궁금해했다. 엘리자베스도 물었다. "왜?" 전체주의가 하듯 인간이라는 동물에게서 형이상학적인 질문을 할 능력과 기회를 빼앗는다면 무엇이 남는가? 냉소주의, 회의주의, 공포가 남는다. 고작 짐승 같은 성질만이 남는다. (맥키넌은 필리파가 이 말을 소화할 수 있도록 잠시 뜸을 들이면서 곰을 닮은 머리를 필리파에게 돌린다.)

인간은 '형이상학적 동물'이라고 맥키넌은 대담하게 주장하지만, 이것이 정확히 무슨 뜻인지 아직은 확신이 없다.[224] 형이상학적 동물은 초월적인 것에 대해서, 인간 정신과 무한한 것에 대해 말해야 하는 존재이다. 그러나 에이어는 그런 언어가 말이 되지 않는다고 선언했다. 여기서 어떻게 벗어날 수 있을까? 가톨릭 신학자들의 작업을 참고하여 개념을 비유적으로 적용하는 방법이 있을 수 있다고 맥키넌은 제안한다. 토마스 아퀴나스는 인간이 비유를 통해 신에 대해 이야기하고 생각할 수 있다고 주장했다. 우리는 인간이 선하다는 것, 창조한다는 것, 지혜롭다는 것이 무슨 의미인지 안다. 그래서 유한한 인간의 영역에서 사용하는 개념을 무한의 영역으로 전환시켜 신의 선함, 신의 창조물, 신의 지혜에 대하여 비유적으로 이야기할 수 있다.[225] "이 구조를 가져올 수 있을까?" 맥키넌은 빈 의자에 풀썩 주저앉으며 묻는다.

그러나 이 지점에서 칸트 학자로서의 그의 정체성이 제동을 건다. 신이나 자유, 불멸성에 관해 이야기할 때, 인간은 인간의 말로써 좁힐 수 없는 깊은 간극을 뛰어넘으려고 시도한다. 우리는 단지 우리의 말이 어떻게든 이 세상의 의미를 담을 수 있기를 바랄 뿐이다.²²⁶ 우리는 "자유"라고 할 때 그것이 "자발적인 행동과 강제된 행동 간의 차이" 이상을 의미한다는 것을 알지만, 우리의 말은 우리가 알고 있는 것을 다 "담지" 못한다.²²⁷ 그렇다고 두 손을 들어서는 안 된다. 단어의 비유적 사용은 창조적인 행위이며, 타인에게 숨겨진 연결 고리를 봐 달라는 호소이다. 눈치를 채달라는, 언어의 새로운 용법을 받아들여 달라는 호소이다. A. J. 에이어는 시인들이 진리를 말한다고 주장하지 않는다는 이유에서 자비를 베풀어 시인들을 화형에 처하지 않았다. 그러나 맥키넌은 형이상학자를 시인으로 바꾸어놓고자 했다. 역설, 우화, 은유 같은 시인의 언어는 직접적으로 이해될 수 없는 "세상의 의미를 담을 수 있게" 해줄 것이라고 생각했다.²²⁸ (어느새 완전히 몰입되어 위태로워진 필리파는 의자를 꼭 붙잡는다.) "도덕 철학의 본질만을 추출하는 일"은 "불가능"하다고 한 시간짜리 수업의 마지막에 다다른 맥키넌은 말한다.²²⁹ "실천에 관심 있는 사람들의 토론에 기여하는 일과 도덕적 세계 속 범주들의 논리적 질서를 세우는 일은 미묘하게 겹친다."²³⁰

필리파는 약간 멍한 상태로 자리에서 일어난다. 제자도 스승도 모두 지쳐 있고, 혼란스럽지만 그럼에도 다소 우쭐한 기분이다. 필리파는 다시 MI5 비서진들이 지켜보는 안뜰을 지나간다. 반면 도널드는 키블 칼리지와 직접 연결된 통로를 따라 램앤플래그로 들어간다. 여기서 "램lamb"은 요한 계시록에 나오는 하느님의 어린 양이다. 바텐더는 맥키넌을 알아보고 더블 잔에 위스키를 내놓는다.²³¹

유행에는 뒤처졌어도
모두 1등급 성적으로 졸업한 네 명의 철학자들

필리파의 PPE 전공은 3년 과정이었고 아이리스와 메리는 4년 과정이었기에 1942년 봄 세 친구는 함께 졸업 시험을 준비하게 되었다. 노학자와 망명 학자, 여성학자와 양심적 병역 거부자로부터 받은 특별한 가르침은 이제 마무리를 향해 가고 있었다. 마지막 학기 중 필리파와 메리는 둘 다 몸 상태가 매우 심각했다. 메리는 이후 과민성 대장 증후군 진단을 받았는데, 이 질환으로 인해 살면서 스트레스를 받을 때마다 무척 쇠약해졌다.[232] 메리의 우체통에는 도널드 맥키넌과 이소벨 헨더슨이 보낸 격려의 편지가 있었다. ("몸이 좋지 않다니 안타깝군요." "털고 일어날 수 있을 때까지 시간을 줄게요." "지식보다 좋은 생각이 더 중요합니다. 늘 좋은 생각이 많은 학생이니 걱정 말아요"라고 적혀 있었다.)[233] 필리파 역시 자리보전을 하고 있었다. 어린 시절 걸린 복부 결핵으로 이전에도 칼리지에서 생활하지 못한 적이 있었는데, 이번에는 특별히 격렬하게 재발했다. 필리파는 깁스로 복부를 고정한 채 브래드모어 2번지에 있는 친구이자 서머빌 동문인 앤 콥의 집에 머물러야 했다.[234] 앤의 어머니는 맥키넌과 경제학 강사 토머스 밸로그가 집으로 와서 개인 지도를 할 수 있도록 배려했다.

도널드 맥키넌은 아이리스에게 필리파의 병문안을 다녀오면 좋겠다고 제안했다.[235] 필리파는 이렇게 해서 "성가신 공산주의자"와 얼굴을 마주하게 됐다. 아이리스는 하늘하늘한 야생화 한 다발을 들고 필리파의 침대 발치에 서 있었다. 아이리스에게는 무엇보다 "신비한 마력"이 있었다고 필리파는 회상했다.[236] 아이리스는 평생 함께할 절친한 친구를 만났을 때 느낀 기쁨을 기억한다. 이것이 두 사람의 만남에 얽힌 세 번째 사연이다. 아이리스는 이 책에서도 앞으로 여러 번 꽃을 들고 등장할 것이다. 아이리스가 6세 때 처음 가진 철학적 의문은 이것이었다. "설강화는 고개를 숙이고 있다. 왜일까?" 어른이 된 아이리스는 "정말 왜 그럴까!" 하며 여전히 궁금해했다. "생각에 잠기게 하는 질문은 불가사의한 신비로 가득한 세상에 입문하는 좋은 방법"이었다.[237]

1952년까지 여학생 시험 결과는 남학생과 구분해서 발표했다.[238] 아이리스는 친구에게 보내는 편지에 이렇게 썼다. "운이 좋으면 2등급 정도 받을 것 같아. 맥키넌은 내가 1등급을 받을 것 같다고 하지만, 그 선생님은 원래 망상이 심해. 그다음은? 하늘도 모르지."[239] 그러나 아이리스와 메리의 이름은 같은 1등급 목록에 들어 있었다. 필리파도 1등급을 받았다. 6월 날씨도 도움이 됐다. 뜨거운 물주머니가 필요 없었다. 하지만 아이리스와 달리 메리는 성적이 확정되기 전에 애쉬몰리언에서 3시간 동안 괴로운 구두시험에 시달려야 했다. 메리는 이것이 엘리자베스 탓이라고 생각했다. "일부 과목의 성적은 훌륭하고 다른 과목의 성적은 아주 형편없는 학부생들의 성적을 결정하는 데 고전학과 시험관들이 최근 상당한 어려움을 겪은 터였다." 한 해 전 엘리자베스가 '유달리 안 좋은 사례'를 남겨놓은 뒤, 학교 측에서 더 엄격하게 규칙을 적용하기 시작했다고 메리는 의심했다.[240] 엘리자베스의 로마사 시험이 걸림돌이 된 것이다. 어쨌든 메리는 구두시험을 잘 끝냈고, 시험관들은 만족스럽게 1등급을 주었다. 이소벨 헨더슨은 기뻐하며 "감기약이 도운 A플러스 답변"이었다고 했다.[241] 도널드 맥키넌은 몸이 아픈데도 "훌륭한" 성과를 냈다고 말했다.[242] 결과는 엽서에 담겨 스크루튼 본가에 도착했다.[243] 메리는 감사의 의미로 도널드에게는 도서 교환권을, 이소벨에게는 알렉산더 포프의 영웅 풍자시 《우인전》의 고급 장정본을 선물했다.[244] 메리처럼 재치 있는 암시와 은근한 조롱을 좋아하는 이소벨에게 적절한 선물이었다.[245] "너와 메리는 정신이 몸을 이겨내는 모습을 아주 잘 보여준 것 같아." 아이리스는 필리파에게 보내는 편지에 이렇게 썼다. "이제 아무 걱정 하지 말고 인사불성으로 누워 꿈이나 꾸면서 허리도 좀 쉬게 해줘. 무엇보다 버지니아 울프는 읽지 말도록."[246]

이소벨은 아이리스와 메리가 '재기 발랄하며' 아는 사람들 중에 '가장 덜 따분한 두 사람'이라고 생각했다.[247] 그래서 두 사람의 1등급 성적을 제대로 멋지게 축하하기 위한 저녁 모임을 갖기로 했다. "메리와 아이리스를 J. B. 트렌드, A. L. 로우즈와 함께 바블록 하이드로 데려가고자 합니다"라고 알렸다.[248] 바블록 하이드는 옥스퍼드에서 강을 따라 8마일 내려가면 나오는 작은 마을이다.

> 그대를, 쾌활한 옥스퍼드 나룻배 여객들은
> 만났지, 여름밤 집으로 돌아오는 길에
> 바블록 하이드에서 풋풋한 템스를 건너면서
> 삿대로 가는 배의 밧줄이 돌고 도는 동안
> 찬 강물을 훑으며 손을 적시는 그대를.[249]

저녁이 깊어질수록 저명한 철학자 둘은 당대의 현안에 관한 의견을 내놓았다. 이제 막 졸업한 학생들은 신중하게 귀를 기울였다. 이소벨의 야회용 장갑 위로 잔뜩 겹쳐 올린 팔찌들이 떨렸다. 메리는 하품이 나오는 걸 애써 참았다.[250]

식사가 끝나고 시원한 달빛이 비추는 세인트 자일스 가를 따라 서머빌로 돌아오는 길에 메리는 아이리스에게 물었다. "그래서 어땠어? 우리 오늘 밤 뭐 새로운 걸 배운 게 있나?" 아이리스는 거대한 달을 응시하며 말했다. "그럼, 배운 것 같아. 배웠어. 트렌드는 좋은 사람이고 로우즈는 나쁜 사람이야." 두 사람은 아이리스의 정확하지만 '유행에 심히 뒤처진' 판단에 깔깔거리며 웃었다. 《언어, 진실, 논리》를 읽고도 그런 도덕 판단에 아무 의미가 없다는 사실을 배우지 못하고 "트렌드에게는 환호를, 로우즈에게는 야유를" 보낸 것이다. 이제 걸음마를 시작한 반항아들이 최초로 학문적 입장을 밝히자 세인트 자일스를 따라 걷던 몇 안 되는 보행자들은 깜짝 놀라 돌아보았고 고양이들은 달아났다. "하지만 아이리스는 유행에 뒤처지는 데 아무 거리낌이 없었다"라고 메리는 회상했다.[251] 그건 톰 스크러튼 사제의 명령("케케묵은 고정관념을 거부하라")을 잊지 않은 메리도 마찬가지였다.

(3장)

절망과 저항 사이

1942년 6월 – 1945년 8월
케임브리지와 런던

런던으로 이주한 메리와 아이리스

졸업 시험이 끝난 지 열흘밖에 되지 않았지만, 아이리스는 짐을 싸느라 바빴다. 린지의 선거 운동 전단, 반짇고리, 칸트에 대한 하인츠 카시러의 책 등 젊은 시절의 잡동사니, 친구와의 추억이 담긴 물건들을 서둘러 주워 담는 아이리스의 모습을 메리가 책상다리를 한 채 지켜보고 있었을 것이다. 두 사람은 전시 협력 임무에 투입될 준비를 하고 있었다. 아이리스가 "정치 활동 경력 때문에" 공무직으로 소집되지 않을 것이라고 과장된 몸짓을 취하며 단언했을 때 메리는 의심하는 눈빛으로 바라보았다. 아이리스의 생각은 틀렸고 두 사람은 하루 간격으로 소집 통지서를 받았다. 아이리스는 재무부, 메리는 생산부에 배정되었다. 메리가 배정된 기관명은 다소 혼란을 가져왔지만 ("무슨 부라고?"라고 들을 정도였다.) 두 사람이 어른으로서 발을 딛게 될 무대가 이제 마련된 것이다.[1] 아이리스는 새로운, 좀 더 세련된 역할을 할 준비가 되어 있었기에 뒤도 돌아보지 않고 런던행 기차를 탔다. 아이리스는 철학 교수가 될 생각은 없었다. "고고학이나 예술사 교수가 되고 싶은 줄 알았지만, 실은 항상 소설가가 되고 싶었다"라고 아이리스는 이후 말했다.[2] 아이리스는 이미 첫 번째 소설을 쓰는 중이었다. 메리는 좀 더 주저했고 옥스퍼드가 더 이상 보이지 않을 때까지 창밖을 보다가 나중에야 책을 펼쳤다. 메리는 '사회에 쓸모 있는 일'을 한 다음 대학원으로 돌아오고 싶은 마음이었다.[3]

아이리스와 메리가 도착한 런던은 더 이상 어린 시절에 봤던 그 런던이 아니었다. 불안감을 불러일으키는 낯설고 혼란스러운 곳이었다. 폭격 피해를 입은 마릴본 역 출구를 나와 헤어우드 가에 선 두 사람은 수많은 나비들의 환영을 받았다. 집중 공습으로 런던에 살던 새들이 떠나면서 침묵의 봄 동안 런던에 애벌레들이 창궐했고, 이어서 나비들로 가득한 여름이 왔다.[4] 8개월간의 야간 공습은 건물 100만 곳 이상에 피해를 입히고 4만 3000명의 목숨을 빼앗아갔으며, 동물들의 생태까지 교란한 것이다. 런던은 이제 재정비를 하려는 중이었다.

공습 기간 동안 정부는 시민들이 런던 지하철로 내려가지 못하도록 하려고 애를 썼다. 교통 질서에 방해가 되고 시민의 안전을 해친다는 이유였지만, 그 뒤에는 좀 더 어두운 공포가 도사리고 있었다. 사람은 누구나 두려울 때 구멍 속으로 들어가고자 하는 원시적이고 동물적인 본능이 있는데, 런던 시민들이 이러한 본능에 충실하도록 내버려둔다면 어떻게 될지 우려스러웠던 것이다. 도버에서는 겁에 질린 마을 주민들이 마치 토끼처럼 절벽에 토끼굴을 파고들어갔다. 런던 사람들이 두더지나 타조처럼 행동하도록 허락하거나 심지어 격려해야 할까? 화이트홀에서는 "지하 대피소 심리"에 대해 수군거렸다. 이러한 노이로제가 퍼지면 주부, 상점 주인, 공장 노동자들이 "동굴에 사는 겁많은 원시인"으로 전락해, 런던 지하를 교차하는 터널 속에서 촛불에 의지해 살 수 있다고 우려했다. 이 우려가 얼마나 컸으면, 지

3장 절망과 저항 사이

쟁기질을 하는 코끼리.

하 대피소가 더 효과적임에도 정부에는 수많은 지상 방공호를 건설했다.[5] 아이리스와 메리가 도착했을 때 런던에는 집 없는 사람이 50만 명이었다.

전쟁은 다른 동물들의 삶도 뒤바꾸어 놓았다. 전쟁이 시작되고 첫 두 주 동안 개와 고양이 약 40만 마리가 죽임을 당했다. 정부 책자 〈동물을 위한 공습 대비 요령〉의 조언에 따른 것이었다.[6] 사랑하는 반려동물을 애도하는 문구들이 신문에도 게재되었다. "상냥하고 충성스러웠던 친구 이올라와의 행복한 추억을 기리며."[7] 런던 동물원에서는 비단뱀, 코모도왕도마뱀, 코끼리를 비롯해서 위험한 맹수들(호랑이, 사자, 악어)을 런던 북서쪽으로 30마일 떨어진 윕스네이드 동물원으로 대피시켰다. 몇몇 사육사와 가족들도 동물들을 따라 이사했고, 이로 인해 휩스네이드 마을에는 어린 소녀들이 늘어나 걸스카우트 활동이 가능해졌다.[8] 코끼리들에게는 특수 기구를 매달아 밭의 써레질이나 '승리를 향한 땅파기'를 돕게 만들었다.[9]

그러나 런던 동물원은 단 한 번 폭격을 당했을 뿐이고 피해를 입은 동물은 없었다. 원숭이 한 마리와 학 한 마리가 리젠트 파크에서 짧은 휴가를 보냈지만, 식사 때가 되자 동물원으로 돌아왔다. 가장 대담한 탈출을 한 것은 얼룩말이었다. 얼룩말 한 쌍은 켄티시타운 가를 따라 북쪽으로 향하다가 포획되었다.[10]

메리와 아이리스도 북쪽으로 향하고 있었다. 이 한 쌍의 형이상학적 동물은 웨스트민스터로 가는 중이었다.

아리스토텔레스와 인간 본성으로 돌아온 엘리자베스

엘리자베스가 옥스퍼드에서 대학원 과정을 이수하기 위해 받은 길크리스트 장학금은 약간의 강의료를 보태도 아주 적었다. 그러나 메리와 아이리스, 필리파가 시험을 보는 동안 엘리자베스는 케임브리지의 새라 스미슨 장학금을 받게 되었다는 반가운 소식을 들었다. 뉴넘 칼리지 학장 마이라 커티스는 세인트 휴 칼리지의 바버라 과이어에게 다음과 같이 썼다.

과이어 학장님께,

우리 위원회에서 새라 스미슨 장학금을 엘리자베스 앤스콤에게 수여하기로 했다는 소식을 알리고자 기쁜 마음으로 편지 보냅니다. 위원회에서는 앤스콤 학생이 옥스퍼드에서 계속 가르치면서 옥스퍼드 박사 과정을 이수하는 데에도 동의했습니다. 앤스콤 학생의 공공 복무 이행과 관련해서 어떤 상황인지 확실하지 않으니 복무 연기를 허락받았는지, 아니면 제가 앤스콤 학생이 학업을 계속할 수 있도록 신청서를 접수해야 하는지 알려주시면 감사하겠습니다.[11]

바버라 과이어는 "앤스콤 학생에게 한 번도 소집 명령 같은 게 온 적이 없습니다"라고 답신했다. 이어서 다음과 같이 적었다.

"만약 소집 명령이 왔다면, 앤스콤 학생이 1941년 10월에 학위 과정을 시작했고, 1941~1942학년도가 2년 과정의 첫 해라고 설명했을 것입니다. 그걸로 충분하지 않았다면 우수한 성적, 그리고 추후 대학 교직원으로 임명될 수 있음을 근거로 복무 연기를 신청했을 것입니다."[12]

(자신을 마지막 비전문직 학장으로 생각했던) 바버라 과이어는 커티스 학장에게 자신이 세운 원칙 하나를 추천했다.[13] "잠든 개는 깨우지 말라"는 원칙이었다.[14]

첫 아이를 임신한 엘리자베스 앤스콤이 케임브리지에 도착했을 때, 마침 '모의 공습 훈련'이 벌어지고 있었다. 학생들은 사상자 역할을 했고, 볏짚이 든 주머니에는 "사망자"라고 적혀 있었으며 가짜 구급차와 가짜 포탄도 있었다.[15]

케임브리지 대학교 공습 대비 훈련(임마누엘 칼리지), 1939년 혹은 1940년으로 추정.

케임브리지 역시 옥스퍼드처럼 황갈색 옷을 입은 사람들이 많아 칙칙했고, 젊은 남학생이 보이지 않았다. 그러나 옥스퍼드와 달리 케임브리지는 폭격을 경험했다. 주로 1941년에 폭격이 일어났는데, 1942년 여름에는 저공 비행하는 폭격기 한 대가 보름달이 뜬 밤에 트리니티 칼리지 양쪽으로 100야드 떨어진 지점에 폭탄을 떨어뜨렸다.

철학 박사 학위를 준비하는 동안 엘리자베스는 옥스퍼드 대학교에서 학생 신분을 유지했고, 서머빌에서 개인 지도도 계속했다. 엘리자베스는 자신의 생각의 바탕이 되어준 플라톤과 아리스토텔레스, 즉 그리스어 위주의 고전학 교육을 좀 더 현대적이고 비역사적인 케임브리지 학파의 분석 철학에 접목할 생각이었다. 그리하여 피터가 숲속에서 바깥 바람을 맞는 동안 엘리자베스는 옥스퍼드와 케임브리지의 도서관과 강의실을 오가는 두 집 생활을 시작했다. 두 대학교 사이에 있는 옛 '바시티 노선'(1968년 철도 노선 조정의 여파로 문을 닫았다) 덕분에 두 시간 이내로 오갈 수 있었다. 이 철도는 전쟁 중 화물 이동을 위한 전략 노선으로 이용됐는데, 런던을 지나지 않고도 잉글랜드 남쪽을 오가는 노선이었기 때문이다. 따라서 여객을 실어나르는 열차의 숫자는 줄어들었다.[16] 이 노선에는 블레츨리 역도 있어서 엘리자베스의 객차는 제복을 입은 남녀들로 꽉 차 있었을 것이다(블레츨리파크는 전쟁 당시 암호 해독을 맡은 전문가들이 활동하던 곳이다-옮긴이). 매 역에는 "꼭 필요한 여정입니까?"라고 묻는 포스터가 나붙어 있었다. 열차 창문도 예외 없이 등화관제를 따라야 했지만, 집안의 암막 커튼과 달리 열차 창문에 달라붙은 차양막은 낮에도 걷을 수 없었다. 엘리자베스가 눈을 찡그리고 마름모꼴의 기다란 틈으로 밖을 내다보았다고 해도 비스터, 베르니 정크션, 블레츨리, 베드퍼드, 샌디 등의 역명이 보이지는 않았을 것이다. 됭케르크 철수 이후 나온 전시 명령은 교회에서 종을 울리지 못하게 금했을 뿐만 아니라, 리하르트 발처, 프리츠 하이네만, 프리드리히 바이스만, 로렌초 미니오-팔루엘로, 하인츠 카시러를 수용소에 가두었으며 "장소의 이름, 위치, 방향, 목적지까지의 거리에 대한 정보를 표시하는 어떤 팻말도 게시하거나 게시를 허락해서는 안 된다"라고 명시했다. 그래서 승강장에 있는 게시판이 없어졌고, 기차 안에서는 방송도 나오지 않았다. 옆에 탄 승객에게 방향을 가르쳐 주기만 해도 체포될 수 있었다.[17]

엘리자베스가 케임브리지에 도착했을 때, 루트비히 비트겐슈타인은 런던에 있었다. 메리와 아이리스가 이듬해의 대부분을 보내게 될 곳에서 멀지 않은 위치였다. 비트겐슈타인은 케임브리지에 머문 지 얼마 지나지 않아 케임브리지 분위기를 견딜 수 없었고, 거기서 도무지 연구를 할 수가 없다고 선언했다. 길버트 라일(A. J. 에이어의 옛 강사)은 비트겐슈타인을 동생 존에게 소개시켜 주었다. 존은 가이스

병원 의사였다. 비트겐슈타인은 존에게 과장을 보태어 말했다. "케임브리지에 있다가는 서서히 죽어갈 것 같습니다. 차라리 빨리 죽을 위험을 감수하겠어요."[18] 이렇게 해서 비트겐슈타인은 병원 잡역부로 일하면서 집중 공습 시기를 보냈고, 현존하는 가장 중요한 철학자 중 한 명이라는 정체가 밝혀지자 외상으로 인한 쇼크를 연구하는 팀의 연구원으로 일하게 되었다.[19]

비트겐슈타인이 자리를 비울 때마다 케임브리지 철학과의 일원들은 교수, 배우자, 학부생 할 것 없이 꼭 필요한 휴식을 취할 수 있었다. 비트겐슈타인이 있을 때에는 강의실, 클럽 회관, 응접실, 수면까지 혼란에 빠졌기 때문이다. 비트겐슈타인은 케임브리지 도덕 과학 클럽과 철학과의 정기 컬로퀴엄을 완전히 장악했기 때문에 없던 관행까지 생겼다. 일정표상에는 별표가 달린 모임이 있었는데, 이는 비트겐슈타인의 참석이 허용되지 않은 모임을 의미했다.[20] 비트겐슈타인은 지쳐 있는 버트런드 러셀의 집에 한밤중에도 자주 찾아갔고, 몇 시간씩 머물면서 우리에 갇힌 호랑이처럼 러셀의 방을 서성거렸다.[21] 도로시 일리는 비트겐슈타인이 남편 G. E. 무어를 방문하면 60분을 넘기지 못하도록 했는데, 남편이 기진맥진하여 사망할까 두려웠기 때문이다.[22]

엘리자베스는 케임브리지 전역의 다양한 방에서 묵었다. 초기에는 베이트먼 58번지에 살았는데, 테라스가 있는 4층짜리 빅토리아 시대 타운하우스로 마거릿 매스터먼Margaret Masterman이 (동료 철학자이기도 한) 남편 리처드 브레이스웨이트, 어린 자녀 루이스, 캐서린과 함께 살고 있는 집이었다.[23] 철학자이자 언어학자, 소설가, 그리고 종교적 사색을 즐겨했던 매스터먼은 도로시 에밋의 친구였다(베이비 오스틴 자동차에 간디를 태웠던 철학자가 바로 에밋이다). 이후 마거릿과

3장 절망과 저항 사이

도로시는 과학적 세계관 속에서 종교적 믿음이 설 자리를 찾는 데 관심을 가진 성공회파 지식인들의 모임 공현 철학회를 창립한다.[24]

이 당시 엘리자베스의 박사 학위 지도 교수였던 프리드리히 바이스만도 베이트먼 58번지에 묵은 적이 있었다. 아내 헤르미네와 아들 토마스를 데리고 1937년 망명했을 당시 프리드리히는 빈털터리에다 부모 형제와 친척을 버리고 왔다는 죄책감에 시달리고 있었다.[25] 프리드리히의 가방에는 《논리, 언어, 철학》의 초고가 들어 있었다. 제자 비트겐슈타인의 《논리-철학 논고》를 소개하고 또 변호하는 책으로, 빈 학파 일원이었을 당시 쓴 원고였다. 그러나 바이스만이 초고를 들고 케임브리지에 도착했을 때, 비트겐슈타인은 프리드리히가 자신의 연구 인생을 바친 작업을 부인하고 한때 '대사제'처럼 모셨던 자신의 스승을 사납게 공격했다. 1938년 렌트 학기(1-3월. 옥스퍼드의 힐러리 학기와 동일하다-옮긴이) 비트겐슈타인은 학생들에게 바이스만의 강의를 들어서는 안 된다고 경고했다.[26] 그리고 프리드리히가 히틀러 집권 전, 빈에서 모리츠 슐리크, 비트겐슈타인과 대화한 내용을 바탕으로 짧은 논문을 출간했을 때 비트겐슈타인은 프리드리히의 글이 표절이라고 주장했다.[27] 1939년 미카엘마스 학기, 충격을 받은 프리드리히는 헤르미네, 토마스와 옥스퍼드로 빠져나왔다. 그래서 잠시 《옥스퍼드 가제트》의 강의 목록에 '수학 철학' 강사로 이름을 올렸지만, 곧 적국 시민으로 분류되어 체포, 수용되었다.[28]

1930년대 초반 베이트먼 58번지에는 앨리스 앰브로즈Alice Ambrose가 살았다. 뛰어난 미국 수학자이자 철학자인 앨리스는 비트겐슈타인의 처음이자 마지막 박사 과정 학생이었다.[29] 체구가 작고 짙은 갈색 머리에 동그란 검은테 안경을 쓴 앨리스는 대학 교육을 받은 여성에 대한 에스더 보즌켓의 끔찍한 상상에 부합했다. 비트겐슈타인은 앨리스의 논문 〈수학의 유한론〉이 학술지 《마인드》에 게재되는 것

177

을 막으려고 애썼고, 이로 인해 앨리스와 지도 교수 간의 관계는 치명적인 타격을 입었다. 앨리스에게 논문을 철회하도록 설득해도 소용이 없자 편집자였던 G. E. 무어를 설득해 거부하도록 애썼다. 용감했던 앨리스는 비트겐슈타인에게 편지를 써서 솔직히 말했다. "더 논의해 봤자 제가 쓴 내용이 과연 선생님 마음에 들지 의심스럽습니다. 선생님께서 부르시는 대로 제가 받아 적지 않는다면 말입니다. 그러나 전 그런 일에 협력할 수는 없습니다. 선생님이 쓰고 싶은 논문이 있다면 알아서 하십시오. 하지만 선생님의 주장에 제 이름을 달아서 내는 것은 아무 의미가 없습니다."[30] 앨리스는 비트겐슈타인을 이기주의자라고 부르면서 "사람들의 존경심을 이용해서 숭배를 받으려고 해서는 안 된다"라고도 했다.[31]

비트겐슈타인이 케임브리지를 떠난 상황에서 엘리자베스에게 《논리-철학 논고》 이후의 비트겐슈타인 사상에 대해 가르친 사람은 마거릿 매스터먼이었을 것이다. 앨리스 앰브로즈와 마거릿을 포함한 학부생 6명은 1933년과 1935년 사이 비트겐슈타인의 새로운 사상을 "공식적으로" 기록하는 작업에 참여했다. 일은 오전 9시 30분 트리니티 칼리지의 휴얼스코트에서 시작했고 모닝커피를 마시는 시간을 제외하고 휴식 시간은 따로 없었다. "이틀에 한 번 크림이 신선하고 진할 때에는 빈 스타일로 거품을 내서 커피에 얹어 먹었다." 구술을 받아쓰는 일은 하루에 길게는 4시간 이어졌고, 일주일에 네 번 반복되었다. 비트겐슈타인의 강의가 있는 날이면 학생들은 스승과 함께 길게는 7시간을 함께 했다. 학생들은 진이 빠졌다. 앨리스와 마거릿은 오후 네 시가 되어서야 점심을 먹는 일도 있었다. 대개 트리니티 코앞에 있는 페티큐리 쇼핑가의 라이언스 찻집에서 먹었다. 휴얼스코트에서 좀 더 멀리 떨어지고 싶을 때에는 걸어서 30분 정도 걸리는 베이트먼 가 집으로 가서 휴식을 취하려고 시도했다. 비트겐슈타인이 있을 때는 불가능했기 때문이다. 받아쓴 내용을 비교하는 작업도 했다. 마거릿은 커다란 노란색 노트에 기록하고 있었다. 비트겐슈타인은 2년 후에야 고된 노동의 끝을 알렸다.[32] 노트는 총 세 권이었다. 노란색, 갈색, 파란색 노트. 하지만 비트겐슈타인은 다시 한번 출간을 거부했다. 대신 이 노트의 한정판 사본이 돌기 시작했다. 비트겐슈타인의 허락을 받은 경우도 있었고 아닌 경우도 있었다. 관련 소문은 그치지 않았다.

엘리자베스의 논문 제목은 "몸의 정체성"으로, 좀 더 소화하기 쉽게 바뀌었다. 이 주제는 엘리자베스가 옥스퍼드와 블랙프라이어스에서 흡수한 고대 철학에 뿌리를 두고 있었다. 엘리자베스는 생명이 있는 물체, 엘리자베스의 말을 빌자면 "조직된 몸"의 정체성에 관심을 집중하기 시작했다. 논문 계획에서는 인간을 '고양이'나 '순무' 같은 물체와 같은 선상에 두었다(프라이스와 아이리스의 친구 프랭크처럼 엘리자베스도 친고양이파였다).[33] 그해 말 엘리자베스는 새라 스미슨 장학금을 연장하기 위한 신청서를 쓰면서 "인간이 합리적인 동물이라는 전통적 정의를 검토하고자 한다"라고 했다.[34] 엘리자베스는 무엇보다 '인간이란 무엇인가'에 대해 묻고자 했다.[35]

초기 근대 철학자 르네 데카르트는 인간 개인이 두 가지 서로 구분되는 물질, 즉 육체와 정신으로 구성되었다고 주장했다. 1629년 무렵 어느 겨울날 네덜란드 레이던에서 실내복을 걸치고 불을 쬐면서 사색을 하고 있던 데카르트는 이렇게 선언했다. "나라는 존재는 인간 육체라고 불리는 사지의 합이 아니다."[36] 육체라는 집합체는 시간이 흐르면 변화한다. 1596년 어머니 잔느 브로샤르가 출산했던 물질적 존재의 그 어느 부분도 실내복 아래로 보이는 데카르트의 몸에 남아 있지 않다. 엘리자베스 앤스콤은 이후 인간 개인은 누구나 '물질적으로 유동적인 상태'에 있다고 말한다.[37] 그래서 데카르트는 '나는 이 몸이 아니다'라는 결론에 도달한다. 그러나 내가 내 몸이 아니라면 나는 무엇일까?

데카르트는 "'나는 존재한다'라고 말하거나 생각하면 그것은 필연적으로 참"이라고 결론지었다.[38] 확신할 수 있는 유일한 한 가지는 자신이 생각하는 존재라는 것이며, 다른 모든 것은 의심할 수 있다고 주장했다. 나는 동물이나 인간이 아니라 생각하는 존재이다. 그것이 나의 본성이다. "나는 생각하는 존재이다. 의심하고 주장하고 부인하는 존재, 어떤 것은 이해하고 많은 것에 대해 무지한 존재, 어떤 의지가 있거나 없는 존재이다. 나는 또한 상상하고 감각하는 존재이다."[39] 데카르트는 이러한 다양한 사건, 상태, 과정을 각각 코기타티오 cogitatio라고 부른다. 심지어 치통도 코기타티오이다. 그러나 코기타티오로서 치통은 치아가 없어도 느낄 수 있는 것이라고 엘리자베스는 이후 지적한다.[40]

엘리자베스는 데카르트가 아니라 훨씬 더 과거로 가서 아리스토텔레스에서 시작할 계획이었다. 아리스토텔레스는 인간 개인이 일종의 조직된 몸이라고 주장했다.[41] 정신과 물질의 합이 아니라 형상에 따라 조직된 물질이라는 것이다. 조직된 몸에는 인간만 있는 것이 아니다. 고양이와 순무도 조직된 몸이다. 실로 모든 생명체는 어떤 조직 원칙에 부합하는 물질, 즉 유기체이다. 아리스토텔레스는 이 조직 원칙을 영혼이라고 한다. 따라서 아리스토텔레스의 철학에 따르면 순무도 고양이나 인간과 마찬가지로 영혼을 가지고 있다. 순무와 같은 식물의 생에서 이루어지는 생명 작용은 영양 작용과 재생산을 포함하는데, 이들 작용이 모여 한 식물의 삶에서 특정한 양상, 즉 조직 원칙을 이룬다. 개개의 순무는 대체로 순무성을 특정 짓는 양상을 따른다. 씨앗에서 시작해서 뿌리와 꽃으로 성장한다. 모래 더미나 돌덩이, 바다와 달리 순무와 같이 조직된 몸의 정체성은 그 종류에 속하는 개체의 조직 원칙과 연결되어 있다.

아리스토텔레스의 구상에서 생이라는 개념은 두 가지 방식으로 개개의 생명체에 적용된다.[42] 순무나 고양이, 인간은 모두 특정한 순간에 살아 있는 상태이다가 나중에 죽은 상태가 된다고 말할 수 있다. 그러나 순무는 순무에게 고유한 방식으로 살고, 고양이는 고양에게 고유한 방식, 인간은 인간에게 고유한 방식으로 산다. 이 두 번째 생의 개념은 개별적인 고양이의 상태(죽지 않고 살아 있는 상태)를 말하는 게 아니라 모든 개별적 고양이가 참여하는 고양이성을 특정 짓는 양상(형상)을 말한다. 우리는 이 양상을 고양이의 본질이라고 할 수 있다.[43] 물론 인간 생의 양상은 순무나 고양이의 것보다 훨씬 더 복잡하고 다양하다. 만약 하나의 순무가 다른 순무와 구별된다면, 그것은 그 순무가 자기만의 특정한 취향이나 선호를 갖고 있어서도 아닐 것이고 자유 의지나 성격 때문은 더욱 아닐 것이다. 그러나 인간 생에는 출생, 유년기, 청소년기, 성년기, 노년기의 양상이 있고 인간 특유의 활동 방식이 있다.

첫 아이를 임신한 상태로 바시티 노선을 이용해서 두 학교를 오가는 동안 엘리자베스는 바로 이러한, 유행에 상당히 뒤처진, 실로 기묘한 생각을 잉태하고 있었다. 빈자리를 찾아 바시티 노선의 만원 열차 안을 훑어보던 (헐렁한 코트를 입어 임신한 티가 나지 않았다) 엘리자베스는 "내면을 관찰하는 일과 외부를 관찰하는 일이 질적으로 다른 활동인지" 궁금했다. 데카르트는 내면을 들여다보았고 치아 없는 치통을 발견했다. 빛이 차단된 컴컴한 객차 안에서 엘리자베스는 외부로 시선을 돌려보았다. "객관적 접근법"을 택할 생각이었지만 단지 외부만 관찰하지는 않을 작정이었다. "자신을 인식된 객체로 보는 것도 객관적 접근법"이었다. 엘리자베스는 이렇게 묻기로 한다. "인간을 인식할 때, 내가 인식하는 객체는 어떤 객체인가?" 엘리자베스의 강렬한 집중력은 골드플레이크 담뱃갑과 그 표면에서, 그걸 피우는 살아 있는 존재, "지적 객체"로 옮겨가기 시작했다. 객차 출입문의 고무 문틀에 기대어 선 엘리자베스는 작업복을 입은 남자들이 엄지와 검지 사이 담배를 쥐고 빨아들이는 모습을 지켜보았다. 그리고 마음속에 적어둔다. "우리는 생명 작용이 이루어지는 모습을 통해 생을 인식한다." 기차가 갑자기 대피선으로 진입한다. 우선하는 열차, 즉 물자나 병사들을 나르는 열차에게 양보하기 위해서다. 아이들을 무릎에 앉힌 여자들은 나지막이 아이들을 달랜다. "내가 언어를 사용할 줄 아는 조직된 몸을 인식하고 있음은 분명하다." 블레츨리에서는 승무원이 기차표를 확인한다. "우리는 이성의 작용이 이루어지는 모습을 통해, 가령 사람들이 이야기를 나누는 모습을 통해, 이성적 생을 인식한다." 승객들이 잇따라 꾸역꾸역 들어온다. "이야기 내용이 황당하고 의미 없어도 무슨 말이든 한다는 것은 이성적 작용이다."[44]

1943년 6월 엘리자베스는 아이를 출산했다. 엘리자베스와 피터는 첫 딸의 이름을 바버라로 지었다. 바버라 삼단논법과 바버라 성인에서 이름을 따왔다. 바버라 성인은 포병, 공병, 그리고 기타 폭발물을 다루는 사람들의 수호 성인이다.

전시 런던의 아이리스와 필리파

메리의 전시 직장은 새로 생긴 생산부의 원자재처였다. 소집 통지를 받았을 때 들었던 "무슨 부라고?"라는 물음이 좀처럼 해결되지 않는 이름이었다. (실제로 통지서는 원자재처가 생기기 전에 작성되었다.) 내각부와 함께 화이트홀에 있었고 메리의 자리에서는 오리와 다람쥐가 노니는 세인트 제임스 파크의 한가로운 모습이 보여야 했지만, 그 대신 장식용 발코니("기이하고 별난 미적 요소")가 창과 전망을 가리고 있었다. 메리와 근처의 직원들은 자연광이 아닌 전등불에 의지해야 했다.[45]

메리의 상사 베티 애크로이드(이후 기사 작위를 받았다)는 세인트 휴 칼리지에서 PPE를 전공한 사람으로 민첩하고 강인하기가 이루 말할 수 없었고 '위원회의에서 횡설수설하는 류의 남자들에게' 공포감을 심어주었다.[46] 하지만 일을 위임하는 데는 소질이 없었다. "통합 자원부의 역사"에 관한 첫 보고서를 끝낸 메리는 ("내 앞에 문서가 산더미처럼 놓였고 나는 약 한 달 동안 이 문서를 열심히 정리했다") 더 이상 할 일을 찾을 수 없었다.[47] 메리의 상사는 "회오리바람처럼 움직였다. 일찌감치 출근해서 전화기를 놓지 않았으며, 전화번호를 돌릴 때도 다른 사람들보다 두 배는 빨랐고 대개 연필을 사용해서 돌렸다. 그러다가 순식간에 회의실로 사라졌다." 그러나 메리는 원자재(아연, 고무, 강철 등)를 어떻게 할당해야 하는지 여전히 알 수 없었다. 잠시라도 베티를 붙잡고 무슨 일을 해야 하는지 묻는 것은 불가능했다. 점심을 먹으러 나간 메리가 합창단 연습을 하거나 세인트 앤, 올소울즈, 크라이스트처치, 세인트 제임스, 웨스트민스터 성당, 세인트 클레멘트 데인즈 등 폭격에 피해를 입은 지역 교회들을 도느라 늦게 들어와도 찾는 사람이 없었다.[48] 메리는 옥스퍼드로 진학하면서 교회 예배에 나가지 않았고 아버지인 스크러튼 신부가 왜냐고 물었을 때, 제대로 된 답변을 내놓지 못했다. 기도를 하려고 시도할 때도 있었지만 이 방면으로는 약간의 패배감을 느꼈다. "그냥 텅 빈 방에 있는 것처럼 느껴졌달까, 이따금 노력은 했지만 달라진 건 별로 없었어요"라고 메리는

폭격 피해를 입은 웨스트민스터 성당.

말했다. 그럼에도 메리는 "더 커다란 어떤 존재"에 대한 믿음이 있었다.[49] 으깬 생선살 샌드위치를 먹으며 파편 더미를 내려다보거나 무너진 구조 사이로 드러난 하늘을 올려다보면 웨스트민스터 성당의 신도석도 집처럼 편안하게 느껴졌다.

한편 재무부로 간 아이리스의 업무는 공식 서신을 읽고, 작성하고 분류하고 정리하고 조사하는 일이었다. 아이리스는 필리파에게 이러한 편지를 보냈다.

내 삶은 요즘 꿈같아. 이곳은 비현실적인 세계야. 수화기 너머로 온갖 목소리가 울려 퍼지고 왕실의 재산을 관리하는 담당자들 같은 기이한 허구적인 인물들이 사는 세상…… (왕실 전통에 비하면 옥스퍼드 전통은 상대도 되지 않아.) 이러한 거만한 편지를 쓰고 전화로 사람들에게 함부로 말하고 있는 사람이 나라니 믿을 수가 없어.[50]

필리파에게는 "지금은 뭘 하든 연기를 하고 있는 것 같다"라고 말했지만, 아이리스는 주어진 역할에 몰입했다.[51] 일터에는 아이리스와 직급이 동일한 보좌관 페기 스테빙도 있었는데, 페기가 철학자 수전 스테빙의 조카라는 사실을 안 아이리스는 매우 기뻐했다.[52] 평일에는 매일 다른 사람과 점심, 저녁을 (배급 사정이 허락하는 한에서 최대한 만족스럽게) 먹었다.[53] 그리고 퇴근 후에는 친구와 함께 사랑과 재미를 찾아 불꺼진 소호 지역을 누비며 시내에서 늦게까지 시간을 보냈다.[54] 아이리스에게 술집에 들어가는 일은 신나는 모험이었다. 이 무렵 술집 주인들은 보호자 없는 젊은 여성이 가게에 들어오는 데 어느 정도 익숙해져 있었지만, 아이리스는 여전히 술집에 드나드는 여자를 이상하게 보는 시선을 뼈저리게 느끼고 있었다.[55]

메리와 아이리스는 런던에서 병역을 이행하고 있던 옥스퍼드 동창들도 만났다. 아이리스는 "용감한 내 사랑" 프랭크 톰슨과 편지를 주고받으며 서사시적 사랑을 이어가는 동시에 자신을 사랑하는 두 남자를 가까이 두고 있었다. 한 사람은 마이클 풋으로 런던에 있는 정보 기관에 근무하고 있었다. 사랑했던 레오니 마시(서머빌 학생이자 빨간 립스틱을 칠한 공산주의자)가 결혼을 하자 마이클 풋은 절망에 빠졌다. 아이리스는 "길 잃은 영혼" 마이클 풋이 "끔찍하게 안타까웠지만" 그가 "아주 한심하다"고 생각하기도 했다. "그렇게 바보처럼 굴지 말라고 상냥한 말로 타이르면서 동정 어린 표정을 지을 뿐" 다른 도리가 없었다고 프랭크에게 말했다.[56] 아이리스의 정성에 고마운 마음이 들었던 마이클은 아이리스에게 유치한 시를 지어 보내고 값비싼 터키산 담배 한 갑을 선물했으며, 유서에 아이리스를 유일한 상속인으로 지정했다.[57] 두 사람은 또한 연애 비슷한 것을 시작했는데 (프랭크에게 보내는 편지에는 적지 않았지만) 아이리스보다는 마이클이 둘의 관계에 더 진지한 자세를 보였다. 둘은 로체스터 로우에 있는 마이클의 집에서 (결혼하지 않은 이모들이 꾸며준 집으로, 이탈리아식 카페 위층에 있어 음식 냄새가 바닥재 사이로 올라왔다) 저녁 시간을 함께 보내곤 했다.[58] 얼마 남아 있지 않은 문화와 유흥의 기회를 최대한 누리기도 했다.[59]

전쟁이 발발하자 값을 매길 수 없는 영국 국립 미술관 내셔널갤러리의 소장품들은 모두 웨일스의 스노도니아로 비밀리에 보내져 벌집처럼 연결된 슬레이트 광산을 통해야 들어갈 수 있는 동굴, 이름하여 대성당에 보관되었다.[60] 미술 작품들이 사라진 데 대한 아쉬움은 깊었다. 1942년 1월 《더 타임스》에 도착한 한 편지는 미술관에 호소하고 있었다. "오늘날 런던의 얼굴이 흉지고 멍들었기 때문에 우리는 더욱 아름다운 것들을 보아야 합니다…… 미술을 사랑하는 사람들은 지금 렘브란트를 볼 수 없지만, 실은 바로 이럴 때 그런 아름다움이 가장 큰 효능을 발휘합니다."[61] 이에 대한 대답으로 미술관은 매월 한 작품을 광산에서 반출해 무장한 경비대의 호위 아래 기차로 250마일 거리를 옮겨 전시했다. 렘브란트의 〈마르가레타 데 게르의 초상화〉 티치아노의 〈나에게 손대지 말라〉가 최초로 굴 밖으로 탈출할 수 있었던 작품이다.[62]

마이클과 아이리스는 종종 그달 전시된 그림을 보러 갔다. 마이클은 1943년 11월 전시된 홀바인의 〈밀라노의 공작 부인〉을 본 기억을 떠올리곤 했다. ("천만다행으로 헨리 8세와 혼인을 하지 않았던 사람이었다.")[63] 그달 같은 그림을 본 사람은 2만 3845명이었다.[64] 공습이

티치아노의 〈나에게 손대지 말라〉, 런던 내셔널갤러리 소장.

시작되면 곧장 그림을 지하 대성당으로 가져갈 수 있도록 경비대가 상시 대기중이었다.[65]

아이리스의 또 다른 사랑은 머리가 곰을 닮은 도널드 맥키넌 교수였다. 아이리스는 도널드를 위해서라면 "불 속을 걸어갈 수도 있다"라고 프랭크에게 말하기도 했다. 도널드의 아내 로이스는 이를 점점 불편하게 여겼지만, 그럼에도 아이리스와 도널드는 아이리스가 기말시험을 볼 무렵 서로에게 깊이 빠져들어 있었다. 아이리스는 "마리아 막달레나가 예수님을 사랑했던 것처럼 언제나 교수님을 조금은 사랑할 것 같다"라고 친구 데이비드 힉스에게 이야기했다.[66] 1943년 가을 로이스는 도널드에게 아이리스와 연락을 끊어달라고 했다. 도널드 역시 아이리스와의 관계가 결혼 생활, 나아가 신앙 생활까지 위협하고 있다고 생각했기 때문에 그렇게 했다. 그러나 그 전에 키블 칼리지의 책상 앞에 앉아 필리파에게 편지를 썼다. 아이리스를 잘 돌봐달라고 당부한 것이다.[67] 필리파와 도널드는 수년 동안 서로 편지를 주고받았지만, 필리파는 어느 시점엔가 여행 가방을 가득 채웠던 이 편지들을 모두 태웠다.[68]

옥스퍼드를 떠난 메리는 킹스턴에 있는 부모님 집에 살고 있었다. 매일 기차를 타고 워털루로 출근했다. 30분 동안 앉지도 못하고 사람들 사이에 끼인 채 메리는 새뮤얼 리처드슨이 쓴 엄청난 분량의 장편 소설 《클러리사》를 읽었다.[69] 아이리스는 치즈윅의 배로게이트 가에 평소 가깝게 지내던 가족이 살아서 처음에는 거기 머물며 디스트릭트 노선을 타고 다녔다. 기차 소리에 운율을 맞추며 호메로스를 읽기도 했다.[70] 하지만 흥미진진한 일들이 벌어지는 곳에 있고 싶었기 때문에 얼마 안 가 살 집을 찾기 시작했다. "집중 공습이 코앞에서 펼쳐지고 수도 설비는 없는 거나 다름없는 제라드플레이스의 방 한 칸짜리 집"도 고려해 봤다.[71] 매춘부, 병역 기피자, 암거래상뿐만 아니라 고군분투하는 시인, 작가, 망명 지식인들도 자주 드나들던 런던의 보헤미아풍 술집 거리 한가운데 있는 이 집은 작가가 되겠다는 포부가 있었던 아이리스에게 도움이 됐을지도 모르지만, 곧 더 좋은 선택지가 나타났다. 그 집이 얼마나 완벽했는지 아이리스는 자신이 오로지 상상력만으로 그 집을 존재하게 만든 것은 아닌지 의심이 들 정도였다.

버킹엄게이트 지역의 시포스플레이스 5번지, 우편번호 SW1은

3장 절망과 저항 사이

런던 시포스플레이스 5번지 내부.

한때 양조장의 말들을 기르던 마구간 위에 있는 다락 공간이었다. 붐비는 빅토리아 가에서 꺾어 어두운 골목으로 들어가면 있는 이 집은 화이트홀에서 300야드도 되지 않는 거리였다. 그럼에도 일터로 가는 그 짧은 길에는 폭격 피해 현장이 열한 곳이나 있었다. 오늘날 시포스플레이스는 사무용 고층 건물, 유리, 콘크리트, 크롬이 둘러싸고 있다. 1942년에는 부서진 건물과 창고에 둘러싸여 있었다. 다락 집으로 들어가는 입구는 숨겨져 있었고, 누군가 이 어둡고 좁은 골목 끝에 산다는 상상을 하기 힘들 정도였다. 뚫린 계단을 올라가면 반쯤 올라갔을 때 창문이 없는 작은 벽장 같은 것이 보인다. 이곳이 화장실이다. 욕조도 있었지만, 천장이 너무 낮아서 기어 들어가야 했다.[72] 다락 한가운데의 바닥을 통해 올라오면 길이 70피트(20미터)의 넓게 개방된 지붕 아래 공간을 마주한다. 벽은 바닥에서 약 2피트 정도만 수직으로 뻗어 있고, 그 이후로는 날카롭게 기울어져 다양하고 흥미롭게 교차하는 온갖 평면을 따라 이어진다. 바닥은 아무것도 칠하지 않은 널빤지였고, 그 사이로 아래층의 옛 마구간 시설이 보였다. 외벽과 천장 일부는 유리로 되어 있었다. ("집중 공습과 등화관제 때 신경 써야 할 유리창이 6제곱 마일 정도 된다"라고 아이리스는 썼다.)[73] 내벽도 없고 침실과 거실, 주방은 다 뚫려 있었다. 이웃집 대신 디스트릭트 노선이 있었다. 치즈윅에서 통근을 할 당시 아이리스는 훗날 집이 될 공간 아래를 지나면서 호메로스를 가방에 넣고 자리에서 일어나 내릴 준비를 했을 것이다.

아이리스가 계약을 할 당시 집은 텅 비어 있었다. 아이리스는 처음 몇 주간 기어다니며, 바닥을 박박 닦거나 까치발을 딛고 모든 표면을 하얗게 칠했다. 앉은 자리에서 길고 긴 암막 커튼을 바느질하기도 했다.[74] 개수대 역할을 하는 간이 세면대와 주전자 옆에 아주 오래된 가스 스토브를 놓아 '주방'도 만들었다. 욕조라는 사치스러운 물건은 온수도 냉수도 나오지 않는 불편한 주방과 극명한 대비를 이루었다. 아이리스는 파란 커튼을 걸어 거실을 만들었고, 가스불을 켤 수 있게 손본 벽난로 양쪽으로 책장을 만들었다. 이 가스불은 토스터 역할을 했고, 오렌지 상자는 뒤집어 놓아 의자로 썼다. 책장에는 시집과 러시아 문학을 잔뜩 꽂았다. "온갖 현대 시인들과 윌프레드 오언의 (아주 훌륭한 시인이야) 시집을 꽂았어. 핀다로스도"라고 덧붙였다.[75] 낮 동안 시포스 집은 예술가의 작업실처럼 환했다. 밤이 되고 암막 커튼을 치면 빅토리아 왕조 시대의 다락 같았다. 아이리스에게 이 집은 "도저히 저항할 수 없는 개성"과 "말로 다 할 수 없는 매력"이 있는 곳이었다.[76] 이따금 샌드위치를 먹으러 놀러 오는 메리의 눈에는 도스토옙스키 작품을 무대에 올리려는 학생들이 만든 세트 같았다.[77] 디스트릭트 노선을 지나는 지하철이 창문을 뒤흔드는 가운데 지하 수감자가 불쑥 바닥에서 올라올 것 같은 느낌을 떨칠 수가 없었다. 언제나 현실적이었던 메리는 아이리스에게 스크러튼 집안의 안락의자를 빌려주었다. 의자는 구불구불한 계단을 이용해 가까스로 위로 올릴 수 있었다. 아이리스는 어디서 두 번째 안락의자도 구해와서 청록색 방석을 깔았다. 두 의자를 가스불 옆에 두니 제법 에드워드 시대 집안 분위기가 났다.

아이리스의 집에는 시끄러운 시궁쥐와 생쥐 몇 마리도 살았는데, 아이리스는 생쥐들이 편지를 먹어치우고 있다고 프랭크에게 불평을 하기도 했다. "굉장히 화가 나. 네 편지가 귀중한 문서이기도 하지만 생쥐들과 사이좋게 지내고 있지 못하다는 뜻이기도 하니까. 내가 소홀한 바람에 귀중한 물건을 생쥐가 먹어치웠다는 것도 분해." 그럼에도 아이리스는 "길고 멋진 꼬리"를 봐서 생쥐들을 용서하기로 한다.[78] 종이로 된 생쥐 밥은 꾸준히 날아왔다. 처음에는 무더운 열기에 메마른 카이로에서 왔고 그다음에는 트리폴리, 그리고 그 사이 온갖 지역에서 날아왔다. 북아프리카 전선은 두 도시 사이의 사막을 가로질러 1250마일에 걸쳐 동서로 뻗어 있었기 때문이다. 프랭크는 비어트리스 웹의 회고록 《나의 도제시절》를 칭송했다. "지성이 뛰어난 여성이 어떤 생각을 하고 어떤 문제, 슬픔을 겪는지 알게 되어서 아주 재미있었어." 프랭크는 사막의 가장 우울한 특징이 "(파리도 더위도 모래바람도 아니고) 거기 있는 사람이 거의 다 남성이라는 점"이라고 적었다.[79] 그러나 전장의 상황은 사실 심각했다. 모래바람이 불면 병사들은 살육이 멈춘다는 사실에 안도했다. 그러나 사흘 후에는 제발 모래바람이 멈추고 살육이 다시 시작되길 빌었다. 게다가 어마어마하게 더워서 전차의 장갑 위에서 계란이 익을 정도였다. 파리가 어마어마하게 득실거렸고, 시체의 피를 실컷 빨아 먹은 터라 살 썩은 냄새를 풍겼다.[80] 물은 매일 한 사람에게 한 컵밖에 주어지지 않아 목욕은커녕 세

수조차 하지 못했다.[81]

그럼에도 편지는 배달됐다. 종이가 부족했지만, 매주 항공 우편이 300만 통, 선박 우편과 엽서가 450만 통, 그리고 에어그래프(규격 편지지에 쓴 내용을 마이크로필름으로 촬영해 항공 이송하는 방식으로, 부피를 줄일 수 있었다-옮긴이) 50만 통이 군사 우편국을 비롯해서 수없이 많은, 알려지지 않은 중간 지점을 거쳐 갔다.[82] 물자와 인력, 경제가 오로지 전쟁의 성공을 지향하던 시기에 남성과 여성, 기계와 운송 수단, 관습과 법의 협력으로 돌아가고 있던 우편 사업 덕분에 폭격 맞은 런던의 한 젊은 여성은 토트힐 가와 스토리스게이트 모퉁이에 있는 빨간 상자에 작은 전시 배급 종이를 넣기만 하면, 서부 사막에서 연인을 그리워하고 있는 젊은 남성에게 마음을 전할 수 있었다.

프랭크는 아이리스의 주간 및 야간 생활에 대해 꾸준히 보고를 받았다. 낮에는 정부라는 거대한 기계 속 한낱 톱니바퀴로서 '먼지처럼 바싹 마른' 서류들을 만들고 철하고 옮기고 베끼고 파쇄했다. 아이리스는 "기계처럼 일할 때의 효율이 마음에 들기 시작했고 인류를 무쇠같이 단단한 범주로 나누고 싶은 충동"도 들었다.[83] 아이리스의 동료들은 "좋은 남녀들"이었다. 지적이고 ("일부는 아주 멋지게 생긴") 사람들로 미소를 머금고 신중하게 행동했으며, 옥스퍼드나 케임브리지 졸업생들이 많았다.[84] 일이 끝나면 이들은 웨스트민스터 주변의 술집에서 맥주나 위스키를 한 잔씩 마시고 교외에 있는 집으로, 혹은 하숙집 여주인이 문을 단속하는 단칸방으로 돌아갔다. 그때부터 아이리스는 밤의 세계로 들어갔다. 강을 등지고 북쪽으로 세인트 제임스 파크와 레스터 스퀘어를 지나 소호로 향한 것이다.

아이리스는 "궁극의 인간"과 "지식, 경험, 자유"를 찾아 헤매고 있었다. 작가 아이리스 머독이라는 문인 페르소나를 실험해 보는 중이었다. 아이리스가 밤의 세계에서 찾은 자유는 "어떤 책임감도 없는"

세상, "5분 앞도 신경 쓰지 않고 여섯 시 이후 매일 밤 술에 취해 있는 사람들, 집도 없고 가족도 없으며 술집에 살면서 남의 집 바닥에서 교미하는 사람들, 제멋대로 무질서한 삶을 사는 불안하고 불완전하고 야심 찬 사람들로 이루어진 기이한 사회" 속의 자유였다.[85] 이들은 불안정했고 방황하고 있었으며 미래와 과거에 대한 우려가 현재를 좌우하는 평범한 틀 밖에서 살고 있었다. 범주에 넣을 수 없는 사람들이었다. 제멋대로 살면서 모든 지나가는 생각이나 욕구를 행동에 옮기며 파편적인 삶을 사는 사람이었다. 이 사회에서 유일하게 참된 것이 있다면 바로 시詩라고 생각하는 사람들, T. S. 엘리엇이라는 절대자만 바라보고 있는 사람들이었다.[86]

아이리스의 야간 친구들 가운데에는 아이리스처럼 이중생활을 하고 있던 여러 망명자와 이민자들이 있었다. 낮에는 영국 정부의 전쟁 기계가 돌아가는 데 일조하고 밤에는 또 다른 자아에 충실한 삶을 사는 사람들이었다. 아이리스와 술을 마셨던, 물크 라즈 아난드는 고군분투하는 소설가이자 블룸스버리 그룹의 일원이며 인도 독립 운동 선전가였는데, 낮에는 BBC 방송 작가였다. 아이리스에게 추파를 던졌다가 거절당한 헝가리 망명 작가 아서 쾨슬러는 낮에는 정보부의 선전 요원이었다. 아이리스는 탐비에게 푹 빠져 있었다. 탐비는 미어리 제임스 투라이자 탐비무투의 애칭으로 머릿결이 아름다운 스리랑카 시인이었다.[87] 아이리스는 또 딘 가에 위치한 회원 전용 사교 클럽 가고일에서 딜런 토마스와 함께 춤을 추기도 했다. 이 건물의 내부는 오거스터스 존, 에드윈 루티언스, 앙리 마티스가 설계했고 댄스홀에는 분수가 있었다.[88]

시포스 집 역시 이중생활을 하고 있었다. 메리가 시를 써서 타박했음에도 공산주의에 대한 아이리스의 믿음은 흔들리지 않고 있었다. 당 조직이 다락에서 모임을 갖기 시작한 것이다. 당원들은 바닥에 앉아 아이리스의 새로 회칠한 벽 아래쪽에 암호화된 기록을 끄적여 놓았다. 일터에서 아이리스는 재무부 문서를 베껴 켄싱턴 가든에 있는 나무에 숨겨 놓기도 했다.[89]

런던과 옥스퍼드, 필리파와 아이리스 사이에도 편지가 오갔다. 필리파는 침대에 앉아 진홍색 이불을 덮은 채 무릎 위에는 받침을, 손이 닿는 곳에 찻주전자를 놓고 답장을 썼다.[90] 필리파는 1등급 성적으로 PPE 학위를 취득한 뒤 옥스퍼드에 남았다. 중등 교육을 거의 받지 않은 상태로 옥스퍼드에 입학해서, 깁스를 하고 고통스럽게 몸져 누운 상태로 졸업 시험을 보았던 필리파의 성취에, 그다지 똑똑하지 않다는 자신의 주장은 힘을 잃었다. 경제학 공부를 한 덕에 (이제 수학 계산도 할 수 있었다) 필리파는 열여섯 명으로 이루어진 너필드 사회 재건 조사 팀의 일원이 될 수 있었다. 이 모임은 전쟁 전후의 인구와 산업 통계 정보를 수집하고 분석하는 일을 하고 있었다. 필리파의 전문 분야는 가구 산업이었다.[91] 여기서 A. D. 린지가 다시 등장한다. 이번에는 의원 후보나 보어스힐 관념론자, 베일리올 학장, 병역 거부자 심사원이 아니라 1941년 자신이 직접 설립에 일조했던 너필드 연구소의 동력원 역할을 하고 있다.

필리파의 사무실은 밴버리 가 17번지로 서머빌 정문에서 걸어서 3분 거리였다. 경제학자 데이비드 워스윅의 집에 방 하나를 빌린 필리파는 즐겁게 방을 꾸몄다. 이불과 색을 맞추어 분홍색 실크 쿠션도 만들었다. 엄마와 커클리덤 올드홀에서 키우기도 했던, 필리파가 정말 좋아하는 스위트피 꽃을 연상시키는 색이었다. 중고품 가게에서는 "투박하지만 천상의 멋을 지닌" 이탈리아산 그릇을 샀는데 "수출품을 싣고 노르웨이로 가던 이탈리아 선박을 붙잡아 압수한" 물건이었다. 내부 장식의 마무리는 "붉은색이 약간 들어간 회색 전등갓"이었다. 일이 끝나면 근로자 교육 연합에서 가르치기도 하고 도널드 맥키년과 저녁 시간을 보내는가 하면 주기적으로 카시러의 집에 가서 에바를 즐겁게 해주고 하인츠 카시러의 말을 들어주었다. "카시러 집안 사람들을 만나는 게 요즘은 좀 재미가 없어요"라고 엄마에게 고백한 편지도 있다. "사람들의 관심이 적어졌다고 불평하고 있어요. 하인츠 선생님은 칸트에 대한 책을 썼는데, 사실 그것 때문에 심기가 언짢으세요." 필리파는 아는 정육 업자와 말을 타러 가기도 했다. "튼튼하고 좋은 말을 갖고 있을 것 같아 보이는 사람이에요."[92]

필리파는 너필드 연구소에서 맡은 업무로 인해 토머스 밸로그, 니콜라스 칼도와 가까이 지내기도 했다. 두 사람 모두 헝가리에서 망명한 경제학자들로 (역시 새로 설립된) 국가경제사회연구소에서 일하고 있었다. 필리파보다 열다섯 살이 많았던 토미(토머스)는 A. D. 린지의 베일리올 동창이자 친구로서 (린지와 찍은 사진이 담긴 액자를 벽난로 위에 두기도 했다) 도널드 맥키넌과 마찬가지로 필리파가 졸업 시험을 준비하는 동안 침대 곁에서 지도를 해주었던 사람이기도 하다.[93] 그러다 1942년 언젠가부터 토미는 더 이상 침대 곁에만 있지 않았고 둘은 한 쌍이 되었다. "밸로그는 여자들을 홀딱 반하게 만들었다"라고 데이비드 워스윅은 회상했다. 토미는 워스윅에게 가구를 빌려주었고 이를 핑계 삼아 워스윅의 집, 그리고 그 집에 살던 필리파를 자유롭게 방문했다.[94] 둘의 관계로 인해 필리파는 토미와 어울리는 친구들과도 가까워졌고, '열렬한' 파티의 세계로 입문하게 됐다. 특별히 열광적이었던 밤을 보낸 다음 날 아침, 다소 지친 기분으로 필리파는 타자기로 엄마에게 편지를 썼다. "베일리올에서 시작해서 더조지 카페로 마치 메뚜기떼처럼 몰려가서 아주 푸짐한 식사를 했어요. 니콜라스가 거의 다 먹었지만요. 니콜라스는 6인분은 너끈히 먹고 생긴 것도 그럴 것처럼 보여요." 그런 다음 필리파의 방으로 와서 커피를 마신 일행은 배가 불러 조끼 단추가 터져 나간 니콜라스의 옷을 바느

질해서 수습한 뒤에 다시 나갔다.[95]

　1943년 여름, 너필드 조사는 마무리 되었고, 필리파도 더 이상 옥스퍼드를 쏘다닐 수 없게 되었다. 새로운 직무가 주어졌다. 런던의 왕립국제문제연구소, 일명 채텀하우스로 가야 했다.

　필리파가 1943년 8월 마릴본 역에서 내렸을 때는 멜콤플레이스 출구로 나와야 했을 것이다. 메리와 아이리스가 이용했던 헤어우드 출구는 폭격으로 더 이상 사용을 할 수가 없었다. 당시 토미와의 관계는 공식적으로는 끝난 상태였지만, 비공식적으로는 아니었다. 두 사람은 어느 날 밤 파티 후 술이 취한 상태로 심하게 다투었고 "영국 서머타임으로 정확히 12시 56분"에 헤어지기로 했다.[96] 그러나 토미는 매주 런던에서 며칠간 시간을 보냈고 두 사람은 "만났다 헤어지기"를 반복했다.[97]

　런던 이주 직후 필리파는 다시 서머빌 동문 앤 콥의 집에서 생활했다. 웨이머스 가에 있는 커다란 공동주택이었다. 앤은 1등급으로 수학과를 졸업하고 해군 본부에서 근무 중이었다.[98] 이 집에는 두 아가씨와 함께 살면서 살림을 하고 식사를 준비해 주는 나이든 부부가 있었다. 이 부부는 저녁 식사 시간과 외출 시간을 지켜달라고 농담 섞인 당부를 했다. 처음부터 필리파는 (앤의 어머니 콥 부인은 못마땅하게 여겼지만) 아이리스의 집에서 많은 시간을 보냈다.[99] 시포스에서 스크러튼 가문의 안락의자에 파묻혀 가스불에 구운 크럼핏 빵을 먹기도 하고 바깥에서 식사를 할 기분이면 언제든지 그렇게 했다. 토미와 니콜라스는 이따금 두 사람을 샬롯 가에 위치한 레뚜알로 데려가 저녁을 사주기도 했다.[100]

　필리파는 "아기" 연구 보조원으로서 자신의 일이 "정말 즐겁고, 더 나은 일을 찾으려고 해도 찾지 못했을 것"이라고 말했다.[101, 102] 채

3장 절망과 저항 사이

텀하우스의 정기 강연 시리즈도 들었을 것이다. 이 강연은 직원들이 전후 재건에 관한 최신 사회, 경제 연구를 접할 수 있도록 기획된 것으로, 그해에는 미국 인류학자 마거릿 미드가 식습관에 대해 강연을 했다. 마거릿 미드는 연합군 병사와 민간인들의 삶을 민속학적 시선으로 바라보았다. 미드가 연구 집단 내의 '식이 양상'에 대해서 설명할 때 필리파도 귀를 기울이고 있었을 것이다. 미드는 환경 변화, 과학적 지식, 상징 체계가 모두 식생활과 삶의 양상을 붕괴시키거나 변화시킬 수 있다고 설명했다.[103]

난민 및 외국인 친선 위원회 회장이자 수감 난민 본부 책임자였던 버사 브레이시도 삶의 양상, 붕괴, 박탈에 대해 강연을 했다. 브레이시는 유대인 어린이 만 명 이상을 독일에서 탈출시켰던 킨더트랜스포트 작전의 배후에 있었던 원동력이기도 했다. 브레이시의 노력은 전쟁 중에도 계속 이어졌다.[104] 필리파는 브레이시의 경고를 들었을 것이다. 전쟁이 끝나자마자 실향민 3000만 명이 지구 곳곳으로 이주를 시작할 것이라는 경고였다. 전쟁으로 찢어진 땅에서 이러한 여정은 무질서하고 원칙이나 형태가 없는 것처럼 보일 것이다.

그러나 개개의 여로는 각 개인의 저항할 수 없는 강렬한 귀소 본능에 따른다. 브레이시는 우리가 이러한 여정의 불가피성을 깨닫고 준비해야 한다고 주장했다. 그러나 이것은 지극히 어려운 일이 될 것이다. "이 여정은 계속해서 움직이는 거대한 만화경처럼 한순간의 양상이 다른 한순간의 양상과 매우 큰 차이를 보이게 될 것이다."[105] 이미 밝혀진 사실에 따르면, 스페인 공화주의자 200만 명은 스페인 내전이 막을 내리자 프랑스로 건너갔다. 수만 명이 북아프리카와 멕시코로 가기도 했지만, 프랑스가 독일에 침략당했을 당시 수십만 명이 여전히 프랑스에 있었다. 모리셔스에서는 난민 1500명이 수용소에 있다가 유럽을 향해 북서쪽으로 이동한 뒤 오스트리아, 체코슬로바키아, 폴란드로 흩어졌다. 스웨덴은 중부 유럽에서 온 난민 400만 명을, 스위스는 6만 2000명 이상을 보호하고 있었다. 독일, 오스트리아, 체코슬로바키아, 폴란드, 러시아, 우크라이나, 벨기에, 불가리아, 네덜란드, 프랑스, 노르웨이, 루마니아, 발트 3국에서 추방당한 유대인들의 숫자는 셀 수 없었다. 브레이시는 그 가운데 얼마가 살아남았는지 알 수 없다고 하면서 "나치의 몰살 정책"에 대해 이야기했지만, 히틀러의 홀로코스트의 진정한 의미는 아직 알려지기 전이었다.[106] 1942년 6월 《데일리 텔레그래프》 신문은 나치 치하의 유럽에서 폴란드 출신 유대인이 매일 100명씩 가스실에서 죽어간다고 보도했다. 놀랍게도 이 소식은 고작 6면에 실렸고 다른 신문에서는 보도조차 하지 않았다.[107]

일터와 시포스를 오가는 것으로 모자라 필리파는 주말이면 기차를 타고 정기적으로 옥스퍼드를 방문했다. 칼튼 가 19번지에 있는 카시러의 집에서 묵으면서 도널드 맥키넌과 저녁 시간을 보내기도 했다. 어느 일요일에는 너무 늦게까지 함께 있다가 새벽 1시가 되기 직전 런던에 도착했다. 필리파는 어머니를 안심시키며 편지에 이렇게 썼다. "하지만 런던을 가로질러 걷던 도중에 택시를 잡았고 안에는 미군 병사가 7명이나 되어서 저는 병사들의 무릎에 앉아 세인트 제임스까지 갈 수 있었답니다. (천만다행으로.)"[108] 병사들은 무릎에 앉아 있는, 여우를 닮은 히치하이커가 전 대통령의 손녀딸인 줄은 전혀 몰랐다. 택시는 전조등을 끈 상태로 어둠 속을 달렸다.

필리파는 누가 봐도 행복해 보였지만 한집에 살던 앤은 힘겨워하고 있었다. 앤에게는 동생 빌(알렉산더 윌리엄 로크)이 있었는데 마이클 풋, 프랭크 톰슨과 함께 학교를 다니기도 했던 빌이 1940년 실종되었고 사망한 것으로 추정되었다. 앤이 졸업 시험을 볼 무렵에는 빌이 포로로 잡혔을 수 있다는 가능성마저 사라지고 없었다. 앤의 전시 직무는 과거 해전들을 통계적으로 분석해서 미래 전략을 세우는 일이었는데, 이 일도 앤을 지치고 낙심하게 만들었다.[109] 필리파가 런던에 도착하고 얼마 안 가 앤은 신경 쇠약을 겪었고 결국 본가로 돌아갔다. 이로 인해 필리파는 살 곳을 새로이 구해야 하는 처지가 되었다.

처음에는 혼자 살 곳으로 블룸스버리의 샬롯 가에 있는 방 2개짜리 플랫을 구했다. 그러나 연구소의 본부가 있던 채텀하우스는 시포스에서 북쪽으로 1마일 거리밖에 되지 않았고, 세인트 제임스 파크를 지나면 바로 나타났기 때문에 아이리스는 필리파에게 함께 살자고 제안했다. 따로 살아도 어차피 절반은 샬롯 가에서, 절반은 시포스에서 시간을 보낼 게 분명했고, 월세만 낭비하게 될 것이라는 논리였다. 그렇게 필리파의 분홍색 실크 쿠션은 아이리스의 청록색 쿠션과 함께 메리의 의자 위에 놓였고 빨강과 회색이 섞인 필리파의 전등갓이 시포스 벽에 부착된 조명 위에 균형을 잡고 있게 되었다. 이제 크럼핏을 이탈리아산 접시 위에 놓고 먹을 수도 있게 되었다. 이후 50년간 시포스는 보즌켓 집안 차지였다. 아이리스와 필리파가 전쟁 종식 후 집을 비울 때, 필리파의 동생 매리언이 세를 이어받았기 때문이다.

필리파는 겨울의 시작과 동시에 시포스 집에서 진홍색 이불 속에 파묻힐 수 있었다. 불을 전부 끈 뒤에는 암막 커튼을 내려 이불 위에 겹쳐 덮었고, 잠옷 대신 외투를 입었으며 열탕 주머니도 필수 용품이었다. 두 사람은 매일 아침 길 건너 라이언스 찻집에서 차와 스티키번을 먹으며 몸을 덥혔다.[110] 라이언스 역시 이중생활을 하고 있었다. 점포에서는 빵을 팔았지만, 회사 소유 공장은 폭탄 제조에 이용되었다. 독일 시민 위로 투하된 폭탄 일곱 개 중 한 개는 이 제과 제빵 회사에서 만든 것이다.[111]

필리파는 이 이전까지 집안일을 해본 적이 없어서 마치 보이지 않는 하인이 치우기라도 할 것처럼 물건을 그저 내려놓기만 했지만,

아이리스가 집을 깔끔하게 정리했다. 필리파는 학업에 대한 아이리스의 진지한 태도에 놀라면서도 기뻐했다. 필리파 자신은 중등 교육을 받지 않은 것을 여전히 약점으로 여기고 있었다. 아이리스는 일터에서 돌아온 뒤에도 바로 책을 집어들었다.[112] 아이리스의 제안에 필리파도 베케트, 디킨스, 프루스트를 읽었다. 연휴에 커클리덤을 방문했을 때, 아이리스는 겁먹지 않았고, 오히려 샌드위치를 직접 만들어 먹어 에스더 보즌켓을 깜짝 놀라게 했다.[113] "아이리스가 빈 접시를 밀고 탁자에 고개를 파묻는 심각한 죄를 저질렀을 때" 에스더 보즌켓이 얼마나 충격을 받았는지 훗날 필리파는 즐거운 기억인 양 회상했다. "그런 행동은 절대로 해서는 안 되는 법이지, 암!!!!"[114]

생쥐가 출몰하는 다락에서 아이리스와 필리파는 구두 세 켤레를 나눠 신었고 나중에는 두 켤레로 줄어들었다. 메리와 아이리스가 처웰강에서 대화했듯이 이 둘도 청혼을 해온 남자들을 비교해 보았다. 필리파가 먼저 했다. 필리파에게 청혼한 남자들은 괜찮은 남자들이었지만, 얼마 되지 않았다. 아이리스의 목록은 끝나지 않을 것처럼 줄줄이 이어졌다. 필리파는 시무룩해져서 "청혼을 하지 않은 사람들 이름을 대는 게 더 빠를 것"이라고 말했다.[115] 두 사람은 그해 10월 아마도 필리파의 23세 생일을 맞이해서 파티를 열었다. 각자가 마실 술을 지참해야 했다. 학자이자 보헤미안인 동시에 재무부의 머독, 채텀하우스의 보즌켓이기도 했던 두 사람은 세 가지 페르소나와 관계된 다양한 분야의 사람들을 초대했다. 터키제 담배를 제공했고 밸로그와 칼도는 서머빌 졸업생인 PPE 전공의 베라 호어(도널드 맥키넌의 또 다른 제자)와 춤을 추었다.[116] 제인 드그라스, 마크 베니, 스티비 스미스와 탐비무투도 맥주와 증류주를 병째 들고 소호에서 어둠을 헤치고 왔다.[117]

3장 절망과 저항 사이

지연된 엘리자베스의 계획

케임브리지에서 엘리자베스는 타자기를 꺼내 그동안 해온 연구와 앞으로 할 연구를 거칠게 요약했다. 새라 스미슨 장학금을 1년 더 연장하는 게 목표였다. 이제 막 이가 나고, 기기 시작한 시작한 바버라가 엘리자베스의 다리 사이를 오갔다. 1944년 4월 무렵 두 사람은 피츠윌리엄 가 19번지에 살고 있었다. 100년 전 찰스 다윈이 비글호 항해를 마친 뒤 돌아와 살았던 집 바로 건너편이었다.[118] 스승 도널드 맥키넌을 매혹하는 동시에 겁주었던 "극히 까다로운" 문제에 도전할 준비를 하고 있었던 엘리자베스는 "동물적 이성"의 정의를 검토할 예정이라고 밝혔는데, 바버라에게 정신이 팔린 듯 '이성reason'의 철자를 틀리기도 했다.[119, 120]

이것은 엘리자베스가 1년 동안 열심히 연구하면서 다듬은 생각이었다. 엘리자베스는 아리스토텔레스 연구를 통해서 우리가 순무나 고양이에 대해 알아갈 때 쓰는 도구와 동일한 도구를 이용해 인간에 대해 알아가고자 했다. "인간에게 이성적인 부분이 있다고 말하는 것은 언어를 사용하기 때문이다." 엘리자베스는 "빨간색이 보인다" 혹은 "빨간 우체통이 보인다"처럼 감각 능력의 작용을 표현하는 진술의 이성적인 성격을 고찰해 보기로 하고 "이 방향을 따라가 볼 예정"이라고 단호하게 타자를 쳤다.[121]

엘리자베스의 핵심 질문은 데카르트의 "나는 무엇인가?"가 아니라 외부로 향하는 질문, "저것은 무엇인가?"였다. "인간을 볼 때 나는 어떤 종류의 객체를 보는가?"[122] 내부로 향한 시선은 데카르트를 몸이 아닌 의식으로 향하게 만들었다. 상상, 두려움, 생각, 가려움, 치통, 이 모든 것이 확장된 몸 없이도 발생할 수 있다고 (머리 없는 두통, 긁을 데가 없음에도 느껴지는 가려움, 치아 없는 치통 등) 데카르트는 믿었다. 엘리자베스의 외부를 향한 시선은 다른 방향에서 인간이라는 동물의 본성에 대해 관찰하려는 노력이었다.

"사람의 치아는 총 32개이다."[123] 이 명제는 언뜻 보기보다 훨씬 특이하다. 인간의 입속에 있는 치아의 개수를 세서 증명할 수 있는 경험적인 명제가 아니기 때문이다. (흔들리는 기차의 어둠 속에서 빠진 치아를 드러내며 웃는 사람을 보면 그런 방식의 증명이 얼마나 부질없는지 깨닫게 된다.) 치과 의사들의 노력과 단것의 유혹 덕분에 인간이라는 동물은 평균적으로 그보다 적은 개수의 치아를 갖고 있다. 그럼에도 총 32개가 있어야 다 있는 것으로 치며, 그보다 적으면 덜 있는 것으로 친다. "사람의 치아는 총 32개다"라는 말이 인간이라는 동물 종에 관한 명제이기 때문이다. 인간이라면 그만큼 '있어야 마땅하기' 때문이다. 모든 인간이 어금니가 몇 개 빠져도 사람의 치아가 32개라는 사실은 참이다.

훗날 엘리자베스는 인간에게 총 32개의 치아가 있어야 정상적이고 이상적이듯 "정해진 개수의 미덕"이 있어야 정상이라고 주장하게 된다. "다양한 삶의 영역에서 이루어지는 생각과 선택이라는 활동의 관점, 즉 우리의 역량과 기능, 그리고 우리에게 필수적인 것들의 활용 능력의 관점"에서 봤을 때 그렇다는 것이다.[124] 그러나 많은 인간이 치아를 다 갖고 있지 않듯 미덕을 모두 다 가지고 있는 사람은 드물다. 인내심은 있지만, 용기가 없거나 부지런하지만 상냥하지 않을 수 있다. 이러한 식으로 부족하다는 것은 다시 말해 덜 갖고 있다는 뜻이다. 다른 사람들 또한 덜 갖고 있다고 해서 결함이 아닌 것은 아니다. 그러나 연구를 막 시작한 시점에서 엘리자베스는 "외부로부터 관찰하는" 자신의 새로운 방법에 대한 우려가 있었다. "이것은 철학자가 해야 하는 작업일까, 아니면 실험심리학자만 할 수 있는 것일까?" 엘

리자베스는 다급히 타자기를 두드렸다.[125]

4월, 연구를 위한 "계획 초안"을 작성하던 엘리자베스는 오빠 존이 인도의 제사미 마을을 방어하다 전사한 사실을 알게 됐다. 존이 속한 연대는 그곳에서 여섯 차례 싸워 여러 영예를 받았는데, 존은 첫 번째 전투에서 목숨을 잃었다.[126] 남편을 잃은 지 얼마 안 된 엘리자베스의 어머니 거트루드는 넘치는 슬픔을 주체할 수 없었다. 처음에는 존의 쌍둥이 형제 톰이 그런 어머니를 모셨지만, 거트루드는 결국 노샘프턴에 있는 세인트 앤드류 정신병원에 입원하게 되었다. 이 병원은 실험적인 치료법으로 잘 알려져 있었다. 전두엽 절제술도 그중 하나로 이 수술이 환자의 지능과 성격에 미치는 효과는 몸과 정신이 깊이 연결되어 있음을 충분히 입증하고 있었다. 거트루드가 병원에 입원한 해에 전두엽 절제술이 시행된 사례는 총 35건이었다.[127] 거트루드는 여생을 시설에서 지냈다. 1961년 작성된 베길디 교구 역사에 따르면 거트루드는 "십 년이 넘는 세월을 한집에서 살았지만, 진정으로 살았던 시기는 오직 어린 시절, 곧 아버지가 살아 있던 베길디 목사관 시절뿐이었다."[128] 그렇게 엘리자베스는 26세에 아버지를 묻고 어머니를 잃어 사실상 남편 피터처럼 고아가 되었다.

엘리자베스의 지원서를 검토하고 거부한 사람은 트리니티 칼리지의 분석 철학자 존 위즈덤이었다. 지원서는 엘리자베스의 계획 초안과 논문 초고를 포함하고 있었다. "기치 부인의 논문은 연구 장학금 수준에 상당히 못 미치는 것으로 보인다. 다른 후보가 없다고 해도 연구비를 수여할 만큼 수준 높은 논문이 아니라는 의미이다." 위즈덤의 평가서는 이렇게 시작했다. 위즈덤은 인용구의 특수한 역할에 대한 엘리자베스의 논의가 인상적이었다는 점은 인정했다. "'잔디는 푸르다'의 주어는 '잔디'다"라고 할 때 우리는 잔디에 대해서 논하는 것도 아니고 '잔디'라는 단어에 대해 논하는 것도 아니라고 엘리자베스는 주장했다. 위즈덤은 이 주장을 접하고 비트겐슈타인 교수가 했던 문법에 대한 강의 내용을 떠올렸다. 그러나 "'단어'라는 단어의 비정상적 사용"으로 인해 요점이 전달되지 않았으며, "설명이 혼란스러울 뿐 아니라 저자가 혼란스러워하고 있다"라고 위즈덤은 말했다. 게다가 엘리자베스는 동일성identity이라는 주제를 다룰 때, 위즈덤이 잘 알고 있는 영국 경험주의자들에 의지하지 않고 아리스토텔레스와 아퀴나스 쪽으로 시선을 돌렸다. 위즈덤은 자신이 이 학자들에 대해 "무지"하다는 사실을 인정했다. 그래서 엘리자베스가 번역하지 않고 제출한 긴 그리스어와 라틴어 인용문을 읽기 위해 G. E. 무어의 도움을 청해야 했다. 엘리자베스가 '성실하게' 노력했고 아리스토텔레스와 아퀴나스를 공부한 것은 사실이지만 그럼에도 "모호하고 매끄럽지 않으며 독단적인" 이 논문이 상반되는 시각에 대한 불충분한 이해가 드러나는 그야말로 횡설수설"이라는 점을 벌충할 수는 없었다고 위즈덤은 말했다.[129]

프리드리히 바이스만이 긍정적인 추천서를 써주었지만, 피해를 수습하기에는 역부족이었다. 프리드리히는 엘리자베스의 "뛰어난 집중력과 한 가지 일에만 골몰하는 태도," "언어를 통해 드러나는 생각의 구조에 대한 상당한 통찰력" 그리고 "활기찬 철학적 상상력"을 칭송했다.[130] 그러나 프리드리히 자신은 집중력이 떨어져 있었다. 1943년 4월 아내 헤르미네가 자살로 사망한 뒤 겨우 일곱 살이었던 아들 토마스를 홀로 돌보아야 했다. 헤르미네는 가족을 고향에 두고 혼자만 영국에서 살길을 찾은 데 대한 죄의식을 떨칠 수가 없었다. 홀로코스트의 피해자로 죽음을 맞은 자매도 있었다. 옥스퍼드에서 프리드리히와 친구가 된 도널드 맥키넌은 "아리도록 추운 4월 아침"에 열렸던 헤르미네의 장례식을 회상하며 "이처럼 참담한 장례식은 처음"이라고 했다.[131] 9년 후 토마스는 엄마를 따라 스스로 목숨을 끊었다. 16살이었다.

새라 스미슨 장학금 연장에 실패한 엘리자베스는 가난한 상태로 6년을 더 지내야 했다. 피터는 여전히 숲속에서 일하고 있었고, 전시 배급 제도로 인해 누구나 배고프지 않은 사람이 없었던 전쟁통에 엘리자베스가 어떻게 바버라를 먹이고 자신은 담배를 구해 피우며 버텼는지 알기는 힘들다.

1944년 10월에는 루트비히 비트겐슈타인이 케임브리지로 돌아왔다.

시포스의 사랑과 전쟁

전쟁이 막바지에 접어들면서 시포스는 극적인 사랑 이야기의 중심이 되었고, 이는 수년간 아이리스와 필리파의 우정에 깊은 영향을 미쳤다. 덕분에 아이리스는 이 뒤죽박죽 진흙탕 같은 연애 이야기를 원형으로 삼아 소설을 쓸 수 있었다. (아이리스는 이 무렵 첫 소설을 쓰다 말았고, 두 번째 소설은 완성했지만 출판사 '페이버 앤드 페이버'의 T. S. 엘리엇에게 출간을 거절당했다. 다른 원고를 보내달라는 요청도 듣지 못했다.)[132] 필리파는 런던에 도착한 지 어느 정도 시간이 지났을 때, 엄마에게 보내는 편지에 토미가 "나한테 영 싫증이 났고 토미도 친구들도 날 버렸어요"라고 썼다. 그 무리와 어울릴 때가 그리웠지만 '다행'이라고도 생각했다.[133] 그런데 토미는 필리파를 버리자마자 (그보다 좀 전이었을 수도 있지만) 아이리스를 붙잡았다. 아이리스는 자기 소설 속 주인공처럼 토미와의 집착적인 사랑 혹은 욕망에 빠졌다. 한동안은 토미와 마이클 풋에게 관심을 나누어줄 수 있었지만, 연상이었던 토미는 경쟁자를 용납하지 않았고, 아이리스는 몇 달 동안 질질 끌어왔던 마이클과의 관계를 1944년 1월에 마무리 지었다. 아이리스는 1945년 11월 데이비드 힉스에게 보내는 편지에서 이러한 자신의 행동을 되돌아보며 "역겹다"라는 표현을 썼다. "심리학적으로 꽤 흥미로운 소설이 될 수도 있는 사각 관계 이야기"라고도 덧붙였다.[134]

마이클은 절망에 빠졌다. 3년 전 레오니와 이별했을 때만큼 큰 절망이었다.[135] 이후 마이클은 공무상 기밀법 때문에 아이리스의 마음을 얻지 못한 것이라고 스스로를 위로했다.

아이리스와 토미의 행동에 필리파는 몹시 비참한 기분이었고, 자신의 전 애인, 그리고 옛 친구들이 아이리스와 시내로 놀러 다니는 동안 홀로 남겨지는 경우가 많았다. 4월의 어느 날, 저녁 시포스에 혼자 있던 필리파는 누군가 아래층 문을 두드리는 소리를 들었다.[136] 문을 열자, 절박하면서도 근사한 젊은 남자가 안절부절 골목을 왔다 갔다 하고 있었다. 마이클이었다. 두 사람은 만난 적이 없었다. (아이리스는 친구들을 서로 소개하지 않는 편이었다.) 하지만 필리파는 아이리스가 집에 없다고 말한 뒤 마이클에게 다락으로 올라와 뭘 좀 마시면서 무슨 일인지 이야기해 보라고 권했다. 필리파는 도널드 맥키넌이 인정했듯이 보호 본능이 있었다. 시포스를 음산하다고 생각했던 마이클에게 귀족적인 태도와 우아한 옷을 갖춘 필리파는 특히 아름다워 보였을 것이다.[137] 두 사람은 사냥, 승마 등 상류 사회에서 겪은 어린 시절의 경험을 대화 주제로 삼았다. 마이클은 앤 콥의 동생 빌과도 아는 사이였다. 아이리스가 은근히 우습게 여겼던 마이클의 괴로움을 필리파는 매력적으로 느꼈고, 두 사람은 금세 서로의 마음에 들었다. 마이클은 얼마 안 가 필리파에게 언제든 사라질 수 있다고, 낙하산을 타고 적진으로 침투해야 할지도 모른다고 미리 언질을 해두었다.[138] 나라가 부르면 모든 위험을 감수할 준비가 되어 있는, 영웅적이고 멋진 비운의 정보국 직원을 마다할 여자가 있을까? 마이클은 다시 한번 자신에게 연민을 느낀 여성에게 애정을 쏟았다.

필리파와 마이클이 연인 관계를 꽃피우자 아이리스와 필리파 사이의 상처 입은 우정은 더욱 큰 위험에 처했다. 점점 더 이기적으로 되어가는 아이리스의 행동도 안 좋은 영향을 미쳤다. 마이클이 입은 마음의 상처를 본 필리파는 아이리스가 읊어댔던 청혼자들의 목록이 더 이상 순수해 보이지만은 않았다. 한편 시포스 집이 문제를 더 복잡하게 만들었다. 시포스의 내벽은 아이리스의 파란색 커튼이 전부였기 때문에 아이리스와 필리파는 연인을 집에 재우기 전에 끊임없이 협상을 해야 했다. 아이리스가 첼시에 있는 토미의 집에 가 있을 때는 필리파가 마이클을 불렀다. 필리파가 마이클의 집에 가 있을 때는 토미가 시포스로 오기도 했다.[139] 두 여자만 집에 있을 때는 서로 끊임없이 눈물을 흘렸다. 아이리스는 필리파가 도덕적으로 얼마나 엄격한지 깨달았다. 필리파는 좀 칸트적인 면이 있었다. (반면 아이리스의 원칙은 보편적인 법칙이 되길 바라는 사람도 없었을 것이고 딱히 그렇게 될 수 있는 것도 아니었다.) "마이클은 내가 자기를 속였고 그걸 개의치 않는다고 생각해서 나를 미워했다. 필리파는 마이클이 나 때문에 괴롭다고 생각해서 나를 미워했다. 나는 마이클 때문에 토머스와의 완벽한 인연을 즐길 수 없다고 생각했기에 마이클을 미워했다"라고 아이리스는 회상했다. 나중에는 이러한 생각을 한 자신에 대한 혐오감도 들었지만, 당시에는 사랑에 눈이 멀어 제정신이 아니었고, 의지력이 전무한 상태로 진심 어린 반성이나 동정심을 가질 수 없었으므로 더욱 필리파의 눈 밖에 났다. "나는 내 잘못으로 인해 필리파와의 관계가 서서히 망가지는 것을 목격했지만, 그걸 막으려고 하지 않았다. 필리파는 내가 그러고 있는 내내 훌륭하게 처신했다." 이와 달리 아이리스는 울면서 편지를 쓰고 생쥐들에게 말을 걸 뿐이었다.[140]

'기이한 종족'들에 에워싸인 메리

아이리스와 필리파가 런던에서 미숙한 어른의 비극을 상연하고 있을 때, 메리는 버크셔의 모교 다운하우스에 돌아와 있었다. 생산부에서의 업무는 메리를 점점 불안하게 만들었다. 주변 직원들은 몹시 바쁜 와중에 메리만 할 일이 없었다. 아이리스였다면 일을 달라고 요구하거나 만들어내서라도 했을 테지만, 메리는 기다리며 지켜보았다. 이후 메리는 실질적인 문제가 있다는 사실을 깨닫고, 바꾸기 위해서 단호한 입장을 취했어야 했다고 생각했다. 하지만 "세상은 언제나 이러한 것이 가능하다는 사실을 아는 사람과 모르는 사람들로 나뉘며, 당시의 나는 그걸 모르는 사람이었다"라고 회상한다.[141] 이 스트레스로 졸업 시험을 망치게 할 뻔했던 병이 재발했다. 나이가 들수록 메리는 불안감을 유발할 수 있는 상황을 신속하게 벗어나는 습관을 들였고 극단적인 감정, 태도, 성정에 대한 실질적 반감도 커졌다. "신경질적"이라는 말은 메리가 할 수 있는 가장 심한 비난이었고 따지고 보면 '예민'하거나 '부주의'한, 심지어 '열정적'이라고 말 수 있을 때에도 너무 쉽게 '신경질적'이라는 말을 갖다 붙였다. 다운하우스의 교장 올리브 윌리스에 대해서는 "신경질적이지 않았고…… 눈에 띄게 정상적이고 활기찬 데다 유능했다"라고 했다. 최고의 찬사였다.[142]

메리는 미래의 메리들에게 고전학을 가르칠 예정이었다. 마침내 "쓸모 있는" 일을 하게 된 것이다.[143] 다운하우스는 메리의 재학 시절과 크게 다르지 않았다. 언덕 위의 교실 창에서 안뜰 너머로 들판과 작은 숲들을 내려다보면, 나이만 들었지 다시 여학생이 된 것 같았다. 그러나 메리의 인생은 제자리로 돌아왔을지언정, 주위의 세상은 변화했다는 사실을 수시로 일깨워주는 것들이 있었고, 메리도 이를 놓치지 않았을 것이다. 옆 동네 뉴버리의, 울워스 식료품점에서 지척인 엘리엇 가구 회사는 가구가 아니라 항공기 부품을 만들고 있었다. 경마장의 마구간은 전쟁 초기 징발되어 말이 아닌 전쟁 포로를 수용하게 되었다. 메리의 학창 시절 폴란드 공주라는 소문이 돌았던 독특하고 매혹적인 마리아 니켈은 본관 지하에 (방공호로 쓰기 위한) 긴 터널을 파도록 했을 뿐만 아니라 모든 건물을 녹색으로 칠했다.[144] (전원적인 풍경에 녹아들도록 학교 건물을 위장한 것이다.) 학교 부지에서는 소나무 300그루가 징발되어 해군 본부로 갔는데, 베티 애크로이드의 원자재처에서 나온 보고서에 아마 그 일의 발단이 서술되어 있었을 것이다. 좀 더 애틋한 빈자리도 있었다. 메리가 도착하기 몇 주 전 36년간 올리브 윌리스의 파트너였던 릴리언 헤더가 오랜 지병으로 올리브의 간호를 받다가 숨졌다. 릴리언은 학교 부지 내 정원에 묻혔는데 올리브도 이후 이 자리에 함께 묻히게 된다.[145]

메리는 다운하우스에서 건강과 균형을 되찾았다. 플라톤도 가르쳤다. 전시 배급품으로 나온 커피는 맛이 고약했지만, 교직원실 내에서 오가는 대화는 다정하고 편안했다. 하지만 어린 메리에게는 다운하우스 밖으로 나가고 싶은 생각이 없었던 반면, 바깥세상을 경험한 메리는 금방 답답해졌다. 휘발유 배급 제한으로 인해 주말에 여행을 다니기도 힘들었고, 마이클이 런던에서 필리파에게 구애하는 동안 메리는 앞으로 어떻게 해야 할지 고민했다.

다운하우스에서 네 번째 학기를 보내는 중 기회가 생겼다. 메리는 이후 이것이 "기억이 나지 않는 어떤 경로를 통해서" 생긴 기회였다고 회상했다. 베드퍼드 스쿨에서 고전학을 가르치게 된 것으로 "반가운 변화"였다.[146] 이 학교의 여성 교사는 메리와 메리보다 좀 더 어린 (세인트 힐다에서 역사를 전공하고 옥스퍼드를 졸업하자마자 온) 페기 토런스가 다였다.[147] 베드퍼드 스쿨은 야심 찬 영관급 장교들의 아들들이 주로 다니는 학교로, 부모들은 학생들이 매를 맞고 괴롭힘을 당하고 부딪히면서 자라나기를 원하는 사람들이었다. 메리가 이곳에서 짝을 찾을 생각이 있었는지 몰라도 희망은 금세 깨졌다. 오전 휴식 시간 나란히 교직원 사교실에 서서 동료 교사들을 바라보던 페기와 메리는 놀라움을 감출 수 없었다. 다운하우스의 수다스럽고 커피 맛이 형편없던 교직원실이 어떤 간식도 없고 대화도 매우 적은 공간으로 대체된 것이다. 어떤 교사는 우두커니 서서 허공만 바라보았으며, 말을 건네는 사람도 마치 장례식에 온 것처럼 미안해하며 아주 낮은 목소리로 말했다.[148] 훗날 메리는 왜 많은 여성들이 철학을 업으로 삼고자 하지 않느냐는 질문에 이렇게 대답했다. "여자들한테 무슨 문제가 있는지 묻지 말고 남자들한테 무슨 문제가 있는지 보세요."[149] 이러한 생각은 바로 그 사교실에서 페기와 함께 눈빛으로 말하던 순간 생겼을지도 모른다. "이 사람들 미쳤나 봐." 메리는 동물학자의 시각으로 이 기이한 종족을 관찰하면서, 그들이 침묵하는 근본적인 동기에 대해 수줍음, 두려움, 성차별 등 다양한 가설을 내놓았다. 페기와 현장 노트를 비교하기도 했다. 두 사람은 15분간의 짧은 휴식 시간을 최대한 이용해서 학교 정문으로 향하는 긴 진입로를 부지런히 내려가 길 건너편에 있는 간이 음식점에서 잼 타르트를 먹으며 두 사람을 둘러싼 '부족의 관습'에 대해 우스갯소리를 하기도 했다.[150]

3장 절망과 저항 사이

비트겐슈타인 교수를 만난 엘리자베스

　엘리자베스는 25세에 비트겐슈타인을 만났다. 비트겐슈타인은 55세였고, 그 후 7년밖에 더 살지 못했다. 비트겐슈타인이 주변 사람들의 삶에 가져온 혼란과 무질서, 엘리자베스의 고립된 상태와 가난에 대해서 아는 외부 관찰자라면 누구든 엘리자베스를 걱정했을 것이다. 그러나 엘리자베스는 비트겐슈타인을 만날 준비가 되어 있었고, 그 반대도 마찬가지였다. 엘리자베스는 비트겐슈타인이 대화 상대이자, 철학적 동료에게서 필요로 하는 두 가지 요건을 가지고 있었다. 첫째, 깊은 고민에 빠져 있었다. 비트겐슈타인은 자신이 가르치는 내용과 학생들에게 주기적으로 회의를 느꼈는데, 이것은 케임브리지 대학교에서 철학을 공부하는 학생들이 진정으로 고민하고 있지 않았기 때문이다.[151] 하지만 엘리자베스는 정말 고민하고 있었다. 청소년 시절에는 신의 예지력, 그리고 모든 사건에 원인이 있다는 불완전한 증명에 대해 근심했다. 정의로운 전쟁의 조건을 명시함으로써 비난을 자초하기도 했다. 으르렁대며 방 안을 이리저리 오가는 맥키넌을 한방에서 지켜보기도 했다. 옥스퍼드의 카페에서는 담뱃갑을 노려보며 몇 시간씩 앉아 있기도 했다. 플라톤이 얘기한 '이면성'을 이해하기 위해 메리와 밤 늦게까지 잠들지 않았다. 기차에서 제복을 입은 병사들을 보면서 고양이와 순무에 대해서 생각했다.
　엘리자베스는 두 번째 요건도 충족했다. 진지한 태도를 유지하게 만드는 종교적 믿음을 가지고 있었던 엘리자베스에게 몸의 동일성의 문제는 기술적인 수수께끼도 과학적인 물음도 아니었다. 자신의 불멸의 영혼이 달린 문제였다. 외부 세계 인식의 문제는 믿음과 희

케임브리지 대학교 휴얼스코트 타워.

망의 문제였다. 사실이 아닌 조건문의 문제는 신정론의 문제였다. 인과론의 문제는 제1원인으로서의 신의 문제였다. 분석 철학자 버트런드 러셀은 비트겐슈타인에게 이렇게 물은 적이 있다. "무슨 생각을 합니까? 논리에 대해서, 아니면 지은 죄에 대해서?" 비트겐슈타인은 "둘 다"라고 대답했다. 엘리자베스도 마찬가지였다. 엘리자베스의 이러한 두 가지 특징, 즉 철학적 문제를 진지하게 고민하는 태도와 종교적 믿음은 엘리자베스가 비트겐슈타인의 궤도로 빨려 들어간 수많은 다른 사람들과 달리 철학적 독립성과 정신 건강을 지킬 수 있었던 이유일지도 모른다.

피터가 성탄절을 맞아 집에 다녀갔고, 엘리자베스는 임신한 몸으로 1945년을 맞이했다. 바로 이 해 엘리자베스는 선배 마거릿 매스터먼과 앨리스 앰브로즈처럼 휴얼스코트의 계단을 올라 비트겐슈타인의 어지럽고 뿌옇고 짜릿한 강의를 들었다. 그해 겨울 이미 어두워진 저녁 5시 엘리자베스는 올세인트 골목을 따라 걸었을 것이다. 비트겐슈타인은 어둠을 개의치 않았다. 생각은 컴컴한 데서 가장 잘할 수 있었다.

연구실 K5호는 신고딕풍의 타워 맨 위층에 있었고, 낮에는 여기서 트리니티 칼리지 전부를 조망할 수 있었다. 비트겐슈타인은 본인의 모더니즘 건축 취향에 맞추어 검고 긴 종이 조각을 이용해 창문의 비율을 바꾸었다. 방의 중앙에는 작은 난로가 있었다. 그 밖에는 접이식 야외 의자 하나, 가대에 상판을 얹어 만든 탁자, 안락의자 하나가 전부였다. 다른 물건은 없다시피 했다. 한 학부생은 사진도 커튼도 없었고 책도 거의 없었다고 회상했다.[152] 연구실을 찾아온 사람은 방 바깥에 쌓아놓은 연두색 접이식 캔버스 의자를 들고 들어가야 했는데 들어가면 비트겐슈타인 역시 똑같은 의자에 앉아 있는 모습을 볼 수 있었다. "팔꿈치를 무릎에 올린 채 앞으로 상체를 숙이고 있었다. 손가락을 쭉 편 두 손은 마치 기도를 하듯 마주 붙이고 있었다."[153] 정확히 오후 다섯 시 비트겐슈타인은 접은 몸을 펴고 강의를 시작했다. 강의 노트는 따로 없었다. 일정대로라면 7시에 끝나는 강의였지만, 언제까지 계속될지 아무도 알 수 없었다. 프랭켈의 《아가멤논》 강의가 시적 영감을 주었듯 비트겐슈타인의 강의에 영감을 받은 학부생 I. A. 리처즈는 이러한 시를 한 편 썼다.

적었습니다, 그대의 초췌한 아름다움을 견뎌낼 수 있는 사람은.
경멸하는 입술을, 조소로 반짝이는 커다란 두 눈을,
주름진 이마를, 각진 미소를, 슬픔이 잉태한,
세계를 저버리는, 그대의 본분에 대한 헌신을.
그런 고통을 느끼면서 듣는 이들은 홀린 듯
그대의 말을 기다리며 바라보고 기다리고
숨을 깨물고 멈추었습니다. 그대가 숨겨진 수감자들을 생각하며
괴롭고 무기력한 채로 말을 잇지 못하는 동안.[154]

몇 년 전, 엘리자베스는 옥스퍼드에서 프라이스의 강의를 들으면서 답답해하며 학생복을 쥐어뜯었다. 카데나 카페에서는 "정말로 내 눈에 보이는 것은 무엇인가?"라고 물었다. 연구실에서 비트겐슈타인은 이런 식의 고민을 하는 사람을 흉내 냈다. 흉내를 냈지만 조롱하는 말투는 아니었다. "내가 정원에 철학자와 함께 앉아 있다고 칩시다. 철학자는 옆에 있는 나무를 가리키며 자꾸만 이렇게 말합니다. '나는 저것이 나무라는 것을 알고 있다.' 그때 다른 사람이 나타나서 이 말을 듣습니다. 나는 그 사람에게 말합니다. '이 사람은 미친 게 아닙니다. 철학을 하는 중일 뿐입니다.'"[155] 지켜보는 사람에게는 정신 나간 일처럼 보이는 철학자의 고민은 우리가 당연하게 여기는 것들, 우리 일상의 배경을 형성하는 것들이 갑자기 낯설거나 기괴해 보일 때(담뱃갑이 흐릿해지거나 고양이가 사라질 때, "나는 저것이 나무라는 것을 알고 있다"라고 누군가 반복해서 말할 때), 시작된다고 비트겐슈타인은 말한다. 비트겐슈타인은 이러한 순간이 철학자들에게 심오한 의미를 갖는다는 사실을 깨달았다. 그럴 때마다 우리는 이러한 광기로 보이는 일에서 한 발 물러나서 확실성의 후퇴를 논증과 가설로 덮고 싶은 충동을 느낀다. 그러나 철학자는 이 신비하고 분명한 균형의 상실

을 밝히고 제거하기보다 그 원인을 이해하려고 시도해야 한다고 비트겐슈타인은 고집했다. 이러한 골치 아픈 순간을 흘려보내지 않고 바라보고 돌려봄으로써, 철학자는 이러한 순간들의 기괴함이 실은 언어 조각들이 일상에서 분리될 때 발생한다는 사실을 인식하기 시작할 수 있다. 기괴함을 느낀 철학자가 할 일은 그 언어 조각이 들어맞는 삶의 양상을 찾는 것이다. 그것이 분리되어 나오기 전 속했던 일상의 사건을 찾은 뒤 알맞은 흙에 다시 심어주어야 한다.

비트겐슈타인의 강의는 겨울을 지나 봄까지 이어졌고, 엘리자베스는 매주 빠짐없이 출석했을 것이다. 비트겐슈타인은 (프랭켈과 마찬가지로) '관광객'을 질색했다.[156] 비트겐슈타인과 함께 있으면 지치고 영양제가 필요한 상태가 되는 다른 학생들과 달리 엘리자베스는 논문을 쓰면서 씨름했던 난제들에서 벗어나는 방법을 비트겐슈타인의 방식에서 찾기 시작했다.[157] 고민과 진지함이 있는 그대로 드러나는 얼굴로 비트겐슈타인을 당당하게 응시하곤 했던 엘리자베스는 이러한 새로운 사유 방식에 재능이 있었을 뿐만 아니라 아주 열심히, 다른 학생들보다 훨씬 더 열심히 공부했다. 철학적 문제가 아닌 자신의 불안에 사로잡힌 (자기 이름이 불릴까 전전긍긍한) 학부생들로 가득한 강의실은 비트겐슈타인에게 메스꺼움과 분노를 불러일으켰다. 고개를 들었을 때 자신만큼 열심히 그리고 치열하게 생각을 하고 있는 엘리자베스가 있다는 사실은 마치 멀미약 같았다. 한편 철학과 철학적 문제들에 접근하는 비트겐슈타인만의 방식은 엘리자베스가 고민했던 자기 논문 속의 낡은 형이상학 문제들에 대한 새로운 접근법을 제시하고 있었다. 외부로부터 관찰하는 새로운 방법이었다. 엘리자베스는 얼마 안 가 비트겐슈타인에 대한 '존경심으로 넋이 나간 상태'가 되었다고 훗날 기록했다.[158]

비트겐슈타인: 숫자 세는 법을 배울 때, 처음에는 시를 외듯 하고, 나중에 이를 이용해서 밭의 크기를 측정하는 사람들이 있다고 가정해 봅시다. 밭에서 서성거리는 사람이 보입니다. 그 사람이 시를 외는 것이 아니라 밭을 측정하고 있다고 어떻게 말할 수 있을까요?

학생 1: 숫자를 세고 있는지 알아보면 되지 않나요?

비트겐슈타인: 그 사람의 언어를 모른다고 가정합시다.

학생 2: 일정한 보폭으로 걷고 있는지 보면 어떨까요?

비트겐슈타인: 춤을 추는 것일 수도 있지요.

와스피 히잡: 그 사람들의 삶을 들여다보아야 합니다.

비트겐슈타인: 그렇습니다. 그 사람들이 또 어떤 다른 일들을 하는지 그 맥락을 보아야 합니다. 색깔의 비교, 시간의 측정, 길이의 비교, 놀이 등의 현상을 예로 들어봅시다. 이런 현상은 구체적입니다. "우리 인간이 하는 일들을 보여주겠습니다."[159]

비트겐슈타인은 매주 인간의 삶에서, 그리고 우리와 비슷하지만, 기괴하거나 변화된 삶에서 단편적인 장면을 가져와 예로 들었다. 우리 인간이 하는 일들에는 명령, 측정, 그림 그리기, 사건 전달, 추정, 가설 형성, 이야기 창작, 흉내 내기, 노래, 수수께끼 풀기, 농담, 번역, 묻기, 감사, 저주, 인사, 기도 등이 있다.[160] 각각의 활동은 인간 삶의 형태를 구성하고, 서로 교차하는 양상 속에 제자리를 차지하고 있다. 엘리자베스는 인간의 영혼을 설명하는 새로운 방법을 깨닫기 시작한다. 인간은 효율적인 계산 기계가 아니라 사회적이고 창조적이며 호기심이 있는 영적인 동물이다.

소식을 기다리는 필리파와 아이리스

남쪽으로 50마일 떨어진 런던에서는 안개가 시포스를 에워싸고 있었다. "이 방 안에도 안개가 얼마나 심한지 저쪽에 있는 아이리스도 흐릿하게 보일 정도예요"라고 필리파는 엄마에게 보내는 편지에 썼다. 두 사람은 불편한 동거를 지속하고 있었다.[161] 1944년 여름은 전쟁이 시포스에 도달한 시기였다. 디데이였던 6월 6일 연합군은 노르망디 해안에 상륙했고, 독일군을 남쪽과 동쪽으로 밀어붙일 준비를 했다. 여기에 대항하여 독일은 '비행 폭탄' 공격을 시작했다. 프랑스에서 발사한 보복 무기에는 해협을 건너 런던 상공까지 갈 수 있는 연료만이 들어 있었다. 런던 상공에서 엔진이 꺼지면 14초간의 침묵이 뒤따랐고 폭탄은 땅으로 떨어졌다. 런던 사람들은 다시금 굴속으로 파고들 수밖에 없었다.

아이리스는 대비책으로 작업 중인 소설을 폭격으로부터 지키기 위해 옥스퍼드에 있는 친구에게 보냈다.[162] 그러나 정작 자신은 필리파와 함께 지상에 남았고 공습경보가 울릴 때마다 시포스에 있는 욕실로 기어 들어갔다. 어느 날, 아침에는 알람 시계가 울리기 몇 분 전인 일곱 시에 창문과 창틀이 부서져 안으로 날아드는 소리에 잠이 깼다.[163] 프랭크로부터 몇 달 동안 편지가 오지 않아 여름 내내 점점 불안이 커져가고 있던 아이리스였다. 7월 한 달 동안 필리파는 내셔널 갤러리에서 오랜 시간을 보내며 '이달의 작품'인 고야의 〈돈 안드레스 델 페랄〉을 감상했다.[164] 고야의 작품이 다시 지하 대성당으로 들어간 뒤 (조반니 벨리니의 〈성모 마리아와 아기 예수〉로 교체) 며칠 후 마이클이 감쪽같이 사라졌다. 이제 필리파와 아이리스는 둘 다 소식을 기다리는 처지가 되었다.

마이클이 사라진 뒤 도널드는 매일 필리파에게 편지를 썼다. 9월 27일 도널드는 일터에서 필리파에게 전화를 걸었다. 마이클이 아니라 프랭크 소식이었다. 그날 아침《더 타임스》에 사망 추정 실종자 명단이 실린 것이다.
　아이리스의 "용감한 내 사랑" 프랭크 톰슨은 디데이 나흘 후 붙잡혀 고문당한 뒤 죽임을 당했다. 첫 보복 무기 공격이 아이리스와 필리파를 욕실로 대피하게 만들기 사흘 전이었다.[165] 프랭크는 자원해서 독일에 점령된 세르비아로 공중 침투했고 거기서 부대와 함께 독일의 동맹국인 불가리아로 걸어 들어갔다. 불가리아 저항군과 연락을 취하기 위해서였다. 무모한 자살 임무였다. 프랭크는 불가리아로 들어간 지 넉 주가 되기 전에 사살되었다.[166] 기이한 점은 프랭크가 사망한 뒤에도 103일 동안 문서상 살아 있었다는 것이다. 가족과 친지들에게 편지를 써야 한다는 부담감을 줄여주기 위해 군대에서는 2주마다 집으로 공식 작성된 전보를 보내는 정책을 실시하고 있었다. 정해진 틀에 따라 건강하다거나 편지를 잘 받았다, 안부를 전한다는 내용을 번갈아 가며 보냈다. 프랭크의 부모도 여름 내내 이러한 전보를 받았고 답을 보냈다. 전보는 가을까지 이어졌지만, 그 문구들이 프랭크답지 않았기 때문에 가족은 점차 걱정하기 시작했다. 게다가 프랭크가 고급 백화점인 스터터포즈에서 미리 주문해 둔 식료품 바구니가 그의 본가인 스카톱으로 배달되면서 "프랭크가 살아 있다는 주장에 힘이 실렸다". 9월 16일 프랭크의 어머니 시오는 과일 절임과 우설 통조림을 잘 받았다고 편지를 썼다. 프랭크가 돌아올 날을 기다리며 시오는 방을 치우고, 피아노 조율까지 마쳤다. 하지만 우설 통조림이 도착한 뒤 5일 후, 〈사망 추정 실종〉 전보가 도착했다.[167]
　필리파는 프랭크의 소식을 전달하기 위해 퇴근 후 집으로 갔다. 아이리스는 부엌에 있었다.[168]

3장 절망과 저항 사이

해는 점점 짧아졌다. 8월 말, 파리 수복 이후 프랑스 문학이 영국 해협을 건너 시포스로 흘러 들어오기 시작했다.[169] 초반에 들어온 책 중에는 레몽 크노의 《내 친구 피에로》가 있었다.[170] 10월에는 마침내 필리파가 기다리던 소식이 도착했다. 낭트에 있는 적십자를 통해 마이클의 편지가 도착했다고 필리파는 엄마에게 보내는 편지에 썼다. "두 세계가 그렇게 이어지다니 믿기지 않고 마이클이 잘 있다는 편지를 받아 정말 다행이에요." 소식에 따르면, 마이클은 브르타뉴에 포로로 잡혀 있었다. "수용소 환경이 어떤지는 달리 말하지 않고, 책이 두 권 있다고만 했어요. 《신약 성경》과 《안토니와 클레오파트라》. 곧 10일간 독방에 감금된다고 하는데, 이유는 알 수 없답니다."[171]

마이클의 편지를 받은 필리파는 마이클의 아버지를 찾아야겠다고 생각했다. 마이클에게 아버지를 소개받은 적이 없었고, 자신이 존재한다는 사실조차 모를 것이 분명하다고 생각했기 때문에 다소 떨리는 일이었다. 전화 스물한 통을 돌린 뒤에야 주소를 확보할 수 있었다. 필리파는 이 주소로 편지를 보냈고 다음 날 아침에 일터로 출근했을 때 놀랍게도 채텀하우스의 휴게실에 리처드 풋 준장이 기다리고 있었다. 두 사람은 기쁨의 눈물을 흘리며 얼싸안았고, 마이클의 아버지는 자꾸만 마이클이 편지를 보내고 싶어 했던 사람이 있어서 정말 다행이라고 말했다.[172]

마이클의 부모는 필리파가 편지를 받기 두 주 전에 마이클의 소식을 들었다. 소식을 가져온 사람은 포로수용소 탈출에 성공한 아군 포로였다. 마이클의 아버지와 필리파는 서로 알고 있는 사실을 조합해서 ("퍼즐 조각을 야금야금 맞추어") 사건을 재구성할 수 있었다. 마이클은 프랭크처럼 유럽 내 점령지로 공중 침투했고 거의 즉시 포로가 되었다. 두 번 탈출에 실패했고 두 번째 시도로 인해 독방에 갇히게 된 것이다. 함께 탈출을 시도한 동료는 붙잡히지 않았고, 리처드 풋 준장에게 아들 소식을 전해주었다. 그는 수용소 안의 삶이 어땠고 매 끼니 어떤 것을 먹었으며, 간수들이 어떻게 대우했는지 등에 관해 매우 자세한 이야기를 들려주었다. 필리파는 마이클의 아버지가 마이클의 상황에 대해 좀 더 알아보고 포로 교환을 위해 백방으로 노력하는 중이라는 사실을 알고 마음이 놓였다.[173]

리처드 풋은 막후에서 미국 적십자 소속의 앤드루 호지스와의 면담 기회를 얻어냈다. 호지스는 최근 포로 교환을 여러 차례 성공시킨 바 있었기에 리처드 풋은 그에게 마이클을 데려와 달라고 간청했다. 호지스와의 면담은 딱딱하게 시작했지만, 이내 분위기는 친밀하고 애틋해졌다. 리처드 풋은 어머니의 호박 파이 요리법을 알려주었고 호지스는 앨라배마 시골에서 보낸 어린 시절 이야기를 했다. 호지스는 결국 한 아들의 절박한 아버지를 돕기 위해 애써보겠다고 했다.[174] 신중한 협상 끝에 호지스는 동일한 계급의 독일군과 연합군 포로를 1대 1로 교환하는 협의를 이끌어냈다. 새로운 희망을 가지고 기다리는 일만 남은 것이다. "전망이 아주 달라진" 것이라고 필리파는 엄마에게 전했다.[175]

아버지의 노력을 알지 못했던 마이클은 마지막으로 거의 치명적인 탈출 시도를 했다. 수용소를 에워싼 울타리를 넘어 도망친 마이클은 늪지대에서 반쯤 죽을 뻔했지만, 밤새 북극성을 따라간 덕분에 결국 살아날 수 있었다. 모든 것이 계획대로 되는 것 같았지만, 한 프랑스 농부가 그를 침입자로 여겨 거의 죽여놓았다. 쇠스랑에 이마를 찔리고 발길질에 머리를 맞아 목이 부러진 마이클은 결국 다시 포로가 되었다. 포로 교환이 진행되었을 때, 마이클은 혼수상태였고 체중은 38킬로그램으로 소생할 가망이 없어 보였다. 적십자 영상 속에 담긴 마이클은 숨이 간신히 붙어 있는 상태로 들것에 들린 채 대기 중인

구급차에 오르는 모습이었지만, 그는 기적적으로 프랑스의 한 병원에서 의식을 되찾았다.[176]

그렇게 1945년 2월, 군 병원에서 3개월을 보낸 마이클 풋은 런던에 다시 나타났다. 필리파는 마이클을 간호하기 위해 쿠션과 그릇, 전등갓을 싸들고 로체스터 가로 거처를 옮겼다. 시포스를 떠나는 마음은 가벼웠다.[177]

엘리자베스의 새로운 계획

1945년 4월 엘리자베스는 뉴넘에서 연구를 이어가기 위한 세 번째 연구비 지원서를 작성하기 위해 다시 한번 타자기를 꺼냈다. "지원 자격이 된다면 다시 한번 뉴넘 칼리지 연구 장학금을 신청하고자 합니다."[178] 자기소개서에서 엘리자베스는 왜 아직 박사 논문을 제출하지 않았는지 설명했다. "지난 7개월간 저는 제 생각과 사고방식을 기대했던 것보다 훨씬 더 급진적으로 수정하지 않을 수 없었고 (이것은 지금도 그렇습니다) 그로 인해 논문 심사 신청을 미루어야 했습니다."[179] 엘리자베스가 비트겐슈타인의 강의를 듣기 시작한 지 7개월 되는 시점이었다. "논문이 만족스럽지 않아 옥스퍼드에 심사 신청을 할 수 없어 다시 쓰고 있습니다"라고 덧붙였다. 엘리자베스의 이러한 노력의 산물을 비트겐슈타인은 "한 푼어치"라고 평가했다.[180]

엘리자베스 앤스콤의 1945년 연구 계획은 다음 다섯 가지다.

〈영혼 개념 논의의 출발점〉

첫째, 누군가는 질문에 이러한 결론을 내릴 수도 있을 것이다. '영혼은 생각하는 부분이다.' '인지와 의지가 위치하는 자리이다.' 혹은 '감정이 위치하는 자리이다.' 이러한 주장은 다음과 같은 문제점을 야기한다. 부분이란 무엇인가? 자리란? 특정한 작용을 실행하는 사람이란? 그 작용은 어떤 작용이고 어떻게 관찰하는가? 특정한 성질의 주체란 무엇인가? 우리는 결국 같은 질문으로 돌아오게 된다.

둘째, 영혼과 형상, 인지와 인지되는 것을 동일한 종류의 존재로 보는 플라톤의 사상. 이 이면에 있는 동기를 발견해 보는 것이다. 무엇이 이러한 주장을 하게 만드는가? 비물질의 개념에는 어떻게 도달하는가? 비물질적 물질(물체라고 하든, 개체나 존재라고 하든), 즉 우리는 물질을 생각할 때, 몸의 관점에서 생각한다. 비물질적 개체라는 관념이 말이 되는가? 안 된다면 어떤 오류가 있고 어떤 충동이 이러한 오류를 저지르게 만드는가?

셋째, 아리스토텔레스에서 경험적 사고와 플라톤적 사고는 충돌한다. 아리스토텔레스의 영혼은 식물에도 동물에도 있는 이성적인 것으로 '영혼=삶'이다. 행동 양태로서의 삶이라는 관념? 가령 '생기론자vitalist'와 '기계론자mechanist' 간의 논쟁에 의미가 있는가? "영혼은 몸의 양상"이라는 아리스토텔레스의 주장을 검토한다.

넷째, '자아' '의식' 관찰 가능한 '정신적 사건' 등의 관념의 탐구에서 데카르트 이후 나타나는 내적 성찰 방식을 검토한다.

다섯째, 비트겐슈타인의 심리학 분석을 검토한다. '내적 성찰' 방식과 (내가 이해한 바가 맞다면) 개념이 '기체'와 같은 '물질'이라는 시각 모두에 대한 파괴적인 비평이다. 정신적인 상태에 대한 주장, 예를 들면 '저 사람은 생각하는 중이다' '저 사람은 기쁨에 차 있다' '저 사람은 식물학을 안다'와 같은 주장 사이에는 극명한 차이

> Starting-points for a discussion of the concept of the soul
>
> 1. Someone might answer an enquiry by saying: "the soul is the thinking part; the seat of the intelligence and the will" - and perhaps "of the passions." Such a statement raises many problems - part? seat? the performer of certain operations? - but what operations and how are these observed? - the subject of certain properties? - but we ask the same about them.
>
> 2. Plato's thought of the soul and the forms, the intelligence and the intelligible, as the same kind of entity. Try to discover the drive behind this: what would make one wish to say it? The concept of the immaterial - how is this arrived at? Immaterial substance (thing, object, entity, what you will) - our notion of substances is a notion of bodies: is there any sense in an idea of immaterial objects - or what is the mistake, what the temptation to make it?
>
> 3. In Aristotle, the empirical and the Platonic lines of thought are in conflict. Aristotle's soul vegetable, animal, rational - "soul" = "life". The idea of life that of a pattern of behaviour? - is there any significance in the dispute between e.g. "vitalists" and "mechanists"? Examine Aristotle's "the soul is the form of the body."
>
> 4. Examine the post Carterian introspective method of examining the problems - ideas of "self", "consciousness", observable "mental events" and so on.
>
> 5. Think about Wittgenstein's psychology:- the destructive commentary both on the "introspective" line of thought, and - if I have understood rightly - the "substantial" concept, as "pneumatic". Psychological statements - e.g. "He is thinking", "he is full of joy", "he knows botany" - though there are radical differences between these samples, - yet none of them asserts a bodily movement, or bodily state. But they hang together with statements about bodily movements and states - the latter being evidence: but is this as smoke is evidence of fire? We can find fire itself.
>
> As for conclusions, I do not know at all.

엘리자베스 앤스콤의 1945년 연구 계획.

가 있기는 해도 모두 몸의 움직임이나 상태와는 관련이 없다. 그러나 몸의 움직임과 상태에 대한 주장, 즉 정신적인 상태를 보여주는 근거들과 함께 묶여 있다. 여기서 근거는 연기가 불의 근거라고 할 때의 근거인가? 불 그 자체를 찾아볼 수도 있을 것이다.

"결론으로 말할 것 같으면 전혀 모르겠다"가 연구 계획의 마지막 문장이었다.

엘리자베스는 "영혼 개념"을 더 연구해 보겠다고 했고 한 쪽 분량의 개요는 지난 지원서에 첨부했던 세 쪽짜리 계획 초안보다 훨씬 더 잠정적인 내용이지만 적어도 엘리자베스가 아리스토텔레스를 포기하지 않았으며, 관심사였던 형이상학적 문제들에서도 멀어지지 않았음을 보여준다.

다섯 가지의 연구 목적 가운데 다섯 번째만이 비트겐슈타인을 명시적으로 언급한다. 네 가지는 플라톤, 아리스토텔레스, 데카르트의 영혼 개념에 관한 것인데 비트겐슈타인의 손길이 닿은 곳은 한두 군데에 지나지 않는다. 엘리자베스는 "영혼과 형상, 인지와 인지되는 것을 동일한 종류의 존재"로 보는 설명을 들여다보면서 플라톤이 말하고자 했던 바를 이해하려고 애쓰는 동시에 "그 이면에 있는 동기"를 들여다보고, "비물질적 개체라는 관념이 말이 되는가? 말이 안 된다면 어떤 오류가 있으며, 어떤 충동이 이러한 오류를 저지르게 만드는가?"라고 묻고자 했다. 원인 규명을 강조하고 충동의 근원을 찾는 방식은 비트겐슈타인의 영향일 가능성이 높다. 첫 번째에서 비트겐슈타인의 심정으로 데카르트에게 의심의 눈길을 보낸다. 지성은 지적 능력이 위치한 "자리"이다. 지성이 지적 능력이 위치한 "자리"라고 말하는 데카르트에게 비트겐슈타인의 심정으로 "자리?"라고 물으며 의구심을 나타낸다. 하지만 엘리자베스 자신도 메리에게 수년간 "이면성?"이라고 질문해 왔었다.

그러나 이를 제외하면, 엘리자베스의 연구는 여전히 뚜렷하게 형이상학적이고 역사적이다. 비트겐슈타인을 만나기 전에 이미 엘리자베스는 객체의 표면이 아닌 "감각 능력의 작용을 나타내는 명제의 논리적 특성"에 관심을 돌렸다.[181] 이제는 그 "논리적 특성"을 비트겐슈타인의 "문법" 개념으로 대체하는 방향으로 나아가고 있었다. 이러한 전환을 통해 엘리자베스는 이미 자신의 형이상학 이론의 핵심을 형성했던 아리스토텔레스적 구상을 위한 돌파구를 마련한다.

비트겐슈타인과 버트런드 러셀로부터 추천서를 받았다는 사실 또한 엘리자베스가 옥스퍼드에서 케임브리지로, 지리적으로 이동했을 뿐만 아니라 학문적으로 이동했다는 사실을 보여준다. 러셀은 "현대 논리학을 공부한 사람들 중에서 기치 부인만큼 스콜라 철학에 대한 이해가 탁월한 사람은 드물다"라고 썼다. (프라이스가 엘리자베스의 스승 도널드 맥키넌에 대해 쓴 내용과 유사하다.) 그러나 러셀은 엘리자베스가 "물리학에 충분한 관심이 없고" "연구 주제에 양자 이론이 미치는 영향에 대해 고려하지 않는다"는 점을 우려했다. 그럼에도 엘리자베스가 "연구 장학금을 받는다면 기쁠 것"이고 "장학금이 아깝지 않은 연구를 할 것"이라고 덧붙였다.[182]

비트겐슈타인은 "기치 부인의 철학적 능력에 대해 확신을 갖게 되었으며" 엘리자베스가 "강의를 시작한 1930년 이후 만난 여학생 가운데 가장 재능이 있으며 남학생들 중에 엘리자베스와 비슷하거나 더 뛰어난 학생은 여덟 명, 혹은 열 명 정도밖에 안 된다"라고 했다. 엘리자베스의 글은 "철학적 사유가 자라기에 좋은 토양임을 보여주지만 아직 매우 미성숙하다"라고도 했다. 그러나 이는 "케임브리지로 와서 철학적으로 새로운 영향을 받았고 이를 소화시킬 시간이 없어서 생긴 어쩔 수 없는 결과"였으므로 문제 삼지는 않아야 한다고 설명했다.[183] 비트겐슈타인은 엘리자베스에게도 글이 "길들여지지 않아 집안에 들일 수 없는 상태"라고 직접 말한 적이 있는데, 엘리자베스는 이를 "바닥에 똥을 누고 다니는 상태"로 이해했다.[184] 엘리자베스가 아직 길들지는 않았지만 훈련시킬 가치가 있다고 생각한 비트겐슈타인은 "지극히 따뜻한 마음으로" 추천한다고 썼다.

그러나 엘리자베스의 지원서는 또다시 거절당했다. 제안서의 마지막 한 줄이 심사위의 심기를 건드렸을 가능성도 있다. "결론으로 말할 것 같으면 전혀 모르겠다."

엘리자베스가 불합격 통지를 받은 며칠 후 누군가 뉴넘 칼리지 학장 마이라 커티스의 문을 두드렸다. 잘 차려입고, 넥타이까지 맨 (매우 드문 일이었다) 비트겐슈타인 교수였다.[185] 교수는 엘리자베스의 편을 들었지만, 커티스 학장은 아무리 자의식이 강하고 타인의 숭배를 끌어내는 데 익숙한 학계 남성이라도 절대 두려워하지 않았다. 학장 자리에 앉기 전에는 식품부, 연금부, 그리고 우정사업부에서 눈부신 경력을 쌓았고, 승진을 거듭하며 전문 행정가로 발돋움한 사람이었다.[186] 절차를 어길 수는 없었다. 대신 뉴넘 칼리지는 엘리자베스에게 연구비 50파운드를 수여했다.[187] 엘리자베스의 배고픈 시절은 계속될 수밖에 없었다. 엘리자베스가 10월에 둘째 아들 존을 낳았을 때, 비트겐슈타인은 제자의 산부인과 입원비를 대신 지불해 주었다.[188]

전쟁의 종식과 함께
옥스퍼드로 귀환한 세 친구

1945년 5월 8일, 유럽에서는 승리가 선포되었다. 6년간의 어둠 끝에 전쟁이 끝났고, 등화관제도 끝이 났다. 영국 전역의 사람들은 다양하고 풍요롭게 불을 밝히고 이를 축하했다. 횃불이 거리를 밝혔고 버킹엄궁과 BBC 방송국은 투광등으로 환하게 빛났다. 무엇이든 태울 수 있는 것이 있으면 모닥불을 피웠다. 빅벤의 시계도 다시 빛났다. 술집과 주택가의 창문도 밝아졌다.[189] 필리파와 마이클은 놀란 동시에 어리둥절한 표정으로 펠멜 가와 세인트 제임스 공원에 모인 인파 사이를 누볐다. 온 사방이 불꽃이었다.[190] 메리도 런던 트라팔가 광장에 와 있었다. 메리는 사람들이 '길거리에서 춤을 추었다'는 보도를 볼 때마다 어떻게 제정신으로 그럴 수 있는지 궁금했다. 그런데 실은 아주 쉬웠다. 친구들과 함께 트라팔가 광장에 도착했을 때 방송에서 춤곡이 흘러나오고 있었고, 사람들은 서로 다른 방향으로 도는 여러 개의 동심원 속으로 자연스럽게 합류했다.[191] 메리가 넬슨 기념비를 지키는 사자상 주위로 뱅뱅 돌고 있던 새벽 두 시 무렵 아이리스는 (하느님께 감사하기 위해 웨스트민스터 성당에서 내렸다가) 근처 피카딜리에서 춤을 추고 있었다.[192]

네 사람 중에서는 메리가 가장 먼저 옥스퍼드로 돌아왔다. 메리에게 1938년 빈으로 가보면 어떻겠냐고 경솔하게 충고했던 교사 진 라운트리의 친근한 권유 때문이었다. 전쟁이 시작된 후 몇 년간 런던에 피난 온 어린이들에게 머물 곳을 구해주는 일을 했던 진은 전시 복무로 BBC 대담 관련 부서에서 프로듀서직을 맡게 됐다.[193] 진은 메리에게 라디오 출연을 제안했다. 진의 교육용 프로그램 시리즈 〈무슨 소용이야?〉는 1945년 4월 홈 서비스를 통해 전파를 탔고, 매주 월요일 저녁 7시 40분에 방송됐다. 제1회는 〈천문학이 무슨 소용이야?〉였고 이후 철학, 시, 의례, 역사, 음악이 뒤이어 자기 분야를 변호했다. 매회 전문가가 나와 자신의 분야가 인간의 삶과 전후 사회에서 어떤 중요성을 갖는지 영국 대중들에게 설명했다. 7회 방송분으로 〈'죽은 언어'가 무슨 소용이야?〉가 기획되어 있었다.

7회는 앞의 6회 방송분과 다른 점이 있었는데, 전문가가 두 명이었다는 것이다. 메리 스크루튼 그리고 보어스힐의 고전학자 길버트 머리였다. 80세 생일이 다가오는 남성이 죽은 언어를 변호하는 것이 약간 우스꽝스러워 보일 수 있다는 우려가 있었을지 모른다. 메리는 젊은이를 대변하는 역할을 맡았다. 변론을 작성하는 메리의 머릿속에 프랭켈의 《아가멤논》 수업이 떠올랐을 것이다. 바로 그 수업에서 메리는 처음으로 "아득히 먼 옛날부터 이어지는 학자들의 일원"이 된 느낌을 받았으며 오로지 문자 언어에 의지해서 현재와 과거 사이의 빈틈을 메우는 일이 얼마나 엄청난 일인지 깨달았기 때문이다. 수도승의 불편한 의자, 혹은 필경사의 잉크 묻은 손가락이 어떻게 텍스트 속에 오류로 남을 수 있게 되었는지 깨닫기 시작한 것도 《아가멤논》 수업에서였다. 그리고 단어들이 의미를 가지고 살아 움직이려면 그 글을 썼던 사람들(스테파누스, 벤틀리, 포슨, 하우스먼)이 단지 이름에 그치지 않고 역사 속의 인물로 살아 숨 쉬어야 한다는 점도 느꼈다.[194] 방송에서도 이러한 맥락에서 이야기했을 것이다. 길버트 머리는 이러한 메리에게 깊은 인상을 받았고 한때 제자였던 서머빌 학장 이소벨 헨더슨은 메리를 비서로 둘 것을 제안했다. 길버트 머리는 빈자리가 생기자마자 기꺼이 메리를 채용했다.[195] 이렇게 메리는 베드퍼드에 있는 기이한 종족에게 작별을 고하고 옥스퍼드로 돌아왔다.

다음으로 돌아온 사람은 필리파였다. 전승일 직후 채텀하우스에서 복무를 마친 필리파는 마이클과 결혼을 한 뒤 옥스퍼드 중심에 있는 뉴 칼리지 레인 8번지로 이사했다.[196] 마이클은 학위 과정을 마쳐야 했고 필리파는 서머빌에서 강의를 하면서 대학원 공부를 시작할 예정이었다. 아이리스도 같은 자리에 지원했지만 "어차피 필리파가 더 자격이 있고 철학 쪽으로 더 재능이 있으니 장차 수전 스테빙 같은 학자가 될 것"이라며 기꺼이 패배를 인정했다.[197] 필리파를 선정한 사람들은 A. D. 린지와 도널드 맥키넌, 하이츠 카시러였다. 린지는 필리파의 연구가 "지극히 남다른 능력을" 보여준다고 했다.[198] 맥키넌은

3장 절망과 저항 사이

"보즌켓이 나의 가장 뛰어난 제자였다고 망설이지 않고 말할 수 있다"라고 썼다.[199] 카시러는 "내가 만나본 젊은 인재 중에는 그와 능력이 엇비슷한 사람조차 없다"라고 했다.[200] 풋 부부의 새집은 전 거주자 H. W. B. 조지프가 사망한 1943년부터 비어 있었다. 조지프가 뉴 칼리지 정원에서 했던 마지막 강의는 A. J. 에이어와 새로운 "분석" 철학에 대한 "무지막지한 공격"이었다. 조지프는 학문적 절망에 빠진 상태로 세상을 떠났다고 전해진다.[201]

아이리스가 마지막으로 런던을 떠났다. 토미와의 연애는 좋지 않게 끝을 맺었다. 임신을 한 줄 알았던 아이리스에게 마지못해 청혼을 했지만, 상처와 고통만 키웠을 뿐이다.[202] 1944년 1월 아이리스는 데이비드 힉스에게 편지를 써 유럽으로 도망가 철저히 단조롭고 정신을 집중할 수 있는 일을 한 뒤 29세쯤 영국으로 돌아와서 남아 있는 블룸즈버리 사람들 사이에서 경험 많은 여자 역할을 하고 싶다고 말했다.[203] 그러나 그림 50점이 내셔널갤러리로 돌아온 1945년 6월 초에도 아이리스는 여전히 런던에 있었다.

판 에이크의 남자와 임신한 부인. 벨리니와 만테냐의 〈고뇌〉, 티치아노의 〈나에게 손대지 말라〉, 루벤스의 〈바쿠스와 아리아드네〉, 엘 그레코의 〈고뇌〉, 렘브란트의 자화상과 늙은 여인의 초상. 크기가 작은 〈목욕하는 여인〉(예쁘다!) 맛깔스러운 클로드의 번지는 파랑 파랑 파랑―푸른 호수, 산, 하늘. 숨이 트이는 광활한 원경. 페르메이르 두 점. 순수한 파랑과 레몬, 꿀빛깔, 버지널 앞에 선 소녀들. 그리고 또, 벨리니와 루벤스, 호베마와 루이스달의 작품, 깜빡하고 있었던 코이프 같은 화가들. 아직도 첫 충격에서 벗어나지 못해 어질어질하다. 정말 평화가 온 기분이었다. 사람들은 죄다 정신이 나

간 것 같은 표정으로 서성였다.[204]

같은 달 아이리스는 UN 구호재건기구(UNRRA)에 지원했고 프랑스에 발령되기를 바랐지만 런던의 사무직 자리가 주어졌다.[205] 아이리스에게 가장 큰 위로가 되어주었던 것은 시포스의 책장에 쌓이고 있던 프랑스 문학이었다.[206] 8월 초 아이리스는 웨스트민스터 성당에서 프랑스 기독 철학자 가브리엘 마르셀의 3막짜리 희곡 〈갈증〉을 무릎 위에 놓고 일기장에 원하는 구절을 적어 넣었다.[207] 마르셀의 주장에 따르면, "문제"는 "객관적"인 개념을 이용해서 공개적으로 형성될 수 있으며, 그 해법은 누구나 발견할 수 있다.[208] 그러나 "신비"는 객관적인 범주를 이용해서 공개적으로 형성할 수 없는 인간 경험의 영역에 속해 있으며, 그 해법도 사적이고 개인적이어야 한다. 존재의 신비 중에는 자기 몸의 경험, 감각의 본질, 그리고 사랑, 희망, 믿음이 있다.

아이리스가 '신비'에 대해 반추하고 있을 때, 동남아시아에서 계속되고 있었던 전쟁이라는 '문제'는 곧 '해결'될 기미를 보였다. 건강을 완전히 회복하지 못했음에도 마이클은 런던으로 돌아오자마자 일터로 복귀했다. 필리파와 옥스퍼드로 돌아가기 직전 그는 일본 본토를 기존의 방식대로 육상 침략할 경우 예상되는 사상자 수를 도출했다. "약 150만 명이 살육을 당하리라는 계산"이 나왔다.[209]

8월 6일과 9일, 연합군은 일본 히로시마와 나가사키에 원자 폭탄을 투하했다. 눈이 멀 것 같은 빛이 두 번 번쩍였다. 얼마나 밝았는지 인간은 그림자로 변했다. 병사 150만 명 대신 민간인 20만 명이 살육당했다. 공평한 맞바꿈은 아니었지만, 전쟁은 끝냈다. 일본은 6일 후 항복했다.

4장

철학의 불꽃을 되살리다

1945년 9월 – 1947년 8월
옥스퍼드, 브뤼셀, 그라츠, 케임브리지와 치즈윅

옥스퍼드로 돌아온 남자들
& 메리의 보어스힐 방문

매일 아침 메리는 파크타운 55번지의 단칸방에서 내려와 자전거에 올라탔다. 그리고 아이리스가 2학년 때 머물렀던 43번지를 지나가며 정어리 캔, 됭케르크 해변에 줄지어 선 병사들의 사진이 흐릿하게 실린 신문을 떠올렸다.

메리는 옥스퍼드 거리와 보도를 메운 자전거들 사이에서 정신을 바짝 차려야 했다. 학부생 때 메리와 아이리스는 나이를 먹어갈수록 남자들이 점점 젊어지는 것처럼 느껴졌는데, 징집으로 인한 착각이었다. 이제는 반대의 상황이 벌어졌다. 군화가 아닌, 끈으로 묶는 옥스퍼드 구두를 신고 열차에서 내린 학부생들은 어엿한 어른이었다. 그 중 많은 사람이 마이클 풋처럼 고등학교를 갓 졸업한 소년일 때 옥스퍼드를 떠났다. 6년간의 휴학 기간 동안 장교, 전쟁 영웅, 포로, 상이군인, 군 전략가가 된 남자들은 이제 다시 중단했던 학업을 재개했다. 수염이 덥수룩한 학부생들 중에는 누군가의 남편이나 아버지가 된 이들도 많았다. 이들은 자신이 과거에 그랬던 것처럼 고등학교를 졸업하고 처음으로 자유를 맛보는 소년들과 함께 강의실을 가득 메웠다. 나이든 복학생들은 이국적인 존재였다. "제대로 된" 전쟁을 경험한 사람들이었다.

전쟁 전보다 학부생이 거의 2500명 증가한 옥스퍼드 칼리지들은 너무 혼잡해서 숨이 막힐 지경이었다. 40퍼센트 증가한 학생들은 대체로 남자였다.[1] 처웰강은 삿대를 밀거나 노를 젓는 사람들로 복잡했다. 이제는 미국 억양으로 외치는 소리도 들렸다. 본국으로 복귀를 기다리는 미군 병사들이 옥스퍼드에 한두 학기 등록하는 것이 허용되었기 때문이다.[2] 남성 칼리지의 교직원 사교실에서도 여성보다 훨씬 더 많은 숫자의 남성들이 보였다. 여성 교수들이 망명자들과 마찬가지로 "학계를 점령했다"는 우려는 물탱크 그리고 방공호와 함께 치워버릴 수 있었다.[3] 공무원들은 화이트홀에서 가져온 서류를 다시 쌌다. 칼리지가 소장하고 있었던 보물과 필사본도 제자리로 돌아갔다. 화단에는 다시 꽃이 심겼다. 임시 병원과 헌혈 병동은 익숙한 기숙사와 도서관의 모습으로 되돌아갔다. 이정표와 문패 등도 다시 달렸다. 여성 칼리지에서는 암막 커튼으로 학생 가운을 만들었다.[4] 시민들이 일상을 영위하던 건물들이 원래 모습을 되찾은 것이다.

학생과 학자들이 무더기로 쏟아져 들어온 덕에 전쟁이 남긴 빈자리는 어느 정도 가려졌다. 1945년도에 나온 학생 전사자 명단은 1918년 명단보다는 짧았지만 요란한 자전거 소리 뒤로 수많은 공백이 있었다. 메리의 닉 크로즈비도 돌아오지 못했다. 적과의 첫 충돌에서 사망했다. 1941년 1월 17일, 닉이 타고 있던 HMS고스호크가 어뢰에 침몰된 것이다. 아이리스의 친구 노엘 엘드리지는 1944년 9월 이탈리아에서 전사했다. 리처드 헤어는 학위를 마치러 돌아왔지만 프랭크 톰슨, 빌 콥, 존 앤스콤은 그러지 못했다. 마이클 풋과 뉴 칼리지에서 같은 계단을 공유했던 학부생 다섯은 남김없이 사라졌다.[5] 끔찍한 손실에 전후 살림도 어려웠지만, 영국 내 분위기는 낙관적이었다.

1945년 7월 총선거에서 영국 시민들은 보수당의 윈스턴 처칠을 낙마시키고 급진적인 사회 변화를 선언한 노동당의 클레멘트 애틀리의 손을 들어주었다. 부지런히 앞으로 가고 싶은 마음이 바빴던 사람들은 새로운 공공사업 시대를 기대했다. 베버리지 보고서(사회 보장 제도에 대한 정책 연구서-옮긴이), 버틀러 교육법(무상 교육을 보장하는 내용이 담겼다-옮긴이), 국가보건의료서비스 등이 현실이 되어가고 있었고, 새로운 공공 조직을 연구, 구현, 관리하는 데 투입하기 위한 똑똑한 젊은 남성, 그리고 여성이 필요했다. 제한 배급은 계속되었지만 담배, 케이크, 셰리주를 사려고 줄을 선 사람들은 복귀한 학자들의 흥미진진한 강의에 대해 신나게 떠들었다.[6] 자리와 책을 두고 경쟁하는 학생들과 교직원들로 도서관 밖에도 줄이 생겼다.[7]

흄 연구자 프라이스는 1945년 아리스토텔레스 학회 강연에서 "6년 전으로 돌아가 멈추었던 데서 다시 시작하기는 심리적으로 불가능하다"라고 운을 떼운 뒤 다음과 같이 덧붙였다. "그럴 수 있다고 해도 그렇게 하지 않는 편이 낫다고 생각한다."[8] 그러나 엘리자베스, 아이리스, 메리, 그리고 필리파의 남성 동료들은 정확히 멈추었던 곳에서 다시 시작하고자 했다. 옥스퍼드로 돌아온 남학생들은 1936년도 발간된 《언어, 진실, 논리》의 먼지를 털어냈다.

A. J. 에이어는 전쟁 내내 끊임없이 돌아다녔다. 샌다운에서 런던, 뉴욕을 거쳐 가나, 알제까지 가기도 했고, 옥스퍼드에 돌아오기 직전에는 파리의 한 매춘굴 내 카페에서 유럽 해방을 지켜보았다. 에이어의 병역 기록에는 "지적으로는 뛰어나지만, 현장에서 부하들을 이끌기 보다는 사무직이 더 적합할 것"이라고 적혀 있었다.[9] 그는 힐러리 학기에 '지각perception'에 대해 강의하기로 되어 있었다. 메리는 파크스 가를 따라 자전거를 타면서 에이어가 모리스 보우라와 함께 워덤

칼리지로 들어가는 모습을 보았을지도 모른다. 워덤 칼리지 학장 보우라는 에이어에게 연구 강사직을 구해주었다. 애제자였던 에이어가 교직원 사교실에 활기를 가져오고 사교 클럽의 명성을 유지해 주기를 기대했다. 프랑스에 머물렀던 에이어는 어느새 자신을 실존 철학 권위자로 칭했다. 실존 철학의 허무주의를 비튼 에이어의 생각은 보우라의 승인을 받았을 것이다. 에이어는 삶에 그 어떤 초월적인 목적이 없다는 사르트르Jean-Paul Sartre의 말에는 동의하면서도, 좌절해서는 안 된다고 설명했다. 비극이 아니라 쾌락적 공리주의, 즐거움을 위해서 사는 삶으로 귀결되어야 한다는 주장이었다.[10] 에이어는 자기 철학대로 살았다. 전시 복무 활동 덕분에 연애를 할 수 있는 기회가 많았고, 대체로 남편이 따로 있었던 여러 아름다운 여성들과 정사를 나누었다.[11] 에이어는 칼리지 식당의 교수석만큼 소호의 가고일 클럽 댄스 플로어에 자주 등장했다.[12]

또 어느 날 자전거를 타고 가던 메리는 수전 스테빙의 친구이자 멘토 (그리고 에이어의 옛 스승) 길버트 라일도 보았다. 군복(그 역시 정보부였다)을 벗고 세인트 존 칼리지에 도착한 라일은 철학자 존 매벗(어느새 무사히 결혼을 했고 상대가 제자도 아니었다)과의 면담을 앞두고 있었다. 두 사람은 비군사적인 확장 정책을 펼칠 준비를 하고 있었고, 그 수단은 새로운 대학원 학위인 철학 석사 학위(B. Phil)가 될 예정이었다. 1943년 관념론자 R. G. 콜링우드가 사망하자 길버트 라일이 웨인플리트 형이상학 석좌교수로 임명되었다. H. W. B. 조지프가 사망한 직후의 일이기도 했다. 이 사건을 많은 사람들은 옥스퍼드 "철학 혁명"의 최후 승리라고 여겼다. 분석학적 경험주의와 언어학적 방법론이 관념론과 실재론이라는 전쟁 이전의 지나친 형이상학을 눌렀다고 본 것이다. 누가 "무시해도 좋은 퇴물 신세"인지에 대한 무언의 합의가 생기기 시작했고 이를 뒷받침한 것이 (라일 자신이 편집을 맡은) 학술지 《마인드》였다.[13] 엄슨, 우즐리, 오스틴, 에이어, 라일, 유잉, 카르나프, 스트로슨을 논하는 글들이 이 학술지를 가득 채웠지만 "조지프나 콜링우드에 대해서는 반대 논의조차 아깝다"라는 시각이 있었다.[14] 1940년대 후반 즈음 J. L. 오스틴은 선임 웨인플리트 형이상학 석좌교수가 기억나지 않는 척하면서 "어떤 역사학자 아니었나?"라고 말했다.[15]

정보부에서 돌아온 J. L. 오스틴은 트리니티 학기에 '철학의 문제들'을 강의하게 됐다. 서머빌 졸업생 진 쿠츠는 오스틴의 아내가 되어 있었다. 졸업 시험을 몇 달 앞두고 집중 공습으로 부상을 당했던 진 쿠츠는 그래도 1등급 성적을 받았다. 엘리자베스는 진과 오스틴 교수의 결혼을 꾸준히 반대했다. 진의 약혼 반지를 발견했을 때는 이렇게 말했다. "그 끔찍한 남자와 결혼을 한다는 소식은 들었어."[16] 메리도 걱정스러운 마음을 드러냈다. "정말 좋아서 하는 거지?"[17] 오스틴은 진이 직업을 갖는 데 반대했기 때문에 진과 두 어린아이는 옥스퍼드에서 남쪽으로 8마일, 프릴퍼드히스에 있는 저택에 틀어박혀 있었다.[18] 남편이 사준 고블린 진공 청소기도 함께였다.[19] (진은 남편이 죽고 난 뒤에야 세인트 힐다 연구원이 되었는데 이미 자신감을 많이 잃은 뒤였다. '쾌락과 행복'에 관한 짧지만 명료한 진 쿠츠의 논문은 이렇게 시작한다. "이 주제에 대해서 정리하려고 애쓰다가…… 혼란을 줄이기보다 오히려 크게 만든 것은 아닌지 우려스럽다.")[20]

1945년에는 형이상학의 소멸이 선언되었을지언정, 아직 공식적으로 기록되지는 않았다. 형이상학의 패배를 주장하는 간행물도 아직 출간되지 않은 시점이었다. 이후 약 20년간, 프로파간다와 교란에 저항하고자 했던 망명 학자들과 여성 논리학자들에 의해 케임브리지 전통에 뿌리내린 오스트리아 학파의 이야기가 형이상학에 반기를 든 옥스퍼드 혁명의 서사로 자리 잡았다. 총 설계자는 라일, 불을 붙인 자는 에이어, 진행자는 오스틴(조연은 폴 그라이스, H.L.A. 하트, 스튜어트 햄프셔, 이사야 벌린)으로, 그들의 학문적 아들들 그리고 손자들에 의해 이 서사는 미래로 찬란하게 뻗어나갔다.[21] 1943년 사망한 수전 스테빙은 곧 그 이야기에서 제외되었고 (스테빙의 학술지 《분석》의 전후 편집을 맡았던) 마거릿 맥도널드도 마찬가지였다. 마거릿 맥도널드가 세상을 떠날 무렵 길버트 라일이 서문을 쓰고, 옥스퍼드 혁명의 역사를 공식적으로는 처음 기록한 《철학 혁명》이 출간되었다. 스테빙도 맥도널드도 이 책에서는 언급되지 않는다. '철학 혁명'은 생의 유한성과 의도적인 무관심이 결합해서 성공할 수 있었던 무혈 혁명이었다.

한쪽에서는 승리를 외쳤지만, 형이상학의 관념론자와 실재론자들이 아주 멸종한 것은 아니었으며, 몇몇은 다시 계획을 세우고 있었다. 나이 먹은 학부생들을 피해 핸들을 꺾던 메리는 베일리올 칼리지 밖에 서서 옛 제자 메리 글로버와 이야기를 나누는 A. D. 린지를 목격했을지 모른다. 1942년 엘리자베스가 바시티 라인을 타고 다닐 무렵 메리 글로버는 나이가 많아 징집 대상은 아니었지만, 공공 복무에 자원했다. 버밍엄으로 거처를 옮긴 메리 글로버는 학생복 대신 위아래가 붙어 있는 작업복을 입고 어느 공장에서 일했다. 이 경험은 메리를 바꾸어놓았다. 1945년 5월에 강사직을 내려놓은 메리는 기계화된 공장이 정신과 마음에 끼치는 효과에 대한 책을 쓰기 시작했다. 동료 저자 존 위닝턴은 기계 운전을 맡았던 동료 기사로 말단직에서 시작해서 여러 회사를 거치며 관리직까지 올라간 사람이었다.[22] "환상은 공장 일에서 흔하디 흔한 거절과 실패의 경험을 지속적으로 보상해준다"라고 저자들은 지적한다.

그러나 환상에서 위안을 얻으면 패배와 어려움은 피해갈 수 있을

지언정 현실 감각을 상실한다. 환상으로 도피하는 것을 자제할 수 있다면, 기계는 노동자에게 "좋은 삶의 가능성"을 제공한다.[23] 이를 위해서는 기계 사용과 관련된 "삶의 조각들"이 삶을 지배하는 것이 아니라 삶의 일부로 존재해야 한다. 노동자는 단지 피로 회복이 아닌 목적의식과 인간다운 삶의 증대를 위한 '질 좋은 여가' 시간을 필요로 한다. "예술 학교를 다니거나 자전거를 타고 코츠월드를 여행하거나, 친구들과 무리지어 어울리는 것이 그것이다."[24] 글로버는 환상에 저항함으로써 엘리자베스에게 말했던 초월적인 가치들, '진리, 아름다움, 선함'이 머물 곳을 확보할 수 있다고 보았다.

클레멘트 애틀리가 승리하자 A. D. 린지는 아이처럼 좋아하고 기뻐했다. "새로운 시대가 밝아온 것"이며 "이럴 줄 알았다"라고 린지는 말했다.[25] 린지는 또 다시 새로운 역할을 맡을 준비를 하고 있었고, 아직 절반밖에 완성되지 않은 계획을 메리 글로버와 공유했을 것이다. 그는 스태퍼드셔에 노동 계층 남녀를 위한 실험적인 대학을 만든다면 함께 하겠냐고 메리에게 제안했다.[26] 메리 글로버는 솔깃했다. 평범한 사람들이 교육을 현실과 동떨어진 것으로 생각한다면, 분명히 교육자가 잘못하고 있다는 의미라고 메리 글로버는 생각했다. 그리고 이 생각을 기사로 작성해 주간지 《스펙테이터》에 연재했다. "우리가 훈련시키려는 동물은 어떤 동물인가? 인간의 능력은 어디까지인가? 이러한 질문은 서로 연관되어 있다"라고 글로버는 설명했다. "인간은 적어도 정신적인 동물이다." 인간 생에서 먹고 마시는 일은 우정으로 이어지고, 섹스는 사랑으로, 무리는 사회로 이어진다. 그리고 호기심은 "인간의 정신을 원자의 핵으로, 은하수 너머 우주의 불타는 방벽으로 데려갔다!"[27]

메리 스크루튼의 자전거가 불과 5분 먼저 베일리올 칼리지 앞을 지나갔다면 메리는 반갑고 익숙한 광경을 보았을 것이다. 린지의 베일리올 칼리지 연구원이 된 옛 스승 도널드 맥키넌이 클래런던 출판사가 있는 곳으로 브로드 가를 따라 서쪽으로 가고 있었다. 가방에는 H. W. B. 조지프의 1932년 강의 '내적 그리고 외적 관계와 분석의 철학' 노트 사본이 들어 있었다. 맥키넌은 조지프의 강의 노트를 이용해 자신의 강의를 준비하는 중이었고, 조지프의 강의에 영구적인 가치가 있다고 굳게 믿었으므로 어떻게든 출판을 할 작정이었다. 그러나 출판계에서 무엇이, 누구의 글이 출판할 가치가 있는지 순위를 매기며 '야단법석'을 떨고 있다는 소식을 듣게 되었다.[28] 전쟁으로 인해 '진지한 책'은 죄다 생산이 중단되었으나 이제 대학 학부생의 폭발적인 증가로 그 어느 때보다 많은 책이 필요하게 되었다.[29] 그러나 종이는 여전히 충분하지 않았으므로 "조지프처럼 이미 세상을 떠난 지 오래된 옛날 사람의 유작을 출간하는 일"은 우선시되지 않았다.[30] 게다가 H. W. B. 조지프는 결국 형이상학자였던 것이다.

애빙던 가에서 오른쪽으로 꺾어 힝크시 개울을 건너간 메리는 보어스힐로 향하는 가파른 길을 오르기 시작했다. 힘겹게 페달을 돌릴 때마다 풍경은 더 전원적으로 변했다. 언덕을 오르느라 가빠진 숨을 몰아쉬며 야츠콤에서 내린 메리는 계단을 올라가 또 다른 세상으로 들어섰다.

울창한 숲 너머로 멀리 옥스퍼드 대학의 첨탑이 내려다보이는 길버트 머리의 서재에서 메리는 책과 글, 그리고 머리의 놀라운 지성 속에 빠져들 수 있었다. 다운하우스 학생 시절 메리가 공부하고 상연한 그리스 희곡들은 바로 길버트 머리가 번역한 작품들이었다. "학자의 특별한 의무는, 신성시되는 오래된 시나 철학의 문자 신호를 활기찬 생각과 감정으로 되살려내는 일"이므로 "다시 살아낼 수 있을 만큼 이해해야 한다"라고 머리는 말했다.[31] 길버트 머리의 번역이 이를 얼마나 잘 해냈으면 에우리피데스의 《트로이의 여인들》 공연이 끝났을 때 관객은 "작가! 작가!"라고 외쳤고 머리는 머쓱하게 일어나 말했다. "작가는 돌아가신 지 몇 세기가 지나 오늘 못 오셨지만, 본인의 위대한 비극 작품에 대한 여러분의 반응에 분명히 기뻐하고 계실 겁니다."[32] 머리는 어휘와 상징이 의미를 마치 봇짐처럼 짊어지고 다니는 게 아니라고 했다. 의미는 사회의 맥락 속에서, 특정한 장소와 시간 속에서 살아 움직인다고 생각했다. '문자 신호'를 되살리려면 과거의 현실을 잘 알고 그것이 발화되던 당시의 문화를 상상하고 다시 살아내야 한다. 길버트 머리가 버나드 쇼, 버트런드 러셀, 마리 퀴리, 랠프 본 윌리엄스로부터 받은 편지들을 이제는 메리가 읽고 있었다.

메리는 매일 보어스힐을 산책하는 머리와 종종 동행했다. 둘은 캐릿 가족, 톰슨 가족의 집도 지나갔다. 두 집 모두 아들을 잃고 슬퍼하고 있었다. 야츠콤으로 돌아온 메리와 머리 집안 식구들은 점심으로 탄산이 들어간 생강 음료와 견과류 커틀릿을 먹었다. 투철한 채식주의 관념론자들에게 적합한 식사였다.

에이어가 틀렸음을
보여주기로 결심한 필리파

거의 90세가 다 되었을 때 필리파 풋은 회상했다. "1945년도에 옥스퍼드로 돌아왔을 때 유대인 수용소에 대한 사실을 접한 기억은 잊지 못한다. 이 소식이 가져온 충격은 오늘날 그 누구도 쉽게 이해하지 못할 것이다. 우리는 이런 일이 벌어질 수 없을 것이라고 생각했다.³³ 사진 기자와 언론 기자, 촬영진은 해방군인 영국 군대와 함께 베르겐-벨젠 수용소로 들어갔다. 그들이 보내온 이미지는 인간 본성의 개념 자체를 재정의할 필요성을 불러일으켰다. 필리파는 도널드 맥키넌에게 "모든 게 영영 바뀔 것"이라고 말했다.³⁴

"저것은 무엇인가?" 엘리자베스가 논문에서 묻고자 했던 것이다. 인간의 삶의 형상, 영혼의 형태는 무엇인가? 여기 인간들의 사진이 있었다. 머리를 곱게 매만지고 영양도 충분한 독일 친위대의 젊은 여성들, 트럭에 실리는 굶주린 남녀, 벌거벗은 사체로 가득한 구덩이 옆에서 노는 아이들, 뼈만 남아 시체처럼 보이는 멍한 얼굴의 생존자들. "벨젠에서 잔혹한 행위를 저지른 사람들은 뜬 눈으로 그렇게 했다"라고 메리 글로버는 지적했다. "눈에 보이지만 않는다면 잔혹한 행위를 해도 괜찮다고 생각한다면 이를 자랑스럽게 여겨서는 안 된다"라고 덧붙였다. 나가사키는 '국가적인 목표를 달성하는 데 도움이 된다면 아무리 잔혹한 일이라도 마다하지 않는 우리'의 모습을 드러냈다고 글로버는 생각했다.³⁵ 관념론자 G. R. G. 뮤어는 "플라톤의 생애 전체를 통틀어 우리가 20세기 전반에 겪은 끔찍한 일들에 견줄 만한 일은 일어나지 않았다"라고 지적했다. "인류의 자멸이 과연 손해일까 싶은 의심이 들 정도로 참담하고 막대한 악의 발현으로 인해 선에 대한 믿음이 오염되는 일"을 플라톤은 겪지 않았다는 말이었다."³⁶

서머빌의 새 학장 재닛 본은 그해 신입생들에게 인사말을 건네며 베르겐-벨젠에서 직접 목격한 사실들을 전해주었다.³⁷ "본 학장은 입에 담기 힘들고 역겨운 환경, 광경, 냄새, 소리에 대해 설명했다." 격려의 말을 기대했던 신입생 프루 스미스는 몇 년 후 이렇게 확신했다. "그곳에 있었던 그 누구도 인류의 숨은 흉악함이 얼마나 깊이 파고들 수 있는지 보여준 그 이야기들을 잊은 사람은 없을 것이다."³⁸ 필리파는 인간이라는 동물이 어떤 짓을 벌일 수 있는지, 기술과 산업을 어떻게 악용할 수 있는지 끔찍하게 깨달았다. 그리고 온전한 정신과 광기, 인간과 짐승 간에 존재했던 든든한 경계를 잃고 말았다. 그리하여 도덕 철학자가 되기로 말없이 다짐했다.[39]

A. J. 에이어가 전쟁 전 형이상학과 윤리학에 대해 벌인 공격은, 도덕 철학이 이 새로운 현실 앞에서 아무 말도 할 수 없게 만들었다. 개인적인 불쾌감의 표시나 주관적인 감정은 너무 보잘것없게 느껴졌다. 필리파는 에이어가 고집한 대로 도덕성이 주관적이라면 우리가 나치에게 '우리가 옳고 너희는 틀렸다'고 의미 있게 말할 수 없게 된다고 생각했다.[40] 신문 기자들은 육중하고 어두운 말로 손을 뻗었다. "사악하다" "흉악하다" "지옥" "심연" "타락" "퇴폐." 그러나 이러한 언어는 에이어가 철학자들에게 남겨놓은 '가치 중립적인 세상'에서 힘이 없었다. 필리파는 그때 평생의 동력이 될 물음을 가졌다. 도덕 언어를 이용해서 객관적인 도덕 진리를 말할 수 있는 세속적 철학은 가능한가? 필리파는 에이어의 주관적 도덕주의가 오류에 기반하고 있다고 확신했고, 그것을 증명하는 일이 자신의 임무라고 여겼다.

필리파는 메리처럼 파크타운을 거처로 삼았다. 필리파와 마이클은 H. W. B. 조지프의 옛 집에서 나와 16번지의 5층집을 샀다. 파크타운을 따라 이어진 초승달 모양의 건물 두 개 중 하나에 위치한 집으로 외벽은 누르스름한 석회석이었다. 1850년대에 지어진 이 건물은 강사와 교수들의 결혼을 금지하는 옥스퍼드 정책의 폐지를 기대하며 결혼한 교직원들에게 팔기 위해 지은 것이다. 그러나 결혼 금지 정책은 기대한 것보다 훨씬 오래 지속되었다. 그러자 파크타운은 다소 외설스러운 곳이라는 오명을 얻게 되었다. 결혼 허락이 떨어지기 기다리는 동안 '총각' 교수들이 이곳에 애인들을 이주시켰기 때문이다. 시간이 지나 그 애인들이 기이한 습관과 유별난 태도를 가진 반백

옥스퍼드 파크타운 16번지.

의 노처녀가 되는 동안 초승달 모양의 건물은 계속해서 은근히 부적절한 곳이라는 인상을 풍겼다. 마이클은 옆집의 "나이든 독신 여성"에 대한 의심을 키워갔고 필리파의 친정 식구들도 우려를 나타냈다. 은행 직원도 이 집을 구매하려는 부부에게 조심하라고 일렀다.[41]

옥스퍼드 북부는 (비교적 인기가 없었고 그래서 더 저렴했기 때문에) 전쟁 전에 도착한 망명자들이 많이 살았다. 전쟁이 끝나고 떠난 사람들도 있었지만, 많은 사람들은 파크타운과 그 주변에 정착했다.[42] 1935년에 뮌헨에서 도피한 러시아 시인이자 화학자 리디아 파스테르나크는 화가인 아버지 레오니트 파스테르나크와 20번지에 살았다. 베를린 출신의 생화학자 휴 블라쉬코(히틀러의 블랙리스트에 오르기도 했다)는 24번지였다. 로테 라보프스키(고전학자이자 서머빌 사서로, 소문에 따르면 젊을 때 단테를 번역했다)는 어머니와 함께 파크타운에서 1마일 떨어진 서머타운에 살았다.[43] 서머타운에 살았던 사람들 중에는 독일 화가 에밀리 코스만, 카시러 가족, 리하르트 발처 등이 있다. 이 개척자들 중 많은 수가 1940년대와 1950년대에도 《옥스퍼드 가제트》의 강의 목록에 이름을 올리고 있었다. 리하르트 발처, 프리드리히 바이스만, 프리츠 하이네만, 게오르크 카트코프, 로렌초 미니오-팔루엘로, 요반 플라메나츠. 야간에 체포를 당한 일이나 이웃의 적개심, 수감 생활 등의 기억은 어느새 영국에서의 삶의 일부가 되어 있었다.

보어스힐에서 자전거를 타고 덜커덩거리며 (폭스콤 가를 따라 페달을 밟지 않고 신나게 달려) 내려오면서 메리는 독일에서 태어난 르네상스 학자 니콜라이 루빈스타인, 빈 출신 예술사 학자 오토 페히트, 오스트리아 음악사 학자 에곤 벨레스, (블랙리스트에 오른) 독일 고고학자 파울 야콥스탈의 집을 지났을 것이다. 런던에 살지만, 당일로 옥스퍼드를 찾은 칼 포퍼가 파커스 서점에서 나오는 모습을 보았을 수도 있다.[44]

메리의 (배관 설비가 요란하고 난방도 따뜻하지 않은) 작은 꼭대기 단칸방에 장식이랄 게 있다면 "생기를 확 돋우는" "샛노란 바탕에 커다란 보라색 용이 흰색과 검은색 눈알을 부라리고 있는 청나라 국기"가 전부였다.[45] 새시 창을 내다보면 공동 정원과 파크타운 전경이 내려다보였다. 필리파와 마이클이 16번지로 이사를 오는 모습도 볼 수 있었을 것이다. 무거운 찬장, 거대한 꽃병, 심상치 않아 보이는 모피 코트, 18세기 만들어진 마호가니 와인 상자 등의 행렬이 계단 다섯 개를 올라 기둥 사이의 현관문으로 들어갔다. 마이클 집안의 친척 여성들이 보낸 것이 대부분이었다. 린지 고모가 돌아가신 지 얼마 되지 않아 돌리 할머니가 고모의 집으로 가서 마이클과 새 신부에게 줄 물건을 손수 골라 보낸 것이다.[46] 필리파의 전등갓과 실크 쿠션이 약간의 현대적인 색상을 더했다.

이제 이웃이 된 필리파와 메리는 더욱 자주 만나기 시작했고 메리는 그 어느 때보다 필리파와의 만남이 보람 있게 느껴졌다. 이후 두 여성의 도덕 철학은 전쟁이 낳은 구체적인 현실을 바탕으로 각기 형성되었다. 메리는 우리가 두 손을 들고 아이히만의 행동을 불가해한 것으로 결론지어서는 안 된다고 생각했다. "'사악함'이 어떻게 인간 마음속에서, 무엇보다 우리 자신의 마음속에서 작용하는지 상상력을 발휘해서 이해하려고 노력해야 한다"라고 했다.[47] 사악함과 공격성은 동일한 것이 아니고 공격성이 "인간의 삶을 침범하는 사건은 특수한 설명을 요구하는" 반면 사악함은 "인간적인 능력을 발휘하며 살지 못하는 일반적인 종류의 실패"를 의미한다.[48] 악은 내부로부터 이해해야 하는 것으로 많은 본성과 욕구, 목표를 공유하고 있는 동료 인간으로서, 인간의 삶이 실패할 수 있는 다양한 방식을 풍부한 상상력을 동원해서 인정해야 가능하다.

한편 필리파는 그와는 다른 스펙트럼의 반대 끝에서 인간 행위를 들여다보았다. SS(나치 독일 친위대-옮긴이) 입대를 거부했던 수데텐란트의 어느 농장 형제의 이야기를 예로 들었다. 형제는 처형을 당하기 전날 밤 부모님께 편지를 썼다. "우리는 SS가 무슨 일을 하는지 알고 있습니다. 그런 끔찍한 행위로 우리의 양심을 더럽히느니 우리 둘 다 죽는 쪽을 택하겠습니다."[49] 인간 행위에 대해 어떤 주장을 하든 이 수데텐란트 농장 형제와 그들의 선택을 설명할 수 있어야 한다고 이후 필리파는 말한다. 이 형제의 선한 마음, 진실, 이성을 인정하지 않는 주장에는 틀림없이 오류가 있다는 것이다.[50]

풋 부부는 주택 위층 일부를 스미스 자매에게 세 놓았다. 아너 honor(명예)와 프루던스 prudence(분별)였다. 필리파 풋이 덕성이나 인격의 윤리학적 중요성에 대한 논문을 발표하려면 아직 몇 년 더 흘러야 했지만 어쩌면 세를 들어온 두 여성의 이름은 에이어식의 환호나 야유가 아닌 더 풍요로운 어휘로 옳은 행동 방식을 드러낼 수 있다는 사실을 필리파에게 날마다 일깨워주었을 것이다. 그 어휘는 덕성과 동기를 중요시했던 고대 철학과 연결되는 어휘이기도 했다.

아마도 필리파는 메리에게 강의가 너무 많다고 불평을 했을 것이다. 전쟁 직후 1년 너무 많은 학부생들을 맡아야 했던 필리파는 매일 피로감에 어두워진 얼굴로 하루를 마쳤다.[51] 지성 있는 어른으로서 각 학생을 진지한 마음으로 대하겠다는 결심은 필리파를 인내심 많고 용기를 북돋는 스승으로 만들어주었지만, 모든 학생을 개별적인 필요를 가진 개별적인 인간으로 마주하려는 노력에는 대가가 따랐다. 가끔은 너무 힘들어서 강의 사이에 연구실 바닥에 눕는다고 고백하기도 했다.[52] 그래도 필리파는 지친 몸을 이끌고 일부러 시간을 내서 옛 스승 도널드 맥키넌의 칸트《순수이성비판》강의를 들었다.[53] 메리는 서머빌에서 흘러나오는 잡다한 이야기에 관심을 가졌을 것이고 충격적인 소문일수록 더 즐겼을 것이다. 6년 전 자신들의 모습을 떠올리게 하는 필리파의 제자들에 대한 이야기도 좋아했을 것이다. 필리파는 새로 임명된 사람들 소식도 가져왔을 것이다. 10월부터는 서머빌에 연구직 두 명이 새로 오게 됐는데, 그중 한 사람이 엘리자베스 앤스콤이라는 좋은 소식이었다. 필리파와 메리는 엘리자베스가 비트겐슈타인과 가까워졌다는 소식도 이미 알고 있었을 것이다. 메리는 엘리자베스가 케임브리지에 있을 때 방문한 적도 있었다.[54] 두 사람은 비트겐슈타인이 비밀리에 작업 중인 혁신적인 연구에 대해서도 소문을 들은 바 있었다. 그리고 두 사람 모두 누구보다 뛰어나고 자유로운 친구와 다시 가까워지기를 기대했을 것이다. 메리 자신도 철학으로 다시 돌아가는 꿈을 꾸기 시작했다.

장 폴 사르트르를 만난 아이리스

한편 친구들과 멀리 떨어져 있었던 아이리스는 귀향을 마무리하지 않은 사람들을 곧 만나게 된다. 런던에서 사무직으로 일한 지 한 달가량 되었을 때, UNRRA가 마침내 해외 발령을 승인했다. 아이리스는 1945년 9월 1일 영국을 떠나 기차와 배를 타고 해방 기념일에 딱 맞추어 브뤼셀에 도착했다.[55]

브뤼셀에서 아이리스는 정확한 발령지에 대한 통지를 기다렸다. 토미와 만나며 환멸을 느꼈고, 필리파와의 관계도 엉망이 되었지만, 아이리스는 깨끗한 새출발을 하기로 결심했고 '궁극의 인간'을 찾아 다시 세상으로 나갔다. 먼저 리듬과 보폭을 새로운 환경에 맞추었다. 그곳은 금빛 조각상이 있고 지붕도 탑도 교회도 높다란 곳이었다.

"게다가 (대륙에 익숙지 않은 나의 순진무구한 눈에 너무 놀라워 보이는) 무수한 카페와 기가 막히는 노면 전차 노선이 있어. 그저 숨 쉬고 돌로 포장된 길을 걷고 광고물을 읽고 나지막이 속삭이는 듯한 프랑스어와 그보다는 거친 플랑드르 음악을 들으면서 여기 있는 것만으로도 떨 듯이 기뻐."[56] 9월 중순에 이르러서 아이리스는 "어떤 매듭이 풀어지는 것 같은 느낌, 다시 내 자신으로 돌아온 기분이 들고 정말 편안할 때 늘 그렇듯 내 안에서 막힘없이 말이 흘러나와!"라고 썼다.[57] 이후 이 시절이 "그야말로 희열의 시간"이었으며 "새로운 욕구가 생긴 시기, 그런 의미에서 색다른 시기"였다고 말했다.[58] 아이리스는 지식인들이 드나드는 책방을 찾아 점원과 대화를 나누기도 했는데, 프랑스어를 하는 자신의 목소리가 썩 마음에 들었다. ("브뤼셀의 지식인들은 (당연하게도) 극히 친프랑스적이야. 난 그게 아주 좋아.")[59] 앤트워프를 걸어서 또는 전차를 타고 정신없이 돌아다니기도 했다. 취주 악대를 따라 정처 없이 걷기도 했고, 달빛 아래 대성당의 모습을 감상하고 술집에서 꼬냑을 주문했다. 사무실에는 브뤼헐의 〈이카루스의 추락〉 모작을 걸었다. 샤를 트르네의 노래를 들으러 가기도 하고 상대를 셰리chéri(애정을 담아 상대를 부르는 프랑스어-옮긴이)로 칭하기 시작했다. 아이리스는 모험가, 작가, 플라뇌즈flâneuse(산책자 혹은 거니는 사람이라는 말의 여성형-옮긴이)로. 그리고 곧 실존주의자로 새로이 태어날 작정이었다.

10월 25일, 발령 통지가 도착하기 몇 주 전 아이리스는 불르바르 뒤 레장에 위치한 아방가르드 갤러리 살지루에서 열린 프랑스의 "팝스타" 소설가이자 철학자였던 장 폴 사르트르의 강연을 들으러 갔다.[60] 사르트르는 갓 해방된 벨기에에 도착해서 사과부터 했다. 따로 강연 준비를 하지 못했다고 했다. 그러나 작가 샤를 베르나르의 소개를 받은 사르트르는 이후 두 시간 내내 그 열기 넘치는 공간에 모인 사람들의 마음을 휘어잡았다.[61]

사르트르가 나흘 후 클럽 맹트농에서 동일한 내용으로 강연을 했을 때에는 너무 많은 사람들이 모였다. "열기, 기절하는 사람, 경찰"까지 있었다고 한때 프랑스 저항 언론이었던 《콩바》는 보도했다. 하지만 브뤼셀에서 아이리스는 기절하지 않았다. 겉을 하늘색 천으로 감싼 노트(가격 78프랑)를 손에 든 아이리스는 사르트르가 실존주의 혁명을 선언하는 모습을 지켜보았다.[62] 사르트르의 말에 아이리스는 망명 학자 프리츠 하이네만의 학부 강의를 떠올렸을 수 있다. 하이네만은 당시 서양 사유의 흐름을 설명하기 위해 "실존 철학Existenzphilosophie"이라는 말을 처음 만들어냈다. 사르트르가 이 전통에 합류하기 약 10년 전이었다. 그러나 뉴 칼리지의 절반밖에 차지 않은 강의실에서 하이네만의 더듬거리는 영어로 전달된 내용은 전후 벨기에의 만원 갤러리에서 레지스탕스의 언어로 전달됐을 때 전혀 새롭게 느껴졌을 것이다.

"인간은 무엇보다 먼저 존재하고 자신을 만나며, 세상에 모습을 드러낸다. 그리고 나중에야 자신을 정의한다"라고 사르트르는 선언했다.[63] 인간에게 존재는 "본질에 앞서는 것"이다. 이 구호를 통해 사르트르는 '18세기의 철학적 무신론'을 넘어서는 세속주의의 형태를 구축하고자 했다. 신을 제거하는 데서 그치지 않고 인간 본성이라는 관념 자체를 제거하고자 했던 것이다. 사르트르는 관객에게 이렇게 제안했다. 인간은 "이끼나 곰팡이도 아니고 콜리플라워도 아니다."[64] 순무도 당연히 아니다. "실존주의만이 인간의 존엄과 양립할 수 있다"라고 사르트르는 4년 동안 나치 점령군에게 핍박받아온 관객에게 말했다.[65] 그는 좌절감에 빠진 사람들에게 군주, 혹은 반신半神으로 만들어 주겠다고 약속했다. "신이 존재하지 않는다고 해도 존재가 본질에 앞서는 이, 어떤 관념에 의해 정의되기 전에 존재하는 이가 있으니, 바로 인간이다."[66]

사르트르의 강연이 아이리스에게 얼마나 "무자비할 정도로 눈부시게 명료한" 강연이었는지 상상하기 어렵지 않다.[67] 공산당에 대한 믿음은 20대의 아이리스에게 방향을 제시해 주었지만 토미 밸로그와 만나면서 그 확신은 사그라들었다. 토미는 아이리스가 "믿음을 잃도록 설득하는 것"을 목표로 삼고 있었기 때문이다.[68] 사르트르는 아이리스가 진정한 자아를 다시 만들 수 있다고, 다시 시작할 수 있다고 약속했다. 사르트르는 연설에 푹 빠진 관객에게 "인간은 자신이 생각하는 자신 이외에 그 무엇도 아니다"라고 말했다.[69] 우리가 태어난 이 세상에는 가치가 없다. 나의 본 모습도 나의 운명의 모습도 없다. 나의 인간성은 나의 존재에 어떤 한계나 형태도 부여하지 않는다. 개개인은 자신의 선택과 행동을 통해, 자신의 의지를 통해 가치를 만들어낸다.

아이리스는 사르트르가 칸트의 정언 명령의 한 형태를 제시하고 있다는 생각이 들었을 수도 있다. 그러나 하인츠 카시러의 서머타운 응접실에서 아이리스, 필리파, 메리가 접했던 것에서 급진적으로 수정된 형태였다. 사르트르는 인간 본성과 초월적 현실에서 도덕성을 분리함으로써 새로이 해방된 유럽을 위해 재구성한 것이다. 엘리자베스의 생각과는 달리 인간의 기준을 인간이라는 종의 생의 양상에서 찾을 수 없다고 사르트르는 말했다. 선함과 가치를 측정하는 어떤 외부의 잣대에 우리를 맞출 게 아니라 우리 자신이 우리가 생각하는 인간의 모습의 원천이 되어야 한다고 생각했다. 개인이 스스로 선택할 때 "그 선택은 모든 인간을 위한 선택"이라고 사르트르는 설명했다. 선택을 함으로써 "인간은 의지에 따라 자신을 만들고" 그것을 통해 "자신이 마땅하다고 여기는 인간의 모습"을 뒷받침한다.[70] 따라서 우리는 늘 자문해야 한다. "내 선택은 온 인류를 고려한 판단인가?"

실재나 자연, 신이 제공하는 외부적 잣대로 우리가 만들어낸 것을 평가할 수 없다면 책임은 오로지 우리 자신의 것이 된다. 사르트르에 따르면 이러한 심오한 책임은 순수한 고뇌를 불러일으킨다. 이를 감안할 때 우리는 마치 미리 정해진 본질에 따른 것처럼 의심하지 않고 살아가서는 안 된다. 그런 삶은 자기를 기만하는 불성실한 mauvaise foi 삶이다. 객관적인 가치가 존재한다면 그것은 진정성이라고 사르트르는 주장한다. (협력과 저항의 기억이 아직 생생한 관객들 사이로 이 말은 물결처럼 퍼졌다.) 동그란 안경의 두꺼운 렌즈를 통해 관객을 응시하면서 사르트르는 또 하나의 불경한 주장을 화려하게 펼쳤다. "도스토옙스키는 이렇게 쓴 적이 있습니다. "신이 존재하지 않는다면 무슨 일이든 허용될 것이다." 이것이 실존주의의 시작점입니다."[71] 이 말은 아이리스의 삶 전체를 관통하며 울려 퍼졌다. 신이 없다면 선이 있을 수 있을까?

사르트르가 강의 막바지에 이르렀을 때, 아이리스는 한 훼방꾼의 야유를 들었을 것이다. 예수회 철학자 로제 트루아퐁텐이 살지루에 나타나 "카페에서 태어난 잡소리를 철학이랍시고!"라며 관객석에서 불만을 터뜨린 것이다. 같은 예수회 학자였던 마틴 다시가 《언어, 진실, 논리》를 접하고 보였던 반응과 닮아 있었다. 카페에서 태어난, 전통과 학계의 서자인 이 저급한 철학은 젊은이들을 타락시킬 게 분명했다.[72]

사르트르가 말한 자기를 정의하는 '인간man'이 여성을 통해 현실화될 수 있다면, 아이리스는 그 여성이 나일 수 있다고 생각했다. 눈부시게 똑똑했고 의욕에 차 있었으며 옥스퍼드에서 1등급 졸업장을 받은 진지한 여성이었다. 그리고 자신이 작정하기만 하면 거의 누구든 유혹할 수 있는 여성이라는 사실을, 앞머리에 가려진 두 눈은 이미 알고 있었을 것이다.[73] 강의가 끝난 뒤 아이리스는 사람들을 제치고 앞으로 나가 사르트르와 일행의 다음 일정에 귀를 기울였다. 그리고 다음 날 소수만이 참가하는 회의에 《자유의 길》을 들고 나타났다. 사르트르는 여기 "아이리스 머독께 진심으로 경의를 표하며"라고 서명했다.[74] 이후 사르트르주의자가 된 아이리스는 날마다 카페에 앉아 손에 담배를 들고 천으로 감싼 값비싼 노트에 생각을 채워넣었다. 첫 쪽에는 시몬 드 보부아르의 에세이 《피뤼스와 시네아스》에서 한 구절을 적었고 그다음에는 9쪽에 걸쳐 사르트르의 강연에 대한 내용을 적었다. 이어서 사르트르의 철학에서 비교적 덜 알려진 내용에 대한 구체적인 평을 남겼다. 노트의 나머지 부분은 《존재와 무》에 할애되어 있다. 마지막 장의 맨 아래엔 커다랗게 "FIN(끝)"이라고 적어두었다. 아이리스는 이후 옥스퍼드 동창 데이비드 힉스에게 보내는 편지에 이렇게 썼다. "이건 진짜야. 영국 도덕주의자들의 얄팍하고 바보 같은, 밍밍한 '윤리학'에 좌절하고 돌아선 내가 마침내 이런 사람을 만나다니 정말 흥미진진하고 정신이 번쩍 드는 일이었어."[75] "영국 철학에서도 이런 걸 혈관에 주입해서 로스와 프리처드의 지긋지긋한 기운을 없애버려야 해."[76]

아이리스의 UNRRA 발령지는 12월에 확정되었다. 연합군이 점령하고 있는 오스트리아의 프랑스 관할 구역 내에 있는 인스브루크에서 연락관으로 일하게 될 예정이었다. 아이리스는 크리스마스 전에 인스브루크로 출발했다. 미래 나의 모습, 그리고 그것을 위해 이

오스트리아와 빈의 연합군 점령 구역.

미 내딛은 첫발을 아이리스는 뚜렷하게 인식하고 있었다. 전쟁 막바지에 시포스로 흘러들어온 레몽 크노의 《내 친구 피에로》는 그 미래의 일부를 여는 열쇠이기도 했다. 아이리스는 그 책을 영어로 번역하고자 했던 것이다. 호라이즌 서점의 에르네스트 콜레가 아이리스를 위해 판권을 구하려고 애쓰고 있었다.[77] 미래의 또 다른 부분은 데이비드 힉스와 관련이 있었다. 데이비드 힉스 역시 누구나처럼 1938년부터 아이리스와 어느 정도 사랑에 빠져 있었고 아이리스를 "동화 속 공주님"이라고 했다.[78] 전후의 도취적인 흥분감 속에서 데이비드는 런던에서 일주일간 휴가를 보내며 아이리스에게 청혼했다. "회오리바람 같은 열흘이었어. 세상이 온통 흔들렸지."[79] 아이리스는 종이 위에 두 사람의 미래를 계획했다. "유럽에서 카페에서 한껏 대화하고, 함께 춤추고, 같이 술에 취하고, 집에서도 늦게까지 잠들지 않은 채 글을 쓰고 서로의 글을 평가하고, 다투고, 정신 나간 친구들을 만나고, 정신 나간 상상을 하고, 책을 읽고, 그림을 보고, 낯선 도시를 누비고, 사랑을 나누고, 좀 있다가 눈부시게 빛나는 아이들을 갖고 아름답게 키워 내기."[80]

아이리스가 (자신을 미래의 힉스 부인으로 여기며) 인스브루크에 도착했을 때, 거의 모든 영국군 병사들이 귀국하고 없었다. 원자 폭탄이 떨어질 때까지 해산할 수 없었던 사람들조차 어느새 사랑하는 사람들한테 돌아가 몸과 마음의 건강을 되찾으려고 애쓰고 있었다. 그러나 유럽 다른 지역의 상황은 달랐다. 버사 브레이시가 채텀하우스 강연에서 경고했듯이 유럽에는 이제 '실향민'이 바글바글했다. 살던 곳에서 쫓겨나 정신적 외상을 입은 굶주린 사람들, 삶의 배경이 완전히 지워진 사람들이었다. 끝나지 않는 만화경 속 광경 같았다. 연합군의 오스트리아 점령 초기 약 70만 명의 실향민과 난민이 있는 것으로

4장 철학의 불꽃을 되살리다

마리아브룬 호텔, 1950년경.

추정되었다. 이들은 모두 먹을 것, 입을 것, 숙소, 연료, 의료 지원이 필요했다. 나라를 잃은 사람도 많았다. 보호자가 없는 아이들도 수천 명이었다.[81]

아이리스의 숙소는 징발된 마리아브룬 호텔이었고 일터로 갈 때는 케이블카를 타고 눈밭 사이를 내려갔다. 가장 가파른 곳의 경사도는 48도였다. 점심을 먹으러 숙소로 다시 올라올 때면 아이리스의 몸은 하늘을 향해 기울어졌다. 해빙이 시작되자 산은 푸르고 "강물은 절경"을 이루었다.[82] 프랑스 관할 구역에 살고 있었던 아이리스는 덕분에 미군 보급품을 받을 수 있었다. 어린 시절을 생각나게 만드는 자몽과 연유 같은 사치품도 있었다. 아이리스는 이것이 "부도덕"하다는 기분이 들었다. 담배는 국제 화폐나 다름없었고 활발한 암시장에서는 적십자 구호품을 팔아 자동차에서 여자까지 살 수 있었지만, 많은 경우 아이들을 위한 담요나 약품이 교환 대상이었다.[83] 그중에는 기근 구제를 위한 옥스퍼드 위원회가 직접 모으고 포장한 구호품도 있었다. 보어스힐 사람들이 구상하고 브로드 가의 작은 가게에 실제로 구현한 신설 단체였다.

필리파, 아이리스, 그리고 난민 구호 노력

조지 가에 있는 옥스퍼드 디스트릭트 조합을 지나던 필리파는 어느 날 잠시 멈추어 섰다. (장식이 많은 커다란 붉은 벽돌 건물이었는데, 앞면 박공 중앙에 있는 '1908'이라는 숫자가 박혀 있어 건축 연대를 알려 주고 있었다.) 옷을 분류할 자원봉사자를 찾는다는 전단지가 창문에 붙어 있었다. 여기에 눈길이 간 필리파는 안으로 들어갔다.

기근 구제를 위한 옥스퍼드 위원회(옥스팜)는 1942년, 전쟁의 가장 암울했던 시기에 설립되었다. 독일의 항복을 얻어내려는 연합군의 봉쇄 작전이 의도치 않게 그리스에 광범위한 기근을 초래했기 때문이다. 단 두 주 만에 약 41만 명이 기근으로 사망했다. 길버트 머리가 설립자 중 한 사람이었고, 그의 아내 메리 머리는 첫 기부금으로 500파운드를 내놓았다. 전쟁으로 엉망이 된 유럽 전체로 활동을 확장하면서 옥스팜은 아직 끝나지 않은 이 비극이 인간 개인에게 미치는 영향을 바라보며 여성 치마, 남성 모자, 아동 바지 등 가장 인간적인 수준에서 해결책을 모색했다. 소수의 자원봉사자들의 "담대하고" "용감한" 행동에 필리파는 즉각 매료되었다.[84] 약간의 인간적 상상력과 협조를 통해 여분의 옷가지가 한 개인에게서 도움이 필요한 다른 개인

옥스팜 신문 광고.

에게 갈 수 있었던 것이다. 낯선 이에게 그들이 여전히 인간 공동체에 속한다는 사실을 일깨우는, 따뜻하고 부드럽고 깨끗한 옷가지였다. 그들을 다시 데려와 공동체 안에 꿰매어 넣어 줄 수 있는 것, 누군가 한때 사랑했고 아꼈던, 과거와 미래를 한꺼번에 나타낼 수 있는 것이 옷이었다. 필리파는 기부된 옷가지를 분류해 쌓았다. 고모인 마이클의 모피 코트는 "수선이 필요한 허름한 여성 의류" 더미로 갔다. 틀니나 살아 있는 나귀, 다이아몬드와 같이 바로 전달할 수 없거나 판매할 수 있는 물건은 브로드 가 17번지에 있는 기근 구제를 위한 선물 가게 및 기부처로 보내졌고, 판매 수익은 기부금으로 사용했다. 매주 퀘

옥스팜 가게, 1948년경.

이커교 소속 화물차가 와서 포장된 의류를 싣고 유럽으로 날랐다. 얼마 안 가 인스브루크에서는 수용소에서 풀려난 지 얼마 안 되었거나 국경을 건너 도망친 여성들이, 콘마켓 가의 막스앤스펜서 백화점에서 팔던 카디건이나 교수 부인들이 보그 패턴을 따라 만든 스커트를 입고 있는 모습을 볼 수 있을 터였다.

진 라운트리(메리의 옛 스승)는 같은 퀘이커 교도인 도린 워리너에게 보내는 편지에서 자신의 노력에 관해 이야기하다가 실향민이 간절히 필요한 것이 단지 따뜻한 옷가지만이 아니라 "인간 삶의 배경"임을 깨달았다고 적었다. "여자들은 뜨개질을, 남자들은 체스를 하고 싶어 했다"라고도 썼다.[85] 창작, 놀이, 공유, 공작 등의 일상적인 활동은 과거를 떠오르게 하고, 그 과거는 수용소에 살던 사람들이 집이라고 부를 만한 곳에서 평범한 인간 삶을 재개할 수 있는 미래를 상상할 수 있게 한다. 브로드 가에서 말없이 옷을 개던 필리파에게는 인간 생의 양상이 일부나마 어렴풋이 보이기 시작했을지 모른다.

UNRRA의 목표는 실향민을 고향으로 돌려보내는 일이었지만, 고국으로 송환하는 것이 곧 사형 선고였기 때문에 "송환 불가"로 분류된 사람이 수천 명이었다. 한 사건은 특히 아이리스에게 깊은 인상을 남겼다. 유고슬라비아 출신의 한 운전기사는 UNRRA 화물차로 사고를 낸 뒤 공포에 사로잡혀 장전된 권총을 들고 이탈리아로 달아나는 어리석은 선택을 했다. 그러나 결국 국경을 넘지 못하고 붙잡혔다. 사무국에서 유일하게 프랑스어를 할 줄 알았던 아이리스는 통역을 요청받았고 운전기사를 인스브루크로 귀환시키는 일을 맡았다. 남자는 아이리스와 나이가 비슷했고, 내내 울음을 멈추지 못했다. 남자는 유고슬라비아로 돌아가면 요시프 브로즈 티토의 하수인들의 손에 죽게 될 것이라고 확신하며 공포에 떨었는데, 아이리스도 그 기분을 이해할 것 같았다. 이 광경은 아이리스를 괴롭게 만들었다. "이 전쟁이 얼마나 많은 사람들의 삶을 깨뜨려 복구 불가능한 상태로 만들었는가. 이 사람들 앞에는 정말 아무것도 남아 있지 않다." 자신의 행동이 저 멀리 동유럽 사람들에게 끼칠 영향은 고민하지 않은 채 가벼운 발걸음으로 '이루시카'라는 암호명으로 켄싱턴 가든을 가로질러 서류를 빼돌렸던 자신을 떠올리고 부끄러웠을지도 모른다. 아이리스는 좌절감에 "본부 내 최악의 죄인 몇몇과 함께" 취할 때까지 슬리보비츠를 마셨다.[86]

1946년 2월 데이비드 힉스는 성급히 청혼한 만큼 서둘러 파혼을 선언했고, 그렇게 아이리스가 상상하던 미래도 깨졌다. 데이비드가 보낸 편지에는 아이리스와 결혼한다는 생각을 하면 겁이 난다고 적혀 있었다. 아이리스는 더 이상 동화 속 공주님이 아닌 피와 살로 이루어진 진짜 여성이었다. "두뇌와 의지와 포궁을 가진 너는 막강하다"

라고 데이비드는 말했다.[87] 데이비드는 공포스럽지 않은 다른 여자와 사랑에 빠진 것이다. 데이비드의 편지는 아이리스가 보낸 편지와 엇갈렸다. "사랑하는 데이비드, 늘 보고 싶어 몸이 아플 지경이야. 사랑해, 늘 네 생각이 떠나지 않아. 어서 내년이 오기를, 함께 시련과 거센 바람을 함께 할 수 있기를 간절히 바라고 있어! 그 생각을 하면서 기쁨에 넘치는 인사를 건네!"[88] 여성으로서 사르트르적 인간이 되고자 했던 시도는 실패한 것이다.[89] 아이리스는 "아무 데도 못 가고 떠돌다가 나도 결국 실향민이 되어버리는 것은 아닌지" 두려웠다고 이후 기록했는데, 이는 아일랜드를 떠난 개신교 집안의 자녀라는 정체성과도 무관하지 않을 것이다.[90]

아이리스의 마음은 3월 말경 가벼워지기 시작했다. 클라겐푸르트에 있는 UNRRA 본부로 가는 길에 빈에 들렀는데, "음악을 실컷 들었고, 아직 거리에 쌓인 파편과 잔해가 거치적거리기는 해도 꽤나 생기 있는 모습"이었다. 클라겐푸르트에서는 근처 농장에서 묵었다. "제비꽃, 용담, 아네모네가 문간까지 와글와글 몰려가고 있는" 곳이었다.[91] 아이리스는 안팎으로 완벽한 고요함을 느꼈다.[92] 4월 말 아이리스는 영국 관할 구역 내 그라츠 대학교의 임시 분교가 설치된 난민 수용소에 머물게 되었다. 잉글랜드 북부에서 온 교사이자 이후 세계 교회 협의회의 난민 구호 책임자가 된 마거릿 자부어가 운영하는 이 시설에서 난민 학생들은 국적이 아닌 전공 분야별로 합숙하고 있었다.[93, 94] 아이리스는 당시 번역하는 중이었던 소설의 작가 레몽 크노에게 보낸 편지에 "이 수용소가 정말 좋아요"라고 하면서 "5번 막사에 불편함은 없는지 확인하기 위해 저녁 무렵, '안뜰'을 건너던 중에 대학교에서 막 돌아온 얀차르 형제를 만났어요. 둘은 의학을 공부 중입니다"라고 썼다. 3번 막사에는 철학과 학부생들이 머물고 있었다. 막사 밖 "나무 아래에는 철학자 파르다냐치가 책에 푹 빠져" 있었다. 저녁 시간에는 다양한 문화 교류가 이루어지곤 했다. 학생 오케스트라가 만들어졌고, 악기는 YMCA가 기증했다. 수용소 신문이 있었고 자원 소방대도 있었는데 이따금 근사한 제복을 차려입기도 했다. 어느 날은 타라스 그리고리예비치 셰프첸코의 시 낭독회가 있었는데, 먼저 원어인 우크라이나어로 낭독하고 그다음 슬로베니아어 번역을 낭독했다. "저 먼 곳에서 혼자 빈둥거리는 캄네츠키는 문제아이지만 유대인 수용소에 갇혀 있었다는 사실을 잊으면 안 된다."[95] 아이리스는 여러 다른 수용소에서 온 다른 사람들과 마찬가지로 이곳 호흐슈타인가세 학생 캠프를 "약속의 땅"이라고 생각했다.[96] 아이리스는 레몽에게 이렇게 썼다. "이곳에는 정말 활기가 가득해요. 어두운 어항에 있는 물고기처럼 여전히 약간은 신비로운 분위기지만, 아주 감동적이고 왠지 의미심장하게 느껴집니다."[97]

바로 이곳 호흐슈타인가세에서 아이리스는 철학으로 복귀를 시도하겠다고 결심했다. "가망은 없지만 도전해 봐야겠어요. 그다음에는 학계에 미련을 버릴 것입니다." 의구심이 없지는 않았다. "내 자신에 대한 믿음이 전혀 없어요"라고 쓰기도 했다.[98] 1945년 4월에는 친구에게 보내는 편지에 이렇게 쓴 적이 있다. "전쟁이 끝난 뒤 무엇을 할지 내 머릿속에서는 항상 회의가 벌어지고 있어. 대학이 될지, 노동자교육연합이 될지, 또는 영국위원회, BBC, 언론, 국제 연맹, 연합국 관리위원회가 될지, 어디서 무얼 할지 하늘은 아시려나."[99] 그러나 이제 아이리스의 마음은 정해졌다. 계획이 선 것이다. 아이리스는 세 군데에 지원서를 넣었다. 뉴욕에 있는 여성 대학인 배서 칼리지에 장학금 신청서를 넣었고, 셰필드 대학교에 강사직 지원서를 넣었으며 엘리자베스를 따라 새라 스미슨 장학금도 신청했다. 지원서는 UNRRA 공식 용지에 작성했다.

"학장님께"로 시작하는 뉴넘 칼리지의 장학금 지원서에서 아이리스는 졸업 후 관심사가 "윤리학 쪽으로 이동했다"라고 설명했다. 옥스퍼드에서 가르친 대로 아이리스는 이 분야가 형식적이고 딱딱하며 동시대인들을 괴롭히는 도덕적 문제를 해결해 주지 못한다고 생각했지만, 졸업을 앞둔 1년은 윤리학에도 진지하게 임할 수 있겠다는 확신이 생겼다고 했다. (키블 칼리지에서 도널드 맥키넌과 보낸 시간을 떠올리고 있었다.) 그 이후 체계적인 연구를 하지는 못했지만, 도스토옙스키의 《악령》, 기독교 실존주의자 가브리엘 마르셀의 글, 그리고 기이한 천재 장 폴 사르트르의 책 여러 권을 읽었다고 아이리스는 적었다. 아이리스는 A. D. 린지가 "민주 시민의 의무"에 대한 글에서 키르케고르를 인용한 사실도 언급했다.[100] 아이리스는 이러한 사상가들에 이끌린 이유에 대해서 윤리적 물음을 "학문적 진공 상태에 격리된 시각이 아니라 온전한 인간의 시각에서" 답하려고 시도했기 때문이라고 말했다.

"윤리에 대한 태도는 어떤 것이든, 암묵적으로든 명시적으로든 자아의 본성과 자아 간의 소통에 대한 분명한 이론을 바탕으로 해야 한다"라고 아이리스는 설명을 계속했다.[101] 마르틴 부버Martin Buber의 《나와 너》를 염두에 두고 있었을 것이다. 유대계 오스트리아인 철학자로 전쟁 직전에 빈을 떠나 이스라엘로 간 마르틴 부버는 인간이 세계와 관계를 맺는 두 가지 방식을 구분한다. 첫 번째 방법, '나-그것'은 분리하는 태도와 관련이 있다. 이 방식에서 '나'는 사람이나 물건을 객체, '그것'으로 분류해서 사용하거나 측정하거나 조종한다. 두 번째 방법, '나-너'는 인간이나 동물, 자연 등 살아 있는 것들 간에 존재하는 방식으로 서로가 서로를 그 존재 그대로 만나고 대하는 방식이다. 이 관계를 마르틴 부버는 "문답식" 관계라고 한다. 양측은 자아의 고유성을 유지하고 함께 있을 때의 관계는 또 다른 특유의 온전함을 가진다. 진정한 우정에서 볼 수 있는 그런 온전함이다. 아이리스는 데이비드 힉스에게 이렇게 불평한 적이 있다. "너와 네가 보내는 편지에는 나에 대한 관심이나 호기심이 부족한 게 보여. 아마도 네가 나 자신보다는 내가 너에게 끼치는 영향에 더 관심이 있기 때문일 거야."[102] "모든 진정한 삶은 만남"이라고 마르틴 부버는 말한다.[103]

지원서에서 아이리스는 "흔히 윤리학으로 받아들여지는 사상이 불만족스러운 이유는 인간의 심리에 대한 너무 순진무구한 시각을 바탕으로 하고 있기 때문"이라고 말한다. 그리고 자신은 "혈관에 피가 흐르고 복잡한 심리를 가지고 (부분적으로 이를 의식하고) 있으며, 실질적인 사회적 정서적 문제에 직면한 사람, 영화를 보러 가고 사랑을 나누고 히틀러에 대항해서, 혹은 히틀러의 편에서 싸우는" 살아 있는 사람의 이야기를 하겠다고 약속한다.[104] 물론 여기서 말하는 사람에는 여성도 포함된다는 것이 아이리스의 생각이었다.

아이리스의 추천서는 도널드 맥키넌과 밀드레드 하틀리가 썼다. 도널드의 추천서는 다소 모호하다. 아내 로이스와의 약속에 따라 아끼는 제자와 더 이상 친밀한 우정을 나누고 있지 않기 때문일 것이다. 도널드는 "추측하건대 머독은 도덕적 책임의 문제를 이른바 실존주의 학파의 관점에서 연구하고자 하는 것 같다"라고 하면서 제자와의 심오했던 수업 시간을 떠올리며 "머독은 철학에서도 좀 더 추상적인 논리학과 형이상학 분야에 지속적인 관심을 가져왔으며, 이 분야에서 학문을 계속할 자격이 충분하다"라고 했다. 그러면서도 "능력은 매우 뛰어나지만 생각을 가다듬고 평가하고 정리할 상당한 시간이 필요하다"라고 말했다.[105] 전쟁 말년을 외무부 정보국에서 보낸 밀드레드 하틀리는 요점만을 간략하게 말했다.[106] 아이리스의 "놀라운 활력과 결의, 커다란 지적 호기심과 끈기"를 칭찬하면서 "앤스콤만큼 놀랍지는 않다"라는 생각이지만, 그럼에도 "좋은 투자 대상"이라는 판결을 내렸다.[107] (봉투를 봉인하기 전에 밀드레드는 다시 펜을 들고 "놀랍지는 않다"를 "그렇게 놀랍지는 않다"로 고쳐 썼다.)

철학적 대화를 시작한 엘리자베스와 필리파

놀라운 앤스콤은 1946년 10월 메리 서머빌 연구 장학금을 받아 옥스퍼드에 모습을 드러냈다. 남편 피터는 케임브리지 피츠윌리엄 가 19번지에 (이제 세 살이 된) 바버라와 (갓 돌이 지난) 존을 데리고 남았다. 엘리자베스는 옥스퍼드에 세를 얻었고 종종 필리파와 함께 우드스탁 가를 따라 서머빌로 천천히 걸어갔다. 두 여성은 서로에게 몸을 기울인 채 대화에 푹 빠져 있곤 했다. 플라톤, 아리스토텔레스, 아퀴나스, 데카르트, 칸트, 비트겐슈타인을 이야기했다. 케임브리지에서는 여전히 여성에게 졸업장을 주지 않았지만, 옥스퍼드는 막 최초의 여성 교수로 안과 의사 아이다 만을 임명한 참이었다. 이미 강사직을 갖고 있던 필리파와 엘리자베스가 교수가 될 가능성도 존재하기 시작했다.

두 사람은 시선을 끌었을 것이다. 몸에 잘 맞는 옷을 입은 필리파는 키가 크고 꼿꼿했다. 옥스퍼드 남자들은 필리파 같은 여성을, 똑똑한 여성이라고는 해도 어떻게 대해야 할지 잘 알고 있었다. 필리파를 보고 자신의 누이, 약혼자, 아내를 떠올렸을 것이다. 한편 펑퍼짐한 옷, 그것도 바지를 입고 긴 머리를 묶지 않고 늘어뜨린 엘리자베스

서머빌 교직원 사교실.

는 담배까지 피고 있었다. 이따금 어린아이나 아기를 안고 있을 때도 있었다. '콘치(양심적 병역 거부자)' 남편 피터 기치는 보이지 않았다. 엘리자베스를 보고 옥스퍼드의 남자들은 그 누구도 떠올리지 못했을 것이다.[108]

1946년 언젠가부터 엘리자베스는 독일어를 배우기 시작했다. 비트겐슈타인은 좋아했다. "독일어를 배우면 내 책을 읽을 수 있겠네요."[109] 필리파의 강의 일정이 허락할 때면, 둘은 점심 식사 후 서머빌 교직원 사교실에서 만나 벽난로 양쪽 의자에 앉아서 이야기를 나누었다. 필리파는 이후 자신의 학생들에게 말하기를 비트겐슈타인의 철학은 "두 사람이 실시간으로 해야 하는 것"으로 "한 사람은 자연스럽게 하고 싶은 말을 명확하게 하려고 애써야 하고, 다른 한 사람은 상대의 머릿속 깊이 파고들어 무엇이 잘못되고 있는지 진단해야 합니다"라고 했다.[110] 로테 라보프스키나 이소벨 헨더슨이 커피를 마시러

들렀다면 철학 연구가 펼쳐지는 모습을 실황으로 감상할 수 있었을 것이고 엘리자베스는 필리파의 머릿속을 깊이 파고들고 있었을 것이다. 필리파는 용감하게 저항하면서도 즐거워 신이 나 있었을 것이다. 수년 뒤 그 시절을 회상하며 필리파는 이렇게 적었다. "매주 나는 패배했고 어린아이들이 보는 만화 속 등장인물처럼 스팀롤러에 깔려 도로에 실루엣만 남은 신세가 된 것 같았다. 하지만 다음 화에는 꼭 다시 등장했다. 엘리자베스는 이 대화를 진심으로 즐겼고 우리는 아주 좋은 친구가 됐다."[111]

그 시절 엘리자베스는 아직 비트겐슈타인의 심리철학을 실험해 보는 중이었고 데카르트의 주장 "나는 생각한다, 고로 나는 존재한다"에 대해 할 말이 아주 많았다.[112] "이것은 어떤 종류의 주장일까? 어떤 개체의 존재를 증명하는 주장일까? 그렇다면 그 개체는 무엇인가? 공유 불가능한 주장 아닌가? 결국 유아론으로 이어지는 걸까?" 엘리자베스는 케임브리지에서 나누었던 논의가 자신 논문의 중심에 있는 문제를 새롭게 조명하기 시작했다는 사실을 깨달았다.[113] 내가 어떤 일을 하고 있다고 인식하는 것과 그 일을 하고 있는 다른 사람을 보는 것에는 어떤 차이가 있을까? 다른 사람이 하는 말을 이해하는 것과 내가 그 말을 하는 것에는 어떤 차이가 있을까?[114]

엘리자베스는 필리파에게 예를 들어 보았다. 데카르트의 증명은 내가 혼자 할 수 있는 것이다. "나는 생각하고 있다. 고로 존재한다. 자 이제 네 차례야!" 이것은 매우 중요한 지점이다. "나는 고통스럽다"와 "엘리자베스는 고통스럽다"는 엘리자베스의 두통이라는 동일한 사실을 바탕으로 볼 때 둘 다 진실이지만, 서로 극단적으로 다른 명제이다. 엘리자베스라는 특정한 사람을, 그 외모적 특성(바지, 얼굴, 걸음걸이)을 통해 알아본 다음, 얼굴을 찡그리거나 이마를 문지르는 행동을 보고 "엘리자베스는 고통스럽다"라고 한다. 그러나 "나는 고통스럽다"는 이와 같지 않다. 신음에 더 가깝다. 나는 아무도 알아보지 않고 특정한 행동을 살피지도 않는다. "나는 고통스럽다"라고 말하는 것 자체가 고통을 드러내는 행동이다. 엘리자베스의 독일어 실력은 어느새 비트겐슈타인의 필기 내용을 필리파에게 읽어줄 수준이 되었을 것이다. "여기 한 가지 가능성이 있다. 어휘는 감각의 원시적, 자연스러운 표현과 연결되어 있고, 그 표현을 대체한다. 아이는 다치면 운다. 그러다 어른이 아이에게 말을 건네며 감탄사를 가르쳐주고 나중에는 문장을 가르쳐 준다. 아이에게 새로운 고통-행동을 가르치는 것이다."[115]

엘리자베스는 필리파에게 계속해서 설명했다. "코기토, 에르고 숨Cogito, ergo sum(나는 생각한다, 고로 존재한다)"은 자아의 존재를 입증할 수 없다. 신음이나 머리를 긁적이는 행동이 자아의 존재를 입증할 수 없는 것과 마찬가지다. 1946년 당시 엘리자베스는 이것이 어떤 의미를 가지는지 아직 잘 알 수 없었지만, 이것이 열쇠가 되어 '의식의 형이상학적 주체라는 개념이 그 착상부터 비생산적이었으며 오류에 기반하고 있었다는 사실을 보여주고' 개개의 인간이 개개의 고양이나 순무와 유사하다는 아리스토텔레스의 생각을 되찾아올 수 있게 해주리라고 이미 확신하고 있었다.[116]

엘리자베스는 '고통'에 대한 비트겐슈타인의 주장이 정신적 개념들을 바라보는 새로운 관점을 제시했다고 생각했다. 얼마 안 가 엘리자베스와 필리파, 아이리스, 메리는 이 관점을 이용해서 아이리스가 지원서에서 비판했던 순진무구한 시각을 뒤집는다. 자부심과 공포, 슬픔, 기쁨, 사랑과 같은 감정은 단순한 내적 경험이 아니다. 각각의 감정은 언어와 행동 유형과 연결되어 있으며, 그 유형들은 인간 생이라는 피륙에 깊이 짜여 들어가 있다. "슬픔은 우리 삶의 짜임 속에서 다양하게 변화하며 되풀이되는 양상을 말한다"라고 비트겐슈타인은 적고 있었다(엘리자베스가 막 읽기 시작한 독일어 초고에 있는 내용이었다). "만약 인간이 시계의 초침 소리와 함께 슬픔과 기쁨을 번갈아 행동으로 드러냈다면, 그것은 전형적인 슬픔이나 기쁨의 양상이 아니다."[117] 슬픔은 시간이 걸리는 일이다. 인간의 슬픔을 이해하는 일은 우리의 삶이 연결되어 있음을 이해하는 일이다. 우리의 과거와 미래, 희망이 서로 엮여 있음을 아는 일이다. 이러한 배경이 있어야 '슬퍼할 때'를 알아볼 수 있다. 식탁의 빈자리, 잠긴 문, 하지 않은 농담 같은 것들. "'슬퍼할 때'는 수천 개의 다른 양상과 서로 엮여 있다."[118] 모든 인간 일상의 양상과 엮여 있다.

대화를 나누던 필리파와 엘리자베스는 함께 아퀴나스의 《신학대전》을 읽기 시작했다. 필리파는 밀드레드 하틀리로부터 1939년 배웠던 서툰 라틴어에 기대야 했다. 불가지론자였던 아이리스, 메리와 달리 필리파는 "본격적인 무신론자"였다.[119] 몇 년 뒤 필리파는 왜 무신론자인지 묻는 엘리자베스에게 답하는 편지를 쓴다. "구체적인 이유를 말할 수 있을지조차 모르겠지만, 오히려 무신론자가 아니려면 그 이유가 뚜렷해야 할 것 같은데 난 그 이유를 못 찾았어"라는 설명이었다.[120] 그럼에도 필리파는 얼마 안 가 아퀴나스가 "도덕 철학에서 가장 뛰어난 사유의 원천에 속하고" "가톨릭교도나 다른 기독교도가 아닌 무신론자에게도 똑같이 유용하다"라고 선언하게 된다.[121] 필리파는 이후에 미덕에 대한 아퀴나스의 생각을 읽은 뒤에 "처음으로 '사실'과 '가치'의 관계에 대한 현대 이론을 의심하게 됐다"라고 말했다.[122]

대화가 끝나지 않을 때 필리파와 엘리자베스는 세인트 자일스 가를 따라 파크타운 16번지로 향하곤 했다. 메리도 이따금 둘과 함께 풋 부부의 집으로 가서 긴 안락의자에 파묻히곤 했다. 귀족, 떠돌이, 학자로 이루어진 기묘한 삼총사였다.

공산당원이었던
아이리스의 과거가 불러온 문제

1946년 10월 11일, 파크타운 16번지에 편지가 도착했다. 발신인은 아이리스 머독, 발신지는 치즈윅 이스트번 가 4번지였다. 문앞에 놓인 편지를 본 마이클 풋의 얼굴은 살짝 창백해졌을지도 모른다. 아이리스는 인스브루크도 케임브리지도 아니고 셰필드, 뉴욕도 아닌 런던 근교에 있었던 것이다.

아이리스의 부모님은 런던 서쪽에 붙어 있는 소도시에 살았다. 옆집과 벽 하나를 공유한 반半 단독주택이었다. 이곳은 문학계와는 거리가 멀었다. 전시 소호의 술집이나 해방 후 브뤼셀과 파리의 카페와도 영 딴판이었다. 어린 시절을 보냈던 침실 창으로 잘 다듬어진 산울타리와 말끔한 잔디 정원을 내다보며 쓴 듯한 일기에 아이리스는 영국인의 정원 취향이 거의 기괴한 수준이라고 말했던 칸트의 주장을 기록한다.[123] 뉴욕에 가기 위해 쌌던 여행 가방은 다시 어린 시절의 침대 밑에 돌아와 있었고, 미출간 소설의 원고도 여기 들어 있었다. 아이리스의 아버지 휴스는 처음으로 딸이 조금 성가시게 느껴졌을 수도 있을 것이다.[124]

아버지의 그런 노여움에 아이리스는 다소 억울함을 느꼈을 것이다. 아이리스 잘못이 아니었다. UNRRA에 사표를 냈지만, 이미 철수가 예정되어 있었다. 케임브리지의 새라 스미슨 장학금 지원서를 철회한 것은 훨씬 더 흥미로운 기회가 생겼기 때문이다. 뉴욕의 배서 칼리지에서 듀런트 드레이크 연구 장학금을 받게 된 것이다.

전쟁이 끝나기 전, 본과 과정의 마지막 해, 아이리스는 메리에게

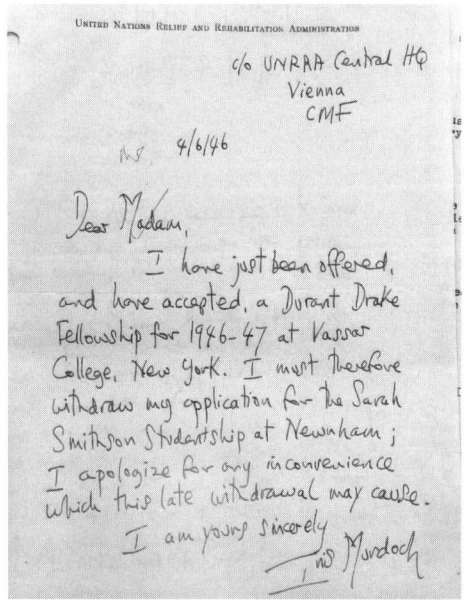

새라 스미슨 장학금 지원 철회 의사를 밝히는
아이리스 머독의 편지.

새로운 인생 계획을 설명한 적이 있었다. "다 이야기하자면 복잡하지만 어쨌든 인류를 더 잘 알고, 소설을 쓰고 그리고 미국에 간다는 야심에 찬 계획이지!"[125] 1946년의 아이리스는 첫 번째와 두 번째를 꽤 많이 이루어낸 상태였다. 뉴욕에 갈 수만 있다면 다 이룰 수 있을 터였다. 그러나 미국행 비자 신청이 거절되었다. 1942년 아이리스는 의심의 눈빛을 보내는 메리에게 "정치 활동 경력 때문에" 공무직으로 소집되지 않을 것이라고 말한 적이 있었다.[126] 그러나 결국 소집되었기에 미국의 이번 비자 거부는 충격적이었다. 아이리스는 비자 신청서를 작성할 때 솔직하게 적었다. '나는 공산당 당원이거나 한때 당원이었던 적이 있다'에 그렇다고 표시한 것이다. 옥스퍼드는 "당국을 설득해 승인을 받고자" 온 힘을 다했고 심지어 A. D. 린지는 워싱턴에

"문제를 제기"하기까지 했다.[127] 그러나 소용없었다. 소득이 끊어진 아이리스는 집으로 돌아갈 수밖에 없었다.

아이리스는 깊은 우울감에 빠졌다. 크노의 소설 번역은 진전이 없었고 얼마 안 가 출판사에서도 거절을 당했다. 데이비드 힉스는 새 약혼녀의 사진을 보냈다.[128] 아이리스는 자신의 사진 위로 펜을 가져가 암울한 글씨로 "밑바닥"이라고 적었다.[129] 도널드 맥키넌에게 편지를 쓰기도 했던 모양이다. 도널드는 아내 로이스와 했던 약속을 깨고 다시 아이리스의 삶으로 들어왔다. 1946년 10월 도널드는 아이리스가 켄트의 몰링 대수녀원을 방문할 수 있도록 주선하며 대수녀원장이 "까다로운 병"도 잘 낫게 한다고 말했다.[130] 아이리스는 분향, 찬송, 라틴어 저녁 기도 등 베네딕트 수도회의 수녀들이 실천하는 성공회 고교회파 전통에서 어느 정도 위안을 찾았다.

풋 부부의 문 앞에 도달한 편지는 아이리스가 진정성, 고뇌, 극단적 책임을 강조하는 실존주의 철학의 렌즈를 통해 과거를 되짚어 보았다는 추측을 가능하게 한다. 아이리스는 필리파에게 보내는 편지에서 이렇게 말했다.

필리파,
내가 최근에 어떤 불운을 겪었는지 아마 들었겠지. 양키들의 결정을 되돌리려고 런던에서 노력했지만 아무 소용이 없었어. 결국 미국은 끝났다고 결론 지었어. 상관 없어.
필리파, 너와 M(마이클)이 내 걱정을 했을 것 같다는 생각은 했어. 막연한 걱정 말이야. 그랬다면 미안해. 1944년에 있었던 일, 그런 과거는 쉽게 잊기가 힘들지, 너도 알겠지만 말이야. 사랑하는 두 사람에게 내가 했던 그런 행동은 아주 깊은 상처와 죄책감을 남기기 충분했어. 오스트리아에서 귀국한 뒤에야 그 일들이 내가 겪은 일이 아니라 내가 저지른 일이었음을 온전하게 깨달았어. 무슨 말인지 이해하리라 믿어. 그 일들을 다시 곱씹으면서 내 자신의 책임을 깨달았어. 즐거운 시간은 아니었지만, 필요한 시간이었어. M과의 행복한 나날을 이런 식으로 방해하는 것도 용서해 줘. 너와 M이 행복을 찾아서 난 정말 기뻐. 한참 뒤늦은 어리석고 소용없는 행동일 수 있겠지만, 두 사람 모두에게 상처를 주어서 미안하다고 그야말로 겸허한 마음으로 전하고 싶어. 정말 진심이라는 걸 알아줘. 이 일 때문에 아주 깊은 바닥에 처박히기도 했지만, 이제 그 시간은 지나간 것 같아. 너도 M도 내 걱정은 하지마. 그럴 이유가 이제 없어.

필리파, 내가 말하지 않아도 알겠지만 널 사랑하는 내 마음은 그 어느 때보다 깊고 뜨거워. 그리고 언제나 그럴 거야. 내 마음 아주 깊은 곳에 있고 늘 내 일부일 테니까 말이야. 누구도 널 대신하지는 못해. 네 생각도 자주 해. 아끼는 내 친구, 사랑해.

나는 이제 다 괜찮아졌어. 평온한 마음으로 일을 하고 있고 이제는 뭘 좀 알 것도 같아. (옥스퍼드에서는 아주 오리무중이었던 칸트라든가 말이야.) 어디로든 움직이게 되면 알려줄게.

이 편지가 좀 피곤하겠지만 그래도 참아줘.

사랑하고 너희 둘 모두에게 축복을 빈다.

아이리스[131]

필리파는 자리에 앉아 답장을 썼다. 여전히 아이리스를 아끼고 사랑하며, 과거를 다 잊을 수 있는 날을 기다린다고 적었다. 남편에 대한 사랑과 친구를 위한 사랑이 결코 서로 대립하지 않는다고도 말했다. 마이클이 아이리스를 미워한다고 해도 자신은 아이리스를 여전

아이리스 머독이 그린 행복한 강아지.

히 사랑한다고 적었다. 기다려 달라는 필리파의 말에 아이리스도 "인내심을 보여주고 손을 놓지 말아줘"라고 답했다. 아직 돌아보아야 할 과거가 한참 남았고 풀어야 할 매듭이 많다고 적기도 했다. 과거를 풀어 앞으로 나가는 방식은 실존주의자 사르트르가 주장하는 방법과는 매우 동떨어져 있다. 필리파는 또 이렇게 천천히 써 내려갔다. "우리는 뿌리를 내려야 해. 식물처럼 다시 싹이 나길 기다려야 해." 그러자 아이리스는 "좋은 것은 더 성장하고 나쁜 것은 죽어 없어지길" 바란다고 답했다. "내 삶의 아주 중요하고 귀중한 한 가지, 너와의 우정이 남아 있다는 사실은 굉장한 용기와 마음의 평화를 줘"라고도 했다.[132] 아이리스는 브뤼셀에서의 정신없었던 시절도 돌아보았다. "새로운 것에 대한 갈망은 분명히 있었어. 그런 의미에서는 내가 달라졌다는 생각이 들었지. 하지만 기쁨은 전혀 느끼지 못했어."[133]

11월의 어느 주말, 두 사람은 조심스럽게, 수줍게 다시 만났다. 아이리스가 치즈윅에서 옥스퍼드로 가는 열차를 탔다. 디스트릭트 노선을 타고 일링 브로드웨이로 가서 지상철로 갈아탄 뒤, 슬라우에서 한 번 더 갈아탔다. 필리파도 만나고 마이클과도 이야기하면서 인내심을 갖고 거리를 두며, 차분함을 잃지 않겠다고 약속했다. 세 사람은 철학에 대해서도 이야기했다. 머릿속이 엘리자베스 생각으로 가득했던 필리파는 아이리스에게 코기토 이야기를 했다. 아이리스는 필리파와 엘리자베스의 새 우정에 부러움과 기쁨을 나타냈을 것이다. 두 사람은 "꿈 속에 나타나 코기토 에르고 숨이라고 말하는 남자(그리고 '아니, 넌 존재하지 않아, 이 친구야!'라고 내가 대답하지)"에 대해 장난스럽게 이야기했다.[134]

개혁을 주도한 오스틴 중령

엘리자베스는 1946년 미카엘마스 학기 내내 매주 금요일 서머빌 칼리지를 나와서 멀지 않은 모들린 칼리지까지 1마일을 걸었다. 이렇게 오후 5시 직후 J. L. 오스틴의 연구실에 도착하면 대학원 강의를 들었다.《옥스퍼드 가제트》에 '사물들'이라는 제목으로 소개된 강의였다. 배급 줄을 선 학생들 사이에서 떠들썩했던 바로 그 수업이었다.

1940년 11월 J. L. 오스틴은 군사 훈련을 받기 위해 옥스퍼드를 떠나 매틀록으로 향했다.[135] 전쟁이 끝나자 오스틴 중령으로 돌아온 그는 디데이를 가능하게 만든 정보 활동이 "사람을 살리는" 활동이 될 수 있도록 그 정확성을 "그 누구보다" 현저하게 높였던 사람이었다.[136] 블레츨리 밖에서 "초극비" 정보(독일군의 암호 해독을 통해 얻은 정보)를 받아볼 수 있는 몇 안 되는 사람 중 한 명이었다.[137] 옥스퍼드로 돌아온 뒤, 오스틴은 형제회 동료 A. J. 에이어가 형이상학을 상대로 시작한 전쟁의 새로운 국면을 기획했다. 한 학년 선배였던 에이어와 마찬가지로 오스틴은 이른바 형이상학적 야망을 '혐오하고 불신'했다. 그리고 비트겐슈타인이 《논리-철학 논고》에 썼던 내용, "말로 표현될 수 있는 모든 것은 명확한 말로 표현될 수 있다"를 받아들였다. 그러나 (에이어를 "성급한 젊은이"라고 했던) 프라이스와 마찬가지로 오스틴은 에이어가 "놀라운 속도"로 결론에 이르렀다는 점이 의심스러웠다.[138] 오스틴은 형이상학적 고뇌나 젊은 남성 무리가 들이대는 화려한 실증주의 없이도 철학의 문제들을 해결할 수 있다고 믿었다.[139] 그래서 에이어의 독단적인 논리실증주의를 거부했음에도 '마치 빈 학파의 작업장 같은 진지한 분위기'를 동경했기에 전후 옥스퍼드에서 그와 동일한 것을 추구하기 시작했다.

초대를 받아야 참가할 수 있는 토요일 오전의 진지한 연구회는 남성 칼리지의 이런저런 공간에서 열렸다. "베일리올 칼리지의 앞뜰에 인접한, 허름하지만 편안하고 가죽 냄새가 나는 빅토리아 시대풍의 사교실"에서 열리기도 하고, "트리니티 칼리지의 좀 더 작고 오래된 방"에서 열리기도 했다. 오스틴이 제일 마음에 들어한 곳은 "세인트 존에 있는 꽤나 화려하고 현대적인 방으로, 중앙에 커다란 탁자가 있고 커다란 중역용 의자가 있어서 어느 돈 많고 진지하며 진취적인 민간 기업의 이사회실 같은 곳"이었다.[140] 여러 해 뒤에 여성이라는 이유로 겪은 어려움이 있는지 묻는 말에 필리파는 이러한 예를 들었다. "오스틴의 유치원이라는 게 있었어요. 토요일 아침이 되면 오스틴은 주변 사람들에게 스스럼없이 철학 토론을 하자고 했어요. 자기와 나이가 같거나 더 어린 사람들에게 물었기 때문에 유치원이라는 이름이 붙었죠. 옥스퍼드 강사직을 맡은 사람들은 다 초대를 받았지만, 여성은 초대받지 못했어요. 진지한 연구를 한다는 건 그런 의미였어요."[141]

전쟁 중에 오스틴 중령과 부하들은 정보를 수집하고 걸러내며 해석한 결과 영국군이 상륙 가능한 지점들에 대해 가공할 정도로 자세한 그림을 그릴 수 있었다. 철학자 오스틴은 이제 이 전략을, 즉 상충하는 다량의 데이터에 조금씩 점진적으로 접근하는 전략을 영어에 적용시키고자 했다. 이후 "일상 언어 철학"으로 알려진 이 방법은 다음과 같았다. 먼저 철학자 한 팀이 "관심사에 따라 특정한 담화 영역"을 선택하는데 주로 중요한 철학적 주제와 밀접하게 관계된 영역으로 정한다.[142] J. L. 오스틴이 가장 선호했던 영역은 시각 정보를 전달하는 담화로 '고양이가 보인다' '무지개가 보인다' '이 막대기는 구부러져 보인다' '존과 톰은 똑같다' 등이었다. 오스틴은 인식에 대한 철학에서 나타나는 형이상학적 무절제는 바로 이러한 언어 영역에 명확한 지도가 없기 때문이라고 생각했다.

지형이 선정되면 다음 단계는 정보를 수집하는 일이었다. 이 일은 매우 방대하기 때문에 협력이 매우 중요했다. 이 영역에 속하는 모든 어휘와 어구를 수집해야 했는데, "먼저 흔히 입에 올리는 어휘나 첫눈에 중요해 보이는 어휘들만이 아닌 가능한 모든 어휘를 떠올려 목록으로 만들고, 그다음에는 사전에서 동의어와 동의어의 동의어를 찾고, 해당 분야에 대한 글 중에 철학 이외의 글을 읽어보면서" 모아야 한다고 했다.[143]

1차 데이터가 수집되면, 팀에서는 메타데이터를 만드는데 타당한 어휘와 어구가 나타나는 '이야기'를 만드는 방식으로 한다. 그 이야기는 특히 하나의 사전적 '동의어'로 대체할 수 있지만 다른 동의어로는 대체할 수 없음이 명확하게 드러나는 이야기여야 한다. 예를 들어 '실수' '사고' '잘못' '부주의'는 서로 사전적 동의어지만 "상황을 생생하고 알차게 상상함으로써, 가령 플립솔이라는 사람이 새로 산 고급 노트에 신중하게 ('DIARY'가 아닌) 'DAIRY'라고 쓰는 상황을 상상함으로써 이를 설명하기 위한 정확한 단어를 고를 수 있을 것이다. 이로써 우리는 그것이 단순한 실수인지, 그저 부주의한 착오인지,

혹은 아주 순수하고 단일한 의미의 잘못인지 구별할 수 있다"라고 오스틴은 말했다.[144] 복잡한 서사를 구축해서 언어 사용의 보다 섬세한 특징을 조명할 수 있다는 것이다. 이러한 '언어 현상학' 작업의 핵심은 언어적 감각, 그리고 관용어구와 시에 암호화 되어 있는 언어에 대한 지식이었다.

마침내 모든 언어 데이터가 수집되면, 팀은 분석과 모델링을 진행함으로써 "데이터를 설명해 줄 수 있는 어휘의 의미와 상호 관계에 대한 의견을 내놓게 된다."[145] 작업은 따분하고 결과는 종종 실망스러울 수 있겠지만 지형도는 점차 그려질 터였다.[146]

엘리자베스는 필리파와 마찬가지로 성별로 인해 이사회실에 초대받지 못했지만, J. L. 오스틴은 엘리자베스가 대학원 강의를 듣는 것까지 막지는 못했다. 강의 '사물들'에서 오스틴은 인식에 대한 논의에 자신의 방법론을 적용했다. 오스틴 팀이 수집한 정보는 몇 가지 매우 중요한 결과를 드러냈다. 첫째, 언어 데이터에 따르면 "간접적으로 인식한다"라는 생각은 주로 거울이나 잠망경 등으로 사물을 볼 때 (예를 들어 "나는 그 사람을 거울을 통해 간접적으로 보았다") 일어난다. 그러나 욕조나 담뱃갑을 눈으로 볼 때는 그렇게 생각하지 않는다.[147] 반면 감각 데이터 이론을 지지하는 사람들은 우리가 담뱃갑이나 고양이를 볼 때, 실은 그 표면과 감각 인상을 "간접적"으로 본다고 생각한다. 언어 데이터가 감각 데이터 이론의 주장을 뒷받침하지 않는 것이다. 둘째, "분간할 수 없다"와 "같다"의 사용에 관해 수집된 데이터는 둘의 의미에 상당한 차이가 있음을 드러냈다. 감각 데이터 이론에서는 고양이를 보는 '환각 경험'과 고양이를 보는 '경험'은 공통적인 본질을 갖는 경험이라고 가정했다. 그 경험이 "구별될 수 없기" 때문에 같다고 본 것이다. 그러나 오스틴은 때때로 "같다"는 말의 의미와 "분간할 수 없다"의 의미가 매우 다르다고 지적했다. 가령 "존과 톰은 같은 사람이다"는 "존과 톰은 분간할 수 없다"와 매우 다른 의미를 가진다는 것이다.[148] 여기서도 감각 데이터 이론은 언어 데이터와 상충한다.

P. F. 스트로슨은 "거대하고 위압적인 사유의 구조가 허물어지는 짜릿한 광경"이었다고 말했다.[149] 플라톤 이후로부터 철학자들은 겉모습과 실재 사이에 다리를 놓으려고 애를 썼던 플라톤 이후 철학자들의 모든 노력을 그럴듯한 말 한마디로 업신여긴 것이다. 논리실증주의처럼 이 방식은 민주화를 가능하게 할 것처럼 보였다. 레이디마거릿홀의 고전학과 졸업반 메리 월슨은 오스틴의 방법론에 감격했다. 전쟁 직후 "우리는 프로파간다에 질려 있었다"라고 회상한 메리는 오스틴의 철학이 해독제가 되어주리라고 생각했다.[150] 그러나 스코틀랜드 출신 철학자 클레멘트 먼들(프라이스처럼 훗날 심령 연구 학회 회장이 된다)은 오스틴 팀이 수집한 정보가 실은 옥스퍼드에서 고전학 본과 과정을 1등급으로 졸업한 남자들이 사용하는 영어를 설명하고 있다고 의심했고 이렇게 생각하는 사람은 먼들만이 아니었다.[151] 독일어나 체코어, 그리고 물론 스코틀랜드 영어에 익숙한 사람들은 이 방법론에서 요구하는 현상학적 분석 능력을 갖추지 못했을 가능성이 높았고, 그러므로 언어의 타당한 용례와 그렇지 못한 용례도 판단하지 못할 터였다.

엘리자베스는 메리 월슨과 매우 다른 관점에서 '사물들'을 들었다. 세인트 휴 칼리지 정원에서 카디건을 걸치고 사진을 찍었던 어린 학부생 시절의 엘리자베스가 아니었다. 1등급 성적으로 졸업한 후 어린 두 아이, 까다로운 남편, 그리고 루트비히 비트겐슈타인까지 꽉 잡고 있는 무서운 존재감을 보여주고 있는 지식인이었다. 엘리자베스는 가만히 듣고 있지 않았고 틈틈이 끼어들어 강의 내용에 대한 냉소적인 비판을 쏟아부었다.[152] 어느 금요일 저녁 메리 월슨은 엘리자베스가 눈에 띄게 무례한 태도를 보였다고 생각했다. 평소 엘리자베스의 태도를 감안해도 유독 심했다. 메리는 엘리자베스와 한 편으로 보이는 것이 싫어서 오스틴이 강의를 마치자마자 "엘리자베스를 피해 종종걸음을 쳐 모들린 후문으로 나갔다." 엘리자베스는 메리를 뒤따랐고 롱월 가에서 자전거 자물쇠를 열려고 애쓰고 있던 메리를 따라잡았다. 붙잡힌 메리 윌슨에게 엘리자베스는 씩씩거리며 말했다. "비트겐슈타인이 저 사생아를 낳았다니."[153] 메리 윌슨은 충격을 금치 못했다.

머지않아 굳어진 옥스퍼드 혁명의 공식 역사에 따르면, J. L. 오스틴은 비트겐슈타인과 독립적으로 "일상 언어 철학"을 구축했다고 한다. 하지만 엘리자베스가 오스틴을 비트겐슈타인의 사생아라고 부른 데에는 나름의 근거가 있었다. 오스틴이 비트겐슈타인을 일부러 가볍게 경시하는 태도를 취하기는 했어도 (그를 "비터스Witters"라고 칭하며, 그를 에워싼 "사적인 분위기"에 "불쾌감"을 느꼈다는 사실을 숨기지 않았다) 오스틴은 사실 비트겐슈타인의 '파란색 노트'에 적힌 내용을 익히 알고 있었다.[154, 155] 1940년 2월, 군사 훈련을 받기 위해 옥스퍼드를 떠나기 몇 달 전 오스틴은 케임브리지 도덕 과학 클럽에서 논문 〈단어의 의미〉를 발표했다.[156] 여기서 오스틴은 '단어의 의미가 그 단어에 해당하는 대상이다'라는 시각에 대해 논한다. 오스틴은 이 발표에서 비트겐슈타인의 이름을 언급하지는 않았지만, 관객은 그가 '파란색 노트'에 들어 있는 주장을 끌고 들어왔다는 사실을 의심하지 않았을 것이다. 그 노트의 첫 문장이 바로 "단어의 의미란 무엇인가?"였기 때문이다. 오스틴의 발표는 상당히 많은 부분이 비트겐슈타인의 생각으로 채워져 있었다. 특수한 상황에 주의를 기울여야 한다든가, 언어가 우리를 오도할 수 있다든가, 단어가 어떻게 사용되고 있고 어떻게 설명되고 있는지 보아야 한다든가 하는 내용을 담은 이 발표는 사실상 비트겐슈타인에 대한 헌정 같았다.

J. L. 오스틴의 시작이 '파란색 노트'였을지 몰라도 엘리자베스가 '사물들' 강의를 들을 당시 오스틴은 탁자의 상석에 놓인 가죽 의자에 엄숙하게 앉아 있는 철학자의 모습으로 휴얼스코트의 타워 연구실에서 먹이를 찾아 헤매듯 서성이던 비트겐슈타인의 모습과는 완전히 딴판이었다. 인간 언어를 이해하려면 인간의 삶을 이해해야 한다는 비트겐슈타인의 생각을 가져다 놓고, 그 생명을 아주 제거해 버린 듯했다. 어느 날 메리 윌슨은 엘리자베스에게 (어리석게도) 이러한 말을 했다. "저는 비트겐슈타인이 '사물들'에 대부분 동의할 것 같은데요. 비트겐슈타인도 언어의 형이상학적인 의미가 아닌 일상적 의미를 되돌려 놓는 데 대해서 이야기하지 않았나요?" 그러자 엘리자베스는 분노로 새하얗게 질렸다.[157]

　오스틴이 "언어의 형이상학적 의미가 아닌 일상적 의미를 되돌려 놓는" 방법은 언어의 사용에 대한 규칙에, 그리고 특정한 상황에 어떤 단어가 적절하게 들리는지에 대한 직관적인 판단에 호소하는 방법이었다. A. J. 에이어가 '검증 원칙'을 통해 실재론과 관념론 형이상학자들을 침묵시킨 것처럼 J. L. 오스틴은 철학자들이 보통 사람과 대중의 언어만을 다루도록 '사전 원칙'을 이용한 것이다. 그러나 비트겐슈타인에게 사전이라는 것은 언어와 삶의 거의 전부를 이해한 뒤에야 단어의 정의를 내리기 위해 사용할 수 있는 도구였다. 단어의 정의를 내려놓은 목록, 즉 다른 단어를 빌려 단어를 설명해 놓은 곳이 아니라 소리, 행위, 자연, 본능, 문화가 서로 교차하면서 살아 있는 의의와 의미를 만드는 인간의 실제 속에서 언어 규칙을 찾아 헤매야 한다는 것이 비트겐슈타인의 생각이었다.

　1947년 1월 22일 눈이 오기 시작했고 54일간 멈추지 않았다. 나폴레옹 전쟁 이후 가장 추운 겨울이었다. 수도관이 얼어붙었다. 메리스크러튼의 단칸방은 난방 시설이 고장났다. 옥스퍼드 사람들은 다시 스케이트를 신고 얼음 위를 미끄러졌다. 메리는 "철학계로 돌아가는" 중이었다. 플라톤의 형상에 대해 엘리자베스와 나누었던 옛 대화를 다시 시작했고 필리파와는 윤리학에 대해 새로운 대화를 시작했다. 아이리스와 필리파는 편지를 주고받고 이따금 만나기도 하면서 조심스럽게 둘의 관계를 돌보는 중이었다. 바깥은 고요했다. "극심한 추위. 실재성의 정도. (서리의 정도!)" 아이리스가 일기장에 적은 내용이었다.[158]

아이리스는 심령 연구자 와틀리 캐링턴의 유작 《물질, 정신, 의미》에 대한 프라이스의 서문을 읽는 중이었다. 1차 대전이 끝나고 많은 사람이 사망자의 빈자리를 그들의 영혼으로 채우고자 영매를 찾았다. 심령 연구 학회의 전 회장이자 초자연적 현상 전문가인 프라이스에게 지각에 대한 철학은 초심리학과 관계가 깊었다. 실재하는 것은 감각 정보와 겉모습이고, 이것이 모여서 우리가 개개의 사물이라고 부르는 것을 형성한다고 와틀리는 주장하고 있었다. 우리는 유령이나 심령을 "순수한 '사물'"이라고 부르는 걸 주저하지만, 이러한 복잡한 현상 구조들은 자기만의 단일성을 형성하고 침대보나 자전거만큼이나 실재의 일부이다. 프라이스는 실재성에 정도가 있다고 보는 시각이 심령을 불러내는 일, 소리를 내거나 물건을 움직이는 유령, 초자연적인 현상을 이해하는 데 열쇠가 되어주길 바랐다. 엘리자베스도 막 발표된 조지프 뱅크스 라인의 염력 실험 결과에 대해 읽으면서 초심리학을 알아가는 중이었다. 이 실험에서 라인은 실험 대상들로 하여금 주사위가 원하는 방식대로 떨어지도록 의지를 행사하라고 지시했다. 엘리자베스는 별 감흥이 없었다. "영혼이 몸 밖에 있는 사물을 몸 안에 있는 사물만큼 잘 움직일 수 있다거나 혹은 움직일 수 없다"라는 주장은 잘못된 주장이라고 생각했다. "움직이려는 의지만으로

성냥갑을 움직일 수 없는 것처럼, 움직이려는 의지만으로 팔이 움직이는 것이 아니기 때문"이었다.[159]

이 무렵 엘리자베스는 아리스토텔레스의 생각을 표현하는 새로운 방법을 실험하기 시작했다. 눈이 시각의 기관이듯 몸이 영혼의 기관이라고 생각한 아리스토텔레스의 말이 무슨 뜻인지 고민하고 있었다. 시각의 기관은 눈이다. 눈에는 보는 기능이 있다. 영혼의 기관은 몸이다. 몸에는…… 기능이 있다.[160] 엘리자베스는 서서히 "영혼"을 "생명"으로, 즉 "영혼을 가지고 있음"을 "생명을 유지해 주는 기능을 행사하고 있음"으로 생각하는 방향으로 움직이고 있었다.[161]

메리는 어머니를 돌보기 위해 본가로 돌아가야 했다. 메리가 지난 강추위 때 그랬던 것처럼 어머니도 얼음에 미끄러져 골절을 당한 것이다. 메리는 정중하게 길버트 머리의 비서직을 내려놓고 마지막으로 보어스힐을 내려갔다. 빙판길과 사고에 취약한 성향을 고려해서 이번에는 자전거가 아닌 버스를 탔다.

비트겐슈타인을
옥스퍼드로 데려온 엘리자베스

수년간 옥스퍼드 교수들은 비트겐슈타인을 간절히 데려오고 싶어했다. 《논리-철학 논고》를 읽기는 했지만 새로운 연구는 미출간 상태였고 케임브리지에서 흘러나온 단편적인 내용만 해도 충분히 흥미로웠기에 더 알고 싶어했다. J. L. 오스틴처럼 '파란색 노트'를 구할 수 있었던 사람은 거의 없었다. 전쟁 전에는 옥스퍼드의 모든 철학 학회들을 포함한 수많은 철학 학회들이 케임브리지 트리니티 칼리지에 있는 비트겐슈타인 교수에게 편지를 보냈다. 조심스럽게 말을 꺼내는 듯하다가 점점 환심을 사려고 애쓰며 와달라고 애걸복걸하는 내용이었다. 비트겐슈타인은 대개 그러겠다고 했지만, 약속된 날짜가 다가오면 불운한 서기 혹은 회장에게 전보가 날아들었다. 감기에 걸렸다, 약속이 있다, 큰일이 생겼다는 내용이었다.[162] 비트겐슈타인은 동료들에게는 더 솔직했다. 케임브리지에서 열릴 예정이었던 모임에 불참을 알리며 "내가 또다시 그 빌어먹을 회의에 참석하지 않기로 마음을 바꾼 걸 두고 당신은 분명 내가 괴물이라고 생각하겠지"라고 적기도 했다. "실은 마음을 바꾸길 잘한 것 같네. 논리실증주의자니 뭐니 하는 사람들과 한자리에 있을 생각만 해도 끔찍해."[163] 그런 그를 엘리자베스가 서머빌 강사직에 임명된 지 여섯 달 만에 옥스퍼드로 데려온 것이다. 비트겐슈타인이 논문을 발표하도록 설득하지는 못했지만, 조웨트 소사이어티(학부생 철학 클럽)에 참석해서 회장인 오스카 우드의 발표에 답변을 주겠다는 의사는 확인했다.

　1942년에 학부 과정을 시작한 오스카는 거의 5년이 지난 시점이었던 당시 4년 과정의 수료를 앞두고 있었다. 엘리자베스의 남편 피터와 마찬가지로 오스카도 양심적 병역 거부자였고, 일부 연구원들은 혐오에 가까운 불신의 눈초리로 그를 바라보았다. 오스카가 1952년 우스터 칼리지 강사로 임명되었을 때, 학생감은 사임하겠다고 을러댔다. 학부모들은 "현역을 마치고 돌아온 아들들이 병역 거부자가 가르치는 원칙에 따라 행동해야 한다는 사실을 알았다면" 학부모들이 우스터 칼리지를 선택하지 않았을 것이라는 논리였다. 해당 칼리지가 "오스카 우드처럼 흔치 않은 사상을 가지고 있는 사람을 의도적으로, 그리고 공식적으로 철학 강사에 앉힌다면 살아 있는 사람뿐만 아니라 세상을 떠난 사람들에게도 모욕에 가까운 일"로 봐야 할 것이라고도 했다.[164] '콘치'에 대한 이러한 흔한 태도는 피터 기치가 베일리올 칼리지를 1등급 성적으로 졸업하고도 제대로 된 자리를 얻지 못한 이유도 설명해 준다.

엘리자베스는 모들린 칼리지에서 열리는 모임에 비트겐슈타인을 데리고 나타났다.[165] 방은 사람들로 꽉 들어차 있었고, 오스카 우드는 작은 반원형 탁자에 앉아 있었다. 비트겐슈타인이 반대편에 앉았고 엘리자베스는 바닥에, 비트겐슈타인의 발치에 앉았다. 의자가 없었기 때문이었지만 이 상징적인 모습에 눈총이 쏠렸고, 엘리자베스와 비트겐슈타인의 관계에 대해 떠돌고 있었던 근거 없는 소문에 힘을 실었다. 메리는 엘리자베스가 엄숙한 모습을 잃고 "자그마하고 순종적인 모습"이 된 데 놀라움을 표했다.[166] 탁자 양쪽에는 촛불이 켜져 있었기 때문에 오스카가 자리에서 일어서자 마치 심령을 불러내거나 미사를 집전할 것처럼 보였다. 엘리자베스는 분명히 경계심을 갖고 맨 앞줄에 앉은 사람들을 바라보았을 것이다. 그들은 수업 '사물들'의 적군들이었다. 평소대로 출석한 메리 윌슨은 "내가 본 거의 모든 철학자들이 와 있었다"라고 했다.[167] J. L. 오스틴, 길버트 라일, J. O. 엄슨, 이사야 벌린, H. A. 프리처드가 맨 앞에 한 줄로 앉아 있었다. 필리파도 와 있었다. 메리 윌슨은 필리파가 집에서 만든 게 아닌 것이 분명한 '좋은' 옷을 입었다는 사실을 놓치지 않았다. 필리파는 스타킹을 신고 있던 반면, 값비싼 스타킹을 살 여유가 없었던 다른 여성들은 자전거를 타느라 진흙이 튄 맨다리를 내놓고 있었다. 날이 풀리자 옥스퍼드로 돌아온 메리 스크러튼도 예쁘지 않은 붉은 다리를 내놓고 있었다.[168] 좀 더 뒤로 가면 안쓰러울 정도로 마른 리처드 헤어가 안경을 쓰고 앉아 있었다. 메리와 나이가 같았지만, 머리가 빠지고 얼굴이 수척해서 훨씬 더 나이가 들어 보였다. 메리가 리처드를 보았다고 해도 프랭클의 《아가멤논》 수업에서 봤던 소년을, 닉 크로즈비, 프랭크 톰슨과 같은

햇살 아래 있었던 모습을 떠올리지 못했을 것이다.[169]

오스카는 데카르트의 '코기토, 에르고 숨'이 타당한 논증인지에 대해 신중하게 써 내려간 짧은 글을 발표했다. 오스카가 발표를 끝내자 비트겐슈타인이 응답을 시작했다. 목소리가 굉장히 작았기 때문에 관객은 숨을 멈추고 들어야 했다. 메리는 원래 예민한 사람들을 싫어하는 성격이라서 이 작고 과민한 학자가 마음에 들지 않을 것 같았지만, 놀랍게도 빠져들기 시작했다. "약 5분간 비트겐슈타인이 한 말은 엄청나게 중요하고 많은 것을 드러내는 듯했다." 메리는 엘리자베스가 필리파의 응접실에서 인내심을 가지고 해주었던 설명이 고마웠다. "언어는 복잡한 현실의 삶에 뿌리를 내리고 있어야지, 어떤 공리에서 도출한 계산법처럼 바깥에서 강제할 수 있는 것이 아니야"라고 엘리자베스는 당시 설명했다. "나는 생각한다"라는 말은 그 용례를 이해할 수 있고, 의미와 의의가 드러날 수 있는 인간 삶의 맥락 안으로 다시 끌고 들어와야 한다고도 했다. 메리는 노트를 가지고 오지 않은 것을 후회했다. 잉크가 곧잘 새는 펜이 있었지만, 주머니 안에서 놀고 있었다. 그러나 이러한 후회가 들자마자 상황이 흐트러지기 시작했다. 비트겐슈타인은 자신의 말을 끊기 시작했다. "아니, 그게 아니고, 뭐라고 할까요? 알다시피 여기서 실로 어려운 점은, 아닙니다, 끔찍하네요……."[170] 비트겐슈타인은 오스카 우드에게 "일단 하고 싶은 말을 하세요. 정제되지 않아도 좋으니. 거기서부터 계속합시다"라고 했고 오스카는 의기소침하게, 그러나 명확하게 논문의 요점을 설명했다.[171] 비트겐슈타인은 이를 몹시 답답해했다. 메리는 오스카의 객관적이고 차분한 모습에 비해 유아론을 거부하는 비트겐슈타인의 태도에 담긴 매우 난폭한 힘과 공포에 충격을 받았다. 비트겐슈타인은 생각하는 자아의 냉랭하고 고독하며 끝없는 고립, 타인들뿐만 아니라 살아 있는 생명의 피와 살로부터 단절된 자아를 동물적으로 감각하고 있었고 "사회적 존재인 우리를 제대로 된 흙 속에 이식하려는" 절박한 마음을 갖고 있었다.[172] 아이리스가 그 자리에 있었다면 가브리엘 마르셀의 글을 떠올렸을 것이다. 오스카에게 유아론은 문제였다. 비트겐슈타인에게 그것은 불가사의한 수수께끼였다.

모임이 어수선해지고 있는 와중에 필리파는 순간 깊은 깨달음을 얻었다. 내부에서 어떤 변화가 느껴졌다. 이후 필리파는 이렇게 얘기했다. "그 5분은 그 어느 누가 내게 했던 말보다 내 철학에, 그러므로 내 인생에 가장 많은 영향을 끼쳤다." 필리파는 이날 이러한 교훈을 간직했다. "그야말로 정신 나간 소리"를 하고 있는 내 모습을 발견했을 때 "그 생각을 몰아내려고 애쓰는 것이 아니라 그 생각을 하루, 한 주, 한 달, 필요하면 1년 동안 법정에 세우는 것이 중요하다."[173] 이것은 A. J. 에이어의 접근법과 정반대였다. 에이어의 접근법 때문에 한 세대의 남자 학부생들은 겁에 질려 입을 열지 못했다. 더듬더듬 표현한 생각에 "말도 안 되는 소리!"라는 말이 날아올까 두려웠기 때문이다. 필리파는 아마 엘리자베스와 눈빛을 주고받으며 말없이 이 생각을 공유했을 것이다.

"어떤 사람이 하늘을 보면서 '비가 올 것 같다는 생각이 든다. 그러므로 나는 존재한다'라고 했다면 나는 그 사람의 말을 이해할 수 없을 것"이라고 비트겐슈타인은 계속했다. 언어와 삶에서 우리를 하나로 묶어주는 인식과 이해 가능성, 온전한 정신이라는 끈은 매우 가늘다는 사실을 관객에게 다시 일깨우려고 애쓰고 있었다. 그러나 앞줄에서 안절부절못하고 있던 나이든 실재론자 H. A. 프리처드에게 이것은 도가 지나쳤다.[174] 친구 H. W. B. 조지프는 에이어의 입장에 담긴 모순을 절박하게 추적하고 노출하면서 학문적 절망에 빠져 말년을 보냈지만, 에이어와 다른 분석 철학자들은 그를 무시했을 뿐이었다.[175] 반면 프리처드는 자신에게 시간을 낭비하지 않기로 작정한 젊은 남성들에게, 자신 역시 헛된 노력을 기울이지 않겠다는 결심을 했다. 자기만의 성 안에 들어앉아 문제를 차근차근 풀어나가는 데만 신경을 쓰기로 한 것이다.[176] 그러니 여기서도 더는 건딜 수 없었다. 1912년 프리처드에게 명성을 안겨준 중요한 연구의 제목은 '도덕철학은 오류에 기반하고 있는가?'로, 확실성을 추구하려는 데카르트의 노력과 우리가 의무에 대해서 일상적으로 하는 고민에 중요한 공통점이 있다는 사실을 지적했다. '내가 진정으로 알고 있는 것은 무엇인가? 내가 옳은 일을 해야 하는 이유는 무엇인가?' 프리처드는 그 어떤 철학 이론도 우리가 이 질문에 대답하는 데 도움을 줄 수 없다고 주장했다. 그럼에도 대답하려는 노력은 진지하게 받아들여져야 한다. 이를 어떤 말도 안 되는 정신 나간 헛소리처럼 취급한다고 해서 그 물음이 없어지지 않을 뿐만 아니라, 묻고자 하는 우리의 충동도 없어지지 않는다. 오히려 그 물음에 사로잡힌 형이상학적 동물들의, 비록 서툴지만 위대한 노력을 훼손하는 일이다. 프리처드는 자리에서 일어났고 경악하며 지켜보는 사람들을 뒤로하고 문을 향해 갔다. 나가기 전에는 이렇게 외쳤다. "데카르트의 관심사는 당신이 오늘 저녁에 언급한 그 어떤 문제보다 훨씬 더 중요한 문제였습니다."[177] 여기서 '당신'은 비트겐슈타인을 의미했지만, 맨 앞줄에 앉은 형제회를 겨냥하는 것이기도 했다.[178] 이 말은 그날 모인 사람들 대부분이 들은 프리처드의 마지막 말이었다. 프리처드는 6개월 후 세상을 떠났다.

당황스럽고 난처한 분위기가 이어지고, 관객들이 끼어들어 의견을 내놓기 시작했다. 뒤쪽에 있는 한 젊은 남성이 몇 가지 불쾌한 말을 던졌고, 비트겐슈타인은 이에 몹시 짜증스러워하는 것 같았다. 오스카는 '코기토'에서 인식이 하는 역할에 대한 자신의 핵심 주장으로 비트겐슈타인을 붙잡아 오려고 노력했고, 이는 메리의 눈에는 꽤나 영웅적으로 보였으나 아무 소용이 없었다. 한편 리처드 헤어는 조바심이 나기 시작했다. 조웨트 소사이어티 클럽의 첫 모임이었고 리처드 헤어의 목표는 단 하나, 발언을 하는 것이었다. '코기토'에는 별 관심이 없었다. 비트겐슈타인에 대해서도 그랬지만 조웨트 소사이어티 회원으로 남기 위해서는 학부생일 때, 한 번은 발언을 해야만 했다. 이번에 리처드 헤어의 마지막 기회였다. 몇 주 뒤면 고전학 본과 졸업 시험을 볼 예정이었다. 이날 밤 아무 말도 하지 못하면 이후 모임에 강사 자격으로 참여할 수 없을 터였다. 사태가 어긋나고 있다는 사실을 깨달은 리처드 헤어는 이렇게 외쳤다. "제 의견을 말하고 싶습니다!" 그러나 머릿속에 떠오른 발언은 너무 순진해서 이후 아무도 리처드 헤어가 무슨 말을 했는지 기억하지 못했다. 비트겐슈타인은 이 말이 자신의 뒤에 앉은 젊은 남성이 한 말이라고 착각했다. 앞서 짜증스러운 발언을 던졌던 바로 그 젊은 남성말이다. "비트겐슈타인은 더 이상 참지 않았습니다. 아무 말도 하지 않은 젊은 남성 쪽으로 고개를 돌렸고 갈가리 찢어놓았죠."[179]

메리 윌슨은 그날 저녁 일기장에 이렇게 썼다. "끔찍한 사건이었다."[180]

다시 철학에 발 담글 준비를 하는 메리와 아이리스

메리는 1년간 페달을 밟으며 보어스힐을 오르락내리락했지만,

결국 제자리였다. 이제는 일도 그만둔 터였다. 아이리스처럼 메리도 철학을 한번 시도해 보기로 하고, 서머빌 고대사 강사 이소벨 헨더슨과 면담을 잡았다. 전쟁이 끝난 뒤, 메리를 길버트 머리의 비서로 추천해 준 것도 이소벨이었으므로 메리는 다시 한번 도움을 받을 수 있기를 바랐다.

메리가 철학을 업으로 삼고자 한다면 최고의 선택지는 철학 석사 과정이었다. 이 과정은 존 매벗과 길버트 라일이 설계한 것으로, 영국 전역의 철학과에 분석 철학자들의 군대를 주둔시키려는 목적이었다. 철학 학사 지망생들은 여러 남성 칼리지 내에서 매일 저녁 식사 전 특별히 설계된 수업을 받았다. 오스틴의 '사물들'도 그런 수업이었다. 모르는 사람의 눈에는 이 소규모 토론 모임이 독일의 세미나를 흉내 낸 것처럼 보일 수 있었겠지만, 존 매벗은 그렇지 않다고 고집했다. "독일식 세미나와 전혀 딴판"이라고 매벗은 말했다. 게르만인들의 "가르치기 위한" 세미나와 달리 이 수업은 "진정한 탐구"를 위한 수업이라고 했다.[181] 목적은 과거의 위대한 철학자들이 어떻게 인간 삶의 수수께끼 같은 문제들과 씨름했는가를 배우는 것이 아니라, 새로 개발된 강력한 언어 기술을 숙달한 뒤, 이것을 보편적으로 적용해 수수께끼를 해결 가능한 문제로 변환하는 방법을 이해하는 데 있었다. 철학 학사 과정 학생은 윌리엄 닐의 '논리학 발전' 수업을 듣거나 바이스만과 라일의 '표현의 논리적 힘'을 들을 수도 있었다. J. O. 엄슨과 경제학자 데이비드 챔퍼나운의 '확률', 바이스만의 '고급 논리학', 앤서니 퀸튼과 데이비드 피어스의 강의 '외연 논리학과 환원', J. L. 오스틴과 H. L. A. 하트의 '법적 책임과 도덕적 책임'도 개설되어 있었다.

전쟁 전의 학부 수업이 "말싸움에서 이기기를 좋아하는 영리한 젊은이들(이해할 수 없다는 공격적인 말을 중요한 무기로 삼은 이들)"로 꽉 차 있었다고 한다면 이제는 그 사람들이 대학원 수업을 이끌고 있었다. 현대식 방법론을 훈련받은 학생들이 영리함, 순발력, 공격성을 높이 사는 분야에서 활동하도록 길러지는 온실 같은 환경이었다. 심지어 라일마저도 철학 학사 과정이 철학자가 아닌 속물을 키워내고 있는 것은 아닌지 우려했다.[182] 라일의 제자들은 상대적으로 어리고, 자신감이 덜한 강사들을 겁주는 것을 즐겼다. 막 뉴 칼리지에 부임해 새로운 언어적 방법론이 아직 익숙하지 않았던 허버트 하트는 제프리 워녹이 수업 도중 "오스틴 교수님은 강의에서 그 정반대의 말씀을 하셨는데요"라고 말하자 얼굴이 새하얗게 질렸다.[183]

이러한 환경은 철학자가 되고자 하는 메리의 꿈을 지워버릴 것이 분명했으므로 이소벨은 대신 메리에게 철학 박사 학위에 도전할 것을 제안했다. 3년 과정을 밟는 동안 메리는 하나의 문제를 가지고 폭넓은 연구를 할 수 있는 기회였다. 현대적인 방법으로 재빠르게 결과를 내는 대신 안정적으로 메리와 필리파가 막 논의를 시작하고 있던 '광범위한 형이상학'을 고민해 볼 수 있었다. 도널드 맥키넌이 가르쳤듯 A. J. 에이어의 철학은 맹목적이고 위험한 '인간론'이었다.[184] 이것이 낳을 수 있는 주관적 윤리론을 극복하려면 대안적인 틀이 필요했다. 이 과정을 밟는다면 메리는 현대적인 학자가 되지 못할 수도 있고 졸업 후 취직도 힘들 수 있었다. 형이상학적 탐구는 의심, 비난을 받거나 심지어 대놓고 조롱을 당할 수 있었다.[185] 그러나 철학 석사 학위가 가진 독선으로부터는 보호받을 수 있었다.

광범위한 형이상학을 추구하려는 메리는 엘리자베스를 서머빌 식당에서 처음 만났을 때처럼 플라톤에게 끌렸다. 메리를 에워싸고 있는 여러 철학자들은 (메리의 표현에 따르면) "극단적 경험주의"를 섭취하며 성장한 이들로, 오직 단 하나의 실재, 경험적이고 감각적인 사실로만 구성된 무가치한 세계밖에 없다고 생각했다.[186] 그러나 플라톤은 프라이스처럼 실재성의 정도에 대해서 이야기했다. 《플라톤

4장 철학의 불꽃을 되살리다

의 국가》(메리가 다운하우스 도서관에서 처음으로 재미있게 읽은 철학서)에는 동굴의 비유가 나온다. 동굴 속에 갇힌 사람들은 실재하지 않는 그림자 세계에 머물고 있지만, 그들은 더 실재적인 세계를 향해 움직인다.[187] 어둠에서 빛으로, 앎과 선, 아름다움을 향해 나온다. 비유는 동화 같은 것이 아니며, 역설과 시는 직접적인 앎이 불가능한 "세상의 의미"를 우리가 포착할 수 있도록 돕는다고 도널드 맥키넌은 가르쳤다. 그러나 플라톤은 무슨 의미로 형상의 세계가 물질의 세계보다 더 실재적이라고 말했을까? 엘리자베스도 어떤 종류의 이면성이냐고 물은 적이 있었다.

메리의 논문은 존재와 실재의 구분에서 시작할 예정이었다. 메리는 연구 초반에 "많은 것은 실재하지 않지만 존재한다고 말해도 하나도 이상하지 않다"라고 썼다. 우리는 "저 사람은 그냥 배우야. 인생 전체가 가짜야"라고 말한다. "너의 진짜 의도는" "그 모든 게 악몽처럼 비현실적이었다"라고도 말한다. (메리는 엄마에게 여자들이 하는 마르셀 웨이브에 대해 불평하며 "믿음이 안 가"라고 했다. 그런 게 존재한다는 것은 알았지만, 가짜라고 생각했던 것이다.) 관념론자들은 이 구분을 인정했다고 메리는 지적한다. 경험은 무언가가 존재함을 보여주지만, "경험에 호소해 실재를 증명할 수 있다고 가정하는 것은 미신일 뿐"이라고 F. H. 브래들리는 1893년에 썼다.[188] 메리는 이러한 이분법을 "부끄러운 실수"로 치부한 실재론자 G. E. 무어가 틀렸다고 주장했다.[189] 실재하는 것은 "특별한 중요성과 규칙성을 갖고 있어야 한다"라고도 썼다. 메리는 이불 속에서 당시 맨체스터 대학교 교수였던 도로시 에밋을 읽고 있었을 것이다. 에밋은 1946년 11월 학술지 《메리가 제일 좋아하는)《필로소피》에 실재성과 중요성 사이에 연관이 있다고 썼다.[190] 지나가는 흥미, 목적, 관심의 측면에서가 아니라 무엇이 진정한 의미를 갖느냐 하는 측면에서의 '중요성'을 말하는 것이다.[191] 우리는 그런 것을 지켜야 할 책임이 있다. 그러나 먼저 거기에 대해 알아볼 필요가 있다.

메리는 이러한 생각을 3세기 신플라톤주의 철학자 플로티노스의 작업을 바탕으로 탐구해 볼 계획이었다. 플로티노스 역시 정치적, 사회적 붕괴의 시기에 살았다. 논문 개요에서 메리는 '좋은 사회가 작동을 멈추면' 실생활이 힘들어진다고 말한다. 좋은 사회가 없으면 사건의 배열이 완전히 불규칙해지고 개인의 행동에 기존의 결과가 필히 뒤따른다는 보장이 없다.[192] 수단과 결과 사이의 관계가 깨지면 어떻게 하면 좋은 사람이 될 수 있고 의무를 다할 수 있는가 하는 문제가 시급해진다. 친구에게 소포로 먹을 것을 보내고 싶지만, 만약 우체국을 강도와 깡패들이 운영한다면 내가 할 수 있는 일은 소포를 우체국에 맡기고 잘 되기만을 바라야 한다. 부패한 사회에서 자기 의무를 다하는 판사는 옳은 일을 하는 것과 선한 일을 하는 것 사이에 어떤 연관성도 찾지 못할 것이다. "그런 상황에서는 긍정적인 체계에서 필요한 여러 도덕적 동기들의 동시 발생이 사라진다."[193]

메리는 그리스어 흠정 교수 E. R. 도즈의 지도를 받게 될 터였다. 프라이스와 마찬가지로 도즈는 심령 연구 학회의 운영위원회 일원이었으며 이후 회장직도 맡았다. 구마 의식을 행한 적도 있다. 그해 어떤 주제에 관심이 있냐는 질문을 받은 도즈는 이렇게 대답했다. "꿈, 최면 상태, 마법, 그리고 메노스menos, 아테ate, 다이몬daemon과 같은 말이 뜻하는 신비로운 힘."[194]

도로시 에밋의 1945년작 《형이상학적 사유의 특성》은 치즈윅에 있는 아이리스의 집 책장에 마르틴 부버와 함께 꽂혀 있었다.[195] "실재성의 정도, '중요성'이라는 말을 고민하자"라고 아이리스는 몇 달 전 일기에 쓴 바 있었다. 아이리스 역시 무엇이 중요한지 서서히 깨달아가고 있었다. 아이리스는 자신을 새로이 탈바꿈시키는 것이 아니라 익숙한 것, 철학에 뿌리를 내리는 중이었다. 아이리스는 그 겨울 필리파에게 보내는 편지에 "학계에서는 날 절대로 고용하지 않을 것 같아"라고 썼다. 그리고 이어서 덧붙였다. "이런 것이나 다른 의미 있는 것들에 대해서 이야기 나눌 사람이 없다는 게 그야말로 고통스러울 때가 있어. 생각하는 사람으로서 현실 감각이 완전히 없어져버려. 어떤 날은 내가 뭘 하는 사람인지, 아니 내가 도대체 뭔지 상상조차 할 수가 없어."[196] 그럼에도 1947년 초여름 아이리스는 자신을 추스르고 두 번째 새라 스미슨 장학금 지원서를 작성했다. 좀 더 치밀하고 중심 잡힌 지원서였다. 다시 도널드 맥키넌의 지도를 받기 시작한 아이리스는 집에서 '논리 철학, 형이상학, 언어 이론의 경계에 있는 주제들'에 대한 글을 썼다.[197]

아이리스의 지원서는 맥키넌의 영향을 드러냈다. 가브리엘 마르셀을 더 깊게 파고들어갔다는 점에서 그 영향은 가장 명확하게 나타났다. 마르셀의《존재와 소유》는 이 무렵 아이리스의 일기장에 주기적으로 등장하고 있었다. 도널드가 준 이 책에 아이리스는 1947년 1월 1일 자기 이름을 새겼다. 아이리스는 마르셀이 구분 지은 문제와 신비에 대해 살펴보고 나아가 마르틴 부버가 명시한 두 영역, '나-그것'과 '나-너'를 들여다보기로 했다. 이 구분을 이용해서 자신의 존재론에서 오직 자유 행위만을 핵심으로 삼은 사르트르가 왜 틀렸는지 보여주고자 했다.[198] 내가 사물이나 사람을 객관적인 태도로 대할 때 나는 그것으로서 상대와 관계한다고 마르틴 부버는 썼다. 그리고 이 관점에서 설명을 할 때는 대중적으로 형성되고 누구에게나 의미가 있는 개념을 이용한다. 예를 들어 왜 떨어진 컵이 깨졌는지 설명할 때, 표면과 강도 같은 개념을 이용하면 어느 상대에게든 설명할 수 있다. 그러나 내가 너로서 상대와 관계할 때에는 말할 수 없거나 표현하기 힘든 것들이 많다. 이것은 "모호하고 불가사의한 생각이 아니라, 많은 사람들이 자신의 삶을 돌아보면 공감할 수 있는 흔한 경험"이라고 아이리스는 지원서에 썼다. 아이리스 역시 자신의 삶을, 사각 관계, 연애 편지, 깨진 약속을 돌아보고 있었을지 모른다.[199] 사르트르는 우리가 각각 텅 빈 세상을 마주하고 있으며 고독한 개인으로서 자유롭게 선택한 행위를 통해 가치를 만들어낸다고 생각한다. 그러나 틀린 생각이다. 세상은 이미 가치로 가득하다. 친구, 애인, 동물, 나무. 모두 살아 있는 너이다. 그럼에도 마르셀과 마르틴 부버는 어떤 '모호함'을 남기거나 "자신의 용어를 정의 내리지 않는 오류를 범한다"고 아이리스는 계속했다. 마르틴 부버는 나-너 관계가 대화를 바탕으로 한다고 말하지만 나와 너 간의 수많은 대화는 언어나 상징을 이용한다는 사실을 고려하지 않는다. 아이리스는 이 같은 언어 사용을 포괄할 수 있는 논리적 구조를 찾아낼 계획이었다.[200] 연산자나 변항 같은 "논리적 도구"를 가진 논리실증주의가 해낼 수 없는 일이라고 아이리스는 확신했다.[201] 그해 2월 일기장에 썼듯 "'너'의 세상에 검증은 없다."[202]

 맥키넌은 다시 아이리스에게 추천서를 써주었고 이번에는 더욱 적극적인 의견을 냈음이 명백하다. 지난 몇 년간 아이리스의 삶은 "쓰라렸다."[203] 하지만 맥키넌은 올해의 아이리스는 더 성숙하고 이 문턱만 넘으면 수준급의 창의적인 연구가 가능할 것이라고 썼다. 아이리스는 두 번째 지원서로 뉴넘 칼리지에 합격했다. 로이스 맥키넌은 "동일한 상황이 반복되는 모습"을 지켜보면서 괴로워했다.[204] 도널드와 아이리스는 다시 집착과 히스테리가 되풀이 되는 양상으로 돌아갔다. 애버딘 대학교에서 도덕 철학 흠정 교수 자리를 제안했을 때 도널드는 로이스만큼 안도했을지 모른다. 결국 부부는 아이리스가 옥스퍼드에 도착하기 전에 떠났다.

1947년 여름, 메리와 아이리스는 철학으로의 복귀를 자축하며 프랑스에서 휴가를 보냈다. 함께 서머빌에 도착한 두 사람은 이제 함께 대학원을 가게 된 것이다. 메리의 친구 톰 그리브스도 같이 여행했다. 톰은 후에 환상적인 건축물 그림으로 명성을 얻게 되는데, 미래적인 마천루가 아닌 폐허가 되어 수풀에 뒤덮인 빅토리아 시대 중기 양식의 건물을 주로 그렸다. 세 사람은 자전거를 빌려 타고 투르를 돌면서 후추통처럼 생긴 첨탑이 있는 루아르강의 성을 구경했다. 파리로도 갔다. 배낭에는 영국에서 가져온 식량이 꽉 차 있었다. 라이비타 크래커, 정어리 통조림, 수프 가루, 비누, 그리고 차를 끓일 수 있는 작은 버너를 들고 다녔다. 영국에서 반출할 수 있는 최대 현금인 50파운드를 최대한 아껴 쓰려면 이렇게 이고 지고 다니는 수밖에 없었다. 메리와 아이리스는 배낭에 남은 식량으로 함께 점심을 해결하면서 절약했다. 돈이 떨어진다는 생각만 하면 예민해지곤 했던 메리는 좀 더 경험이 많은 아이리스와 붙어 다녔다. 이 둘보다 먹고 마시는 걸 즐겼던 톰은 지역의 별미를 찾아 돌아다녔다. 절약하려는 노력은 헛되지 않았다. 이들은 파리 좌안의 주르당 대로에 위치한 프랑스-영국 대학 기숙사에서 일주일을 보낼 수 있었다. 아이리스는 친구들을 데리고 크농을 만나러 가기도 했다. 크농은 지하철 탑승표에 시를 적어 아이리스에게 선물했다. "톰은 굼뜨고 메리의 빠르기는 들쑥날쑥하지만 사랑스러운 아이리스 당신은 눈 깜짝할 사이에 지나간다."[205] 몽마르뜨의 한 장터에서 아이리스는 새로운 놀이기구를 타겠다고 나섰다. 원통 모양의 놀이기구가 점점 속도를 올리면, 사람들은 원심력에 의해 벽에 붙게 되고, 바닥은 밑으로 내려가도록 설계되었다. 그러나 흥미로운 점은 여기에 있었다. 짜릿한 기분을 즐기기 위해 원통 안에 들어가려는 사람들은 돈을 내지 않았고 반면 위에 있는 관람석에서 머리가 곤두서는 듯한 그 광경을 보고 싶은 사람은 돈을 내야 했다.[206] 메리는 아이리스가 빙빙 도는 모습을 보려고 50파운드 중 일부를 내놓았다.

5장

한목소리로 "아니"라고 외치다

1947년 10월 – 1948년 7월
옥스퍼드와 케임브리지

5장 한목소리로 "아니"라고 외치다

에이어와 헤어에 대항하여
함께 뭉친 네 사람

90대의 메리 미즐리가 우리 두 저자에게 들려준 옛날 이야기가 바로 이 책이 되었다. 메리가 들려준 이야기는 1947년 10월에 시작되었다. 파리에서 돌아온 메리 스크러튼이 아이리스와 함께 다시 한 번 철학에 발을 담근 때였다. 메리는 더 이상 조숙한 학생이 아니라 29세의 어엿한 학자로서 플로티노스에 관한 논문을 시작하려고 하고 있었다. 아이리스는 꿈꿨던 대로 '경험 많은 여성'이 되었고 영국에 있는 어느 누구보다 프랑스와 유럽의 실존 철학에 대해 잘 알고 있다고 해도 모자람이 없었다. 아이리스는 케임브리지의 파이틀(뉴넘 칼리지 소유의 대학원 기숙사)에 살게 될 터였지만, 파이틀의 기울어진 하늘색 아치 문만큼 필리파의 옥스퍼드 집인 파크타운 16번지를 자주 드나들었다. 필리파의 연구직은 강사직으로 바뀐 상태였다.[1] 엘리자베스는 서머빌 칼리지의 연구원으로 옥스퍼드에 살고 있었고 남편 피터는 바버라, 존과 함께 케임브리지의 피츠윌리엄 가 19번지에 남아 있었다.[2] 아이리스는 이따금 우체부 역할을 맡아 바버라와 존을 바시티 라인 반대쪽에 기다리고 있는 엄마나 아빠에게 데려다주었다.[3] 그래서 한동안은 메리의 다락 창문으로 보이는 넓은 광경에 이들 모두가 들어와 있었고 네 사람은 서로 꽤 자주 만나기 시작했다.[4] 메리는 여전히 그 모습을 잊지 않고 있었다. "필리파의 응접실에 앉은 우리 네 사람이 당대의 통설을 재앙이나 다름없다고 여기며, 그에 대한 답변을 함께 찾아내기 위해 최선을 다하는 모습이었다"라고 했다.[5]

바블록 하이드에서 이소벨 헨더슨과 졸업 기념 식사를 마치고 달빛 아래 귀가하면서 메리와 아이리스가 보여주었던 작은 저항의 몸짓은 1947년 말에 이르러 철학적 사명으로 자라나 있었다. 어린 아이리스는 "트렌드는 좋은 사람이고 로우즈는 나쁜 사람이야"라고 유행에 뒤처진 판단을 하면서 객관적인 도덕 판단에 대한 에이어의 공격에 저항하는 입장을 취했던 것이다. 전쟁이 끝난 지금, 다시 도덕적인 진리와 객관적 가치, 그리고 진정으로 의미 있는 것들과 연결된 윤리학으로 돌아가는 길을 찾는 것이 시급한 문제였다. 그해 아이리스의 계획은 야심 찼다. "도덕 철학 수정하기. 로스 무너뜨리기.《실천이성비판》진지하게 들여다보기. 언어 방법론의 한계와 현 철학 위기의 실질적인 범위 발견하기."[6]

엘리자베스는 메리 서머빌 장학금 위원회에 제출한 지원서에 "분석 철학이라고 하는 것에 대한 나의 의구심을 풀어내 보겠다"라고 제안했다.[7] 필리파는 "이것은 단순히 환호나 야유의 문제가 아니다. 홀로코스트가 절대적으로 악한 것이라고 말할 때, 이것은 단지 개인의 결심, 그런 짓을 하지 말아야겠다는 결심이나 불만족의 표현이 아니다. 여기에는 어떤 객관성이 있다"는 것을 보여주고 싶어 했다.[8] 메리가 철학을 통해 이루고자 한 목표는 "이 문제를 바라보는 옛 방식과 새로운 방식 간의 관계를 이해하는" 것이었다.[9] 학기 말 아이리스는 파이틀의 자기 방에서 일기장에 이렇게 썼다. "옥스퍼드에서 이제 돌아옴. 여성들의 세상. 메리, 필리파, 엘리자베스와 이야기를 하다 보니 이들을 정말 사랑한다는 생각이 들었다."[10]

90대에 들어선 메리는 네 사람의 이야기가 여전히 중요하다고 생각했다. 그들이 친구들과 힘을 합쳐 답변을 제시하려고 했던 통설은 여전히 남아 있다는 것이 메리의 생각이었다. "표면적으로는 다양한 활동이 일어나고 있지만, 최신 사상으로 이루어진 다채롭고 환상적인 장막 안의 우리 삶은…… 실은 그렇게 크게 달라지지 않았다"고 메리는 21세기 초반에 썼다.[11] 메리가 들려준 이야기 속에서 (메리의 연극에 대한 열정은 여전히 불타고 있었다) 악당 역할은 리처드 헤어에게 주어졌다. 메리는 우리에게 이렇게 말했다. "여러 철학 학파의 시작이 그렇듯 우리도 한목소리로 "아니!"라고 외쳤습니다."[12]

1942년 메리와 아이리스가 졸업 시험을 준비하는 동안 리처드 헤어는 거의 7000마일 떨어진 곳에서 싱가폴을 사수하기 위해 일본 침략군과 싸울 준비를 하고 있었다. 닉 크로즈비, 케네스 커크, 프랭크 톰슨, 노엘 마틴의 경우와 마찬가지로 전쟁으로 인해 리처드 헤어는 코퍼스 크리스티 칼리지에서 열리고 있던 프랭켈의 《아가멤논》 세미나에서 중도 하차해야 했다. 포로로 잡힌 카산드라의 운명을 알기도 전이었다. 전투는 일주일간 이어졌지만, 무조건 항복으로 끝났다. 영국, 인도, 호주 병사 8만 명과 함께 헤어 소위는 전쟁 포로가 되었다. 포로가 된 뒤 어떤 일이 벌어졌냐는 질문에 리처드 헤어는 "그때 겪은 고통에 대해서는 말하지 않고 싶다"라고 대답한 적이 있다.[13] 리처드 헤어는 훗날 원자 폭탄 덕분에 풀려난 포로들 가운데 한 명으로 원폭이 없었다면 "우리는 아마 살아남지 못했을 것"이라고 말했다.[14]

1945년 후반 리처드 헤어는 학위를 마치러 복학한 나이 많은 학부생들 가운데 한 사람이었다. 고문과 굶주림의 후유증으로 여전히 고통받고 있었고 달마다 말라리아 증상(땀, 오한, 두통, 구토)을 겪었다. 한때 리처드 헤어가 몸담은 베일리올 칼리지의 학장이었던 A. D. 린지는 '손에 넣기 매우 힘든' 말라리아 신약 파마퀸을 구해다 주었다.[15] 리처드 헤어는 엘리자베스가 비트겐슈타인을 데려왔던 조웨트 소사이어티 모임에도 겨우 나올 수 있었다. 그 동안에는 몸이 안 좋아서 참석할 수 없었고, 그날에도 질문을 던질 의무가 없었다면 새 신부 캐서린과 집에서 쉬었을 것이다. 리처드 헤어는 졸업을 앞두고 도널드 맥키넌의 지도를 받았다. 헤어는 맥키넌이 하는 말은 하나도 제대로 이해하지 못했지만, 덕분에 읽어야 할 책들을 읽을 수 있어서 감사한 마음이었다.[16] 헤어와 맥키넌은 둘 다 독실한 기독교인이었지만, 1939년 9월 정반대의 결정을 내렸다. 말라리아로 쇠약해진 학생을 마주한 도널드 맥키넌의 심정이 어땠을지 우리는 알 수 없다. 한편 그때 이후로 평화주의에 대해 매우 강경한 태도를 갖게 된 리처드 헤어는 "마치 여자가 부도덕하게 번 돈으로 먹고사는 일"과 비슷하다고 쓰기도 했다.[17]

필리파와 메리처럼, 리처드 헤어도 경험을 바탕으로 도덕 철학자의 길로 들어서게 되었다. "전쟁 전이었다면, 전쟁이 일어나지 않았다면, 고전학을 계속해서 고전학자가 되었을지도 모른다. 전쟁으로 인해 얼마나 많은 도덕적, 철학적 고민을 했는지 그 이후로는 철학자가 아닌 그 무엇도 될 수 없었다."[18] 이후 리처드 헤어가 약 10년에 걸쳐 발전시킨 도덕 철학은 그 자신의 전쟁 경험, 특히 상징적이고 무시무시한 두 개의 장면을 중심으로 형성되었다.

첫 번째 장면은 1942년 2월 헤어 소위의 부대가 항복한 순간에 펼쳐졌다. 이 부대는 말레이반도에서 전투를 벌이는 동안 일본군 포로를 단 두 명 붙잡았는데, 항복과 동시에 풀어주었다. "풀려난 포로

들은…… 스스로 마땅하다고 여긴 일을 했다. 복귀하자마자 지휘관들에게 경례한 뒤 할복을 한 것이다."[19] "포로가 된 불명예를 씻기" 위함이었다.[20] 리처드 헤어에게 이 순간은 데이비드 로스 경이 전제했던 "논증 없이 직관적으로 알 수 있는 보편적이고 객관적인 도덕 기준에 대한 믿음"이 멈추어버린 순간이었다.[21]

두 번째 장면은 포로 생활 말기에 발생했다. 태국과 버마(지금의 미얀마-옮긴이)를 잇는 철도를 놓기 위해 콰이강을 따라 끔찍한 행진을 하던 중이었다. 매일 아침 수용소의 감독관은 포로들을 끌고 나가 철도 공사를 시켰다. 포로들은 모두 굶주리고 있었고 말라리아, 콜레라, 이질로 심하게 앓고 있는 포로들도 있었다. 리처드 헤어는 수용소 내 통역관의 이야기를 들려주었는데 (리처드 자신의 이야기였을 수도 있다) 통역관은 병세가 심한 포로들에게 일을 시키면 사망할 수도 있으니 보내지 말자고 애써 감독관을 설득했다. 그러나 감독관은 포로들이 죽을 수도 있다는 사실에 조금도 동요하지 않는 것 같았다. 헤어에게 이 감독관의 태도와 행위는 로스와 프리처드가 틀렸다는 사실을 추가적으로 입증하는 것으로 보였다. 헤어는 사람들을 죽음으로 몰고 가서는 안 된다는 것을 확신했지만, 감독관은 "천황과 조국을 빛내야 한다"는, "마찬가지로 명확하고 그 어떤 면에서도 의심할 여지가 없는 직관"을 갖고 있었다.[22] 만약 도덕적 직관이 객관적인 도덕 현실에 조응한다면, 그런 극명하고 극복할 수 없는 직관의 충돌은 가능하지 않아야 한다고 헤어는 생각했다. 그러므로 직관과 감정은 독립적인 도덕 현실을 감각하는 방법이 될 수가 없고, 다만 개인의 특정한 성장 배경의 결과일뿐이었다.

레이디마거릿홀 시절 철학 학도였을 때 실재론 교수들의 '도덕적 확실성의 세계'를 비현실적이라고 생각했던 도로시 에밋의 반응은 도덕성과 인간 삶에서 중요한 것들 사이에 연결점을 찾는 것이었다. 그러나 고향에서 수천 마일 떨어져 알아보기 힘든 가치관과 환경을 대면하고 있었던 헤어에게 서로 다른 도덕적 확실성의 존재는 보편적, 객관적 도덕 기준의 관념에 치명적인 타격을 가하는 것으로 보였다. '포로 사회에 대해서 알아야 할 점은 이 사회가 무無로부터 형성되었고 끊임없이 재형성되어야 하는 사회라는 사실'이라고 헤어는 되새겼다. 여기서는 의지할 수 있는 배경도, 무엇이 중요한지에 대해 공유된 앎도 없었다. "이 매우 낯설고 끊임없이 해체되는 상황에서 개인의 생존은 어쨌든 확률이 매우 낮아 보였고, 동료 포로와의 협력이 생존에 더 유리할지 아니면 자기를 돌보는 것이 더 유리할지 조금도 알 수 없는 날들이 이어졌다."[23] 메리가 플로티노스를 읽고 깨달았듯 '좋은 사회' 밖에서 행동을 취해야 하는 개인은 동일한 원인이 동일한 결과로 이어진다는 확신을 가질 수 없으므로 선한 동기, 이를테면, 우정, 의무, 관대함, 명예 등의 동기가 선한 행위로 이어진다는 기대나 희망 없이 선택을 내려야 한다. 헤어는 플로티노스처럼 내면으로 후퇴했다. 자기만의 도덕 원칙에 집중하면서 앞으로 무슨 일이 벌어지든 미래의 자신을 그 원칙에 묶어놓기로 했다.

졸업 시험을 앞두고 (리처드 헤어는 1947년 1등급 성적으로 졸업하게 된다) 린지는 그에게 베일리올 칼리지의 연구직을 제안했다.[24] 리처드 헤어는 아마 떠나는 맥키넌을 대체하기 위해 임명됐을 것이다. 리처드 헤어는 앞의 두 장면에 대해 숙고하기 시작했다. 전쟁 전 리처드 헤어는 에이어의 《언어, 진실, 논리》에 설득당하지 않았지만, 객관적인 도덕 현실에 믿음을 잃은 뒤에는 에이어가 주장하는 가치중립적인 세상이라는 기본 그림을 받아들이게 되었다.[25] 그럼에도 리처드 헤어는 도덕 언어가 단지 감정의 표현에 지나지 않는다는 에이어의 주장은 받아들일 수 없었고 일본군 감독관과 자신의 의견 차이가 단지 기분의 충돌이라고 여기지 않았다. 세상에 가치라는 것이 존재하지 않아도 도덕적 의견의 불일치에 합리적으로 접근하는 방법이 있다는 것을 보여주고 싶었다. 양쪽이 지성을 바탕으로 솔직하고 개방적인 태도를 유지한다면 이성이 승리할 수 있다고 생각했다. 베일리올로 돌아온 리처드 헤어는 "도덕적 질문에 합리적으로 답변할 수 있는 방법"을 찾겠다는 욕심을 가졌다.[26]

도덕 언어를 이성의 영역으로 도로 가져오기 위해 헤어는 이를 분류하기 시작했다. 20세기 철학자가 G. E. 무어의 제안을 받아들인 세 번째 사례였다. 무어는 도덕 철학자들이 선함이나 선이 아닌 "선하다"라는 말을 연구해야 점점 낯설어져 가는 세상에서 윤리적 관념이 설 자리를 마련해 줄 수 있다고 제안한 바 있었다. 실재론자 로스와 프리처드에게 도덕 명제는 옳고 그름을 따지는 객관적인 기준에 따라 판단할 수 있으며, 이 기준은 독립적인 도덕 현실에 존재하고 있었다. 에이어에게는 주관적인 느낌을 전달하는 감정 표현이었다. 헤어에게 도덕 명제는 특정한 행위를 권하거나 금하기 위한 규정이나 명령에 가까웠다. 헤어는 도덕적 판단이 '하라' 또는 '하지 말라' 같은 명령에 가깝다고 주장한 것이다.

감정 표현과 달리 명령은 명령끼리 논리적인 관계를 가질 수 있다. 이것이 헤어가 좇고 있는 목표물이었다. "지금 떠나라!"라는 명령은 "지금 떠나지 말라!"라는 명령과 모순된다. 그리고 "오믈렛을 만들라!"라는 명령은 "계란을 깨라!"라는 명령을 전제하고 있다.[27] 헤어는 명령에 그 자체의 체계가 있음을 깨달았고, 그 특수한 논리의 지형도를 그리기 시작했다. 메리와 아이리스가 철학 공부를 다시 시작할 시점에 헤어는 자신의 연구 결과를 학술지, 강의, 수업에서 발표하기 시작했다. "명령법 문장"(1948년 힐러리 학기에 조웨트 소사이어티에서 발표), "도덕적 객관성"(1948년 미카엘마스 학기에 케임브리지 웨스트코트 하우스에서 발표), "윤리학에서의 논리적 문제들"(1948년 미카엘마스 학기 강의에서 발표), "선"(1949년 트리니티 학기 대학원 수업과 1950년 힐러리 학기 철학 학회에서 발표), "실천 이성"(1950년 T. H. 그린 도덕 철학상 공모작). 그가 "규정주의 도덕"이라고 부른 자신의 이론은 어느새 학부생 사교실에서 화제의 이론이 되었다.[28]

에이어의 윤리학 제초제 살포가 현실에서 가치를 싹 지워버린 뒤에도 헤어는 도덕적 의견 차이에 합리적인 근거가 있을 수 있음을 보이려고 시도했다. 바로 이것이 필리파와 메리, 아이리스, 엘리자베스로 하여금 한목소리로 "아니!"라고 외치게 만든 이유였다. 필리파 풋은 에이어의 주관주의를 재포장한 헤어의 생각을 정말로 참을 수 없었다. 나치에게 "우리가 옳고 너희는 틀렸다"라고 말할 수 있어야 한다고 생각했다. 객관적인 도덕적 실재가 있어서 그 잣대에 따라 행위를 틀리거나 나쁘다고 판단하고 싶었으며 단지 비일관적이거나 비논리적이라고 말하고 싶지 않았다. 헤어는 일관성으로 충분하다고 여겼다. 만약 누군가가 그 자체로는 일관적인 도덕 원칙에 따라 행동한다면 불평할 근거가 없다고 생각한 것이다.[29] 도덕적 비난은 "인간 삶에서 무엇이 정말로 중요한지 모르고 있다"라고 하는 대신 "당신이 선택한 도덕 원칙 안에서 비일관적이다" 혹은 "당신의 행위는 당신의 원칙에 위배된다"라고 말하는 것에 그치게 된다. 일단 일관성이 확립되면 "선택의 자유는 그에게 있다. 결국 그의 선택이기 때문이다." 헤어는 일본군 감독관에 대해서 이렇게 말했다.[30]

이후 아이리스는 에이어에서 헤어로 이어지는 '우리 철학사의 한 부분'을 '윤리학에서 형이상학을 제거한' 결과로 보았다. 관념론자와 실재론자들은 자기 초월을 통해서든 직관을 통해서든 객관적 도덕 진리를 발견하는 것을 목표로 삼은 반면, 에이어와 헤어의 세상에서 우리는 '황폐하고 공허해진 광경'을 마주한다. 이 안에 그려진 도덕성은 그 어떤 실재하는 자연적 혹은 형이상학적 구조에도 연결되지 않는다. 그 어떤 초월적 배경도 없다.[31]

나이 든 메리는 과거를 회상하면서 자신과 친구들의 이야기를 바로 이 시점에서 시작하기로 했다. 에이어가 찬양하고, 헤어가 받아들였던 현실의 거대한 균열을 마치 뜨개질하듯 엮음으로써 사실과 가치를 다시 결합시키려고 애쓴 이야기였다. "이후 상당한 형이상학이 뒤따라왔다"라고 메리는 말했다. 뜨개바늘에는 수많은 실이 걸렸다. 아퀴나스에 대한 필리파의 연구(필리파는 아퀴나스가 "도덕 철학에서 가장 뛰어난 사유의 원천"이라고 말한 적 있었다)가 걸렸고, 엘리자베스의 주머니에서는 단편적일지언정 비트겐슈타인의 최신 논문(인간 생의 양상)이 나왔다. 짙은 먹물로 적은 메리의 플로티노스 연구 기록('존재'가 아니라 '실재'), 아이리스가 수많은 주석을 단 가브리엘 마르셀의 《존재와 소유》도 바늘에 걸렸다. 전쟁 중에 배운 수업 내용도 실에 얽혔다. 로스와 프리처드의 도덕적 직관, 콜링우드의 '빨랫줄', 린지의 이성에 근거한 존재 entia rationis, 프라이스의 '보이지 않는 고양이' 칸트의 존경에 대한 카시러의 가르침, H. W. B. 조지프의 '삶의 조각', 그리고 글로버의 선을 드러내는 사랑의 능력에 대한 이야기, 플라톤과 아리스토텔레스, 그리고 도널드 맥키넌의 비유를 통한 개념의 이해, 그리고 "우리는 형이상학적 동물"이라는 통찰까지.

과거의 실재에 대해 이야기를 시작한
아이리스와 엘리자베스

  나무가 무성한 파크타운에 사는 필리파와 메리는 '여성들의 세상'에 닻이 되어주고 있었지만, 이는 엘리자베스와 아이리스가 영위하던 지적 생활의 절반에 불과했다. 다른 절반은 불안정하고 조급하며 쉬지 않는 케임브리지에서 펼쳐졌다. 아직도 케임브리지에서 여성은 졸업을 할 수 없었고 아이리스가 보기에 모든 대학원생은 입을 모아 이 한마디만을 외치고 있었다. "비트겐슈타인, 비트겐슈타인, 그리고 비트겐슈타인."[32]

  비트겐슈타인은 1947년 8월 교수직을 사직했다. 아이리스가 파리에서 회전 놀이기구를 타고 있을 때였다. 비트겐슈타인은 마지막 학기(1947년 미카엘마스 학기)를 안식 학기로 삼았다. 그의 쏘아보는 시선이 사라지자 대학원생들은 한결 편한 마음으로 철학의 의미에 대해 논할 수 있었다. 비트겐슈타인은 아일랜드 서해안 코네마라 지방의 외딴 마을 로스로에 은신하고 있었는데, 옆집 가족은 그가 정신이 나갔다고 생각하고 겁을 먹었다. 그는 옆집 땅을 질러가지 못하도록 막기도 했다. 비트겐슈타인은 평소 즐겨 읽던 미국 범죄 소설 잡지를 다 읽고 도로시 L. 세이어즈를 읽는 중이었는데, 허구의 서머빌 졸업생 해리엇 베인을 주인공으로 하는 세이어즈의 탐정 소설은 비트겐슈타인을 우울하게 만들었다.[33]

  아이리스는 1947년 10월 초 케임브리지에 도착했다. 짐 속에는 《존재와 무》가 적어도 두 권은 있었고 알베르 카뮈의 《페스트》, 그리고 기타 프랑스 아방가르드 문학이 들어 있었다. 그달에 아이리스는 폭격 피해를 입은 소호의 세인트 앤 교회에서 사르트르에 대한 강연을 하기 위해 두 차례 런던에 갔다.[34] 1년 전 썼던 일기장에는 마르셀, 칸트, 브래들리, 사르트르, 헤겔, 부버, 하이데거, 플라톤, 에이어, 러셀, 키르케고르, 그리고 토마스주의 철학자 피에르 루슬로에 대한 생각이 가득했다. 아이리스는 진지한 연구를 할 준비가 되어 있었다. 필리파는 아이리스에게 학생 가운을 선물했다.[35]

아이리스는 짐을 풀자마자 엘리자베스를 찾으러 나섰다. "이류 철학은 철학이 아니야." 엘리자베스가 엄숙하게 말했다. "아무것도 없는 데서 시작해야 하는데, 아무것도 없는 데까지 가는 데 아주 오랜 시간이 걸려."[36] 엘리자베스와 하는 대화는 아무리 일반적인 내용이라도 "힘이 되고 자극이 된다"라고 아이리스는 필리파에게 보내는 편지에 썼다.[37] 이듬해 아이리스의 일기장에 친구 엘리자베스를 말하는 'E.'가 거의 150번 가까이 등장한다.

아이리스는 엘리자베스가 시도하는 새로운 방식의 철학에 대해 필리파에게 들은 적이 있었지만, 처음으로 직접 접한 것은 케임브리지에 도착한 지 며칠 후였다. 어두운 목요일 밤 엘리자베스는 케임브리지 도덕 과학 클럽에서 논문 〈과거의 실재〉를 발표했다. 이 클럽은 역사가 긴 철학과 내에 있는 토론 모임으로, 엘리자베스는 1945년부터 1946년까지 서기를 맡은 적이 있었다. 비트겐슈타인이 칼 포퍼를 부지깽이로 위협한 유명한 사건이 있었던 날로부터 거의 1년이 다 되어가고 있었다.[38] 엘리자베스는 긴장한 상태였다. 비트겐슈타인으로부터 배운 것들을 활용하려는 시도를 시작한 초기였으므로 엘리자베스는 먼저 사과부터 했다. "이 발표문의 도처에서 비트겐슈타인 박사의 생각과 논의 방식을 흉내 냈습니다. 이 글에서 아무리 잘 쓴 내용이라도 원본의 일부 특징을 어설프게 베낀 사본에 지나지 않고, 그 값어치는 제가 비트겐슈타인 박사의 연구를 얼마나 잘 이해했고 활용했느냐에 달려 있을 것입니다."³⁹ 그러나 엘리자베스가 발표를 시작하자 그 자리에 있던 사람들은 엘리자베스의 연구가 휴얼스코트의 타워 안에서 더듬더듬 발화되었던 단편적인 말들로부터 얼마나 멀리 왔는지 깨달았다. 엘리자베스는 여러 개의 단편이 아니라 길게 이어진 철학적 논증을 제시하고 있었다.

엘리자베스는 먼저 소크라테스 이전 시대의 신비론자 파르메니데스가 처음 언급한 수수께끼에서 시작했다. "'생각할 수 있는 것과 존재할 수 있는 것은 동일한 것'이며 '지금 없고 앞으로도 있을 수 없는 것은' 생각할 수 없다. 그러나 과거는 지금 없고 앞으로도 있을 수 없으므로 생각할 수 없고 과거라는 개념 자체가 망상이다."⁴⁰ 이 파르메니데스 단편은 "데카르트적 의심"을 표현하지는 않는다고 엘리자베스는 케임브리지의 관객에게 말했다. 파르메니데스는 과거의 일들에 대해 '아는 것'의 불가능성을 우려하는 것이 아니라 보다 근본적인 수수께끼를 제시하고 있다. 과거에 대해 '이야기하거나 생각하는 것'이 과연 가능한가? 파르메니데스의 질문은 의미와 인식 가능성에 대한 질문이다. "과거라는 개념이 사실상 불가능한 것이 아닌가?"라고 묻고 있다.

파르메니데스의 역설적인 수수께끼는 생각과 언어가 세상과 연결되는 방식에 대한 특별한 관점의 결과라고 엘리자베스는 관객들에게 이야기한다. 너무나 자연스러워서 작동하고 있다는 사실조차 깨닫지 못하는 관점이다. 그것은 바로 이러한 관점이다. "아이리스"라는 이름은 마치 아이리스를 가리키는 것처럼 아이리스를 말하고 있다. "아이리스"라는 이름이 들어간 생각이나 문장은 아이리스를 가리키기 때문에 아이리스에 대한 생각이나 문장이 된다. 이름과 이름이 가리키는 사람 사이의 이 원초적인 연결 덕분에 그 생각이나 문장은 의미를 가지고 진실이 될 가능성을 내재하고 있다.

"나의 지인 A를 떠올리면서 그가 버밍엄에 있다고 생각한다면, 나는 A라는 바로 그 사람, 그리고 버밍엄이라는 바로 그 장소를 의미하고 있다"라고 엘리자베스는 설명한다. 하지만 이러한 언어 모델을 이용에서 과거에 대한 대화를 이해하려고 시도한다면 문제가 생긴다. 그렇게 할 수가 없기 때문이다. "지나간 과거의 이름이나 생각은 실재하는 다른 이름이나 생각과 똑같은 방식으로 그 대상을 가리킨다. 그러나 그 대상이 더 이상 존재하지 않는다면 어떻게 그럴 수 있는가?"[41] 그래서 우리는 파르메니데스처럼 과거에 대해 생각할 수 있다고 여기는 것이 착각이라는 터무니없는 결론에 이를 수밖에 없다.

엘리자베스는 에이어와 같이 책상, 욕조, 고양이, 순무 같은 물질적인 대상에 대한 명제를 분석해서 감각 경험에 대한 명제로 이해하려고 하는 현상학자들이 파르메니데스의 우려를 심각하게 받아들여야 한다고 생각했다. 현상학자는 보이지 않는 대상에 대한 명제를 이해할 때, 반사실적 분석을 이용한다. '옆방에 탁자가 있다'는 '옆방에 들어간다면 탁자가 보일 것이다'라는 식으로 이해하는 것이다. 그러나 '방 안에 탁자가 있었다' 같은 과거에 대한 명제로 말할 것 같으면 과거의 일이 관찰할 수 있는 위치에 어떻게 있을 수 있었느냐 하는 점은 문제가 되지 않는다. 오히려 문제는 과거라는 개념이 이미 현상학자의 분석의 양변에 그 어떤 분석도 없이 등장한다는 사실이다! '방 안에 탁자가 있었다'='그때 방 안에 누군가 있었다면, 그 사람은 탁자를 보았을 것이다.' 그러나 이는 파르메니데스의 역설을 조금도 해결해 주지 않는다.

엘리자베스는 이렇게 계속했다. 현상학자들은 "마치 빈 시간표를 준비해 둔 것처럼, 그리고 그 시간표의 여러 빈칸에 들어가게 될 것들만 분석하면 된다는 듯 생각한다." 마치 "사진들을 한 줄로 놓아 왼쪽에 있는 것들은 과거를, 오른쪽에 있는 것들을 미래를 의미하도록 배열한 셈"이라고 엘리자베스는 말했다. "그리고 그 줄은 계속해서 왼쪽으로 움직이고 있다." 이 구도에서 우리는 각각 움직이지 않는 점이고, 사건은 우리를 지나쳐가면서 고정된다. 그렇게 '과거에 대한 이야기'는 결국 '우리의 생각이 가리키고 있지만, 닿을 수는 없는 어떤 것'을 지시하게 된다. 그러나 파르메니데스가 물었듯 우리를 지나쳐가서 더 이상 존재하지 않는 사건과 사물을 "생각을 이용해서 가리키는" 게 어떻게 가능한가?[42]

이어서 엘리자베스는 이렇게 말한다. 과거와 미래의 사건들을 미리 마련된 시간표에 얹은 사진들로 나타내는 방식은 미래는 바뀔 수 있지만, 과거는 그럴 수 없다는 생각을 이해하는 특수한 방식과 연결되어 있다. 과거는 바뀔 수 없지만, 미래는 바뀔 수 있다는 생각은 "나를 지나가버린 사진은 그 줄에서 뺄 수 없지만, 오른쪽에 있는 사진은 뺄 수 있다는 사실로" 나타낼 수 있다. 그리고 "나를 지나간 사진은 고정되어서 바꿀 수 없는 반면, 오른쪽에 있는 사진들은 유동적인 상태에 있거나, 아직 비어 있는 사진이라는 사실"로 나타낼 수 있다.[43] 그러나 이는 더 많은 철학적 문제를 야기한다. 과거는 왜 바꿀 수 없는가? 마치 사진을 상자에 넣고 봉한 뒤 기록 보관소에 넣거나 이미지를 고정시키는 특별한 재료 위에 출력할 때처럼 단지 경험적인 불가능성을 말하는 것일까? 아니면 과거의 불변성이 어떤 식으로든 실재의 본질에 새겨져 있는 것일까? 우리를 지나쳐 간 사진이 갑자기 바뀌는 과거의 변화를 상상해 볼 수는 없는 걸까?

엘리자베스는 이제 비트겐슈타인의 방법론을 적용할 준비를 하고 있었다. 이 방법론이 어떻게 저 수수께끼와 역설의 매듭을 풀어낼 수 있는지 보여주고자 했다. 혼란스럽게 느껴지는 지점은 바로 개념의 작용에 대한 우리의 "까막눈"이 드러나는 지점이라고 비트겐슈타인은 엘리자베스에게 가르친 바 있었다.[44] 이러한 지점에서 철학자들은 의미 있는 대화의 한계를 넘어서서 "과거에 대해 생각하는 것은 불가능해!" 혹은 "과거가 실제로 바뀌지는 않지만, 바뀔 수 있다고 생각하는 게 가능하지 않은가?"(혹은 "이것이 나무라는 것을 나는 알고 있는가?" "이 담뱃갑은 정말로 내 눈에 보이는가?")처럼 광기 어린 말을 하고자 하는 유혹을 느낀다. 엘리자베스는 비트겐슈타인에게 배운 대로 지각의 경계, 다시 말해서 이해 가능한 것에서 이해 불가능한 것으로, 정상적인 사고에서 광기로 넘어가는 지점에서, 우리가 우리가 하는 말의 의미를 이해하고 있다는 일상적 확신이 흔들리는 지점에서 철학자는 연구를 시작해야 한다고 말했다. 청중 사이에서 엘리자베스의 말을 하나도 놓치지 않으려고 애쓰고 있던 아이리스는 이제 노트를 꺼냈다.

"과거는 실재한다" "과거는 변할 수 없다" 등의 말은 인간의 일상적인 언어 생활의 일부라고 엘리자베스는 말했다. 우리가 설명하려고 시도할 수 있는 습관들의 일부이다. 엘리자베스는 청중에게 이러한 습관을 외부적인 시선으로 바라보자고 권했다. 그리고 이를 돕기 위해 우리의 습관의 아주 작은 단편을 예로 들었다. "누군가에게 (1) 앞에 빨간 불이 켜지면 '빨강' 노란 불이 켜지면 '노랑'이라고 말하도록 가르친다고 상상해 봅시다. 그리고 (2) 해당하는 색상의 불빛이 켜졌지만, 지금은 꺼졌을 때에도 '빨강'이나 '노랑'이라고 말하도록 가르친다고 합시다."[45] 우리는 엘리자베스가 바버라, 존과 이 놀이를 하는 모습을 상상해 볼 수 있다. 네 살 먹은 바버라는 빠르게 규칙을 이해했겠지만, 이제 막 두 살이 된 존은 앞부분만을 겨우 알아들었을 것이다.

엘리자베스는 이제 아이들 놀이 같은 이 작은 단편을 매만지고 발전시켜 고정된 관찰자 앞을 지나가는 사진의 행렬이 설명하지 못하는 방식으로 우리가 가진 '과거'라는 개념의 틀을 드러내 보이고자 했다. "무슨 일이 있었어?"라는 질문에 아이는 "노란 불이 켜져 있었는데 꺼졌어" 혹은 "빨간 불이 꺼졌는데 켜졌어" 등으로 배운 대로 답할 수 있을 것이다. 어른은 아이의 말이 자신의 대답과 일치하면 "그래"라고 말할 것이고 일치하지 않으면 아이를 고쳐줄 것이다. 이후에도 아이는 일상 대화에서 "무슨 일이 있었어?"라는 질문에 대답하면서 다른 종류의 실수를 할 수도 있을 것이다. 가령, 아이가 "내일 공원에 갔어"라고 한다면 어른은 "아니야, 그건 틀린 말이야"라고 할 것이다.

이러한 짤막한 대화에서 과거라는 개념의 틀이 이미 보이기 시작한다. 과거에 대한 말들은 다른 목격자가 지적하거나 정정하거나 확인해 준다. ("그렇지 않아. 내가 본 건……") 어른들은 "그건 틀린 말"이라고 하면서 아이에게 놀이의 규칙을 알려준다. 과거에 대해 말한다는 것이 어떤 것인지 가르치는 것이다.

엘리자베스의 단편은 함께 목격한 사건에 대해 아이와 어른이 나누는 대화를 보여준다. 이 언어 놀이를 발전시키면, 우리는 아이에게 둘 중 누구도 목격하지 않은 과거에 대해 말하는 방법을 가르칠 수 있다. "기록된 역사에 대한 믿음이란, 대체로 그 사건이 벌어진 당시 그것을 목격한 사람들로 거슬러 올라가는, 기록과 보고의 전승이라는 사슬이 '있었다는 믿음이지' 그런 사슬의 고리를 따라가는 추론을 통해 역사적 사실에 대해 갖는 믿음이 아니다"라고 엘리자베스는 훗날 적었다.[46] '역사적 과거'는 목격자들의 증언이 기록되고 되풀이되고 전달되면서 공동의 노력에 의해 보존된다. 아이스퀼로스가 《아가멤논》을 썼다는 사실을 믿는다는 것은 그걸 목격한 사람들의 증언을 보존해 온 지속적인 인간 노력을 믿는다는 것이다. 이것은 메리가 프랭켈의 수업 초반 눈치챈 것이고 보어스힐에 올라앉은 길버트 머리의 서재에서도 배웠으며, 이제 철학 박사 과정 학생으로서 잘 알고 있는 사실이었다. 메리는 플로티노스가 존재와 실재를 구분한 점을 파헤치며, 이 사실의 형이상학적 뿌리를 캐고 있었다. 학자는 지속적인 인간의 노력, 베끼고 재생산하고 개작하고 재구성하는 노력을 거슬러 올라가며 과거를 좇는다.

엘리자베스는 과거의 실재에 대한 강연에서 '고독하고 정지된 관찰자'를 인간 공동체로 대체했다. 이 공동체의 일원들은 각각 인간 삶의 아주 작은 일부의 목격자이다. 엘리자베스는 외로운 개인을 특정한 역사적 순간에 살아 있는 누군가로, 수많은 관점 중에 하나의 관점으로 바꾸어놓은 것이다. 그 사람은 인간 사회에 살면서 공동의 과거를 직조하기 위해 "무슨 일이 있었는가?" "무슨 일을 했는가?" "무엇을 보았는가?" 등의 물음에 다양한 형태의 답안을 내놓는 사람이다. 각각의 개인은 그 직물의 한오라기 실이고 그 실이 이루는 모양, 즉 양상은 한 개인을 초월하며 누구든 혼자서는 그 양상을 알 수 없다. 우리는 세대에 걸쳐 기록하고 증언을 보존하면서 함께 역사적 과거를 살아 숨 쉬게 한다. 공유된 과거는 그 활동에 달려 있다.

과거가 실재한다는 믿음, 변화하지 않는다는 믿음은 이러한 습관을 통해서, 우리가 현재를 사는 모습에서 드러난다고 엘리자베스는 말했다. 우리는 추억을 공유하고 목격한 사실을 증언하며, 상대에게 책임을 묻고, 역사책을 쓴다. 우리의 개인적 삶에서도 과거의 행동은 우리가 미래와 마주하는 태도에 영향을 준다. 우리는 복수를 계획하고, 참회하거나 보상한다. 이러한 습관은 인간의 과거라는 개념이 단순한 관념이 아니라 인간 삶에 깊이 뿌리내린 실재임을 보여준다.

엘리자베스의 발표문을 들은 뒤, 파이틀로 돌아온 아이리스는 일기장을 꺼내 일곱 쪽이나 메모를 했다. "E.의 생각을 언어적 방법론과 '일상' 언어에의 호소에 대한 내 모호한 일반론에 적용할 것. E.는

'일상 언어'에 호소하지 않음. 우리가 언어의 용법을 (나아가 개념을) 어떻게 배우는지에 대한 사실을 설명하고 있음. 이 방법은 도대체 뭐지? 도덕 명제에 어떤 영향을 끼치게 될지? 심리학에는?"[47]

그다음 주 런던에서 아이리스는 프랑스 기독교 철학자 가브리엘 마르셀을 만났다. 원자 폭탄이 떨어지기 며칠 전 웨스트민스터 성당에 앉아 일기장에 "신비를 문제로 격하해서는 안 된다"라고 마르셀의 말을 적었던 아이리스였다. 아이리스보다 스무 살이 많았던 마르셀은 얼마 전 세상을 떠난 아내 자클린 뵈그네를 애도하면서 다음 해 발표할 예정이었던 기포드 강연을 준비하고 있었다. 강연 주제는 "존재의 신비"였다.[48] 마르셀은 엘리자베스의 강연이 있었던 그 주에 케임브리지에 머무르고 있었지만, 참석 여부는 알려져 있지 않다.[49] 가브리엘과 엘리자베스의 만남은 오직 아이리스의 생각과 일기장에서 이루어졌을 수도 있다.

마르셀은 시간 개념을 '시네마토그래프'에 빗대어 설명했고, 과거는 개별적인 사건의 연속이라고 (엘리자베스가 실재하며 불변하는 과거라는 관념을 설명하기 위해 한 줄로 놓인 사진을 이용한 것과 비슷하다) 생각했다.[50] 이것은 '나-그것' 세상에서 작동하는 시간의 모습이라고 마르셀은 (마르틴 부버의 개념을 빌어 와) 말한다. 그러나 살아 있는 개인, 즉 '나-너' 세상으로 말할 것 같으면 시네마토그래프에 견주어서는 부족하다고 생각했다. 인간의 세상에서 과거는 현재와 미래에 살아 있다. "과거는 모두 '재구성 될 수 있고' 내 과거뿐만 아니라 타인의 과거도" 그렇다고 아이리스는 요약한다.[51] '나-너' 세계에서 과거와 현재, 미래의 뒤얽힘은 약속의 경우에서 가장 극명하게 드러난다. "언어와 과거, 그리고 미래의 관계. 약속."[52] 약속은 믿음을 전제한 행위, "창조적 의리"이다.[53] 약속은 우리가 함께 공유된 미래를 바라보게 하지만, 미래가 왔을 때 우리가 어떤 사람일지는 아무도 알지 못하기 때문에 '믿음'을 전제로 한다.[54] 아이리스는 데이비드 힉스와의 약혼이 깨진 기억을 떠올렸을 수도 있다. 앞날의 계획이 '카페에서 한껏 대화하고, 함께 춤추고, 같이 술에 취하고, 집에서도 늦게까지 잠들지 않는' 미래를 형성했던 찰나를, 이루어지지 않았으나 기억된 과거의 미래를 떠올렸을 수 있다.

아이리스와 마르셀은 세인트 제임스 파크를 산책하며 오리를 구경하다가 강연이 열릴 소호로 (아마도 세인트 앤 교회로) 이동했다.[55] 아이리스는 하필 이 사실을 필리파에게 알리는 것을 깜빡했다. ("나도 내가 진저리가 나" "생각 없는 멍청이처럼 굴어서 정말, 정말 미안해"라고 말했다.)[56] 필리파도 아이리스처럼 프랑스 실존주의 사상에 대해서 그 어느 영국인보다 잘 알고 있는 사람 중 하나였고, 시포스에서 보낸 마지막 나날에 시작했던 공부를 계속 이어가는 중이었기 때문이다. 여름에는 마르틴 부버와 앙드레 지드를 읽었고 아이리스는 필리파의 추천을 받아 형이상학자 루이 라벨을 읽었다.[57] 아이리스가 필리파에게 전한 내용에 따르면 엘리자베스는 플라톤으로 치우치는 라벨이 제정신이 아니라고 생각했다.[58]

케임브리지에 있을 때, 아이리스는 대체로 파이틀에서 반 마일 떨어진, 캠강 건너편, 클레어 다리를 지나면 나오는 트리니티 칼리지에서 시간을 보냈다. 이곳에 있는 와스피 히잡 그리고 칸티 샤의 방에서 '살다시피' 했는데 이 두 대학원생은 '비트겐슈타인'이라는 이름을 그야말로 입에 달고 다녔다.[59] 아이리스는 필리파에게 보내는 편지에 "샤, 히잡과 같이 먹을 식사"를 만들고 있다면서 "두 사람은 이게 돈을 아끼는 아주 좋은 방법이라고 생각하고 있어! (내 실력이 빨리 늘기를 바라는 중이야!)"라고 썼다.[60] 한 해 전 와스피와 엘리자베스는 함께 비트겐슈타인의 종교 철학 수업을 들었다.[61] 세 사람이 종교적 믿음의 본질을 논하며 트리니티 칼리지 앞뜰을 빙글빙글 어지럽도록 도는 모습이 자주 목격되었다. "사람은 불길에 끌려들어 가지 않기 위해 죽기 살기로 버둥댈 겁니다." 비트겐슈타인은 말했다. "그건 귀납적 결론이 아니라 공포입니다. 그것이, 말하자면, 믿음이라는 것의 본질에 해당됩니다."[62] 이 만남은 와스피의 믿음과 지적 기반을 흔들었다.[63] 아이리스가 트리니티 칼리지에서 식사를 준비해 줄 무렵 와스피의 조국은 내전에 휩싸여 있었다. 고향 나블루스가 일시적으로 요르단에 흡수된 탓에 더 이상 아랍계 팔레스타인 사람이라고 할 수도 없었다.[64]

한편, 인도 남부에서 온 자이나교도 칸티 샤는 비트겐슈타인의 또 다른 애제자였다. 한 해 전 샤는 앨런 잭슨, 피터 기치와 함께 비트겐슈타인의 심리철학 강의를 들으며 꼼꼼히 필기했다.[65] 오스트리아에서 망명한 수학자 게오르크 크라이젤까지 더하면 비트겐슈타인에 푹 빠진 사람들의 무리가 완성되었다. 엘리자베스와 피터, 그리고 동료 가톨릭교도 요릭 스미디스도 합류했다. 무슬림, 자이나교도, 유대인, 가톨릭이라는 다양한 종교적 배경을 가진 사람들이 섞인 데서 오는 갈등은 오로지 식생활과 관련되어 있었는데, 그럼에도 심각하지 않다고 할 수 없었다. 무슬림인 와스피는 고기를 먹었지만, 칸티는 채식주의자였으므로 "여러 윤리적 문제가 생겼어"라고 아이리스는 필리파에게 꽤나 진지하게 말했다. "식물성 기름을 동물성 기름과 섞어도 될까 아니면 철저하게 따로 분리해야 할까? 이런 게 우리한테 철학보다 더 중요한 문제야."[66]

아이리스는 이 세트장에 새로 등장한 인물이었고 다른 사람들과 달리 비트겐슈타인으로부터 직접 철학을 배운 적이 없었다. 아이리스는 엘리자베스에게 다리를 놓아달라고 부탁해서 비트겐슈타인이 케임브리지를 떠나기 전에 딱 한 번 만날 수 있었다. 아이리스가 비트겐슈타인의 연구실이라는 세트장에 나타난 것은 1947년 10월 말이었다. "엄청나게 직설적인 사람이었고 방에는 자질구레한 물건이 하나도 없었기 때문에 사람들은 긴장했습니다"라고 아이리스는 이후 언론 인터뷰에서 말했다. "대부분의 사람들은 어떤 틀 안에서 만나게 되고 대화를 할 때는 특정한 규칙을 따르곤 하지요. 벌거벗은 상태의 개성이 서로 충돌하지 않아요. 하지만 비트겐슈타인은 항상 모든 관계에서 이러한 충돌을 강요했어요."[67] 아이리스는 접이식 의자에 앉아 비트겐슈타인과 나누었던 짧고 비현실적인 대화를 일기장에 기록했다. 비트겐슈타인은 (답을 찾아 문을 두드리는 여행자들의 끝없는 물결에 신경질이 난 상태에서) 불만을 토로했다. "내 정원에 사과나무가 있는데, 사람들이 수레를 끌고 그걸 담아 가서 온 세상에 보낸다고 생각해 보세요. 지금 그런 기분입니다. 학생도 내 사과나무에서 사과를 따도 되냐고 묻고 있군요?" 아이리스는 조금도 지체하지 않고 이렇게 대답했다. "네, 사과를 받아도 정말 선생님의 나무에서 딴 사과인지 확신할 수가 없어서요." 그러자 비트겐슈타인이 말했다. "그렇겠군요. 하지만 그렇게 좋은 사과는 아니라고 말해두겠습니다." 그런 다음 비트겐슈타인은 이 만남의 무의미함을 마치 금언 같은 말로 요약했다. "철학적 논의를 단 한 번만 한다면, 무슨 소용이 있겠습니까? 피아노 레슨을 한 번만 받고 마는 것과 같아요."[68]

사실과 가치를 재연결한 필리파

1948년은 필리파와 아이리스, 메리, 엘리자베스가 간헐적으로나마 철학이라는 피아노 연습을 함께 한 지 거의 10년이라는 시간이 흐

라이언스 찻집 내부, 1942년경.

른 시점이었다. 필리파는 엘리자베스와 매주 만남을 가진 덕에 도움을 많이 받았다. 필리파는 (1945년 심사위원 세 명이 모두 필리파의 뛰어난 능력을 증언했음에도) 가면 증후군(자신의 능력이나 업적이 운에 따른 것이고 언젠가 가면 뒤의 본 모습이 드러날 것을 불안해하는 심리-옮긴이)을 완전히 떨치지는 못했지만, 자신에게 적어도 문제를 발견하는 재능이 있다는 사실만은 자신했다. 철학 논문을 읽거나 논증을 들으면 무언가 이상한 게 있을 때 그게 몸으로 느껴지곤 했는데 이제 그 기분을 잘 포착할 수 있었다.[69] 헤어의 "도덕 규범주의"도 바로 그런 기분을 불러일으켰고, 이제 필리파는 그에 대한 답변을 시작하려고 하고 있었다.

그해 어느 오후 네 여성은 옥스퍼드 콘마켓 가 3번지 라이언스 찻집에서 만났다.[70] 라이언스 찻집 내부는 여느 찻집과 다른 게 없었다. 흰 식탁보에 조화, 재떨이, "니피"(찻집 안을 분주하게 종종거려 nip 붙은 별명)라고 불리는 점원들이 있었다. 이 라이언스 찻집은 필리파와 아이리스가 시포스 시절 먹던 차와 스티키번을 생각나게 했을 것이다. 정부가 전쟁 중 발효했던 아이스크림 금지령을 해제한 후, 라이언스는 유제품 없이 아이스크림을 만드는 방법을 연구 중이었다. (우유는 여전히 제한 배급 대상이어서 구하기 힘들었다.) 서머빌을 막 졸업한 화학자 마거릿 로버츠가 이 회사 아이스크림 연구소에서 일하고 있었다. 수년 후 대처 수상이 되는 마거릿 대처이다.[71]

필리파는 복잡한 카페의 소음에도 굴하지 않고 생각을 말하기 시작했다. 니피가 메리와 필리파에게는 뜨거운 차를, 아이리스와 엘리자베스에게는 블랙커피를 따라주었다.

필리파는 이렇게 말을 꺼냈을 것이다. "요즘 대학에서 가르치는 도덕 철학 전반은 사실 명제와 가치 평가 간의 구분에 기반하고 있다고 말해도 과언이 아닐 거야." (이 발언은 필리파가 1958년 발표한 논문 〈도덕적 믿음〉에서도 동일하게 반복된다.)[72] 에이어에게 가치 평가는 (환호나 야유 같은) 감정 표현이었다. 리처드 헤어에게는 (하라! 하지 말라! 같은) 규범이었다. 그러나 현대 도덕 철학의 기반이 되는 사실 명제와 가치 평가의 구분을 그대로 받아들인다면, 두 사람이 동일한 사실에 대해 정반대의 가치 평가를 내려도 문제가 되지 않는다. 그리고 바로 이 때문에 우리는 나치에게 "네가 틀렸고 우리가 옳다"라고 말할 수 없게 된다.

1948년 무렵 필리파는 아직 도덕 주관주의를 타파할 수 없었지만, 이 철학의 시작점에 있는 구분이 심히 비현실적이라는 사실을 깨닫기 시작했다. 우리 언어의 상당한 부분이 가치 평가와 서술을 동시에 한다. 필리파는 "무례하다"라는 말을 예로 들어보자고 한다. 누군가를 "무례하다"라고 말하는 것은 불만의 표현이다. "식탁 위에 머리를 없는 것은 무례하다"라고 하면 그러지 말아야 한다는 의미이기도 하다. (아마 이쯤에서 아이리스를 흘끗 쳐다보았을지도 모른다.) 그러므로 "무례하다"는 표현은 가치 평가임이 명확하다. 그러나 "'무례하다'의 의미는 그것을 기반으로 한 사실 명제와 연결되어 있다. 문을 향해 천천히 걸어간다거나 짚더미 위에 앉아 있는 행위를 무례하다고 비난할 수는 없다"라고 필리파는 말한다.[73] 말할 수는 있어도 말이 되지 않는다. 가치 평가가 말이 되려면 우리 모두가 불쾌하다고 여길 수 있는 특정한 조건을 지시함으로써 사실과 가치 평가를 연결시켜 주어야 한다. 커클리덤의 올드홀에서 아이리스가 접시를 옆으로 치우고 에스더 보즌켓의 식탁에 머리를 얹었을 때 에스더는 이를 불쾌하게 여겼다.

무엇이 불쾌한지 아닌지에 대하여 이견이 있을 수도 있지만 불쾌함을 느끼는 계기는 슬픔을 느끼는 계기와 마찬가지로 삶이라는 직물에 새겨진 양상의 일부이다. 저녁 식사에 초대받은 손님이 (스파게티가 맛이 없어도) 감사히 식사할 때, (대화가 재미 없어도) 정신을 딴 데 두지 않을 때, (매우 피곤하지만) 비교적 꼿꼿이 앉아 있을 때가 그런 계기들이다. 필리파는 이처럼 비트겐슈타인의 생각을 단순하면서도 세련되게 확장시켰다. 우리의 가치 평가적 언어는 세상을 해체하여 그 자리에 '실재'나 '자연'이라고 칭할 만한, 벌거벗고 무가치한 현장만을 남겨두는 언어가 아니다. 오히려 가치 평가적 서술은 인간 생의 양상 안에 위치해 있을 때만 의미를 갖는다.[74]

가치와 사실을 연결하려고 시도한 필리파의 방식은 모두의 관심을 끌었고 대화가 활기차게 이어졌다.[75] 정확히 어떤 대화가 오갔는지 알 수는 없지만, 가장 키가 큰 여성이 상체를 기울이고 안경을 올려쓰면서 하는 말을 니피가 들었다면 이러한 내용이었을 것이다. "'불쾌하다'의 의미는 오직 사전에만 있는 것이 아니라 인간 삶에도 있다는 거지. 정의를 내려야 한다면 에티켓의 법칙뿐만 아니라 인간이라는 동물의 사회적 삶에 대해, 어떻게 위계 질서가 확립되고 유지되는지, 관계가 형성되고 또 깨지는지 설명해야 하지."

메리 또한 비트겐슈타인으로부터 배운 내용을 갖고 다음과 같이 거들었을 것이다. "언어는 복잡한 현실에 뿌리를 내리고 있어야 하고, 어떤 공리에서 도출한 계산법처럼 바깥에서 강제할 수 있는 것이 아니니까." 이어서 바지를 입고 줄담배를 피우고 있는 여성은 놀라울 만큼 아름다운 목소리로 이렇게 말했을 것이다. "내가 '빵을 먹다니 무례해!'라고 말했다고 치자. 잘 이해가 안 가겠지. 하지만 배경을 채워 볼까. 무신론자가 무릎을 꿇고 앉아 성체를 받으려고 하는 상황이라고 하자. 그렇다면 곧바로 왜 빵을 먹는 행위가 불쾌함을 주는 행위인지 이해할 수 있겠지. 행위의 배경이 인간 삶에서 아주 중대한 어떤 것, 즉 신과의 관계와 연결될 때, 그 판단이 어떤 측면에서 도덕적인 판단인지 알 수 있지."

이제 상상력은 그만 발휘해도 좋다. 대화가 어떻게 끝났는지에 대해서는 알려져 있기 때문이다. 개개인의 과거 경험에 따른 가치 판단에 따라 무례한 행동의 의미가 달라질 수 있다고 생각하고 있던 아이리스는 불쑥 끼어들며 말했다. "예를 들어, 엘리자베스를 '무례하다'고 말하는 사람도 있겠지?"[76] 다시 철학 공부를 시작한 아이리스는 엘리자베스의 "가차 없는 진정성"을 진심으로 존경하고 귀중히 여겼지만, 옥스퍼드 사람들은 대체로 엘리자베스의 직설적인 성격이 선을 넘었다고 생각하는 메리 윌슨과 뜻을 같이 하고 있었다.[77] 엘리자베스의 무례한 태도는 워낙 유명해서 메리 스크러튼도 엘리자베스가 그걸 자랑스러워하고 있을 것이라고 생각했다. 그러나 모두의 예상을 벗어나 "엘리자베스는 얼어붙었고 한동안 입을 다문 채 저 멀리 극지방으로 물러나 있었다." 아이리스는 메리와 필리파에게 간절한 시선을 보냈지만, 도대체 무슨 일이 벌어진 건지, 어떻게 해야 수습할 수 있을지 누구도 알지 못했다. 얼마 후 엘리자베스는 자리에서 일어나 아이리스에게 말했다. "나한테 그렇게 말하는 사람이 있다면 참을 수 없는, 엄청난 모욕이라고 생각할 거야." 엘리자베스는 입을 다문 채 당당히 일어나 뚜벅뚜벅 걸어 나갔고 뒤에는 세 사람의 어리벙벙한 얼굴과 식은 커피 반 잔만이 남았다.[78]

인간 행위에 대해
고민을 시작한 엘리자베스

그 당시 네 사람이 리처드 헤어에 대해 나누었던 대화를 떠올리며 메리는 "한목소리로 외친 '아니!'라는 말이 여러 형이상학적 결과를 낳았다"고 우리에게 말했다. 사실과 가치의 언어를 연결하려면, 물질과 정신을 연결해야 했다. 어떻게 인간 몸의 물리적 움직임을 '선' 혹은 '악'이라고 부를 수 있는지, 어떻게 동기의 선악에 따라 벌어진 사건의 사실 관계의 해석이 바뀔 수 있는지 말이다. 필리파가 도덕 언어를 탐구하는 동안 엘리자베스는 인간 행위의 내면으로 더 깊게 파고들었다. 엘리자베스의 첫 저서 《의도》는 출간까지 몇 년 더 남아 있었지만 이미 엘리자베스가 1948년 2월 옥스퍼드의 소크라테스 클럽에서 발표한 글에 그 연구 결과가 어느 정도 함축되어 있었다. 메리 글로버가 말했듯이 "이 모든 것은 형이상학적으로 매우 난해하다."[79]

엘리자베스를 초청한 사람은 한때 남아프리카공화국에서 담배

농사를 했던 스텔라 얼드윈클이었다. 스텔라는 21세 때 계시를 경험하고 개종한 뒤 1929년에 신학을 공부하러 옥스퍼드로 온 사람이었다. 세인트 크리스토퍼 칼리지(런던의 블랙히스에 위치한 학교)에서 신학을 잠깐 가르친 뒤 1941년 여학생 담당 사목원으로서 옥스퍼드로 돌아왔다. 스텔라가 설립한 소크라테스 클럽은 '깔끔하게 정리되지 않는 물음들'에 관심이 있지만, 아직 기독교인이 아닌 학생들을 전도하기 위한 도구로서 기획되었다.[80] 사목원이라는 위치 덕분에 스텔라는 거침없이 활동할 수 있었다고 아이리스는 회상했다. "옥스퍼드 내 모든 칼리지에서 환영받은 것은 아니지만 항상 당당했고, 마치 그럴 권리가 있는 것처럼, 우리 사이에서 자신의 역할이 있다는 사실을 당연하게 여겼다." 스텔라는 "전도사"처럼 보이지 않았고 "자신의 존재감, 믿음, 관심"을 통해서 가르침을 주었다.[81]

스텔라와 아이리스는 가까워졌지만, 메리는 쉽게 설득당하지 않았다. 메리는 스텔라의 몹시 잘난 체하는 태도가 짜증스러웠다. 그것으로도 모자라 스텔라는 논리학 기말 논문 심사를 앞둔 메리의 방문을 전날 밤 열한 시에 시끄럽게 두드리며 잠을 깨웠다. 문을 열자 스텔라가 상냥하게 웃고 있었다. "소크라테스 클럽에 와서 토론하지 않겠어요?" 메리는 이것이 "제 발로 가서 잡아 먹히라"는 말과 다름없다고 생각했다. "얼토당토않은 요구를 지극히 예의 바르게 거절"했으나 "돌아온 것은 용서한다는 듯한 마치 순교자 같은 미소"였다고 메리는 회상했다.[82]

엘리자베스는 아이리스의 소개로 스텔라와 친해졌지만, 소크라테스 클럽 발표를 가볍게 보지는 않았을 것이다.[83] 스텔라는 모임이 "꽤나 예의 바른" 분위기라고 누누이 말했다. "진실을 알아내고 싶을 뿐이고 논증이 어디로 이어지든 정직하고 차분하게 따라갈 뿐"이라고 했다.[84] 그러나 엘리자베스보다 20년 선배인 이 모임의 회장 C. S. 루이스는 치열한 토론을 즐기는 것으로 유명했다. "이기기 위해 말한다"라고도 했다.[85] "무신론자도 불가지론자도 다 환영합니다!" 그날 저녁 세인트 힐다 학생 사교실 게시판에는 이렇게 적힌 포스터가 붙었다.

 C. S. 루이스는 전쟁 중에도 학업을 지속하라는 자신의 호소를 스스로도 실천에 옮겼고 《기적》이라는 책을 막 출간한 상태였다. 엘리자베스는 모임에서 이 책에 대해 논할 예정이었다. 저자 앞에서. 논의 대상은 〈3장〉이었다. "선생님이 '자연주의'라고 부르는 사상이 이성의 타당성에 대한 믿음과 모순되기 때문에 자기 반박이라는 선생님의 주장을 논하고자 합니다." 엘리자베스는 이처럼 루이스에게 직접 말을 건네며 시작했다. "선생님은 이 논증을 통해 '자연주의'를 논파하고자 합니다."[86] 〈3장〉에서 루이스는 '자연주의자'들이 사유의 합리성을 설명하지 못한다고 주장했다. 사유는 합리적인 관계들이 지배하고 있다고 루이스는 말한다. 결론은 전제를 논리적으로 뒤따른다. 그러나 자연주의자들은 모든 관계가 궁극적으로 인과 관계라고 고집한다. 인간 행동과 사유는 여타 물리적 사건의 논리적 귀결이 아닌 인과적 귀결이라고 주장한다. 루이스는 이 입장이 자기 반박이라고 주장했다. 자연주의자는 자연주의에 대한 자신의 믿음에 합리적인 이유가 있다고 생각한다. 그러나 자연주의가 사실이라면, 그 믿음에는 어떤 합리적 근거도 없다. 다른 물리적 사건과 마찬가지로 인과 관계로 설명할 수 있는 하나의 물리적 사건일 뿐이다. 합리적 근거가 없는 믿음은 비합리적이므로 자연주의자의 입장은 자기를 부인하는 입장이다.

 엘리자베스는 이렇게 계속했다. "저는 '이성의 타당성에 대한 믿음'이 '인간 사유는 비합리적 원인의 결과로서 충분히 설명할 수 있다'는 주장과 양립할 수 없다고 보는 이 논증의 핵심 주장을 논하려고 합니다." 다시 루이스에게 직접 말을 건네며 엘리자베스는 "이것이

'이성', '원인', '설명'이라는 개념을 다양한 방식으로 혼동하고 있는 데서 온 실수"로 보인다고 했다.[87] 청중은 숨을 들이쉬었을 것이다. 앤스콤은 머리를 조아릴 생각이 전혀 없어 보였다.

그리고 이어서 설명했다. 누군가 논리적으로 사고하는 순간의 생리적 활동에 대해서 인과적인 설명을 제공하는 과학자는 그 논증의 내용은 전혀 고려하지 않는다. 그 작용을 '타당성' 혹은 '진리' 혹은 '근거'의 관점에서 고려하지 않는다. 과학자에게 그 작용은 단지 생리적인 현상이고 이러한 관점에서 보기 때문에 '합리성'과 '비합리성'의 문제는 과학자의 설명에 아무 의미가 없다.

그렇다고 해서 믿음에 어떤 합리적인 설명이 없다는 말은 아니라고 엘리자베스는 말한다. "우리 앞에 어떤 의견을 뒷받침하는 글이 놓여 있다면, 우리는 그 글이 나온 상황을 고려하지 않고도 이렇게 질문할 수 있습니다. '이것은 좋은 논증인가?'"[88] 우리는 그 글이 타자기로 쓴 글인지, 지하철 승차표에 적힌 글인지, 욕조에서 노래로 부른 것인지 알지 못해도 논증의 타당성을 따져볼 수 있다. 우리는 여러 가지 상황에서 "왜"라고 묻는다. 때로는 인과적 설명을 찾고 때로는 논리적 설명을 찾는다. 따라서 '이성의 타당성에 대한 믿음'은 인간 사유를 인과적으로 설명할 수 있다는 생각과 조금도 모순되지 않는다.

그날 저녁 엘리자베스가 한 주장은 반과학적이지도, 반자연주의적이지도 않았다. 실제로 루이스와 엘리자베스 사이의 견해 차이의 핵심은 '자연적'이라는 말의 의미였다. 루이스는 인간 이성이 자연적이려면 인과적 설명으로 환원될 수 있어야 한다고 전제했다. 그러나 엘리자베스는 '자연적'인 것이 곧 '인과적 설명으로 환원될 수 있다'는 의미는 아니라고 주장했다. 우리 같은 동물에게 사유하고 논증하고 묻고 설명하는 것보다 더 자연적natural인 행위는 없다. 우리 본성nature의 일부이다. 우리는 단서를 보고 결론을 내리는 동물이며 이렇게 묻는다. "왜 그런 일이 일어났지?" "왜 그렇게 생각하지?" "어떤 이유에서?" 이러한 질문을 하고 이러한 양상을 찾고 싶어 하는 것이 우리의 존재의 일부, 본성의 일부이다. 뇌파를 측정하기 위해 개발한 과학적 도구로 인간 사유와 행위의 합리성을 설명할 수 없다는 루이스의 주장은 옳지만 그렇다고 해서 뇌파는 자연적이고 이성은 자연적이지 않다고 말할 수는 없다.

메리 글로버는 이러한 옛 제자의 주장을, 나아가 엘리자베스가 《의도》에서 전개한 인간 행위에 대한 설명을 기쁘게 받아들였을 것이다. 인간 사유와 행위의 이유, 타당성, 그리고 근거를 알고자 한다면 인과적 사슬이 아닌 더 광범위한 여러 양상을 검토해야 한다고 엘리자베스는 이후 주장한다. 이것은 인과 관계나 '불변적 결합'(한 가지 사건이 항상 다른 사건을 불변적으로 따르는 관계-옮긴이)의 양상이 아니라 H. W. B. 조지프가 "삶의 조각"이라고 불렀던 것들을 합리적 체계 안에 위치시키는 양상이다.

책 《의도》에서 엘리자베스 앤스콤은 그 양상을 놀라운 예시를 통해 드러낸다. 나치, 살인, 음모와 관련된 예시이다. 한 남자가 펌프로 물을 끌어올려 물통에 담고 있는데, 이 물통의 물은 한 집의 식수로 쓰인다(이 장면은 엘리자베스가 2차 세계대전 중 대공습 시절을 떠올리며 구성한 것일 수 있다). 수원은 누군가 유독한 물질로 오염시켰는데, 그 효과는 누진적이다. 집에는 나치가 살고 있다. "수원을 오염시킨 사람은 만약 이 집안사람들을 없애면, 다른 선한 사람들이 권력을 갖게 될 것이며, 그들은 통치를 잘하거나 심지어 이 땅에 하늘의 왕국을 세우고 모든 이에게 좋은 삶을 제공할 것이라고 추정한다." 이 사람은 "자신이 추정한 바, 그리고 독을 탔다는 사실까지 펌프를 작동하는 사람에게 알렸다." 펌프를 작동하는 사람의 팔은 "위아래, 위아래로 움직이고 있다."[89]

엘리자베스 앤스콤은 이제 "왜"라는 일상적인 질문을 던진다. ("왜 그러고 있습니까?"라고 물었다.) 펌프질을 하는 남자의 행위에 숨은 합리적인 질서를 밝히기 위해서다. "왜"라는 질문에 남자가 정직하게 대답한다면 남자의 설명은 하나의 열을 이룰 것이다.[90]

왜 팔을 아래 위로 움직이고 있습니까?
펌프를 작동하고 있습니다. (A)
왜 펌프를 작동하고 있습니까?
급수 시설을 채우고 있습니다. (B)
왜 급수 시설을 채우고 있습니까?
이곳에 사는 사람들에게 독을 먹이고 있습니다. (C)
왜 이곳에 사는 사람들에게 독을 먹입니까?
이 땅에 하늘의 왕국을 세우기 위해서입니다. (D)

"펌프를 작동하다" "급수 시설을 채운다" "이곳에 사는 사람들에게 독을 먹인다" 등의 설명은 그 의미로 인해 그리고 세상이 구축된 방식으로 인해 서로 연결되어 있다. 이 상황에서 펌프를 작동하는 것은 급수 시설을 채우기 위한 방식이고, 급수 시설을 채우는 것은 사는 사람들에게 독을 먹이는 방식이다. 이 상황의 일부는 공모자들이 만들어놓은 것이다. 수원에 독을 탄 것은 그들이다. 다른 부분은 이미 존재했다. 펌프는 항상 집의 급수 시설을 채우기 위한 용도로 거기 있었다. 또 다른 부분은 인간 본성에 관한 사실들이다. 독은 우리 같은 동물에게 위험하다.

엘리자베스의 사례에서 펌프를 작동하는 남자는 이 모든 것을 알고 있다. 펌프가 작동하는 방식도 알고 계획에 대해서도 알고 있다.

독에 대해서도 나치에 대해서도 알고 있다. (공모자들이 독약과 살인 계획에 대해 숨기고 누군가 펌프질을 하도록 속인 상황이 아니라는 뜻이다.) 이러한 것들을 알고 있는 상황에서 이 남자는 집안사람들에게 독을 먹이기 '위해서', 집의 급수 시설을 채우기 '위해서' 펌프를 작동한다고 엘리자베스 앤스콤은 말한다. 펌프질을 하는 동안 독이 집안사람들의 몸으로 들어가는 인과 과정을 눈으로 볼 수는 없지만, 독을 먹이고 있다는 사실을 (엘리자베스의 말에 따르면 "관찰하지 않고도") 알고 있다.

펌프질을 하는 남자의 행위가 합리성을 가지기 위해 꼭 의식적인 논리 작용이 있어야 하는 것은 아니다. 남자는 "이러한 사정에 밝고" 목적을 달성하기 위해 아는 것을 실행에 옮길 뿐이다.[91] 남자의 행위를 합리적인 행위, 이유가 있어서 한 행위라고 생각하기 위해서 굳이 어떤 '실질적 지적 작용'을 상정해야 할 필요는 없다. 이미 알고 있는 사실들을 바탕으로 더는 생각하지 않고 단지 펌프질을 할 수 있다. 남자가 "이유를 가지고 행동한다"는 말은 내부에서 마치 어떤 유압 작용 같은 정신적 사건이 벌어진다는 가정이 아니다. 이러한 사건이 남자의 세상 속 동작을 인과적으로 설명해 줄 수 있으며, 그 동작 이후에 일어나는 일들은 단지 그 동작의 결과라는 의미가 아니다. 다만 이 '삶의 조각', 즉 펌프의 손잡이를 잡은 팔의 움직임이, 우리에게 익숙한 양상 속에, 지금 여기서 팔을 움직임으로써 초래하게 될 세상의 질서 속에서, 우리에게 익숙한 인과적, 윤리적, 사회적 구조 속에 자리하고 있다는 것이다.

루이스와 토론한 다음 날, 엘리자베스는 비트겐슈타인에게 편지를 썼다. 루이스가 생각보다 굉장히 친절하게 토론했고 언변이 뛰어났고, 쟁점을 흐리기 위해 온갖 장난을 쳤지만, 불쾌하다고 할 만한 점은 없었다고 엘리자베스는 적었다. 요릭 스미디스가 엘리자베스의 발표를 돕기 위해 초고에 있는 엘리자베스의 주장에 "쓰레기!"라고 적었다고도 썼다.[92] 엘리자베스는 모임의 서기인 프랭크 굿리지의 도움도 받았다. 프랭크는 루이스의 제자였지만, 엘리자베스의 친구이기도 했다.[93] 엘리자베스의 주장을 듣고 ("아마도 너무 쉽게") 설득당한 프랭크는 "상당히 대중적인 수준에서" 책을 썼다고 말한 루이스를 다그치기 시작했다. 대중화를 위해서 형편없는 주장을 해서는 안 된다고 하며 거의 도덕상의 문제라는 듯 따진 것이다. 이 편지의 추신에는 이렇게 적혀 있다. "남들 앞에서 하는 토론은 정말 어렵습니다. 상대의 말에 대답을 하려면 겁을 먹고 서두르게 됩니다. 그러지 않으려고 잠시 멈추어 생각을 하려고 하면 머리가 텅 비어버립니다. 그래서 쓸모없는 말을 많이 합니다."[94]

항간에서는 이 "앤스콤 사건" 혹은 "앤스콤-루이스 논쟁"이 다소 다르게 전해지고 있다.[95] 만만치 않은 앤스콤이 루이스를 공격했고 루이스는 괴로운 수치감을 보이며 깊이 언짢아했으며, 그날 이후로 신학 논증을 그만두고 신앙에 관한 글이나 어린이 소설을 썼다는 것이다. 앤스콤이 루이스를 변명이나 하는 사람으로 만들어 "없애버렸다"라고도 했다. 엘리자베스는 실제 이루어진 논증이나 해당 주제에 대해서는 관심이 없어 보이는 루이스의 동료들이 이 일에 대해서 한 이상한 말들을 '투영'이라는 현상의 흥미로운 사례라고 생각하기로 했다.[96]

엘리자베스는 C. S. 루이스가 원인과 이유를 혼동한다고 생각했지만, 루이스의 동기에는 공감했다. 루이스는 자연주의를 논파해야만 인간 삶 속에 기적이 자리할 수 있다고 믿었다. 반면 엘리자베스는 서로 상충한다고 생각지 않았다. 엘리자베스와 피터는 다섯 살 바버라와 거의 세 살이 다 된 존에게 성변화聖變化에 대해 가르치고 있었고 빠를수록 좋다고 생각했다. 아이들은 "성변화"라는 말을 배우기에는 너무 어렸지만, 그 대신 이 단어가 추후 스며들게 될 의례적 말과 행위를 배우고 있었다. 아이들이 추후 "포도주를 예수님의 피로 바꾼다"는 설명이 적용될 수 있는 의례 속에서 하나의 양상을 볼 수 있도록 엘리자베스는 가르쳤다.

"봐! 신부님이 뭘 하시는지 봐." 엘리자베스는 성알로이시오 성당 신도석에서 아이들에게 속삭이곤 했다. "빵을 예수님의 몸으로 바꾸는 예수님의 말씀을 하고 계셔. 자 이제 빵을 위로 들어 올리셨지, 봐! 이제 고개를 숙이고 '나의 주님, 나의 하느님'이라고 해." "봐, 이제 잔을 드셨지. 포도주를 예수님의 피로 바꾸는 말을 하고 계셔. 저 잔을 봐. 이제 머리를 숙이고 '우리는 하느님의 그리스도의 거룩한 피를 믿고 사랑합니다'라고 하자."

엘리자베스는 이 설명이 "주변 사람들을 불편하게 만들 이유가 없다"고 고집했지만 눈총을 쏘는 사람들도 있었을 것이다. 이 가르침이 얼마나 효과적이었으면, 어느 날 영성체 후 집으로 돌아온 엘리자베스에게 바버라는 공손하게 물었다. "주님께서 엄마 안에 계셔?" 엘리자베스가 "그렇다"라고 대답하자 아이는 엄마 앞에 엎드렸고 엄마는 놀라움과 기쁨을 금치 못했다.[97]

다시 생명을 얻은 아리스토텔레스

메리와 엘리자베스는 목요일 밤마다 뉴보들리언에서 리하르트 발처의 '특별히 흥미로운' 아리스토텔레스 수업을 들었다. 전쟁 중

W. D. 로스는 발처를 오리엘 칼리지로 불러 강의를 맡겼다. 1945년 발처는 중세 철학 강사로 임명되었고 아리스토텔레스의《형이상학》《영혼에 관하여》《대화》를 가르치게 되었다. 요릭 스미디스, P. F. 스트로슨, 피터 기치도 이따금 수업에 참석했다.[98]

비트겐슈타인은 자랑스럽게 말한 적이 있다. "아리스토텔레스를 한 글자도 읽지 않고 한때 철학 교수를 했던 사람이 여기 있다!"[99] 하지만 아이리스와 메리, 엘리자베스는 아리스토텔레스를 읽었다. 메리는 엘리자베스의 참을성 있는 설명을 떠올렸다. 엘리자베스는 인간 생에 대한 비트겐슈타인의 관심을 아리스토텔레스와 비교했다. "언어가 갖는 특별한 중요성은 그것이 특히 대단한 독립 현상이라서가 아니다. 언어가 핵심적인 인간 행위이며, 우리의 본성 전체를 반영하고 있기 때문이다. 수학과 달리 언어는 우리의 생이라는 폭넓은 구조에 뿌리를 내리고 있기 때문이다." 이러한 이유에서 언어를 연구하는 것은 "우리 본성 전체에 대한 탐구"였다.[100] 엘리자베스가 비트겐슈타인의 방법론을 이용해 인간 행위 안에서 찾은 질서는 알고 보니 아리스토텔레스가 설명한 질서와 '동일한 질서'였다.[101] 엘리자베스는 비트겐슈타인을 모르던 시절에는, "과거의 위대한 철학자들이 마치 아름다운 조각상처럼 보였지만" 비트겐슈타인을 알고 나니 "그 조각상들이 살아 움직이기 시작했다"라고 말했다.[102]

그해 내내 아이리스와 메리는 함께 '파란색 노트'를 공부했고 엘리자베스는 케임브리지에서 비트겐슈타인의 단편적인 글들을 추가로 옥스퍼드로 가져왔다. 종이 몇 장, 짤막한 대화 내용 같은 것들이었다. 엘리자베스의 독일어 실력은 어느새 높은 수준에 올라 이제는 비트겐슈타인이 새로 쓴 내용을 번역의 도움 없이 읽을 수 있었다. 비트겐슈타인은 엘리자베스가 독일어를 습득한 속도에 놀라움을 표했고, 엘리자베스는 그가 놀라워한다는 사실을 놀라워했다. "그런 기초적인 능력 발휘는 내 지적 능력을 아주 조금만 드러낼 뿐이라고 생각했는데, 그토록 감탄하다니 놀라웠다. 앞뒤가 맞지 않는다고 생각했다. 강의 시간에는 그보다 더 굉장한 능력과 깊은 사색을 필요로 하는 것들을 이해하지 못하면 아주 난처한 상황에 빠졌기 때문이다."[103]

1948년에 이르러 비트겐슈타인의 사상은 엘리자베스의 논문에 골고루 스며들어 있었다. 1944년, 두 사람이 만나기 몇 달 전 엘리자베스는 논문 계획에 '인간 개인이란 무엇인가?'라는 문제에 '객관적인 접근'을 하겠다고 썼다. '저것은 무엇인가?'에서 시작해서 관찰 대상인 인간에서 발견할 수 있는 조직 원칙을 설명한다는 계획이었다. 당시 엘리자베스는 우려했다. "이것은 철학자가 해야 하는 작업일까, 아니면 실험심리학자만 할 수 있는 것일까?"

엘리자베스는 이제 비트겐슈타인이 준 도구를 이용해 이 질문에 답할 수 있었다. 철학자는 개별 인간을, 그의 개별적인 심리나 정신 작용을 설명하려고 하지 않는다. 그보다 인간 생애 전반의 형태나 양상을 설명한다. 철학자의 목표는 그 생의 '문법'을 도식화해서 어떤 습관과 개념이 중요한지, 어떤 삶의 방식이 있는지, 본성과 본능, 이성, 언어가 어떻게 인간 생을 형성하고 인간 생에 의해 형성되는지 이해하는 것이다. 이에 필요한 관찰이라는 위업은 동시에 자기 관찰이며 자기 초월의 위업이다. 철학자가 연구하는 생의 형태에는 자기도 포함된다. 메리가 플로티노스를 읽고 깨달은 바도 마찬가지였다. 바깥의 대우주는 내부의 소우주에 반영되어 있다.[104]

아이리스의 일기장에는 엘리자베스가 과거에 쓴 논문을 두고 고민한 내용이 담겨 있다. 1948년 늦은 봄 아이리스는 이렇게 적었다. "보완되지 않은 과거의 기억은 없다. (보완되지 않은 감각 정보가 없는 것과 마찬가지.) 직조된 질감이 있을 뿐이다. 증언과 추론의 과거는 자기 자신의 과거 기억과 교차한다." 일기장 앞에 차분하게 앉은 아이리스는 엘리자베스가 그린 그림에 내포된 의미를 우려했다. "문제점: 역사를 망령처럼 느껴지지 않게 하는 역사적 과거에 대한 이론 찾기." 아이리스는 이렇게 덧붙였다. "역사학자가 아닌 이상 과거는 망령처럼 느껴지지 않나?…… 나한테 과거는 대부분 그렇다……. 내 자신의 과거도 일부 망령처럼 느껴진다?"[105] 아이리스는 와스피, 칸티와 함께 이를 여러 번 논의했고, 처음 고민한 날로부터 거의 정확히 1년이 지난 시점에 노트에 이렇게 적었다. "이 모든 게 매혹적이고, 흥미를 불러일으킨다. 정확히 어디에 그 매력이 있는 걸까?"[106]

아이리스가 엘리자베스의 논문에서 얻은 깨달음은 개념이 곧 능력이라는 생각이었다. 엘리자베스가 언어적 혹은 개념적 능력을 논한 덕분에 아이리스는 언어의 표면적 특징(J. L. 오스틴과 유치원생들이 바삐 모으고 분석했던 것들)에서 벗어나 '우리가 어떻게 단어의 용법을(즉 개념을) 배우는지에 대한 사실'에 집중할 수 있었다.[107] 이로 인해 아이리스는 비트겐슈타인의 사상과 마르틴 부버의 사상 간에 새로운 연결점을 찾을 수 있었다. "비트겐슈타인의 혁명적 인식론은 부버의 정신, 도덕 혁명에 비할 수 있다. 우리는 처음부터 혼자가 아니다."[108] 우리는 삶을 공유하는 사람들로부터 단어의 용법을 배운다. 개념적 능력은 수학 능력이나 요리 실력처럼 장시간의 연습과 반복을 통해, 그리고 주변 사람들의 도움과 지적을 받아 습득하는 것이다. 처음에는 다른 모든 능력이 그렇듯이 제한적이고 단순한 실력에 머물 것이다. 1+1, 4×10, 맛없는 오믈렛, 캔에 든 스파게티 같은 수준 말이다. 그러나 계속 연습하고 주변 사람들의 말을 듣는다면 더 잘하게 될 것이고 더 뛰어나고 세련된 실력을 갖게 될 것이다. $c = \sqrt{a^2 + b^2}$, 수플레, 라비올리 알라 칼라브레제 같은 수준으로 올라갈 수 있다.

개인의 개념에는 각각의 역사가 담겨 있다. 프랑스 여행, 전시 배급으로 인한 어려움, 팜 부인의 델리카트슨 근처에 사는 일 등은 모두 그 사람의 요리에 특별하고 개성 있는 맛을 부여한다. 이와 마찬가지로 지난 삶은 그 사람의 개념에 독특한 특징을 부여한다. 내가 사랑에 빠지거나 뉘우치거나 죄책감을 갖거나 용서하거나 증오하거나 믿거나 할 때마다 내가 이 단어를 이해하는 방식이 변화한다. 더 사적인 단어가 되고 나와 더 가까워지며 내 삶이 처한 특수한 상황에 더 가까워진다. 나의 개념이 변화하면서 내 과거 또한 다른 빛으로 조명할 수 있다. 아이리스는 자신에게 깊은 의미가 있는 사례를 든다. 내가 마르크스주의로 전향한다고 치자. 그렇다면 내 과거가 부르주아적인 자기기만으로 가득했다고 생각하지 않을까? "내가 나의 언어를 끊임없이 배우고, 수정하고, 창조하고, 재창조하고 있다면" 내 과거를 다시 생각하는 것은 끝없는 의무 아닐까?[109] "'그 사람을 너무 미워해서는 안 돼', 그 사람을 네 과거에 처박아 두고 '있어' 같은 말들. 그렇다면 어떤 의미에서 그 사람을 미워했던 과거를 바꿀 수도 있다. 화해를 한 뒤 그 이후의 일들에 비추어 과거를 다시 생각할 수 있는 것이다."[110]

    1947년에 쓴 연구원 지원서에서 아이리스는 나와 타인 간의 실질적인 관계, 즉 사랑, 약속, 몸, 그리고 존재와 감정이라는 신비로운 영역 등을 이해하기 위한 논리적 틀의 필요성을 강조했다. 엘리자베스가 비트겐슈타인으로부터 도출한 접근법은 실천과 삶을 강조했으며, 우리가 처음부터 혼자가 아니라는 중요한 통찰로부터 시작했다. 그러나 아이리스는 엘리자베스가 말하는 규칙의 성격을 이해했다는 확신이 들지 않았다. ("논리는 플라톤이나 아리스토텔레스가 생각했던 것처럼 초물질적인 것이 아니라고? 그렇다면 도대체 뭔데?"라고 물었다.)[111] 아이리스는 두 특수하고 역사적인 개인을 약속을 통해 엮어주는 신비롭고 창조적인 의무감이 위치한 영역이 있다고 생각했는데,

비트겐슈타인이 모든 것을 공적인 것, 노출 가능한 것으로 만들어 이 영역을 파괴해 버릴까 걱정했다. "이런 우려를 중심으로 비트겐슈타인은 모든 것, 특히 감정 등에서 실체를 제거해 버릴 것 같은 느낌을 구체화 해보자."[112] 아이리스는 또한 이렇게 신랄하게 적었다. "비트겐슈타인은 인식론과 정신에 대한 이론을 상대로 분투한다. 나는 본능적으로 여기 저항한다…… 현상학이 뭐가 어때서? 비트겐슈타인을 결단코 저지하자!"[113]

그해 아이리스는 야망이 컸다. 그럼에도 한 장의 펜 드로잉으로 그 야망을 대강 요약할 수 있었다. 아이리스는 에드문트 후설의 현상학과 (아직 잘 알지는 못했지만, 케임브리지에는 후설의 이름을 들어본 사람도 없었다) 비트겐슈타인의 엄격한 논리주의를,《순수현상학과 현상학적 철학의 이념들》과《논리-철학 논고》를 일종의 명상 속에서 조화시킬 계획이었다.[114] 여백에는 쇠렌 키르케고르도 숨어 있었다. 일기장에 수없이 등장했던 'SK'가 그였다. 이 이중적인 인물은 유럽 철학을 새로이 '비튼다'고 아이리스의 연구 계획서는 설명했다. 키르케고르는 '철학적 가정은 구체적으로 존재하는 개인을 고민하지 않는 이상, 무가치하다'는 사실을 보여주고 있었고, 아이리스의 관심사도 이와 같았다.[115] 신비로운, 드러낼 수 없는, 실체적인 영역. 어떤 논리적 틀이 여기에 적합할 것인가? 1948년 5월 아이리스의 논문 제목은 그 탐구 범위를 담기 위해 무려 35개 단어를 필요로 했다. "헤겔 이후의 인식 이론: 헤겔의《정신현상학》및 키르케고르의 연구, 그리고 비트겐슈타인 연구를 바탕으로 한 현상학과 실존 철학(후설, 사르트르 등) 연구"가 그것이다.[116]

엘리자베스는 이따금 나서서 친구를 진정시켰다. "엘리자베스 말이 맞다. 구식 철학자들처럼 착실하게 걸어야 한다"라고 아이리스는

아이리스 머독의 스케치. 후설과 비트겐슈타인으로 이루어진 히드라.

회상했다.[117] 아이리스가 동경하는 엘리자베스의 말을 귀담아들은 것은 사실이지만, 그렇다고 해서 엘리자베스에게 눌릴 생각은 없었다. 엘리자베스와의 대화에서 아이리스는 납작하게 눌리는 일도 있었지만, 누르는 일도 많았다. 엘리자베스도 습지의 숲(키르케고르의 철학이 다루는 불안, 모순, 신앙, 실존의 혼돈스러운 영역을 비유한 말-옮긴이)이 익숙했다. 키르케고르에 대해서 잘 알고 있었기 때문이다. 물론 키르케고르가 개인을 강조하기는 하지만 "그의 생각을 체계화하는 것은 배반적"이라고 엘리자베스는 말했다. 그리고 자기 자신은 더 이상 체계나 통일성을 갈망하지 않는다고 했다. 이에 아이리스는 "사유가 체계를 추구한다"라고 답했다.[118]

두 사람은 샤, 와스피, 크라이젤이 집으로 간 뒤에도 포도주를 마시고 담배를 피우며 자정을 넘겨 이야기를 나누는 일이 잦았다. 낮에 만나서는 긴 산책을 했다. 바시티 라인 어느 쪽 종점이든 상관없었다. "월요일에 영혼의 불멸성에 대해 (크라이스트처치 메도우에서) 그리고 (엘리자베스 방에서) 기억에 대해 대화함. 또 유추와 은유에 대해 (래드클리프 광장에서)."[119] 피터, 바버라, 존은 (주로 밤에 쓰는) 아이리스의 일기장에 거의 등장하지 않았다. 한 번의 예외는 있다. 아이리스는 엘리자베스의 식구들과 함께 케임브리지 남쪽으로 6마일 떨어진 나지막한 석회암 언덕인 고그 마고그로 여행을 떠났다. "아주 푸르게 어두워지는 저녁. 그리고 꽃이 핀 가시자두나무. 슬프고 좋았던 날."[120]

1948년 4월 《옥스퍼드 가제트》에는 옥스퍼드의 세인트 앤 소사이어티가 낸 '철학 강사'를 찾는다는 공고가 실렸다. 세인트 앤은 여성 칼리지 중에서도 '가장 흥미로운' 곳으로 알려져 있었는데 학부생이 결혼하거나 임신해도 퇴학시키지 않았기 때문이다. 그러나 학문적으로 이곳은 "옥스퍼드 칼리지계의 신데렐라"였다.[121] 이는 메리 오길비 학장의 대담한 지도력 아래 바뀌게 된다. 서머빌 출신의 이 역사학자가 데리고 있는 젊은 강사 아홉은 옥스퍼드에서 가장 아름답고 명석한 사람들이라고 알려져 있었다.[122]

필리파는 이 공고를 잘라 파이틀로 부쳤다. 아이리스에게 지원해보라고 권하면서 메리도 지원할 생각이니 알고 있으라고 말해두었다. 아이리스가 보낸 편지가 사흘 후 16번지 우체통 속에 떨어졌다.

세인트 앤에 대해서 자세하게 알려줘서 고마워. 메리와 경쟁한다고 생각만 해도 울렁거려. 그래도 지원할까 봐. 아마 메리가 붙겠지. 강의 경험도 있고 라틴어 학자이기도 하고. 그러니 큰 기대는 하지 않으려고 해. 하지만 붙으면 정말 좋을 것 같기는 해.[123]

이소벨 헨더슨과 도널드 맥키넌은 추천서에 두 여성을 다 언급했다. "두 사람의 타고난 기본 능력을 봐서는 어느 쪽이 우월하다고 말할 수 없습니다." 이소벨은 두 쪽 분량의 편지를 이렇게 시작하면서 불확실한 심정을 드러냈다. "스크루튼은 더 성실한 학자입니다." "머독은 흥미로운 철학적 연구를 내놓을 확률이 더 높습니다." 스크루튼은 "학자로서 더 낫고" 머독은 "무한한 진취성을 가진 사람"이라고도 했다. "스크루튼은 옥스퍼드 강사가 더 어울릴 것 같고" 머독은 "더 개성 있는" 사람이며, 스크루튼은 "머독 만큼 강력하거나 틀에 얽매이지 않는 성격은 아니지만 더 명석하고 섬세하다"라고 적기도 했다. 도널드 맥키넌의 눈에는 메리가 두 사람 중에 의심할 바 없이 더 나은 학자였지만 아이리스가 더 나은 철학자였다. 메리는 "언제나 주의를 게을리하지 않고 진심 어린 흥미를 보이는" 사람, "진정한 호기심이 있고 폭넓은 독서를 할 준비가 되어 있는" 사람이라고 했다. 아이리스는 "사람들에게 아주 깊은 인상을 남기고 자신도 알지 못하는 사이에 타인에게 쉬이 커다란 영향을 끼칠 수 있는" 사람이라고 적었다. 메리를 선택하는 쪽이 더 합리적일 것이라고도 했다. ("전반적인 지적 수준과 침착한 성품으로 봤을 때 당연히 매우 경쟁력 있는 후보입니다"라고도 했다.) 아이리스는 메리와 '아주 다른 사람'이며 아이리스를 선택한다면 '모험'이 될 것이라고도 했다. ("공산주의 활동을 한 이력도 있습니다"라고 덧붙였다.) 이소벨 헨더슨은 이렇게 편지를 마쳤다. "두 사람 모두를 임명할 수 있다면 좋겠습니다."[124]

발표는 7월이었고 강사직은 아이리스에게 돌아갔다. 실망한 메리는 풋 부부의 정원에 있는 아이리스 꽃을 엄숙하지만, 익살스러운 몸짓으로 참수하면서 스스로를 위로했다.[125] 어느 편에 서야 할지 몰라 괴로웠던 필리파는 메리를 위로하면서도 아이리스가 옥스퍼드에 정착하게 된 것이 기뻐 어쩔 줄을 몰랐다. 필리파는 아이리스에게 편지를 써서 축하를 전했고 파크타운 16번지로 들어와 자신과 마이클과 함께 살자고 제안했다. 아이리스는 이렇게 대답했다.

> 집 얘기 말이야, 정말 고마워!…… 너도 상상이 되겠지만 약간 겁이 나기는 해. 그렇지만 어느 관점에서 보나 아주 훌륭한 생각이라는 걸 깨닫는 중이야. 나로 인해 마이클의 마음 아주 깊은 곳에 불쾌감이 생기지 않기를 바랄 뿐이야. 용서해 줘. 하지만 이걸 확신할 수 있다면 네 제안을 정말 기쁜 마음으로 받아들일 수 있을 것 같아. 미안해. 내가 너나 마이클보다 여기에 대해 '콤플렉스'가 있는 것 같아. 옥스퍼드로 돌아간다는 사실부터 긴장이 돼. 그러니 이러한 예민한 내 모습 용서해. 너와 함께 산다는 생각은 꽤나 '용기가 필요한' 생각이잖아…….[126]

6장

다시 삶으로

1948년 10월 - 1951년 1월
옥스퍼드, 케임브리지, 더블린 & 빈

엘리자베스의 첫 강의

　엘리자베스의 옥스퍼드 집은 파크타운에서 1마일도 떨어지지 않은 세인트 존 가 27번지의 방 한 칸이었다. 방을 빌려준 메리 이사벨 로슨은 1차 대전 직후 세인트 존 칼리지로부터 집을 임대한 5자매 중 넷째로 자매들을 모두 여의고 홀로 남은 상태였다.[1] 80세에 가까운 로슨은 집을 돌보는 일을 매우 힘겨워하고 있었다. 뛰어난 가정부 콜터 부인이 집안 살림과 빨래를 돕고 창을 닦고 감자를 깎아 주었지만, 집은 점점 손대기 힘든 상태가 되어가고 있었다.[2] 언젠가 방 한 곳의 천장이 내려앉았지만, 아무도 고치러 오지 않았다. 온수도 안 나오고 실내 화장실이나 난방 시설도 없었다. 창틀은 썩어가고 있었다.[3] 내부는 어두웠다. 엘리자베스는 꼭대기 층의 길고 비좁은 방에서 잤다.[4] 겨울의 낮은 햇살은 건너편 집들을 비추었지만, 27번지는 덕을 보지 못했다. 집 뒤편에는 음침한 식기 창고가 있었다. 로슨이 1949년 초 사망하자 세인트 존 칼리지에서 주택 점검을 나왔다. 조사관은 집의 상태를 우려했다. 칼리지의 행정처 직원은 "끔찍하다"라고 했다.

밖에서 본 옥스퍼드 세인트 존 가 27번지.

"집은 누추하고 모든 면에서 칼리지의 명예를 실추하기 충분합니다."[5] 집을 "속속들이 청소하고" "제대로 된 위생 시설과 조명 시설을 갖추어야" 했으며 난방이 필요했고 무너져 내린 천장도 새로 해야 했다.[6] 엘리자베스는 집을 수리할 때, 방마다 액자를 걸기 위한 레일을 깔 수 있을지 물었다.[7] "앤스콤이 생전의 로슨에게 보여준 친절함이 아니었다면, 다른 세입자를 찾는 편이 낫겠다는 생각이 드는 상황"이었다고 직원은 기록했다.[8] 집의 상태가 심각했던 터라 칼리지 측에서는 수리하는 동안 세입자들이 다른 곳으로 이사해야 한다고 고집했다.

엘리자베스 말고도 프랭크와 질리언 굿리지 부부(소크라테스 클럽에서 엘리자베스의 편을 들어준 바로 그 프랭크다)가 이 집에 세들어

살고 있었고, 미술학도이자 발명가인 베리 핑크도 세입자였다.[9] 집이 이처럼 딱한 상태였다는 사실은 엘리자베스와 피터의 빈곤이 여전했음을 의미한다. 엘리자베스가 받는 연구비는 매우 적었고, 아이들과 케임브리지에 남아 있었던 피터는 여전히 안정된 직장이 없었다. 생활비에 보태기 위해 약간의 개인 교습을 했을 뿐이다. 두 사람은 생계유지를 위해 아끼던 책도 팔았다.[10] 비트겐슈타인은 폭우가 쏟아지던 어느 날 엘리자베스에게 비옷이 없다는 사실과 비옷을 살 돈도 없다는 사실을 알게 되자 흰색 케이프를 사주었다. 이후 엘리자베스의 휑한 집을 보고 난 뒤에는 "글을 쓰는 사람이니까 쓰레기통은 있어야죠"라고 말하며 의자 두 개와 휴지통을 사주기도 했다.[11]

엘리자베스의 비좁은 방은 수리가 끝나자 욕실로 바뀌어 있었다. 임차인으로 다시 이사 온 엘리자베스는 2층에 있는 좀 더 큰 방을 차지했고, 굿리지 부부는 1층에 자리를 잡았다. 엘리자베스는 어두운 계단을 오르면 나오는 집 뒤편의 자기 방에서 소규모 수업을 하기도 했다. 이 당시에는 비트겐슈타인의 새 연구를 번역 중이었고, 바닥에는 온통 작은 종이 더미가 널려 있었다.[12] 《쪽지》 원고였다. 비트겐슈타인의 철학을 담은 종이쪽들은 엘리자베스만 아는 순서로 배열되어 있었다. 엘리자베스는 쪽지들을 나름의 질서에 따라 배치하려고 애쓰는 중이었는데, 언제나 그랬듯이 담배가 도움이 됐다. 방 한가운데에는 엘리자베스가 재떨이로 쓰는 크고 텅 빈 원통이 마치 성수반처럼 놓여 있었다. 엘리자베스와 비트겐슈타인은 함께 단편을 정리하는 작업을 하고 있었다. 그해 여름 케임브리지에서 가져온 종이 더미에는 계속해서 새 쪽지가 더해졌다.[13] 두 사람이 타자기로 한 장 한 장 완성시키고 있던 원고는 이후 《철학적 탐구》로 출간된다. 엘리자베스는 이따금 학생들에게 번역한 내용을 일부 읽어주었다. 학생들 중에는 '사물들' 수업을 함께 들었던 메리 윌슨도 있었다. 엘리자베스는 메리 윌슨을 J. L. 오스틴의 일상 언어 철학으로부터 서서히 떼어놓을 결심이었다. 그러기 위해서 언어, 문법, 실체와 연관된 다양한 주제를 가르쳤다. 메리 윌슨은 당시 이러한 식으로 '결론을 미루는' 접근 방식을 "훌륭하다"고 생각했다.[14] 무엇보다 윌슨이 읽고 있었던 새뮤얼 콜리지의 노트를 연상시켰기 때문이다. 엘리자베스는 가장 최근에 완성된 타자 원고 일부를 빌려주었고, 이는 이른바 '후기본 Spätfassung'으로 불렸다. 윌슨은 이 일부를 필사하기 위해 자전거 바구니에 넣고 세인트 존 가를 따라 내려갔다.[15] 감각 단어의 의미, 그리고 막연하지만 딱정벌레에 대한 내용을 담고 있는 원고였다. 윌슨은 "덕분에 나는 옥스퍼드 사람들이 비트겐슈타인의 후기 이론을 접하기 훨씬 전에 그걸 직접 읽을 수 있었고 엘리자베스에게 깊은 고마움을 느꼈다"라고 훗날 적었다.[16]

1948년 10월 12일 화요일 아침 엘리자베스는 서재에 없었다. 계단을 내려가 27번지의 파란 문을 열고 나간 엘리자베스는 차가운 가을 공기 속으로 발을 내디뎠다. 엘리자베스는 평소처럼 어디서 났는지 알 수 없는 평퍼짐한 갈색 바지를 입고 있었고, 긴 갈색 머리를 늘어뜨린 모습이었다. 위에 걸친 검은 가운만이 사실을 말해주고 있었다. 엘리자베스는 강의를 하러 가고 있었다. 첫 강의였다.

하이 가에 위치한 시험 본부 건물에 도착한 것은 오전 10시 전이었다. 아이리스와 필리파, 메리가 엘리자베스를 맞이했을 수도 있다. 세 사람은 유니버시티 파크 건너편 파크타운에서 함께 걸어왔을 것이다. 아이리스는 새 유행을 흉내 내 천을 추가로 덧댄 치마를 입고 있었다. 전후 파리에서 유행한 이 무절제한 패션은 의복이 여전히 제한 배급 대상이던 시기 애국심 강한 프랑스 여성들의 분을 샀다.[17] 필리파는 언제나처럼 맞춤 치마와 블라우스를 입은 흠잡을 데 없는 모습이었다. 메리는 자신만의 스타일을 찾아가는 중이었고, 훗날 모자와 구슬 목걸이가 트레이드마크가 되었다. 건물 밖 길가에 선 네 사람은 10월의 찬바람도, 건물로 줄지어 들어가는 학부생들의 눈도 피해 몸을 움츠린 채 옹기종기 모여 담배를 한두 개비 피웠을 것이다. 넷 중에 가장 나이가 많고 (모두의 생각에) 가장 뛰어난 엘리자베스가 가장 먼저 강단에 오른 것은 어찌 보면 적절한 일이었다.

시험 본부 건물은 마치 초보 강사를 벌벌 떨게 만들기 위해 설계된 건물 같았다. 1881년에 완공된 이 건물의 앞면은 베네치아식 창문 장식과 거대한 아치 다섯 개, 작은 탑까지 갖추고 있다. 내부에는 대리석 기둥, 저명한 남성들의 흉상(백작, 사제, 공작), 그리고 짐승과 새들을 화려하게 새긴 부조 장식이 눈에 띄었다. 매년 학부생들은 높다랗고 둥근 천장 아래에서, 그 구조에 눌려 '초라한' 모습으로 불안에 떨며 시험을 본다.[18] 두 차례 있었던 전쟁 동안에는 군 병원으로 쓰였다. 건물로 들어선 네 여성은 이제는 의미가 없지만, 그럼에도 긴장감을 유발하는, '소생실'이라고 쓰인 표지판을 지나쳤을 것이다.

엘리자베스가 세인트 휴 칼리지의 학부생으로 입학한 시점부터 첫 강의를 한 1948년까지, 학생들이 숱하게 들여다보는 대학 공식 간행물 《옥스퍼드 가제트》에 이름을 올린 여성 철학자는 단 네 명이었다. 마사 닐, 루시 서덜랜드, 마거릿 맥도널드, 메리 글로버. 전쟁 이후 강단에 선 철학 강사 66명 중 두 사람만이 여성이었다. 1948년 10월 그날, 강의실은 여성 강사의 강의를 들어야 하는 '수치'를 견딜 준비가 된 젊은 남성들로 가득했다. 여성은 소수가 흩어져 앉아 있었다. 앤스콤 교수의 강의는 이후 전설의 경지에 오르게 되는데 아름다운 목소리, 험악한 어휘, 깊이 있는 생각 덕분이었다. 본질적으로 쾌락적인 활동의 한 예를 들어달라는 질문에 엘리자베스는 "똥 싸기"라고 대답한 적도 있었다.[19] 침묵이 길어질 때면 머리가 돌아가는 게 눈에 보일 정도였다.[20] 엘리자베스는 신중하게 숙고하여 말을 뱉었다.

청중에는 거의 신경 쓰지 않는 것 같았다. "여기서부터 아주 흥미롭습니다." 엘리자베스는 이렇게 말하면서 칠판에 천천히 '아주'를 쓰기도 했다.[21]

그 학기에 엘리자베스가 강의한 주제는 '인식론의 몇 가지 문제점들'이었다. 그해 초, 메리 서머빌 연구 장학금 위원회에 제출한 보고서에 엘리자베스는 플라톤의 《테아이테토스》를 시작점으로 삼아 '현상학'을 연구하고 있다고 썼다. 엘리자베스는 '감각할 수 있는 특성에 붙인 이름, 그리고 인식론적으로 원초적인 명제 등 현상학에서 정보라고 여기는 것들을 포함한 모든 명제와 모든 개념에 논리가 있다는 생각을 통해 현상학을 부정하려는 노력'에 관심이 있었다. "이 연구는 거짓에 기반한 믿음의 문제에 대한 연구와 함께 다음 학기 《테아이테토스》 강의를 준비하는 데 도움이 될 것"이라고 엘리자베스는 위원회에 설명한 바 있었다.[22] 이 대화편은 현상학—"내가 가질 수 있는 믿음은 내가 경험한 것에 대한 믿음뿐이며, 내가 경험하는 것은 언제나 참이다."(167a4)[23]—그리고 "인간은 만물의 척도"라는 프로타고라스의 주장—"나는 나에게 존재하는 것에 대해 존재한다고, 나에게 존재하지 않는 것에 대해 존재하지 않는다고 판단하는 사람이다"(160c2)[24]—사이의 연결 고리를 보여주고 있었다. 엘리자베스는 비트겐슈타인의 타자 원고 속에 들어 있는 내용, 이후 "사적 언어 논증"이라고 알려지게 되는 내용(메리 윌슨이 자전거에 싣고 간 원고)에 비추어 이 구절을 연구하고 있었다. 지난 한 해 아이리스와 숱한 밤을 지새며 주고받은 토론의 주제이기도 했던 생각을 이제 강의에서 발표할 준비를 마친 것이다. ("E.는 비트와 플라톤이 같은 문제로 고민했다고 했다. 어떻게 거짓 명제가 의미를 가질 수 있는가?"[25] 아이리스가 앞서 6월에 일기장에 적은 내용이다.)

프로타고라스적인 현상학자에게 지각은 절대적으로 옳다. ("내가 경험하는 것은 언제나 참이다.") 그러므로 사물은 감각하는 사람에게 느껴지는 대로 존재한다. 동일한 바람을, 한 사람은 시원하게 느끼고 다른 사람은 따뜻하게 느낀다면 바람이 그 자체로 시원하다거나 따뜻하다고 말할 수 없다는 뜻이다.[26] 객관적인 사실은 증발해 버린다. 바람의 온기나 냉기는 감각하는 주체에게 달려 있다. 프로타고라스와 동의한다면, 모든 사람은 각각 만물의 척도, "흰 물건, 무거운 물건, 가벼운 물건…… 등의 척도이며 이러한 것들 중에 그가 척도로서 평가할 수 없는 사물은 없다."(178b1)[27] 모든 것은 유동적인 상태에 있는 것이다.

《테아이테토스》에서 플라톤은 이러한 생각에 이의를 제기한다. 모든 사람이 각각 자기 안에 척도 kriterion를 지니고 있다면, 사람은 현 상태뿐만 아니라 앞으로의 상태도 측정할 수 있다는 결론이 나온다. 틀린 결론이다. 포도가 달콤한 포도주가 될 것인지는 포도주 빚는 사람이 리라 연주자보다 더 잘 안다. 요리를 할 줄 모르는 만찬 손님보다 요리사가 앞으로의 즐거움을 더 잘 예측할 수 있다.[28] 엘리자베스는 이후 "여기서 능력이라는 것이 개입한다"라고 쓴다.

의사들은 환자의 빈혈이 얼마나 심한지 판단하기 위해 혈액 샘플을 주어진 기준과 비교한다. 그러나 한 의사는 다른 의사에게 '터무니없는 부탁이라는 생각 없이' 자신의 판단을 확인해 달라고 부탁할 수 있다.[29] 그러나 프로타고라스가 옳다면, 인간은 이러한 행동을 하지 않을 것이다. 프로타고라스가 옳다면, 옳고 그름을 말하는 것은 아무 의미 없을 것이다. 비트겐슈타인의 말에 따르면, "사람들은 내가 옳다고 느끼는 것이 옳은 것이라고 말하고 싶어 하지만, 그렇다면 '옳음'에 대해서 이야기할 수 없다는 의미밖에 되지 않는다."[30] 플라톤처럼 비트겐슈타인 역시 새로운 사례에 어떤 단어를 적용하려면, 그 규칙은 개인의 바깥에서 와야 비로소 의미가 있다고 주장했다.

첫 강의가 끝나고 네 여성은 간단한 복기 시간을 가졌다. 엘리자베스는 "칠판에 '제 말이 엉터리일지도 모릅니다!'라고 쓰고 싶다"라고 말했고 필리파는 "'우리는 바보 멍청이입니다'라는 팻말을 들고 있고 싶다"라고 했다. 아이리스는 "두 사람의 이러한 겸손에 감동했다!"라고 적었다.[31] 이후《의도》라는 책으로 출간되기도 한 강의에서 앤스콤은 다시 같은 충동을 느꼈고, 눈을 감은 상태로 칠판에 "저는 바보입니다"라고 적기도 했다. 사람은 무슨 일이 벌어지는지 보지 않고도 자신이 (의도적으로) 하고 있는 일을 말로 표현할 수 있다는 사실을 설명하기 위해서였다.[32]

엘리자베스의 첫 강의는 학교 당국의 관심을 끌었다. 학교는 여성 학부생들이 엘리자베스에게 물들까 우려했다. 문제는 현상학에 대한 엘리자베스의 공격이 아니라 엘리자베스의 바지였다. 강의가 끝난 지 48시간도 채 지나기 전에 엘리자베스의 복장에 대한 소식은 시험 본부의 사무 담당인 조지 화이트의 귀에 들어갔다. 화이트는 주임 학생감에게 편지를 썼다. "시험 본부에서 처음 강의하게 된 신입 강사가 오늘 약 120명의 학생들 앞에서 바지와 인문학 석사 가운을 입고 강의를 했습니다······ 시험 본부에서 강의하는 여성 강사들은 여성 학부생들이 규정을 어기지 않도록 최대한 애써야 한다는 데 뜻을 같이하고 있어요."[33] 화이트는 엘리자베스에게도 편지를 보내 적절한 복장, 즉 치마를 입을 것을 요구했다. 옥스퍼드에서 여성 학생과 교수는 1970년대까지 학교에서 바지를 입을 수 없었다.

엘리자베스가 어떤 답변을 했는지 기록에는 남아 있지 않지만, 이 일은 서머빌 칼리지 역사에서 전설로 자리매김했으며, 이는 아마도 엘리자베스가 언제나 권위 앞에서 눈에 띄게 당당했기 때문일 것이다. (이듬해 엘리자베스는 걱정스러운 얼굴로 듣는 아이리스에게 "새벽 다섯 시에 머리를 풀고 돌아다니고, 이름을 밝히지 않아" 체포되었다

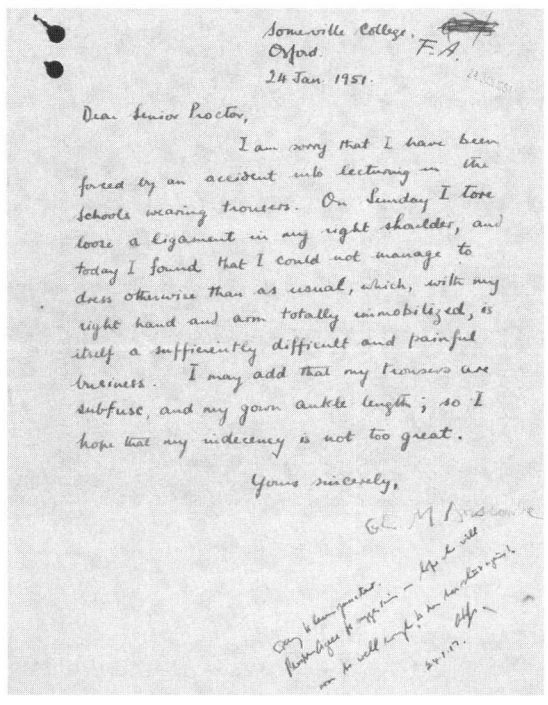

엘리자베스가 주임 학생감에게 보낸 편지, 1951년 1월 24일.

고 말하기도 했다.)[34] 서머빌 칼리지 공식 사료에 따르면 양측 모두 물러나지 않았다. 화이트는 매주 화, 목 오전 10시 문 앞에서 엘리자베스를 기다렸으며 바지를 입고 있으면, 들여보내 주지 않았다. 전설에 따르면 결국 두 사람은 타협안에 합의했다. 시험 본부에서 엘리자베스에게 치마와 셰리주 한 병이 준비된 탈의실을 제공하기로 한 것이다. 엘리자베스는 바지를 입고 시험 본부로 들어갈 수는 있었지만, 학생들 앞에 나타날 때는 치마를 입어야 했다. 엘리자베스는 대개 바지 위에 치마를 입었다고 전해진다.[35]

첫 접전의 결과가 이러했지만, 사건은 여기서 마무리되지 않았다. 2년 후, 시험 본부의 사무 담당은 다시 한번 주임 학생감에게 편

라스코 동굴 벽화.

지를 쓸 수밖에 없었으며, 엘리자베스의 교칙 위반이 상습적이라는 사실을 증명하기 위해 과거에 받은 편지를 첨부했다. 엘리자베스가 다른 사람을 시켜 받아쓰게 한 이 건조한 답장에는 왼손으로 직접 한 서명과 함께 "저의 무례함이 너무 크지 않았기를 바란다"는 내용이 들어 있었다.

엘리자베스가 《옥스퍼드 가제트》에 이름을 올리자 필리파도 미래에 대한 희망을 품게 되었을 것이다. 전 학년도 말 필리파는 지쳐 "철학을 그만두겠다"라고 을러댔다. 아이리스는 철저한 휴식이라는 처방을 내렸다. "한 삼 주 동안 아무것도 하지 않으면 (여름 방학 때는 그게 가능하니까) 싹 나을 거야. 얼마나 지겨울지 나도 알아. 다음 학기에는 수업이 줄었으면 좋겠다. 무리하지 마, 내 친구. 가능하다면 아무것도 하지 마. (물론 무néant를 말하는 건 아니야, 그건 중대한 문제니까. 그냥 아무것도 하지 마.)"36 그해 여름인 1948년 7월, 필리파와 마이클은 남부 프랑스의 카오르로 휴가를 떠났다. 라스코 동굴이 최초로 두 사람을 비롯한 여러 관광객들에게 공개되었다.37 무려 1만 7000년 전 구석기 시대의 예술이 보존된 바위 성당이라고 할 수 있는 곳에는 붉은색과 노란색 물감을 바르고 뿌리고 새겨서 그린 검은 숫사슴, 말, 소, 오록스, 사자 등이 있었다. 짐승들로 들끓는 풍경화 속에서 사냥하는 인간은 가장자리에 작게 그려진 작은 파편들에 지나지 않았다.

엘리자베스와 아이리스의 위기

아이리스는 가르치는 것을 즐겼지만, 옥스퍼드 '사회'에 대해서는 때때로 염증을 느꼈다. "사람들의 그 학자스러움, 똑똑함, 지긋지긋하게 많은 지식인들. 런던행 기차를 타고 빌어먹을 첨탑들이 시야에서 사라지는 걸 보니 얼마나 마음이 편한지 모르겠다."38 아이리스가 1938년 옥스퍼드에 도착했을 때, 세인트 앤의 정식 명칭은 '집에서 등하교하는 학생들을 위한 옥스퍼드 소사이어티'였기 때문에 기숙사나 식당이 없었다. 대부분의 강사들은 자기 집 거실에서 수업을 했다. 10년 후에도 이는 변하지 않았고, 아이리스가 초대한 성심 수녀회의 그랜트 수녀가 필리파의 소파(메리가 "이반 더 디반Ivan the Divan"이라고 이름 붙인)에 앉게 된 것도 그런 이유에서다.39 아이리스는 벽난로 앞 깔개 위에 천을 덧댄 스커트를 펼치고 앉았다. 두 사람은 토마스주의의 영향을 받은 그랜트 수녀의 개체화에 관한 논문뿐만 아니라 괴로움에 시달리고 있는 아이리스의 영혼에 대해서도 이야기했다. 그랜트 수녀는 어렸을 때부터 수없이 많은 사람들을 위해 기도를 해야 한다는 사실에 걱정이 컸다고 고백했다. 그러나 곧 아이리스를 위해서도 기도해 주기로 했다.[40]

아이리스의 영혼을 괴롭히고 있는 문제는 엘리자베스와의 우정에서 비롯됐다. 이로부터 수년 뒤에도 엘리자베스는 아이리스 머독의 전기를 쓰고 있던 피터 콘라디에게 이렇게 말했다. "우리가 서로에게 어떤 의미였는지 결국 결론짓지 못한 것 같아요."[41] 이 중립적인 표현은 1948년 미카엘마스 학기 중반 두 사람의 우정이 얼마나 어려운 상태에 빠졌는지 명확히 알 수 없게 만든다.

두 사람은 거의 매일 만났다. 엘리자베스의 집, 필리파의 집에서도 만났고 강의 후나 수업 전, 서머빌 칼리지에서, 세인트 앤 칼리지에서, 화이트 바에서, 래드클리프 광장에서, 크라이스트처치 메도우에서, 그리고 클래런던 암스, 체커스 인, 조웨트 소사이어티, 소크라테스 클럽에서도 만났다. 둘의 대화는 기억, 진리, 의미, 플라톤, 데카르트, 비트겐슈타인, 키르케고르에 걸쳐 폭넓게 이루어졌다.[42-46] 머릿속에서 이루어지는 계산에 대한 엘리자베스의 논문도 논의했다.[47] 두 사람 모두 카프카를 열렬히 좋아했다.[48] 아이리스는 마치 '여왕'을 기다리듯 시험 본부 건물 밖에서 엘리자베스를 기다렸다. 엘리자베스가 나오면 상기된 얼굴로 기뻐했고, 두 사람은 어딘가 몸 덥힐 곳을 찾아 함께 혼잡한 옥스퍼드 보도를 따라 내려갔다.[49] 단둘이 만나기도 했고, 다른 사람들과 함께 만나기도 했다. 비트겐슈타인이 케임브리지를 떠났을 때, 옥스퍼드로 옮긴 요릭 스미디스와 종종 같이 다녔고, 아내 폴리(다이애나 폴러드)도 이따금 함께 했다.[50] 이 당시 아이리스의 일기장은 집착에 가까운 감정에 사로잡혔다고 보일만큼 'E.'로 빼곡하다. 폴리는 엘리자베스가 아이리스와 사랑에 빠졌다고 확신했다.[51] 철학적으로든 개인적으로든 어떤 평형 상태를 찾으려는 노력의 흔적이 아이리스의 일기장에 남아 있다.

모든 것은 부단히 흘러간다. 엘리자베스는 이 현상을 물리적인 문제, 혹은 인식론적인 문제로 볼 수 있다고 했는데, 나는 그 말이 불편하게 느껴졌다. (엘리자베스는 자신이 사용한 "형이상학적 흐름"이라는 표현에 대해 사과했다.) 나는 헤겔을 떠올렸고, 나중에 이렇게 말했다. "인식론적인 흐름이 곧 존재론적인 흐름일 가능성을 배제하고 있어." 엘리자베스는 이렇게 대답했다. "그건 내부 관계를 어떤 방식으로 설정할 것인지에 달린 문제야."[52]

메리, 필리파와 파크타운에 함께 있을 때 셋의 대화에는 웃음기가 잔뜩 섞여 있었다. 아이리스는 필리파에게 이렇게 묻기도 했다. "스피노자가 하느님의 자의식의 한순간일까?" 필리파는 자못 진지한 척하며 "기억이 안나, 그 정도까지 될런지……"라고 답했다. 그러나 세인트 존 27번지의 어둡고 담배 연기 자욱한 실내로 들어가면 이러한 주제들은 위험해졌다.[53] 아이리스는 자주 그곳에 갔다. 엘리자베스가 세인트 앤이나 서머빌에 전화를 걸어 아이리스를 부르곤 했다. 두 사람은 포도주와 브랜디를 마셨고, 아이리스는 새벽까지 있곤 했다. 아이리스는 담배를 피웠지만, 엘리자베스는 꾹 참았다. (금연하려고 최면 요법까지 받는 중이었다. 이 요법은 엘리자베스의 정신 상태를 야릇하게 만들었다.) 두 사람은 선과 악에 대해 곧잘 논쟁하곤 했다.[54] 며칠 동안 이어지는 대화에서 등장인물들은 계속 바뀌었다. 도스토옙스키는 선과 악을 낭만화하고, 그레이엄 그린도 마찬가지이다. 셰익스피어는 그리스인들에 비하면 낭만주의자이지만, 도스토옙스키에 비하면 덜하다. 그리스인들에게는 우주의 힘, 인간 외부의 객관적인 선과 악이 있었다. 셰익스피어에도 그런 세력이 있다. 그러나 도스토옙스키의 경우 내면화되어 있다. 엘리자베스는 선과 악의 낭만화에 반대했다. "E.는 스타브로긴(도스토옙스키의 소설《악령》의 주인공-옮긴이)을 낭만화된 선함과 악함의 좋은 사례라고 생각했다. 도스토옙스키도 속았다는 것. 그 인물 안에 독이 있다고 했다. (《지하로부터의 수기》가 도스토옙스키의 작품 중 가장 덜 유독하다고도 했다.) ……E. 말이 맞긴 하지만 선의 낭만화에 무조건 반대할 때, 가치 있는 것도 함께 버려질 수 있다."[55]

아이리스의 일기장은 가을이 깊어질수록 고뇌도 깊어지는 아이리스의 모습을 보여준다. 11월 4일에는 이렇게 썼다. "인생에 대해 이해하지 못하는 게 얼마나 많은가. 오늘 아침에는 E.와 타인의 삶의 불투명성에 대해 이야기했다."[56] 아이리스는 있는 그대로의 모습으로 엘리자베스의 눈에 보이고 귀에 들리고 싶은 욕구가 있었지만, (아마도 라이언스 찻집에서 느낀 북극 같은 냉기를 잊기 힘들었을 것이다) "E.가 내가 아닌 나의 표상과 관계하고 있을지도 모른다"라고 우려했다. 아이리스 자신도 엘리자베스의 표상과 관계하고 있는 것일까?[57] 아이리스의 일기장은 자기 질책으로 가득하다. E.는 "옹졸함"이 없는 반면 자신에게는 "태어날 때부터 있었던 얼굴의 점처럼 남의 인정을 받으려는 욕구"가 있다고 적기도 했다.[58]

아이리스는 엘리자베스의 '높고 한랭'한 성격을 우러러보기도 한 듯하다. 이는 아이리스가 만들어낸 민간 이론에 따른 성격 분류법으로 필리파와 도널드는 높고 온난한 성격, 메리는 낮고 한랭한 성격이었다. 아이리스는 이를 해석하는 방법도 제시했다. "분류의 핵심은 심리에 대한 태도(메리), 그리고 감상적이거나 다정한지의 문제(엘리자베스)이다." 맑은 정신의 메리는 감상적이지 않기에 엘리자베스처럼 한랭하다. 그러나 메리의 접근법은 실증적이므로 낮다. "세상을 보는 눈은 어찌나 다채로운지. (E.는 이 말을 듣고 학자 같은 소리라며 웃을지 모르지만, 이는 시각의 차이를 기꺼이 포용하려는 태도이다.)" 하지만 "나를 이 분류법에 따라 분류하기는 힘들다"고 고백하기도 했다.[59]

11월 14일 일요일 엘리자베스가 파티를 열었고 사태가 중대한 국면을 맞았다. 담배 연기가 자욱한 방 안에서 값싼 포도주를 마시고 취한 아이리스는 손을 뻗어 엘리자베스의 팔을 건드렸다.[60] 그러자 어떤 소통이 이루어졌다. 아이리스와 엘리자베스는 서로 주고받은 비밀을 각각 일기장에 적었다. 엘리자베스는 아이리스에게 일기장을 보여주었다.[61] 그러나 이후 아이리스는 자기 일기장에 쓴 내용을 찢어내 버렸다.

파티 다음 날 아침, 엘리자베스는 서머빌에 있는 아이리스에게 전화를 걸어 세인트 존 27번지에서 있었던 일요일 파티, 그리고 그 밖의 것들에 대해 이야기하자고 했다.[62] 그로부터 일주일 후 엘리자베스는 저녁에 아이리스를 찾아갔고, 다음 날 아침 강의를 마친 뒤에도 찾아갔다.[63] 아이리스는 일기장에 죄와 참회에 대한 생각을 적었다. "어떤 일을 저지른 뒤에 어느 정도 참회한다고 해도 아예 그 일을 저지르지 않은 것처럼 여기는 것은 거의 불가능하다." 사람이 잘못을 하면 그 잘못을 하면서 느꼈던 쾌락이 그 잘못과 섞인다. 그럴 때 하는 참회는 피상적이다. 잘못을 저질렀다는 인식은 쾌락에 의해, 또는 결국 다 해결됐다거나 아무도 눈치채지 못했다는 안도감 같은 것에 의해 누그러지기 때문이라는 것이 아이리스의 생각이었다. "그런 참회는 잘못을 하지 않겠다는 진지한 결심의 무게와 견줄 수 없다." 역설적으로 들리지만, 아이리스는 이렇게 이어 쓴다. "바로 이것이 문제이다. 진정한 선은 거기 정말 가까이 다가가기 전에는 이해할 수 없는 것이고, 거짓된 선은 항상 매혹적이다. 나는 말로 할 수 없는 기쁨을 주는 것을 거절했고, 그 결과 가망 없는 고뇌만을 얻었다는 생각이 들 때도 있다." 아이리스는 그다음에 성 아우구스티누스의 말을 적었다. "하느님께 너를 던져라. 네가 뛰어드는 곳이 허공은 아닐 것이다."[64]

이 이후 아이리스의 일기장에는 총 일곱 장이 찢어져 나가고 없다.

그달 내내 런던은 짙은 스모그에, 런던 이외의 지역은 얼음장 같은 안개에 휩싸여 있었다. 안개가 걷힐 때쯤 아이리스는 다시 일기를 쓰기 시작했다. "E.가 떠난 게 겨우 어제인가? 몇 년이 지난 것 같다."[65] "내가 내 평생 이어질 E.에 대한 사랑을 한순간이라도 냉정하고 가볍게 표현할 수 있을까?"[66]

12월 10일 엘리자베스는 아이리스를 두고 비트겐슈타인을 만나러 더블린으로 갔다.[67] 요릭은 엘리자베스가 파티가 끝나고 밤을 지새웠다고 아이리스에게 말했다. 자지 않고 기도를 했다는 것이다. 그렇게 떠난 것도 기도한 결과라고 했다.[68] 아이리스는 미사에 참석했다. 그리고 역시 기도했다. "E.를 위해서. 그리고 진심으로 E.가 잘되기를 바랄 수 있는 내가 되기 위해 기도했다."[69] 소네트도 썼다.

> 사랑하는 그대의 조각 얼굴이 떠오른 생생한 꿈은
> 내 흐릿한 고통의 모든 면면을 채우고,
> 거울 속에서 내가 내 이름을 묻는 그 순간,
> 그대의 몰두한 입술과 간절한 두 눈이 나를 가득 채운다.
> 이 갑작스러운, 달콤한 공모,
> 그대가 내게 들려준 그리스의 시, 우리가 나누던 모든 환상은
> 우리가 입을 열 때마다, 움직일 때마다,
> 결론으로 향할 때마다, 어둠으로 바뀐다.
> 내 사랑, 나는 그대를

나를 향해 팔을 뻗는 그 모습 그대로
영원히 갖고자 바라지만,
그것은 곧 그대의 죽음을 바라는 것임을 안다.
단단하고 고귀한 본성의 그대는 자유로워야 하기에
은밀한 악의 두 형상은 내 안에서
서로 휘감은 채 조용히 누워 있으리라.[70]

아이리스는 다시 한번 기도를 올렸고 혹시 엘리자베스가 비트겐슈타인에게 사실을 털어놓을지 궁금해했다.[71] "이 일기장을 보관할 금고가 필요하겠어. 아마 지난 3주에 걸쳐 썼던 내용을 없애야 할 것. 왜 못 없애는 거지??"[72]

엘리자베스는 옥스퍼드에서 홀리헤드행 열차를 탔을 것이다. 6시간 동안 잉글랜드와 웨일스를 북서로 가로지르는 여정이었다. 매 시간 세인트 존 가의 실내는 점점 멀어졌을 것이고 웨일스의 항구이자 성지인 홀리헤드의 너른 하늘과 해안이 나타났을 것이다. 이곳은 성 키비 St Cybi가 6세기 세운 수도원이 있는 곳이다. 여기서 여객선을 타고 세 시간이면 더블린의 항구 던리어리에 도착한다. 더블린은 포근했다. 엘리자베스가 여객선에서 내린 날 아일랜드에서 관측된 온도는 12월 온도로는 사상 최고였다. 엘리자베스는 겉옷을 한 겹 한 겹 벗으며 리피강을 따라 강변의 파크게이트에 있는 로스 호텔로 갔다. 종종 병이 도지곤 했던 비트겐슈타인은 8월에 로스로를 떠나 빈, 케임브리지에 들렀다가 더블린으로 왔다.[73] 더블린에서는 식물원 내의 팜하우스, 그래프턴 가의 뷰리스 오리엔탈 카페에서 글을 썼다. 쪽지가 점점 쌓이고 있었다. 동물원에서 멀지 않은 로스 호텔에 묵고 있었던 비트겐슈타인은 기린, 코끼리, 맥, 침팬지 등을 보면서 종 간의

어마어마한 차이점에 주목했다.[74]

엘리자베스가 도착했을 때, 비트겐슈타인은 제자를 맞이할 준비가 되어 있었다. 로스 호텔에 방도 잡아주고 엘리자베스의 고민도 들어주었다. 비트겐슈타인은 이후 《심리철학적 소견들 쪽지 1》, 그리고 《철학적 탐구》의 후반부로 출간될 내용을 아주 열심히 집필하는 중이었다. 노트에 끄적인 단편적인 내용들은 자유분방하며 순서가 없는, 미지의 지형을 탐험한 기록이었다. 두 사람은 함께 동물원에 가기도 했는데, 악어가 엘리자베스를 보고 울부짖는 일도 있었다. 엘리자베스는 놀라 급히 물러섰으나 비트겐슈타인은 아무 감흥 없이 서 있었다. (이 사례는 이후 엘리자베스의 책 《의도》에 실린다.) 두 사람은 피닉스 파크가 내려다보이는 비트겐슈타인의 꼭대기 방에서 함께 그의 노트를 살펴보기도 했다.[75, 76]

그림 이야기 하나. 이쪽 그림에는 오리들이, 저쪽 그림에는 토끼들이 있다. 그런데 오리 머리 하나는 토끼 머리와 똑같이 생겼다. 누군가 와서 그림을 보지만, 이를 눈치채지 못한다. 그리고 아무 망설임 없이 하나는 오리, 다른 하나는 토끼라고 말한다. 실은 두 모양이 똑같다고 말하자 그 사람은 놀라워한다.[77]

그해 초 엘리자베스는 "감각할 수 있는 특성의 이름을 포함해서 모든 명제와 모든 개념에 논리가 있다는 생각"을 통해 현상학을 반박

할 계획을 세웠다.⁷⁸ 이제 엘리자베스는 그 명제들을 가져다 원래의 토양에 옮겨 심고, 그것들이 인간 삶에서 하는 역할을 보여줄 배경 안에서 자리를 찾아줄 수 있었다. 12월 중반 옥스퍼드로 돌아온 엘리자베스는 기분이 좋아져 있었다. 엘리자베스는 그 이유로 비트겐슈타인과 함께 보낸 시간, 며칠간의 충분한 잠, 그리고 니코틴을 꼽았다. 담배를 다시 피우기 시작한 것이다. (최면 요법도 그만두었다.)⁷⁹

엘리자베스는 저서 《의도》에서 이렇게 말한다. "우리 언어에는 ('서명하다' '뛰다' '웃다' '펌프질을 하다' '팔을 뻗다' 등) 움직임을 '콕 집어' 설명하는 말이 있다." 이러한 말이 콕 집어 설명하는 움직임은 작고 구체적이다. 바람이 불 때, 나뭇잎이 흔들리는 모습만큼 구체적이다. 그러나 그 흔들림을 설명하는 말은 없다.⁸⁰ 우리 언어 속에서 구체적인 움직임을 설명하는 말이 있다는 것은 다른 생명체에 대한, 서로에 대한, 자연물과 가공물에 대한 인간의 공유된 관심을 반영한다.

'편지를 부치다' '버스 요금을 내다' '급수 시설을 채우다'처럼 행동을 설명하는 말은 많은 경우 거대한 구조, 공통된 기관, 관습, 도구가 있는 세상에서만 의미가 있고, 그 행동도 그 세상에서만 실행할 수 있다. 교통, 우편 시설이 있고, 돈, 약속, 펌프, 호스가 있는 세상 말이다. 많은 인간에게 성장한다는 것은 언어 속에 들어 있는 설명을 행동에 옮기고 그 설명을 통해 세상을 본다는 뜻이다.⁸¹

1965년 엘리자베스는 J. L. 오스틴에게 보내는 답변을 발표했고, 이는 마침내 엘리자베스가 카페에서 했던 자신과의 싸움을 마무리 지었다.⁸² "내가 정말 보고 있는 것은 무엇인가?"라는 질문에 오스틴은 자신이 감각 정보 철학자인 프라이스나 A. J. 에이어의 반대쪽에 서 있다고 생각한다. 그러나 엘리자베스는 오스틴과 프라이스, 에이어가 똑같은 오류를 범하고 있다고 주장한다. 모두 '보이는 대상'이 사물이라고 생각하고 있다는 것이다. 흰 삼각형이든, 욕조든, 검은 점이든 고양이든 마찬가지다. 엘리자베스는 '사물'이 아닌 것에도 '대상'이라는 이름을 붙일 수 있다는 점을 지적한다. 그리고 이를 보여주기 위해 '보다'라는 동사와 '겨냥하다'라는 동사를, 그리고 보이는 대상과 겨냥한 대상을 비교한다.

숲에 있는 사냥꾼이 숫사슴을 겨냥하고 총을 쏜다는 말을 예로 들어보자고 엘리자베스는 말한다. 그런데 남자가 숫사슴인줄 알았던 것은 실은 남자의 아버지였고 남자는 아버지를 쏴버리고 만다. 남자의 재판에서 증인은 말한다. "남자는 아버지를 겨냥했다." 엘리자베스는 증인의 말이 사실이지만, 오해를 가져올 수도 있다고 한다. '아버지'는 실제로 사냥꾼이 겨냥한 대상(사물)에 대한 참된 서술이지만, 사냥꾼이 겨냥할 때 그 '서술하에' 겨냥한 것은 아니다. 그 서술은 그가 겨냥한 대상을 말하고 있지 않다. 우리가 사냥꾼에게 '무엇을 겨냥했느냐'고 묻는다면 남자의 진실된 답변은 '숫사슴'일 것이다. 이 답변은 그가 어떤 '서술하에' 겨냥했는지, 겨냥한 대상을 말해준다. 대부분의 경우 남자가 겨냥한 대상은 그가 겨냥한 대상(사물)에 대한 참된 서술과 같을 것이지만, 이와 같은 경우에는 다르다. 사냥꾼의 아버지(사물)는 숫사슴(겨냥한 대상)이 아니다.

엘리자베스는 이렇게 말한다. "'겨냥하다'는 의도를 말하는 동사이다." 이 동사가 취하는 목적어의 '서술하에' 겨냥하기 때문이다. 행위를 하는 (겨냥하는, 숭배하는, 욕망하는) 사람에게 일종의 권위가 주어지는 것이 의도를 말하는 동사의 특징이다. 사냥꾼이 진실을 말한다면, 사냥꾼의 답변 '숫사슴'은 그가 겨냥한 대상을 말한다. 그 서술에 부합하는 사물이 그 상황에 없었다고 해도 마찬가지다.

엘리자베스는 '보다' 역시 의도를 말하는 동사라고 주장한다. '겨냥하다'와 마찬가지로 내가 무언가('무엇을 보고 있느냐'에 대한 정직한 답이 가리키고 있는 것)를 그것의 서술하에 볼 때, 그 서술은 내가 보고 있는 것과 대개 일치한다. 그러나 어떤 경우에는 그렇지 않다. '숫사슴이 보인다'고 비극 속 사냥꾼은 외칠 것이다.

이 생각을 가지고 엘리자베스는 우리가 '보다'라는 동사를 사용하는 두 가지 방식을 인정했지만, 일상 언어 철학자(오스틴)와 감각 정보 이론가(프라이스와 에이어)는 한 가지 방식만 인정할 수 있다. 엘리자베스는 두 가지 방식을 각각 '물질적' 용법, '의도적' 용법이라고 칭한다. 대부분의 경우 우리는 '보다'라는 동사를 물질적으로 사용한다. 누가 봐도 동의할 서술을 하는 것이다. 물질적으로 이 동사를 사용할 때, 일종의 실수를 할 수 있다. 사냥꾼은 진심으로 "숫사슴이 보인다"라고 말하고 '숫사슴'이 보는 대상을 가리키고 있음에도 이는 착각이다. 우리는 공유된 세상에 대해 서로에게 말할 때, 자리에 없었던 사람에게, 혹은 볼 수 없는 위치에 있는 사람에게 증인으로서 보고하거나 설명할 때 '보다'라는 동사를 물질적으로 쓴다. 그러나 이 동사를 순수히 의도적인 용법으로 쓸 수도 있다. 어떤 사물을 서술하기 위해서가 아니라 사적인 것, 주관적이거나 개인적인 것에 대해서 타인에게 얘기할 때가 그렇다. (프라이스가 메스칼린으로 유도한 환각 상태를 즐기며 "침대보 위에 호랑가시나무 잎과 비슷한 나뭇잎이 있다"라고 했을 때, 프라이스가 의도한 용법은 순수히 의도적인 용법이다. 자신의 눈에 어떻게 보이는지 이야기한 것이다. 거기 나뭇잎이 없다는 사실을 알고 있기 때문이다.)

내가 볼 수 있는 것은 나의 물리적 특성과 시공간 내의 나의 위치로 인해서 제한된다. 내가 물거나 손을 뻗어 잡거나, 발로 차거나 옮길 수 있는 것이 제한되는 것과 마찬가지이다. 그러나 감각에 대한 엘리자베스의 주장이 드러내는 바에 따르면, 우리가 인간의 언어 생활에 참여하고 있다는 점은 우리가 볼 수 있는 것을 제한하기도 하고 허락하기도 한다. 우리는 아기가 잘 보이는 위치에 있을 경우 "아기는 엄마가 편지를 부치는 모습을 본다" 혹은 "빨래를 너는 모습을 본다"라고 말할 수 있다. 그러나 아기는 "편지를 부친다"라는 서술하에 그 행위를 보고 있지 않다. 편지와 우표, 우체부에 대해서 알기 전에는 이 특수한 시각적 인상을 콕 집어낼 수 없다. 이러한 서술을 할 수가 없다. 그리고 옷과 위생, 깨끗함, 냄새 등에 대한 생각이 형성되기 전에는 '빨랫줄'을 볼 수도 없다. 우리에게 보이는 것이 아기에게는 보이지 않는 것이다. 마찬가지로 누군가는 한 남자가 '펌프질'을 하는 모습을 볼 수 있고 (펌프의 용도를 안다면) '급수 시설을 채우는' 모습을 볼 수 있겠지만, 공모에 가담하고 있는 사람만이 '나치들을 독살하고 있다'는 서술을 더할 수 있다. 그들만이 바로 그 자리에서 팔을 위아래로 움직이고 있는 남자의 행위를 보고 더 큰 맥락 안에 놓을 수 있는 것이다. 엘리자베스가 그린 그림 안에서는 시각, 서술, 행위가 한데 모인다. 인간이 말과 행동을 배우면서 세상의 풍부함과 다양함은 확장되고 축소되고 변형된다.

엘리자베스의 기도에 비트겐슈타인이 나타났듯, 아이리스의 '애처로운 모색'은 크라이스트처치의 톰 쿼드 1층에 위치한 에릭 매스컬의 연구실로 아이리스를 이끌었다.[83] 아이리스는 스스로를 "형이상학자들"이라고 부르는 사람들의 첫 모임에 초대된 것이다. 철학자에게 가장 불쾌하게 여겨질 수 있는 단어가 '형이상학'이었을 당시 일부러 붙인 도발적인 이름이었다.[84] 시간에 딱 맞추어 나타난 아이리스는 그 자리에 유일한 여성이었을 것이다. 아이리스는 평소처럼 바닥에 앉는 쪽을 택했다.[85]

창가에는 네 남자가 서 있다. 나이든 두 남자, 에릭 매스컬과 오스틴 페러는 검은 양복을 입고 성직자 칼라를 착용하고 있었다. 젊은

축에 속하는 사람들은 아이리스와 비슷한 나이로 이언 크롬비, 그리고 (맥키넌의 제자이기도 한) 데니스 나인엄이었다. 벽에는 성공회의 유일한 성인인 찰스 1세의 웅장한 초상화가 걸려 있었다. 에릭 매스컬은 E. R. 도즈처럼 한 때 구마 의식을 행한 적이 있었다. 데니스 나인엄이 아이리스와 닮은 점이 많다고 생각했던 오스틴 페러는 요정 같은 분위기의 신비주의자였다. 에릭 매스컬은 "오스틴 페러와 아내 캐서린이 언제든 작고 여린 날개를 펼치고 창밖으로 날아갈 것 같았다"라고 이후 회상했다.[86]

한 학기 전 (1948년 트리니티 학기) 페러는 콜링우드가 알키노오스호를 타고 자바로 가면서 집필했던 《형이상학 소론》을 주제로 강의했다. 캐서린 페러는 마르셀의 《존재와 소유》를 한창 영어로 번역 중이었고, 책은 1949년에 출간된다. 도널드 맥키넌이 서문을 썼다. "정신의 면밀함과 섬세함이 걸핏하면 근심 없고 파괴적인 이들의 특권으로 여겨지는" 시대에 마르셀은 "진정한 면밀함과 진정한 지적 섬세함은 겸손함과 마음의 순결함에 뿌리내리고 있음"을 일깨워준다고 맥키넌은 적었다.[87] 맥키넌은 형이상학의 문제에 관해서 마르셀의 글보다 중요한 글은 없다고 생각했다. 모두가 여기 동의한 것은 아니다. 가브리엘 마르셀이 1948년 옥스퍼드 철학 학회에서 발표했을 때 (1936년 맥키넌에게 키블 칼리지 자리를 빼앗긴) 폴 그라이스는 그런 "사기꾼"이 초대를 받아 발표했다는 데 분노했다. 당시 마르셀의 발표에 대한 답변을 맡은 아이리스는 중재를 해보려고 애썼다. 아이리스는 아마도 마르셀을 초청하는 데도 관여했을 것이다. 그러나 그라이스는 고집을 피우며 마르셀을 이해하려고 노력조차 하지 않았다. 프라이스는 "자제력이 한껏 발휘되는 분위기였다"라고 평했다고 한다.[88]

에릭 매스컬은 찬바람 부는 날에 모인 형이상학자들에게 달콤한 키프로스산 셰리를 대접했다.[89] 대화는 신학자들, 그리고 바실 미첼이

주도했다. 아이리스와 나이가 같은 바실은 도널드 맥키넌이 베일리올 칼리지로 떠나기 직전 키블 칼리지 철학 강사로 임명한 사람이었다. 맥키넌처럼 기독교인이었지만, 사실 바실의 신앙은 수피즘과 하즈라트 이나야트 칸의 가르침에 의해 형성되었다. 전쟁 전에는 인도 철학을 공부했고, 사르베팔리 라다크리슈난 밑에서 산스크리트어를 공부했다.

말은 없었지만 그 자리에는 다소 병약해 보이는 마이클 포스터도 있었다. 1929년 A. J. 에이어에게 플라톤과 칸트를 가르친 이후로 두 사람의 생은 묘하고 불편하게 얽혔다.[90] 청교도 포스터와 플레이보이 에이어는 서로 잘 지낼 수 없었지만, 상황은 자꾸만 포스터가 에이어의 진로를 방해하도록 만들었다. 실제로 포스터가 떠나지 않으면 에이어가 크라이스트처치에서 연구원 자리를 얻을 수 없는 상황이 수년간 지속됐다. 포스터는 종종 자기보다 어린 에이어의 난폭한 공격 대상이 되었다. 공격은 사적일 때도 철학적일 때도 있었다. (에이어가 젊은이들을 가르칠 자격이 없다고 트리니티 칼리지에 조언했을 때도 공격을 받았다.) 포스터는 에이어가 열띤 폭언과 학문적인 질책을 쏟아부을 때마다 '고통과 수치를 견디며 침묵하는' 방식으로 대응했다.[91] 언제든 깊은 우울에 빠져들 수 있는 아슬아슬한 상태에 있었던 포스터가 성인이 되지 못한 것은 오로지 성인이 아는 기쁨을 몰랐기 때문이라는 말도 있었다.[92]

매스컬의 방에서 형이상학자들은 '원하는 질문은 무엇이든' 할 수 있었고, 분석 철학자들이 질문으로 쳐주지 않는 질문이라도 괜찮았다. 이 모임에서는 신에 대해, 실내의 분위기에 대해, 혹은 진리라는 개념에 대해 물어도 누구도 눈썹을 치켜올리거나 "이해할 수 없다"라는 말로 공격하지 않았다. 모임의 목적은 '분석(언어) 철학의 반형이상학적인 편견에 대한 저항을 어디까지 가져갈 수 있을지 탐구하는 것' '종교적 형이상학을 위한 든든한 철학적 토대를 만드는 것' 그리고 '신학적 논의에 실질적인 형이상학적 의미가 있음을 나타내는 것'이었다.[93] 한 학기에 서너 번 만나 논문을 읽고 이야기를 나누며, 형이상학을 되찾겠다는 계획이었다.[94] 사람들은 엘리자베스를 알고 있었지만, 초대하지는 않았다. 엘리자베스가 "구석에서 의기소침해 있거나 그게 아니면 아주 모임을 휘어잡고 말을 멈추지 않을 것"을 우려했기 때문이다.[95]

신학자들 중에는 리처드 헤어도 있었기 때문에 이를 수상하게 여기는 사람들도 있었다. 헤어는 에이어의 사실과 가치의 구분을 받아들였고, 오스틴의 유치원 소속이기도 했기 때문이다.[96] 누군가는 헤어에게 자신과 반형이상학 언어 철학자들 간에 간극이 있다고 생각하는지 물었다. 헤어는 실질적으로는 그렇지 않다고 대답했다. 그러나 J. L. 오스틴과는 '열성'의 관점에서 다르다고 했다. "모든 영역에는 진지한 관심을 거리낌 없이 드러내는 사람이 있고, 실제보다 무관심하게 보이는 쪽을 선호하는 사람이 있는데 이는 품성의 차이에서 기인하며 몹시 중대한 문제이다. 개인적으로 나는 전자를 더 좋아한다."[97]

대규모 형이상학 & 메리의 새로운 시작

1949년 초에 이미 메리는 훗날 자기 작업의 특징으로 여겨질 재치 있고, 상상력 넘치는 목소리를 찾았다. 이 시기 메리의 인식론에는 정신적 문제에 대한 불쾌감이 자리 잡아가고 있었다. 메리는 단지 '채워지지 않는 인정 욕구, 목표물에 영영 다가가지 못해서 생기는 정신병적인 갈망'으로 인해 '철학적 의심'이라는 자세를 고집하고 있는 사람들에게 "그런 불필요하고 주관적인 기분에서 벗어난다면 의심이 들지 않을 것"이라고 쓴소리를 했다. 메리의 말은 한마디로 유치하게 굴지 말라는 뜻이었다. "일부러 자기를 괴롭히는 사람들"과 형이상학자를 구분하기 위해서는 "각각의 철학자들의 성격에 대한 어떤 평가를 내리지 않을 수 없다"라고도 말한다. "내가 평가 기준으로 삼을 것은 정신 건강과 자연스러움으로서 이 둘은 완벽하게 분석이 불가능한 것들"이라고 말하는 메리는 독자에게 의미심장한 눈짓을 보내고 있는 듯하다.[98]

메리는 계속해서 실재를 탐구했다. 1948년 말, 메리는 플로티노스의 대우주가 "소우주 안에 거의 완벽하게 흡수되어 있다. 자아와 동일한 구조와 실체를 가진 모든 것은 어떤 의미에서 자아의 일부"라고 썼다.[99] 실재를 자아 안에 넣음으로써 플로티노스는 무너진 정치적 무대에서 도덕을 구원할 수 있었다. 메리는 플로티노스가 "모든 진정한 도덕을 내면적인 것으로 만들고자 했다"라고 썼다.[100] 우연적이고 형태가 없는 비실재만이 자아의 외부에 남는다.

메리는 플로티노스의 철학에서 무엇이 '실재하는 것과 단지 현존하는 것을 구분하는지' 알아가고 있었다. "답은 아름다움이다. 실재하는 것은 아름다운 것이고, 영혼과 닮아 있기 때문에 영혼을 매혹한다. 영혼이 제 실재하는 모습을 드러낼 수 있게 하기 때문이다."[101] 플라톤의 동굴에 갇혀 있던 사람들이 눈을 깜박이며 동굴 밖으로 나오듯 영혼은 실재하며 아름다운 것들에 이끌린다. "플로티노스에 따르면, 욕망은 우리에게 어떤 상태를 떠나라고 하는가? 무형의 상태이다. 여기서 그가 말하는 형태는 선의 영향이다."[102]

메리는 서머빌과 세인트 휴 칼리지에서 아르바이트를 하면서 생활비를 벌었다. 교습도 조금, 채점도 조금 했다. 블랙커피를 연료 삼아 밤새 서머빌 입학시험을 채점하기도 했다. "새벽 세 시가 되자 모든 논술 답안이 다 똑같아 보이기 시작했다."[103] 1948년 말, 여전히 메리를 챙겨주고 있던 도널드 맥키넌이 도움의 손길을 건넸다. 덕분에 메리는 BBC 제3프로그램 방송에서 정기적으로 서평을 하는 일을 맡게 됐다. 1월 18일 화요일 저녁 7시에 방송된 메리의 첫 서평 대상은 버트런드 러셀의 《인간의 지식: 그 범위와 한계》였다.

라디오 대본을 쓰는 일은, 불안감을 자극하는 힘든 일이었음에도 메리는 재능과 재미를 발견했다. 메리가 스스로 "무자비했고 너그럽지 못했다"라고 인정한 첫 방송 대본은 남아 있지 않지만, 메리가 분석가 러셀 백작을 "채워지지 않는 인정 욕구"를 가진 인물로 분류했을 것이라고 짐작해 볼 수 있다.[104] 《인간의 지식: 그 범위와 한계》에서 러셀은 세상에 대한 우리의 일상적인 믿음이 정말 우리의 '짧고 개인적이며 한정적인' 경험에 의해서 정당화될 수 있는지 묻는다. 데이비드 흄을 따라 경험론자들이 전통적으로 사용한 추론 방법인 귀납법에 대해 구체적으로 탐구한 러셀은 안타깝게도 욕조와 기차와 나무가 있는 객관적인 세상이 존재한다는 사실을 확신할 수 없을뿐더러 가능하다고 믿을 수조차 없다고 주장한다.[105] 일상생활은 우리가 맹목적으로, 어떤 증거도 없이, 자연의 통일성과 개인의 지속을 받아들여야 비로소 가능하다. 러셀은 우리가 그렇게 하지 않으면, 제정신으로 살 수 없다고 한다.

이후 수십 년간 메리는 러셀이 지지했던 종류의 비인간적이고 환원주의적이며, 원자론적인 과학적 제국주의를 수차례 공격했다. 그해 1월 수많은 거실에서 울려 퍼진 메리의 목소리는 과학이 제 위치를 지켜야 한다고 청취자에게 당부하고 있었다. 어떤 의미에서 러셀이 옳다고 메리는 생각했다. 관념론자 F. H. 브래들리의 말처럼 (러셀은 브래들리의 철학을 수용하지 않았지만) "경험에 호소함으로써 실재를 입증할 수 있다는 가정은 단지 미신일 뿐"이다.[106] 하지만 러셀이 전제하고 있듯이 우리가 과학과 경험적 관찰만을 실재를 발견하는 방법으로 삼는다면, 경험은 우리를 배신할 수 있다. 브래들리는 (다른 관념적 형이상학자들이나 비트겐슈타인과 마찬가지로) 우리가 실재를 발견하려면 러셀이 말했던, 회오리치며 우리를 덮치는 경험의 단편들로부터 관심을 돌려야 한다. 대신 그 단편이 전체의 일부로서 위치한 배경을 보아야 한다. 러셀은 자연의 '통일성'을 가설로 보았지만, 메리는 (관념론자들처럼) 자연 속에 형태와 양상이 존재한다는 사실은 경험론적 가설이 아니라 배경, 즉 실재이며 이것을 바탕으로 과학적 탐구가 이루어져야 한다고 생각했다. 철학 인생의 시작이었던 욕실 수수께끼를 비로소 해결한 것이다.

    R. G. 콜링우드가 알키노오스호에서 적었듯 형이상학은 안정감을 원하는 미성숙한 자들의 요구가 아니라, 인간 삶의 초월적인 배경을 이해하려는 시도이다. 이 배경 위에서만이 개개의 명제는 관찰과 과학적 연구를 통해 검증될 수 있기 때문이다. 우리는 이러한 형태의 실재와 그 복합성, 양상, 그리고 그것들의 상호 관계를 연구하기 위한 여러 가지 방법을 갖고 있다. 시, 예술, 종교, 역사, 문학, 희극은 모두 형이상학자의 도구이다. 이 도구를 이용해 형이상학적 동물들은 무엇이 실재인지 (그리고 무엇이 아름답고 선한지) 탐험하고 발견하고 설명한다.

    더블린에서 돌아온 엘리자베스와 아이리스는 과거를 뒤로 하려고 애썼다. 아이리스의 표현에 따르면, "부호의 변환"을 통해 두 사람의 애정을 안전한 형태로 보존하고자 했다.[107] 아이리스의 눈에 엘리자베스는 분명 지쳐 보였다. "창백하고 불안한 얼굴"에다 "오랫동안 좀처럼 보지 못한 불행하고 긴장된 모습"이었다고 아이리스는 일기장에 썼다.[108, 109] 언젠가부터 세심하게 엘리자베스의 상태를 살피기 시작한 아이리스였다. 이듬해 말 서머빌 칼리지에 보낸 보고서에 엘리자베스는 "여러 가지 예기치 못한 건강 문제로" 작업이 더디었다고 적었다.[110] 바지를 입고 강의할 수밖에 없게 만들었던 어깨 인대 파열도 그중 하나였고 시력도 성치 않았다. "작업이 점점 부정적이고, 파괴적인 성격을 띠고 있다"라고도 적었다.[111] 학장 재닛 본은 이 소식을 듣고 마음이 편치 않았을 것이다.

1949년 3월 1일, 엘리자베스의 오전 10시 강의는 플라톤의 《테아이테토스》가 주제였지만 이번 강의에서는 이 대화편의 후반에 담긴 내용, 그리고 '거짓 믿음의 문제'를 논했다. 아이리스와 엘리자베스는 엘리자베스의 강연 "과거의 실재"와 파르메니데스의 수수께끼의 ("'생각될 수 있는 것'과 '존재할 수 있는 것'은 같은 것이므로 존재하지 않는 것은 생각될 수 없고 존재할 수 없다") 맥락에서 어떻게 거짓 믿음이 가능한지에 관하여 종종 이야기했었다. 당시 엘리자베스는 "분석 철학"에 관한 논문집에 실리게 될 논문을 작업 중이었다. 앨리스 앰브로즈와 마거릿 매스터먼의 논문도 이 책에 함께 실릴 예정이었다.[112] 아이리스는 "E.의 강의에서 E.의 논쟁 상대가 되니 P.(필리파)도 꽤나 재미있다"라고 적었다.[113]

엘리자베스의 강의가 끝나기를 기다린 아이리스는 친구의 명랑한 모습이 기뻤다. 카페인을 너무 많이 섭취한 건 아닌가 싶기도 했다. 하지만 아니었다. 엘리자베스는 화학 물질이 아니라 영성의 도움을 받아 들뜬 것이었다. 그날 아침 성알로이시오 성당에 들른 덕분이었다. 아이리스가 일기에 기록한 내용에 따르면, 한 여성이 '새벽 예배에 바지를 입고 온 엘리자베스를 보고' 매우 불쾌한 심기를 담은 항의 서신을 보냈다. 이 불만은 시험 본부의 사무 담당이 드러낸 불만과는 달리 엘리자베스에게 충격을 주었다. 이것이 그다지 불경하고 죄스러운 복장인가? 아이리스에게 엘리자베스는 "심리 상담을 받을까 해"라고 말했지만, 그 대신 그날 아침 성당으로 가서 신부를 만난 것이다. 엘리자베스는 '가장 나이가 많아 보이고 가장 냉정하고 엄격해 보이는' 신부를 골라 만났는데, 그런 사제의 판결이라면 안전할 것이라고 생각했기 때문이다. 기쁘게도 신부는 성당 측에서는 바지를 조금도 문제 삼지 않는다며 엘리자베스를 안심시켰다. 아이리스도 마음을 놓았고 "E.를 괴롭히던 악마가 내려온 것 같아" 기뻤다.[114]

그날 오후 아이리스는 메리에게 줄 크로커스를 사러 갔다. 아마도 빅토리아풍의 실내 시장으로 갔을 것이다. 엘리자베스가 거짓 믿음에 대해 강의하는 동안 메리는 세인트 휴 칼리지에서 강사 면접을 보고 있었다. 크로커스는 면접 결과가 좋기를 비는 선물이었다. (기분이 좋았던 아이리스는 필리파 몫으로도 한 다발을 샀다.) 아이리스와 메리는 강가에서 만나 농담의 여러 원형에 대해 이야기했다. 메리는 크로커스를 안은 채 농담의 가장 근본적인 형태가 '자조'라고 말했다. 자조를 통해 얻는 안도감은 새로운 수준의 실재, 자신에 대한 더 깊은 앎으로 우리를 데려가며, 무엇이 인위적이고 사소하며 반대로 무엇이 실재하는 것, 진지한 것인지 더 명확하게 드러내준다.

메리는 면접을 끝내고 들떠서 아마도 약간은 제멋대로 굴고 싶은 기분이었을 것이다. 그날 아침 더듬거리며 답변을 이어갔던 자신의 모습에 기꺼이 웃고 싶었을 것이다. 반가운 카타르시스였다. "세상이 돌아가는 모습을 보는 데" 기쁨이 있다고 메리는 말했다. 취업에 성공하든 못하든 삶은, 현실은, 메리는 계속된다. 메리는 둥지를 마련하느라 분주한 3월의 오리들을 향해 크로커스를 흔들며 말했다. "저 오리들이 얼마나 부지런한지 봐! 저 작은 놈들 좀 보라고!"[115] 매해 오리들은 대학 학사 일정에 따라 움직이는 듯했다. 미카엘마스 학기 초기에는 청둥오리들이 짝짓기를 했고, 힐러리 학기 말에는 알을 낳았다. 알은 트리니티 학기 초반에 부화했고, 새끼 오리와 학부생들은 초여름 기말시험을 마치고 함께 비행 연습을 했다.

세인트 휴 자리를 두고 메리와 경쟁하고 있는 상대는 메리 윌슨이었다. 메리 윌슨은 오스틴의 제자 제프리 워녹과 약혼한 상태였다. 두 메리의 면접을 본 사람은 1946년 은퇴한 바버라 과이어의 뒤를 이어 세인트 휴 학장이 된 에블린 프록터였다. (애니 로저스의 정원지기 직함도 프록터 학장에게 돌아갔다.) 강사직은 메리 윌슨이 차지했다. 또 한 번의 낙방이었다. 그러나 곧 다른 기회가 돌아왔다. 필리파는 메리에게 레딩에 사는 허버트 호지스가 조교를 찾고 있다고 전했다. 호지스는 1920년대 베일리올 칼리지에서 고전학을 공부했고, A. D. 린지의 수업도 들었다. 그리고 논리실증주의와 그것이 제시하는 철학의 전망에 저항하는 데 철학 인생을 바쳤다.[116] 옥스퍼드를 떠나 레딩에 자리 잡은 호지스는 서로 협력해서 종합적으로 만들어나가는 철학이라는 자신의 설계를 작게나마 실현했다.

영문학, 고전학, 철학을 전공한 강사들과 학부생들이 빅토리아풍 주택의 아늑한 난로 앞에 둘러 앉아 조롱당할 걱정 없이 자유롭게 이야기를 나누는 철학이었다.[117] 이는 독일 사회학자이자 철학자인 빌헬름 딜타이의 영향을 받은 방식으로 딜타이에게 철학은 '정신적 현상을 다루는 경험 과학'이었다.[118] 1949년 당시 호지스는 딜타이에 관한 두 번째 저서를 집필하고 있었다. A. D. 린지는 호지스의 첫 저서에 대해 "딜타이의 사상과 고故 콜링우드 교수의 사상에 상당한 유사점이 있다"고 말했다. 두 사람 모두 "정신과 몸, 인간과 자연"이 "밀접하게 연관되어 있다"라고 주장했다.[119]

지원서를 넣은 결과, 조교로 일을 하게 된 메리는 파크타운 단칸방에서 마지막 여름을 보낼 준비를 했다. 떠나기 전까지 라디오 서평 방송을 세 번 더 했다. A. C. 유잉의 《선함과 철학자들》, 에리히 프롬의 《자기를 위한 인간》 그리고 아서 쾨슬러의 《통찰과 전망》이 서평 대상이었다. 청취자들에게 메리의 평가는 분명하게 전달됐다. 한 청취자는 이러한 기록을 남겼다. "메리 스크러튼이 아서 쾨슬러의 철학을 얼마나 제대로 비판했는지 그것은 내가 판단할 수 있는 문제는 아닙니다. 다만, 나는 스크러튼이 꽤나 무시무시한 타격을 가했다는 사실, 능숙하게 포를 조작하고 발포한 스크러튼에게 존경심이 생겼고, 정신이 번쩍 들었다는 사실만을 전할 뿐입니다."[120]

메리는 방을 빼고 이사를 간 뒤에도 주기적으로 그레이트 웨스턴 철도를 이용했다. 레딩과 옥스퍼드 사이 30마일 거리의 여정을 반복하는 동안 창밖으로는 익숙한 칠턴 힐스의 풍경이 펼쳐졌다. 이따금 아이리스가 기차를 타고 메리를 방문하기도 했다.[121] 메리는 플로티노스 연구를 계속했고, 종종 옥스퍼드로 가서 보들리언 도서관을 방문하고 E. R. 도즈를 만났다. 그리고 이를 평계 삼아 친구들과 처웰 강가를 산책했다.[122]

필리파의 강의 & 엘리자베스의 빈 방문

필리파는 29번째 생일 일주일 뒤, 1949년 미카엘마스 학기의 시작과 함께 첫 강의를 하기 위해 유니버시티 파크를 가로질러 갔다. 강의 제목은 '칸트 철학의 몇 가지 문제들'이었다. 필리파는 도널드 맥키넌과 하인츠 카시러의 가르침을 전달하면서 칠판에 가냘픈 서체로 글씨를 가득 채웠다. 필리파는 엘리자베스가 외쳤던 표어 '제 말이 엉터리일지도 모릅니다!'를 적고 싶은 마음이 가득이었지만 참았다. 필리파의 학생들은 필리파가 철학이 얼마나 어려운지 잘 전달했다고 회상했다. 특정한 철학적 관점의 기이한 함의에 대해서 나지막이 키득거리기도 했다.[123]

그날 아침 계단에서 배웅하는 아이리스의 모습은 보이지 않았다. 그해 여름 파크타운 58번지에 방을 얻어 나간 것이다. 레딩으로 떠난 메리가 살았던 집에서 세 집 건너였다. 아이리스에게 16번지는 다소 답답했을 것이다. 필리파가 약속했음에도 아이리스와 마이클을 똑같이 사랑하는 일은 필리파에게도 만만찮은 일이었을 것이다. 필리파가 풋 부인이 된 이상 과거의 상당 부분이 건드릴 수 없는 것이 되어버렸고, 필리파와 아이리스, 마이클이 해야 할 '미워하지 않는 일'은 여전히 진행 중이었다. 50년 후, 마이클은 피터 콘라디에게 말했다. 그가 쓴 아이리스의 전기를 읽고 "1943~1944년 겨울 이후 내 안에 남아 사라지지 않았던 모든 쓸쓸함이 씻겨 내려갔다"라고.[124]

아이리스는 런던에서 살던 그대로 살았다. 연신 연결감, 사랑, 생기를 찾아 매일 저녁을 술과 파티, 낭만과 드라마로 채웠다. 또 하나의 모험을 마치고 비틀거리며 집으로 돌아온 아이리스가 어둠 속에서 열쇠로 문을 따는 소리는 아마도 풋 가문의 가정적인 분위기와는 어울리지 않았을 것이다. 아이리스가 더 자유로운 삶을 원했을 수도 있다.

혼자 살게 된 아이리스는 이제 손님을 초대할 수 있었다.

아이리스: 물 자체를 제외한다면, 비트겐슈타인과 칸트는 동일한 그림을 그리고 있다고 볼 수 있어. 비트겐슈타인이 《논리-철학 논고》에서 형이상학적 주체에 대해서 말하는 부분을 읽고 그런

생각이 들었어.

엘리자베스: 형이상학적 주체의 문제는 언어가 세상을 어떻게 그리는가 하는 문제와는 아무 상관이 없어.

아이리스: '내 언어의 한계가 내 세상의 한계이다'는 어때?

엘리자베스: 내가 졌다! 이것만 놓고 보면, 《논리-철학 논고》가 '주관주의적'이라는 관점에 대한 근거가 될 수도 있을 것 같아.[125]

아이리스는 여름 내내 종종 엘리자베스를 식사에 초대했다. 두 사람은 강가를 따라 빅토리아 암스에 걸어가며 연애시에 대해 이야기하곤 했다. (E.는 "사랑에 빠졌을 때는 연애시를 쓸 수가 없어. 편지 같은 것과는 달라. 연애시와 사랑의 관계는 눈물과 슬픔의 관계와는 달라. 간접적이야. 그림이지"라고 말했지만, 아이리스는 이에 동의하지 않았다.)[126] 플라톤은 클래런던 암스, 월튼 가, 제리코, 아이리스의 방 등 여기저기서 등장한다. 엘리자베스가 새벽 두 시까지 아이리스의 집에 머물 때도 있었다. 둘은 자기 자신의 인격을 가늠하려면 무엇을 살펴야 하는지에 대해서도 이야기했다.[127] 아이리스는 E.에 대한 애정이 느껴져 매우 기쁘다고 일기에 적었다. 요릭이 와서 셋이 아침 여섯 시까지 술을 마신 날도 있었다. 세 사람은 포도주 네 병을 나누어 마시며, 의미와 비교에 대해 논했다. ("의미에 '핵심'이 있다는 건 무슨 의미일까?") 아이리스는 E. 덕분에 얼마나 기쁜지 적었다. 자유롭고 홀가분한 기분이었다.[128]

그러나 과거 일이 아주 덮인 것은 아니었다. "E.는 내 행동에 마음에 들지 않는 점이 있다고 했다." 아이리스는 6월 일기장에 이렇게 적었다. 지나간 끔찍했던 일들 때문에 우리 사이에 벽이 있는 것 같고 내가 거리를 두고 있다고 했다.[129] 11월에도 아이리스는 여전히 두 사람의 우정에 대해 불안감을 호소했다. "1년 전 일기장을 다시 읽으니 갑자기 불안해졌다. 내가 E.에게 안 좋은 영향을 미치고 있는 걸까?…… 우리는 이제야 영리하게 입을 다무는 방법을 깨닫고 우리만의 왕국에 들어가고 있는 걸까?" 아이리스는 좀 덜 자주 만나는 게 낫겠다"고 결심하지만 E.는 아이리스에게 "내밀한 우정을 위해 '귀를 더 기울이겠다'"라고 말했고, 두 사람의 만남은 줄지 않았다.[130] 아이리스는 과거가 바뀌어야 한다면 바뀔 수 있다고 믿었다.

1949년 11월 17일 저녁, 두 사람의 우정을 위기에 처하게 한 파티가 있은 지 거의 1년이 지난 시점 엘리자베스와 만난 아이리스는 어두운 골목을 걸어 멀지 않은 체커스 인으로 향했다. 좁은 골목을 내려가면 나오는 15세기부터 있었던 술집이었다. 문 닫는 시각까지 술을 마신 두 사람은 다시 세인트 존 가로 걸어 돌아갔다. 그날 밤, 뜬 반달은 커튼이 없는 엘리자베스의 거실을 그다지 환하게 밝히지 못했을 것이다. "몹시 취한 상태에서…… 논고의 끝부분을 소리 내어 읽던 E.는 말했다. '이건 철저하게 절망적이야. 누군가는 이걸 읽다가 목숨을 끊을지도 몰라.'"[131]

6.41 세상의 의미는 세상 밖에 있어야 한다. 세상에서 모든 것은 있는 그대로 있고 모든 일은 벌어지는 그대로 벌어진다.
세상 안에는 어떤 가치도 존재하지 않는다.
만약 가치가 존재한다면, 그것은 아무 가치도 없을 것이다.
가치가 있는 가치가 존재하려면, 그것은 모든 사건과 어떠어떠하게 존재함의 바깥에 있어야 한다. 사건과 어떠어떠하게 존재함 모두 우연적이기 때문이다.
비우연적으로 만드는 것은 세상 안에 있을 수 없다.
그렇게 되면 그것 또한 우연적으로 되기 때문이다.

따라서 그것은 세상 밖에 있어야 한다.
6.42 따라서 도덕 명제도 있을 수 없다.
명제는 그보다 더 높은 것을 표현할 수 없다.
6.421 도덕은 표현될 수 없음이 명백하다.[132]

12월 첫 주 엘리자베스는 아이리스에게 이렇게 말했다. "비트겐슈타인 선생님이 암으로 돌아가시게 생겼어…… 이렇게 가신다면 지옥에 가실 거야."[133]

이 시점 엘리자베스와 비트겐슈타인은 이후 《철학적 탐구》로 출간될 작업을 한창 편집하고 번역하는 중이었다. 비트겐슈타인의 말기 암 진단으로 인해 작업은 더 긴급해졌다. 엘리자베스는 비트겐슈타인이 옥스퍼드(자기 집이나 요릭의 집)로 오도록 설득하고 싶었지만, 스승은 빈으로 가겠다는 결심이 확고했다.[134] 엘리자베스가 동행하면, 오스트리아 독일어를 완성할 수 있는 아주 좋은 기회가 될 것이라는 데 둘 다 동의했다. 서머빌 칼리지가 연구비를 제공했고, 엘리자베스는 임신 2개월인 상태로 1월 16일 빈으로 향했다.[135] 아이리스가 배웅했다.[136]

비트겐슈타인은 3주 먼저 빈으로 향했으나 병세가 악화되어 집필을 계속할 수 없었다. 그가 요양을 하고 있던 알레가세 16번지 본가에는 누이 헤르미네도 있었는데, 누이 또한 암으로 여명이 한 달도 남지 않은 상황이었다. 엘리자베스는 동료들의 집에 머물면서 매주 두세 차례 비트겐슈타인을 찾아갔다. 빈에서 만난 파울 파이어아벤트는 엘리자베스에게 크라프트 학파의 모임에서 발표를 해달라고 부탁했다. 한때 빈 학파의 일원이었던 노년의 빅터 크라프트가 연구실에서 주최하는 학생 모임으로 20대 중반의 남학생들로만 이루어져 있었던 이 학파는 논리실증주의 전통을 이어갈 후계자를 자처했다. 엘리자베스가 약간은 서툰 독일어로 그들에게 비트겐슈타인의 새로운 방법론을 소개하고 언어의 습득 방법의 중요성을 설명했을 때, 그들은 회의적이었으며 뭐 이런 원시적인 아동 심리학이 다 있느냐고 반문했다.[137]

엘리자베스가 케임브리지에서 본인의 논문을 발표하면서 "저것은 무엇인가?" 물을 때만 해도 그런 반문에 당황했겠지만, 이제는 답변을 알고 있었다. 아동 심리학자가 제공하고 있는 것은 관찰에 의거한 경험론적 가설로서 언어 습득의 일반적인 과정에 대한 설명이었다. 비트겐슈타인이 보여주고 있는 것은 우리의 언어 생활 구조였다. 그는 경험론적 가설을 형성하고 실험할 수 있는 배경을 드러내고 있었다.

옥스퍼드를 잠시 떠나 있게 된 엘리자베스에게는 생기가 돌았다. 크라프트 학파 발표 직전에 엘리자베스는 재닛 본에게 매우 긍정적인 내용을 담은 편지를 보냈다.

제가 빈에 올 수 있도록 도움을 주신 위원회와 기부자 여러분께 감사의 말씀 드립니다. 독일어도 상당히 향상되었습니다만, 애초에 생각했던 것보다 숙달이 어려운 언어임은 분명합니다. 이곳에 있는 토론 모임에서 철학 논문을 발표할 예정입니다만 아직 서툰 독일어를 다듬기 위해 여러 사람들의 도움을 받아야 합니다. 하지만 앞으로는 필요한 내용을 읽고 번역할 수 있을 테니 방문 목적은 일단 달성한 것 같습니다. 지금으로서는 연구비가 아주 유용하게 쓰이고 있다고 말할 수 있습니다.[138]

두 철학자들은 남은 2월과 3월 열심히 작업했고, 비트겐슈타인은 철학적 대화에 대한 욕구가 다시금 솟아올랐다. 옛 친구 G. E. 무어로 관심을 돌린 비트겐슈타인과 엘리자베스는 무어의 관념론 반박과 '상식의 옹호'를 논의했다. 비트겐슈타인이 이 시기 기록한 내용은 《확실성에 관하여》의 도입부 65개 문장이 되었다.[139]

배경을 채우는 아이리스와 필리파

1950년 2월 26일 일요일 저녁 6시 50분 아이리스의 목소리가 라디오에서 흘러나왔다. 아일랜드 억양이 어렴풋이 실린 아이리스의 부드러운 모음은 BBC 아나운서의 절도 있는 표준 영어 발음과 대비를 이루었다. "다음은 아이리스 머독의 〈형이상학자로서의 소설가〉 2편 중 1편을 보내드리겠습니다. 머독은 실존주의 작가 사르트르, 카뮈, 시몬 드 보부아르의 글을 살펴보면서 문학과 철학의 화해의 이면에 무엇이 있는지 조명합니다."[140] 아이리스에게 방송 강의를 부탁한 사람은 아이리스에 앞서 파크타운 16번지 2층에 살았던 프루던스 스미스였다. 프루던스는 아이리스의 목소리가 사랑스럽다고 생각했다.[141]

"자유롭고 고독한 자아는…… 세상이 온갖 모호성으로 가득차 있음을 발견합니다." 사르트르의 주인공이 사는 세상을 설명하는 아이리스의 목소리가 라디오에서 흘러나왔다. "이 모호성은 행동에 의해서, 혹은 우리가 행동하지 않음으로 칭하는 종류의 행동에 의해서 해결되어야 합니다. 다시 말해 우리는 선택하지 않을 수 없는 상황에 처해 있습니다. 우리는 우리가 믿는 종교를 선택하거나 종교 없음을 선택합니다. 정부나 무정부를 선택하고, 친구를 갖거나 갖지 않기로 선택합니다. 우리에게 주어진 역사적인 상황이라는 광범위한 경계 내에서 하나의 세상을 또는 다른 세상을 선택합니다."[142]

브뤼셀에 있을 때 사르트르의 철학은 아이리스를 사로잡았고, 활기를 불어넣었다. 이제 아이리스는 사르트르가 제시한 그림, 포로수용소라는 붕괴되어 가는 세상 속의 리처드 헤어에게 안도감을 주었던 그림이 평범한 시민의 삶에 적합하지 않다는 사실을 깨닫고 있었다. "실존주의 작가들은 우리 대부분이 자신의 일상의 위기에서 드문드문 알아볼 수 있는 어떤 것을 일반화하고, 거기 철학적 형태를 부여했습니다." 그것은 다시 말해 "과거 경험에 새로운 의미를 부여하려는" 욕구, "우리의 인격을 바라보는 새로운 관점"을 만들고자 하는 욕구, 그리고 이 "관점을 자유로이 긍정하고자 하는" 욕구였다. 이것은 아이리스 자신이 가진 욕구이기도 했다. 그러나 위기의 순간에 한해서 진실되고 치유적인 설명을 인간 존재 일반에 대한 설명으로 받아들인다면, 거짓되고 유해하다고 아이리스는 말한다. 다음 내용은 마치 엘리자베스에게 직접 말하는 것처럼 들리기도 했다.

이러한 관점에 대한 인상적인 주장이 오래전에 나온 비트겐슈타인의 《논리-철학 논고》에 담겨 있습니다. "세상의 의미는 세상 밖에 있어야 한다. 세상에서 모든 것은 있는 그대로 있고 모든 일은 벌어지는 그대로 벌어진다. 세상 안에는 어떤 가치도 존재하지 않는다. 만약 가치가 존재한다면, 그것은 아무 가치도 없을 것이다. 가치가 있는 가치가 존재하려면, 그것은 모든 사건과 어떠어떠하게 존재함의 바깥에 있어야 한다. 사건과 어떠어떠하게 존재함 모두 우연적이기 때문이다."[143]

(점령기 프랑스의) 사르트르나 (1차 세계대전 참호 속의) 비트겐슈타인, 그리고 (포로수용소의) 리처드 헤어는 "근본적으로 동일한 도덕적 곤경"에 처해 있었다.[144] 선택하고 또 선택해야 했고, 매 선택에 따라 나와 나의 세상은 새롭게 형성되었던 것이다. "이것은 철저히 절망적"이라고 아이리스는 엘리자베스의 말을 메아리처럼 되풀이한다. 왜 그런지는 사르트르의 소설이 "그 무엇도 보장되지 않는 상황에 있는 인물들의 모험을 통해 구체적으로" 보여준다.

의미가 갑자기 사라지는 것 같아 보입니다…… 부조리 속으로 추락하는 것입니다. 실로 우리가 도덕 혹은 종교 체계만이 아닌 물리적 세계에도 의미를 부여한다면…… 이 의미는 이론상 사라질 수 있고, 우리는 잔인한 무명의 자연과 마주한 채 남게 됩니다.[145]

사르트르의 부조리 속으로의 추락은 메리가 말했던 종류의 농담, 즉 더 중요한 것이 있으며, 우리가 어떤 선택을 하든 그것은 계속된다는 사실을 일깨워주는 농담이 아니다. 실존주의자에게 '자연'은 오리가 있는 장소, 오리의 삶에 구조와 양상과 가치가 있는 곳이 아니다. 자연이 제거된 세상이다. 토마스주의와 마르크스주의가 바라보는 자연은 놀라움과 의미의 원천이지만, 실존주의 자연은 "잔인하고 의미 없는 배경으로서 인간은 어떤 설명할 수 없는 이유에서 그 속에 내던져진 상태"에 있다.[146]

아이리스의 방송은 베토벤의 후기 현악 사중주 A단조 곡이 방송된 직후에 나왔고, 그런 이유에서 세인트 마거릿 가에 살고 있던 리처드 헤어는 아이리스의 방송의 시작 부분을 놓쳤을 수 있다. 전쟁을 겪은 뒤, 헤어는 베토벤을 좋아하지 않게 되었고, 심지어 불신하게 되었다. 전쟁 전에는 은총을 비는 기도를 떠오르게 하는 베토벤의 장엄 미사를 듣고 감동했지만, 이제는 공허하고 기만적으로 "우리가 추구했던 평화는" 외부에서 선물처럼 오는 것이 아니라 "우리 안의 악의 힘을 잠재우는" 방법을 배우는 데서 온다.[147] 그래서 헤어는 "묘하게 익숙하게 느껴지는" 실존주의 주장을 (그 황홀한 매력과 담배 연기가 빠진) 옥스퍼드 도덕 철학 속에서 식별하는 방향으로 진행하던 아이리스의 첫 악장을 놓쳤을지도 모른다. 아이리스는 두 사상이 "놀랍도록 유사한 입장에 도달했다"라고 말했다.[148]

아이리스는 이후 자유에 대해 사르트르 그리고 헤어와는 매우 다른 생각을 발전시키게 된다. 도덕적 자유는 가치 중립적인 세상에서 자기만의 도덕 원칙을 선택할 수 있는 능력이 아니라고 주장하며, 진정한 도덕적 자유는 현실을 주시하면서 사물을 정당한 시각으로 보는 힘이라고 말한다. 무엇이 의미 있고 무엇이 중요하며 무엇이 선한지 볼 수 있는 힘, 과거를 돌아보고 재고하는 힘이라는 것이다. 여기서 보는 행위는 선택의 기로에 선 분절된 순간에 갑작스럽게 의지를 작동시키는 것과는 다르다. 그리고 도널드 맥키넌이 알고 있었다시피 이 행위는 겸손과 순수한 마음을 필요로 한다. "사랑은 나 자신 이외의 어떤 것이 실재한다는 지극히 어려운 깨달음"이라고 아이리스는 훗날 쓴다.[149]

아이리스가 라디오에서 이야기한 것은 사르트르와 헤어의 철학에서 나타나는 인간 삶의 비현실적인 모습이었다. 두 사람 모두 자신을 "잔인한 무명의 자연"과 마주한 고독한 주체로 보았다. 필리파는 이 그림을, 사실 명제와 가치 평가에 현저한 차이가 있다는 도덕 주관주의자의 생각과 연결시킬 준비가 되어 있었다. 필리파는 콘마켓 가의 시끄러운 라이언스 찻집에서 처음 꺼냈던 '무례하다'는 단어에 대한 자신의 통찰을 가져다 설명적 언어와 평가적 언어를 재연결시키고자 했다.

칸트의 영향을 받은 헤어의 '도덕 규범주의'는 행위 원칙이 보편적, 일반적으로 적용되어야 생각한다고 믿는 경우 도덕 원칙이 된다고 주장한다. 나는 나치를 죽여야 한다고 생각하면서도, 남들도 나치를 죽여야 한다고 생각하지는 않을 수 있다. 그러나 만약 다른 사람들도 상황을 막론하고 나치를 죽여야 한다고 생각한다면, 이것은 나에게 도덕 원칙이다. 그러나 여기에는 문제가 있고, 필리파는 얼마 안 가 이 문제를 어느 철학 학회에서 발표한다. 만약 헤어의 주장이 맞다면, 아무리 사소하거나 우스운 행위 원칙도 한 개인이 보편적, 일반적으로 적용하고자 한다면 도덕 원칙이 된다.[150] 헤어의 순수히 형식적인 기준은 도덕성의 내용에 제한을 두지 않았기 때문에 인간 삶과의 논리적 연결이 불가능하게 됐다. (필리파가 아이리스의 라디오 방송에서 들었듯) 가치를 "모든 사건의 영역 전체"의 바깥에 둔 비트겐슈타인의 《논리-철학 논고》처럼, 헤어는 도덕 판단의 객관성을 담보할 방법이 현실에는 없다고 생각했다. 헤어의 철학은 사르트르의 철학처럼 칸트의 정언 명령의 형식적 구조를 승계했지만, 도덕 원칙을 어떤 초월적 배경과도 연결 짓지 않았다.

학회 발표문 〈원칙은 어떻게 도덕 원칙이 되는가?〉에서 필리파는 이것이 맞을 리 없다고 지적한다. 도덕 판단이 선한 인간의 삶에 대한 우리의 생각과 아무 상관없이 부유한다는 주장은 사실이 아니며, 실재는 잔인하거나 이름 없는 것이 아니고, 의미는 삭제되지 않았다고 필리파는 주장했다. 오히려 "어떤 배경을 채워넣을 수 있을 때만이 도덕 원칙이라고 말할 수 있다"라고 필리파는 말했다. 엘리자베스와 아퀴나스를 읽으며 배웠듯이, 배경이 있어야 우리는 어떤 행위가 "우리 머릿속의 미덕과 악덕이 나열된 (실로 방대한) 목록에 어떻게 연결되는지"를 깨달을 수 있다.[151] 필리파는 구체적인 예를 들어 설명했다.

색이 화려한 옷을 입지 않는 것이 자신의 도덕 원칙이라고 말하는 남자가 있다고 치자. 남자는 누구도 색이 화려한 옷을 입으면 안 된다고 생각하고 자신도 입지 않으며, 심지어 다른 사람도 색이 화려한 옷을 입지 못하게 막으려고 한다. 그러나 우리는 그것을 도덕 원칙으로 받아들이지 않는다. 남자에게 집착증이나 공포증이 있다고 생각하지 그런 생각을 도덕 명령이라고 생각하지 않는다는 말이다. 그러나 색이 화려한 옷을 입는 행위가 과시적이며, 그 사람의 허세를 드러내기 때문이라고 설명한다면 우리는 거기 동의하지는 않더라도 어떻게 그런 원칙이 도덕 원칙일 수 있는지 이해할 수 있게 된다.

도덕 언어는 "'선'과 '악'의 개념을 적용할 수 있는 새롭고 놀랄만한 사례들과 결부되어 '특별한 시각'을 제공합니다"라고 필리파는 청중에게 말했다. 여성이 아들을 가르치게 된다는 사실을 나쁘다고 생각한 배서스트 부인은 '모욕적'이라는 단어를 사용했다. 이 단어는 배서스트 부인이 세상을 보는 방식에 대해 말해준다. 부인의 판단을 명예, 수치, 자부심, 가치, 지위 등에 대한 부인의 시각과 연결시킨다.[152] 배서스트 부인의 언어는 엘리자베스의 바지에 대한 학생감의 불안감, 혹은 필리파의 안경 착용에 대해 에스더 보즌켓이 품은 우려를 이해하는 데도 도움을 준다.

여기서 이어진 필리파의 생각은 불과 몇 년 뒤 '도덕적 믿음'이라는 제목으로 발표된 글에 뚜렷하게 나타난다. 우리는 배서스트 부인의 아들이 모욕을 당했는지, 색이 화려한 옷을 입는 (혹은 바지를 입는) 행위가 과시적인 행위인지에 대해서 이견을 가질 수 있지만, 그럼에도 이러한 말들이 합리적으로 사용되었는지 규정하는 것은 현실이며 인간 삶이다. "도덕적 행동은 사람들이 좋다고 또는 유해하다고 말하는 것과 연결되어야 하며, 무엇이든 좋거나 유해하다고 말할 수 없다는 사실은 분명하다."[153] 이 통찰과 함께 필리파는 가치를 다시 세상으로 가져올 수 있는 방법을, 도덕 언어를 인간 삶과 재연결시킬 방법을 찾았다. 또한 미덕이나 악덕과 연결시킨다고 해서 '과시하지 말라' 혹은 '언제나 겸손하라' 등의 더 고차원적 도덕 원칙을 따르도록 호소하고 있다고 생각하면 안 된다. 필리파는 (동시대 '덕 윤리학자'와 달리) 특정 행위를 도덕적 언어로 설명할 수 있다고 해서 그 행위가 해야 마땅한 행위라고 여기지 않는다. 도덕 언어는 다만 "보는 방식"을, 즉 사실을 인간의 선에 대한 생각에 비추어 보는 방식을 드러낸다.

그 시절에 대해 "더 이상 논리실증주의를 믿는 사람은 없었다"라고 훗날 메리 월슨은 회상한다. "그럼에도 우리는 도덕 철학을 논리실증주의의 손아귀에서 구출하지 못하고 있었다. 이걸 진지하게 시도한 사람이 필리파 풋이었다."[154] 옛 스승 프라이스가 1945년 아리스토텔레스 학회 기조 연설에서 예언했듯 A. J. 에이어의 함성 "말도 안 되는 소리!"는 이제 "다소 우스꽝스럽게" 들리기 시작했다."[155]

유언장에 서명한 비트겐슈타인

엘리자베스는 30세 생일 전에 빈에서 귀국했고, 비트겐슈타인도 동행했다. 몇 주 뒤, 1950년 4월 25일 화요일 비트겐슈타인은 엘리자베스의 세인트 존 집 다락으로 거처를 옮겼다.[156] 엘리자베스는 비트겐슈타인의 영혼의 불멸에 대해 생각을 멈출 수 없었다. 두 사람은 종교와 신에 대해 이야기했고, 이 대화는 비트겐슈타인이 생애 마지막에 쓴 글들에 남아 있다.

삶은 신에 대한 믿음을 가르칠 수 있다. 경험도 같은 역할을 한다. '존재의 실존'을 보여주는 환각 등 기타 경험을 말하는 것이 아니고, 예를 들면 다양한 고통 같은 것이다. 이러한 경험은 우리에게 어떤 사물을 보여주거나, 신이 있다고 추측하게 만들지는 않는다. 경험과 생각, 삶은 우리에게 이 개념을 어쩔 수 없이 받아들이게 만든다.[157]

비트겐슈타인은 고통의 경험, 삶의 경험으로 인해 우리가 실재를 바라보는 특정한 태도를 어쩔 수 없이 받아들이게 된다고 쓰고 있다. 특수한, 개별적인 믿음(일일이 검증 가능한 믿음)이 아니라 세상을 바라보고 세상에서 존재하는 방식을 받아들이게 된다는 것이다. 이 태도는 "어떤 주제에 대해 정해진 선까지는 진지하게 여기고 그 선을 넘으면 더 이상 진지하게 생각하지 않고, 다른 것이 더 중요하다고 주장하는" 태도이다.[158]

세인트 존 가에서 보낸 생의 마지막 몇 개월 동안 겪은 고통이 비트겐슈타인으로 하여금 이러한 태도를 취하게 만들었던 것 같다. 《색채에 관한 소견들》에서 그는 "아무개가 어떤 작품을 완성하기 전에 세상을 떠났다니 심각한 문제라고 누군가는 말할 수 있을 것이다. 그러나 다른 의미에서 이것은 심각한 문제가 아니다. 이 지점에서 우리는 '더 깊은 의미에서'라는 말을 쓸 수 있다."[159] 비트겐슈타인의 요청에 엘리자베스는 도미니코회 사제인 콘래드 신부를 집으로 초청해 신에 대한 이야기를 나누는 자리를 마련했다.

1951년 1월 29일 비트겐슈타인은 유언장에 서명했고, 엘리자베스의 집에 세들어 있던 배리 핑크가 증인이 되어주었다. 비트겐슈타인은 엘리자베스에게 미출간 저서의 저작권 3분의 1을 주었다. 출간은 엘리자베스와 러시 리스, 예오리 헨리크 폰 브리크트가 상의해서

하도록 맡겼다. 그가 가진 가구 모두와 인세 3분의 1, 그리고 남은 재산의 3분의 1 역시 엘리자베스에게 남겼다. 오랜 친구였던 벤 리처즈에게는 "내 프랑스산 여행용 시계, 내 털코트, 내 그림 형제 동화집 전권, 빌헬름 부쉬의 《앞으로》"를 유산으로 남겼다.[160]

1주일 뒤인 2월 8일, 엘리자베스와 비트겐슈타인은 바시티 노선 기차를 탔다. 비트겐슈타인이 누워서 갈 수 있도록 우등석 자리를 샀다.[161] 병원에서 사망하는 것에 대한 공포가 있었기에 주치의 에드워드 베번과 아내 조언 베번의 집으로 향한 것이다. 스토리 가의 막다른 곳에 위치한 집의 이름은 스토리스 엔드Story's End, 이야기의 끝이었다.

7장

우리는 형이상학적 동물이다

1950년 5월 – 1955년 2월
뉴캐슬 & 옥스퍼드

옥스퍼드를 떠나는 메리

엘리자베스가 다락에서 죽어가는 비트겐슈타인을 간호하는 동안 메리는 좀 더 젊은 기혼 여성다운 길을 따라갔다. 메리는 대학원 세미나에서 처음 미래의 남편 제프리 미즐리를 만났다. 학자 같은 차림에 파이프 담배를 피우는 키 큰 제프리는 상냥하고 약간은 장난꾸러기 같은 얼굴을 하고 있었다. 길버트 라일이 키운 철학 학사 중 한 명이었지만 제프리는 메리와 마찬가지로 전후의 혼란스러운 학계 상황에 고대 철학을 끼워 넣을 방법을 고민하고 있었다. 1949년 여름 어느 오후, 친구의 친구였던 메리의 단칸방에서 우연히 돼지고기 파이와 스파게티를 먹으며 철학을 이야기한 뒤 둘은 서로를 더 자주 보고 싶다는 생각을 갖게 되었다. (제프는 이후 메리의 요리가 꽤나 인상적이었다고 고백했지만, 그날은 특별히 신경을 쓴 것이고 메리는 주로 피크닉에 어울릴 만한 간단한 음식을 했다.) 그해 여름이 끝날 무렵 메리는 레딩을 향해 남쪽으로, 제프는 뉴캐슬을 향해 북쪽으로 갔다. 메리의 디반 소파에 무릎을 맞대고 앉아 있던 시간이 무색하게 거의 300마

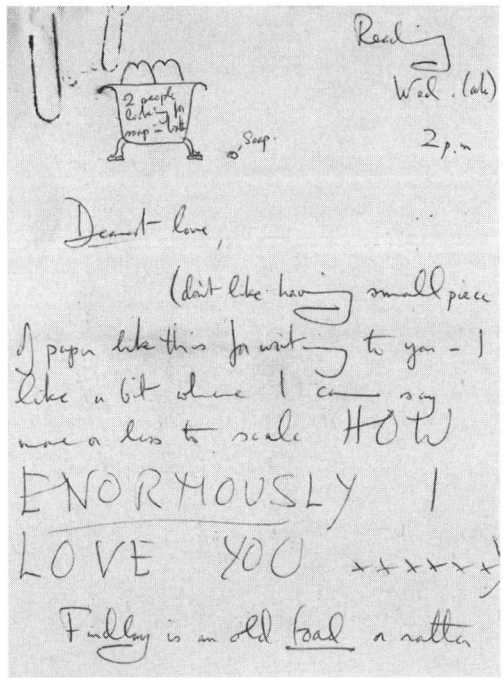

메리 스크러튼이 제프 미즐리에게 보낸 편지.

일을 떨어져 있게 된 것이다.[1]

   둘은 이듬해 여름 브리스틀의 철학 학회에서 다시 만났다. 학술지《마인드》와 아리스토텔레스 학회에서 공동으로 주최한 이 1950년 학회의 주제는 '심리학 연구, 윤리와 논리'였다. 태양이 빛났고 일요일 점심을 먹은 철학자들은 커피잔과 담배를 들고 바깥에 모였다. 수줍고 소심한 사람들은 제 구두만 바라보고 있었지만, 의욕에 넘치는 젊은 남자들은 교수들을 찾아가 좋은 인상을 남길 수 있는 기회라고 생각했다. 한편 사랑을 찾아 나선 이들은 고백을 할 기회였다. 세 번째 무리에 속했던 제프와 메리는, 이름을 밝힐 수는 없지만 "학계의 가장 따분한 사람이 함께 산책할 상대를 찾고 있다는 사실"을 눈치챘다. 두 사람의 눈이 마주쳤고 제프는 말했다. "그래, 지금이에요. 빨리!" 커피잔을 내팽개친 두 사람은 그 따분한 학자를 따돌리고 두 사람만의 산책을 즐기기 위해 빠른 걸음으로 움직였다. 메리는 회고록에서 "이런저런 일이 꼬리에 꼬리를 물어 그 여름 휴가가 끝날 때쯤 우리는 약혼한 상태였다"라고 말한다.[2] 그러자 메리가 자신에 대해 가졌던 비참한 생각들, 예쁜 아기와 바꿔치기 된 "못난이" "욕망은 가졌지만 그걸 충족할 수단은 없는 여성"이라는 생각, "남성적 두뇌는 일종의 위로로서 주어진 것"이라는 생각 등이 녹아 없어졌다.[3] 메리는 제프의 사랑스러운 눈빛을 받으며 미운 오리 새끼에서 백조로 탈바꿈한 자신을 발견했다.

뉴캐슬에 살지 레딩에 살지 이런저런 고민을 거듭하던 두 사람은 ("당신과 함께라면 북극도 좋아요") 결국 뉴캐슬어폰타인으로 거처를 정했다.[4] 북극은 아니었지만, 잉글랜드 최북단에 있는 도시였다. 하드리아누스 황제가 문명 세계의 경계를 표시하기 위해 세운 성벽이 바로 뉴캐슬을 지나갔다. 그러나 야만인들과의 삶이 주는 이득도 있었다. 철학 학사 학위를 가진 라일의 제자들은 "철학 문명의 중심" 즉 옥스퍼드에서 멀어질수록 더 많은 보수를 받았다. 제프의 연봉은 550파운드로 왕자가 부럽지 않았다면 앤터니 플루는 경계치를 넘어 애버딘으로 가는 대가로 800파운드라는 제왕도 부럽지 않을 금액을 받았다.[5] 메리와 제프는 신혼 침대에 관해서는 이견이 없었다. "침대가 크면 재미있겠지만 마지막 한 푼까지 침대에 쓰지는 말아요!"[6] 옥스퍼드를 떠나는 메리의 1인용 침대는 필리파에게 갔다. 1950년의 막이 내릴 무렵 눈보라 속 서리주에서 결혼식이 열렸고 메리 스크러튼은 메리 미즐리가 되었다. (넷 중 마지막으로 남은 싱글) 아이리스가 들러리를 섰다.[7] 신혼여행지는 파리였다.

메리는 석탄재로 거뭇거뭇한 뉴캐슬의 건물들이 친숙하게 느껴졌다. 어린 시절 종종 대모 베시 캘런더의 집에 머물렀는데 그럴 때마다 최초의 여성 입학생 중 하나로서 뉴캐슬과 멀지 않은 더럼 대학교를 다닌 이야기를 들었기 때문이다. 메리의 할아버지(토목 회사 '모트, 헤이, 앤더슨'의) 데이비드 헤이는 뉴캐슬의 타인 브리지를 설계한 공학자였다.[8] 미즐리 부부는 이사 초기 제스먼드 지역의 작은 공동주택에 살았는데 집 중앙에 자리한 거실에서 제프는 라디오를 분해하고 재조립하는 작업을 했다. 전쟁 때 시작한 일이었는데 메리는 어느새 온 집안이 라디오로 가득 찰 것을 걱정했다. 1950년 늦여름, 두 사람은 정원이 딸린 빅토리아 왕조풍의 3층짜리 반 단독주택으로 옮겼다. 메리는 당장 난장판인 정원과 수도 배관에 신경을 쓰느라 플로티노스 생각을 할 수가 없었다. 뉴캐슬 대학교 철학과의 학과장 J. N. 핀들레이는 메리에게 강사직을 제안했지만 메리는 거절했다. 정말 쉬고 싶다는 이유였다. 당장은 제프의 연봉으로 먹고살 수 있었고 외할아버지의 유산도 조금 있었다.[9] 스크러튼 집안의 에드워드 왕조풍 가구가 남쪽에서 줄지어 올라왔고 제프의 삼촌이 보내준 거대한 철제 서가도 도착했다. 길들지 않은 정원을 바라보던 메리는 아이리스와 메리 윌슨에게 일자리를 빼앗겨서 매우 다행이라고 생각했다.[10]

    1949년 1월과 1951년 3월 사이 메리는 BBC의 제3프로그램에 열 차례 등장했다. BBC의 프로듀서 애나 캘린은 메리의 명쾌하고 흥미진진한 스타일을 좋아했고 메리는 곧 서평뿐만 아니라 대담에도 참여했다. 1951년 6월에는 여성에게 의원 선거 투표권을 주는데 반대했던 소설가 메리 오거스타 워드의 탄생 100주년을 기념하는 글을 낭독했다. 옥스퍼드에 새로 생긴 여성 교육 시설을 과학자이자 다방면에 능통한 메리 서머빌의 이름을 따서 짓자고 제안한 사람도 메리 워드였다. 1879년도 최초의 여학생들이 서머빌 홀에 도착했을 때 그들을 맞이한 것은 28세로 셋째 아이의 출산을 앞둔 메리 워드였다. 그 여학생들에게 서머빌 생활은 일찍이 보지 못한 새로운 여성의 모습과 함께 시작했다. 직업이 있고 책을 출간했으며 교육을 받은 임신한 여성이 7개국어를 하고 옥스퍼드라는 공언된 남성들만의 세상을 여유롭게 다니는 모습이었다.[11]

로테 라보프스키 & 바르부르크 학파

메리가 뉴캐슬에서 새로운 삶에 적응해 가는 동안 옥스퍼드에서는 새로운 양상이 펼쳐지고 있었다. 1951년 트리니티 학기《옥스퍼드 가제트》에는 새로운 여성 두 명이 철학 강사로 올라와 있었다. 그전에도 이름을 올린 마사 닐, 필리파 풋, G.E.M. 앤스콤까지 포함하면 옥스퍼드에서 850년 역사상 처음으로 한 학기에 다섯 명의 여성 철학 강사들이 수업을 맡게 되었다. 루이스 파넬 총장이 우려했던 옥스퍼드의 여성화가 드디어 시작된 것 같았다. 화요일과 목요일 오전 11시에는 'H. M. 워녹 부인'이 시험 본부 건물에서 고전학 전공생들에게 '논리'를 가르칠 예정이었다. 워녹 부인은 다름 아닌, 엘리자베스의 줄기찬 반대에도 제프리 워녹과 결혼한 메리 윌슨이었다. 메리 윌슨이 훗날 이야기한 바에 따르면 엘리자베스가 '지독하게 열성을 기울이는 문제가 하나 있었는데' 이것은 얼마 안 가 두 개가 되었다. "엘리자베스는 일단 J. L. 오스틴에 대한 열정을 잊으라고, 오스틴의 강의를 들으면 안 된다고 나를 말렸습니다. 그러다가 그다음에는 지금의 남편을 가까이하지 말고 결혼을 해서는 안 된다고 열성을 다해 말

로테 라보프스키.

렸지요."¹² 엘리자베스의 눈에 메리 윌슨은 일상 언어 철학이라는 썩어가는 늪, 그리고 "그 쓰레기 제프리"에게 빠져버려 돌이킬 수 없는 상태였지만 정작 워녹 부인 자신은 신경 쓰지 않았다. 오히려 엘리자베스의 남편 피터 기치가 "괴물"이라고 생각했다. 폴란드어 동사 변화를 제대로 외우지 못했다고 아이의 다리를 붙들고 아이를 창문 밖으로 흔드는 피터 기치의 모습을 본 적도 있었다.¹³

또 하나의 새로운 이름은 '라보프스키'였다. 성별로 보나 국적으로 보나 "학계의 침략자"가 틀림없었다. 《옥스퍼드 가제트》의 발표에 따르면 라보프스키와 앤스콤은 공동으로 강의를 맡을 예정이었다.

우리는 이미 이야기의 배경에 서 있던 로테 라보프스키와 몇 번 마주쳤다. 전쟁 이전 메리와 아이리스, 필리파는 서머빌 도서관의 서가 사이에서 짙은 머리를 단정하게 묶은 로테의 열중한 얼굴을 자주 보았을 것이다. 체임벌린의 뮌헨 협정 뒤 하인츠 카시러를 대학 수위들 몰래 서머빌로 데리고 들어와 밀드레드 하틀리에게 소개한 사람도 로테였다. 서머빌 교직원 사교실에서 엘리자베스가 필리파를 납작하게 만들 때에도 로테는 책을 향해 있던 시선을 들어 두 사람을 보았을 것이다. 매일 서머타운 집에서 서머빌로 향하는 로테 라보프스키를 메리는 자전거를 타고 지나쳤을 것이다.

1910년대 함부르크에는 로테 라보프스키 박사를 비롯해서 눈부신 인문주의 사상가들이 살고 있었다. 이들의 학문적 중심은 바르부르크 문화학 도서관으로, 한때는 은행가이자 학자였던 아비 바르부르크의 개인 서고였다. 바르부르크의 심원한 꿈이 있었으니 바로 유럽 문명이 축적한 기억과 지혜가 선별 보관된 창고를 만드는 것이었고 여기에는 그 문명의 초자연적인 표현, 즉 이교 신앙, 마법, 의식 등도 포함되었다. 책과 필사본 말고도 도자기, 사진, 태피스트리, 거울, 그리고 부적 같은 유물이 이미지, 언어, 행위, 지향이라는 네 개의 독특한 범주 아래 분류되어 있었다. 하인츠의 아버지이자 유명한 칸트 학자 에른스트 카시러는 1919년 함부르크 대학교에서 교수로 임명되고 얼마 후 이 도서관에서 인간의 본성에 대한 칸트의 추상적인 이론이 구체적으로 형상화된 모습을 보았다.[14] "우리는 상징을 사용하는 동물(아니말 심볼리쿰animal symbolicum)"이라고 에른스트 카시러는 말했다.[15] ("역사의 문제. 상징을 만드는 인간을 잊지 말자. 여기 어딘가 단서가 있다"라고 아이리스는 1947년 6월 일기장에 썼다.)[16] 1934년 힐러리 학기, 아버지 카시러가 칸트의 도덕론을 강의할 때 젊은 도널드 맥키넌도 이 위대한 학자를 경외의 눈으로 바라보며 올소울즈 칼리지 강의실에 들어와 앉았다.[17] 1932년 완성된 로테의 박사 논문 역시 바르부르크 도서관의 책과 유물들 사이에서 태어났다. 그리스의 스토아학파 파나이티오스와 로마 철학자 키케로와 호라티우스를 통해 이어진 삶과 예술에 대한 사상이 주제였다. 한 인간의 삶은 잘 쓴 연설이나 악보처럼 구성할 수 있으며 그런 연설이나 음악처럼 삶도 도덕적

증기선 헤르미아.

아름다움, 또는 (토마스 아퀴나스의 표현에 따르면) 광휘를 가질 수 있다.[18] 덕성도 조화로운 행위와 사물에 주의를 기울임으로써 함양할 수 있다.[19] 박사 논문을 완성한 지 2년, 로테는 빈털터리로 영국에 도착했다. 나치의 반유대주의 법으로 인해 대학에서 일자리를 구할 수 없었기 때문이다. 바르부르크 도서관 또한 로테보다 몇 주 앞서 영국으로 왔다.[20]

1933년 크리스마스 직전 증기선 헤르미아가 함부르크 항구를 떠나 런던으로 향했다. 배에는 책과 희귀한 필사본, 수천 장의 슬라이드, 사진, 예술품, 가구 등이 실려 있었다. 로테의 가장 절친한 (전 애인이자) 친구 레이먼드 클리반스키가 이 구조 작전을 기획했다. 소장품을 이전하는 것이 아닌 대여하는 것처럼 꾸민 것이다.[21] 클리반스키는 런던의 항구에서 무엇보다 특이한 이 피난 행렬을 맞이했다. 두 주만 지체했어도 너무 늦었을 뻔했다. 이미 5월부터 "독일의 정신에 어긋나는" 책들이 불 속에 던져지고 있었고, 12월 말까지 기다렸다면 "대여 목록"은 요제프 괴벨스의 선전부의 검증 대상이 되었을 것이다.

국립 오페라 극장과 훔볼트 대학교가 있던 베를린 베벨 광장에서 벌어진 화형식에서는 플라톤과 아리스토텔레스, 흄, C. S. 루이스, 프로이트를 비롯해서 브레히트, 아인슈타인, 카프카 등 무려 2만 5000권이 넘는 책이 장작더미 위에서 불탔다.[22] 바르부르크의 보물은 무사했지만 이제 그 속의 비밀을 열 수 있는 고문서 전문가와 학자들을 모아야 했다. 한편 서머빌 학장 헬렌 다비셔가 라보프스키 박사를 위한 자리를 알아보는 동안 W. D. 로스는 레이먼드 클리반스키에게 오리엘 칼리지 연구원 자리를 구해주었고 영국학술원에서 지원금도 받게 해주었다.[23]

1951년 트리티니 학기 공동 강의를 개설하기로 한 로테와 엘리자베스의 결정은 부분적으로는 불가피했다. 고전학 강사 밀드레드 하틀리는 로테에게 강의 목록에 이름을 올리면 석사 학위도 받을 수 있고 봉급도 약간 오를 것이라고 말했다. 엘리자베스 역시 계약대로라면 그 학기에 강의를 맡아야 했지만 정식 강의를 맡고 싶지는 않았다. 셋째를 임신한 것이다. 그해 3월 로테는 레이먼드에게 "아직 아무도 눈치챈 것 같지 않다"라고 썼다. (비트겐슈타인은 엘리자베스의 체중이 늘고 있는 것을 보고 "라이비타 크래커를 먹든가 해요"라고 말했다. 엘리자베스가 임신을 했다고 말하자 매우 놀라는 눈치였다고 한다.)[24] 학기가 시작되고 몇 주 뒤면 아기가 나올 예정이었으므로 엘리자베스는 "작고 오붓한" 분위기를 원했다.[25] 몸도 좋지 않았다. 1950년 10월에는 한쪽 시력을 살리기 위해 수술을 받아야 했고 수술 후에는 열흘 동안 어두운 방 안에 누워 있어야 했다.[26] 그래서 서머빌에서 공동 강의를 하게 된 것이다. 두 사람이 고른 주제는 플라톤의 《파르메니데스》 중 141e10-142a8에 대한 (다해봐야 10행이 조금 넘는 본문에 대한) '프로클로스'의 주석이었다. "많아 봤자 한 네 명 이상 오지 않도록" 하기 위한 작전이기도 했지만, 두 사람 모두 플라톤의 텍스트와 프로클로스의 주석에 진지한 학문적 관심이 있었다.[27]

로테는 전쟁 전부터 레이먼드 클리반스키와 야심 찬 번역 및 편집 프로젝트를 진행하고 있었다. 레이먼드는 15세기에 살았던 박학다식한 신비주의자 니콜라우스 쿠자누스가 소장했던 문서 중에서 프로클로스가 플라톤의 《파르메니데스》에 대해 쓴 주석서의 13세기 라틴어 번역본을 완전한 형태로 발견했다. 당시 현존하던 프로클로스의 주석서 네 종류가 모두 불완전한 상태였기 때문에 이는 어마어마한 발견이었다. 두 사람은 라틴어와 그리스어 주석서를 함께 놓고 작업하기 시작했다. 엘리자베스와 공동 강의를 할 예정이라고 레이먼드에게 편지를 쓸 때에도 로테는 새로 발견된 단편을 "'우리의' 끝 조각"이라고 칭했다.[28] 1953년 이 "조각"은 《중세 플라톤 연구 전집》 제3권에 실렸고 로테 라보프스키와 G. E. M. 앤스콤이 영문으로 옮긴 것으로 나와 있다.[29] 라보프스키는 제3권에서 처음으로 이 전집의 공동 편집자로 (클리반스키와 함께) 이름을 올렸지만 역사학자들은 1권과 2권을 주도한 "연구자" 역시 라보프스키라는 데 동의하며 그가 "두뇌" 역할을 했다고 말하는 사람도 있다.[30]

엘리자베스는 학부생 때부터 신플라톤주의에 대해 관심을 가졌고 로테, 레이먼드를 비롯한 바르부르크 학파 사람들에 대해 잘 알고 있었다. 《옥스퍼드 가제트》에는 '중세 초기 철학' '솔즈베리의 요한' '중세 초기의 논리와 과학' 등의 강의가 실려 있었고 막 개종하여 가톨릭 철학에 푹 빠지고 싶은 엘리자베스에게는 흥미진진하게 보였을 것이다. 1941년 힐러리 학기에 엘리자베스는 클리반스키로부터 비공식 지도를 받기도 했다. 메리 글로버에게 쓴 편지에서 클리반스키는 엘리자베스가 처음에는 ("철학사를 무시하는 전반적인 분위기에 영향을 받았을 것이 분명한") "확실히 부정적인" 태도로 철학사에 접근했다고 말하면서도 엘리자베스의 노력과 장래성, 독창적인 생각을 칭찬했다. "철학사적인 지식이 비판적인 능력에 맞추어 성장한다면…… 1등급 성적을 받을 수 있을 것"이라고 예상하기도 했다.[31] 로테와 엘리자베스는 1946년에 동시에 서머빌 연구원이 되었고 필리파와 엘리자베스가 서머빌 교직원 사교실에서 열띤 토론을 할 때 끼어들 기회가 많았을 것이다. 엘리자베스, 로테, 레이먼드, 그리고 피터 기치까지 네 사람은 적어도 1960년대까지 다양한 번역과 편집 작업을 함께 했다. 레이먼드와 엘리자베스는 A. E. 테일러가 번역한 플라톤의 《소피스트》와 《정치가》를 공동 편집하기도 했다. "플라톤이 형상을 다룬 방식을…… 아리스토텔레스 역시 전적으로 납득했을 것"이라고 테일러는 이 책의 서문에서 주장했다.[32]

《옥스퍼드 가제트》에 따르면 라보프스키와 앤스콤의 수업을 듣고자 하는 학생은 학기 첫 월요일까지 라보프스키에게 지원서를 보내야 했다. 몇 주 뒤 로테는 캐나다의 맥길대학교에 가 있는 레이먼드에게 편지를 썼다. 알고 보니 "한 네 명"이라고 말했던 로테의 예측은 완전히 빗나갔다.

> 좋은 소식이 한 가지 있다면, 실은 아주 웃긴 소식이야. 엘리자베스와 내가 가르칠 수업에 수강 신청한 학생이 딱 한 명이야. 그것도 철학 강사 필리파 풋(보즌켓)이야. 그래서 파르메니데스와 소피스트들에 대해서 논의하면서 시간을 보내게 됐지만, 고생스러운 준비는 따로 할 필요가 없게 됐어.[33]

수업은 학생 없이 시작되었다. 전쟁으로 인해 한곳에 모이게 된, 두뇌가 뛰어난 세 여성이 나치의 장작불을 모면한 문서를 함께 연구하게 된 것이다. 그것도 5세기에 그리스어로 쓴 주석을 중세에 라틴어로 번역한 것으로서 주석이 달린 플라톤의 대화록은 심지어 예수 그리스도보다 500년 앞선 시인 파르메니데스가 소크라테스와 나눈 대화를 상상해서 재구성한 것이다. 심오한 형이상학적 구조를 가진 물건이자 100세대에 걸쳐 보존된 과거였다. 필사하고 복제하고 서술하고 재해석하는 인간의 부단한 노력이 겹겹이 쌓인 결과물이었다. "파르메니데스에 대한 논의는 매주 아주 흥미롭게 이어지고 있다"라고 로테는 편지에 썼다.[34]

엘리자베스는 플라톤의《파르메니데스》에 대한 프로클로스의 주석을 비트겐슈타인과도 이야기했다. 엘리자베스가 "대상의 이름은 그 대상의 논리적 그림" 즉 "이콘 로기케icon logike"라고 했던 프로클로스의 말을 전하자 비트겐슈타인은 놀랍게도 "나도 그런 생각을 자주 했어요"라고 대답했다.[35] 엘리자베스는《논리-철학 논고》에서 다루고 있는 대상the object, 단순자the simple"가 "특성이 없고 균일한 원자"라고 가정했기 때문에 놀랄 수 밖에 없었다. 그리고 비트겐슈타인이 명제를 "논리적 그림"이라고 했을 때에도 이름이 논리적 그림이라는 사실을 부인하고 있다고 엘리자베스는 생각했다.[36] 이후 이 대화는 훌륭한 결실을 맺으며 엘리자베스가 비트겐슈타인의《논리-철학 논고》를 새로운 시각에서 볼 수 있도록 도와준다.

엘리자베스의 설명에 따르면《논리-철학 논고》를 쓴 비트겐슈타인에게 대상은 그 형태에 따라 어떤 문장에는 들어갈 수 있고 어떤 문장에는 들어갈 수 없다. 대상의 이름도 마찬가지이다. 엘리자베스는 이러한 예를 든다. '에베레스트산은 나폴레옹을 카이로에서 쫓아냈다'라는 문장이 설명하고 있는 것은 있을 수 있는 사실이 아니다. '에베레스트산'은 산의 이름이고 산은 산이기 때문에 누굴 쫓아낼 수 없다. '에베레스트산'이 산의 이름이라면 이 이름의 용법은 제한된다.

이름에 논리적 형태 혹은 "내부적 특성"이 있다는 말은 이러한 뜻이다.[37] 엘리자베스는 "모더니스트들" 사이에서는 "생각할 수 있는 것으로부터 존재할 수 있는 것을 유추하려는" 경향이 있다고 불평하면서 비트겐슈타인은 더 나은 접근법을 보여주고 이 방법은 플라톤의 생각과도 겹친다고 했다. "어떤 것이 불가능하기 때문에 그걸 생각하는 것도 불가능하다.《논리-철학 논고》에서는 이렇게 말한다. '불가능을 생각하는 것은 불가능한 생각이다.'"[38]

이 생각은 비트겐슈타인의 후기 연구에서 새로운 생명을 얻는다는 것을 엘리자베스는 깨달았다. 논리적 형태 대신 비트겐슈타인은 문법에 대해 이야기했다. 이름의 내부적 특성은 그 이름이 쓰이는 인간 생활 양식에 의하여 드러난다. "킹king"이라는 이름이 붙은 체스 말은 전통에 따라 특수한 모양을 하고 있다. 가장 키가 크고 꼭대기에 작은 십자가가 있다. 그러나 '킹'이라는 말은 이 모양을 말하지 않는다. 체스에서 이러저러한 규칙에 따라 움직이는 기물을 말한다.[39] 이 모든 규칙은 '킹'이라는 이름에 들어가 있고 이 기호를 이름으로 사용하는 사람이 배우고 이해하게 되는 것 속에 들어가 있다. '왕King'이라는 동음이의어 속에 모든 국가 관습과 관례가 들어 있는 것과 마찬가지다. 이러한 이유에서 비트겐슈타인은 "무언가의 이름을 물을 수 있으려면 이미 무언가를 알고 있어야 (혹은 할 수 있어야) 한다"라고 말한다.[40] 비트겐슈타인은 강의에서 이렇게 말하기도 했다. "어떤 말이 고유 명사라는 것을 안다면 이미 많은 정보가 주어진 것이다. 게다가 무엇의 고유 명사인지, 사람인지, 전투인지, 장소인지 등을 안다면 더욱 그렇다."[41]

이러한 프로클로스적 통찰은 엘리자베스가 전쟁 중에 바시티 노선을 타고 케임브리지를 향하며 자신에게 냈던 수수께끼를 풀기 위한 마지막 한 조각이 되어주었다. 'n'이라는 이름이 무엇의 이름인지 아는 것은 n의 정체를 구분할 수 있는 조건, 즉 그것이 "동물인지 식물인지, 공작, 사람, 벼룩, 부겐빌레아, 바나나 나무인지"를 아는 것이다. "우리가 동식물에 대해 말할 때 우리는 그 개체의 정체성이, 말하자면 납덩어리의 정체성과는 다른 종류의 것임을 알고 있다. '물질의 흐름에 지속적이고 특정한 양상'이 있다는 사실을 고려한다. 그런데 여기서 생김새 같은 양상에 대한 우리의 생각은 특별하다." 우리가 "말의 모습 혹은 인간의 생김새"라고 할 때 "생김새"는 특별한 의미를 갖는다고 엘리자베스는 말한다. 우리는 "사람이 앉았을 때 그 사람의 생김새가 변한다고 말하지 않는다." 그리고 '양상'을 말할 때는 애벌레나 유충에서 번데기로, 나비로 가는 과정처럼 생애 주기에 따라 상당한 변화가 있는 발달의 '양상'도 포괄해서 말한다.[42] 이러한 생의 양상에 대한 이해는 우리가 여러 종류의 생명체의 이름을 사용하는 방식에 반영되어 있다. "엘리자베스"가 "인간"의 이름이라는 사실을 아는 사람은 인간의 양상과 규범을 함께 이해하고 있다는 것이다.

로테와 엘리자베스의 수업이 시작된 지 일주일 후인 1951년 4월 29일 루트비히 비트겐슈타인이 스토리스 엔드에서 세상을 떠났다. 엘리자베스, 벤 리처즈와 요릭, 그리고 요릭이 데리고 온 가톨릭 신부가 임종을 지켜보았다. 이들은 마지막 인사를 나누기에는 너무 늦게 도착했다. 비트겐슈타인이 하루 전 의식을 잃었기 때문이다. 그러나 그 전에 친구들에게 전달해 달라고 하면서 조언 베번에게 이런 메시지를 남겨두었다. "아주 좋은 인생을 살았다고 전해주세요."[43]

수년 후 필리파 풋은 이 메시지를 곱씹으며 어릴 때부터 고민했던 문제, 행복은 무엇인가 하는 문제로 되돌아왔다. "행복이 행복을 느끼는 정신 상태라는 측면에서 본다면…… 그처럼 고생스러운 인생을 좋은 인생이라고 말한다는 것은 실로 당혹스럽다"라고 필리파는 이후 썼다. 그러나 그가 죽기 직전 남긴 말은 "그가 보기 드문 열정과 천재성으로 해낸 일 덕분에 진정성을 갖는다." 필리파는 비트겐슈타인의 행복과 '하루 종일 낙엽을 주우며 행복해하는' 뇌절제술을 받은 환자의 행복을 비교한다. 그 모든 고통과 불행에도 인간의 행복에 대해 우리에게 더 많은 깨달음을 주는 삶은 환자의 삶이 아니라 비트겐슈타인의 삶이라고 필리파는 말한다.[44] 일생의 연구를 마쳤고(중요함), 스토리스 엔드에서 펼쳐진 생의 마지막 장에는 그를 사랑하는 사람이 곁에 있었기 때문이다(더 깊은 의미에서 중요함).

엘리자베스가 '매우 상심한 것' 같다고 로테는 레이먼드에게 전했다.[45] 학기 말이 가까워져 올 때 엘리자베스의 진통이 시작되었고 메리 기치가 태어났다. 셋째 아이였다. (피터, 바버라, 존은 여전히 케임브리지에 살고 있었다.) 출산 몇 주 전에도 로테는 큰일을 앞둔 엘리자베스가 오직 비트겐슈타인의 학문적 유산에만 신경을 쓰는 것을 보고 놀라움을 금치 못했다.[46] 비트겐슈타인이 사망한 지 불과 나흘 뒤(메리가 태어나기 4주 전) 엘리자베스는 공동 편집자 러시 리스와 함께 《철학적 탐구》의 타자 원고를 직접 전달하기 위해 블랙웰 출판사 본부로 향했다. 엘리자베스와 러시는 J. L. 오스틴과 그의 유치원 제자들이 언어 철학 이야기를 담은 책을 쓰고 있다는 사실을 알고 있었기 때문에 비트겐슈타인의 연구 공개를 조금도 지체할 수 없다고 생각했다.[47] 일주일 뒤에는 유난히 추운 봄 날씨에 관절염이 악화되어 로테의 손이 망가졌다. 로테의 어머니도 병환이 있었고 먹고살기도 힘든 형편이었다. 레이먼드는 로테에게 식료품을 보내주겠다고 했다.[48]

로테와 엘리자베스, 필리파의 수업은 계속되었다. 죽음도 출산도 질병도 막지 못했다. 로테는 레이먼드에게 이렇게 고백하기도 했다. "내 고민이 아주 하찮게 느껴질 때도 있어. 다른 두 사람이 점점 걱정이 커져가는 얼굴로 마주 앉아 말없이 그리고 골똘히 생각에 잠겨 있는 걸 보면."⁴⁹ (엘리자베스의 침묵은 이후 유명해졌다. 어느 학부생은 엘리자베스의 침묵이 무한정 이어지자 한 시간 수업 내내 속을 태우며 안절부절못했다. 몇 년 후 엘리자베스는 그 수업을 돌이켜보며 둘 다《철학적 탐구》의 아름다움에 압도되어 말을 할 수 없었다고 회상했다.) 로테는 레이먼드에게 털어놓았다.⁵⁰ "이 수업으로 교칙에 따라 석사 학위를 받게 된다면 정말 농담 같은 일이 될 거고 파르메니데스 해석 역사에 흥미로운 일화를 더할 거예요(침묵이 곧 '하나'에 대한 논의를 끝맺는 것이니까요)."⁵¹

아이리스는 프로클로스 수업은 듣지 않았지만, 그 전 학기 필리파와 함께 엘리자베스의 "플라톤 해설" 강의를 일부 들었다. 화요일과 목요일 정오에 만나는 편리한 수업 일정 덕분에 옛날처럼 서머빌 식당에서 점심을 먹으며 대화를 이어갈 수 있었다.

《철학적 탐구》에 가장 길고 지속적으로 나오는 논의는 오늘날 "규칙 따르기 고찰"이라고 알려진 부분으로(185-242 단락) 수업에서, 그리고 수업 이후 이어진 대화에서 엘리자베스는 플라톤과 비트겐슈타인을 함께 놓고 설명했다.⁵² 플라톤의《메논》에서 소크라테스는 바닥에 도형을 그리면서 기하학을 배운 적이 없는 소년으로부터 정사각형의 대각선을 한 변으로 하는 또 다른 정사각형은 원래의 정사각형보다 넓이가 두 배라는 기하학 증명을 이끌어낸다.

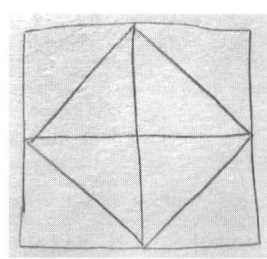

플라톤은 소년이 이를 알고 있는 이유에 대해 바닥에 그린 그림이 소년의 영혼이 이미 갖고 있는 지식을 이끌어냈다고 볼 수밖에 없다고 주장한다. 소크라테스의 질문에 대답하면서 소년의 영혼이 태어나기 전부터 알았던 사실을 떠올렸다는 것이다.

아이리스는 일기장에 엘리자베스와 한 대화를 기록했다.

E. 는 이전에 이렇게 말한 적이 있다. 이 문제의 관점에서 본다면 우리가 다음 차례에 '파랑'이라는 말을 적용하는 방식, 다음 차례에 올 숫자를 맞추는 방식에는 어떤 차이도 없다. '증명'(메논의 사례)과 그 어떤 개념 사이에도 차이가 없다. 이 모든 경우에 우리는 가르침을 주는 실제 사례에서 얻는 것보다 더 많은 걸 할 수 있다.[53]

엘리자베스는 플라톤의 기억 이론이 건드리고 있는 현상이 비트겐슈타인의 《철학적 탐구》 중 규칙 따르기 부분에서 다루고 있는 현상이라고 말하려고 하는 것 같았다. 어린아이는 반복되는 양상의 일부만 보고 어떻게 '계속할' 수 있을까? 우리는 어떻게 '가르침을 주는 실제 사례에서 얻는 것보다 더 많은 것을 할 수 있는' 걸까?

교사가 학생들에게 '+2'라는 규칙을 따르는 법을 보여주었다고 가정해 보자. 교사는 '2, 4, 6, 8……' 그리고 '11, 13, 15……' 그다음에는 '144, 146, 148……'을 나열하며 시범을 보여준다. 그런 다음 '1000, 1002, 1004 다음에는 무엇이 올지' 수열을 완성해 보라고 한다. 주어진 숫자들은 앞선 보기보다 훨씬 큰 숫자들이다. 그럼에도 아이는 규칙을 이해하고 "1006, 1008, 1010"이라고 한다.[54] 이러한 일이 가능하다는 것이 놀랍지 않은가? 아이는 어떻게 선생이 제시한 보기에서 얻는 것보다 더 많은 걸 할 수 있는 걸까? 플라톤의 대답은 이렇다. 학생이 이렇게 할 수 있다는 것은 학생의 영혼이 원래부터 지식을 가지고 있다는 것을 보여주므로 엄밀히 '배움'이 아니다. 비트겐슈타인은 이렇게 말한다. 학생이 얻은 것은 보기로부터 얻은 것이지만 학생은 인간이고 이 양상은 인간 삶의 양상이며 우리 같은 동물, 그 학생 같은 동물은 그런 양상을 깨달아 알 수 있는 동물이다. 그렇지 않다면 우리의 삶은 지금과 같은 모습이 아닐 것이다.[55] 만약 이 아이가 그런 양상을 깨달아 알지 못한다면 인간 삶의 여러 다른 양상도 깨닫지 못해 소외될 것이다. 교사가 제시한 보기는 불멸의 영혼이 이미 알고 있는 사실을 일깨우고 있는 것이 아니다. 우리가 손에 연필을 쥐고 학생에게 어떻게 계속하는지, 인간이 어떻게 계속하는지 보여주면서 가르치고 있는 것이다.

강의 후:

P.가 말하기를: 세 가지가 뒤섞여 있는 게 아닐까? '그냥 하는 것'(예: 아침에 일어나기, 한 발을 다른 발 앞에 놓기)과 규칙에 따라 하는 것의 차이. 반복과 발달의 차이. 유한수열과 무한수열의 차이.[56]

그러나 이 '뒤섞임'은 의도된 것이다. 엘리자베스가 아들 존에게 '빨강'이라는 말을 가르칠 때 존은 그 말을 배우는 상황을 넘어서는 언어 사용 양식, 일종의 리듬을 깨우쳐야 한다. 다음 모퉁이에서 존이 마주할 대상이 그동안 배운 것으로 충분히 알 수 있는 대상이라는 보장은 전혀 없다. 빨간 얼굴, 빨간 저녁 하늘, 빨간 잔상, 빨간색으로 표시된 날, 황소 앞에 들이대는 빨간 천일 수도 있다. 우리는 우리의 삶의 형태를 형성하고 우리를 훨씬 더 넘어서는 복잡한 인간 생활의 전통적, 즉흥적, 의례적, 관례적 리듬과 양상을 어떻게 터득하는 것일까? 이것을 자연스럽게 한다고 비트겐슈타인은 말한다.[57] 자연스럽지 않다면 애초에 그런 생활 방식이 존재하지 않을 것이라는 말이다. 우리는 그냥 한다. 그냥 계속하는 것이다!

《철학적 탐구》 편집을 맡은 엘리자베스

엘리자베스는 비트겐슈타인의 유산 아래 허덕이고 있었다. 2만 쪽이 넘는 학문적 유산의 대부분은 갓난아기와 함께 세인트 존 27번지에 있었다.[58] 《철학적 탐구》는 이제 두 부분으로 이루어져 있었다. 엘리자베스와 러시 리스가 첫 번째 타자 원고에 두 번째 원고를 추가했는데 여기에 비트겐슈타인과 엘리자베스가 더블린 동물원에서 논의했던 내용의 대부분이 담겼다. 아이리스는 이 자료가 마음에 쏙 들었다. 아이리스가 소장한 출간본에 들어 있는 여백 페이지에는 새카맣게 메모가 들어차 있었다. 이 메모는 주로 비트겐슈타인이 양상 인식과 오리-토끼에 대해서 논의하는 내용에 대한 것이다. 이러한 메모도 있다. "내가 몇 년간 보지 못한 사람들을 만난다고 치자. 상대가 명확히 보이지만 그가 누군지 모른다. 그러다 갑자기 알아본다. 바뀐 얼굴에 옛 얼굴이 남아 있다. 내가 그림을 그릴 줄 알았다면, 알아본 뒤에 그린 그림은 달라져야 할 것이다."[59] 1947년에 아이리스는 현재 시점에서 자신의 과거를 달리 볼 수 있을지 궁금해했다. 이제는 이 생각을 비트겐슈타인처럼 표현하는 게 가능해졌다. 이제 과거 삶에 대한 기술이 달라져야 하지 않을까?

아이리스와 로테는 엘리자베스의 번역을 꼼꼼하게 읽으며 부적절한 부분을 찾는 등 《철학적 탐구》 원고를 완성하는 데 도움을 주었다.[60] 엘리자베스는 원고가 인쇄소로 가는 날까지도 수정 사항을 보냈으며 "무결하고 간결한 영어로 옮기기 위해" 심혈을 기울였다. 비트겐슈타인의 독일어에는 "대낮의 환한 빛 같은 특유의 개성"이 있었고 엘리자베스는 이 "억척같고 명료하고 상쾌하며 생생하고 진지한" 언어를 옮기느라 몹시 힘이 들었다. "이 시대의 좋은 영어는 고급 옷을 입고 있습니다. 일상적인 표현이나 속어를 쓴다면 의도적으로 저급한 문체를 택하는 것이 됩니다. 어떤 문체로 번역하든 원문의 독일어를 제대로 전달할 수는 없을 것입니다."[61]

아이리스와 로테가 엘리자베스와 비트겐슈타인의 원고를 세세히 살피는 동안 J. L. 오스틴과 그의 유치원 제자들은 초조하게 책의 출간을 기다렸다. 형제회의 이사야 벌린은 자신의 제자이자 엘리자베스의 제자이기도 한 데니스 폴에게 원고를 보여달라고 압박하면서 "하지만 나한테 보여주겠다고 허락을 구해서는 안 된다"라고 말했다. 이사야는 엘리자베스를 마음 깊이 미워했다. 책이 출간된 뒤 BBC 제3 프로그램에서는 엘리자베스를 라디오 대담에 초대했는데 이사야는 프로듀서 애나 캘린에게 편지를 써서 앤스콤과 남편 기치 등 비트겐슈타인의 "최측근"을 비난하며 방송을 저지하려고도 했다. 그들이 "잘 씻지 않는다든가 하는 온갖 지독하고 인위적인 정신 증상을 보이는 것은 물론이고 또박또박 말하지 않고 기괴하게 말을 더듬는가 하면 비뚤어진 가톨릭 교리를 믿는 등 온갖 흥미진진한 특징"을 보인다고 쓴 것이다. 하지만 이것은 나중 일이고 데니스 폴에게는 이렇게 말했다. "내 말을 오해하지 않길 바라네. 나는 그에게 개인적인 부탁을 하는 게 편치 않네…… 나와 관계된 일에는 그 사람을 관여시키지 말기를 바라네. 책이 출간이 된다면 그때 열심히 읽어야겠지. 만약 출간이

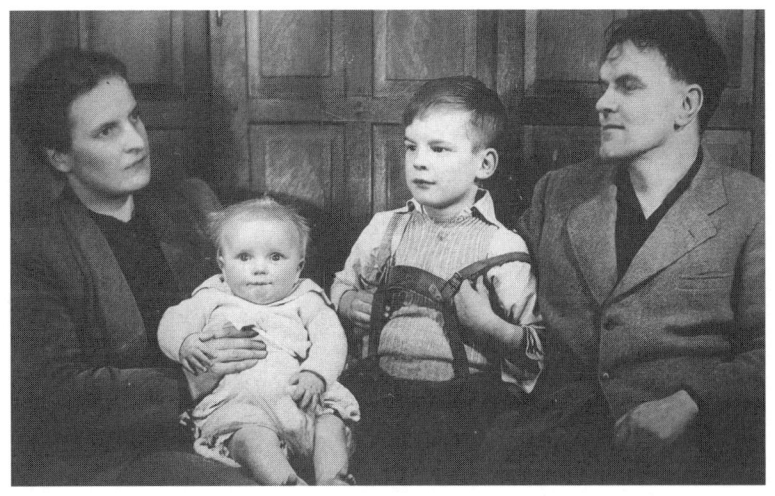

엘리자베스 앤스콤, 피터 기치, 존, 메리.

되지 않는다면 비밀리에 보고 싶지만 그게 자네의 신념에 어긋난다면, 아마 그렇겠지만, 차라리 보지 않겠네."[62]

유작을 출간하는 일로 인한 어려움을 제외하면 1951년은 엘리자베스의 생활이 좀 더 밝아지고 수월해진 한 해였다. 비트겐슈타인의 유산 덕분에 경제적 부담이 사라졌고 1951년 12월에는 록펠러 재단이 엘리자베스의 편집과 번역 작업을 지원하기 위해 서머빌 칼리지에 기금을 수여했다. 1958년까지 서머빌 칼리지가 받은 금액은 1만 6200달러(오늘날로 치면 약 20만 파운드, 우리 돈으로 약 3억 6000만 원-옮긴이)로 엘리자베스는 이 기금 덕분에 학부 수업을 하지 않고 비트겐슈타인의 학문적 유산에 집중할 수 있었다.[63] 몇 년 동안 허리띠를 졸라매며 이따금 강사 일을 하기도 했던 피터는 마침내 대학에서 안정적인 자리를 구할 수 있었다. 벌목꾼으로 일했던 과거를 마침내 눈 감아 준 곳이 있었던 것이다. 그런데도 버밍엄 대학교에서

15년간 가르친 뒤 1966년 리즈 대학교의 교수직 면접을 볼 때 이 사실이 다시 한번 언급됐고 피터 기치는 못마땅한 얼굴로 전쟁 중 "통나무나 데굴데굴 굴리고" 있었다고 대답했다.[64] 엘리자베스는 아이들을 세인트 존 집으로 데려왔고 고양이 티블스도 가족으로 맞이했다. 피터는 옥스퍼드에서 버밍엄으로 출퇴근했다. 여기 콜터 부인의 빵과 쓰레받기까지 더해져 두 사람은 나름대로의 방식으로 '텔레가미telegamy' 즉 원거리 결혼 생활의 기술을 완벽하게 다듬을 수 있었다.[65]

엘리자베스가 아름답게 번역한 《철학적 탐구》의 출간은 20세기 철학의 가장 중요한 전환점 가운데 하나로 칭송을 받게 된다. 엘리자베스는 번역가의 말에서 로테와 아이리스에게 모두 감사의 뜻을 전했다. 애나 캘린은 이사야 벌린의 비난을 무시했고 엘리자베스는 제3프로그램에서 1953년 7월 송출될 24분짜리 라디오 방송을 녹음했다. 《철학적 탐구》의 2권은 그 전에 비트겐슈타인이 쓴 모든 내용을 초월한다고 엘리자베스는 말했다. "더 압축되어 있을 뿐 아니라 표현력이 더 풍부하고 날카로우며 논의의 여지가 없는 관찰, 그리고 치열한 탐구가 더욱 넘칩니다."[66] 엘리자베스는 이 책이 문학적 성과의 측면에서 어떤 평을 받을지 궁금하다는 말과 함께 녹음을 마쳤다.

시와 역설을 논하는 아이리스와 메리

1951년 7월 중순 아이리스는 플라잉스코츠맨(영국에서 가장 먼저 시속 100마일을 달성한 열차-옮긴이)에서 내려 뉴캐슬어폰타인의 웅장한 빅토리아역으로 들어갔다. 플랫폼에는 새로운 생활에 적응을 마친 메리가 임신한 몸으로 마중 나와 있었다. 반면 아이리스는 가정을 꾸릴 생각이 없었다. 아이리스가 편지의 우측 모퉁이에 휘갈겨 쓴 역명('디스트릭트 노선' '해머스미스 역' '피카딜리 노선' '열차에서' 등)들은 아이리스의 불안한 나날을 보여준다. 열차 안이나 승강장에서, 혹은 장소를 이동하며 떠오른 생각들이 글 속에 담겨 있었다.[67] 일기에는 여러 다른 애인들이 들락날락한다. 보수당 정치철학자 마이클 오크숏과는 1950년 사랑에 빠진다. "M.이 부활절 이전에 내 마음을 아프게 하지 않기를."[68] 하지만 아프게 했다. 월리스 롭슨은 브리지를 할 줄 알아서 아이리스 어머니의 인정을 받았다.[69] 두 사람은 거의 약혼한 상태였다가 1952년 4월 격앙된 고통 속에서 이별한다. 유대계 이탈리아인이자 바르부르크 학파의 난민 학자 아르날도 모미글리아노와는 단테의 서정시를 같이 읽었고 이탈리아에 세 번을 다녀왔는데 그는 유부남이었다.[70] 이민자 소설가이자 미래에 노벨문학상을 수상하는 엘리아스 카네티와 나눈 사랑, 그의 군림에 대해서도 일기에 기록되어 있다. 카네티는 아이리스를 몰래 감시하기도 한다.[71] 세인트 앤 동창생이자 1938년 서머빌 결혼 설문을 주도한 피터 애디도 있다. 둘은 버콧그레인지에서 코스튬 파티에 참석한 뒤 차 안에서 열정적으로 입맞춤을 나눈다.[72]

아이리스가 철학 문명 속에서 겪은 일들을 전해 들은 메리는 더더욱 빠져나와 다행이라는 믿음을 굳혔을 것이다. 막 끝난 학회 발표에 대한 무시무시한 이야기도 들었다. 학회 패널에는 아이리스 외에도 옥스퍼드의 웨인플리트 석좌교수 길버트 라일과 세인트 앤드류스 대학교 논리학 강사인 토니 로이드 등 저명한 학자들이 있었다. 과거 탱크 지휘관이었던 토니 로이드는 '격렬한 공격을 받아 마땅하다고 여겨지는 논문을 가장 좋아하는' 사람이었다.[73] 좌장은 프라이스였다.

네 사람은 수백 명의 다른 철학자들과 함께 에든버러에서 열린 공동 학술대회에 참석했다. 아이리스는 옥스퍼드로 돌아가는 길에 뉴캐슬에 잠시 들른 것이다.[74]

아이리스는 발표문 〈사유와 언어〉에서 1947년 새라 스미슨 장학금 지원서의 핵심 문제였던 "드러낼 수 없는 생각과 느낌"을 다루었다. 아이리스는 이후 자신을 "비트겐슈타인파"라고 칭했으나 그의 사상을 전적으로 수용하는 데에는 여전히 망설임이 있었고, 그 흔적은 이후에도 계속 남아 있었다.[75, 76] 엘리자베스와 처음 대화를 나누었을 때부터 아이리스는 비트겐슈타인의 철학이 무언가를 건너뛰고 있다고 확신했다. 그것이 무엇인지 이제 찾은 것 같았다. 아이리스는 사유의 경험에 주의를 기울임으로써 언어의 그물을 빠져나오고자 했다.[77] 사유의 현상학에 대한 신중하고 진실한 기술은 여러 언어 철학자들이 선호하는 의미에 대한 시각과 맞지 않는다는 사실을 보이고 싶었다. 대체로 우리는 일상 언어를 통해 공유할 수 있는, 드러낼 수 있는 명제로 사유하지 않는다고 아이리스는 말했다. 아니다. 우리가 사유할 때는 언어를 사용한다고 해도 그 언어는 감정과 비유, 그리고 온전히 지각할 수는 없는 이미지와 복잡하게 얽혀 있다.[78] 사유의 현상학을 따라가면 공적인 신호의 사용으로 나타낼 수 없는 의미가 있다는 것을 알게 된다. 어떤 생각은 보통 사람의 보통 언어로 전달할 수가 없다. 그런 생각의 표현은 너라는 타인에 의존한다. 너는 다듬어지지 않은 말과 손짓에 기꺼이 신중한 주의를 기울이는 사람이며 부분적으로만 표현된 의미를 "포착"할 수 있을 만큼 가까운 사람이다. 그런 소통은 "제한된 집단 안에서만 가능하고 경우에 따라 그 두 사람만의 집단일 수 있다"라고 아이리스는 말한다. 이 두 사람이 공유하는 삶은 다른 사람들에게 보이지 않는 생활 방식을 조명하는 삶이다.[79]

아이리스는 분석 철학자, 일상 언어 분석가들로 이루어진 관중 앞에서 이러한 소통이, 말로 표현할 수 없는 신비롭고 사적인 소통이 인간 삶에서 깊은 중요성을 가진다는 것을 보여주고자 했다. 얼마나 중요하면 우리는 이 연약한 상호 이해를 도와주는 대상을 창조하고 보존한다고 주장했다. 우리 모두가 다룰 수 있는 공적인 대상, 우리가 함께 주의를 기울일 수 있는 대상은 다른 방식으로는 표현할 수 없는 생각을 드러내기 시작할 수 있다는 것이 아이리스의 설명이었다. 아이리스는 존 클레어의 시 일부를 예로 들었다.

> 아침의 연약한 형제
> 작디작은 풀과 이슬 먹은 잎에서
> 수줍은 뿔을 거두고
> 공포스러운 상상을 엮는.[80]

아이리스는 여름 산울타리에 앉은 달팽이를 묘사하고 있는 존 클레어의 시를 읽으면서 자신이 했던 경험을 학회 참가자들에게 전달하고자 했다. 그것은 "매끄럽고 섬세한 긴장감이 마지막 행에서 무질서한 확장이라는 막대한 감정으로 이어지는" 기분이었다. 아이리스는 이를 통해 드러낼 수 없는 것을 드러내려고 시도했다. 우리가 언어의 도움을 받아, 즉 비유를 통해서 현실을 이해하는 또 한 가지 방식을 보여주고자 했다.[81] 내적 경험은 분석 철학자들의 논리적인 기술로는 붙잡을 수 없고 타인의 경험이 실제로 어땠는지 묻는 것은 아무 의미가 없다고 아이리스는 주장했다. 내면 세계는 외부 세계와 마찬가지로 우리의 관념 체계가 깊어짐에 따라, 그리고 새로운 비유와 이미지가 새로운 연결 고리를 드러냄에 따라 변화한다.

첫 토론자는 토니 로이드였다. 그는 동의하지 않았고 아이리스가 쓴 발표 시간의 두 배를 들여 반박했다. 아이리스가 옛 관념론자들처럼 정신이 세계를 구축할 수 있다고 주장하는 것 같다고 했다. "그렇다면 웃자란 정원을 정리하는 대신 새로운 언어를 배워서 정원에 대한 사실을 변경할 수 있지 않겠습니까?…… 게으른 정원사에게 해줄 말은 그럴 수 없다입니다."[82] 그다음 차례였던 길버트 라일 역시 관념을 기피하는 질문자였다. 그가 1949년에게 아이리스에게 《존재와 시간》을 빌려주기는 했어도 (아이리스는 '감동했지만') 이미 오래전부터 '현상학적 방법'을 '재앙으로 향하는' 방법으로 의심해 온 터였다.[83] 자신 역시 게으른 정원사는 아니었던 라일은 이때까지 손때 묻은 로빈슨의 《영국식 화원》에 나온 대로 달팽이를 유해 동물로만 알고 있었을 것이다.[84] 우리는 "자연스럽게 비유적인 화법을 사용하지만, 그럼에도 서로를 이해하고 상대의 경험에까지 영향을 미칠 수 있다"라고 아이리스는 라일에게 말했다.[85] 비유는 함께 살아가는 새로운 방식, 새로운 삶의 양상을 가리킬 수 있다. 그러나 라일은 머독의 미묘한 현상학을 대단하다고 여기지 않았다. "군인에게 전투에 대해 알려 달라고 할 때, 우리는 그 군인이 어떤 군화를 신었고 언제 담배를 피웠는지, 어떤 풀숲 위를 걸었는지 상관 않습니다…… 전투가 어떻게 되었는지 알고 싶어 합니다…… 세부 사항은 중요하지 않습니다."[86]

좌장으로서 마무리 발언을 맡은 프라이스는 아이리스의 설명에 감화되어 자신도 약간의 자기 성찰을 시도해 보겠다고 말했다. "말도 안 되는 소리처럼 들립니다만!"이라고 말하면서 프라이스는 아이리스처럼 사유의 현상학을 말로 표현하고자 애를 썼다. "말도 안 되는 소리처럼 들리지만, 그리고 '느낌'이라는 말을 하는 게 얼마나 부적절한지 알면서도" 멈출 수 없다고 했다. "다소 무리한 생각일 수도 있겠습니다"라고 하면서도 프라이스는 사유가 "거의 다이몬(고대 그리스 철학에서 언급되는 어떤 신적인 존재로 소크라테스는 머릿속의 다이몬이 경고를 보낸다고도 했다-옮긴이)이나 신탁과 의논하는 행위 같습니다"라고 말하기까지 했다.[87]

학회장을 가득 채운, 대부분이 남성인 철학자들을 이해시키는 데 실패한 다소 수치스러운 경험을 이야기하며 아이리스는 늘 그렇듯 어질러진 메리의 집안 모습을 바라보았다. 메리의 삶은 마치 안정적이고 안전하며 편안한 인생을 담은 화폭처럼 보였을 것이다. 장소는 새로웠지만 두 사람은 늘 하던 대로, 아이리스는 미즐리 부인의 난로 앞 깔개에 책상다리를 하고 앉았다. 소설책, 시집, 철학과 삶이 사방에 흩어져 있었다. 라디오의 잔해들과 고양이 두 마리도 있었다. 제프는 라디오 부품을 두 손 가득 들고 들락날락했다. 메리가 멀리서도 갓난아기의 소리를 들을 수 있도록 인터폰을 설치하는 중이었다. 평생을 함께 하는 부부가 대개 그렇듯 메리와 제프도 두 사람만의 사적인 언어를 만들어가고 있었다. 아이리스도 이러한 리듬에 몸을 맡길 수 있다고 생각했을까? (아이리스는 월리스 롭슨에게 보내는 편지에 우스갯소리로 "나는 그냥 난로 앞에 앉아 《여성만의 것》이나 읽고 싶어"라고 썼다.)[88]

아이리스가 어떤 인상을 받았든 메리는 《여성만의 것》(영국의 유명 여성지-옮긴이)을 읽고 있을 시간이 없었다. 그해 후반, 추운 10월 저녁 메리는 BBC 라디오의 제3프로그램에서 저녁 식사 이후 라디오를 켠 청취자들을 위한 방송을 하고 있었다. '모순의 자연사'라는 이 방송의 제목을 영국의 안방에서는 다소 의아하게 여겼을 것이다. 스크러튼은(방송은 결혼 전 이름으로 나갔다) 정말 모순에 자연사自然史가 있다고 생각하는 것일까? 과연 역설이 고대 유적 연구가나 자연과학자들에게 적합한 주제라는 말을 하고자 하는 것일까?

"철학자들이 역설을 말하는 것은 어느 정도 당연"하다는 말로 메리는 방송을 시작했다. "정신이 물질보다 더 실재적이라고 말하는 철학자에게 놀라는 사람은 없습니다. 지혜로운 사람은 고문대에 올라도 행복할 수 있다는 말이나 그 어떤 것도 확실히 알 수는 없다는 말도 마찬가지입니다." 과학자들은 "단단해 보이는 바닥이 실은 수많은 점으로 이루어진 공백에 불과하다는 것을 알기 때문에" 스스로 꽤나 영리하다고 생각할지 몰라도 "(바닥뿐만이 아닌) 거의 모든 겉모습을 꿰뚫어 보는 매우 지혜로운" 철학자에게 이것은 아무것도 아니라고 메리는 말했다. 현대의 직업 철학자들은 유행처럼 역설을 거부하지만 (메리는 그러면서 비트겐슈타인, 무어, 러셀을 언급하는데 여기 에이어, 오스틴, 헤어를 더할 수도 있었을 것이다) 오히려 블레이크, 니체, 키르케고르 같은 '역설에 대해 쓴 사람들'에 대한 관심만 높아졌다. "우리는 유추를 할 때나 소문을 전할 때 좀 더 놀랍도록 각색하는 자연스러운 경향이 있습니다."[89] 역설에 대한 우리의 관심은 우리의 자연적 역사의 일부라고 메리는 청취자에게 말했다. 역설은 인간 삶에서 중요한 위치를 차지한다는 것이다.

메리는 여러 실질적인 개혁을 추구하는 인물들이 역설을 이용해서 은근한 위선을 폭로하곤 했다고 지적했다. 서로 다른 말과 행동이 주는 충격은 변화를 야기할 수 있기 때문이다. "인간은 태어날 때부터 자유로운 존재이나 도처에서 사슬에 묶여 있다"라고 루소는 분노했다. 장 자크 루소처럼 모순을 실질적으로 활용하는 철학자는 배관공과 매우 비슷하다고 메리는 말한다. "배관을 고치기 전에 문제가 뭔지 확인하기 위해서 물이 새는 곳에 물을 흘려보내듯 철학자도 일상적인 사유에서 흠을 찾아 드러낸다"는 것이다.[90]

물을 흘려보내는 일은 루소에게는 목적을 위한 수단이지만 그 자체가 목적인 사람들도 있다. 그들은 구멍을 막을 생각은 조금도 없이 물을 흘려보낸다. 시인 알렉산더 포프는 '목욕할 게 아니면' 물이 샌다고 해서 큰 문제는 없으며 물난리가 난 것을 보고 기뻐하는 사람도 있다고 생각한다.[91]

메리는 배관에 빗대어 설명하는 것을 아주 좋아했다. 메리 자신도 아마추어 배관공이었다. 수시로 얼어붙는 파크타운 55번지의 배관을 관리하는 데 도가 트여 있었다. (이 집의 지하 욕실에는 '갈색으로 물든 욕조와 성질 나쁜 간헐 온천이 있었다. 돈을 한없이 잡아먹고 작동하는 데 일주일이 걸리며 온수보다는 증기가 더 많이 나오는 온천'이었다.)[92] 메리는 이후에도 종종 철학자들을 배관공에 비유했는데 철학이 사치품이 아니라 인간의 기본적인 필요라는 확신을 담고 있었기 때문일 것이다. "철학은 일종의 배관 시설이라고 보는 게 가장 정확하다"라고 90대의 메리는 썼다. "우리 삶의 심층에 있는 하부 구조, 별로 의심하지 않았기 때문에 당연하다고 여겨지는 양상을 손보는 방식이다."[93] 지하 어두운 곳에서 이루어지는 작업이다.

필리파 또한 철학을 배관에 비유하기 좋아했다. 메리의 방송을 듣고 깊은 인상을 받았거나 파크타운에서 플로티노스에 대해서 이야기 나눌 때 생겨난 비유일 수도 있다. 80세가 넘어 한 인터뷰에서 필리파는 이렇게 말했다. "철학자가 배관공과 비슷하다는 생각을 할 때가 있어요. 배관에 문제가 생기면 배관공을 부르고 개념에 문제가 생기면 철학자를 부르죠."[94] 개념에 생긴 문제는 배관에 생긴 문제와 마찬가지로 복잡하고 서로 얽혀 있으며 서로 의존하는 삶을 살면서 우리가 지불하는 대가이다. 우리의 자연사에 지불하는 대가이다. 개념적인 혁신이 이루어져 새로운 양상이 펼쳐질 때마다 다른 데 누수가 생길 수 있다. 지금이든 미래에든. 그래서 철학의 필요는 결코 사라지지 않는다고 메리는 종종 되풀이하곤 했다.[95]

방송의 막바지에 메리는 실용적이거나 부조리적이지 않은, 진지하면서도 신비로운 어떤 것을 드러내는 모순과 역설의 사용에 대해 언급했다. 아직 완성되지 않은 논문의 일부에서 가져온 생각이었다. 아이리스가 길버트 라일에게 시를 읽어주었듯 메리 또한 청취자들에게 시를 들려주었다. 엘리자베스 여왕 시대의 시인 존 데이비스의 〈인간〉이었다.

> 나는 영혼이 전지적인 능력을 갖췄음을,
> 그러나 매사에 눈이 멀었고 무지함을 안다.
> 나는 내가 자연이 빚은 작은 제왕임을,
> 그러나 가장 작고 미천한 것들에 사로잡혀 있음을 안다.
> 인생은 고통이지만 찰나라는 것을
> 감각은 매사에 나를 속인다는 것을 안다.
> 그리고 마지막으로 나는 인간이라는 것을 안다.
> 당당하지만 비참한 인간임을.[96]

증기선 헤르미아를 타고 북해를 건너온 문물과 마찬가지로 시도 우리의 공유된 전통, 공동 배경의 일부이다. 시는 "공적 물건"이라고 아이리스는 일기장에 적었다.[97] 아이리스에게 시라는 물건은 그것이 없었다면 사적으로 남았을 우리의 내면의 삶을 전달할 수 있게 도와주는 것이다. 메리에게 시는 우리가 눈치채지 못한 모순과 연결을 드러내고 그 과정에서 우리를 복잡하고 어지러운 삶 속으로 다시 데려다준다. 그래서 시는 형이상학자가 가진 또 하나의 도구("현실적 지점들의 결정체로서의 예술")이다.[98] 존 데이비스의 시에 나타나는 "그러나"는 모순을 이용해 우리에게 실재하는 것, 진실된 것을 보여주고 그럼으로써 우리가 미처 보지 못했던 양상의 단절을 조명한다. "인간의 능력과 운명, 자유 의지와 필연, 관계와 고독에 대한 우리의 생각 사이에는 모순이 있습니다."⁹⁹ 이러한 종류의 모순은 '가장 인내심이 많은 학문 분야에서도 풀 수 없는' 모순으로서 '혹은'이라는 말로 귀착될 수 없는 '그리고'이며 문제로 환원할 수 없는 수수께끼이다. 그럼에도…… 우리는 바로 이 지점에서 실재와 마주친다. 바로 이곳에서 철학자들은 시인과 예술가, 소설가들과 함께 일한다. 이곳에서 형이상학적 동물들은 질문을 던진다.

아이리스는 1951년 3월에서 8월까지 쓴 일기장을 분실했다. 8월 11일에 옛 일기장을 펼쳐 새로운 생각을 기록했다.

시: 우리가 항상 이름 짓기를 통해 하는 일, 즉 확장된 세상을 이해할 수 있는 것으로 만드는 일의 좀 더 신바람 나는 형태.¹⁰⁰

다음 달 아이리스 머독은 '개념과 이미지'를 강의하게 된다.

사르트르, 헤어, 시대의 사조를 논하는 아이리스

1951년 10월 25일 윈스턴 처칠이 다시 권력을 잡았다. 의회에서 아슬아슬한 과반을 차지하고 있던 노동당이 그 차이를 늘려보기 위해 실시한 조기 총선이 역효과를 일으킨 것이다. 여론 조사에서 노동당은 보수당과 협력 세력들을 합친 것보다 거의 25만 표 이상 앞섰지만, 처칠 측이 26석으로 과반을 얻었다. 노동당은 "주로 정육점과 식료품점 앞에 늘어선 줄 때문에 졌다"라는 말이 많았다.¹⁰¹ 보수당이 고기, 버터, 설탕에 대해서 아직 적용되고 있던 제한 배급을 철회하기로 약속했기 때문이다. "사회주의는 결핍을 먹고 큰다"라고 처칠 측은 유권자들에게 강조했다.[102] 옥스퍼드의 어디를 보느냐에 따라 분위기는 음울하거나 흥겨웠다.

아이리스는 바로 이러한 정치적 배경 속에서 "사르트르에 대한 사소한 작업 하나"를 마쳤다.[103] 이 '사소한 작업'은 바로 실존주의 주인공 사르트르에 대한 책으로는 영국에서 최초로 출간된 《사르트르: 낭만적 합리주의자》였다.

책은 이렇게 시작한다. "장 폴 사르트르를 이해한다는 것은 현시대에 대해 한 가지 중요한 사실을 이해한다는 것이다." 사르트르는 전적으로 동시대적이며 "그의 스타일이 바로 이 시대의 스타일이다."[104] 리처드 헤어의 작업처럼 사르트르의 작업 또한 우리의 도덕적 정치적 사유의 배경이 사라진 데 대한 반응이다. 이 배경에는 사유하는 모든 존재에게 공통적인 가치가 있다는 생각이 포함된다. 개인들은 그들을 초월하는 더 큰 윤리적, 형이상학적 구조 속에 있다는 생각, 인간의 문화가 타락에 저항하는 보루라는 생각이다. 개인의 경험 (저항과 투옥의 경험) 그리고 현대 사회의 일반적인 압박의 결합은 사르트르와 헤어로부터 이 배경을 빼앗아 갔다.

본성 이전에 실존이 있다는 사르트르의 구호는 이렇게 이해하면 된다. 사르트르는 잃어버린 이미지를 대체하기 위한 새로운 이미지를, 빈칸을 메울 새로운 그림을 제공하고 있다. 그러나 아이리스는 사르트르가 제공하는 그림이 쓸모가 없다고 말한다. 배경이 초토화된 상황에서 '선'은 더 이상 객관적인 특성을 지시할 수 없다는 것이다. 마찬가지로 배경이 없다면 '민주주의'는 선한 사회의 형태를 드러낼 수 없으며 단지 소리 높여 외침으로써 권할 수밖에 없는 것이다. 과거의 자신을 생각하며 말하는 듯 아이리스는 실존주의 속에서 유럽의 부르주아 지식인의 이데올로기를 포착한다. "이것은 자본주의와 그것의 물질주의적 가치 체계, 그로 인한 인간 활동의 소멸을 거부하는 사람들" 그러나 "아직 사회주의를 포용하기는 두려운 사람들의 신화이다." "도덕적으로 민감하고 자본주의에 속지 않을 정도의 지성을 가진 이런 사람들은" 대신 "유아론적이고 허무주의적인 개인주의를 받아들인다."[105] 그들은 외롭고 텅 빈 허무로 남는다.

"영국의 독자들에게 이러한 설명은 철저히 비현실적으로 느껴질 수 있을 것"이라고 아이리스는 1952년 소크라테스 클럽에서 발표하며 인정했다.[106] 발표를 듣고 있던 사람들 중에는 아이리스가 공산당원이었던 시절 "옥스퍼드 좌익"이었다가 이제는 "상류층 노동당"이 된 강사들도 있었을 것이다. 딕시랜드 재즈 밴드는 사라진 지 오래였고 어른들의 저녁 파티에는 대신 라디오그램(레코드 플레이어가 붙어 있는 라디오), 아기 돌봐줄 사람, 의회 의원, 야단스러운 칵테일이 있었고 아이리스의 경우에는 청혼하는 남자도 심심찮게 있었다.[107] 그러나 아이리스는 파티를 즐기는 경제학자들에게 당신들이 인정하든 말든 당신들의 스타일이 바로 "이 시대의 스타일"이라고 고집스럽게 주장했다. "마르크스주의의 거부가 우리를 어떤 운명으로 몰아넣었는지" 물어야 한다고 청중에게 재차 강조한 것이다.[108]

1955년 5월 치러진 총선에서는 보수당이 훨씬 더 큰 차이로 과반을 차지했고 아이리스의 생각은 훨씬 더 명확해져 있었다. "영국의 사회주의 운동은 동력을 잃고 있다"라고 아이리스는 〈이론의 집〉에서 경고한다.[109] 이 글이 포함된 문집의 표지 커버에는 "생각 깊은 젊은 남성" 열두 명의 글이 담겨 있다는 광고 문구도 있었다.[110] 복지 국가는 가장 극심한 형태의 결핍, "가장 눈에 띄는 불의"를 종식했고 "착취의 개념이 흐려졌다. 그렇다면 복지 국가에서 사회주의에 대한 생각, 사회주의에 대한 도덕적 고민을 어떻게 지속시킬 것인가?"[111]

1938년 옥스퍼드 보궐 선거 당시 아이리스와 좌익들이 낙관적 시각을 유지할 수 있게 해준 동력은 사라진 상태였다. 아이리스는 사회주의 이론이 한 번도 학계에서 환영받지 못했으며 대신 사회주의 운동, 변화를 추구하는 정치적, 급진적, 진보적 구성원들과 함께 해왔다고 말한다. 사회주의 사상은 공장 바닥에서 공리주의, 마르크스주의, 유토피아 사상 등에서 빌려온 철학적 관념, 개념, 전망을 "먹고 자라났으며" 변화를 요구하는 실질적 요구에 의해 힘을 얻었다. 영국 철학 전통은 언제나 대규모 이론화 작업에 회의적이었으나 사회주의가 양분으로 삼을 개념, 그리고 인간 삶, 복지, 정치, 노동에 대한 시각을 제공해 주었다. 그러나 이제 상황은 달라졌다. 철학자들이 언어 분석과 "이른바 분석적 도구의 발명"이라는 기술적인 일 속으로 틀어박히기 시작한 지 거의 반세기가 지난 지금 사회주의 운동의 양분이 되어 주었던 "철학적 관념의 흐름"이 말라붙었다.[112] 사회 운동이 필요로 하는 개념, 즉 평등, 노동, 자유의 개념은 그것을 유지해 왔던 철학적 전망으로부터 단절된 채 정체되었다. 한편, 점점 실증주의적으로 변해 가는 배경 안에서 실용 경제학은 기술화되고 성공의 지표는 효율이 되었다. 기술에 능통한 전문가들은 그렇지 않은 전문가들과 분리되었다. 사회주의 전망이 없으면 관료주의와 효율화의 공격으로부터 피난처를 제공할 '이론의 집'도 없다. 평등과 교육을 위한 싸움은 봉급 인상의 싸움이 되었다. 사회주의 전망이 없으면 노동자들은 수동적인 위치에 놓이고 자신의 역할이 사라진 세상에서 방향을 찾을 방도가 없다. "이 나라의 삶 속에 어떤 도덕적 진공 상태가 존재한다"라고 아이리스는 경고를 계속했다.[113]

엘리자베스는 이 생각에 공감했을 것이다. 〈이론의 집〉이 출간된 뒤 엘리자베스는 라디오 녹음 방송에서 '대학에서 가르치는 도덕적 판단 절차'가 전후의 새로운 복지 체계에서 발현되는 방식에 대해 불만을 표했다.[114] 인간의 선의에 대한 형이상학적 설명을 바탕으로 하는 '정의'와 '관용'의 목표는 사라지고 형이상학적으로 공허한 이상, 즉 '공정성' '효율' '공공복지' 등이 우선되고 있다는 주장이었다. 1948년 제정된 국가 지원에 관한 법률 지역 단체장으로 하여금 노인이나 장애인이 스스로를 돌보지 못할 경우 적절한 시설을 제공해야 한다고 정했다. 엘리자베스는 공공복지를 향상시키고자 하는 무해한 법도 불의로 이어질 수 있다고 말했다. "이러한 일은 종종 일어납니다. 지역 당국의 목적과 공공복지에 부합하는 위생 기준을 충족하지 않는다고 해서 홀로 된 고령의 여성을 더 이상 제 집에 살지 못하게 하는 경우 말입니다." 엘리자베스는 아마 세인트 존 27번지에서 돌보았던 로슨을 떠올렸을 수도 있다. "악한 이들의 온정은 잔인하다"라고 엘리자베스는 덧붙였다.[115]

아이리스의 발표가 있고 몇 달 뒤 아이리스와 엘리자베스는 하마터면 '파티를 즐기는 경제주의자들'과 함께 훨씬 더 실질적이고 구체적인 비난을 받을 수 있는 상황에 처할 뻔했다. 시작은 엘리자베스의 전화 한 통이었다. 엘리자베스는 아이리스에게 게오르크 크라이젤(엘리자베스는 《철학적 탐구》 번역자의 말에서 아이리스, 로테와 함께 게오르크에게도 감사를 보냈다) 그리고 가브리엘 디랙(물리학자 폴 디랙의 아들)과 파리에 가기로 했는데 같이 가겠느냐고 물었다.

엘리자베스와 게오르크는 당시 아이리스의 눈 밖에 난 상황이었다. 두 사람이 저지른 일 때문에 아이리스가 셋집에서 쫓겨났고 위치는 좋지만, 가구가 비치되어 있지 않은 킹에드워드 가 13번지의 방 두 개짜리 집으로 (월세는 7파운드, "언젠가 손도끼에 맞아 죽을 것 같은" 집주인이 있는 곳으로) 옮겨야 했기 때문이다.[116] 게오르크는 요리를 잘했고 게오르크와 엘리자베스는 세인트 존 집에서 종종 '만찬'을 차리곤 했다.[117] 어느 날 엘리자베스는 게오르크에게 완벽한 청어 수프를 끓여 중부 유럽을 재현해 보라는 과제를 주었다. 아이리스는 당시 옥스퍼드에 없었고, 두 사람은 이제는 역사 속으로 사라져버린 어떤 이유에서 아이리스의 파크타운 방에 있는 가스버너를 쓰기로 했다. 게다가 아이리스의 파란 시폰 스카프(엄마가 보낸 생일 선물)까지 수프를 체로 내리는 데 썼다.[118] 수프는 대성공이었지만 두 사람은 집을 제대로 치우지 않았다. 아이리스가 다음 주에 집으로 돌아왔을 때 집주인은 몹시 화가 나 있었으며 집에서는 끔찍한 냄새가 났다. 스카프도 못 쓰게 되었고 집주인은 일행이 수프를 끓인 게 아니라 난잡한 잔치를 벌였다고 생각했으므로 아이리스는 여행 가방과 함께 다시금 길에 나앉았다. 아이리스도 몹시 화가 났지만 오래가지 않아 둘을 용서해 주었다.

파리 여행을 놓치고 싶지 않았던 아이리스는 수업을 이리저리 조정해서 여권을 받기 위해 오전 9시 50분 기차를 탔다.[119] 엘리자베스가 다음 날 아침 전화로 자세한 내용을 설명하겠다고 했지만, 오전 9시 반 전화를 건 사람은 엘리자베스가 아닌 제자 데니스 폴이었다. 엘리자베스가 독감에 걸려 여행을 떠날 수 없다고 했다. 아이리스가 캐물으니 엘리자베스가 "K로부터 편지를 받았는데 거기 '이 여행의 목적이 뭔지는 알고 있겠지?'라고 적혀" 있었고 엘리자베스가 몹시 당황했다는 것이다. 아이리스는 편지의 의미를 엘리자베스와 마찬가지로 이해했고 친구를 대신해서 몹시 역정을 내며 그 길로 옥스퍼드로 돌아왔다. 그리고 크라이젤을 만나 여행의 조건이 둘의 추측대로 '잠자리'냐고 물었다.[120] (아이리스는 친구에게 크라이젤을 "섹스광 수학자"라고 묘사한 적이 있었다.) 그러자 크라이젤은 비웃으며 말했다.[121] "그런 건 아니야. 하지만 뭔가를 들어줘야 할 거라고 기대하겠지."[122]

알고 보니, 투철한 공산당이었던 디랙은 지난 몇 년간 영국 금화를 유럽으로 빼돌려 높은 값을 받고 팔아온 것이다. 여행자가 출국 시 들고 나갈 수 있는 금액이 50파운드로 제한되어 있었지만, 디랙은 친구와 지인들에게 돈을 주고 수천 파운드를 밀반출해 왔던 것이다. 몇 년 후, 디랙이 끌어들인 애나 버나드는 세 번째 출국 시도 때 등에 1653파운드(오늘날 4만5000파운드)를 동여맨 채 적발되고 할로웨이 교도소에서 징역형을 살게 된다.[123]

아이리스와 엘리자베스는 사실을 알고 난 뒤 충격을 받았지만 격분한 것 같지는 않다. "E.의 집에서 그 모호한 말의 의미가 무슨 뜻인지 알게 되었다. 디랙은 이른바 금화를 배달할 년들을 원한 것. 우린 자지러지게 웃었다."[124] 이 반응, 그리고 디랙에게 두 사람이 기꺼이 화물을 날라줄 것처럼 보였다는 사실은 둘 중 누구도 '부르주아 지식인'은 아니었음을 입증한다.

'여성 문제'를 제기하는 메리 & 사랑을 배우는 아이리스

새로운 삶의 터전에서 새로운 역할을 시작한 메리는 여성에 관한 물음이 생기기 시작했다. 개념적 배관의 누수를 감지한 것이다. 옥스퍼드에서 멀리 떨어진 뒤에야 메리는 자신이 배운 철학에서 여성, 그리고 여성에 대한 사유가 유독 배제되어 있었다는 사실을 깨달았을 것이다. 여성이 강단에 서는 아주 드문 경우에도 여성은 남성에 대해 이야기했다. 메리 글로버는 아리스토텔레스와 로크. 마사 닐은 로크와 버클리, 흄, 데카르트, 스피노자, 라이프니츠. 루시 서덜랜드는 에

드먼드 버크. 그리고 이러한 강의 주제인 남성들이 '인간의 권리' '인간의 본성' '인간의 자유'에 대해 말할 때 그 인간은 대체로 정치, 법, 상업, 교육이라는 공적 영역에서 삶을 영위하는 절반의 인간만을 가리켰다. 인류가 아니라 남성을 가리킨 것이다. "모든 것에 대해 관심을 가질 수 있는 사람은 없다"라고 메리는 이후 지적했다. "그래도 치명적인 문제는 아니다. 놓친 부분은 다음 철학자가 지적하면 되기 때문이다. 그러나 여성 문제가 특별한 것은 아무도 그렇게 하지 않았기 때문이다. 무관심은 그저 계속되었다. 최근까지 기득권이 워낙 공고해서 제대로 된 관심을 기울이는 게 불가능했다."[125]

1952년 2월, 엘리자베스 윈저가 엘리자베스 2세 여왕이 되고 나흘 후, 그리고 톰이 태어난 날로부터 4주 후, 메리는 미래의 자신에게 편지를 써서 방송에서 낭독했다. "사랑하는 후손 여러분, 나는 지금부터 여성의 관점에서 말하고자 합니다"라고 메리는 특유의 감정을 실어 낭독을 시작했다. 메리의 편지는 희망에 차 있다. 여성이 남성과 다른 언어를 구사하던 시절, 여성만의 전통과 이야기, 믿음이 있던 시절, 공식적인 문화에 대비되는 무언의 여성 문화가 따로 있던 시절은 이제 가고 없다. 이제 여성은 고전학에서 공학에 이르기까지 남성들만의 수많은 비의에 입문했고 자꾸만 대화에서 빠져야 할 필요가 없으며 성실히 일한 돈으로 먹고살 수도 있다.[126] 여성은 더 이상 어쩌다 틀린 형태로 태어난 남자 취급을 받지 않는다. 대신 다른 방식으로 인간 삶을 조명할 수 있는 시각, 사고방식, 글쓰기 능력을 가진 인류의 절반으로 여겨진다. 메리는 수유하고 장을 보고 요리를 (형편없이) 하는 틈틈이 원고를 쓴다. 아기 옷 위에는 책이 쌓여 있다. "버지니아 울프의 산문체를, 아이들에게 이야기를 들려주는 여성의 생각의 흐름에 비교한 사람이 누구였는지 기억이 나지 않아 안타깝습니다. 이야기를 들려주면서 뜨개질도 하고 난롯불도 지켜보며 오븐에서 빵이 구워지

> RINGS & BOOKS
>
> PRACTICALLY all the great European philosophers have
> been bachelors. In case you should doubt that, here are some
> figures
>
> | Unmarried | Married |
> |---|---|
> | Plato | Socrates |
> | Plotinus | Aristotle |
> | Bacon | Hegel |
> | Descartes | |
> | Spinoza | |
> | Leibniz | |
> | Hobbes | |
> | Locke | |
> | Berkeley | |
> | Hume | |
> | Kant | |
>
> I do not cram the groaning scale with monks and friars; because
> there is always the chance that they had some other reason besides philosophy
> for joining their orders. Nor have I taken in the pre-Socratics,
> because we know too little about them to infer celibacy e
> silentio. I have left out Rousseau because he won't go in
> either column and stopped short of the present day to keep down
> litigation — besides there are indications that things are changing.
> I may be wrong in these and fifty other
> details, but whatever you do to them the figures will
> probably remain significant. The only question is, what of?
> One answer seems obvious. Philosophers need above all to
> concentrate. They are not like poets(nearly all good poets
> marry, however madly). What they most need is space

메리 스크러튼의 〈반지와 책〉 원고.

고 있다는 사실을 결코 잊지 않는 여성 말입니다."[127]

프로듀서 애나 캘린은 '여성 문제'에 대한 메리의 모든 단상이 마음에 들지는 않았다. 메리가 낡은 타자기로 쓴 원고 〈반지와 책〉은 이렇게 시작한다. "위대한 유럽 철학자들은 거의 모두 미혼 남성이었다."[128] 성년 인구의 절반, 그리고 미성년 인구 전체가 배제된 세상에서 수도승에 가까운 삶을 살았던 사람들이다. 메리는 이렇게 묻는다. "만약 다채로운 공동체에서, 남녀노소 사이에서 시간을 보낸 사람들이, 야행성 철학자인 메리 자신처럼 아기들이 침실에서 잠을 자는 동안 글을 쓰는 사람들이 철학을 했다면 철학은 오늘날의 유럽 철학의 모습과 좀 달랐을까?" 두 사람이 동시에 한곳에 있을 수 있다는 주장만 해도 임신한 여성의 입장에서 보면 그다지 비논리적이지 않다. 이뿐만 아니라 내가 먹은 것 때문에 아이가 아픈 게 아닌지 걱정하는 젖먹이 엄마에게 타인의 마음의 문제는 별로 유효하지 못하다. 유아론과 자유에 대한 유럽 철학의 집착이 다소…… 유치하지는 않은지 메리는 물었다.[129] 캘린은 몹시 곤란해했다. 유럽 철학자들이 대부분 미혼 남성이라는 사실이나 시인들이 형편없는 광기 어린 결혼을 한다는 내용보다는 "지적 세계에 대한 논의에 사소하고 불필요한 개인사를 개입시킨다"는 점이 문제였다.[130] 원고는 방송되지 못했다.

메리가 길게 써 내려간 총각 철학자들의 목록을 아이리스가 보았다면 조금은 다른 양상을 눈치챘을 수 있다. 메리의 시각보다는 덜 급진적이지만 메리가 못마땅하게 여기는 철학의 비현실성의 깊은 근원에 더 접근했다고 볼 수도 있다. 아이리스 또한 카페에서 살다시피 한 사르트르가 "친밀한 관계를 왜곡"하는 경향이 있다고 생각했다.[131] 그러나 부양할 사람이 없는 삶, 심지어 고립된 삶조차도 비현실적이거나 단절된 삶일 필요는 없다고 아이리스는 생각했다. 사랑을 하면서 산다면.

아이리스는 평생 사랑이라는 주제와 철학적, 문학적 정사를 이어갔는데 이는 1951년 프랑스 철학자 시몬 베유의 작업에 대한 라디오 강연 시리즈를 시작하면서 본격화되었다. 시몬 베유는 기독교를 믿는 유대인 신비주의자이자 정치 활동가로 1943년에 사망했다.[132] 중산층 출신으로 파리 고등사범학교에서 교육을 받은 시몬은 졸업 후 파리 내 공장에서 일하며 근근이 생계를 이어나가고 있던 수많은 미숙련 여성과 함께 하기로 결정했다. 서머빌의 메리 글로버처럼 시몬 또한 프롤레타리아 계층의 어려움을 체험을 통해 이해하고자 했으며 인간성의 박탈을, 구조를 알 수 없는 기계 속 바퀴의 톱니 하나로서 살아가는 삶을 직접적으로 경험했다.[133] 그러나 시몬 베유는 메리 글로버보다 훨씬 더 깊이 들어갔다. 베유는 학교로 돌아가 현장에서 배운 것을 고민해 보는 쪽을 택하지 않았다. 대신 이해하고 싶었던 삶 속으로 더 깊이 파고들었다. 가난한 공장 동료들처럼 제한된 음식만을 먹으며 굶주렸고 음식을 줄이는 동안에도 노동 강도를 늘려 그야말로 쓰러질 지경이 되었다.[134] "인간 대부분은 뜨거운 목욕물과 먼 인생을 산다"라고 베유는 《일리아스》에 대한 글에서 말한다.[135] 베유는 겨우 34세에 사망했다. 그가 죽고 네 권의 저서, 《신을 기다리며》《중력과 은총》《뿌리내림》《초자연적 앎》이 출간되었다.[136]

1951년 10월 저녁 식사를 마친 어느 목요일 밤 아이리스의 첫 방송을 듣던 메리는 파크타운에서 나누었던 대화의 단편들이 떠올랐을 것이다. 아이리스의 옥스퍼드 영어로 듣는 시몬 베유의 프랑스 단어들은 필리파의 거실에 모인 친구들이 그토록 자주 고민했던 난제들에 대해 이야기하고 있었다. "모순만이 우리에게 우리가 다가 아니라는 것을 보여준다"라고 시몬 베유는 썼다. 모순, 빈 공간, 역설과 마주한다는 것은 실재와 나와 다른 어떤 것과 부딪힌다는 의미이다. 고통도 마찬가지라고 베유는 말한다. "괴로움의 경험은 현실의 경험이다. 우리의 괴로움은 허구가 아니기 때문이다. 진실된 것이다."[137] 고통은 우리의 관심을 억지로 실재로 돌려놓는다. 이질적인 고통을 느낄 때 우리는 평소와 달리 허구와 환상으로 우리를 위로할 수 없다. 모순, 고통, 저항은 우리가 실재를 사유하려면 극복해야 하는 장애물을 조명한다. 아이리스의 철학과 소설은 이후 '환상', 즉 위안을 주고 자기 중심적이며 기계적인 상상력이 어떻게 실재를 가릴 수 있으며 타인과 선에 대한 이해를 막을 수 있는지 영리하고 재치 있게 비극적인 이야기를 통해 보여준다.[138] 우리는 개인적으로 혼자서 만들어낸 세상에 쉽게 갇힐 수 있다. 무엇이 우리의 몽상을 흔들어 깨워줄 수 있을까? 다시 눈을 뜨게 만들 수 있을까?

이 무렵 아이리스의 첫 출간 소설이 될 철학 모험 이야기 《그물을 헤치고》의 초고가 완성되고 있었다.[139] 얼마 안 가 아이리스는 신중하고 성실하게 수정하고 고쳐 쓰고 삭제하고 다시 읽는 작업을 시작한다. 노트가 총 일곱 권이었다. (수정한 내용은 좀 더 어두운 파란색 잉크로 행간에, 혹은 페이지 뒷면에 추가되었다.)[140] 아이리스는 존 클레어가 달팽이를 갖고 했던 것처럼 실재가 반영된 미적 형태를 창조하고자 했다. 자연 그대로의 반영이 아니라 감정과 성격 묘사, 유머와 사려 깊은 인식, 풍자와 익살이 복잡하게 뒤얽힌 이야기를 통해서 실재를 비추어 보고자 했다. 다시 삶으로 돌아가기 위해. 소설의 렌즈를 통해 위대한 예술가는 깊이 있고 정의로우며 자비로운 도덕 이상을 표현할 수 있다.[141] 환상이나 위로의 희망이 없는 세상에 관심을 가지는 위대한 예술가는 우리가 실재의 온갖 우연적인 상황들을 좀 더 명확하게 볼 수 있게 하며 때로는 자연의 아름다움이 그렇듯 경외심을 불러일으킬 수 있다. 아이리스 머독은 바로 이 지점에 (칸트에 대한 하인츠 카시러의 가르침을 간접적으로 적용하여) 예술가의 위대한 인간성을, 그리고 예술과 도덕의 연속성을 놓게 된다. 두 가지 모두의 본질은 사랑이다.[142]

이미지와 실재, 예술과 진실, 기억과 인식 간의 이러한 상호 작용 안에서 시몬 베유의 글이 처음 아이리스의 마음을 움직이기 시작했다. 무엇보다 플라톤의 중요성을 일깨워 주었다. 전쟁 시기 천진난만한 공산당원이었던 아이리스는 (이후 메리의 박사 논문을 지도한) E. R. 도즈의 강의를 들었을 때 아무 감흥이 없었다. 《플라톤의 국가》는 옥스퍼드 좌익들과 2차 볼셰비키 혁명을 준비하느라 바빴던 1940년에 읽었는데, 그 '구닥다리 반동'이 역겨워 공산당 일간지 《데일리 워커》를 돌리기 시작했다고 친구에게 농담조로 말하기도 했다.[143] 아이리스는 탄광과 면직 공장에서 플라톤이 그리는 정의로운 귀족 정치 사회에 반하는 삶을 사는 다수 군중에게 가까이 가고 싶어 했다. 그런데 시몬 베유의 글에서 아이리스는 주머니에 《향연》을 넣고 다니는 좌익을 발견했다. 시몬 베유는 비시 프랑스의 포도 농장에서 일할 때 이 책을 지니고 다니면서 동료 일꾼들에게 가르쳤던 것이다.[144]

《메논》에서 지식은 불멸하는 영혼의 기억이라고 했던 플라톤의 주장은 《향연》에서는 더 이상 이어지지 않는다. 대신 영혼은 아름다운 것, 처음에는 특정한 남녀의 몸과 영혼을, 그러다 몸과 영혼 일반을, 그다음 법과 관습을, 그다음 지식(과학과 아름다운 사상과 이론들, 철학자는 결국 지혜를 사랑하는 사람이므로)을 사랑하면서 마치 사다리를 오르듯 한 단계씩 올라 그 모든 아름다운 것들에 드러난 아름다움의 형상을, 마치 《플라톤의 국가》에서 선의 형상을 바라보듯 응시할 수 있게 된다. 베유에게 플라톤주의, 공산주의, 기독교는 모두 동일한 근본적인 진리를 담고 있다. 인간 영혼이 사랑을 통해 실재를 알게 된다는 진리이다.[145] 이는 메리 글로버가 했던 말이기도 하다.[146] "아름다움은 우리가 본능적으로 사랑하는 유일한 비물질적 가치"라고 아이리스 머독은 이후 쓴다.[147]

아이리스의 방송이 나간 1951년 10월, 세상을 떠난 시몬 베유의 목소리는 여전히 영국의 거실을 맴돌고 있었다. "이러한 이유에서 존재와 접촉할 수 있는 유일한 기관은 수용, 사랑인 것입니다. 그래서 아름다움과 실재는 동일한 것입니다. 그래서 기쁨과 실재 감각은 동일한 것입니다." 아이리스는 예정된 방송 시간을 몇 초 넘겼다.[148] "베유는 아주 용감한 사상가였습니다."[149]

사랑에 대한 교훈과 함께 아이리스는 마침 새로운 사람을 만났고 두 사람의 관계는 베유가 말하는 모든 괴로움과 고통을 겪게 되었다.[150] 프란츠 베어만 슈타이너는 프라하에서 망명한 유대인이자 인류학자였다. 프란츠가 부모를 마지막으로 본 것은 나치가 체코슬로바키아를 침공하기 직전, 체임벌린이 "우리 시대의 평화"를 선언했을 때였다. 프란츠는 햇볕을 받으며 공원 벤치에 앉아 있는 두 사람의 모습을 기억하고 있었다.[151] 전쟁 중에는 두 사람으로부터 어떤 소식도 듣지 못했다. 그러다 1945년 7월, 어릴 적 친구 한스 귄터 아들러에게 편지를 받았다. 이후 아이리스와도 친구 사이가 되는 사람이다. 아들러는 1942년 7월부터 10월 중순까지 프란츠의 부모님과 테레지엔슈타트에 있었고 부모님은 트레블링카(2차 대전 당시 유대인 수용소이다-옮긴이)에서 사망했다고 편지에서 말했다. 테레지엔슈타트 게토에 대한 아들러의 천 페이지에 달하는 연구서 〈테레지엔슈타트 1941-1945: 강제된 공동체의 얼굴〉은 나치 대량 학살의 구조를 운송 수단부터 숙소, 식단, 행정 체계까지 상세하게 기술했다.[152]

아들러의 편지를 받은 직후 슈타이너는 신경 쇠약 증세를 보였다. 1948년에는 극심한 가슴 통증을 느끼기 시작했다. 1년 후 40세에는 첫 심근 경색이 왔다.[153]

아이리스처럼 프란츠도 일기를 쓰는 사람이었다.

1951년 5월 11일
아이리스 머독 등장.[154]

그해 아이리스는 F. H. 브래들리를 강의할 예정이었다. 브래들리의 존재와 실재의 구분은 메리에게 아주 중요했다. A. J. 에이어가 형이상학자들의 멸종을 선고한 이후 처음 개설된 브래들리 강의였다. 한편 프란츠는 '금기의 이론'과 '혈연관계 연구'를 강의하고 있었다.[155] 두 사람은 골든크로스와 램앤플래그에서 싸구려 와인을 마시다 사랑에 빠졌다. 대화 주제는 무궁무진했다.[156] 카프카의 프라하 대 조이스의 더블린, 유배, 가치의 번역 불가능성, 릴케 그리고 신 등. 바르부르크 연구소 소장은 대영박물관의 도서실을 꾸준히 갉아먹었다고 해서 프란츠를 살아 있는 책벌레라고 말하기도 했다.[157, 158] 아이리스는 어떻게든 프란츠의 과거를 받아들였다. "분절된 과거는 연속적인 과거보다 타인에게 전달하기 쉽다"라고 프란츠는 아이리스에게 말했다.[159] 아이리스는 프란츠의 손을 잡았다. 하느님을 믿느냐고도 물었다. 프란츠는 "하느님을 사랑했다."[160] 아이리스는 프란츠를 세인트 존 27번지로 데려가서 "어질러진 식사 공간에서" 엘리자베스를 소개시켜 주었다. 꼴이 엉망인 맨발의 바버라(이제 9살)가 어른들 사이를 돌아다녔다. 프란츠에게 엘리자베스의 아름다운 얼굴은 낯이 익었다.[161] "시와 철학은 알고 보면 아주 가깝다. 이제 알겠다." 아이리스는 일기에 썼다.[162] 프란츠의 시를 읽기도 했다. 둘은 마법과 금기와 신화에 대해 이야기했다. 프란츠의 친구 엘리아스 카네티가 훗날 전한 말에 따르면 프란츠는 신화를 "인류가 만들어낸 가장 위대하고 귀중한 것"이라고 생각했다.[163]

아이리스의 생일에 프란츠는 시와 선물을 주었다.

이 와인 잔을 당신에게 드리니
마셔주오, 나를 마셔주오
멋진 균형을 잃지 말고

우리를 깨지 말아주오.[164]

아이리스는 보답으로 자신의 가장 귀중한 것을 빌려주었다. 《그물을 헤치고》의 원고였다.

1952년 10월 18일 프란츠는 스페인에서 휴가를 보낸 뒤 옥스퍼드로 돌아왔다. 기차가 역으로 들어서자 옥스퍼드의 불빛이 보였다. 아이리스가 바지와 회색 더플코트를 입고 플랫폼에서 기다리고 있었다. 웃는 얼굴은 진지한 동시에 상냥했다. 손에는 용담 꽃 한 묶음을 들고 있었다.[165] 한 달 뒤 프란츠에게 두 번째, 치명적인 심장 마비가 왔다. 아이리스가 사망 신고를 했다. 두 사람은 결혼을 약속한 사이였다. 아이리스는 필리파에게 전화를 했다. 혼자 있을 수가 없었다. "괴로움에 찢겨 아프다. 안경 너머로 반짝이던 F의 눈."[166] 아이리스의 연구실 문에는 이번 학기 남은 수업을 모두 취소한다는 쪽지가 붙었다.

다시 삶으로

필리파는 '조용히 생각으로' 선행을 하는 사람들에 반대하지 않았다. 그러나 네 친구 중에서 가장 뚜렷하게 선행을 했고 누가 봐도 일상생활을 착한 일로 가득 채우고 있었다. 브로드 가 17번지에 있는 필리파의 '삶의 조각'들은 요란하거나 떠들썩하지는 않았지만, 인간의 고통을 줄이려는 세계적 노력의 일부였다.

1951년은 옥스팜에 많은 변화가 있는 해였다. 그해 모인 옷, 기부 물품, 기부금의 총액은 약 8만 파운드(오늘로 치면 250만 파운드

이상)였다. 굉장히 많은 물건을 분류하고 개고 부치고 기록해야 했다. 이 모든 삶의 조각은 더 큰 구조의 일부로서 이 구조는 새로운 규모의 활동을 가능하게 했다. 팔레스타인 난민에게 도움을 주기 위해 기부금을 내기 위해 수표를 쓰기 위해 이름을 서명하는 일도 그랬다. 새로운 총장 레슬리 커클리(랭커스터 출신 퀘이커 교도이자 평화주의자)는 행복한 내일이 갑자기 찾아온다는 생각을 하지 않았고 필리파를 비롯한 다른 봉사자들과 마찬가지로 수선을 요하는 허름한 여성 의류 더미를 뒤졌다. 전진은 느리고 토끼만큼 거북이도 필요로 한다. 그러나 전진할 수 있다고 커클리는 믿었다. 커클리의 임기 초기 위원회에서는 전쟁뿐만 아니라 '자연' 재해에 대한 도움도 주기로 표결했고 그해에는 인도 비하르의 기아 문제를 완화하고자 인도주의 지원을 했다. 영국 하원에서도 옥스퍼드 위원회가 처음으로 언급되었다.[167]

필리파는 학계에서도 자신을 거북이로 생각하곤 했다. 자신의 연구를 모은 전집 서문에서 필리파는 수년간 결과물이 없었던 점에 대해 언급한다. (그리고 기다려준 서머빌 칼리지에 감사를 보낸다.)[168] 그러나 필리파는 사실 비트겐슈타인이 조언한 대로 연구를 진행하고 있었다. "철학은 아주, 아주 천천히 해야 합니다." 필리파는 이후 이렇게 말했다. "철학에서는 아무리 천천히 작업해도 모자라지 않습니다."[169] 아이리스는 1948년 어느 날 오후 필리파의 거실에서 "글을 써야 해!"라고 외쳤다.[170] 그러나 필리파는 이제야 쓰는 일에 재미를 붙인 것 같았다. 1951년 여름에는 "윤리적 규칙과 윤리적 명제"라는 강의에서 리처드 헤어에 대한 최신 반론을 펼쳤고 1952년에는 첫 논문 〈철학자의 도덕 옹호〉를 발표했다. 두 번째 논문 〈원칙은 언제 도덕 원칙이 되는가?〉도 곧바로 뒤따랐다. 1953년 말 아이리스는 두 사람의 대화를 기록으로 남겼다. "요즘 필리파와 대화한 것들. 도덕 철학

기반이 왜 '선택'인지? 왜 언제나 선택이라고 하는가, 알고 보면 선택이 아니다. 여기서도 비트겐슈타인에게 배울 것이 있다. 너무 깊은 논리를 찾지 말라."[171]

아이리스는 헤어와 사르트르를 논평하면서 이렇게 지적한 바 있다. 형이상학적 배경을 제거하고 나면 고립된 주체는 선택을 할 수밖에 없다. 필리파는 이제 배경을 잃어버리면 개념을 잃어버린다는 사실을 깨달았다. 나와 타인 간의 윤리적 관계를 정립하기 위해 우리가 의존하는 개념들이 없어지는 것이다. 1954년 트리니티 학기 두 친구는 케블 칼리지로 돌아왔다. 전쟁 중에 도널드 맥키넌이 수업을 했던 곳이었다. A. J. 에이어의 제초제가 형이상학적 동물에게 야기하는 위험에 대해 가르쳤던 옛 스승은 흐뭇했을 것이다. 형이상학자들 모임에서 키프로스산 셰리를 나누어 마셨던 바실 미첼도 함께 가르쳤다. "우리는 '복합적인 단어'를 연구하는 데 꽤 많은 시간을 보냈다"라고 바실 미첼은 이후 회상했다.[172] 아이리스와 필리파는 학생들에게 '선하다'와 '악하다' 그리고 '옳다'와 '틀리다'가 일반적인 단어라고 설명했다. 누군가 이러한 단어를 썼을 때 우리는 그 사람의 도덕적 시각에 대해서 알 수 있는 게 별로 없다. 어떤 것에 대해 좋게, 혹은 나쁘게 생각한다는 것을 아는 데 그친다. 메리 글로버의 말을 빌자면 이러한 개념의 의미는 비난, 혹은 칭찬의 내용으로 일관된다. 그래서 에이어가 그것을 환호나 야유로, 헤어는 그것을 '하라' 혹은 '하지 말라'로 쉽게 치환할 수 있었다. 그러나 '정직한' '성실한' '참을성이 있는' '허세를 부리는' '고마워하는' '수치스러운' '자랑스러운' '부끄러운' 등의 단어는 특화된 단어로 인간 삶이라는 복잡한 양상으로 이루어진 배경과 연결되는 깊고 무성한 구조를 가지고 있다.[173] 당시 아이리스는 청력을 부분 상실하여 래드클리프 병원에서 독순법을 배우고 있었다.[174] 아이리스의 커다란 눈은 동료 강사인 필리파와 바실의 움직이는 입술을 뚫어지게 쳐다보다가 다시 학생들의 입술로 옮겨가곤 했을 것이다. '고마워하는' '수치스러운' '자랑스러운' '부끄러운.' 사람의 선의에 대한 설명은 환호나 야유보다 훨씬 더 강렬한 집중력과 관심을 필요로 한다.

야만인들 사이로 돌아온 메리의 타자기는 계속 규칙적인 리듬을 만들어냈다. 《뉴 스테이츠먼》에 실릴 서평, 주로 새로 나온 소설 서평이 활자대에서 날아올랐다. 낸시 밋포드의 《축복》, 엘릭 몰의 《잠들지 못한 밤》, 프레더릭 하워드의 《장군을 위한 음악은 없다》 등 1950년대 초 메리는 3주마다 소설 12권을 읽었고 제프의 철제 서가는 높아지는 책의 밀물에 곧 패배할 듯 보였다.[175, 176] 메리는 톰이 잠든 밤을 틈타 집중하려고 애썼다.

거리도 멀고 아이도 돌봐야 했지만, 메리는 계속해서 아이리스를 만나러 옥스퍼드로 갔고 둘은 세인트 앤에서 차를 마시곤 했다. 1952년 말 아이리스를 보러 옥스퍼드에 간 메리는 서점에 들렀다가 책등이 보라색인 신간이 쫙 깔려 있고 책을 가져가는 학생들이 줄을 잇는 모습을 보았다.[177] 헤어의 규범주의 선언 《도덕의 언어》가 출간되어 크게 히트를 친 것이다. '놀라울 정도로 저렴하다고(7실링 6펜스)' 무시되어서는 안 될 이 '작지만 훌륭한 책'은 도덕 철학을 진지하게 공부하고 싶은 학생이라면 모두 읽고 생각해 보아야 한다고 리처드 브레이스웨이트는 《마인드》에 썼다.[178] 헤어의 도덕 주관주의를 먹고 자랄 새로운 세대의 도덕 철학자들을 떠올린 메리는 "심히 우울해졌다."[179] 그러나 그날 메리가 서점에서 찾고 있던 책은 전혀 다른 색깔이었다. 메리의 아버지가 다시금 방향을 지시하며, 새로 번역되어 나온 오스트리아 동물행동학자 콘라트 로렌츠의 《솔로몬 왕의 반지》를 읽어보라고 조언한 것이다.

《솔로몬 왕의 반지》의 솔로몬 왕은 동물과 말을 할 수 있는 성경 속 인물이다. 이 책은 로렌츠가 빈에서 살면서 풀어놓고 기르던 동물들, 갈까마귀, 회색기러기, 큰까마귀, 코카투, 여우원숭이와 꼬리감는 원숭이에 대한 (그림과) 이야기로 꽉 차 있다.[180] 메리는 이 책을 읽고 깨달음을 얻었다.

책을 읽기 전에는 '동물'이라는 기이하고 비현실적인 개념이 벼룩과 고릴라, 개와 문어처럼 동떨어진 생명체들을 단지 인간과 비교 대조하기 위해 하나의 추상적인 집단으로 묶어놓고 있다는 사실을 미처 깨닫지 못했다. 로렌츠의 책을 읽고 나니 '동물'은 단지 인간 존엄이라는 그릇된 관념을 지키기 위해 인간 문명이 만들어낸 황당한 도구일 뿐이라고 느껴졌다.[181]

《솔로몬 왕의 반지》 속 삽화.

우리가 짐승과 다르다는 관념. 그러나…… 인간도 동물에 속하며 지구의 짐승에 속한다는 사실을 메리는 깨달았다. 달팽이와 눈표범은 인간과 혹등고래만큼이나 다르다. 그 번득이는 통찰과 함께 메리의 생각의 배경이 달라졌고 개념이 재배열되면서 생각이 흘러나오기 시작했다. 동물과 인간, 짐승과 인간 사이의 대립을 제거하니 우리의 자기 이해의 핵심에 있는 역설을 해소할 실마리가 보이기 시작했다. ("나는 내가 자연의 작은 왕들 가운데 하나라는 것을 안다.") 우리의 삶은 동물의 삶이며 벼룩이나 고릴라, 고양이, 갈까마귀의 삶과 같은 선상에 있다. 자신의 존엄과 중요성에 대한 자각 또한 인간 특유의 것이 아니다. 모든 동물은 자신의 영역에서 자기가 '작은 왕'이라고 생각한다고 메리는 생각했다. 이후 메리는 이렇게 말했다. "새의 노래는 단지 침입자를 응징하기 전에 내는 기계적인 경고음이 아니다." 새의 노래는 "무엇보다 자기표현이다. '만세, 만세, 나야, 내 거야, 내가 잡았어, 내가 최고야'라는 뜻이다."[182] 메리는 스크러튼 집안의 고양이들도 떠올렸다. 모습을 잘 드러내지는 않았지만, 엄마의 닥스훈트를 고양이 특유의 깔보는 듯한 눈빛으로 쏘아보곤 했다.[183] 존 클레어의 뿔을 내민 '아침의 연약한 형제'도 떠올렸다.

철저히 분리되어 있는 것 같았던 메리의 인생의 여러 조각(어린 시절의 동물 사랑, 서머빌의 식당 한가운데에서 샬롯 윌리엄스-엘리스와 나누었던 대화, 엄마라는 새로운 역할)이 이제 커다란 그림의 여러 부분으로 연결되는 것 같았다. 메리는 동물행동학자의 눈으로 작은 생명체인 톰을 바라보기 시작했다. "어린아이들은 명백히, 말 그대로 동물이자 인간이다."[184] 자신의 과거도 돌아보았다. 루이슬립 저수지로 자전거를 타고 가서 오빠 휴와 헤엄을 치고 놀았던 어린 시절, 기러기와 백조, 오리 사이에서 헤엄칠 때 뿔논병아리의 구애춤을 왜 눈치채지 못했을까?[185] 노래하는 닥스훈트, 고양이, 메리 자신과 오빠 휴, 스크러튼 집안 전체는 또 어떻고? 온 집안이 '다채로운 공동체'의 일부였음을 메리는 이제 깨달았다.[186] 믿음, 우정, 돌봄이라는 사회적 유대를 구조로 삼아 다양한 종이 친밀하게 어우러진 집단이었다. 개와 말은 자기 이름을 부르면 반응한다. 전쟁 중에 《더 타임스》에 실렸던 동물 부고, 〈동물을 위한 공습 대비 지침〉을 보면 알 수 있다.

이제 인간들 간의 차이로 눈을 돌린 메리는 같은 종의 두 개체가 새끼 오리와 송아지만큼이나 다를 수 있을까 궁금했다. 제프의 전염성 강한 활력은 우울한 면을 숨기고 있었다. ("사실 난 조울 증세가 있어"라고 제프는 처음부터 고백했다.) 메리는 좀 폴리애나(낙천적이고 활달한 동화 속 주인공-옮긴이) 같은 면이 있었다.[187] 제프는 극심한 완벽주의와 비판에 대한 공포심이 뒤섞여 수많은 철학 논문을 썼지만 출간하지 못한 반면 메리는 계속해서 글을 발표할 뿐 아니라 라디오와 텔레비전 방송에서도 의견을 늘어놓았다. 데이비드 가넷의 1922년 소설 《여우가 된 부인》(여우로 변한 부인과 그런 아내를 돌보려고 하는 남편의 이야기)에 관한 글에서 메리는 이 이야기가 우리의 마음을 움직이는 이유에 대해서 "사람들은 전혀 다른 종처럼 느껴질 정도로 나와 몹시 다른 사람"과 인연을 맺으며 "포도와 파란 침대보, 온갖 관습"을 이용해 관계를 수습하기 때문이라고 말한다.[188]

《여우가 된 부인》 속 삽화.

이 이후로 메리는 뉴캐슬의 시내 도서관을 이 잡듯 뒤지며 개미핥기, 얼룩말, 개미, 붉은사슴, 레밍, 개코원숭이 등 온갖 동물에 관한 책과 논문을 대출했다.[189] 아버지의 가르침을 행동에 옮긴 것이다. "이 것은 매우 합리적인 행동이었습니다…… 누가 하마 얘기를 하면 하 마에 대해 찾아봐야 하는 것이니까요."[190]

필리파 또한 식물과 동물의 세계로 생각을 돌리고 있었다. 1954 년 트리니티 학기 대학원 수업에서 필리파와 아이리스는 도덕이나 부도덕을 말할 때 쓰는 말들이 이로움과 해로움에 대한 인간의 생각 들과 연결되는 "특화된 설명"이라고 말했다. 그러나 "무엇이 이롭고 무엇이 해로운지 마음대로 정하기는 거의 불가능하고" 그 경계가 어 디 있는지 아는 것이나 이 불가능성의 원천을 명백히 아는 것도 쉽지 않다.[191] 우정과 온기, 건강은 이로운 것이지만 고립, 집이 없이 떠도 는 삶, 질병은 해롭다. 그럼에도 어떤 사람들은 고립을 선호하고 자유 롭게 길을 떠나는 쪽을 택하며 고통 속에서 평화를 발견한다. 비트겐 슈타인의 삶은 고통으로 가득 차 있었지만 그럼에도 이로웠다. 필리 파는 어린 시절 여러 혜택을 누렸지만, 그로 인해 해를 입었다. 엘리 자베스가 인간을 고양이와 순무와 같은 목록에 놓았듯 필리파 역시 다른 생명체의 이로움과 해로움에 대해 생각해 봄으로써 인간의 이 로움에 대한 사유가 현실에 뿌리내리도록 할 수 있었다. 도덕 철학자 는 먼저 식물에 대해서 생각해 보아야 한다고 말해서 청중을 놀라게 한 적도 있다.[192]

살아 있는 것들에게는 인간의 선택이나 평가와 철저히 별개로 좋 음과 나쁨의 기준이 있다고 필리파는 1950년대 들어 주장하기 시작 했다. 리처드 헤어는 자신의 보라색 저서에 선인장이 처음 영국에 들 어왔을 때 평가 기준이 없었기 때문에 이 선인장이 좋다 혹은 나쁘다, 더 좋다 혹은 더 나쁘다고 말할 수 없었다고 쓰고 있다.[193] (2차 대전 으로 인해 당분간 미국에서 선인장을 수입할 수 없었고 막 생겨나기 시작한 영국의 선인장 애호가들은 공급이 끊겼다. 1947년에 수입이 재개되었고 새로 창립된 영국 선인장 및 다육 식물 협회는 이를 매우 환영했다.) 사람들이 특정한 선인장을 선호하거나 (키, 색깔, 뾰족한 정도 등의) 기준을 만들기 시작한 뒤에야 가치 평가적인 용어들이 의미를 갖기 시작했다는 헤어의 주장은 사르트르와 맥을 같이 한다.[194] 이 선인장이 저 선인장보다 더 '낫다'라는 주장은 오로지 인간의 선택과 호오에 달려 있다는 말이었다. 그러나 필리파는 여기 반박하면서 선인장은 생명체이고 그러므로 선인장의 삶의 형태가 그 종에 고유한 내적 기준을 세운다고 말했다.[195] 영국 선인장 및 다육 식물 협회는 대회나 재배하는 사람들을 위해 나름대로 평가의 틀을 적용할 수는 있지만 특정한 선인장이 건강한지 건강하지 않은지, 잘 크고 있는지 해를 입은 상태인지 그것은 협회의 결정과 별개인 객관적인 문제라는 것이다. 자연은 야만적이고 무질서한 것이 아니라 살아 있고 질서 있는 것으로서 인간의 활동과 동떨어진 가치의 원천이다. 선인장이나 시계꽃, 헬리안테뭄에 대해 잘 아는 사람은 어떤 한 개체가 잘 크고 있는지 아닌지 알 수 있을 것이며 무엇이 그 개체에 이롭거나 해로운지 판단할 수 있을 것이다. 세인트 휴의 애니 로저스는 이것을 알았기 때문에 시계꽃은 비바람이 덜한 곳, 고사리는 음지에 심었던 것이다.

구별해 내기가 더 어렵기는 해도 인간에게도 내부 기준이 있으며 그 기준에 따라 한 인간이 잘살고 있는지 못 살고 있는지 판단할 수 있다고 필리파는 주장했다. '인간이 만물의 척도'라는 프로타고라스의 생각과는 다르다. 인간 개개인이 단맛과 신맛, 온기와 냉기, 선과 악의 척도라는 생각과 달리 필리파는 본질적으로 좋은 삶이 있다고 생각했다. 무엇이 인간에게 이롭거나 해로운지는 우리가 결정할 문제가 아니다. 어떤 삶이 좋은 삶인지 아무것도 없는 데서 그저 선택할 수 있는 문제가 아니다. 필리파는 자신의 유년기에 대해 고민할 때

세인트 휴 칼리지 내 고사리가 심긴 작은 골짜기.

이 사실을 알고 있었다. 젊은 여성의 교육을 지원하기 위해 그리스로 돈을 보낸 옥스팜 봉사자들과 레슬리 커클리도 이 사실을 알고 있었다.[196] 비트겐슈타인도 행복한 삶을 살았다고 판단했을 때 이를 알고 있었다.

아이리스는 나중에 "화초를 집에 들이는 사람에게 그 화초가 도덕과 상관이 있다는 말을 하면 꽤나 놀랄 것"이라고 썼다.[197]

필리파가 처음 발표한 논문은 〈철학자의 도덕 옹호〉였지만, 앞서 1951년에는 《에른스트 카시러의 철학》에 대한 서평을 발표했다. 바르부르크 학파 철학자 카시러의 연구에 대해 동시대 철학자들이 쓴 글을 모아놓은 책에 대한 비평이었는데, 필리파는 이렇게 불평했다. "이 책에 실린 글을 읽다 보니 카시러의 연구가 지닌 고유한 탁월함이 무엇이었는지 더 이상 생각나지 않았다. 그래서 다시 카시러의 글로 돌아가면 곧장 깊은 감명을 받았다."[198] 필리파 사상의 골자가 담긴 윤리학 저서《본질적 좋음》에서는 필리파 자신의 철학적 사유에 배어 있는 바르부르크 학파의 숨은 영향이 드러난다. 에른스트 카시러에게 각각의 유기체는 자기만의 환경, 움벨트Umwelt를 갖고 있다. 성게의 세상은 "성게의 것들"로 가득하다. 파리의 세상은 "파리의 것들"로 가득 차 있다. 인간의 세상은 "인간의 것들"로 가득하다. 그리고 이 '인간의 것들' 중에는 상징 체계도 있다.[199]

엘리자베스가 말했듯 사유의 문제는 실재에 대한 관점에 좌우되는 것이다. 그러나 인간 현실은 우리가 만들어낸 것들로 그득하다. 우리가 세우는 구조는 새롭게 보고 행동하는 방식을 만들어낸다. 우리가 쓰는 역사는 진술과 서술의 실타래를 엮어 새로운 무늬를 만들어낸다. 우리는 상징적인 물건, 이성에 근거한 존재를 만들어서 길을 찾는다. 시, 단어, 지도, 이야기가 그런 것들이다. 그리고 시나, 그림, 협주곡 같은 작품, 즉 "우리가 모두 다룰 수 있는 공적인 사물"은 순무나 고양이 만큼이나 우리의 움벨트의 일부이다. (어느 날 밤 세인트 존 27번지에서 엘리자베스는 축음기를 틀어 아이리스에게 슈만을 들려주었다. "우리는 아주 가만히 앉아 있었다. 고양이가 먼저 엘리자베스의 무릎에 올라갔다가 내 무릎으로 올라왔다. 우리는 두 번 시선이 마주쳤다. E.는 완전히 사로잡힌 듯, 아름답고 진지하고 아주 몰입한 모습이었다. 나중에 이렇게 말했다. '좋아하는 걸 듣고 또 듣고 또 듣고 싶어 하는 나쁜 버릇이 있어.'")[200]

필리파 풋의《본질적 좋음》속에는 문학에서 가져온 작은 조각들이 빛난다. 조지 엘리엇, 거트루드 스타인, 몽테뉴, 하디, 도스토옙스키, 콘라드. 책의 앞쪽 페이지 하단에는 시라쿠사, 즉 카르타고 동전 세 개의 사진이 실려 있는데 동전에는 각각 식물, 동물, 인간이 새겨져 있다. ("상징을 만드는 인간을 잊지 말자. 여기 어딘가 단서가 있다"라고 아이리스는 1947년에 쓴 바 있다.)[201]

《본질적 좋음》에 실린 로마 동전 세 개.

철학이 당면한 일에 대해 고찰하면서 비트겐슈타인은 이렇게 썼다. "우리가 생산하고 있는 것은 알고 보면 인간의 자연사에 대한 견해이다."[202] 인간의 자연사에는 인간 본성에 대한 사실이 포함될 것이다. 선인장이나 고양이의 자연사에서 찾아볼 수 있는 사실과 비슷할 것이다. 선인장은 생존하기 위해 온화한 기후가 필요하다. 새끼 고양이는 태어날 때 눈이 감긴 상태이다. 인간 성인은 치아가 32개이다. 그러나 우리 인간은 형이상학적 동물이다. 우리는 현재뿐만 아니라 과거에도 산다. '부끄러운 줄 알아라' '우리는 네가 아주 자랑스럽다' '넌 아주 용감했어' '미안하다고 해야지' '수치스럽다' '용감하다' '무례하다' 등의 특화된 설명은 우리로 하여금 세상을 그리고 타인을 향하게 한다. 우리는 약속을 하고 미래를 상상한다. 의심은 우리 본성의 일부이다. "왜"라고 물으면서 아이는 연결점을 찾기 시작한다. 아이가 위치한 시공간을 초월하는 더 큰 양상을 더듬어 짐작하기 시작한다. 원인과 결과를, 의도와 목적을 연결하기 시작한다. 동일한 사건을 지금 여기에서는 다른 방식으로 설명할 수 있다는 것을 깨닫는다. 더 큰 배경을 고려해서 생각할 수 있다. 네모난 종이가 런던의 한 상자 안에 들어간다—편지를 보내고 있다. 털코트를 개고 있다—구호 사업을 돕고 있다. 손잡이가 위아래로 움직인다—식수에 독을 타고 있다.

어른들은 아이들에게 여러 종류의 대상에 붙은 이름을 알려준다. 각각의 이름은 그 이름이 위치한 구조와 관습의 양상을 드러낸다. 이

건 공작새야, 이건 사람이야, 이건 벼룩이야 하면서 사물의 명칭, 예를 들어 음식, 옷, 친구, 부모 등을 가르치고 펌프질하다, 앉다, 쓰다, 돈을 지불하다 등 행위의 명칭도 알려준다. 도덕 행위의 명칭도 알려준다. 이 일은 너그러운 일이야, 용감한 행동이야, 솔직한 답변이야 하면서.[203] 시, 지도, 이야기는 이러한 명칭과 행위를 반영하고 그것들이 거대하고 변화무쌍한 세상에서 어떻게 서로 들어맞거나 맞지 않는지, 어떻게 하면 들어맞을 수 있을지 반영한다. 인간 아이는 거의 기적적으로 이러한 설명의 의미를 '포착'하고 자신의 행동과 주변 사람들의 행동에 적용한다. 그러나 아이는 '가르침을 주는 실제 사례에서 얻는 것보다 더 많은 걸 할 수' 있어야 한다. 어떻게 지속할지, 어떻게 양상을 이어 나갈지, 어떻게 한 발을 다른 발 앞에 놓을지 터득해야 한다.

리처드 헤어는 언짢은 기분이 들기 시작했다. "감사하게도 옥스퍼드의 여성 칼리지에는 몇몇 유능하고 훌륭한 철학자들이 있는데 대부분은 남성 동료들의 관점을 공격하는 데 많은 시간을 할애한다"라고 불평했다. 억울하게 피해를 입은 기분이었다. "나를 공격 대상으로 삼고 내가 일반 원칙에 너무 많은 관심을 보이는 반면 개별적인 사례의 특수성에 관심이 없다고 비난하면서 도덕적 판단을 내리기 전에 여성의 직감으로 충분히 음미해야 한다고 말한다."[204] 그러나 '유능하고 훌륭한 철학자'들은 이렇게 고집하고 있었다. 여성의 직감의 문제가 아니라 일종의 관념론적 형이상학이 되살린 일종의 실재론적 직관주의의 재언명이라고.

1955년 1월과 2월, 매주 토요일 정오마다 필리파 풋은 시험 본부 건물로 들어섰다. 철학과 학생들은 그 토요일 점심시간마다 어려운 선택을 해야 했다. 플라톤 강의 두 개가 동시에 진행 중이었다. 아니면 둘 다 빼먹고 오리엘 칼리지에서 열리는 로렌초 미니오-팔루엘로의 아퀴나스 세미나에 참석할 수도 있었다. 그것도 아니면 크라이스트처치로 가서 형이상학자들 모임의 일원인 (《신비와 철학》이라는 저서를 쓰고 있는) 마이클 포스터가 '분석 철학'을 공격하는 것을 들을 수도 있었다.

필리파의 '윤리학 입문'을 택한 학생들은 출발점에 선 필리파를 보게 되었다. 필리파는 도덕 철학자의 임무가 무엇인지 마침내 깨닫기 시작한 것이다. 1952년 발표한 〈철학자의 도덕 옹호〉에서 필리파는 '도덕 기반을 흔들고 있다고 여겨지는 적대적 이론', 즉 A. J. 에이어와 리처드 헤어의 도덕 주관주의에 맞서 '변론을 펼치는 것'을 제 임무라고 생각하는 철학자들을 부드럽게 조롱했다.[205] 필리파는 어쩐지 H. A. 프리처드가 떠오르는 어조로 "옳고 그름을 상관 않는 냉담한 분위기를 물리칠 어떤 부적 같은 것을 철학자가 제공할 수 있다고 생각하는 것은 우스꽝스럽다"라고 말했다.[206] 1955년에는 도덕 철학의 역할이 도덕을 변호하는 이론을 만드는 것이 아님을 깨닫기 시작했다. "도덕에는 초월적인 기준이 있다"라고 메리 글로버는 전쟁 직전 썼다. "우리가 차츰 발견하게 될 객관적인 기준"과 연결되어 있다는 것이다. 필리파는 강의에서 학생들에게 아마도 이렇게 말했을 것이다. 도덕 철학자의 역할은 도덕 언어를 다시 삶 속으로 끌고 들어오는 것이다. 강의가 끝난 뒤 필리파는 하이 가에서 왼쪽으로 꺾어 브로드 가 17번지 옥스팜으로 향했을 것이다.

필리파의 윤리학 강의가 마무리될 무렵 아이리스는 (보먼트 가 25번지의 꼭대기 층에 있는 새 아파트에서)《제목 없는 소설》의 1차 퇴고를 마무리하는 중이었다.[207] (출판사에는 "원고에 제 이름이 없어도 문체를 보면 제 소설인 걸 알 수 있을 것"이라고 말하기도 했다.)[208] 이 소설은《매혹자로부터의 도피》로 출간되는 어둡고 매혹적인 환상 소설이며 인물들은 서로의 현실에 대한 무관심으로 인해 자리를 빼앗기거나 구속을 당하거나 (구속하거나) 눈이 멀게 된다. 아이리스의 자전적인 이야기들이 페이지 위에 흩어져 새로운 빛깔을 띤다. UNRRA, 시몬 베유, 프란츠, 프란츠가 죽고 난 뒤 아이리스가 의지한 연인이자 매혹자였던 프란츠의 어린 시절 친구 엘리아스 카네티까지. 그 학기 동안 아이리스는 매주 월요일 오전 10시에 시험 본부에서 '자유주의의 도덕 철학과 윤리'를 강의했다. 필리파의 토요일 강의 이후로 지워지지 않은 칠판에는 '리처드 헤어' '규범주의' '선택' '의무' 등 어서 빨리 지우고 싶은 내용이 필리파의 가냘픈 글씨로 쓰여 있었다. 아이리스는 여기 새로운 생각을 더하고 싶었다. "인간은 자신을 그림으로 그리고 그 그림을 닮아가는 사람이다." (이 문장은 이듬해 발표된 글에 포함되었다) "이것이 바로 도덕 철학이 설명하고 분석하고자 시도해야 하는 과정이다."[209]

메리의 아들 톰이 막 세 살이 되었을 때 동생 데이비드가 태어났다. 아이리스의 첫 소설 《그물을 헤치고》가 북쪽의 뉴캐슬에 도착했고 메리는 아주 재미있게 읽었다. 필리파처럼 메리도 아이리스가 얼마나 재치 있는 작가인지 깨닫고 기뻤으며 화자인 제이크가 '스스로 문제를 해결해야 하는 상황에도 자꾸만 대신 해결해 줄 사람을 찾아 헤매는 것'을 보고 웃음을 지었다.[210, 211] 자신의 앞날을 스스로 좌지우지하지 못하는 제이크의 모습이 메리로 하여금 소설가라는 새로운 가능성을 보게 했을지 모른다. "아이리스가 할 수 있다면 나도 못 할 것 없지?" 메리는 공상과학 소설 《윈터솔트》를 쓰기 시작했다. 메리가 직접 쓰는 인간의 자연사였다. 미래의 역사학자인 화자는 '인류가 동면을 시작하기 전인' 1950년대의 인간 삶을 연구한다.[212] 전쟁의 춥고 어두운 날들, 옥스퍼드 단칸방의 얼어붙은 수도와 부실한 난방이 서서히 과거의 기억 속으로 사라져 갈 즈음 메리는 물었다. 인간이

7장 우리는 형이상학적 동물이다

겨울을 정면으로 마주하지 않고 동면을 했다면 어떤 동물이 될까? 겨울, 즉 추위와 배고픔, 질병은 대다수 인간의 습관, 감성, 성격을 바꾸어놓았을까? 인간이 언제나 옥스퍼드의 봄과 여름 같은 부드러운 온기 속에서 삶을 영위한다면 어떻게 달라질까?

2월 7일 미들랜드 일부 지역에서는 기온이 14도에 육박했다. 세인트존 27번지 1층 서재의 살짝 열린 창으로 들어온 빛은 비트겐슈타인이 1차 대전 당시 기록한 노트의 마이크로필름 사본에 반사되어 흩어졌을 것이다. 고양이 티블스가 학문적 유산 속에 몸을 숨기고 있었다. 엘리자베스는《논리-철학 논고》의 특정 부분을 좀 더 잘 이해하기 위해 노트를 뒤지고 있었다.[213] 비트겐슈타인의《수학의 기초에 관한 강의》번역은 잘 되어가고 있었다. "2를 더하여 숫자를 나열할 때 '20004, 20008'이 아니라 '20004, 20006'이라고 써야 한다는 것을 나는 어떻게 아는가?"[214]

엘리자베스의 펜이 종이 위를 움직이는 동안 ("나는 어떻게 아는가……") 세인트 존 가에서 반 마일 떨어진 브로드 가 클래런던 빌딩의 길쭉한 방에서 옥스퍼드 주례회 위원 22명은 해리 S. 트루먼에게 명예 학위를 수여하자는 총장 앨릭 핼포드 스미스의 제안을 표결에 부치는 중이었다. 그 어느 때보다 "장엄한 분위기"였다고 누군가는 말했다.[215] 거룩한 전임자들의 초상화가 내려다보는 곳에서 위원들은 한 줄로 서서 표결을 했다. 창가에 있는 고색창연한 투표 장치 덕분에 비밀리에 표를 넣을 수 있었다. 왼쪽은 반대, 오른쪽은 찬성이었다.[216] 곧 개표가 진행됐다. 회의록에 따르면 "거의 만장일치"나 다름없었다. 총 22표 중 21표가 찬성표였다.[217] 회의를 마무리하고 보들리언 도서관을 향해 자갈밭을 가로지르던 스미스 총장은 유서 깊은 절차와 관습의 기제가 다음 일을 해결해 주리라고 자신했을 것이다.

453

에필로그

끝내 인간을 향하다

1956년 5월
옥스퍼드

에필로그

1956년 6월 세인트 존 27번지의 현관문을 본 사람이 있다면 그 집안사람들이 무언가 꿍꿍이셈을 꾸미고 있다고 생각했을 것이다. 걸어서, 또는 자전거를 타고, 때로는 차를 타고 온 방문객들이 줄을 이었다. 문 앞으로 당당하게 걸어와서 단호하게 두드린 후 손잡이를 돌려 문을 여는 사람도 있었다. 전에 와본 사람이고 문이 잠겨 있지 않다는 것을 아는 사람이 분명했다. 좀 더 망설이는 사람들도 있었다. 황동으로 된 번지수를 잘 확인하고 문을 두드린 다음 기다리는 사람도 있었다. 그러면 아기를 안은 여성이 다소 흐트러진 차림새로 나왔고 그 뒤로는 꾀죄죄한 아이들이, 이제 걸음마를 하는 아이부터 청소년까지 하나, 둘, 셋, 넷이 고개를 내밀었다. 학생들도 찾아왔다. 유아차를 미는 엄마, 대학 강사, 수녀, 나이 든 미혼 여성 등도 왔다. 후줄근한 남자들과 빼입은 여성들도 왔다. 무정부주의자, 공산주의자, 가톨릭교도도 왔다. 문간에서는 거래가 이루어졌다. 1실링을 지불하면 봉투를 하나 받을 수 있었다. 몇 마디를 주고받고 악수를 하는 경우도 있었다. 이를 틈 타 고양이 티블스가 다리 사이로 빠져나간다. 봉투에는 엘리자베스 앤스콤이 직접 출판한 짧은 소책자 《트루먼의 명예 학위》가 들어 있다. 표지 안쪽에는 이렇게 적혀 있다. "동의하지 않는다고 말했던 다른 사람들에게 존경심을 담아, 그러나 허락은 받지 않고, 이 책을 바친다."[1] 1939년 엘리자베스와 노먼 다니엘이 전쟁의 부당함에 대해서 저항했듯 엘리자베스는 여전히 "가톨릭교도로 사는 일은 초자연적인 존재 방식인 동시에 세속적이고 사회적이며 정치적인 일"이라는 믿음을 갖고 있었다.[2]

엘리자베스가 5월 1일 총회에서 돌아와 치마를 늘 입던 바지로 갈아입은 지 얼마 지나지 않아 집 앞에는 편지들이 속속 도착하기 시작했다. 덕분에 엘리자베스는 소책자를 출간하겠다고 결심할 수 있었을 것이다. "브라보!" 파크타운 14번지에 사는 필리파의 이웃(블룸스버리 그룹의 도예가 필리스 키스)이 직접 가지고 온 쪽지에는 이렇게 적혀 있다. "개인의 이익을 위해 아첨하는 사람에게만 보상을 내리는 극도로 조직화된 사회에서 원칙에 따라 위험을 감수하고 선지자 다니엘처럼 홀로 싸울 수 있는 사람의 도덕적 용기는 누구든 칭찬받아 마땅합니다. 그래서 꼭 어깨를 두드려주고 싶었습니다."[3] 다음 날 평화와 자유를 위한 여성 국제 연합에서 온 편지는 엘리자베스에게 강연을 부탁했다.[4] 칭찬만 있는 것은 아니었다. "'친절한' 일본인들에게 포로로 잡힌 적이 있던 사람으로서 내가 당신보다 그자들의 본성에 대해서 더 잘 알고 있을 것인데 이 나라 남자들은 조금도 생각하지 않는 당신의 태도에 점잖게 말해 화가 치밉니다." "고집불통 같으니라고."[5,6]

서머빌의 우편함에는 베라 파넬이 손으로 쓴 쪽지와 도널드 맥키넌이 보낸 편지가 들어 있었다. "나는 비록 오늘 오후 학생감(앨런 불력)이 했던 주장에 동의하는 입장이지만 엘리자베스가 반대 의견을 내면서 보여준 기품이 정말 존경스럽다고 말해주고 싶었어요." 아이리스와 메리에게 "행동거지를 조심해야 한다는 사실을 심각하게 생각해야 합니다⋯⋯ 이 대학교에서 여성은 아직도 수습 기간이 끝나지 않은 상태라고 보면 됩니다"라고 경고했던 바로 그 베라 파넬이었다.[7] 맥키넌은 1954년 BBC 라디오에서 최신 수소 폭탄의 개발에 대해 언급하면서 이렇게 말한 바 있었다. "우리가 개발해서 사용하기로 선택한 것에 대해 이야기하고 있는 것입니다. 우리가 실제로 내린 선택에 대해 이야기하고 있는 것입니다. 우리가 어쩌다 휘말리게 된 사건에 대해 이야기하고 있는 게 아닙니다⋯⋯ 인간 행위에 대해 말하고 있는 것입니다." 편지에서 맥키넌은 엘리자베스에게 이렇게 말했다. "자네의 용감하고 고결한 행동에 대해 진심 어린 존경을 보내고자 펜을 들었네."[8]

하루이틀이 더 지나자 다양한 나라의 소인이 찍힌 우편이 도착하기 시작했다. 전 세계 신문들이 엘리자베스의 반대 연설을 보도한 결과였다. 미국에서 온 편지도 여러 통이었다. 한 '미국인 여성'은 이렇게 썼다. "선생님은 용기를 내 트루먼에 대해 진실을 말해주었습니다."[9] 또 한 사람은 "정말 옳은 말씀입니다"라고 썼다.[10] 타이페이에서 온 편지도 깊은 존경을 표했다. "선생님이 원하던 성과를 거두지 못한 것은 유감스럽지만 인간의 우매함과 위선에 홀로 맞서 싸우는 게 쉬울 리 없지요."[11] 호주 여성 인권 운동가 제시 스트리트는 엘리자베스의 용기를 칭찬하면서 1954년 일본에서 수집한 증언들을 첨부했다.

비행기 한 대가 히로시마로 날아가는 모습이 눈에 들어왔다고 합니다. 사람들은 비행기를 보기 위해 거리로 뛰쳐나왔습니다. 이 사연을 들려주던 남자도 거리로 나왔고 햇살이 눈 부셔 손을 이마에 붙인 채 비행기를 따라갔습니다. 갑자기 반짝이는 물체가 떨어졌고 비행기는 우측으로 90도 회전해서 날아갔습니다. 남자는 반짝이는 물체에 평화의 메시지가 담겨 있는지 궁금해하면서 비행기에서 눈을 떼지 않았습니다. 갑자기 엄청난 열기가 남자를 때렸습니다. 바지만 입고 있었던 남자의 몸과 얼굴, 팔은 열기로 인한 커다란 수포로 뒤덮였습니다. 순식간에 생긴 화상을 내려다보고 있는데 격한 바람이 불었고 수포로 뒤덮였던 살갗이 여러 개의 긴 띠를 이루며 떨어져 날아갔습니다…… 공포에 사로잡힌 사람들은 비명을 지르며 날뛰었습니다. 아이는 부모를 알아보지 못했고 부모는 아이를 알아보지 못했습니다.[12]

소책자는 엔카이니아(학위 수여식)가 열릴 6월 20일 전에 나와야 했다. 엘리자베스는 총회에서 호소했던 내용을 책자로 찍어내서 다른 사람들에게도 늦지 않았으니 목소리를 내라고 말하고 싶었다. 엘리자베스는 이렇게 썼다. "이 수치스러운 일에 가담하지 않는 방법이 사소하지만 아직 있다. 엔카이니아에 가지 않을 수 있다. 평소에 다른 일 때문에 늘 참석했기 때문에 가지 않는 게 부끄럽다면 몸져눕는 방법도 있다. 나는 하느님의 인내심이 갑자기 바닥날까 두려워 갈 수가 없다."[13]

엘리자베스는 자기 자신의 입장에 대해서는 확고했지만, 그날 총회에서 정확히 어떤 일이 일어났는지에 대해서는 여전히 의아한 마음이 있었다. 앨런 불럭의 변론은 워낙 처참해서 "여기가 뉘른베르크였다면 야유를 받았을 것"이라고 엘리자베스는 생각했다. "대학살 몇 건에 관여했다는 게 경의를 표시하지 않을 이유가 되지 않는다"라는 기만적인 말이었다. 터무니없는 주장이었다. 엘리자베스는 아마도 제시 스트리트의 면담 내용을 다시 읽었을 것이다. 죄 없는 사람들이 그것도 아주 많은 수가 한꺼번에 어떤 경고도 없이, 대피하거나 방공호에 들어갈 틈도 없이 죽임을 당했다고 엘리자베스는 썼다.¹⁴ 그런 사실 앞에서 "그렇게나 많은 옥스퍼드 사람들이 그런 남자에게 아첨하고자 하다니" 엘리자베스는 이해할 수 없었다. 그래서 그 이유에 대해 어떤 설명이 있는지 찾아보았다.¹⁵

뜻을 같이하는 동료들의 도움을 받아 남성 칼리지에서 조사를 해봤더니 많은 사람이 엘리자베스의 주장을 듣기 전부터 반대 입장을 취할 결심을 하고 그 자리에 나타났다는 사실을 알게 되었다. 여러 무리가 "명예 학위에 찬성하자는 분위기에 휩쓸렸다"라는 것도 알게 되었다. "여자들이 무슨 일을 벌일 작정"이라고 두려워하는 분위기도 있었다. 우스터, 올소울즈, 뉴 칼리지의 교직원 식탁에서는 "무엇이 양심적인 행위인지 무척 고민했고 마침내 마음에 드는 이유를" 찾았다. "트루먼에게 불이익을 주는 것이 옳은가!" 그러나 이것은 말도 안 되는 이유였다. 명예 학위를 주지 않는 것이 불이익은 아니다. 엘리자베스는 다시 한번 불럭의 말을 되새겼다. 폭탄을 제조한 책임은 굉장히 많은 사람들에게 있기 때문에 한 사람에게 그 모든 책임을 안길 수는 없다. 그 사람이 폭탄을 투하하라는 명령에 서명을 했다고 하더라도.¹⁶ 그러나 그 사람이 명령에 서명한 것은 맞다고 엘리자베스는 생각했을 것이다. 다시 한번 히로시마 상공에 떨어지는 반짝인 물체, 햇볕을 가리려고 손을 이마에 갖다 댄 아이들, 평화의 메시지를 기다렸던 아이들을 그려보았을 것이다. 서서히 조각들이 제자리를 찾아가기 시작했다.

소책자에서 엘리자베스는 이렇게 계속한다. "1차 대전 이후 옥스퍼드 도덕 철학 연구의 결과물을 떠올리면 어슴푸레 깨닫는 것이 있다." 여기서 엘리자베스는 관념론이 지고 프리처드와 로스 등 실재론자들이 부상한 시기를 말하고 있다. 이제 엘리자베스는 가톨릭 주교의 허락이 필요 없다. 가톨릭교도의 목소리가 아닌 철학자 엘리자베스 앤스콤 자신의 목소리를 내고 있기 때문이다. 엘리자베스는 이렇게 계속한다. "2차 대전 발발 전까지 옥스퍼드에서 우세했던 도덕론에 따르면 아무리 문제적인 결과가 벌어졌을지라도 행위 자체는 '도덕적으로 선할' 수 있다." 실재론자들은 "'옳음'이 도덕적 직관으로 구별할 수 있는 행위의 객관적 특성"이라고 주장하며, 이 이론에 따르면 "많은 사람의 이익을 위해 죄 없는 사람을 죽이는 일도 옳을 수 있다."[17] 사람들의 목숨을 구할 의무가 죄 없는 사람을 죽이지 않을 의무에 우선시되는 것이다. 실재론은 이렇게 의무와 도덕을 분리했다.

전쟁 이후 이 철학은 '착하다'라는 말이 '서술'이 아니라는 대원칙을 가진 철학으로 대체된다.[18] 여기서 엘리자베스는 에이어와 헤어를 겨냥하고 있다. 가치가 사실에서 분리되면 사람은 단지 자신의 원칙을 선택하고 그 원칙대로 살고자 최선을 다해야 한다. 그런 철학에서 살인하지 말라와 같은 도덕 법칙은 칸트의 법칙으로 가장한 개인적 신조일 뿐이다. "이 철학은 이 시대의 정신과 완벽하게 일치하며 그 정신에 아첨하는 철학이라고 부를 만하다"라고 엘리자베스는 말했다. 몇 달 후 엘리자베스가 옥스퍼드 도덕 철학에 대한 이 같은 주장을 BBC 라디오에서 반복하자 청취자 편지가 쏟아졌다. "비비 꼬인 야유" "신랄한 빈정거림" "학문적 법도와 논쟁의 예의에 대한 모욕"이라는 불만이 이어졌다.[19] 헤어가 받은 사적인 편지에 담긴 엘리자베스의 발언에 대한 비난은 훨씬 더 직설적이었다. "유독한 오물" "지옥불 같은 반계몽주의" "선생님의 사상에 대한 공격은 어디서부터 지적해야 할지 알 수조차 없는 그저 촌극에 가깝다."[20]

그러나 엘리자베스와 아이리스, 필리파, 메리는 의무와 원칙에 대한 과거의 논쟁을 살펴보았고 명확한 관점을 유지하는 데 필요한 형이상학적 배경을 끼워 맞추는 중이었다. 도덕을 정말 의미 있는 것들과 재연결시킬 수 있는 방식으로 인간 삶과 행위, 인식을 설명하는 데 착수한 것이다.

우리는 행위의 서술과 가치 평가 언어를 특정한 시간과 공간에 적용한다. 그리고 이 서술과 그 적용을 보여줄 수 있는 사례를 기반으로 가르친다. '편지를 부치고 있다' '펌프질을 하고 있다' '이건 상냥한 행동이다' '그 여자는 용감하다' '이 일은 부끄러운 일이다.' 이것을 본 아이는 특정한 사례를 통해서 얻을 수 있는 것보다 더 많은 것을 행해야 한다. 어떻게 이어갈지 깨달아야 한다. 성장한다는 것은 우리 언어 속에 있는, 우리의 세상과 우리가 공유한 삶의 양상이 가능하게 하는 서술 아래 행동하고 볼 줄 알게 된다는 것이다. 세상을 살아가는 법을 안다는 것은 이러한 것이다. 서술의 합리적이고 거짓 없는 적용은 현실과 인간 삶에 달려 있다. 세상이 빠르게 혹은 난폭하게 변화할 때에는 서술의 적용이 당연하지 않을 수 있다. 새로운 행위의 가능성이 열리고 과거의 가능성이 닫히면서 어떤 행동이 좋거나 나쁠 가능성이 놀라운 방식으로 변화하고 뒤바뀐다. 전쟁으로 변모한 옥스퍼드에서는 대피소를 찾아 극장으로 갈 수 있었다. 헌혈을 하러 도서관에 갈 수 있었다. 그리스의 굶주리는 사람들을 돕기 위해 모피 코트를 브로드 가로 가져갈 수 있었다. 이웃집 커튼에 대해 민원을 제기함으로써 이웃을 구속시킬 수도 있었다. 해체되고 있는 세상, 변화하는 세상에서는 좋은 인간의 삶에서 정말 중요한 것이 무엇인지, 어떤 행동이 진정 해로운 행동인지 깨닫지 못하기가 쉽다.

해리 S. 트루먼은 자신을 초월하는 실재 속에서 행동했다. 트루먼의 '삶의 조각' 즉 종이 위에 적힌 명령은 자연적 사실, 인간의 제도, 관습, 기술이 있는 세상에서 생겨났다. 대통령, 평화 협정, 항복 선언이 있는 세상이다. 트루먼의 배경에는 전쟁이라는 무지막지한 장치가 있었다. 암호명, 위원회, 원자로, 실험실, 변형 B-29 폭격기가 있는, 우라늄을 실은 배가 바다를 이리저리 가로지르는 전쟁이었다. 물론 해리 S. 트루먼이 혼자서 만든 구조는 아니다. 제도 안에서 행동했지만, 트루먼이 직접 만든 제도는 아니다. 트루먼이 개발한 기술도 아니다. 그러나 미합중국 대통령으로서 트루먼은 특유의 방식으로 이 양상 안에 위치하고 있다. 트루먼도 그걸 알고 있었다. '폭격을 명령한다'라는 서술은 해리 트루먼의 행위를 둘러싼 조건 아래서 트루먼의 행위에만 적용되는 서술이다. 그 조건에는 막대한 규모의 행위를 가능하게 할 새로운 구조도 포함되었다.

해리 S. 트루먼은 서명을 하고 있었기 때문에 종이 위로 손을 움직였다 (A). 서명을 함으로써 트루먼은 원자 폭탄의 투하를 명령했다 (B). 트루먼은 일본의 무조건 항복을 확보하기 위해 폭탄 투하를 명령했다 (D). 히로시마 시민들을 살해하는 것은 그 목적을 위한 수단이었다 (C). 목적의 달성을 위해서는 그 정도의 대규모 살인이 필수적이었다. 그것이 없으면 분명 무조건 항복은 뒤따르지 않았을 것이다. 그 목적, 세상 속 하나의 사건은 오로지 미합중국 대통령으로서 해리 S. 트루먼만이 종이 위로 손을 움직이고 이름을 서명하고 명령을 내림으로써 야기할 수 있는 결과였다. 우라늄을 농축한 과학자들이 없었다면, 폭탄을 투하할 폭격기를 변형한 기술자들이 없었다면, 폭격기를 조종한 조종사들이 없었다면 트루먼의 행위가 가능하지 않았으리라는 것도 사실이다. 대통령직을 두는 정부 제도가 없었다면 해리 S. 트루먼이 목적에 다다르지 못했으리라는 것도 사실이다.

그러나 이것들은 사실 명제이다. 트루먼의 행위를 둘러싼 상황이 실제로 이러했음을 보여준다. 해리 S. 트루먼은 의도하지 않은 사건들의 연쇄 작용을 맹목적으로, 무심코 촉발한 것이 아니다. 20만 명에 달하는 사람들이 자기도 모르게 원자 폭탄의 생산에 관여했지만, 트루먼은 아니었다. 트루먼의 입장은 달랐다. 트루먼은 제 눈에 보이는 세상 안에서 행동했다. 트루먼은 무조건 항복을 확보하기 위해서 "가장 포악한 전쟁 도구"가 필요하리라는 사실을 알고 있었다. 알면서도 그 목적을 택했다. 서명을 하면 잠시 후 멀리 히로시마에서 반짝이는 물체가 하늘에서 떨어지리라는 것을 알았다. "우리는 인간이 설계한 가장 파괴적인 폭발물을 갖고 있다. 우리가 새로 개발한 원자 폭탄 단 한 개의 폭발력은 육중한 B-29 폭격기 2000대가 수송 가능한 폭발력과 맞먹는다. 이 무시무시한 사실에 대해 잘 생각해 보기를 바란다. 우리의 계산이 섬뜩할 만큼 정확하다는 사실도 엄중히 강조한다." 이것은 미국인 조종사들이 일본의 여러 도시에 뿌린 전단의 내용이다. 트루먼은 미국 시민들에게 '파멸의 빗발'이 내릴 것이라고 했다. 트루먼은 표적이 단지 군사 시설에서 그치지 않는다는 사실도 알고 있었다. "일본의 두 개 도시보다 우리 꽃 같은 청년들 25만 명이 중요하다는 생각이 들었다"고 이후 트루먼은 말했다.[21]

"목적을 달성하기 위한 수단으로서 죄 없는 사람을 죽인다는 선택이 살인이라는 말은 일반적으로 옳다고 받아들여질 것"이라고 엘리자베스는 썼다. '죄가 없다'라는 게 어떤 의미인지 궁금해할 수는 있지만 여기서 정의 내릴 필요는 없다. "히로시마와 나가사키에서 벌어진 사건은 어떤 경계선에 있는 사건이 아니다. 이 두 도시를 폭격하기로 한 결정은 분명히 목적을 달성하기 위한 수단으로서 죄 없는 사람을 죽이는 결정이었다."[22]

명령의 하단에 이름을 쓰는 행위가 대량 학살이 되는 배경은 워낙 막막하고 복잡한 배경이므로 교수들이, 심지어 트루먼 자신이 그 두 사건을 하나의 틀 안에서 보기 어려워한 것은 당연하다. 그 규모가 인간의 수준을 (스웨터를 개거나 뜨개질을 하는 일, 식사를 대접하거나 매달 다른 그림을 전시하는 일 등을) 완전히 넘어섰기 때문이다. 교수들은 트루먼에게서 악당이라는 낙인을 찾을 수 없었다. 도리어 힘겨운 결정을 내려야 했던 남자, 국가에 대한 의무를 다했다고 생각하는 남자, 최선을 다해서 자신의 도덕 원칙을 따른 남자를 발견했다. 그러나 메리 미즐리가 이후 지적했듯이 사악함은 용기나 공격성 같은 성격 특징이 아니다. "의도적으로 올바르지 못한 행동을 하는 것"을 의미한다.[23] 우리 삶의 배경이 잘못 구성되어 있을 경우 평범하고 친근한 사람들도 아주 쉽게 사악한 행동을 하게 된다. 얼마나 쉬우면 아무도, 그 행동을 하는 당사자도 눈치채지 못할 수도 있다. 상황만 주어지면 "아주 별 볼일 없는 사람도 극악무도한 일을 할 수 있다."[24]

"우리는 이런 일이 가능하지 않다고 생각했어요." 전쟁 후 옥스퍼드로 돌아온 필리파 풋은 강제수용소에 대한 뉴스를 듣자 이렇게 말했다.

"권력이 없는 사람들의 저항은 시간 낭비"라고 엘리자베스는 1956년 5월 1일 총회장에 모인 사람들에게 말했다. 엘리자베스는 원자 폭탄에 '반대하는 동작'을 취하려고 거기 선 게 아니었다. 대신에 참가자들에게 이렇게 말했다. "저는 트루먼에게 명예 학위를 수여하는 우리의 행위에 강력하게 반대합니다."[25]

트루먼은 한 가지 행위로 명성을 얻었다. 그가 했다고 널리 알려진 행위는 그 사람의 이름에 녹아 들어가 있다. 이 사람을 명예의 상징으로 선택한다는 것은 그 행위를 선하고 정의로우며 용기 있는 행위로 정하는 것이며 앞으로 어떻게 나아가야 할지에 대한 단서로서 기록에 보존한다는 것이다. 그런 행위를 '용감하다' 그리고 '정의롭다'는 서술에 속하는 것으로 이해한다는 것은 이러한 개념들의 의미를 상실한다는 것이다. 트루먼 전 대통령에게, 그토록 끔찍한 "행위를 저지른 것으로 유명한 사람"에게 경의를 표한다면 우리가 삶을 잘 사

는 데 필요한 정말 중요한 것을 놓칠 위험을 감수하는 것이다.[26]

도널드 맥키넌은 필리파에게 이렇게 말한 적이 있다. 플라톤에게 글을 쓰도록 동기를 부여한 것은 "소크라테스의 삶과 죽음에서 만물의 궁극적인 존재 방식의 구체화를 찾을 수 있다는 확신이었다."[27] 한 개인의 행위는 실재를 더 선명하게 보이게 만들고 빛을 비추어 나아갈 새로운 길을 보여줄 수 있다.

그 후 이야기

　A. J. 에이어가 형이상학의 멸종을 선언한 직후 엘리자베스와 아이리스, 메리, 필리파는 다 함께 철학 인생을 시작했다. 에이어가 뿌린 "제초제"는 살아 있는 동물인 인간을 효율적인 계산 기계로 축소시켰다. "이해할 수 없습니다"는 더 이상 도움을 요청하는 말, 좀 더 명확하게 보기 위하여 다른 형이상학적 동물에게 보내는 호소가 아니게 되었다. 대신 말을 제한하고 창의성을 찍어 누르고 추측을 틀어막기 위한 도구가 되었다. 우리는 네 친구가 대화를 나누었던 식당과 거실, 찻집과 술집을 따라가 보고 편지를 읽으며 그들이 윤리학을 제대로 된 토양에 공들여 다시 심는 모습을 지켜보았다. 그와 동시에 네 사람은 성장하고 또 성숙하면서 인간 삶에서 진정으로 중요한 것이 무엇인지 직접 파악하고자 했다. 그들을 둘러싼 음울한 현실, 전쟁, 학살, 실향, 트라우마, 고통은 이 일을 더욱 시급하게 만들었다.
　과거의 이야기를 다시 풀어내면서 우리는 20세기 철학이라는 익숙한 이야기 속으로 색다른 실을 짜 넣기 위한 새로운 도안을 제시하고자 했다. 색다른 질문을 하고 철학에 대해 생각하는 색다른 방법을 찾고자 했다. 네 사람 모두에게 가장 중요했던 것은 철학을 삶 속으로 다시 가지고 들어오는 것이었다. 타인과 함께 사는 어지러운 일상의 현실의 맥락 속으로 돌아가는 것. 고대 철학자들이 인간 삶과 선함, 형상 사이에서 보았던 깊은 관계 속으로 돌아가는 것. 인간은 본성에 따라 삶의 방식이 형성되는 살아 있는 생명체이자 동물이라는 사실로 돌아가는 것.

인간이 언어를 사용하고 질문을 하고 그림을 그리는 생명체이면서도 동물이라는 사실을 네 여성은 각각 자기만의 방식으로 서로 조화되게 만들었다. 형이상학적 동물로서 우리의 발명, 상징, 예술 작품은 우리의 움벨트를 바꾸고 어느 정도는 우리의 본성까지 바꾼다. "인간은 어떤 동물인가?" 하는 질문에 대답하는 일은 '극도로 어려운' 일이다. 그리고 거기에 대한 대답이 우리의 실재에 속하게 된다는 사실은 그 어떤 대답도 최종적인 대답이 될 수 없다는 사실을 보장한다. 철학의 영원한 진실은 늘 '처음부터 다시 시작해야' 한다는 것이다.[1]

"도덕 철학에서 결실을 맺을 수 있는 방향을 찾은 것 같습니다." 필리파 풋은 1957년 재닛 본에게 이렇게 썼다.[2] 사실이었다. 1952년과 1961년 사이 필리파가 발표한 논문은 다음과 같다. 〈철학자의 도덕 옹호〉〈원칙은 언제 도덕 원칙이 되는가?〉〈결정론이 포함된 자유 의지〉〈도덕 믿음〉〈도덕 논증〉〈선함과 선택〉.[3-8] 엘리자베스와 서머빌 벽난로 옆에서 나누었던 이야기들은 필리파의 철학에서 계속 중요한 부분을 차지했다. 2000년 필리파는 이렇게 썼다. "엘리자베스와 대화를 나누기 시작한 1940년대 말부터 자신 있게 '서술적 추론과 평가적 추론의 차이'를 언급한 기억이 난다." 엘리자베스는 진심으로 어리둥절한 얼굴을 하고는 그저 "무슨 뜻이야?"라고 물었다."⁹ 엘리자베스의 어리둥절한 반응은 훌륭한 추론과 선함 사이의 관계를 이해하려는 40년간의 노력의 시작이었다고 필리파는 말했다.

1959년 마이클은 필리파와 이혼했다. ("나는 계속해서 간절히 아이를 낳고자 했지만, 필리파는 아이를 가질 수 없었다. 비겁하고 비열한 인간이라고 자책하면서 아내를 떠났다.")¹⁰ 필리파는 1969년까지 서머빌에 있다가 연구직을 사임하고 옥스퍼드와 미국을 오갔다. 주로 UCLA를 포함해서 여러 곳에서 초빙 교수로 재임했다. 미국에 있는 동안 필리파의 관심은 도덕의 형이상학에서 응용윤리학으로 옮겨갔고 필리파와 엘리자베스는 임신 중단에 대해 서로 반대하는 의견을 발표했다. 필리파의 이름은 '트롤리 문제(다섯 명을 구하기 위해 기꺼이 한 명을 희생시킬 것인가?)'와 함께 널리 알려졌다. 교단에서 은퇴할 무렵(1991년) 필리파는 다시금 도덕 주관주의를 상대로 형이상학적 논쟁을 이어갔다. 필리파가 생의 막바지에 이르러 쓴 대표작《본성적 선함》은 1940년대에 뿌려진 씨앗으로부터 자라난 도덕적 통찰을 우아하고 상세하게 기술한다. 식물에 대한 생각에서 비롯된 본성적 선함과 도덕성에 대한 기록이라고 할 수 있다. 2001년 엘리자베스가 사망한 뒤 필리파는 일기장에 이렇게 썼다. "엘리자베스가 없는 이 낯선 세상에서는 모든 것이 처음이다."¹¹ "내가 아는 모든 것은 엘리자베스가 가르쳐주었다."¹² 철학 연구를 하는 동시에 필리파는 옥스팜에서도 계속 활동했고 결국 이사직도 맡게 되었다. "매우 행복한 삶을 살았다고 생각한다. 옥스팜은 분명 그 안에서 끊기지 않는 한 올의 실이었다."¹³ 오늘날 필리파 풋은 20세기 가장 중요한 분석적 도덕 철학자에 속한다고 여겨진다.

글을 발표할 때는 항상 G. E. M. 앤스콤이라는 이름을 사용했던 엘리자베스 앤스콤은 필리파 풋과 함께 20세기에 아리스토텔레스의 덕 윤리학virtue ethics을 부활시킨 사람으로 알려져 있다. 엘리자베스가 도덕 철학에 대해 "제대로 된 심리 철학이 가능할 때까지 어쨌든 잠시 미루어야 한다"라고 썼던 〈현대 도덕 철학〉은 여전히 윤리학에서 가장 폭넓게 읽히고 인용되는 글이다.[14] 〈1인칭〉은 철학자들이 자의식에 대해 생각하는 방식을 뒤바꾸어 놓은 글이다.[15] 엘리자베스는 1970년까지 서머빌에 있다가 케임브리지 대학교로 가서 비트겐슈타인의 자리를 이어받았다. 엘리자베스와 피터의 자녀는 일곱이었다. 비트겐슈타인의《철학적 탐구》가 철학뿐만 아니라 문학적인 명작으로 인정받는 것은 엘리자베스의 노력 덕분이다. 엘리자베스가 발표한 글들은 세 권짜리 논문집《파르메니데스에서 비트겐슈타인까지: 형이상학과 정신 철학; 윤리, 종교, 그리고 정치》로 출간되었다. 엘리자베스의 학술서《의도》는 오늘날의 행위 철학이 있을 수 있게 했다.[16] 《의도》가 "아리스토텔레스 이후 행위에 대한 가장 중요한 사유"라는 데 많은 사람이 의견을 같이한다.[17]

뛰어난 철학자 아이리스 머독이 '소설을 쓰려고 애쓰는 중'이라는 사실을 알게 된 세인트 앤 칼리지 학생들은 재미있는 일이라고 생각했다.[18] 1950년대에 아이리스 머독은 영국의 가장 전도유망한 철학자로 여겨졌다. 1950년대는 여러 중요한 글도 발표했다. 〈형이상학자로서의 소설가〉〈실존주의 영웅〉〈사유와 언어〉〈실존주의 정치 신화〉〈특수를 향한 그리움〉〈도덕에서 전망과 선택〉〈형이상학과 윤리〉〈이론의 집〉〈숭고함과 선〉〈숭고함과 미의 재고〉. 1963년에는 철학 강의를 멈추고 옥스퍼드에서 왕립예술학교로 옮겼다. 그러나 철학을 떠나지는 않았다. 소설 26편과 함께 철학서도 세 권 출간했다. 《선의 주권》《불과 태양: 플라톤이 예술가들을 추방한 이유》《도덕의 안내자로서의 형이상학》.[19] 이 마지막 책은 엘리자베스 앤스콤에게 헌정되었다. 1956년 8월 필리파는 세인트 앤터니 칼리지의 영문학 강사 존 베일리와 결혼했다. 예식에는 새파란 실크 드레스와 레인코트를 입고 갔다. 틀에 박힌 결혼 생활이 아니었다. 영원한 가정을 꾸린 뒤 아이리스는 계속해서 여러 개의 삶을, 여러 사람과 살았다. 1968년에는 필리파와 짧은 연애를 했다.[20] 구체적인 역사 속의 인물, 그리고 현실 삶을 도덕 철학의 중심에 놓고자 했던 아이리스 머독의 탐색을 통해 관심과 사랑, 도덕 심리학의 개념이 다시금 분석 윤리학 속으로 들어갈 수 있었던 것이다.

메리 미즐리는 뉴캐슬어폰타인에 머물렀다. 1964년에는 뉴캐슬 대학교에서 시간제로 일을 시작했고 장성한 아이들이 막내까지 집을 떠나자 전업으로 바꾸었다.[21] 학교에서 메리와 제프는 보기 드물게 뛰어난 철학과를 일구었다. 스승과 제자가 사상과 삶을 공유하고 섞을 수 있는 곳이었다. 부부는 집으로 사람들을 초대해서 '차, 집에서 빚은 맥주, 맛 좋은 위스키'와 함께 '열띤 토론'을 대접했고 부부의 세 아들은 다채로운 사람들 사이에서 성장했다.[22] 메리 미즐리가 59세에 첫 저서 《짐승과 인간》을 출간했을 때 아이리스 머독의 추천사가 뒤표지에 실렸다. "이것은 아주 중요한 책이다."[23] 이후 18권의 저서가 뒤따랐다. 메리의 작업을 발판으로 오늘날의 동물과 환경 윤리학이 생겨났다. 메리는 "우리는 동물과 비슷한 정도가 아니다. 우리는 동물이다"라고 고집했고 이 생각이 메리의 작업의 시작점이었다.[24] 메리는 누군가 어리석거나 얄팍한 말을 했을 때 "엉터리!"라고 외치는 것을 결코 망설이지 않았다.[25]

1980년대에는 서머빌 졸업생 마거릿 대처가 이끄는 보수 정부의 정책으로 인해 철학과가 잇따라 문을 닫았다. 메리는 뉴캐슬 대학교의 철학과를 살리기 위한 운동을 이끌었다. 성공하지 못했지만, 철학을 지키려는 노력은 결코 그만두지 않았다. 철학은 사치가 아니라고 메리는 강조했다. 철학은 인간이 잘살기 위해서 필수적이라고 했다. 기술과 인공 지능에 미래를 맡겨도 된다는 허황된 생각에 대해 날카로운 반대 의견을 내놓았다. 기술은 안락한 기분을 만들어줄 뿐인 진정제에 불과하고 기후, 전쟁, 환경, 교육 등에 대해 앞으로 뭘 어떻게 해야 하느냐는 문제와 맞닥뜨렸을 때는 기술에 대한 이런 생각은 궁극적으로 자멸을 초래할 수 있다고 했다. 메리는 마지막 저서 《철학은 왜 필요한가?》를 경고 그리고 명령의 말과 함께 마친다.

"우리에게 실제로 벌어지는 일은 여전히 인간의 선택에 따라 결정될 것이다. 아무리 대단한 기계라도 그 기계를 설계하는 인간들보다 더 나은 선택을 할 수는 없다. 그러니 물질이 일을 해주기 바라기보다는 우리 자신의 정신에 의지하는 것이 분명히 더 나을 것이다. 그렇다면 철학적 추론은 이제 꽤나 중요해질 것이라고 생각해 볼 수 있다. 우리는 이 새롭고 어려운 주제에 대해서 어떻게 생각하는 것이 잘 생각하는 것인지 고려해 보아야 한다. 어떻게 상상하고 어떻게 가시화하고 어떻게 설득력 있는 세계 그림에 끼워 넣을지 생각해야 한다. 우리가 스스로 그렇게 하지 않으면 누가 대신해 줄 수 있을지 잘 모르겠다."[26]

엘리자베스 앤스콤 (1919-2001) 필리파 풋 (1920-2010)
아이리스 머독 (1919-1999)

메리 미즐리 (1919-2018)

옮긴이의 말

형이상학이란 무엇인가?

 "형이상학이 무엇인지 말하기는 쉽지 않다."〈스탠퍼드 철학 백과 사전〉에서 형이상학을 검색하면 나오는 첫 문장이다. 여기서는 철학 사전도 말하기 쉽지 않다고 선언한 바로 그것을 여기서 감히 설명해 보고자 한다. 하필 이 책의 제목이기 때문이다.
 복잡한 개념을 이해하려고 애쓸 때 그 출발점으로 가보는 것은 언제나 도움이 된다. 위에서 말한 〈스탠퍼드 철학 백과사전〉의 설명에 따르면 아리스토텔레스도 이 말을 몰랐다. 형이상학이라는 책을 쓴 사람으로 여겨지는데도 말이다. 지금으로부터 2300년쯤 전에 그리스 철학자 아리스토텔레스는 글을 썼다. 아주 많이 썼다. 주제도 다양했다. 물리, 천문, 동물, 윤리, 시와 연극 등에 대해 열심히 썼다. 그가 세상을 떠나고 약 100년쯤 지난 뒤 아리스토텔레스의 글을 책으로 묶으려던 편집자는 네 가지 주제에 대한 글들을 묶어 '타 메타 타 퓌지카 τὰ μετὰ τὰ φυσικά'라는 제목을 붙였다. '퓌지카' 다음에 오는 책이라는 의미이다. '퓌지카'라는 제목으로 묶인 책에는 자연 세계에 대한 글이 담겼다면 '타 메타 타 퓌지카'에는 철학, 과학 원리, 신학, 지혜 등에 대한 여러 글이 담겼다. 눈으로 관찰하기 힘든 자연 세계 밖의 주제에 대한 사유가 형이상학이라는 생각이 여기서 나오는 것이다.

'타 메타 타 퓌지카'를 한자어로 옮긴 형이상학形而上學(형이상과 형이하, 즉 형상 이전의 것과 이후의 것에 대한 개념이 주역에 나오는데 거기서 빌려 쓴 번역어라고 한다)은 그런 생각을 굳히기에 적합하다. 잘 모르는 상태에서 형이상학이라는 말을 들으면 형체가 없는 것들에 대한 뜬구름 잡는 소리가 아닐까 하는 직관적 인식이 엄습한다. 나 또한 그런 직관적 인식만을 갖고 있다가 새내기 대학생일 당시 형이상학에 대한 구체적인 설명을 들은 순간을 아직도 잊지 못한다. 형이상학의 세계가 무한한 매력을 가진 세계로 느껴졌기 때문이다. 마침 그 설명을 해준 교수님이 아이들을 위해 읽기 쉽게 정리한 저서가 있는데, 거기서는 형이상학의 세계를 "눈에 보이지는 않으나, 인간 삶과 사유의 근원적인 원리가 되는 본질적인 세계"라고 말하고 있다. (이지애,《먹는 것도 철학이 되나요?》)

인간은 형이상학적 동물이며 "초월적인 것에 대해서, 인간 정신과 무한한 것에 대해 말해야 하는 존재"라고 하는 도널드 맥키넌의 말도 바로 이런 맥락에서 나온다. 하지만 A. J. 에이어가 말하는 논리실증주의도 논리와 의미에 대해 말하고 있고 이 또한 눈이 보이지 않는 것에 대한 사유이니 형이상학이 아닐까? 바로 이런 점 때문에 형이상학의 정의 혹은 분류가 어렵다는 말이 나오는 것이다. 이런, 형이상학을 설명하겠다고 해놓고 결국 다시 어렵다는 말로 돌아와 버렸다.

하지만 이것은 철학이, 즉 인간이 자연, 신, 정신, 윤리, 언어 등에 대해서 생각하는 방식이 세월에 따라 다양하게 분화하고 변화했음을 의미하기도 한다. 그 여러 분기점 혹은 변곡점 중의 하나가 바로 이 책에서 다루고 있는 엘리자베스 앤스콤, 필리파 풋, 메리 미즐리, 아이리스 머독의 시대이다. 옥스퍼드에서 여성이 철학을 가르치고 또 공부하기 시작한 시대였고 유럽이라는 이른바 문명 세계가 또다시 전쟁의 포화 속에 빠진 시기였다. 인간은 무시무시한 수단으로 서로를 무참히 죽였다. 네 여성은 바로 이 지점에 서서 각자 형이상학의 의미, 인간이 형이상학적 동물이라는 의미를 공부하고 발견하는 것을 넘어서 탐구를 통해 새로운 의미를 빚어냈다.

여러분은 의미를 이해하는 것을 넘어서 빚어낼 수 있다는 생각을 해본 적이 있는가? 우리가 언어, 사물, 세상의 의미를 마치 사전에 들어 있는 정의처럼 고정되어 있고 불변하는 어떤 것으로 본다면 자유롭게 빚어낸다는 생각은 하기 힘들다. 하지만 이 책에서 따라가 본 네 여성 철학자의 삶에 한 가지 공통점이 있다면 그 누구도 주어진 의미를 있는 그대로 받아들이지 않았다는 사실이다. 한목소리로 '아니'라고 외쳤다는 사실이다. 그런 뒤 그들은 하나같이 치열하게 의심했고 관찰했으며 고민했다. 그리고 읽고 쓰면서 자기만의 길을 만들어나갔다. 비트겐슈타인의 말처럼 이 사람은 미친 게 아니고 '철학을 하는 중일 뿐'이었다. 그들은 인간이라는 형이상학적 동물에 대해 고민했고 인간이라는 형이상학적 동물로 살았다. 나는 이들의 활동이 곧 새로운 의미의 형이상학이라고 생각한다.

세상이 이미 정의 내려진 상태로 존재하지 않는다는 사실, 자유로운 탐구와 고민이야말로 인간이라는 동물이 할 수 있는 일이라는 사실을 삶으로 보여준 네 여성, 그리고 그들의 이야기를 책으로 펴낸 두 여성의 노력에 힘을 보탤 수 있어 영광이고 기쁨이었다. 아울러 이 책의 편집에 깊은 형이상학적 고민과 오랜 시간을 들인 김정하 편집자께도 감사를 전한다.

주

자주 인용되는 문헌

AC: Sally Crawford et al. (eds), Ark of Civilization: Refugee Scholars and Oxford University, 1930-1945
EM: Iris Murdoch, Existentialists and Mystics
ERP: G.E.M. Anscombe, Ethics, Religion and Politics
FPW: G.E.M. Anscombe, From Parmenides to Wittgenstein
HUOVIII: Brian Harrison, The History of the University of Oxford Volume VIII: The Twentieth Century
IMAL: Peter Conradi, Iris Murdoch: A Life
IMJ: 'Iris Murdoch Journal' (IMJ1, IMJ3, IMJ4, IMJ5, IMJ6, IMJ7)
LP: Avril Horner and Anne Rowe (eds), Living on Paper
MPM: G.E.M. Anscombe, Metaphysics and the Philosophy of Mind
ODNB: Oxford Dictionary of National Biography
OM: Mary Midgley, The Owl of Minerva: A Memoir
PI: Ludwig Wittgenstein, Philosophical Investigations
SW: Paula Adams, Somerville for Women
WW: Peter Conradi, Writer at War

자주 인용된 아카이브

CIAA: Collegium Institute Anscombe Archive, Philadelphia
IMC: Iris Murdoch Collections, Kingston School of Art, Kingston University, London
MGMP: Mary and Geoff Midgley Papers, Durham University Library Special Collections, Durham
NCA: Newnham College Archive, Newnham College, Cambridge University
PCA: The Peter Conradi Archive, Kingston School of Art, Kingston University, London
RKA: Raymond Klibansky Archive, Deutsches Literatur Archiv, Marbach
SCA: Somerville College Archive, Somerville College, University of Oxford
SHCA: St Hugh's College Archive, St Hugh's College, University of Oxford

주

들어가며

1 Midgley, M., 'Rings & Books' (1950s), p. 1. Mary and Geoff Midgley Papers, Durham University Library Special Collections, Durham. MID/C/3.
2 Midgley, M. 2007. *Owl of Minerva: A Memoir*. Routledge. p. 181.
3 Midgley, M. 2007. *Owl of Minerva: A Memoir*. Routledge. p. 83.
4 Murdoch, I. 1967. *Sartre: Romantic Rationalist*. Collins.
5 MacKinnon, D. M. 1938. And the Son of Man That Thou Visitest Him: Part 1. *Christendom*, 9, pp. 186-192. D. M. 1938. And the Son of Man That Thou Visitest Him: Part 2. *Christendom*, 9, pp. 262-272.
6 Midgley, M. 2013. The golden age of female philosophy. *The Guardian*, 28, 2013.
7 Mehta, V. 1962. *Fly and the Fly Bottle: Encounters with British Intellectuals*, 51-57. Boston and Toronto: Little, Brown & Co. p. 56.
8 Midgley, M. 2013. The golden age of female philosophy. *The Guardian*, 28, 2013.
9 Midgley, M. 2007. *Owl of Minerva: A Memoir*. Routledge. pp. 104-105.
10 Murdoch, I. 1970, *The Sovereignty of Good*, Routledge & Kegan Paul, p. 80, 이병익 옮김.《선의 군림》. 이숲(2020).
11 Midgley, M. 2018. *What is Philosophy for?*. Bloomsbury Academic. pp. 207-208.
12 G.E.M. Anscombe. 1944. Cover letter for application for a Sarah Smithson Studentship. Newnham College Archive. pp. 1-2(AC/5/2. © M. C. Gormally)

프롤로그: 철학, 권력 앞에 서다

1 Buxton, L. H. D., & Gibson, S. 1935. *Oxford University Ceremonies*. Oxford: Clarendon Press. p. 57.
2 Anscombe, G. E. M. 1956. *Mr. Truman's degree*. Oxford: Oxonian Press. p. 65.
3 Buxton, L. H. D., & Gibson, S. 1935. *Oxford University Ceremonies*. Oxford: Clarendon Press. p. 33.
4 Anscombe, G. E. M. 1956. *Mr. Truman's degree*. Oxford: Oxonian Press. p. 65.
5 'Report of the Committee on Honorary Degrees', 7 and 11 February 1955. Central Administrative Correspondence file for the Committee on Honorary Degrees, Oxford University Archives. UR 6/HD/7, file 3.
6 Anscombe, G. E. M. 1956. *Mr. Truman's degree*. Oxford: Oxonian Press. p.

65.
7   Adams, P. 1996. *Somerville for Women: an Oxford college, 1879-1993*. Oxford: Oxford University Press. p. 233.
8   Anscombe, G. E. M. 1956. *Mr. Truman's degree*. Oxford: Oxonian Press. pp. 65-66.
9   Anscombe, G. E. M. 1956. *Mr. Truman's degree*. Oxford: Oxonian Press. p. 65.
10 Masterman, J. C. 1975. *On the Chariot Wheel: An Autobiography*. Oxford University press. p. 304.
11 'Report of the Committee on Honorary Degrees', 7 and 11 February 1955.; Glover, J. 2001, *Humanity: A Moral History of the Twentieth Century*, Yale University Press, pp. 106-107, 김선욱 외 옮김.《휴머니티: 20세기의 폭력과 새로운 도덕》. 문예출판사(2008).
12 Anscombe, G.E.M., Geach, M. and Gormally, L. (eds) 2005. *Human Life, Action, and Ethics*. Exeter: Imprint Academic.
13 Masterman, J. C. 1975. *On the Chariot Wheel: An Autobiography*. Oxford University press. p. 304.
14 Mitchell, B. 2009. *Looking Back: On Faith, Philosophy and Friends in Oxford*. Memoir Club. p. 230.
15 Anscombe, G. E. M. 1956. *Mr. Truman's degree*. Oxford: Oxonian Press. p. 64.
16 Anscombe, G. E. M. 1956. *Mr. Truman's degree*. Oxford: Oxonian Press. p. 64-65.
17 2 May 1956. *Solitary Opponent of Mr Truman's honorary degree*. Manchester Guardian. p. 3.
18 Masterman, J. C. 1975. *On the Chariot Wheel: An Autobiography*. Oxford University press. p. 304.
19 위와 같음.
20 Anscombe, G. E. M. (1956). *Mr. Truman's degree*. Oxford: Oxonian Press. p. 70.
21 Beeston, A. L. F. 1995. Letter in the *Oxford Magazine* (Michaelmas Term). In Glover, J. 2001, *Humanity: A Moral History of the Twentieth Century*, Yale University Press, p. 107, 김선욱 외 옮김.《휴머니티: 20세기의 폭력과 새로운 도덕》. 문예출판사(2008).
22 Glover, J. 2001, *Humanity: A Moral History of the Twentieth Century*, Yale University Press, p. 107, 김선욱 외 옮김.《휴머니티: 20세기의 폭력과 새로운 도덕》. 문예출판사(2008).
23 Anscombe, G. E. M. 1956. *Mr. Truman's degree*. Oxford: Oxonian Press. p. 66.

24 Bullock, A. 1962. *Hitler: A study in tyranny*. Harper Perennial.
25 Anscombe, G. E. M. 1956. *Mr. Truman's degree*. Oxford: Oxonian Press. p. 66.
26 위와 같음.
27 Masterman, J. C. 1975. *On the Chariot Wheel: An Autobiography*. Oxford University press. p. 304.
28 Anscombe, G. E. M. 1956. *Mr. Truman's degree*. Oxford: Oxonian Press. p. 64.
29 Masterman, J. C. 1975. *On the Chariot Wheel: An Autobiography*. Oxford University press. p. 304.
30 Teichman, J. 2002. *Gertrude Elizabeth Margaret Anscombe 1919-2001*, Proceedings of the British Academy 115. p. 49.
31 2 May 1956. *Solitary Opponent of Mr Truman's honorary degree*. Manchester Guardian. p. 3.
32 M.R.D Foot. 7 May 1956. *Degree for Mr Truman*, Manchester Guardian. pp. 6.
33 19 June 1956. *Oxford Don Fights Honor For Truman*. New York Times. p. 3.
34 McCullough, D. 2003.*Truman*. Simon and Schuster. p. 415.
35 'Gaudy Menu 1956', Christ Church Archive, University of Oxford, sxxiv. c.1/5. College Archive, 'Gaudy Menu 1956'.
36 위와 같음.
37 McCullough, D. 2003. *Truman*. Simon and Schuster. p. 957.
38 Dummett, M. n.d. *Address for the Somerville Philippa Foot Memorial*. Somerville College Archives, University of Oxford. SC/AO/AA/FW/Foot, p. 3.
39 'Letter from Philippa Foot to Janet Vaughan', 3 November 1957, SCA, SC/AO/AA/FW/Anscombe.
40 McCullough, D. 2003.*Truman*. Simon and Schuster. p. 348.
41 Doll, R. 2010. 'Vaughan [married name Gourlay], Dame Janet Maria (1899-1993)'. *Oxford Dictionary of National Biography*. Oxford: Oxford University Press.
42 위와 같음.
43 Letter to Janet Vaughan, 3 November 1957, SC/AO/AA/FW/Anscombe.
44 http://news.bbc.co.uk/onthisday/hi/dates/stories/august/6/news-id_3602000/3602189.stm
45 *Iris Murdoch Journal* 4. 1947. Unpublished manuscript. Iris Murdoch Collection, Kingston University Archives. KUAS202/1/4. 25 July. p. 25.

1장 억눌린 목소리

1   Midgley, M. (2007). *Owl of Minerva: A Memoir*. Routledge. p. 60.
2   Midgley, M. (2007). *Owl of Minerva: A Memoir*. Routledge. p. 2.
3   Midgley, M. (2007). *Owl of Minerva: A Memoir*. Routledge. p. 21.
4   Midgley, M. (2007). *Owl of Minerva: A Memoir*. Routledge. p. 77.
5   Midgley, M. (2007). *Owl of Minerva: A Memoir*. Routledge. p. 3.
6   Midgley, M. (2007). *Owl of Minerva: A Memoir*. Routledge. p. 93.
7   Midgley, M. n.d. *Mary Midgley interviewed by Paul Merchant*. Life Story Interviews, *Science and Religion: Exploring the Spectrum*. British Library. C1672/05, track 2, p. 21.
8   Scrutton, M. 1956. 'On Being Reformed'. *The Listener*. 1428, p. 196.
9   Letter from Rev. Tom Scrutton to Mary Scrutton', 26 May 1936, letters from immediate family members, MGMP MID/F.
10 Midgley, M. 2007. *Owl of Minerva: A Memoir*. Routledge. pp. 81-82.
11 Imperial War Museum. n.d. *Jean Wilhelma Rowntree* (oral history). Imperial War Museum Sound Archive. Available at:https://www.iwm.org.uk/collections/item/object/80014585
12 Midgley, M. 2007. *Owl of Minerva: A Memoir*. Routledge. p. 83.
13 'Letter from Rev. Tom Scrutton', 24 April 1939, MGMP MID/F.
14 Somerville College. 1939. *Somerville College Report and Calendar 1938-1939*, Somerville College Archives, University of Oxford, SC/GB/AR/RC 1938-39.
15 Ridler, A., 1967. *Olive Willis and Downe House: an adventure in education*. John Murray. pp. 81-82.
16 Dewey, J.1986. Experience and education. *The Educational Forum*, 50(3), p. 28.
17 Dewey, J.1986. Experience and education. *The Educational Forum*, 50(3), p. 74.
18 Dewey, J.1986. Experience and education. *The Educational Forum*, 50(3), p. 49.
19 Hart, J. 1998. *Ask Me No More*. London: Peter Halban. p. 14.
20 Scrutton, M. (1956) 'On Being Reformed', *The Listener*. 1428, p. 196
21 Smith, P. 2000. *The Morning Light: A South African Childhood Revalued*. David Philip. p. 221., SCA, conversation with authors.
22 Smith, P. 2000. *The Morning Light: A South African Childhood Revalued*. David Philip. p. 221.
23 Midgley, M. 2007. *Owl of Minerva: A Memoir*. Routledge. p. 77
24 Conradi. P. 2001. *Iris Murdoch: A Life*. London: Harper Collins. p. 59.
25 위의 책, p. 28.
26 위의 책, p. 59.
27 Storry, J. 1982. *At Badminton with B.M.B. by Those Who Were There*. Bristol:

Badminton School. pp. 7-8.
28 McKenzie, D.J. 1998. *Steps to the Bar*. Greengate Press. pp. 31-32.
29 'Letter to Mr W. D. Howarth', 10 January [?], PCA, KUAS6/10/1/7.
30 McKenzie, D.J. 1998. *Steps to the Bar*. Greengate Press. p. 32.
31 'Letter from Leila Eveleigh to Peter Conradi', 27 June [1998], PCA, KUAS6/10/1/1/1.
32 'McKenzie, D.J. 1998. *Steps to the Bar*. Greengate Press. p. 32.
33 Letter from Pat Trenaman to John Bayley', 29 February 1999, PCA, KUAS6/10/1/10.
34 'Letter to Conradi from Mary Jeffery', 22 February 1981, PCA KUAS6/10/1/3
35 Midgley, M. 2007. *Owl of Minerva: A Memoir*. Routledge. p. 86.
36 Conradi. P. 2001. *Iris Murdoch: A Life*. London: Harper Collins. p. 97.
37 위의 책, p. 396.
38 위의 책, p. 83.
39 위의 책, p. 85
40 Currie, R. 1994. 'The Arts and Social Studies, 1914-1939'. In: Harrison, B. (ed.) *The History of the University of Oxford, Volume VIII: The Twentieth Century*. Oxford: Oxford University Press. pp. 109-138.
41 Adams, P. 1996. *Somerville for Women: an Oxford college, 1879-1993*. Oxford: Oxford University Press. p. 224. Conradi. P. 2001. *Iris Murdoch: A Life*. London: Harper Collins. p. 83
42 Midgley, M. 2007. *Owl of Minerva: A Memoir*. Routledge. p. 86.
43 Joyce Reynolds, conversation with authors, 2 July 2020.
44 Conradi. P. 2001. *Iris Murdoch: A Life*. London: Harper Collins. p. 84
45 Conradi. P. 2001. *Iris Murdoch: A Life*. London: Harper Collins. p.82; Midgley, M. 2007. *Owl of Minerva: A Memoir*. Routledge. p. 86.
46 Buxton, L. H. D., & Gibson, S. 1935. *Oxford University Ceremonies*. Oxford: Clarendon Press. p. 42-43.
47 Farnell, V. n.d. *Postcard concerning appropriate academic dress for women*. Unpublished manuscript. Mary and Geoff Midgley Papers, Durham University Library Special Collections, Durham. MID/E/36.
48 Adams, P. 1996. *Somerville for Women: an Oxford college, 1879-1993*. Oxford: Oxford University Press. p. 121.
49 Seymour-Ure, C. 2004. 'Bathurst [née Borthwick], Lilias Margaret Frances, Countess Bathurst (1871-1965)'. *Oxford Dictionary of National Biography*. Oxford: Oxford University Press.
50 Howarth, J. 2004 'Women', in Harrison, B. (ed.) *The History of the University of Oxford Volume VIII: The Twentieth Century*. Oxford University Press. p.

360.
51　Robinson, J., 2009. *Bluestockings: The remarkable story of the first women to fight for an education*. Penguin UK. pp. 78-79.
52　Harrison, B. 1994. 'College Life, 1918-1939', in *The History of the University of Oxford Volume VIII: The Twentieth Century*, ed. B. Harrison. Oxford: Clarendon Press, pp. 81-108.
53　Adams, P. 1996. *Somerville for Women: an Oxford college, 1879-1993*. Oxford: Oxford University Press. p. 164.
54　Farnell, V., 1948.*A Somervillian Looks Back*. Privately printed at Oxford University Press. p. 1.
55　Harrison, B. 1994. 'College Life, 1918-1939', in *The History of the University of Oxford Volume VIII: The Twentieth Century*, ed. B. Harrison. Oxford: Clarendon Press, p. 362.
56　Healey, E. 2007. *Part of the Pattern: Memoirs of a Wife at Westminster*. London: Headline.
57　Midgley, M. 2007. *Owl of Minerva: A Memoir*. Routledge. p. 88.
58　위와 같음.
59　위와 같음.
60　Conradi. P. 2001. *Iris Murdoch: A Life*. London: Harper Collins. p. 95.
61　Adams, P. 1996. *Somerville for Women: an Oxford college, 1879-1993*. Oxford: Oxford University Press. p. 233. Adams, SW, p. 233.
62　Morris, J., 2001. *Oxford*. Oxford University Press, USA. p. 65.
63　위의 책, p. 119.
64　Morris, J., 2001.*Oxford*. Oxford University Press, USA. p. 67.
65　Adams, P. 1996. *Somerville for Women: an Oxford college, 1879-1993*. Oxford: Oxford University Press. p. 163-165.
66　Mabbott, J.D. 1986. *Oxford Memories*. Oxford: Thorntons. pp. 81-82.
67　Adams, P. 1996. *Somerville for Women: an Oxford college, 1879-1993*. Oxford: Oxford University Press. p. 115
68　Rowe, M.W., 2023.*JL Austin: philosopher and D-day intelligence officer*. Oxford University Press.
69　Midgley, M. 2007. *Owl of Minerva: A Memoir*. Routledge. p. 69.
70　Conradi. P. 2001. *Iris Murdoch: A Life*. London: Harper Collins. p. 69.
71　Storry, At Badminton with B. M. B. by Those Who Were There. p. 11.
72　'Debating Society Report', Badminton School Magazine LX, Summer Term 1936, Badminton School Archive.
73　Conradi. P. 2001. *Iris Murdoch: A Life*. London: Harper Collins. p. 69.
74　위의 책, p. 68.
75　'Christmas Holiday Lectures', Headway, March 1937, p. 48, in PCA,

KUAS6/10/2/8.; Conradi. P. 2001. *Iris Murdoch: A Life*. London: Harper Collins. p. 78.
76 Iris Murdoch, 'If I were Foreign Secretary', Badminton School Magazine, LXXV, Autumn Term 1937, p. 16, Badminton School Archive.; Conradi. P. 2001. *Iris Murdoch: A Life*. London: Harper Collins. p. 78.
77 Carritt, C. 2006. 'The Oxford Carritts'. Unpublished family history.
78 Conradi, P. 2001. *Iris Murdoch: A Life*. London: HarperCollins. p. 83.
79 위의 책, p. 202.
80 위의 책, p. 83.
81 Adams, P. 1996. *Somerville for Women: an Oxford college, 1879-1993*. Oxford: Oxford University Press. p. 220.
82 Griffin, P. 1986. *St Hugh's: One Hundred Years of Women's Education in Oxford*. London: Palgrave Macmillan. p. 107.
83 Midgley, M. 2007. *Owl of Minerva: A Memoir*. Routledge. p. 88.
84 Conradi, P. 2001. *Iris Murdoch: A Life*. London: HarperCollins. pp. 84-85.
85 위의 책, pp. 82-83.
86 위의 책, pp. 89-90.
87 Midgley, M. 2007. *Owl of Minerva: A Memoir*. Routledge. p. 87.
88 Midgley, M. 2007. *Owl of Minerva: A Memoir*. Routledge. p. 84.
89 Williams-Ellis, A., *All Stracheys are Cousins* (London: Weidenfeld & Nicolson, 1983), p. 128.
90 Midgley, M. 2007. *Owl of Minerva: A Memoir*. Routledge. p. 94.
91 'Mary Midgley interviewed by Paul Merchant'. n.d. *Life Story Interviews*, British Library. Track 2, p. 22.
92 St Hugh's College Chronicle: 1938-39, no. 11, p. 31.
93 Deborah Quare, 'Mordan, Clara Evelyn (1844-1915)', *Oxford Dictionary of National Biography*.
94 'Report by D. H. Gray, Hilary Term 1938', Elizabeth Anscombe Student File, St Hugh's College Archive, St Hugh's College, University of Oxford. SHG/J/3/2.
95 'Photocopied documentation on GEMA's record as a pupil at Sydenham High School', the Collegium Institute Anscombe Archive at the University of Pennsylvania, Kislak Centre for Special Collections, Rare Books and Manuscripts, Box 14, File 562.
96 위와 같음.
97 저자들과 주고받은 대화 중 메리 기치의 발언, 2020년 8월 28일자.
98 위와 같음.
99 Keene, A. n.d. 'Gwyer, Barbara Elizabeth (1881-1974)'. *Oxford Dictionary of National Biography*. Oxford: Oxford University Press.

100 J. Howarth, 'Anglican Perspectives on Gender: Some Reflections on the Centenary of St Hugh's College, Oxford', *Oxford Review of Education* 12:3(1986), p. 299.
101 Griffin, P. 1986. *St Hugh's: One Hundred Years of Women's Education in Oxford*. London: Palgrave Macmillan. p. 20.
102 Rogers, A. M. A. H. & Rogers, C. F. 1938. *Degrees by Degrees: The Story of the Admission of Oxford Women Students to Membership of the University*. Oxford: Oxford University Press.
103 Howarth, J., 'Rogers, Annie Mary Anne Henley (1856-1937)', *Oxford Dictionary of National Biography*.
104 https://www.st-annes.ox.ac.uk/this-is-st-annes/history/founding-fellows/annie-rogers/
105 Griffin, P. 1986. *St Hugh's: One Hundred Years of Women's Education in Oxford*. London: Palgrave Macmillan. pp. 304-316.
106 Geach, M. 2008. 'Introduction'. In: Anscombe, G.E.M., Geach, M. & Gormally, L. (eds) *Faith in a Hard Ground: Essays on Religion, Philosophy, and Ethics*. Exeter: Imprint Academic. p. xxii.
107 Anscombe, G.E.M. 1981. 'Introduction'. In: *Metaphysics and the Philosophy of Mind: The Collected Philosophical Papers of G.E.M. Anscombe Volume Two*. Oxford: Blackwell. p. vii.
108 위와 같음.
109 위의 책, vii-x.
110 Midgley, M. 2016. Conversation with authors, September.
111 'GEMA's Certificate of Confirmation'. n.d. Collegium Institute Anscombe Archive, University of Pennsylvania, Kislak Centre for Special Collections, Rare Books and Manuscripts. Box 10, File 373.
112 Bachem-Rehm, M. 2013. 'A Forgotten Chapter of Regional Social History: The Polish Immigrants to the Ruhr 1870-1939'. In: Reuschke, D., Salzbrunn, M. & Schönhärl, K. (eds) *The Economies of Urban Diversity: The Ruhr Area and Istanbul*. New York: Palgrave Macmillan.
113 Geach, E.F.A. & Wallace, D. 1918. *--esques*. Oxford: Blackwell.; . Desturmobed Blog. 2012. 'EFA Geach'. Available at: http://desturmobed.blogspot.com/2012/10/efa-geach.html
114 Geach, P. 1991. 'A Philosophical Autobiography'. In: Lewis, H.A. (ed.) *Peter Geach: Philosophical Encounters*. Dordrecht: Springer. pp. 2-5.
115 위와 같음, p. 4.
116 Kenny, A. 2015. 'Peter Thomas Geach, 1916-2013'. *Biographical Memoirs of Fellows of the British Academy* 14. p. 186.
117 Kenny, A. 2015. 'Peter Thomas Geach, 1916-2013'. *Biographical Memoirs of*

주

Fellows of the British Academy 14. p. 186. p. 10.
118 Centre for Bioethics & Medical Law. 2021. 'About Elizabeth Anscombe'. https://www.bioethics.org.uk/page/about_us/about_elizabeth_anscombe
119 Kenny, A. 2015. 'Peter Thomas Geach, 1916-2013'. Biographical Memoirs of Fellows of the British Academy 14. p. 187.
120 Geach, P. 1991. 'A Philosophical Autobiography'. In: Lewis, H.A. (ed.) Peter Geach: Philosophical Encounters. Dordrecht: Springer. p. 11.
121 Midgley, M. 2005. The Owl of Minerva: A Memoir. London: Routledge. p. 94.
122 위와 같음.
123 'PC's interviews in Oxford, Hilary 1999'. n.d. Iris Murdoch Collections, Kingston University Archives. KUA26/4/1/1.
124 Conradi, P. 2001. Iris Murdoch: A Life. London: HarperCollins. p. 86.
125 Walsh, B. 1996. 'Mildred Hartley: A Wartime Recollection'. Somerville College Annual Report. p. 134.
126 위와 같음.
127 Scott, D. 1971. A. D. Lindsay: A Biography. Oxford: Basil Blackwell. p. 245.
128 Conradi, P. 2001. Iris Murdoch: A Life. London: HarperCollins. p. 89.
129 Midgley, M. 2005. The Owl of Minerva: A Memoir. London: Routledge. p. 85.
130 Humphreys, S. 1967. 'Obituary: Mary Isobel Henderson, Fellow and Tutor 1933-1967; Vice Principal 1960-1967'. Somerville College Annual Report 1967, p. 30.
131 Adams, P. 1996. Somerville for Women. Oxford: Summerville Press. p. 232.
132 Humphreys, S. 1967. 'Obituary: Mary Isobel Henderson, Fellow and Tutor 1933-1967; Vice Principal 1960-1967'. Somerville College Annual Report 1967, p. 30.
133 Cameron, A. 1994. 'Past Masters'. Times Higher Education Supplement, 27 October 1994.
134 'Marriages'. The Times, 20 June 1933.
135 Rowse, A. L. 1933. 'Mr Charles Henderson'. The Times. 2 October 1933.
136 Scott, D. 1971. A. D. Lindsay: A Biography. Oxford: Basil Blackwell. p. 250.
137 Healey, D. 1989. The Time of My Life. London: Michael Joseph. p. 28.
138 Scott, D. 1971. A. D. Lindsay: A Biography. Oxford: Basil Blackwell. p. 250.
139 Eatwell, R. 1971. 'Munich, Public Opinion, and Popular Front'. Journal of Contemporary History 6(4), p. 128.
140 Healey, E. 2007. Part of the Pattern: Memoirs of a Wife at Westminster. London: Headline. p. 42.
141 Conradi, P. 2001. Iris Murdoch: A Life. London: HarperCollins. p. 89.
142 위의 책, pp. 631-2 (fn. 73).;'Letter from Margaret Stanier to Peter Conradi', 29 October 1998, IMA, KUAS6/3/143/3.

143 Horner, A. & Rowe, A. (eds.) 2015. *Living on Paper: Letters from Iris Murdoch, 1934-1995*. London: Chatto & Windus. pp. 10-11.
144 위의 문서, pp. 10-11.
145 Snyder, T. 2011. *Bloodlands: Europe Between Hitler and Stalin*. London: Vintage. p. 74.
146 Dewey, J. et al. 1938. *Not Guilty: Report of the Commission of Inquiry into the Charges Made Against Leon Trotsky in the Moscow Trials*. New York: Harper and Brothers Publishers.
147 Midgley, M. 2005. *The Owl of Minerva: A Memoir*. London: Routledge. p. 111.
148 위와 같음.
149 Ignatieff, M. 1998. *Isaiah Berlin: A Life*. London: Chatto & Windus. p. 73.
150 Mitchell, L. 2010. *Maurice Bowra: A Life*. Oxford: Oxford University Press. p. 200.
151 Dodds, E. R. 1977. *Missing Persons: An Autobiography*. Oxford: Clarendon Press. p. 131.
152 Birks, C. 2020. 'From Pacifism to Popular Front: the Changing Views of the Left and the Liberal Intelligentsia in Oxford, 1933-1938'. MA dissertation, University of Oxford.
153 Waugh, E. 2012. *Brideshead Revisited: The Sacred and Profane Memories of Captain Charles Ryder*. London: Penguin. p. 22.
154 Conradi, P. J. 2013. *A Very English Hero: The Making of Frank Thompson*. London: Bloomsbury. p. 46.
155 Carritt, E. F. 1950. 'The Oxford Carritts', p. 2.
156 Brown, S. & Bredin, H. T. 2005. *Dictionary of Twentieth-Century British Philosophers*. London: Bloomsbury Academic. p. 157.
157 Conradi, P. J. 2013. *A Very English Hero: The Making of Frank Thompson*. London: Bloomsbury. p. 113.
158 Emmet, D. 1996. *Philosophers and Friends: Reminiscences of Seventy Years in Philosophy*. Basingstoke: Macmillan. p. 33.
159 Scott, D. 1971. *A. D. Lindsay: A Biography*. Oxford: Basil Blackwell. p. 120.
160 위의 책, p. 106.
161 Grimley, M. 2004. *Citizenship, Community and the Church of England: Liberal Anglican Theories of the State Between the Wars*. Oxford: Oxford University Press.
162 Scott, D. 1971. *A. D. Lindsay: A Biography*. Oxford: Basil Blackwell. p. 106.
163 Savage, J. 2008. *Teenage: The Creation of Youth Culture*. London: Pimlico.
164 Healey, D. 1989. *The Time of My Life*. London: Michael Joseph. p. 27.
165 Mitchell, L. 2010. *Maurice Bowra: A Life*. Oxford: Oxford University Press.

pp. 160-162.
166 위의 책, p. 249.
167 Smith, P. 2000. *The Morning Light: A South African Childhood Revalued*. Cape Town: David Philip. p. 235.
168 Crawford, S., Ulmschneider, K. & Elsner, J. (eds) 2017. *Ark of Civilization: Refugee Scholars and Oxford University, 1930-1945*. Oxford: Oxford University Press. p. 14.; Williams, B. 1993. *Shame and Necessity*. Berkeley: University of California Press. pp. x-xi.
169 Crawford, S., Ulmschneider, K. & Elsner, J. (eds) 2017. *Ark of Civilization: Refugee Scholars and Oxford University, 1930-1945*. Oxford: Oxford University Press. p. 1.
170 Elsner, J. 2017. 'Pfeiffer, Fraenkel, and Refugee Scholarship in Oxford during and after the Second World War'. In: Crawford et al. (eds) *Ark of Civilization*, p. 31.
171 Elsner, J. 2017. 'Pfeiffer, Fraenkel, and Refugee Scholarship in Oxford during and after the Second World War'. In: Crawford et al. (eds) *Ark of Civilization*, p. 1.
172 Humphreys, S. 1967. 'Obituary: Mary Isobel Henderson, Fellow and Tutor 1933-1967; Vice Principal 1960-1967'. *Somerville College Annual Report 1967*, p. 30.
173 Midgley, M. 2007. *Owl of Minerva: A Memoir*. Routledge. p. 98.
174 Fraenkel, E. 1950. *Aeschylus: Agamemnon*, Vol. 1. Oxford: Oxford University Press. p. 95.
175 Stray, C. 2015. 'A Teutonic Monster in Oxford: The Making of Fraenkel's *Agamemnon*'. In: Kraus, S. C. & Stray, C. (eds) *Classical Commentaries: Explorations in a Scholarly Genre*. Oxford: Oxford University Press. pp. 39-57.
176 Darwin, J. G. 1994. 'A World University'. In: Harrison, B. (ed.) *The History of the University of Oxford, Volume VIII: The Twentieth Century*. Oxford: Oxford University Press. p. 609.
177 Darwin, J. G. 1994. 'A World University'. In: Harrison, B. (ed.) *The History of the University of Oxford, Volume VIII: The Twentieth Century*. Oxford: Oxford University Press. p. 97.
178 위의 책, pp. 96-97.
179 Fraenkel, E. 1950. *Aeschylus: Agamemnon*, Vol. 3. Oxford: Oxford University Press. p. 485. (In Crawford et al., 2017, p. 42.)
180 Burton, G. R. & Toland, J. F. 2020. 'Ludwig Edward Fraenkel. 28 May 1927-27 April 2019'. *Biographical Memoirs of Fellows of the Royal Society* 69, pp. 175-201.
181 Webster, W. 2018. *Mixing It: Diversity in World War Two Britain*. Oxford: Ox-

ford University Press. p. 168.
182 Fraenkel, E. 1950. *Aeschylus: Agamemnon*, Vol. 1. Oxford: Oxford University Press. p. 95.
183 Umachandran, M. 2019. '"The aftermath experienced before": Aeschylean Untimeliness and Iris Murdoch's Defence of Art'. *Ramus* 48(2). p. 225.
184 Conradi, P. 2001. *Iris Murdoch: A Life*. London: HarperCollins. pp. 121-122.
185 위의 책, p. 97.
186 위의 책, p. 93.
187 Summers, S. 1988. 'The Lost Loves of Iris Murdoch'. *Mail on Sunday*, 5 June 1988. p. 17. (In Conradi, 2001, p. 96.)
188 Conradi, P. 2001. *Iris Murdoch: A Life*. London: HarperCollins. p. 93.
189 Mander, W. J. 2016. *Idealist Ethics*. Oxford: Oxford University Press UK.; Muirhead, J. H. 1927. 'How Hegel came to England'. *Mind* 36(144), pp. 423-447.; Green, T. H. 2003. *Prolegomena to Ethics*. Oxford: Oxford University Press.; Bosanquet, B. 1918. *Some Suggestions in Ethics*. London: Macmillan.; Lindsay, A. D. 1926. 'The Idealism of Caird and Jones'. *Journal of Philosophical Studies* 1(2), pp. 171-182.
190 Moore, G. E. 1903. 'The Refutation of Idealism'. *Mind* 12(48), pp. 433-453.
191 Moore, G. E. 1922. *Principia Ethica*. Cambridge: Cambridge University Press. Chapter 2, p. 40.
192 Prichard, H. A. 1912. 'Does Moral Philosophy Rest on a Mistake?'. *Mind* 21(81), pp. 21-37, p. 37.
193 Emmet, D. 1993. *Role of the Unrealisable: Study in Regulative Ideals*. London: Palgrave Macmillan. p. 64.
194 Conradi, P. J. 2011. *Iris Murdoch, A Writer at War: Letters and Diaries, 1939-1945*. Oxford: Oxford University Press. p. 251.; Conradi, P. 2001. *Iris Murdoch: A Life*. London: HarperCollins. p. 216.
195 Nagel, E. 1936. 'Impressions and Appraisals of Analytic Philosophy in Europe. I'. *Journal of Philosophy* 33(1), p. 9.; Rogers, B. 1999. *A. J. Ayer: A Life*. New York: Grove Press. p. 104.
196 Rogers, B. 1999. *A. J. Ayer: A Life*. New York: Grove Press. p. 114.
197 위의 책, p. 58.
198 Stadler, F. 2001. *The Vienna Circle: Studies in the Origins, Development, and Influence of Logical Empiricism*. Wien / New York: Springer.
199 University of Oxford, Department of Experimental Psychology. 2021. '120 Years of Psychology at Oxford'. https://www.psy.ox.ac.uk/about-us/120-years-of-psychology-at-oxford
200 Midgley, M. 2007. *Owl of Minerva: A Memoir*. Routledge. p. 84.

201 Stebbing, L. S. 1942. 'Moore's Influence'. In: Schilpp, P. A. (ed.) *The Philosophy of G. E. Moore* (*Library of Living Philosophers*). La Salle, IL: Open Court. p. 530.
202 Nagel, E. 1936. 'Impressions and Appraisals of Analytic Philosophy in Europe. I'. *Journal of Philosophy* 33(1), p. 6.
203 위의 문서, p. 13.
204 Wisdom, J. 1944. 'L. Susan Stebbing, 1885-1943'. *Mind* 53(211), pp. 283-285, at p. 283.
205 Stebbing, L. S. 1930/1948. *A Modern Introduction to Logic*. London: Methuen. p. 1.
206 위의 책, pp. 163-165.
207 Stebbing, L. S. 1939. *Thinking to Some Purpose*. Harmondsworth: Penguin Books. p. 63.
208 위의 책, pp. 70-71.
209 Chapman, S. 2013. *Susan Stebbing and the Language of Common Sense*. London: Palgrave Macmillan. p. 126.
210 Rogers, B. 1999. *A. J. Ayer: A Life*. New York: Grove Press. p. 104. p. 55.
211 Ayer, A. J. 1978. *A Part of My Life: The Memoirs of a Philosopher*. Oxford: Oxford University Press. p. 122.
212 Wittgenstein, L. 1921. *Tractatus Logico-Philosophicus*, Routledge, 이영철 옮김. 《논리-철학 논고》. 책세상(2005).
213 위와 같음.
214 'Letter from A. J. Ayer to Ryle, 9 February 1933', Gilbert Ryle Collection, Linacre College, University of Oxford.
215 위와 같음.
216 Ayer, A. J. 1936/1946. *Language, Truth and Logic*. London: Victor Gollancz. p. 86, 송하석 옮김. 《언어, 논리, 진리》. 나남출판(2010).
217 위의 책, p. 85.
218 Ayer, A. J. 1978. *A Part of My Life: The Memoirs of a Philosopher*. Oxford: Oxford University Press. p. 144.
219 Ayer, A. J. 1936/1946. *Language, Truth and Logic*. London: Victor Gollancz. p. 49. (Based on F. H. Bradley, 1908, *Appearance and Reality: A Metaphysical Essay*.), 송하석 옮김. 《언어, 논리, 진리》. 나남출판(2010).
220 Russell, B. 1905. 'On Denoting'. *Mind* 14(56), pp. 479-493.
221 Ayer, A. J. 1936/1946. *Language, Truth and Logic*. London: Victor Gollancz. p. 60, 송하석 옮김. 《언어, 논리, 진리》. 나남출판(2010).
222 Murdoch, I. 1957/1997. 'Metaphysics and Ethics'. In: Conradi, P. J. (ed.) *Existentialists and Mystics: Writings on Philosophy and Literature*. London: Chatto & Windus. pp. 99-123, p. 60.

223 Midgley, M. 2007. *Owl of Minerva: A Memoir*. Routledge. p. 120.
224 Midgley, M. 2011. *The Myths We Live By*. London: Routledge. p. 59.
225 Price, H. H. 1932. *Hume's Theory of the External World*. Oxford: Oxford University Press. p. 8.
226 Ayer, A. J. 1978. *A Part of My Life: The Memoirs of a Philosopher*. Oxford: Oxford University Press. p. 154.
227 Ayer, A. J. 1936/1946. *Language, Truth and Logic*. London: Victor Gollancz. p. 137, 송하석 옮김.《언어, 논리, 진리》. 나남출판(2010).
228 Rogers, B. 1999. *A. J. Ayer: A Life*. New York: Grove Press. p. 123.
229 Ignatieff, M. 1998. *Isaiah Berlin: A Life*. London: Chatto & Windus. p. 85.
230 MacKinnon, D. M. 1961. 'And the Son of Man that Thou Visitest Him', *Theology* 64(762), p. 269.
231 위의 문서, p. 266.
232 Rogers, B. 1999. *A. J. Ayer: A Life*. New York: Grove Press. p. 124.
233 Midgley, M. 2007. *Owl of Minerva: A Memoir*. Routledge. p. 118.
234 Ayer, A. J. 1978. *A Part of My Life: The Memoirs of a Philosopher*. Oxford: Oxford University Press. p. 166.
235 'H. H. Price Reference for A. J. Ayer', 8 February 1935. A. J. Ayer Archive, Trinity College, University of Oxford.(In Rogers, 1999, p. 106.)
236 Ayer, A. J. 1978. *A Part of My Life: The Memoirs of a Philosopher*. Oxford: Oxford University Press. p. 145.
237 Worcester, T. (ed.) 2017. 'D'Arcy, Martin Cyril, SJ (1888-1976)'. *The Cambridge Encyclopedia of the Jesuits*. Cambridge: Cambridge University Press. p. 219.
238 Wilks, C. 2002. *Emotion, Truth and Meaning: In Defense of Ayer and Stevenson*. Dordrecht: Kluwer Academic Publishers. p. 38.
239 Hare, R. M. 2002. 'A Philosophical Autobiography'. *Utilitas* 14(3), p. 288.
240 Mure, G. R. G. 1958. *Retreat from Truth*. London: Blackwell, p. vii.
241 Rogers, B. 1999. *A. J. Ayer: A Life*. New York: Grove Press. p. 124.
242 Collingwood, R. G. 1957. *An Essay on Metaphysics* (orig. 1940). Oxford: Clarendon Press. p. viii.
243 위의 책, pp. 162-163, 166.
244 위의 책, p. 21.
245 Lindsay, A. D. 1924. 'What Does the Mind Construct?' *Proceedings of the Aristotelian Society* 25, pp. 1-18, at p. 11.; Emmet, D. 1996. *Philosophers and Friends: Reminiscences of Seventy Years in Philosophy*. Basingstoke: Macmillan. p. 16.
246 Inglis, F. 2011. *History Man: The Life of R. G. Collingwood*. Princeton: Princeton University Press. p. 249.

2장 전쟁의 소용돌이 속에서

1 Conradi, P. J. 2001. *Iris Murdoch: A Life*. London: HarperCollins. pp. 105-108.
2 Midgley, M. 2005. *The Owl of Minerva: A Memoir*. London: Routledge. p. 102.
3 Webster, W. 2018. *Mixing It: Diversity in World War Two Britain*. Oxford: Oxford University Press. p. 42.
4 *Iris Murdoch Journal* (IMJ1). n.d. p. 103. Iris Murdoch Collections, Kingston University Archives. KUAS202/1/1.; Conradi, P. J. 2001. *Iris Murdoch: A Life*. London: HarperCollins. p. 107.
5 Midgley, M. 2005. *The Owl of Minerva: A Memoir*. London: Routledge. p. 103.
6 Addison, P. 1994. 'Oxford and the Second World War'. In: Harrison, B. (ed.) *The History of the University of Oxford Volume VIII: The Twentieth Century*. Oxford: Oxford University Press. p. 169.
7 위의 책, p. 167.
8 Foot, M. R. D. 2009. *Memories of an S.O.E. Historian*. Barnsley: Pen & Sword Books. p. 52.
9 'Photocopy of letter from Noel Eldridge to his mother' [November 1939], pp. 2-3. Peter Conradi Archive (PCA), KUAS6/11/1/16/3.(In Conradi, 2001, p. 156.)
10 Conradi, P. J. 2001. *Iris Murdoch: A Life*. London: HarperCollins. p. 106.
11 Warner, P. 1990. *Phantom: Uncovering the Secrets of the WW2 Special Forces Unit*. Barnsley: Pen & Sword Books. pp. 325-326.
12 Conradi, P. J. 2011. *Iris Murdoch, A Writer at War: Letters and Diaries, 1939-1945*. Oxford: Oxford University Press. p. 111.
13 Conradi, P. J. 2001. *Iris Murdoch: A Life*. London: HarperCollins. p. 100.
14 위와 같음.
15 Conradi, P. J. 2011. *Iris Murdoch, A Writer at War: Letters and Diaries, 1939-1945*. Oxford: Oxford University Press. pp. 118, 121.
16 'Letter from Nick Crosbie to Mary Scrutton', undated, MGMP, MID/F.
17 Murdoch, I. 1942. 'More about Wartime Oxford'. *Badminton School Magazine* LXXXII, p. 23. Badminton School Archive.
18 Lewis, C. S. 2013 (orig. 1939). 'Learning in War-Time'. In: *The Weight of Glory: A Collection of Lewis's Most Moving Addresses*. London: William Collins. pp. 49-50.
19 'Letter from Iris Murdoch to Mary Scrutton', n.d. posted from Somerville, MGMP MID/F.

20   Midgley, M. 2005. *The Owl of Minerva: A Memoir*. London: Routledge. p. 106.
21   Prochaska, A. 2013. 'Patricia Margaret Norman'. https://principal2010.files.wordpress.com/2013/09/patricia-margaret-norman.pdf
22   Adams, P. 1996. *Somerville for Women*. Oxford: Summerville Press. p. 242.
23   Horner, A. & Rowe, A. (eds.) 2015. *Living on Paper: Letters from Iris Murdoch, 1934-1995*. London: Chatto & Windus. p. 14.
24   Conradi, P. J. 2011. *Iris Murdoch, A Writer at War: Letters and Diaries, 1939-1945*. Oxford: Oxford University Press. p. 186.
25   위의 책, p. 190.
26   'Iris Murdoch letter to Patrick O'Regan, Blackpool', n.d. [July 1940], PCA, KUAS6/1/42/12.
27   'Iris Murdoch letter to Patrick O'Regan, Blackpool', n.d. [probably March 1941], PCA, KUAS6/1/42/10.
28   머독의 소설을 좋아하는 독자들은《더 나이스 앤드 더 굿(The Nice and the Good)》에 등장하는 폴라 속에서 그녀를 알아볼 수 있을 것이다.
29   'Philippa Foot (1920-2010)-An Oxfam Tribute'. p. 3. SCA, SC/AO/AA/FW/Foot.
30   Gornall, M. n.d. 'Philippa Foot and Thoughts about Oxfam'. Typescript paper. Somerville College Archive, Philippa Foot Papers, Box 10 Oxfam Material. p. 1.
31   Currie, R. 1994. 'The Arts and Social Studies, 1914-1939'. In: Harrison, B. (ed.) *The History of the University of Oxford Volume VIII: The Twentieth Century*. Oxford: Oxford University Press.
32   Gornall, M. n.d. 'Philippa Foot and Thoughts about Oxfam'. Typescript. Somerville College Archive, Philippa Foot Papers, Box 10 Oxfam Material. p. 1.
33   Hursthouse, R. 2012. 'Philippa Ruth Foot 1920-2010'. *Biographical Memoirs of Fellows of the British Academy* 11, p. 181.
34   Currie, R. 1994. 'The Arts and Social Studies, 1914-1939'. In: Harrison, B. (ed.) *The History of the University of Oxford: Volume VIII: The Twentieth Century*. Oxford: Oxford University Press. p. 116.
35   Letter to the Editor. *The Times*. 26 May 1936.
36   'Esther Cleveland Weds Capt. Bosanquet: Late President's Daughter Marries Coldstream Guards Officer in Westminster Abbey'. *New York Times*. 15 March 1918.
37   'Old Hall, sales particulars. Sanderson Townend & Gilbert'. SCA, Philippa Foot Papers, Box 1 Family Material, 1/2.
38   O'Grady, J. 2010. 'Philippa Foot: Obituary'. *The Guardian*. 5 October.

주

39 'Commonplace book'. 4 January 1998. SCA, Philippa Foot Papers, Box 3 Notebooks & Commonplace Books.
40. Conradi, P. J. 2019. *Family Business: A Memoir*. Bridgend: Seren. p. 177.
41. Coles, P. 2020. 'Memories of Philippa Foot'. Correspondence with authors. p. 3.
42 'Commonplace book'. 4 January 1998.
43 Conradi, P. J. 2019. *Family Business: A Memoir*. Bridgend: Seren. p. 177.
44 Foot, M. R. D. 2009. *Memories of an S.O.E. Historian*. Barnsley: Pen & Sword Books. pp. 16-17.
45 Gornall, M. n.d. 'Philippa Foot and Thoughts about Oxfam'. p. 4.
46 Pugh, M. 2013. *We Danced All Night: A Social History of Britain Between the Wars*. London: Random House. p. 129.
47 Conradi, P. J. 2019. *Family Business: A Memoir*. Bridgend: Seren. p. 177.
48 Gornall, M. n.d. 'Philippa Foot and Thoughts about Oxfam'. p. 1.
49 Conradi, P. J. 2014. 'The Guises of Love: The Friendship of Professor Philippa Foot and Dame Iris Murdoch'. *The Iris Murdoch Review* 5, p. 27.
50 'Notebook 4 (Red hardback)'. August 2001. SCA, Philippa Foot Papers, Box 3 Notebooks & Commonplace books.
51 Conradi, P. J. & Lawrence, G. 2011. 'Professor Philippa Foot: Philosopher regarded as being among the finest moral thinkers of the age'. *The Independent*. 23 October.
52 'Philippa Foot (1920-1910)-An Oxfam Tribute'. p. 2. SCA, SC/AO/AA/FW/Foot.
53 Rée, J. 2000. 'Philosophical Lives: Philippa Foot interview'. Transcript, 19 September. SCA, Philippa Foot Papers, Box 11: SC/LY/SP/PF/11, p. 5.
54 Gornall, M. n.d. 'Philippa Foot and Thoughts about Oxfam'. p. 1.
55 Foot, P. 1996. 'Mildred Hartley'. *Somerville College Annual Report*. Somerville College Archives. pp. 130-131.
56 위의 문서, p. 130.
57 Hursthouse, R. 2012. 'Philippa Ruth Foot 1920-2010'. *Biographical Memoirs of Fellows of the British Academy* 11, p. 181.
58 urrie, R. 1994. 'The Arts and Social Studies, 1914-1939'. In: Harrison, B. (ed.) *The History of the University of Oxford: Volume VIII: The Twentieth Century*. Oxford: Oxford University Press. p. 120.
59 *Oxford Magazine*. 5 June 1941. p. 338.
60 Murdoch, I. 1940. *Letter to Patrick O'Regan*, 21 November, p. 1. PCA, KUAS6/1/42.
61 Horner, A. & Rowe, A. (eds.) 2015. *Living on Paper: Letters from Iris Murdoch, 1934-1995*. London: Chatto & Windus. p. 14.; Farnell, V. 1948. *A Somervil-*

62 Addison, P. 1994. 'Oxford and the Second World War'. In: Harrison, B. (ed.) *The History of the University of Oxford: Volume VIII: The Twentieth Century*. Oxford: Oxford University Press. p. 170.
63 Adams, P. 1996. *Somerville for Women*. Oxford: Summerville Press. p. 239.
64 Farnell, V. 1948. *A Somervillian Looks Back*. Oxford University Press. p. 73.
65 Midgley, M. 2005. *The Owl of Minerva: A Memoir*. London: Routledge. p. 109.
66 Lea, K. M. 1972. 'Elisabeth Blochmann Obituary 1892-1972'. *The Brown Book: Lady Margaret Hall Magazine*.
67 Brockliss, L. 2017. 'Welcoming and Supporting Refugee Scholars: The Role of Oxford's Colleges'. In: Crawford, S., Ulmschneider, K. & Elsner, J. (eds.) *Ark of Civilization: Refugee Scholars and Oxford University, 1930-1945*. Oxford: Oxford University Press. p. 72.
68 Purton, V. 2007. *An Iris Murdoch Chronology*. Basingstoke: Palgrave Macmillan. p. 16.
69 Gardiner, J. 2016. *Wartime Britain 1939-1945*. London: Headline. pp. 166-167.
70 위의 책, p. 59.
71 Lynn, V. & Lewis-Jones, V. 2017. *Keep Smiling Through: My Wartime Story*. London: Random House. p. 115.
72 Addison, P. 1994. 'Oxford and the Second World War'. In: Harrison, B. (ed.) *The History of the University of Oxford Volume VIII: The Twentieth Century*. Oxford: Oxford University Press. p. 171.
73 Scott, D. 1971. *A. D. Lindsay: A Biography*. Oxford: Basil Blackwell. pp. 257-287.
74 Midgley, M. 2005. *The Owl of Minerva: A Memoir*. London: Routledge. p. 105.
75 'TS transcript of RMH personal interview with (now Sir) Brian Harrison'. 17 June 1989. p. 10. Balliol College Archive, R. M. Hare Papers.
76 Hare, R. M. 2002. 'A Philosophical Autobiography'. *Utilitas* 14:3, pp. 269-305, at p. 276.
77 John Haldane, 'Anscombe: Life, Action and Ethics in Context', Philosophical News, 18 (2019), p. 65.
78 Anscombe, G. E. M. 1939. *The Justice of the Present War Examined*. Oxford: [Publisher unknown]. p. 72.
79 위의 책, p. 75.
80 위의 책, p. 81.
81 'The Parish of Beguildy', p. 6.

82 Anscombe, G. E. M. 1981. *Collected Philosophical Papers Volume 3: Ethics, Religion and Politics*. Oxford: Blackwell. p. vii.
83 New York Herald Tribune. 1937. 'Oxford Student Begs for Revolt in Stuart "Plot": "Party" is Serious'. *New York Herald Tribune*, 7 March.; The Washington Post. 1937. 'Student made "Prince" by Oxford Jacobites'. *The Washington Post*, 31 January.; The Scotsman. 1937. 'Prince Rupprecht: Jacobite Ceremony at Oxford'. *The Scotsman*, 1 February.; St. Louis Post-Dispatch. 1937. 'Anti-Coronation Stunt Suppressed at Oxford'. *St. Louis Post-Dispatch*, 8 May.; The Vancouver Sun. 1937. 'Jacobite Leader'. *The Vancouver Sun*, 8 June.
84 Daily Boston Globe. 1937. 'Oxford Clique Aims at Revolt: Backs Stuart Pretender Against Reigning'. *Daily Boston Globe*, 7 March.
85 Geach, P. T. 1991. 'A Philosophical Autobiography'. In: Lewis, H. A. (ed.) *Peter Geach: Philosophical Encounters*. Dordrecht: Springer. pp. 11-12.; Kenny, A. 2015. 'Peter Thomas Geach, 1916-2013'. *Biographical Memoirs of Fellows of the British Academy* 14, p. 188.
86 'Weather statistics for January 1940'. https://www.theweatheroutlook.com/twoother/twocontent.aspx?type=tystat&id=1180&title=January+1940
87 Midgley, M. 2005. *The Owl of Minerva: A Memoir*. London: Routledge. p. 97.
88 위의 책, p. 100.
89 위와 같음
90 'Mary Midgley interviewed by Paul Merchant', track 2, p. 26.; British Library, Life Story Interviews, C1672/05.
91 Rowe, M. 2024. *J. L. Austin: Philosopher and D-Day Intelligence Officer*. Oxford: Oxford University Press. Chapter 9.
92 Joad, C. E. M. 1940. 'Appeal to Philosophers'. *Philosophy* 15:60, pp. 400-416, at p. 405.
93 Emmet, D. 1961. *The Nature of Metaphysical Thinking*. London: Macmillan.
94 Price, H. H. 1945. 'The Inaugural Address: Clarity is Not Enough'. *Proceedings of the Aristotelian Society*, Supplementary Vol. 19, pp. 24, 31.
95 Stray, C. 2017. 'Eduard Fraenkel (1888-1970)'. In: Crawford, S., Ulmschneider, K. & Elsner, J. (eds.) *Ark of Civilization: Refugee Scholars and Oxford University, 1930-1945*. Oxford: Oxford University Press. pp. 184.
96 Conradi, P. J. 2001. *Iris Murdoch: A Life*. London: HarperCollins. p. 118.
97 Elsner, J. 2017. 'Pfeiffer, Fraenkel, and Refugee Scholarship in Oxford during and after the Second World War'. In: Crawford et al., *Ark of Civilization: Refugee Scholars and Oxford University, 1930-1945*. Oxford: Oxford University Press. p. 29.
98 Lowe, K. 2017. '"I shall snuffle about and make relations": Nicolai Rubin-

stein, the Historian of Renaissance Florence, in Oxford during the War'. In: Crawford, C., Heilbron, J. L., Howlett, J. and Rothblatt, S. (eds) *Ark of Civilization: Refugee Scholars and Oxford University, 1930-1945*. Oxford: Oxford University Press, p. 222.

99　Conradi, P. J. 2011. *Iris Murdoch, A Writer at War: Letters and Diaries, 1939-1945*. Oxford: Oxford University Press. p. 187.

100　Stray, 'Eduard Fraenkel(1888-1970)', p. 184.; 'Super Tastes at a Pioneering Shop'. *Oxford Mail*. 30 March 2011.

101　*Oxford Gazette*. 1939-1940. p. 536.

102　Midgley, M. 2005. *The Owl of Minerva: A Memoir*. London: Routledge. p. 114.; Rowe, M. 2024. *J. L. Austin: Philosopher and D-Day Intelligence Officer*. Oxford: Oxford University Press. chapter 9.

103　위의 책, pp. 114-115.

104　위와 같음.

105　저자들과의 대화에서 확인한 메리 미즐리 발언, 2016년 9월.

106　Conradi, P. J. 2001. *Iris Murdoch: A Life*. London: HarperCollins. p. 112.

107　Midgley, M. 2005. *The Owl of Minerva: A Memoir*. London: Routledge. p. 110.; Bawden, N. 1994. *In My Own Time*. London: Virago. p. 109.

108　Mary Midgley. Conversation with authors. September 2016.

109　Midgley, M. 2016. 'Park Town'. Unpublished manuscript. p. 8.

110　위와 같음.

111　Midgley, M. 2005. *The Owl of Minerva: A Memoir*. London: Routledge. p. 125.

112　위와 같음.

113　Foot, P. 2003. 'The Grammar of Goodness'. *Harvard Review of Philosophy* 11:1, p. 33.

114　Midgley, M. 2005. *The Owl of Minerva: A Memoir*. London: Routledge. p. 36.

115　Foot, P. 2001. *Natural Goodness*. Oxford: Oxford University Press. p. 1, fn. 1.

116　'Photocopy of a letter from Iris Murdoch to Rosalind Hursthouse'. n.d. [late 1993]. Peter Conradi Archive, Kingston University Archives, KUAS6/3/65/3.; Hursthouse, R. 2012. 'Philippa Ruth Foot 1920-2010'. *Biographical Memoirs of Fellows of the British Academy* 11, p. 181.

117　Conradi, P. J. 2001. *Iris Murdoch: A Life*. London: HarperCollins. p. 127.

118　Mytum, H. 2017. 'Networks of Association: The Social and Intellectual Lives of Academics in Manx Internment Camps during the Second World War'. In: Crawford, C., Ulmschneider, K. and Elsner, J. (eds) *Ark of Civilization: Refugee Scholars and Oxford University, 1930-1945*. Oxford: Oxford University Press, p. 109.; Teicher, A. 2017. 'Jacob Leib Teicher between Florence and Cambridge: Arabic and Jewish Philosophy in Wartime Oxford'.

In: Crawford, C., Ulmschneider, K. and Elsner, J. (eds) *Ark of Civilization: Refugee Scholars and Oxford University, 1930-1945*. Oxford: Oxford University Press, pp. 327-340, at p. 335.; Walsh, B. 1992. 'From Outer Darkness: Oxford and her Refugees'. *Oxford Magazine*, pp. 5-10.

119 'Wartime diaries of H. W. B. Joseph'. 23 September 1940. p. 72.; Bodleian Archives & Manuscripts, MSS. Top. Oxon. E. 289.

120 Addison, P. 1994. 'Oxford and the Second World War'. In: Harrison, B. (ed.) *The History of the University of Oxford Volume VIII: The Twentieth Century*. Oxford: Oxford University Press. p. 171.

121 'Wartime diaries of H. W. B. Joseph'. 23 September 1940. p. 72.

122 Dodds, E. R. 1977. *Missing Persons: An Autobiography*. Oxford: Clarendon Press. pp. 138-139.

123 Murdoch, I. 1941. 'News from Oxford'. *Badminton School Magazine* LXXXI, Spring & Summer Terms 1941, p. 19. Badminton School Archive.

124 'Letter from IM to Patrick O'Regan, Somerville', n.d. [probably June 1940], PCA, KUAS6/1/42/7.

125 Brittain, V. 1941. *England's Hour*. London: Macmillan. pp. 209-210. (In Addison, 1994, p. 174.)

126 Warnock, M. 2000. *Mary Warnock: A Memoir-People and Places*. London: Duckworth. p. 56.

127 Harrison, J. 1990. 'Henry Habberley Price, 1899-1984'. *Proceedings of the British Academy* 80, p. 476.

128 Anscombe, G. E. M. 1981. 'Introduction'. In: *Metaphysics and the Philosophy of Mind: The Collected Philosophical Papers of G. E. M. Anscombe Volume Two*. Oxford: Blackwell. p. viii

129 Ayer, A. J. 1973. *The Central Questions of Philosophy*. London: Weidenfeld. p. 23.

130 Anscombe, G. E. M. 1981. 'Introduction'. In: *Metaphysics and the Philosophy of Mind: The Collected Philosophical Papers of G. E. M. Anscombe Volume Two*. Oxford: Blackwell. p. viii.

131 Price, H. H. 1963. *Hume's Theory of the External World*. Oxford: Clarendon Press. pp. 11-12. (Originally published 1940)

132 위의 책, pp. 50-51.

133 위의 책, p. 52.

134 Hume, D. 1985, *A Treatise of Human Nature*. Penguin, Part IV, Section II, p. 249. 이준호 옮김.《도덕에 관하여》. 서광사(2008).; Price, H. H. 1941. *Hume's Theory of the External World*. Oxford: Clarendon Press. p. 65, fn. 1.

135 Price, H. H. 1941. *Hume's Theory of the External World*. Oxford: Clarendon Press, p. 65, fn. 1. p. 81.

136 Anscombe, G. E. M. 1981. 'Introduction'. In: *Metaphysics and the Philosophy of Mind: The Collected Philosophical Papers of G. E. M. Anscombe Volume Two*. Oxford: Blackwell. p. viii.
137 위와 같음.
138 Anscombe, G. E. M. 1964. 'Substance'. In *Metaphysics and the Philosophy of Mind*, pp. 37-43, at p. 39
139 Price, H. H. 1963. 'A Mescaline Experience'. *Journal of the American Society for Psychical Research*, 58(1), pp. 3-20, at p. 4.
140 위의 문서, pp. 18-19.
141 Midgley, M. 2005. *The Owl of Minerva: A Memoir*. London: Routledge, p. 60.
142 'Letter from Iris Murdoch to Frank Thompson', early summer 1940. In Conradi, P. J. *Iris Murdoch, A Writer at War: Letters and Diaries, 1939-1945*. Oxford: Oxford University Press, pp. 95-96.
143 Price, H. H. 1936. 'Animals and the Supernatural'. *The Listener*, 29 April, p. 838.
144 'Letter from Iris Murdoch to Mary Scrutton, Blackpool', n.d. MGMP, MID/F.
145 Purton, V. 2007. *An Iris Murdoch Chronology*. Basingstoke: Palgrave Macmillan. p. 19.
146 'Iris Murdoch letter to Patrick O'Regan, Blackpool', n.d. [July 1940], PCA, KUAS6/1/42/12.
147 Walsh, B. 1992. 'From Outer Darkness: Oxford and Her Refugees'. *Oxford Magazine*. p. 7.
148 위의 문서, p. 10.
149 Weber, R. 2012. *Lotte Labowsky (1905-1991), Schülerin Aby Warburgs, Kollegin Raymond Klibanskys*. Berlin and Hamburg: Dietrich Reimer Verlag, p. 65.
150 Farnell, V. 1948. *A Somervillian Looks Back*. Oxford: Oxford University Press, p. 70.
151 Weber, R. 2012. *Lotte Labowsky (1905-1991), Schülerin Aby Warburgs, Kollegin Raymond Klibanskys*. Berlin and Hamburg: Dietrich Reimer Verlag. p. 70.
152 Hartley, M. 1996. 'A Wartime Recollection'. *Somerville College Annual Report 1996*, p. 136.
153 Webster, W. 2018. *Mixing It: Diversity in World War Two Britain*. Oxford: Oxford University Press. p. 62.
154 Midgley, M. 2005. *The Owl of Minerva: A Memoir*. London: Routledge. p. 114. 메리는 1940년 트리니티 학기 카시러의 '도덕 철학의 기본 과제들' 강의를 수강했다.
155 위와 같음.
156 Kant, I. 2004, *Prolegomena to Any Future Metaphysics: That Will Be Able to Come*

Forward as Science: With Selections from the Critique of Pure Reason, ed. Gary Hatfield, 2nd edition, Cambridge University Press, p. 10, 백종현 옮김.《형이상학 서설》, 아카넷(2012).
157 위와 같음.
158 Anscombe, G. E. M. 1971. 'Causality and Determinism'. In Metaphysics and the Philosophy of Mind. p. 135.
159 Paton, H. J. 1946. The Categorical Imperative: A Study in Kant's Moral Philosophy. London: Hutchinson's University Library. p. 133.
160 Midgley, M. 2005. *The Owl of Minerva: A Memoir*. London: Routledge. p. 114.
161 'Letter from Iris Murdoch to Philippa Foot', 10 October 1946, IMC, KUAS100/1/2.
162 저자들이 카시러와 주고받은 서신, 2021년 8월 27일자.
163 'Letter from Lotte Labowsky to Raymond Klibansky', February 1951, Raymond Klibansky Archive, Deutsches Literatur archiv, Marbach.
164 저자들과 카시러가 주고받은 서신, 2020년 11월 12일자.
165 *Iris Murdoch Journal*, Issue 4, 8 October 1947, p. 90.
166 'Letter from A. D. Lindsay to Mrs. Gwyer', n.d. [circa. 1927], SHCA, Mary Glover Papers.
167 저자들과의 서신, 2020년 10월 18일자
168 C. H. 1983. 'Mary Reaveley Glover'. *St Hugh's College Chronicle*, 55 (1982-1983), p. 44.
169 저자가 케이트 프라이스(Kate Price)와 주고받은 서신, 2020년 10월 14일자
170 'Report from Victor White to Miss Glover, 9 June 1939', Elizabeth Anscombe Student File, St Hugh's College Archive, SHG/J/3/2.; Berkman, J. 2021. 'The Influence of Victor White and the Blackfriars Dominicans on a young Elizabeth Anscombe'. *New Blackfriars*.
171 Brown, L. 2019. 'Anscombe at Somerville'. Paper presented at the Anscombe Centenary Conference, Somerville College, 11 September.
172 Glover, M. 1938. 'Obligation and Value'. *Ethics*, 49(1), pp. 68-80.
173 위와 같음, p. 68.
174 위와 같음, p. 69.; Joseph, H. B. W. 1931. *Some Problems in Ethics*. Oxford: Oxford University Press, p. 94.
175 Joseph, H. B. W. 1931. *Some Problems in Ethics*. Oxford: Oxford University Press, p. 45.
176 위와 같음.
177 Joseph, H. B. W. 1933. 'Purposive Action'. *Hibbert Journal*, 32, p. 197.
178 Joseph, H. B. W. 1931. *Some Problems in Ethics*. Oxford: Oxford University Press, pp. 102-103.

179 Glover, M. 1938. 'Obligation and Value'. *Ethics*, 49(1), p. 71.
180 위의 책, p. 76.
181 Mehta, V. 1963. *Fly and the Fly-Bottle*. London: Collins, p. 52.; Audi, R. 2015. 'On Mary Glover's "Obligation and Value"'. *Ethics*, 125(2), pp. 525-529.
182 'Report on Miss Anscombe, Michaelmas Term 1939', Elizabeth Anscombe Student File, St Hugh's College Archive, SHG/J/3/2.
183 'Report from William G. de Burgh to Miss Glover, Michaelmas Term 1940', Elizabeth Anscombe Student File, SHG/J/3/2.
184 위와 같음.
185 'Report from MacKinnon, Hilary Term 1940 and Trinity Term [1940?]', Elizabeth Anscombe Student File, SHG/J/3/2.
186 'Report from Isobel Henderson to Miss Glover, Hilary Term 1941', Elizabeth Anscombe Student File, SHG/J/3/2.
187 'Report by Miss Glover, Trinity Term 1940', Elizabeth Anscombe Student File, SHG/J/3/2.
188 Midgley, M. 2005. *The Owl of Minerva: A Memoir*. London: Routledge, p. 113.
189 Teichman, J. 2008. 'Gertrude Elizabeth Margaret Anscombe'. In *Proceedings of the British Academy*, p. 38; Dummett, M. 2001. 'Obituary (G.E.M. Anscombe)'. *The Tablet*, 13 January, p. 31.
190 'Mrs. Gertrude Elizabeth Margaret (née) Anscombe, CV', Newnham College Archive, AC/5/2. © M. C. Gormally.
191 Teichman, J. 2001. 'Gertrude Elizabeth Margaret Anscombe'. *The Tablet*, p. 33.
192 Peter Conradi's notes taken from a conversation with Polly Smythies', 3 February 1998, The Peter Conradi Archive, KUAS6/1/50/1, Kingston University.
193 Crang, J. A. 2008. '"Come into the Army, Maud": Women, Military Conscription, and the Markham Inquiry'. *Defence Studies*, 8(3), p. 386.
194 그의 '폴란드계' 어머니와 조부모가 독일 국적이었음을 고려하면, 피터 기치가 이 문제에서 노력한 어떤 시도도 성공할 수 없었을 것이다.
195 'Letter from Isobel Henderson to Mary Midgley', n.d. [1942], MGMP, MID/F.
196 Conradi, P. J. 2001. *Iris Murdoch: A Life*, London: HarperCollins, p. 186.
197 Midgley, M. 2005. *The Owl of Minerva: A Memoir*, London: Routledge. p. 105.
198 AAddison, P. 2004. 'Oxford and the Second World War'. In *The History of the University of Oxford Volume VIII: The Twentieth Century*, Oxford: Oxford

University Press. p. 170.
199 'Letter from Donald MacKinnon to M. B. Reckitt', 3 July 1940. In Muller, M. 2006. 'Donald M. MacKinnon'. *Journal of Anglican Studies*, p. 189.
200 Midgley, M. 2005. *The Owl of Minerva: A Memoir*, London: Routledge. p. 117.
201 'Letter from Donald MacKinnon to Maurice Reckitt', 3 August 1940, Maurice Reckitt Papers, University of Sussex Special Collections, SxMs44/2/2/2/8.
202 'Letter from Lois MacKinnon to Peter Conradi', 24 September 1999, PCA, KUAS6/1/31/2.
203 'Letter from Donald MacKinnon to Maurice Reckitt', 3 August 1940. "'raked'라는 단어의 해석에 논란이 있다—맥키넌의 필체는 악명이 높을 정도로 읽기 어렵기 때문이다. 우리는 그것을 '타락했다'는 의미로 본다."
204 Muller, M. 2006. 'Donald M. MacKinnon'. *Journal of Anglican Studies*. p. 206.
205 'Letter from H. H. Price to B. J. Kidd', 26 November 1936. In Muller, 'Donald M. MacKinnon', pp. 76, 94. (Price notes one exception in A. E. Taylor in Edinburgh). 프라이스는 에든버러의 A. E. 테일러가 하나의 예외라고 언급한다.
206 'Report by Miss Glover, Michaelmas Term 1939', Elizabeth Anscombe Student File, St Hugh's College Archive, SHG/J/3/2.
207 Conradi, P. J. 2001. *Iris Murdoch: A Life*, London: HarperCollins. p. 123.
208 Midgley, M. 2005. *The Owl of Minerva: A Memoir*. London: Routledge. p. 116.
209 'Mary Midgley interviewed by Paul Merchant', track 2, p. 24.
210 Rogers, B. 1999. *A. J. Ayer: A Life*, New York: Grove Press. p. 164.
211 'Mary Midgley interviewed by Paul Merchant', track 2, p. 24.
212 Conradi, P. J. 2001. *Iris Murdoch: A Life*, London: HarperCollins. p. 123.
213 위의 책, p. 127.
214 위의 책, p. 123.; Jones, J. 2003. 'Iris, Hegel and Me'. *London Review of Books*, 25(24), 18 December.
215 'Letter from Iris Murdoch to Philippa Foot', n.d. [c. January 1947], IMC, KUAS100/1/9.
216 'Letter from Vera Crane to Peter Conradi', 8 October 1998, PCA, KUAS6/11/1/12.
217 Conradi, P. J. 2001. Iris Murdoch: A Life, London: HarperCollins. p. 124.; 'Letter from Vera Crane to Peter Conradi', PCA, KUAS6/11/1/12/1.
218 MacKinnon, D. M. 1940. 'And the Son of Man that Thou Visitest Him', Part 2, p. 264.; MacKinnon, D. M. 1957. *A Study in Ethical Theory*. London:

A. & C. Black. p. 15.
219 MacKinnon, 'And the Son of Man that Thou Visitest Him', Part 2, p. 264.
220 MacKinnon, D. M. 1941. 'Revelation and Social Justice'. In *Philosophy and the Burden of Theological Honesty*. p. 145.
221 Bowyer, A. 2015. *Donald MacKinnon's Moral Realism: To Perceive Tragedy Without the Loss of Hope*. Edinburgh: T&T Clark. p. 185, fn. 770.
222 MacKinnon, D. M. 1938. 'And the Son of Man that Thou Visitest Him', *Christendom*, September and December, Part 1, p. 187, fn. 2.
223 MacKinnon, D. M. 1941. 'The Function of Philosophy in Education'. In McDowell, J. (ed.), *Philosophy and the Burden of Theological Honesty*. London: T&T Clark. 2011, p. 11.
224 위의 책, p. 14.
225 Mascall, E. L. 1951. 'The Doctrine of Analogy'. *Cross Currents*, 1(4).; Emmet, D. 1961. *The Nature of Metaphysical Thinking*. London: Macmillan.
226 MacKinnon, D. M. 1953-1954. 'Metaphysical and Religious Language'. *Proceedings of the Aristotelian Society*, 54, p. 122.
227 위의 책, p. 118.
228 MacKinnon, D. M. 1974. *The Problem of Metaphysics*. Cambridge: Cambridge University Press.
229 MacKinnon, D. M. 1957. *A Study in Ethical Theory*. London: A. & C. Black. p. 6.
230 위의 책, pp. 11-12.
231 Conradi, P. J. 2001. *Iris Murdoch: A Life*, London: HarperCollins. p. 125.
232 Midgley, M. 2005. *The Owl of Minerva: A Memoir*. London: Routledge. p. 103.
233 'Letter from Donald MacKinnon', 9 May 1942.; 'Letter from Isobel Henderson', n.d. [Trinity Term 1942], MGMP, MID/F.
234 Conradi, P. J. 2001. *Iris Murdoch: A Life*, London: HarperCollins. pp. 127-128.
235 위의 책, pp. 127-128.
236 Foot, P. 1999. 'Iris at Home in London'. *Iris Murdoch News Letter*, 13 (Autumn), p. 3.
237 Conradi, P. J. 2001. *Iris Murdoch: A Life*, London: HarperCollins. pp. 37-38.
238 Howarth, J. 1994. 'Women'. In *The History of the University of Oxford Volume VIII: The Twentieth Century*. p. 348.
239 Conradi, P. J. 2011. *Iris Murdoch, A Writer at War: Letters and Diaries, 1939-1945*, Oxford: Oxford University Press. p. 191.
240 Midgley, M. 2005. *The Owl of Minerva: A Memoir*. London: Routledge. p. 113.

241 'Letter from Isobel Henderson', n.d. [summer 1942], MGMP, MID/F.
242 'Letter from Donald MacKinnon', 14 July 1942, MGMP, MID/F.
243 MacKinnon, D. 1942. Postcard, 10 July. *Mary and Geoff Midgley Papers*, MID/F, Durham University Library Special Collections.
244 'Letter from Donald MacKinnon', 14 July 1942, MGMP, MID/F.
245 'Letter from Isobel Henderson', n.d. [summer 1942], MGMP, MID/F.
246 'Letter from Iris Murdoch to Philippa Foot', n.d. [late summer 1942] IMC, KUAS100/1/1.
247 'Letter to Miss Plumer from Isobel Henderson', vi.1948, Iris Murdoch staff file, St Anne's College Archive, University of Oxford.
248 'Letter from Isobel Henderson', n.d. [July 1942], MGMP, MID/F.
249 시인 매슈 아놀드(Matthew Arnold)가 1853년 작품 〈The Scholar Gipsy〉에서 그 지역을 묘사한 것이다.
250 Midgley, M. 2005. *The Owl of Minerva: A Memoir*. London: Routledge. p. 126.
251 위의 책, pp. 125-126.

3장 절망과 저항 사이

1 Midgley, M. 2005. *The Owl of Minerva: A Memoir*. London: Routledge. p. 125.
2 Haffenden, J. 1983. 'Interview with Iris Murdoch'. *Literary Review*, 58 (April), pp. 31-35.
3 Midgley, M. 2005. *The Owl of Minerva: A Memoir*. London: Routledge. p. 130.
4 *Animal & Zoo Magazine*, November 1940, 5(6), p. 12.
5 Gardiner, J. 2016. *Wartime Britain 1939-1945*. London: Headline. p. 375.
6 위의 문서, p. 383.
7 Feeney-Hart, A. 2013. 'The Little-Told Story of the Massive WWII Pet Cull'. *BBC News Magazine*. 12 October.
8 Sylph, A. 2019. 'Whipsnade during the Second World War'.
9 *Animal & Zoo Magazine*, 5(4), September 1940, p. 12.
10 위와 같음, 5(7), December 1940, p. 25.
11 'Letter from Myra Curtis to Barbara Gwyer', 24 June 1942, SHCA, SHG/J/3/2.
12 'Letter from Barbara Gwyer to Myra Curtis', 25 June 1942, SHCA, SHG/J/3/2.
13 Keene, A. 2010. 'Gwyer, Barbara Elizabeth (1881-1974)'. *Oxford Dictionary*

of *National Biography*.
14 'Letter from Barbara Gwyer to Myra Curtis', 25 June 1942, SHCA, SHG/J/3/2.
15 Phillips, A. 1979. *A Newnham Anthology*. Cambridge: Cambridge University Press, p. 208.
16 Wragg, D. 2012. *Wartime on the Railways*. Cheltenham: The History Press.
17 Gardiner, J. 2016. *Wartime Britain 1939-1945*. London: Headline, p. 233.
18 Monk, R. 1991. *Ludwig Wittgenstein: The Duty of Genius*. London: Penguin, p. 425.
19 위의 책, p. 445.
20 Mays, W. 2018. 'Recollections of Wittgenstein'. In Flowers, F. A. III and Ground, I. (eds), *Portraits of Wittgenstein*, abridged edition, London: Bloomsbury Academic. pp. 337-342, at p. 339.
21 Russell, B. 2018. 'Philosophers and Idiots'. In Flowers, F. A. III and Ground, I. (eds), *Portraits of Wittgenstein*, London: Bloomsbury Academic. p. 71.
22 Monk, R. 1991. *Ludwig Wittgenstein: The Duty of Genius*. London: Penguin, p. 472.
23 *Cambridge Moral Sciences Club Minute Book*, Michaelmas 1942, University of Cambridge Archives, Min. IX. 42.
24 Emmet, D. 1996. *Philosophers and Friends*. Basingstoke: Macmillan, p. 100.
25 England and Wales Census Register 1939; and MacKinnon, D. M. 1992. 'Philosophers in Exile'. *The Oxford Magazine*, Michaelmas Term, pp. 15-16, at p. 15
26 Baker, G. 2004. 'Waismann, Friedrich (1896-1959)'. *Oxford Dictionary of National Biography*.
27 Monk, R. 1991. *Ludwig Wittgenstein: The Duty of Genius*. London: Penguin, p. 413.
28 Baker, G. 2004. 'Waismann, Friedrich (1896-1959)'. *Oxford Dictionary of National Biography*.
29 Ambrose, A. 2018. 'Ludwig Wittgenstein: A Portrait'. In Flowers, F. A. III and Ground, I. (eds), *Portraits of Wittgenstein*, London: Bloomsbury Academic. pp. 245-255.
30 Dezurick-Badran, E. 2013. Special Collections Blog, Cambridge University Library, 5 August. https://specialcollections-blog.lib.cam.ac.uk/?p=5219
31 앰브로즈는 논문을 발표한 뒤 미국으로 돌아갔다. 매사추세츠의 여성 리버럴 아츠 대학인 스미스칼리지에서 언어철학에 관한 중요한 논문들을 다수 발표했지만, 그녀의 흥미로운 사상 대부분은 남편인 철학자 라제로비츠(Lazerowitz)에게 잘못 귀속되었다.

32 Ambrose, A. 2018. 'Ludwig Wittgenstein: A Portrait'. In Flowers, F. A. III and Ground, I. (eds), *Portraits of Wittgenstein*, London: Bloomsbury Academic. pp. 252-253.
33 Anscombe, G. E. M. 1944. 'Cover letter for application for a Sarah Smithson Studentship', 30 April, pp. 1-2, Newnham College Archive, AC/5/2. © M. C. Gormally.
34 위와 같음.
35 Anscombe, G. E. M. 1944. 'Rough Scheme for Proposed Work for a Sarah Smithson Studentship', n.d. [30 April 1944], © M. C. Gormally.
36 Descartes, R. 1970. *Philosophical Writings*. Edited by Anscombe, G. E. M. and Geach, P. T. London: Nelson, second meditation, p. 69.
37 Anscombe, G. E. M. 1953. 'The Principle of Individuation'. *Proceedings of the Aristotelian Society*, Supplementary Volumes 27, pp. 83-96, at p. 94.
38 Descartes, R. 1970. *Philosophical Writings*. Edited by Anscombe, G. E. M. and Geach, P. T. London: Nelson, second meditation, p. 67.
39 위와 같음, p. 76.
40 Anscombe, G. E. M. 1963. 'Events in the Mind'. In *Metaphysics and the Philosophy of Mind*, p. 60.
41 Aristotle. 2014. *The Complete Works of Aristotle: Two Volumes*. Edited by Barnes, J. Princeton: Princeton University Press.
42 Thompson, M. 2004. 'Apprehending Human Form'. *Royal Institute of Philosophy Supplement*, 54, pp. 47-74.
43 Mascall, E. L. 1951. 'The Doctrine of Analogy'. *Cross Currents*, 1(4), p. 45.
44 Anscombe, G. E. M. 1944. 'Rough Scheme for Proposed Work for a Sarah Smithson Studentship', n.d. [30 April 1944], pp. 1-2, Newnham College Archive, AC/5/2. © M. C. Gormally.
45 Midgley, M. 2005. *The Owl of Minerva: A Memoir*. London: Routledge, p. 133.
46 Jones, M. 2010. 'Ackroyd, Dame Dorothy Elizabeth'. *Oxford Dictionary of National Biography*.
47 Jones, M. 2010. 'Ackroyd, Dame Dorothy Elizabeth'. *Oxford Dictionary of National Biography*. pp.132-133.
48 위와 같음, p. 133.
49 'Mary Midgley interviewed by Paul Merchant', track 1, p. 14.
50 Letter from Iris Murdoch to Philippa Foot', n.d. [late summer 1942], IMC, KUAS100/1/1.
51 위와 같음.
52 Conradi, P. J. 2001. *Iris Murdoch: A Life*, London: HarperCollins. p. 139.
53 'Letter from Iris Murdoch to Philippa Foot', n.d. [late summer 1942],

IMC, KUAS100/1/1.
54 Conradi, P. J. 2011. *Iris Murdoch: A Writer at War: Letters and Diaries, 1939-1945*, Oxford: Oxford University Press. p. 123.
55 Murdoch, I. 1998. 'A Woman Don's Delight'. In Hullah, P. and Muroya, Y. (eds), *Occasional Essays by Iris Murdoch*, Okayama: University Education Press. p. 17.; Sheridan, D. (ed.) 2002. *Wartime Women: A Mass-Observation Anthology 1937-45*, London: Phoenix. pp. 196-205.
56 Conradi, P. J. 2011. *Iris Murdoch: A Writer at War: Letters and Diaries, 1939-1945*, Oxford: Oxford University Press. pp. 97, 101.
57 Conradi, P. J. 2001. *Iris Murdoch: A Life*, London: HarperCollins. p. 175.
58 Foot, M. R. D. 2009. *Memories of an S.O.E. Historian*, Barnsley: Pen & Sword Books. p. 70.
59 위와 같음, pp. 72-73.
60 Gardiner, J. 2016. *Wartime Britain 1939-1945*. London: Headline. p. 466.
61 Wheeler, C. Letter to The Times. Picture of the Month information file, National Gallery Research Centre.
62 *Picture of the Month* information file, National Gallery Research Centre.
63 Foot, *Memories of an S.O.E. Historian*, p. 72.
64 *Picture of the Month* information file.
65 Gardiner, J. 2016. *Wartime Britain 1939-1945*. London: Headline. p. 466.
66 Gardiner, J. 2016. *Wartime Britain 1939-1945*. London: Headline. p. 466. p. 256.
67 Conradi, P. J. 2001. *Iris Murdoch: A Life*, London: HarperCollins. p. 174.
68 Conradi, P. J. 2019. *Family Business: A Memoir*, Bridgend: Seren. p. 176.
69 Midgley, M. 2005. *The Owl of Minerva: A Memoir*. London: Routledge. p. 133.
70 Murdoch, I. 1942. Letter to Marjorie Boulton, 16 August 1942. In Horner, A. and Rowe, A. (eds), *Living on Paper: Letters from Iris Murdoch, 1934-1995*, London: Chatto & Windus, pp. 26-27.
71 Murdoch, I. 1942. Letter to Philippa Foot, July 1942. In Horner and Rowe, *Living on Paper*, p. 25.
72 Conradi, P. J. 2001. *Iris Murdoch: A Life*, London: HarperCollins. p. 142.
73 Murdoch, I. 1942. Letter to Marjorie Boulton, 16 August 1942. In Horner and Rowe, *Living on Paper*, p. 27.
74 Murdoch, I. 1942. Letter to Frank Thompson, 24 November 1942. In Conradi, P. J. 2011. *Iris Murdoch, A Writer at War*, Oxford: Oxford University Press, pp. 28-30.
75 위와 같음, p. 30.
76 Murdoch, I. 1942. Letter to Marjorie Boulton, 16 August 1942. In Horner

and Rowe, *Living on Paper*, p. 27.
77 Midgley, M. 2005. *The Owl of Minerva: A Memoir*. London: Routledge, p. 134.
78 Murdoch, I. 1943. Letter to Frank Thompson, 22 January 1943. In Conradi, *Iris Murdoch, A Writer at War*, pp. 124-125.
79 위와 같음, p. 112.
80 *The World at War* documentary series. Thames Television Ltd, 1973-1974, episode 8.
81 위와 같음.
82 Gardiner, J. 2016. *Wartime Britain 1939-1945*, London: Headline. p. 87.
83 Murdoch, I. 1942. Letter to Frank Thompson, 19 October 1942. In Conradi, *Iris Murdoch, A Writer at War*, p. 119.
84 Murdoch, I. 1942. Letter to Frank Thompson, 24 November 1942. In Horner and Rowe, *Living on Paper*, p. 29.
85 Conradi, P. J. 2011. *Iris Murdoch: A Writer at War: Letters and Diaries, 1939-1945*, Oxford: Oxford University Press. pp. 122-123.
86 위와 같음, p. 123.
87 Conradi, P. J. 2011. *Iris Murdoch: A Writer at War: Letters and Diaries, 1939-1945*, Oxford: Oxford University Press. p. 243.; Conradi, P. J. 2001. *Iris Murdoch: A Life*, London: HarperCollins. p. 169.
88 Luke, M. 1991. *David Tennant and the Gargoyle Years*. London: Weidenfeld & Nicolson; and Conradi, P. J. *Iris Murdoch: A Life*, p. 169.
89 Conradi, P. J. 2014. 'The Guises of Love'. *The Iris Murdoch Review*, p. 18.
90 'Philippa Bosanquet letter to Mother', n.d. SCA, PF 1/6/k.
91 'Photocopy of a letter from Iris Murdoch to Rosalind Hursthouse', The Peter Conradi Archive, KUAS6/3/65/3, Kingston University.
92 'Philippa Bosanquet letter to Mother', n.d. SCA, PF 1/6/k.
93 Morris, J. 2007. *The Life and Times of Thomas Balogh: A Macaw Among Mandarins*, Chicago: Sussex Academic Press. p. 38.
94 'PC's interviews in Oxford, Hilary 1999', PCA, KUAS6/4/1/1.
95 'Philippa Bosanquet letter to Mother', n.d. SCA, PF 1/6/k.
96 위와 같음.
97 Morris, J. 2007. *The Life and Times of Thomas Balogh: A Macaw Among Mandarins*, Chicago: Sussex Academic Press. p. 34.
98 Busbridge, I. W. 1973. 'Anne Philippa Cobbe'. *Bulletin of the London Mathematical Society*, 5(3), pp. 358-360.
99 'Photocopy of a letter from Iris Murdoch to Rosalind Hursthouse', PCA, KUAS6/3/65/3, p. 3.
100 Morris, J. 2007. *The Life and Times of Thomas Balogh: A Macaw Among Manda-*

101 Gornall, M. 1992. 'Philippa Foot and Thoughts about Oxfam'. Typescript paper, p. 2.
102 'Philippa Bosanquet letter to Mother', n.d. SCA, PF 1/6/c.
103 Mead, M. 1943. 'The Factor of Food Habits'. *Annals of the American Academy of Political and Social Science*, 225, pp. 136–141.
104 Bracey, B. 1944. 'Europe's Displaced Persons and the Problems of Relocation'. *International Affairs*, 20, pp. 225–243.
105 위와 같음, pp. 225–226.
106 위와 같음, p. 227.
107 Greenslade, R. 2015. 'Daily Telegraph's Holocaust article in 1942 that Went Unheralded'. *The Guardian*, 27 January.
108 'Philippa Bosanquet letter to Mother', n.d. SCA, PF 1/6/f.
109 O'Conner, J. J. and Robertson, E. F. 2015. 'Anne Philippa Cobbe', *MacTutor History of Mathematics Archive*, University of St Andrews. http://mathshistory.st-andrews.ac.uk/Biographies/Cobbe.html
110 Foot, P. n.d. 'Obituary: A Personal Memoir', pp. 12–14; also in Conradi, *Iris Murdoch: A Life*, p. 166.
111 Harding, T. 2019. *Legacy: One Family, a Cup of Tea and the Company that Took On the World*, p. xii. London: Random House.
112 Foot, P. n.d. 'Obituary: A Personal Memoir', pp. 12–14; also in Conradi, *Iris Murdoch: A Life*, pp. 12–14.
113 Conradi, P. J. 2001. *Iris Murdoch: A Life*, London: HarperCollins. pp. 168–169.
114 'Photocopy of a letter from Iris Murdoch to Rosalind Hursthouse', The Peter Conradi Archive, KUAS6/3/65/3.
115 Foot, P. 1999. 'Iris at Home in London'. *Iris Murdoch News Letter*, 13 (Autumn), p. 3.
116 Conradi, P. J. 2001. *Iris Murdoch: A Life*, London: HarperCollins. p. 123.
117 위와 같음, p. 169.
118 Cambridge Moral Sciences Club Minute Book (Lent 1944). University of Cambridge Archives, Min. IV.44; Archibald, D. 2018. *Charles Darwin: A Reference Guide to His Life and Works*, Maryland: Rowman & Littlefield. p. 46.
119 MacKinnon, D. M. 1941. 'Revelation and Social Justice'. In McDowell, J. (ed.), *Philosophy and the Burden of Theological Honesty*, London: T & T Clark. p. 145.
120 Anscombe, G. E. M. 1944. 'Rough Scheme for Proposed Work for a Sarah Smithson Studentship', p. 2. © M. C. Gormally.
121 위와 같음.

122 위와 같음, p. 1.
123 Anscombe, G. E. M. 1958. 'Modern Moral Philosophy'. *Philosophy*, 33(124), p. 14.
124 위와 같음.
125 Anscombe, 'Rough Scheme for Proposed Work', p. 2.
126 Lucy, C. n.d. 'A Memorial to Fallen'. Dulwich College Archives, p. 23.
127 Foss, A. and Trick, K. 1989. *St Andrews Hospital, Northampton: The First One Hundred and Fifty Years (1938-1988)*, Cambridge: Granta Editions, p. 260.
128 *The Parish of Beguildy*, n.d. p. 6.
129 Wisdom, J. 1944. 'Report to the Fellowship Electors Newnham College on Mrs. Geach's (Miss Anscombe) dissertation'. Newnham College Archives, AC/5/2.
130 'Letter from Friedrich Waismann to Miss Curtis in support of G.E.M. Anscombe's fellowship application', 15 May 1944. NCA, AC/5/2.
131 MacKinnon, D. M. 1992. 'Philosophers in Exile'. *The Oxford Magazine* (Michaelmas Term), p. 15.
132 Conradi, P. J. 2001. *Iris Murdoch: A Life*, London: HarperCollins. p. 170.
133 'Philippa Bosanquet letter to Mother', n.d. SCA PF 1/6/f.
134 'Letter to David Hicks', 6 November 1945, Conradi, WW, p. 254. In Conradi, Iris Murdoch: A Writer at War, p. 254.
135 위와 같음, p. 255.
136 Conradi, P. J. 2001. *Iris Murdoch: A Life*, London: HarperCollins. p. 178.
137 Foot, M. R. D. 2009. *Memories of an S.O.E. Historian*, Barnsley: Pen & Sword Books. p. 84.
138 위와 같음.
139 위와 같음, p. 84.
140 'Letter to David Hicks', 6 November 1945. In Conradi, A Writer at War, p. 255.
141 Midgley, M. 2004. *The Owl of Minerva: A Memoir*, London: Routledge. p. 133.
142 위와 같음, p. 19.
143 위와 같음, p. 134.
144 위와 같음, p. 55.
145 Ridler, A. 2013. *Olive Willis and Downe House*, pp. 158-161. London: John Murray.
146 Midgley, M. 2004. *The Owl of Minerva: A Memoir*, London: Routledge. p. 134.
147 Oxford University Matriculation Lists, St Hilda's College Archives (Margaret Elizabeth Rhoda Torrance entered in 1941).

148 Oxford University Matriculation Lists, St Hilda's College Archives (Margaret Elizabeth Rhoda Torrance entered in 1941). p. 136.
149 저자들과의 대화에서 확인한 메리 미즐리의 발언, 2017년 1월.
150 Mary Midgley, conversation with authors, January 2017. p. 136.
151 Fann, K. T. 1969. *Wittgenstein's Conception of Philosophy*, p. 54. Oxford: Basil Blackwell. p. 54.
152 Lee, D. 2018. 'Wittgenstein 1929-1931', in Flowers, F. A. & Ground, I. (eds), *Portraits of Wittgenstein*, pp. 178-187, at p. 179. London: Bloomsbury Academic.
153 Redpath, T. 2018. 'A Student's Memoir', in Flowers & Ground, *Portraits of Wittgenstein*, p. 259.
154 Richards, I. A. 1991. 'The Strayed Poet'. In Monk, R., *Ludwig Wittgenstein: The Duty of Genius*, pp. 289-290. London: Penguin.
155 Wittgenstein, L. 1969, *On Certainty*, ed. Anscombe and von Wright, Blackwell, p. 61e, 이영철 옮김.《확실성에 관하여》. 책세상(2020).
156 Redpath, T. 2018. 'A Student's Memoir', in Flowers & Ground, *Portraits of Wittgenstein*, p. 259.
157 Arnold, G. D. 2018. 'Recollections of Wittgenstein', in Flowers & Ground, *Portraits of Wittgenstein*, pp. 398-399, at p. 398.
158 Anscombe, G. E. M. 'Anecdotes about Wittgenstein', Collegium Institute Anscombe Archive, Box 1, File 259. © M. C. Gormally.
159 Wittgenstein, L. et al. 1989. *Wittgenstein's Lectures on Philosophical Psychology, 1946-1947*, p. 24. Chicago: University of Chicago Press.
160 Wittgenstein, L. 1953, *Philosophical Investigations*, Blackwell, §23, 이영철 옮김.《철학적 탐구》. 책세상(2019).
161 'Philippa Bosanquet letter to Mother', n.d., SCA PF 1/6/e.
162 'Margaret Stanier's typed memories of Iris Murdoch', October 1998, Peter Conradi Archive (PCA), KUAS6/11/1/31.
163 Foot, P. n.d. 'Photocopy of a letter from Iris Murdoch to Rosalind Hursthouse'. Peter Conradi Archive (PCA), KUAS6/3/65/3.
164 Conradi, P. J. 2001. *Iris Murdoch: A Life*. London: HarperCollins, p. 628, n. 58.; 'Picture of the Month information file'.
165 Foot, P. n.d. 'Obituary: A Personal Memoir', pp. 12-14; also in Conradi, *Iris Murdoch: A Life*, pp. 12-14.
166 Conradi, P. J. 2013. *A Very English Hero: The Making of Frank Thompson*. London: Bloomsbury, pp. 318, 345.
167 위와 같음, p. 328.
168 Conradi, P. J. 2001. *Iris Murdoch: A Life*. London: HarperCollins, p. 193.
169 'Letter from Iris Murdoch to Leo Pliatzky', 30 October 1945, IMC,

KUAS134.
170 Conradi, P. J. 2001. *Iris Murdoch: A Life*. London: HarperCollins, p. 231.
171 'Philippa Bosanquet letter to Mother', October 1944, SCA, PF 1/6/a.
172 'Philippa Bosanquet letter to Mother', October 1944, SCA, PF 1/6/a.
173 위와 같음.
174 Hodges, A. G. & George, D. 2015. *Behind Nazi Lines: My Father's Heroic Quest to Save 149 World War II POWs*. New York: Berkley Caliber, p. 185.
175 'Philippa Bosanquet letter to Mother', n.d. SCA, PF 1/6/h.
176 Foot, P. 2009. *Memories of an S.O.E. Historian*. Barnsley: Pen & Sword Books, p. 97.
177 위와 같음, p. 99.
178 Anscombe, G. E. M. 1945. 'Cover letter for Research Fellowship Application', 5 May, Newnham College Archive (NCA), AC/5/2. © M. C. Gormally.
179 위와 같음.
180 Anscombe, G. E. M. n.d. 'Anecdotes about Wittgenstein', Collegium Institute Anscombe Archive (CIAA), Box 1, File 259. © M. C. Gormally.
181 Anscombe, G. E. M. 1944. 'Rough Scheme for Proposed Work for a Sarah Smithson Studentship', NCA, AC/5/2, p. 2.
182 Russell, B. 1945. 'Reference for Elizabeth Anscombe', 20 May, NCA, AC/5/2.
183 Wittgenstein, L. 1945. 'Reference for Elizabeth Anscombe', 18 May, NCA, AC/5/2.
184 Schwenkler, J. 2019. 'Untempted by the Consequences: G.E.M. Anscombe's Life of "Doing the Truth"', *Commonweal*, 2 December 2019. https://www.commonwealmagazine.org/ untempted-consequences.
185 Teichman, J. 2001. 'Gertrude Elizabeth Margaret Anscombe', *Tablet*, 13 January, p. 37,; Geach, P. T., Preface to *Wittgenstein's Lectures on Philosophical Psychology, 1946-1947*, Chicago: University of Chicago Press, 1989, p. xi.
186 Thomas, M. A. 'Curtis, Dame Myra (1886-1971)', *Oxford Dictionary of National Biography*.
187 'Mrs. Gertrude Elizabeth Margaret (née) Anscombe, CV', NCA, AC/5/2. © M. C. Gormally.
188 Geach, P. T. 1989. Preface to *Wittgenstein's Lectures on Philosophical Psychology, 1946-1947: Notes by P. T. Geach, K. J. Shah, and A. C. Jackson*. Chicago: University of Chicago Press, p. xi.
189 Gardiner, J. 2016. *Wartime Britain 1939-1945*. London: Headline, p. 668.
190 Foot, P. 2009. *Memories of an S.O.E. Historian*. Barnsley: Pen & Sword Books, p. 100.

191 Midgley, M. 2005. *The Owl of Minerva: A Memoir*. London: Routledge, p. 139.
192 Purton, V. 2007. *An Iris Murdoch Chronology*. Basingstoke: Palgrave Macmillan, p. 36.
193 Imperial War Museum. n.d. Jean Wilhelma Rowntree (oral history), Imperial War Museum sound archive. https://www.iwm.org.uk/collections/item/object/80014585
194 Midgley, M. 2005. *The Owl of Minerva: A Memoir*. London: Routledge, p. 96.
195 'Letter from Isobel Henderson', 18 March 1944, MGMP, MID/F.
196 Foot, P. 2009. *Memories of an S.O.E. Historian*. Barnsley: Pen & Sword Books, p. 102.
197 Conradi, P. J. 2011. *Iris Murdoch, A Writer at War: Letters and Diaries, 1939–1945*. Oxford: Oxford University Press, p. 254.
198 Lindsay, A. D. 1945. 'Reference for Philippa Foot', 24 May, Somerville College Archive (SCA), Box 5 Appointments and Appreciations.
199 MacKinnon, D. M. 1945. 'Reference for Philippa Foot', 24 May, SCA, Box 5 Appointments and Appreciations.
200 Cassirer, H. 1945. 'Reference for Philippa Foot', 28 May, SCA, Box 5 Appointments and Appreciations.
201 Berlin, I. 1980. *Personal Impressions*. London: Hogarth Press, p. 103.
202 Morris, J. 2007. *The Life and Times of Thomas Balogh: A Macaw Among Mandarins*. Chicago: Sussex Academic Press, p. 34.
203 Conradi, P. J. 2011. *Iris Murdoch, A Writer at War: Letters and Diaries, 1939–1945*. Oxford: Oxford University Press, p. 203.
204 위와 같음, p. 227.
205 Conradi, P. J. 2001. *Iris Murdoch: A Life*. London: HarperCollins, p. 206.
206 'Letter from IM to Leo Pliatzky', 30 October 1945, IMC, KUAS134.
207 *Iris Murdoch Journal* 3, 5 August 1945, p. 20, Iris Murdoch Archive (IMA), KUAS202/1/3.
208 Sweetman, B. 2011. 'Introduction', in *A Gabriel Marcel Reader*. South Bend, Indiana: St Augustine's Press, p. 5.
209 Foot, P. 2009. *Memories of an S.O.E. Historian*. Barnsley: Pen & Sword Books, p. 100.

4장 철학의 불꽃을 되살리다

1 Lacey, N. 2004. *A Life of H. L. A. Hart: The Nightmare and the Noble Dream*. Oxford: Oxford University Press, p. 126.; Addison, P. 1994. 'Oxford and

the Second World War', in *The History of the University of Oxford Volume VIII: The Twentieth Century*, ed. B. Harrison. Oxford: Oxford University Press, p. 187.
2   Mascall, E. L. 1992. *Saraband: The Memoirs of E. L. Mascall*. Leominster: Gracewing, p. 246.
3   Mehta, J. 1963. *Fly and the Fly-Bottle: The Logical Positivists and the Critics*. London: Weidenfeld & Nicolson, p. 27.
4   Adams, P. 1996. *Somerville for Women*. Oxford: Oxford University Press, p. 254.
5   Foot, P. 2009. *Memories of an S.O.E. Historian*. Barnsley: Pen & Sword Books, p. 50.
6   Warnock, M. 2000. *Mary Warnock: A Memoir-People and Places*. London: Duckworth, p. 44.
7   Adams, P. 1996. *Somerville for Women*. Oxford: Oxford University Press, p. 255.
8   Price, H. H. 1945. 'Clarity Is Not Enough'. *Proceedings of the Aristotelian Society, Supplementary Volumes*, 19, p. 1.
9   Rogers, B. 1999. *A. J. Ayer: A Life*. New York: Grove Press, p. 182.
10 위의 책, pp. 196-197.
11 위의 책, p. 138.
12 위의 책, p. 228.
13 Warnock, G. J. 1976. 'Gilbert Ryle's Editorship'. *Mind*, 85(337), p. 48.
14 위의 문서, p. 48.
15 Rowe, M. 2010. *J. L. Austin: Philosopher and D-Day Intelligence Officer*. Oxford: Oxford University Press, chapter 7.
16 위의 책, chapter 23.
17 저자들과의 대화에서 확인한 메리 미즐리의 발언, 2016년 9월.
18 Rowe, M. 2010. *J. L. Austin: Philosopher and D-Day Intelligence Officer*. Oxford: Oxford University Press, chapter 9.
19 위의 책, chapter 21.
20 Austin, J. 1968. 'Pleasure and Happiness'. *Philosophy*, 43(163), pp. 51-62.
21 Biletzki, A. & Matar, A. 1998. *The Story of Analytic Philosophy: Plot and Heroes*. New York: Routledge, p. 22.
22 Reaveley, C. & Winnington, J. 1947. *Democracy and Industry*. London: Chatto & Windus, p. vii. (Constance Reaveley는 메리 글로버의 필명이다.)
23 Reaveley, C. & Winnington, J. 1947. *Democracy and Industry*. London: Chatto & Windus, p. 78.
24 위의 책, p. 141.
25 Scott, D. 1971. *A. D. Lindsay: A Biography*. Oxford: Basil Blackwell, p. 293.

26 C. H. 1982-1983. 'Mary Reaveley Glover'. *St Hugh's College Chronicle*, 55, p. 44.; Scott, D. 1971. *A. D. Lindsay: A Biography*. Oxford: Basil Blackwell. chapters 17, 19.
27 Reaveley, C. 1945. 'Wrong Things to Teach'. *The Spectator*, 2 February, p. 101.
28 'Letter from Donald MacKinnon to Christopher Cox', 11 September 1958, New College Archives, Oxford, Papers of H.W.B. Joseph, PAJOS Box 23/1-2.
29 'Letter from Kenneth Sisam to the Warden, Alic Smith', 11 July 1947, Papers of H.W.B. Joseph, New College Archives, University of Oxford, PAJOS Box 23/1-2.
30 'Letter from Donald MacKinnon to Christopher Cox', 11 September 1958, ibid. In 1949. 조지프의 라이프니츠 강의는 1949년 오스틴 편집으로 출판됨.
31 Midgley, M. 2005. *The Owl of Minerva: A Memoir*. London: Routledge, p. 143.
32 Murray, G. 1960. *Gilbert Murray: An Unfinished Autobiography*. Oxford: Oxford University Press, p. 166.
33 Voorhoeve, A. 2011. *Conversations on Ethics*. Oxford: Oxford University Press, p. 91.
34 Gornall, M. 2020. 'Philippa Foot and Thoughts about Oxfam', p. 2.
35 Reaveley, C. (Mary Glover). 1945. 'Could We Go Nazi'. *The Spectator*, 5 October, p. 307.
36 Mure, G. R. G. 1958. *Retreat From Truth*. Oxford: Blackwell, p. 4.
37 Doll, R. 2010. 'Vaughan [married name Gourlay], Dame Janet Maria (1899-1993)'. *Oxford Dictionary of National Biography*. Oxford: Oxford University Press.
38 Smith, P. 2000. *The Morning Light: A South African Childhood Revalued*. Cape Town: David Philip, p. 234.
39 Voorhoeve, A. 2011. *Conversations on Ethics*. Oxford: Oxford University Press, p. 91.
40 위의 책, p. 92.
41 Foot, P. 2009. *Memories of an S.O.E. Historian*. Barnsley: Pen & Sword Books, p. 102.
42 Crawford, S., Ulmschneider, K., & Elsner, J. (eds). 2017. *Ark of Civilization: Refugee Scholars and Oxford University, 1930-1945*. Oxford: Oxford University Press, p. 3.
43 Jacoby, I. 2006. *My Darling Diary, Volume 1: The Girl In and Out of Love-Oxford 1944-1950*. Penzance: United Writers, cited in Grenville, A. 'Academic Refugees in Wartime Oxford', in Crawford et al. (eds), pp. 50-61, at p. 60.

44 Grenville, A. 'Academic Refugees in Wartime Oxford', in Crawford et al. (eds), p. 60.
45 Midgley, M. 2005. *The Owl of Minerva: A Memoir*. London: Routledge, p. 148.
46 Foot, P. 2009. *Memories of an S.O.E. Historian*. Barnsley: Pen & Sword Books, p. 102-123.
47 Midgley, M. 2001. *Wickedness: A Philosophical Essay*. London: Routledge, p. 4.
48 위의 책, p. 7.
49 Gollwitzer, H. et al. 2009. *Dying We Live: The Final Messages and Records of the German Resistance*. Eugene, Oregon: Wipf & Stock Publishers, p. 51.
50 Foot, P. 2004. 'Rationality and Goodness'. *Royal Institute of Philosophy Supplement*, 54.
51 Harvey, B. 2011. 'Address Given in Commemoration of Philippa Foot in Somerville Hall', 19 March, Somerville College Archive, SC/AO/AA/FW/Foot.
52 Charing, G. 2011. 'Memorial Address', 19 March, Somerville College Archive, SC/AO/AA/FW/Foot.
53 아이리스 머독은 치즈윅에서 필리파에게 보낸 날짜가 적히지 않은 편지에서, 풋이 매키넌의 강의를 듣고 있다는 사실을 부러워하는 마음을 밝혔다. (IMC, KUAS100/1/9.)
54 Mary Midgley, interviewed by Paul Merchant, track 5, p. 64.
55 Conradi, P. J. 2011. *Iris Murdoch, A Writer at War: Letters and Diaries, 1939-1945*. Oxford: Oxford University Press, p. 237.
56 'Letter from Iris Murdoch to Leo Pliatzky', 30 October 1945, IMC, KUAS134.
57 Conradi, P. J. 2011. *Iris Murdoch, A Writer at War: Letters and Diaries, 1939-1945*. Oxford: Oxford University Press, p. 237.
58 'Letter from Iris Murdoch to Philippa Foot', 11 November 1946, IMC, KUAS100/1/7.
59 'Letter from Iris Murdoch to Leo Pliatzky', 30 October 1945.
60 Murdoch, I. 1987/1989. *Sartre, Romantic Rationalist*. (London: Penguin), p. 10.
61 Lanneau, C. 2008. *L'Inconnue française: La France et les Belges Francophones, 1944-1945*. (Bruxelles: P.I.E. Peter Lang), pp. 259-260.
62 White, F. 2014. *Becoming Iris Murdoch*. (London: Kingston University Press), p. 32. Notebook held in IMA, 'Notes on a lecture given by Jean Paul Sartre', IML 682.
63 Sartre, J.-P. 1946. 'Existentialism is a Humanism'. In: Kaufman, W. (ed.),

Existentialism from Dostoyevsky to Sartre. (London: Penguin, 1991), pp. 345-368, at p. 349.
64   위의 책, pp. 348-349.
65   위의 책, p. 361.
66   위의 책, p. 349.
67   Conradi, P. J. 2011. *Iris Murdoch, A Writer at War: Letters and Diaries, 1939-1945*. Oxford: Oxford University Press, p. 251.
68   Morris, J. 2007. *The Life and Times of Thomas Balogh: A Macaw Among Mandarins*. Chicago: Sussex Academic Press, p. 34.
69   Sartre, J.-P. 1946. 'Existentialism is a Humanism'. In: Kaufman, W. (ed.), *Existentialism from Dostoyevsky to Sartre*. (London: Penguin, 1991), pp. 345-368, at p. 349.
70   위의 책, p. 350.
71   위의 책, p. 353.
72   Lanneau, C. 2008. *L'Inconnue française: La France et les Belges Francophones, 1944-1945*. (Bruxelles: P.I.E. Peter Lang), p. 261.
73   *Iris Murdoch Journal* 6, 12 Dec. 1948, p. J.
74   'Notes on a lecture given by Jean Paul Sartre', IMA, IML 682.
75   Conradi, P. J. 2011. *Iris Murdoch, A Writer at War: Letters and Diaries, 1939-1945*. Oxford: Oxford University Press, p. 251.
76   'Letter to Leo Pliatzky from Iris Murdoch', 30 October 1945, IMC, KUAS0134.
77   'Letter to David Hicks from Iris Murdoch', 3 December 1945. In Conradi, P. J., *Iris Murdoch, A Writer at War*, p. 264.
78   Conradi, P. J. 2001. *Iris Murdoch: A Life*. London: HarperCollins. p. 203.
79   'Letter from Iris Murdoch to Hal Lidderdale', 28 February 1946, IMC, KUAS78/65.; Conradi, P. J. 2001. Iris Murdoch: A Life. London: HarperCollins. p. 26
80   Conradi, P. J. 2011. *Iris Murdoch, A Writer at War: Letters and Diaries, 1939-1945*. Oxford: Oxford University Press, p. 269.
81   United Nations Relief and Rehabilitation Administration. 1946. 'Staff Bulletin October 1946', p. 22. UN Archives, Austria Mission / Monthly Narrative Reports, S-1494-0000-0106-00001. https://archives.un.org/
82   Conradi, P. J. 2011. *Iris Murdoch, A Writer at War: Letters and Diaries, 1939-1945*. Oxford: Oxford University Press, p. 273.
83   Conradi, P. J. 2001. *Iris Murdoch: A Life*. London: HarperCollins. p. 235.
84   Gornall, M. 2014. 'Philippa Foot and Thoughts about Oxfam', p. 9.
85   https://www.iwm.org.uk/collections/item/object/80014585, 1 August 2021.

86 Conradi, P. J. 2011. *Iris Murdoch, A Writer at War: Letters and Diaries, 1939-1945*. Oxford: Oxford University Press, p. 288.
87 위의 책, p. 303.
88 Horner, A. and Rowe, A. 2015. *Living on Paper: Letters from Iris Murdoch, 1934-1995*, pp. 58-59.
89 Conradi, P. J. 2011. *Iris Murdoch, A Writer at War: Letters and Diaries, 1939-1945*. Oxford: Oxford University Press, p. 298.
90 Conradi, P. J. 2001. *Iris Murdoch: A Life*. London: HarperCollins. p. 247.
91 'Letter from Iris Murdoch to Hal Lidderdale', 17 April 1946, IMC, KUAS78/66.
92 Purton, V. 2007. *An Iris Murdoch Chronology*. Basingstoke: Palgrave Macmillan. p. 45.
93 Fey, H. C. 2009. *A History of the Ecumenical Movement, Volume 2: 1948-1968*. (Eugene, Oregon: Wipf & Stock Publishers).
94 Milač, M. M. 2002. *Resistance, Imprisonment & Forced Labor: A Slovene Student in World War II*. (New York: Peter Lang).
95 Horner, A. and Rowe, A. 2015. *Living on Paper: Letters from Iris Murdoch, 1934-1995*, p. 71.
96 Displaced Persons Camps. 2021. http://www.dpcamps.org/graz.html
97 Horner, A. and Rowe, A. 2015. *Living on Paper: Letters from Iris Murdoch, 1934-1995*, p. 71.
98 위의 책, pp. 68-69.
99 'Letter from Iris Murdoch to Leo Pliatzky', 4 April 1945, IMC KUAS134.
100 'Letter from IM to "Madam" (Miss Myra Curtis, Principal of Newnham College) re. Sarah Smithson Studentship', from UNRRA, Vienna, 9 April 1946, NCA AC/5/2/1, pp. 1-2.
101 위의 문서, p. 1.
102 'Letter from Iris Murdoch to David Hicks', 5 January 1946. In Conradi, P. J. 2011. Iris Murdoch, *A Writer at War: Letters and Diaries*, 1939-1945. Oxford: Oxford University Press, p. 280.
103 Buber, M. 1958. *I and Thou*. trans. R. Gregor-Smith. (Edinburgh: T & T Clark), p. 25.
104 'Letter from IM to "Madam" re Sarah Smithson Studentship', op. cit., p. 2.
105 'Letter to Principal from Donald MacKinnon', 27 April 1946, NCA, AC/5/2/3.
106 Somerville College Archive. Mildred Hartley file (under married name), SC/AO/AA/FW/Taylor.
107 'Letter to Principal from Mildred Hartley', 6 June 1946, NCA AC/5/2/4.
108 Searle, J. 2015. 'Oxford Philosophy in the 1950s', *Philosophy* 90(2).

109 Erbacher, C. 2016. 'Wittgenstein and His Literary Executors', *Journal for the History of Analytical Philosophy* 4(3), p. 29.
110 Campbell, J. 2011. 'Memorial address', 19 March, SCA, SC/AO/AA/FW/Foot, p. 1.
111 Rée, J. 2000. 'Philosophical Lives: Philippa Foot interview', transcript, SCA, box 11, p. 2.
112 Descartes, R. 1970. *Philosophical Writings*. ed. Anscombe, G. E. M. and Geach, P. T., p. 31.
113 Anscombe, G. E. M. 1947. 'Mary Somerville Research Fellow Report, May 1947', SC/AO/FS/MSRF/Fellows' Reports. © M. C. Gormally.
114 Anscombe, G. E. M. 1944. 'Rough Scheme for Proposed Work for a Sarah Smithson Studentship', p. 2. © M. C. Gormally.
115 Wittgenstein, L. 1953, *Philosophical Investigations*, Blackwell, §224, 이영철 옮김.《철학적 탐구》. 책세상(2019).
116 Anscombe, G. E. M. 1948. 'Mary Somerville Research Fellow Report, May 1948', SC/AO/FS/MSRF/Fellows' Reports. © M. C. Gormally.
117 Wittgenstein, L. 1953, *Philosophical Investigations*, Blackwell, part II, p. 174, 이영철 옮김.《철학적 탐구》. 책세상(2019).
118 Wittgenstein, L. et al. 1982. *Last Writings on the Philosophy of Psychology, Volume 1*. (Chicago: University of Chicago Press), §966.
119 Rée, J. 2000. 'Philosophical Lives: Philippa Foot interview', transcript, SCA, box 11, p. 2.
120 'Letter from Philippa Foot to GEMA', Boston, 19 February 1964, CIAA, Box 14, 580.
121 Foot, P. 1978. *Virtues and Vices: and Other Essays in Moral Philosophy*. Oxford: Basil Blackwell, p. 2.
122 위의 책, p. xi.
123 *Iris Murdoch Journal* 4, 25 October 1947, p. 145.
124 Conradi, P. J. 2001. *Iris Murdoch: A Life*. London: HarperCollins. p. 246.
125 'Letter from Iris Murdoch to Mary Scrutton', n.d. [circa.1941], MGMP, MID/F.
126 Midgley, M. 2005. *The Owl of Minerva: A Memoir*. London: Routledge. p. 125.
127 'Copy of letter to Principal [MC] from Donald MacKinnon', Balliol, 3 June 1947, NCA, AC/5/2/10.
128 Purton, V. 2007. *An Iris Murdoch Chronology*. Basingstoke: Palgrave Macmillan. p. 47.
129 Conradi, IMAL, p. 247.
130 Conradi, P. J. 2001. *Iris Murdoch: A Life*. London: HarperCollins. p. 248.

131 'Letter from Iris Murdoch to Philippa Foot', Chiswick, 10 October 1946, IMC, KUAS100/1/2.
132 'Letter from Iris Murdoch to Philippa Foot', Chiswick, n.d., IMC, KUAS100/1/4.
133 'Letter from Iris Murdoch to Philippa Foot', Chiswick, 11 November 1946, IMC, KUAS100/1/7.
134 *Iris Murdoch Journal* 3, 17 March 1947, p. 84.
135 Rowe, M. 2024 (forthcoming). *J. L. Austin: Philosopher and D-Day Intelligence Officer*. Oxford: Oxford University Press. chapter 9.
136 Warnock, G. J. 1969. 'John Langshaw Austin: A Biographical Sketch (1963)', in Fann, K. T. (ed.) *Symposium on J. L. Austin*. London: Routledge & Kegan Paul, pp. 3-21, at p. 9.
137 Rowe, M. 2024 (forthcoming). *J.L. Austin: Philosopher and D-Day Intelligence Officer*. Oxford: Oxford University Press. chapter 10.
138 Warnock, G. J. 1969. 'John Langshaw Austin: A Biographical Sketch (1963)', in Fann, K. T. (ed.) *Symposium on J. L. Austin* (London: Routledge & Kegan Paul), pp. 6-7.
139 Urmson, J. O. 1969. 'Austin's Philosophy', in Fann, K. T. (ed.) *Symposium on J. L. Austin*, p. 24.
140 Warnock, G. J. 1973. 'Saturday Mornings', in Berlin, I. (ed.) *Essays on J. L. Austin: By I. Berlin and Others* (Oxford: Clarendon Press), pp. 31-32.
141 Rée, J. 2012. 'Philosophical Lives: Philippa Foot interview', *Biographical Memoirs of Fellows of the British Academy* 11, p. 2. 나중에 오스틴은 메리 윌슨에게는 예외를 두었는데, 그것은 그녀가 오스틴이 가장 아끼던 제프리와 결혼해 '메리 워녹'이 된 뒤였다(Warnock, People and Places, p. 17 참조).
142 Urmson, J. O. 1969. 'Austin's Philosophy', in Fann, K. T. (ed.) *Symposium on J. L. Austin*, p. 24.
143 위와 같음.
144 Austin, J. L. 1956-1957. 'A Plea for Excuses', *Proceedings of the Aristotelian Society* 57, p. 24.
145 Urmson, J. O. 1969. 'Austin's Philosophy', in Fann, K. T. (ed.) *Symposium on J. L. Austin*, pp. 24-25.
146 Magee, B. & Quinton, A. 1971. *Modern British Philosophy* (Oxford: Oxford University Press), p. 95.
147 Austin, J. L. 1962. *Sense and Sensibilia* (reconstructed from the manuscript notes by G. J. Warnock). Oxford: Oxford University Press, p. 16.
148 위의 책, pp. 50-52.
149 Magee, B. & Quinton, A. 1971. *Modern British Philosophy* (Oxford: Oxford University Press), p. 116.

150 저자들과 주고받은 대화, 2016년 1월.
151 Chapman, S. 2013. *Susan Stebbing and the Language of Common Sense*. London: Palgrave Macmillan, p. 177.
152 Warnock, M. 2000. *People and Places: A Memoir*. London: Duckworth, p. 65.
153 위와 같음.
154 Warnock, G. J. 1963. 'John Langshaw Austin: A Biographical Sketch', in *Symposium on J. L. Austin*, ed. K. T. Fann. London: Routledge & Kegan Paul, p. 11.
155 Harris, D. W. & Unnsteinsson, E. 2018. 'Wittgenstein's Influence on Austin's Philosophy of Language', *British Journal for the History of Philosophy* 26(2), pp. 371-395.
156 Austin, J. L. 1979. 'The Meaning of a Word' (1940 manuscript), in *Philosophical Papers*, 3rd edn, ed. J. O. Urmson & G. J. Warnock (Oxford: Oxford University Press), pp. 55-75.
157 Warnock, M. 2000. *People and Places: A Memoir*. London: Duckworth, p. 65.
158 *Iris Murdoch Journal* 3 (IMJ3). 21 February 1947, p. 54.
159 Anscombe, G. E. M. 1947. 'Mary Somerville Research Fellow Report, May 1947', SC/AO/FS/MSRF/Fellows' Reports. © M. C. Gormally.
160 Anscombe, G. E. M. 1948. 'Mary Somerville Research Fellow Report, May 1948', SC/AO/FS/MSRF/Fellows' Reports. © M. C. Gormally.
161 Anscombe, G. E. M. 1949. 'Mary Somerville Research Fellow Report, May 1949', SC/AO/FS/MSRF/Fellows' Reports. © M. C. Gormally.
162 Berlin, I. 2006. 'I'm Going to Tamper with Your Beliefs a Little', transcript, *The Isaiah Berlin Virtual Library*, pp. 19-20. https://berlin.wolf.ox.ac.uk/
163 'Letter from Wittgenstein to Rush Rhees', 13 July 1938, Wittgenstein. In McGuinness, B. (ed.) 2012. *Wittgenstein in Cambridge: Letters and Documents 1911-1951*. Oxford: Wiley-Blackwell. p. 279.
164 'Letters regarding Oscar Wood's appointment', Worcester College Archive, University of Oxford, WOR/PRO 10/1/54.
165 Monk, R. 1991. *Ludwig Wittgenstein: The Duty of Genius*. London: Penguin, p. 496.
166 'Mary Midgley interviewed by Paul Merchant', track 3, p. 36.
167 Monk, R. 1991. *Ludwig Wittgenstein: The Duty of Genius*. London: Penguin. p. 496.
168 Warnock, M. 2000. *People and Places*. London: Duckworth, p. 52.
169 'Transcript of RMH personal interview with (now Sir) Brian Harrison'. n.d. p. 10
170 Midgley, M. 2005. *The Owl of Minerva: A Memoir*. London: Routledge. pp.

159-160.
171 Foot, P. 2001. *Natural Goodness*. Oxford: Oxford University Press, p. 1.
172 Midgley, M. 2005. *The Owl of Minerva: A Memoir*. London: Routledge. p. 160.
173 Rée, J. 2018. 'Philosophical Lives: Philippa Foot interview'. *Royal Institute of Philosophy Supplement* 83, p. 3.
174 Warnock, M. 2018. 'A Tremendous Coup'. In: Flowers, F. A. & Ground, I. (eds.) *Portraits of Wittgenstein*, p. 396.
175 Prichard, H. A. 1944. 'H.W.B. Joseph'. *Mind* 53(210), pp. 189-191.
176 Emmet, D. 2017. *Philosophers and Friends*. Oxford: Oxford University Press, p. 4.
177 Warnock, M. 2000. *People and Places*. London: Duckworth, p. 57.
178 Lacey, N. 2004. *A Life of H.L.A. Hart: The Nightmare and the Noble Dream*. Oxford: Oxford University Press, p. 140.
179 'Transcript of RMH personal interview with (now Sir) Brian Harrison'. n.d. p. 16.
180 Warnock, M. 2018. 'A Tremendous Coup'. In: Flowers, F. A. & Ground, I. (eds.) *Portraits of Wittgenstein*, p. 395.
181 Mabbott, J. D. 1949. *Oxford Memories*. Oxford: Basil Blackwell, p. 147.
182 Midgley, M. 2005. *The Owl of Minerva: A Memoir*. London: Routledge, pp. 156-157.
183 Lacey, N. 2004. *A Life of H.L.A. Hart*. Oxford: Oxford University Press. p. 128.
184 MacKinnon, D. M. 1938. 'And the Son of Man that Thou Visitest Him'. *Christendom* 8, part 2, p. 264.
185 Midgley, M. 2005. *The Owl of Minerva: A Memoir*. London: Routledge. p. 156.
186 Scrutton, M. n.d. 'Untitled paper on theories about perception in the philosophy of Plotinus' [1948/49], Mary and Geoff Midgley Papers (MGMP), MID/E/69.
187 'Mary Midgley interviewed by Paul Merchant'. n.d. track 2, p. 19.
188 Bradley, F. H. 1908. *Appearance and Reality: A Metaphysical Essay*. 2nd edn. London: Sonnenschein, p. 206.
189 Scrutton, M. n.d. 'Individuation in Plotinus' [1948/49], Mary and Geoff Midgley Papers (MGMP), MID/C/22, MID/E/71, p. 27.
190 Emmet, D. M. 1946. 'On the Idea of Importance'. *Philosophy* 21(80), pp. 234-244.
191 Midgley, M. 1972. 'Is "Moral" a Dirty Word?'. *Philosophy* 47(181), pp. 206-228.

192 Scrutton, M. 1948. 'Self and Not-Self in Plotinus'. 1 December, Mary and Geoff Midgley Papers (MGMP), MID/C/22, MID/E/68, p. 18.
193 위의 문서, p. 18.
194 Dodds, C. 2011. *Missing Persons*. London: Routledge, p. 180.
195 *Iris Murdoch Journal* 3, 17 March 1946, p. 86.
196 'Letter from Iris Murdoch to Philippa Foot', n.d. [probably winter 1946/7], IMC, KUAS100/1/9.
197 'Letter to Principal from Donald MacKinnon', 3 June 1947, op. cit.
198 Murdoch, I. 1947. 'Scheme of Work for Sarah Smithson Studentship'. May, p. 4. Newnham College Archive, AC/5/2/20.
199 위의 문서, p. 3.
200 위의 문서, p. 4.
201 Murdoch, I. 1956. 'A House of Theory'. In *Existentialists and Mystics*, p. 174.
202 *Iris Murdoch Journal* 3, 27 February 1947, p. 64.
203 'Letter to Principal from Donald MacKinnon', 3 June 1947.
204 'Letter from Lois MacKinnon to Peter Conradi', 24 September 1999, IMC, KUAS6/1/31/2.
205 *Iris Murdoch Journal* 4, 23 September 1947, p. 53.
206 Conradi, P. J. *Iris Murdoch: A Life*, p. 254; and Midgley, M. *The Owl of Minerva*, p. 151.

5장 한목소리로 "아니"라고 외치다

1 Adams, P. 1996. *Somerville for Women: an Oxford college, 1879-1993*. Oxford: Oxford University Press. p. 259.
2 Teichman, J. 2001. 'Elizabeth Anscombe'. *The Tablet*, p. 34
3 *Iris Murdoch Journal* 6, 12 June 1948, Kingston University, Iris Murdoch Collections. p. 103.
4 Midgley, M. 2005. *The Owl of Minerva: A Memoir*. London: Routledge. p. 147.
5 Midgley, M. 2016. 'Then and Now'. Transcript. https://www.womeninparenthesis.co.uk/then-and-now/
6 *Iris Murdoch Journal* 4, , 8 October 1947, Kingston University, Iris Murdoch Collections. p. 90.
7 Anscombe, G. E. M. 1948. 'Mary Somerville Research Fellow Report'. Somerville College Archives, University of Oxford. © M. C. Gormally.
8 Rée, J. 2012. 'Philosophical Lives: Philippa Foot Interview'. *Biographical Memoirs of Fellows of the British Academy* 11, p. 1.

주

9   Midgley, M. 2005. *The Owl of Minerva: A Memoir*. London: Routledge. p. 170.
10 *Iris Murdoch Journal* 6, 12 June 1948,Kingston University, Iris Murdoch Collections. p. 103.
11 Midgley, M. 2000. 'Sorting Out the Zeitgeist'. *Changing English* 7(1), p. 89.
12 Midgley, M. 2016. 'Then and Now'. Transcript. https://www.womeninparenthesis.co.uk/then-and-now/
13 Hare, R. M. 2002. 'A Philosophical Autobiography'. *Utilitas* 14(3), p. 283.
14 Harrison, B. 1989. Transcript of RMH personal interview with (now Sir) Brian Harrison, p. 8. Balliol College Archives, University of Oxford, R. M. Hare Papers.
15 Hare, R. M. 2002. 'A Philosophical Autobiography'. *Utilitas* 14(3), p. 285.
16 위와 같음.
17 Harrison, B. 1989. Transcript of RMH personal interview with (now Sir) Brian Harrison, p. 4. Balliol College Archives, University of Oxford, R. M. Hare Papers.
18 위의 문서, p. 2.
19 위의 문서, p. 8.
20 Hare, R. M. 2002. 'A Philosophical Autobiography'. *Utilitas* 14(3), p. 285.
21 위의 문서, p. 281.
22 Hare, R. M. n.d. 'Moral Objectivity'. Manuscript, R. M. Hare Papers. pp. 7-8.
23 Hare, R. M. 1994. 'AUTOB2'. Manuscript, R. M. Hare Papers. p. 4.
24 Hare, R. M. 2002. 'A Philosophical Autobiography'. *Utilitas* 14(3), p. 285.
25 위의 문서, p. 288.
26 위의 문서, p. 269.
27 Hare, R. M. 1952. *The Language of Morals*. Oxford: Clarendon Press, chapters 2-3.
28 Hare, R. M. n.d. R. M. Hare Papers. Balliol College Archives, University of Oxford.
29 Hare, R. M. 1949. 'Imperative Sentences'. *Mind* 58(229), pp. 21-39.; Hare, R. M. 1952. *The Language of Morals*. Oxford: Clarendon Press.
30 Hare, R. M. n.d. 'Moral Objectivity'. Manuscript, R. M. Hare Papers, Balliol College Archives. p. 10.
31 Murdoch, I. 1957. 'Metaphysics and Ethics'. In *Existentialists and Mystics: Writings on Philosophy and Literature*, ed. P. J. Conradi. London: Chatto & Windus, 1997, p. 63.
32 Conradi, P. J. 2001. *Iris Murdoch: A Life*. London: HarperCollins, p. 263.
33 Monk, R. 1991. *Ludwig Wittgenstein: The Duty of Genius*. London: Penguin, p.

528.
34   Conradi, P. J. 2001. *Iris Murdoch: A Life*. London: HarperCollins, p. 270.
35   'Letter from Iris Murdoch to Philippa Foot', Newnham, 16 November 1947, KUAS100/1/28.
36   *Iris Murdoch Journal* 4, 25 July 1947, p. 25. Kingston University, Iris Murdoch Collections.
37   'Letter from Iris Murdoch to Philippa Foot', Cambridge, 17 October [1947], KUAS100/1/8.
38   Edmonds, D. & Eidenow, J. 2001. *Wittgenstein's Poker*. New York: Ecco/HarperCollins.
39   Anscombe, G. E. M. 1950. 'The Reality of the Past'. In *Metaphysics and the Philosophy of Mind: Collected Philosophical Papers Volume II*. Oxford: Basil Blackwell, 1981, pp. 103-119, at p. 114 (fn. 3).
40   Anscombe, G. E. M. 1950. 'The Reality of the Past'. In *Metaphysics and the Philosophy of Mind: Collected Philosophical Papers Volume II*. Oxford: Basil Blackwell, 1981, p. 103.
41   위와 같음.
42   위의 문서, pp. 112-113.
43   위와 같음.
44   Anscombe, G. E. M. 1957. *Intention*. Oxford: Blackwell, §1.
45   Anscombe, G. E. M. 1950. 'The Reality of the Past'. In *Metaphysics and the Philosophy of Mind: Collected Philosophical Papers Volume II*. Oxford: Basil Blackwell, 1981, pp. 103-104.
46   Anscombe, G. E. M. 1973. 'Hume and Julius Caesar'. In *From Parmenides to Wittgenstein: Collected Philosophical Papers Volume I*. Oxford: Basil Blackwell, 1981, p. 89.
47   *Iris Murdoch Journal* 4, 17 October 1947, p. 129. Kingston University, Iris Murdoch Collections. p. 129.
48   Marcel, G. 1951. *The Mystery of Being, Volume 1: Reflection & Mystery*. London: Harvill.
49   *Iris Murdoch Journal* 4, 8 October 1947, p. 89. Kingston University, Iris Murdoch Collections.
50   Marcel, G. 1949. *Being and Having*. Translated by Katharine Farrer. Westminster, London: Dacre Press, p. 19.
51   *Iris Murdoch Journal* 4, 17 October 1947, Kingston University, Iris Murdoch Collections. p. 128.
52   *Iris Murdoch Journal* 4, 2 November 1947, Kingston University, Iris Murdoch Collections. p. 158.
53   *Iris Murdoch Journal* 4, 8 October 1947, Kingston University, Iris Murdoch

Collections. p. 89.
54　Sweetman, B. 2011. 'Introduction'. In *A Gabriel Marcel Reader*. South Bend, Indiana: St. Augustine's Press.
55　*Iris Murdoch Journal* 4, 7 November 1947, Kingston University, Iris Murdoch Collections. p. 166.
56　'Letter from Iris Murdoch to Philippa Foot', Cambridge, 8 November 1947, IMC, KUAS100/1/11.
57　'Letter from Iris Murdoch to Philippa Foot', n.d., postmark 30 May 1947, IMC, KUAS100/1/22.
58　'Letter from Iris Murdoch to Philippa Foot', Cambridge, 15 November 1947, IMC, KUAS100/1/12.
59　Conradi, P. J. 2001. *Iris Murdoch: A Life*. London: HarperCollins, p. 261.
60　Horner, A. & Rowe, A. 2015. *Living on Paper: Letters from Iris Murdoch, 1934-1995*. London: Chatto & Windus, p. 108.
61　Monk, R. 1991. *Ludwig Wittgenstein: The Duty of Genius*. London: Penguin, p. 497.
62　Wittgenstein, L. & Barrett, C. 1966. *Wittgenstein: Lectures and Conversations on Aesthetics, Psychology and Religious Belief*. Oxford: Basil Blackwell, p. 56.
63　Edmonds, D. & Eidenow, J. 2001. *Wittgenstein's Poker*. New York: Ecco/HarperCollins, p. 9.
64　*Iris Murdoch Journal* 4, 4 April 1948, p. 55. Kingston University, Iris Murdoch Collections. p. 55.
65　Wittgenstein, L., Geach, P. T., Shah, K. J., & Jackson, A. C. 1989. *Wittgenstein's Lectures on Philosophical Psychology, 1946-1947*. Chicago: University of Chicago Press
66　'Letter from Iris Murdoch to Philippa Foot', Cambridge, 24 April 1948, IMC, KUAS100/1/16.
67　Mehta, P. 1963. *Fly and the Fly-Bottle: The New Philosophy and the Old Philosophers*. London: Weidenfeld & Nicolson, p. 55.
68　*Iris Murdoch Journal* 4, 23 October 1947, Kingston University, Iris Murdoch Collections. p. 143.
69　저자들과의 서신 교류, 2020년 10월 13일자.
70　Midgley, M. 2005. *The Owl of Minerva: A Memoir*. London: Routledge, p. 115.; 저자들과 주고받은 대화, 2016년 9월.
71　Harding, T. 2019. *Legacy: One Family, a Cup of Tea and the Company that Took On the World*. London: Random House, p. 386.
72　Foot, P. 1958. 'Moral Beliefs'. *Proceedings of the Aristotelian Society* 59, pp. 83-104, at p. 83.
73　Foot, P. 1958. 'Moral Arguments'. *Mind* 67(268), pp. 502-513, at p. 508.

74 위와 같음.
75 Midgley, M. 2005. *The Owl of Minerva: A Memoir*. London: Routledge. p. 115.
76 위와 같음.
77 *Iris Murdoch Journal* 4, 25 July 1947, p. 25. Kingston University, Iris Murdoch Collections. p. 25.
78 Midgley, M. 2005. *The Owl of Minerva: A Memoir*. London: Routledge, pp. 115-116.
79 Glover, M. 1938. 'Obligation and Value'. *Ethics* 49(1), pp. 68-80, at p. 76.
80 Heck, J. D. (ed.) 2012. *Socratic Digest 1943-1952*. Austin, Texas: Concordia University Press, p. 102.
81 Murdoch, I. 1990. Foreword to S. Aldwinckle, *Christ's Shadow in Plato's Cave: A Meditation on the Substance of Love*. Oxford: Amate Press, p. 7.
82 'Letter to Jim Stockton of Boise State University, Idaho, Department of Philosophy', 2012, MID/E/48.
83 Stockton, J. 2012. 'Chaplain Stella Aldwinckle: A Biographical Sketch of the Spiritual Foundation of the Oxford University Socratic Club'. *Inklings Forever: Published Colloquium Proceedings 1997-2016* 8(26), pp. 1-8, at p. 6.
84 Aldwinckle, S. 2015. 'Memories of the Socratic Club'. In: White, R., Wolfe, J. & Wolfe, B. N. (eds.) *C. S. Lewis and His Circle: Essays and Memoirs from the Oxford C. S. Lewis Society*. Oxford: Oxford University Press, pp. 192-196, at p. 192.
85 Ward, M. 2015. 'Afterword: A Brief History of the Oxford'. In: White, R., Wolfe, J. & Wolfe, B. N. (eds.) *C. S. Lewis and His Circle: Essays and Memoirs from the Oxford C. S. Lewis Society*. Oxford: Oxford University Press, pp. 249-256, at p. 252.
86 Anscombe, G. E. M. 1981. 'A Reply to Mr. C. S. Lewis's Argument that "Naturalism" is Self-Refuting' (1948). In: Anscombe, G. E. M. *From Parmenides to Wittgenstein: Collected Philosophical Papers Volume I*. Oxford: Basil Blackwell, pp. 224-233, at p. 224.
87 위의 문서, pp. 224-226.
88 위의 문서, pp. 227-228.
89 Anscombe, G. E. M. 1957. *Intention*. Oxford: Basil Blackwell, §23.
90 위의 책, §23.
91 위의 책, §48.
92 'Letter from GEMA to Wittgenstein', 3 February [1948], p. 1, CIAA Box 13, file 537.
93 'Letter from Peter Daniel to Peter Conradi', 17 March 1998, PCA, KUAS6/1/51/3.

94 'Letter from GEMA to Wittgenstein', 3 February [1948], p. 1, CIAA Box 13, file 537.
95 Lewisiana. 2021. 'Anscombe and Lewis'. http://www.lewisiana.nl/anscombe/
96 Anscombe, G. E. M. 1981. *From Parmenides to Wittgenstein: Collected Philosophical Papers Volume I*. Oxford: Basil Blackwell, p. x.
97 Anscombe, G. E. M. 1981. 'On Transubstantiation' (1974). In: Anscombe, G. E. M. *Ethics, Religion and Politics: Collected Philosophical Papers Volume III*. Oxford: Basil Blackwell, pp. 107–112, at pp. 107–108.
98 Midgley, M. 2005. *Owl of Minerva: A Memoir*. London: Routledge, p. 131.
99 Drury, M. O. C. 2017. *The Selected Writings of Maurice O'Connor Drury: On Wittgenstein, Philosophy, Religion and Psychiatry*. London: Bloomsbury, p. 65.
100 Midgley, M. 2005. *Owl of Minerva: A Memoir*. London: Routledge, p. 159.
101 Anscombe, G. E. M. 1957. *Intention*. Oxford: Basil Blackwell, §42.
102 Anscombe, G. E. M. 2011. *From Plato to Wittgenstein*. Ed. Mary Geach & Luke Gormally. Exeter: Imprint Academic, p. xiii.
103 Erbacher, C. 2016. 'Wittgenstein and His Literary Executors'. *Journal for the History of Analytical Philosophy* 4(3), p. 29.
104 Midgley, M. 1948. 'Self and Not-Self in Plotinus', 1 December, p. 5. Mary and Geoff Midgley Archive (MGMP), MID/E/68.
105 *Iris Murdoch Journal* 4, 1947. 17 October, pp. 126–127.
106 *Iris Murdoch Journal* 4, 1948. 30 October, p. 154.
107 *Iris Murdoch Journal* 4, 1948. 17 October, p. 129.
108 *Iris Murdoch Journal* 4, 1947. 3 November, p. 161.
109 *Iris Murdoch Journal* 4, 1947. 18 October, p. 133.
110 *Iris Murdoch Journal* 4, 1947. 18 November, p. 180.
111 *Iris Murdoch Journal* 6, 1948. 24 February, p. 23.
112 *Iris Murdoch Journal* 6, 1948. 5 March, p. 39.
113 *Iris Murdoch Journal* 6, 1948. 24 February, p. 23.
114 'Letter from Iris Murdoch to Lucy Klatschko', n.d. [1989?], PCA KUAS6/18/2/16.
115 'Scheme of work'. n.d. p. 1. Newnham College Archive (NCA), AC/5/2/20.
116 'Letter from Iris Murdoch to Miss Curtis reapplying for Smithson Studentship', 28 May 1948. AC/5/2/27.
117 *Iris Murdoch Journal* 6, 1948. 24 February, p. 23.
118 *Iris Murdoch Journal* 6, 1948. 18 February, p. 12.
119 *Iris Murdoch Journal* 6, 1948. 12 June, p. 106.
120 *Iris Murdoch Journal* 6, 1948. 4 April, p. 55.
121 Hart, C. 1998. *Ask Me No More*. London: Faber & Faber, p. 135.

122 Conradi, P. J. 2001. *Iris Murdoch: A Life*. London: HarperCollins, p. 291.
123 'Letter from Iris Murdoch to Philippa Foot', Cambridge, 24 April 1948, KUAS100/1/16.
124 'Letter to Miss Plumer from Donald MacKinnon', 1 June 1948.; 'Letter to Miss Plumer from Isobel Henderson', vi.1948, Iris Murdoch staff file, St Anne's College Archive, University of Oxford.
125 Conradi, P. J. 2001. *Iris Murdoch: A Life*. London: HarperCollins, p. 288.
126 Horner, A. & Rowe, A. 2013. *Living on Paper: Letters of Iris Murdoch 1934-1995*. London: Chatto & Windus, p. 112.

6장 다시 삶으로

1 St John's College Archive, University of Oxford. 1949. *Bursar to Anscombe*, 6 May. Correspondence between solicitor, bursar and G.E.M. Anscombe re 27 St John Street.
2 Gormally, M. C. 2020. Correspondence with authors, 25 September.
3 St John's College Archive, University of Oxford. 1949. *Bursar to Anscombe*, 6 May. Correspondence between solicitor, bursar and G.E.M. Anscombe re 27 St John Street.
4 Anscombe, G. E. M. n.d. *Anecdotes about Wittgenstein*. Collegium Institute Anscombe Archive (CIAA), Philadelphia.
5 St John's College Archive, University of Oxford. 1949. *Note from bursar to "gentlemen"*, 6 May. Correspondence between solicitor, bursar and G.E.M. Anscombe re 27 St John Street, p. 1.
6 St John's College Archive, University of Oxford. 1949. *Bursar to Anscombe*, 6 May. Correspondence between solicitor, bursar and G.E.M. Anscombe re 27 St John Street.
7 St John's College Archive, University of Oxford. 1949. *Anscombe to Mr Chick*, 14 June. Correspondence between solicitor, bursar and G.E.M. Anscombe re 27 St John Street.
8 St John's College Archive, University of Oxford. 1949. *Note from bursar to "gentlemen"*, 6 May.
9 Monk, R. 1991. *Ludwig Wittgenstein: The Duty of Genius*. London: Penguin, p. 567.
10 Kenny, A. 2014. 'Peter Thomas Geach, 1916-2013'. *Proceedings of the British Academy* 192, p. 188.
11 Anscombe, G. E. M. n.d. *Anecdotes about Wittgenstein*. Collegium Institute Anscombe Archive (CIAA), Philadelphia. (cited above).

12 메리 워녹이 저자들과 주고받은 대화, 2016년 1월 13일자.
13 Anscombe, 'Anecdotes about Wittgenstein'.
14 Mary Warnock, conversation with authors, 13 January 2016.
15 Erbacher, Christian. 2016. *Wittgenstein and His Literary Executors*. Journal for the History of Analytical Philosophy 4(3), p. 26.
16 Warnock, Mary. 2002. *People and Places: A Memoir*. London: Duckworth, p. 59.
17 'Letter from Iris Murdoch to Philippa Foot', Chiswick, 10 July 1943, IMA KUAS100/1/43.; Conradi, P. J. 2001. *Iris Murdoch: A Life*. London: Harper-Collins. p. 288.
18 Pevsner, Nikolaus and Sherwood, Jennifer. 1974. *Oxfordshire*. Harmondsworth: Penguin, p. 266.
19 O'Grady, Jane. 2001. "Elizabeth Anscombe." *The Guardian*, 11 January.
20 Teichman, Jenny. 2001. "Gertrude Elizabeth Margaret Anscombe." *The Tablet*, p. 35.
21 저자들과 안드리안 무어(Adrian Moore)와 주고받은 대화, 2016년 1월 13일자.
22 Anscombe, G. E. M. 1948. *Mary Somerville Research Fellow Report, May 1948*. St Anne's College Archive, University of Oxford.
23 Chappell, Sophia Grace (then Timothy). 2004. *Reading Plato's Theaetetus*. Cambridge: Hackett, p. 103.
24 위의 문서, p. 83.
25 *Iris Murdoch Journal* 6, 9 June 1948, p. 101.
26 Chappell, Sophia Grace. 2004. *Reading Plato's Theaetetus*. Cambridge: Hackett, pp. 56-57.
27 위의 책, p. 130.
28 위의 책, p. 130.
29 Anscombe, G. E. M. 1976. "The Subjectivity of Sensation." In *Metaphysics and the Philosophy of Mind: Collected Philosophical Papers Volume II*, Oxford: Basil Blackwell, pp. 44-56, at p. 44.
30 Wittgenstein, L. 1953, *Philosophical Investigations*, Blackwell, §258, 이영철 옮김.《철학적 탐구》. 책세상(2019).
31 *Iris Murdoch Journal* (IMJ6), 15 October 1948, p. 133.
32 Anscombe, G. E. M. 1957. *Intention*. Oxford: Blackwell, §46.
33 'Letter from G. H. White to the Senior Proctor', 14 October 1948, Oxford University Archives, PR 1/12/4.
34 *Iris Murdoch Journal* 7, 31 October 1949, KUAS202/1/7, Kingston University, p. 40.
35 Adams, S. 2015. *Somerville Women*. Oxford: Somerville College, p. 318.

36 Horner, A and Rowe, Anne. 2013. *Living on Paper: Letters from Iris Murdoch 1934-1995*. London: Chatto & Windus, p. 105.
37 Foot, P. 2002. *Memories of an S.O.E. Historian*. Oxford: Oxford University Press, p. 119.
38 'Iris Murdoch letter to Hal Lidderdale', 29 December [?], IMC, KUAS78/13.
39 Scrutton, M. 1949. Letter to Geoff Midgley [late 1949]. Mary and Geoff Midgley Papers (MGMP), MID/F, Durham University Library Special Collections.
40 *Iris Murdoch Journal* 7, 1 March 1949, p. 7; also in Conradi, *Iris Murdoch: A Life*, p. 297.
41 Conradi, P. 2001. *Iris Murdoch: A Life*. London: HarperCollins, p. 285.
42 *Iris Murdoch Journal* 6, 12 November 1948, p. E.
43 *Iris Murdoch Journal* 6, 30 June 1948, p. 106.
44 *Iris Murdoch Journal* 7, 15 June 1949, p. 22.
45 *Iris Murdoch Journal* 7, 17 November 1949, p. 42.
46 *Iris Murdoch Journal* 6, 7, passim.
47 *Iris Murdoch Journal* 6, 14 May 1948, p. 84.
48 Erbacher, Christian. 2016. "Wittgenstein and His Literary Executors." *Journal for the History of Analytical Philosophy* 4(3), p. 25; see also *Iris Murdoch Journal* (IMJ4), passim.
49 *Iris Murdoch Journal* 7, 15 June 1949, p. 22.
50 *Iris Murdoch Journal* 6 and 7, passim.
51 Conradi, P. 1998. *Notes taken from a conversation with Polly Smythies*, 3 February. The Peter Conradi Archive, KUAS6/1/50/1, Kingston University. Cited in Conradi, *Iris Murdoch: A Life*, p. 635, n. 79.
52 *Iris Murdoch Journal* 6, 9 November 1948, p. 150/C-D.
53 *Iris Murdoch Journal* 6, 11 October 1948, p. 132.
54 Anscombe, G. E. M. n.d. *Anecdotes about Wittgenstein*. Collegium Institute Anscombe Archive (CIAA), Box 6, file 212, p. 1.
55 *Iris Murdoch Journal* 6, 27 October 1948, p. 150/B.
56 *Iris Murdoch Journal* 6, 4 November 1948, p. C.
57 *Iris Murdoch Journal* 6, 14 December 1948, p. P.
58 *Iris Murdoch Journal* 7, 30 January 1949, p. 2.
59 *Iris Murdoch Journal* 6, 14 December 1948, p. O.
60 *Iris Murdoch Journal* 9, 14 February 1959, p. 38.
61 *Iris Murdoch Journal* 6, 14 December 1948, p. Q.
62 *Iris Murdoch Journal* 6, 15 November 1948, p. G.
63 *Iris Murdoch Journal* 6, 23 November 1948, p. H.

64 위와 같음.
65 *Iris Murdoch Journal* 6, 12 December 1948, p. I.
66 *Iris Murdoch Journal* 6, 14 December 1948, p. Q.
67 *Iris Murdoch Journal* 6, 12 December 1948, p. J.
68 위의 문서, p. I.
69 위와 같음.
70 위의 문서, p. L.
71 위의 문서, pp. I-K.
72 *Iris Murdoch Journal* 6, 13 December 1948, p. M.
73 Monk, R. 1991. *Ludwig Wittgenstein: The Duty of Genius*. London: Penguin, pp. 518-519.
74 위의 책, p. 535.
75 Anscombe, G. E. M. n.d. *Anecdotes about Wittgenstein*. Collegium Institute Anscombe Archive (CIAA), Box 12, file 212, p. 1.
76 Erbacher, C. 2016. 'Wittgenstein and His Literary Executors'. *Journal for the History of Analytical Philosophy* 4(3), pp. 25-26. See also Anscombe, *Anecdotes about Wittgenstein*, p. 3.
77 Wittgenstein, L. 1982. *Last Writings on the Philosophy of Psychology*. Oxford: Blackwell, §165.
78 Anscombe, G. E. M. 1948. *Mary Somerville Research Fellow Reports*, May. St Anne's College Archive.
79 Anscombe, G. E. M. n.d. *Anecdotes about Wittgenstein*. Collegium Institute Anscombe Archive (CIAA), Box 12, file 212, p. 1.
80 Anscombe, G. E. M. 1957. *Intention*. Oxford: Blackwell, §46.
81 위의 책, §4.
82 Anscombe, G. E. M. 1965. 'The Intentionality of Sensation'. In *From Parmenides to Wittgenstein: Collected Philosophical Papers Volume I*, Oxford: Basil Blackwell, pp. 3-20.
83 Mascall, E. L. 1992. *Saraband: The Memoirs of E. L. Mascall*. Leominster: Gracewing, p. 247.
84 위와 같음.
85 Conradi, P. J. 2001. *Iris Murdoch: A Life*. London: HarperCollins, p. 305.
86 Mascall, E. L. 1992. *Saraband: The Memoirs of E. L. Mascall*. Leominster: Gracewing, p. 234.
87 MacKinnon, D. M. 1951. 'Preface'. In Marcel, G. *Being and Having*, London: Dacre Press, p. 3.
88 Mitchell, J. 2020. *Looking Back*. London: Routledge, p. 254.
89 Mascall, E. L. 1992. *Saraband: The Memoirs of E. L. Mascall*. Leominster: Gracewing, p. 248.

90 Rogers, B. 1999. *A. J. Ayer: A Life*. London: Chatto & Windus, pp. 66-67.
91 위의 책, pp. 114-115.
92 Demant, V. A. 1960. 'Michael Beresford Foster: Died October 15, 1959'. *Christian Scholar* 43(1), pp. 3-7, at p. 5.
93 Conradi, P. 1998. *Notes from a conversation with Denis Nineham*, 1 April, p. 1. The Peter Conradi Archive, KUAS6/13/16/1, Kingston University.
94 Mitchell, J. 2020. *Looking Back*. London: Routledge, p. 136.
95 Conradi, P. 1998. *Notes from a conversation with Denis Nineham*, p. 2. The Peter Conradi Archive, KUAS6/13/16/1, Kingston University.
96 Hare, R. M. 1985. 'A Philosophical Autobiography'. In *Essays on Philosophical Method*, Oxford: Clarendon Press, p. 296.
97 Hare, R. M. n.d. *A Chapter of Gulfs*. Unpublished manuscript, p. 4. R. M. Hare Papers.
98 Scrutton, M. 1948/1949. *Individuation in Plotinus*. Mary and Geoff Midgley Papers, MID/C/22, pp. 11-12.
99 Scrutton, M. 1948/1949. *Self and Not-Self in Plotinus*, p. 5. Mary and Geoff Midgley Papers, MID/E/68.
100 위의 문서, p. 19.
101 Scrutton, M. 1948/1949. *Individuation in Plotinus*. Mary and Geoff Midgley Papers, MID/C/22, pp. 29-30.
102 위의 문서, p. 37.
103 Midgley, M. 2005. *Owl of Minerva: A Memoir*. London: Routledge, pp. 160-161.
104 위의 문서, p. 139.
105 B. Russell, Human Knowledge, Its Scope and Limits (London: Allen & Unwin, 1948).
106 Bradley, F. H. 1908. *Appearance and Reality: A Metaphysical Essay*. 2nd edn. London: S. Sonnenschein, p. 206.
107 *Iris Murdoch Journal* 6, 12 December 1948, p. K.
108 *Iris Murdoch Journal* 7, 3 February 1949, p. 4.
109 *Iris Murdoch Journal* 7, 26 February 1949, p. 6.
110 Anscombe, G. E. M. 1951. *Mary Somerville Research Fellow Reports, May 1951*. St Catherine's College Archive. © M. C. Gormally.
111 Anscombe, G. E. M. 1949. *Mary Somerville Research Fellow Reports, May 1949*. St Catherine's College Archive, p. 1. © M. C. Gormally.
112 Anscombe, G. E. M. 1948. *Mary Somerville Research Fellow Reports, May 1948*. St Catherine's College Archive. © M. C. Gormally.
113 *Iris Murdoch Journal* 7, 1 March 1949, p. 7.
114 *Iris Murdoch Journal* 7, 26 February-1 March 1949, p. 6.

115 *Iris Murdoch Journal* 7, 1 March 1949, p. 8.
116 'Herbert Arthur Hodges'. 2021. *The Gifford Lectures*. https://www.giffordlectures.org/lecturers/herbert-arthur-hodges
117 Midgley, M. 2005. *Owl of Minerva: A Memoir*. London: Routledge, p. 167.
118 Makkreel, R. 2021. 'Wilhelm Dilthey'. *The Stanford Encyclopedia of Philosophy* (Spring edition). https://plato.stanford.edu.
119 Lindsay, A. D. 1945. 'Wilhelm Dilthey'. *Nature* 156(3964), pp. 461-461, at p. 461.
120 Armstrong, M. 1949. 'Critic on the Hearth'. *The Listener* 42(1078), p. 507.
121 Scrutton, M. & Midgley, G. 1948-1949. *Letters between Mary Scrutton and Geoff Midgley*. Mary and Geoff Midgley Papers, MID/F, Durham University Library Special Collections, passim.
122 Midgley, M. 2005. *Owl of Minerva: A Memoir*. London: Routledge, p. 170. 미르햄 풋(Mirjam Foot)의 허락을 받아 인용함.
123 Broadie, S. 2013. 'On Philippa Foot'. *LSE Podcast with Alex Voorhoeve*. https://soundcloud.com/lsepodcasts/on-philippa-foot-audio
124 'Letter from Michael Foot to Peter Conradi', 17 December 2000, PCA, KUAS6/3/40/8. 미르햄 풋(Mirjam Foot)의 허락을 받아 인용함.
125 *Iris Murdoch Journal* 6, 9 June 1948, p. 102 대화 형식을 위해 수정해 편집함.
126 *Iris Murdoch Journal* 7, 10 August 1949, p. 31.
127 *Iris Murdoch Journal* 7, 1 June 1949, p. 13.
128 *Iris Murdoch Journal* 7, 4 June 1949, pp. 14-17.
129 *Iris Murdoch Journal* 7, 4 June 1949, p. 14.
130 *Iris Murdoch Journal* 7, 10 November 1949, pp. 41-42.
131 *Iris Murdoch Journal* 7, 17 November 1949, p. 42.
132 Wittgenstein, L. 1921. *Tractatus Logico-Philosophicus*, Routledge, §§6.41-6.421, 이영철 옮김.《논리-철학 논고》. 책세상(2005).
133 *Iris Murdoch Journal* 7, 7 December 1949, p. 44.
134 위와 같음.
135 Anscombe, G. E. M. 1950. *Mary Somerville Research Fellow Report, May 1950*. St Catherine's College Archive. © M. C. Gormally.
136 *Iris Murdoch Journal* 7, 16 January 1950, p. 45.
137 Feyerabend, P. 1996. *Killing Time: The Autobiography of Paul Feyerabend*. Chicago: University of Chicago Press, p. 75.
138 Anscombe, G. E. M. 1950. *Mary Somerville Research Fellow Reports, 1950*. St Catherine's College Archive. © M. C. Gormally.
139 Monk, R. 1991. *Ludwig Wittgenstein: The Duty of Genius*. London: Penguin, p. 563.
140 *Radio Times*. 1950. 'Third Programme'. Issue 1376 (26 February), p. 19.

141 Conradi, P. J. 2001. *Iris Murdoch: A Life*. London: HarperCollins, pp. 289-290.
142 Murdoch, I. 1950. 'The Novelist as Metaphysician'. In *Existentialists and Mystics: Writings on Philosophy and Literature* (EM), pp. 101-107. London: Penguin.
143 위의 책, pp. 104-105.
144 위의 책, p. 105.
145 위의 책, pp. 106-107.
146 Murdoch, I. 1950. 'The Existentialist Hero'. *Existentialists and Mystics: Writings on Philosophy and Literature* (EM), London: Penguin, pp. 111-112.
147 Hare, R. M. 1982. *Off the record* transcript, 6 September. R. M. Hare Papers.
148 Murdoch, I. 1950. 'The Novelist as Metaphysician'. In *Existentialists and Mystics: Writings on Philosophy and Literature* (EM), p. 105. London: Penguin.
149 Murdoch, I. 1959. 'The Sublime and the Good'. *Chicago Review* 13(3), p. 51.
150 Foot, P. 1958. 'Moral Arguments'. *Mind* 67(268), pp. 502-513, at p. 512.
151 Foot, P. 1954. 'When is a Principle a Moral Principle?'. *Proceedings of the Aristotelian Society*, Supplementary Vol. 28(1), pp. 105-106.
152 위의 문서, p. 108.
153 Foot, P. 1958. 'Moral Beliefs'. *Proceedings of the Aristotelian Society* 59, p. 94.
154 Warnock, M. 2016. Conversation with authors, 13 January.
155 Price, H. H. 1945. 'The Inaugural Address: Clarity is Not Enough'. *Proceedings of the Aristotelian Society*, Supplementary Volume 19, p. 31.
156 Anscombe, G. E. M. n.d. 'Anecdotes about Wittgenstein'. Collegium Institute Anscombe Archive (CIAA), Box 6, File 212.
157 Wittgenstein L et al., 1980, *Culture and Value*, Blackwell, p. 85, 이영철 옮김,《문화와 가치》. 책세상(2020). In Monk, R. 2011. *Ludwig Wittgenstein: The Duty of Genius*. London: Penguin, p. 572.
158 Monk, R. 2011. *Ludwig Wittgenstein: The Duty of Genius*. London: Penguin, pp. 572-573.
159 위와 같음.
160 Wittgenstein, L. 1951. 'Last Will and Testament of Ludwig Wittgenstein' [copy]. Collegium Institute Anscombe Archive (CIAA).
161 Anscombe, G. E. M. n.d. 'Anecdotes about Wittgenstein'. Collegium Institute Anscombe Archive (CIAA), Box 6, File 212.

7장 우리는 형이상학적 동물이다

1 Midgley, M. 2005. *Owl of Minerva: A Memoir*. Abingdon: Routledge, pp. 171-172.
2 위와 같음.
3 'Letter from Mary Scrutton to Geoff Midgley', n.d. [early 1950s], MGMP, MID/F.
4 'Letter from Mary Scrutton to Geoff Midgley', n.d. [late 1949] MGMP, MID/F.
5 Midgley, M. 2005. *Owl of Minerva: A Memoir*. Abingdon: Routledge, p. 161.
6 'Letter from Mary Scrutton to Geoff Midgley', n.d. [late 1949], MGMP, MID/F.
7 Midgley, M. 2005. *Owl of Minerva: A Memoir*. Abingdon: Routledge, p. 172.
8 위의 책, p. 34.
9 위의 책, p. 171.
10 위의 책, p. 162.
11 Trevelyan, J. P. 1923. *The Life of Mrs Humphrey Ward*. London: Constable & Co.; Ward, M. A. 1920. *A Writer's Recollections*. London: Macmillan.; *The Times*, 25 March 1920.
12 저자들과의 대화, 2016년 1월 13일자.
13 위와 같음. (케임브리지 피츠윌리엄가 19번지에서 이루어짐).
14 Wimmer, M. 2017. 'The Afterlives of Scholarship: Warburg and Cassirer'. *History of Humanities* 2:1, pp. 245-270.
15 Cassirer, E. 1944. *An Essay on Man: An Introduction to a Philosophy of Human Culture*. New Haven: Yale University Press, p. 26.
16 *Iris Murdoch Journal* (IMJ) 4, 13 June 1947, p. 5.
17 MacKinnon, D. M. 1992. 'Philosophers in Exile'. *The Oxford Magazine*, Michaelmas Term, p. 16.
18 Weber, R. 2012. *Lotte Labowsky (1905-1991), Schülerin Aby Warburgs, Kollegin Raymond Klibanskys*. Berlin and Hamburg: Dietrich Reimer Verlag, p. 48.
19 McMahon, J. 2009. 'Beauty as harmony of the soul: the aesthetic of the Stoics'. In Rossetto, M. et al. (eds), *Greek Research in Australia: Proceedings of the Eighth Biennial International Conference of Greek Studies*, pp. 54-63.
20 Weber, R. 2018. *Lotte Labowsky (1905-1991) Schülerin Aby Warburgs, Kollegin Raymond Klibanskys*. Marburg: Jonas Verlag, p. 57.
21 Gibson-Wood, C. 2000. 'Raymond Klibansky and the Warburg Institute'. *Canadian Art Review* 27(1/2), pp. 137-139.
22 Noble, L. 2021. 'Burning Books'. Cambridge University Library Germanic Collections Spotlight Archive. https://www.lib.cam.ac.uk/collections/

departments/germanic-collections/about-collections/spotlight-archive/burning-books

23 Teicher, A. 2017. 'Jacob Teicher between Florence and Cambridge'. In: Crawford, S., Ulmschneider, K. & Elsner, J. (eds.) *Ark of Civilization: Refugee Scholars and Oxford University, 1930-1945*. Oxford: Oxford University Press. p. 329.
24 Anscombe, G. E. M. n.d. 'Anecdotes about Wittgenstein'. Collegium Institute Anscombe Archive (CIAA).
25 'Letter from Lotte Labowsky to Raymond Klibansky', 8 March 1951, A: RKA.
26 'Letter from Lotte Labowsky to Raymond Klibansky', 28 October 1950, A: RKA.
27 'Letter from Lotte Labowsky to Raymond Klibansky', 8 March 1951, A: RKA.
28 Weber, R. 2018. *Lotte Labowsky (1905-1991) Schülerin Aby Warburgs, Kollegin Raymond Klibanskys*. Marburg: Jonas Verlag. p. 95.
29 Kristeller, P. O. 1956. 'Reviewed Work(s): *Plato Latinus* by *Corpus Platonicum Medii Aevi* and Raymundus Klibansky: Volumen II: *Phaedo* by Henrico Aristippo, Laurentius Minio-Paluello and H. J. Drossaart-Lulofs: Volumen III: *Parmenides usque ad finem Primae Hypothesis nec non Procli Commentarium in Parmenidem* by Guillelmo de Moerbeka, Raymundus Klibansky and Carlotta Labowsky'. *Journal of Philosophy* 53(5), pp. 196-199.
30 Weber, R. 2018. *Lotte Labowsky (1905-1991) Schülerin Aby Warburgs, Kollegin Raymond Klibanskys*. Marburg: Jonas Verlag. p. 89.
31 Klibansky, R. 1941. 'Report on Elizabeth Anscombe for Miss Glover'. Hilary Term. St Catherine's Archive (SHCA), SHG/J/3/2.
32 Moravcsik, J. M. E. 1963. Review of *Plato's The Sophist and the Statesman* by A. E. Taylor, Raymond Klibansky and Elizabeth Anscombe. *Philosophical Review*, pp. 122-124.
33 Weber, R. 2018. *Lotte Labowsky (1905-1991) Schülerin Aby Warburgs, Kollegin Raymond Klibanskys*. Marburg: Jonas Verlag. p. 95.
34 'Letter from Lotte Labowsky to Raymond Klibansky', 14 May 1951, A: RKA.
35 Anscombe, G. E. M. 1995. 'Cambridge Philosophers II: Ludwig Wittgenstein'. *Philosophy* 70(273), p. 399.
36 Anscombe, G. E. M. 2000. 'Grammar, Structure, and Essence'. *Areté: Revista de Filosofía* 12(2), p. 113.
37 Anscombe, G. E. M. 2000. 'Grammar, Structure, and Essence'. *Areté: Revista de Filosofía* 12(2), pp. 113-114.

38 Anscombe, G. E. M. 1981. *From Parmenides to Wittgenstein: Collected Philosophical Papers, Volume I*. Oxford: Basil Blackwell, p. xi.
39 Wittgenstein, L. 1953, *Philosophical Investigations*, Blackwell, p. 31, 이영철 옮김. 《철학적 탐구》. 책세상(2019).
40 위와 같음.
41 Anscombe, G. E. M. 1995. 'Cambridge Philosophers II: Ludwig Wittgenstein'. *Philosophy* 70(273), p. 399.
42 Anscombe, G. E. M. 2000. 'Grammar, Structure, and Essence'. *Areté: Revista de Filosofía* 12(2), p. 118.
43 Monk, R. 1990. *Ludwig Wittgenstein: The Duty of Genius*. London: Jonathan Cape, p. 579.
44 Foot, P. 2001. *Natural Goodness*. Oxford: Clarendon Press, p. 85.
45 Weber, R. 2015. *Lotte Labowsky (1905-1991) Schülerin Aby Warburgs, Kollegin Raymond Klibanskys*. Marburg: Jonas Verlag, p. 98.
46 'Letter from Lotte Labowsky to Raymond Klibansky', 2 June 1951, A: RKA.
47 Erbacher, C. 2020. *Wittgenstein's Heirs and Editors*. Cambridge: Cambridge University Press, p. 3.
48 'Letter from Lotte Labowsky to Raymond Klibansky', 28 October 1951, A: RKA.
49 'Letter from Lotte Labowsky to Raymond Klibansky', 14 May 1951, A: RKA.
50 저자들과 레슬리 브라운(Lesley Brown)이 주고받은 서신, 2019년 7월 1일자.
51 'Letter from Lotte Labowsky to Raymond Klibansky', 14 May 1951, A: RKA.
52 Anscombe, G. E. M. 1949. *Mary Somerville Research Fellow Reports, May 1949*. Somerville College Archive, University of Oxford.
53 *Iris Murdoch Journal* 7, 1 March 1951, p. 64.
54 Wittgenstein, L. 1953, *Philosophical Investigations*, Blackwell, p. 185, 이영철 옮김. 《철학적 탐구》. 책세상(2019).
55 위의 책, p. 198.
56 *Iris Murdoch Journal* 7, 1 March 1951. p. 64.
57 Wittgenstein, L. 1953, *Philosophical Investigations*, Blackwell, §185, 211, 이영철 옮김. 《철학적 탐구》. 책세상(2019).
58 Erbacher, C. 2020. *Wittgenstein's Heirs and Editors*. Cambridge: Cambridge University Press, p. 2.
59 Wittgenstein, L. 1953, *Philosophical Investigations*, Blackwell, p. 197, 이영철 옮김. 《철학적 탐구》. 책세상(2019).
60 'Letter from Iris Murdoch to Wallace Robson', 16 December 1951. In

Horner, R. & Rowe, A. (eds.), Living on Paper: Letters from Iris Murdoch 1934-1995. London: Chatto & Windus, p. 131.
61 Anscombe, G. E. M. 1953. Typed transcript of BBC Third Programme broadcast on 23 April 1953, pp. 2, 5, Collegium Institute Anscombe Archive, Box 22, file W1. © M. C. Gormally.
62 Haldane, J. 2018. 'Anscombe: Life, Action and Ethics in Context'. *Philosophical Investigations* 41(1), p. 55.
63 위의 문서, pp. 50-51.
64 저자들과 크리스토퍼 쿱(Christopher Coope)이 주고받은 서신, 2020년 4월 1일자.
65 Teichman, J. 2001. 'Gertrude Elizabeth Margaret Anscombe'. *The Tablet*, p. 34.
66 Anscombe, G. E. M. 1953. Typed transcript of BBC Third Programme broadcast on 23 April 1953.
67 Horner, R. & Rowe, A. (eds.) 2015. *Living on Paper: Letters from Iris Murdoch 1934-1995*. London: Chatto & Windus, passim.
68 *Iris Murdoch Journal* 7, 1 November 1950. p. 60.
69 Horner, R. & Rowe, A. (eds.) 2015. *Living on Paper: Letters from Iris Murdoch 1934-1995*. London: Chatto & Windus, p. 131.
70 Conradi, P. J. 2001. *Iris Murdoch: A Life*. London: HarperCollins, pp. 313-314.
71 Purton, V. 2012. *An Iris Murdoch Chronology*. Basingstoke: Palgrave Macmillan, p. 63.
72 Conradi, P. J. 2001. *Iris Murdoch: A Life*. London: HarperCollins, p. 294.
73 Sorabji, R. 1998. 'Tony Lloyd'. *Proceedings of the British Academy* 97, pp. 347-355.
74 Horner, R. & Rowe, A. (eds.) 2015. *Living on Paper: Letters from Iris Murdoch 1934-1995*. London: Chatto & Windus, pp. 128-129.
75 Murdoch, I. 1978. 'Interview for Radio New Zealand'. *The Iris Murdoch Review* 1(3), p. 8.
76 *Iris Murdoch Journal* 7, 24 February 1948, p. 23.
77 Murdoch, I. 1951. 'Symposium: Thinking and Language'. *Proceedings of the Aristotelian Society* 25, pp. 25-34.
78 위의 문서, p. 32.
79 위의 문서, p. 29.
80 Clare, J. n.d. 'Summer Images'.
81 위의 문서 p. 29.
82 Lloyd, A. C. 1951. 'Symposium: Thinking and Language'. *Proceedings of the Aristotelian Society* 25, pp. 35-65, at p. 63.

83 *Iris Murdoch Journal* 7, 5 March 1949, p.8.; Gilbert Ryle, review of Sein und Zeit, Mind XXXVIII, 151, July 1929, p. 355.
84 그의 사본은 현재 옥스퍼드의 리너커 칼리지(Linacre College)에 있는 라일 아카이브(Ryle Archive)에 소장되어 있다.
85 Murdoch, I. 1951. 'Thinking and Language'. *Proceedings of the Aristotelian Society* 25, p. 29.
86 Ryle, G. 1951. 'Symposium: Thinking and Language'. *Proceedings of the Aristotelian Society* 25, pp. 65-82, at p. 75.
87 Price, H. H. 1951. 'Symposium on Thinking and Language. Remarks by the Chairman'. *Proceedings of the Aristotelian Society* 51, pp. 334-335.
88 Horner, R. & Rowe, A. (eds.) 2015. *Living on Paper: Letters from Iris Murdoch 1934-1995*. London: Chatto & Windus, p. 134.
89 Midgley, M. (Scrutton). 1952. 'The Natural History of Contradictions'. *Mind* 61(244), p. 589.
90 위와 같음.
91 위와 같음.
92 Midgley, M. 2005. *Owl of Minerva*. London: Routledge, p. 148.
93 Midgley, M. 2018. *What Is Philosophy For?* London: Bloomsbury Academic, p. 64.; Midgley, M. 1992. 'Philosophical Plumbing'. *Royal Institute of Philosophy Supplement* 33, pp. 139-151.
94 Rée, J. 2011. 'Philosophical Lives: Philippa Foot interview'. *Philosophy Now* 82, p. 4.
95 Midgley, M. 2005. *Owl of Minerva*. London: Routledge, p. xii.
96 Midgley, M. (Scrutton). 1952. 'The Natural History of Contradictions'. *Mind* 61(244), p. 590.
97 *Iris Murdoch Journal* 7, 13 March 1951. p. 66.
98 *Iris Murdoch Journal* 3, 21 Feb 1947. p. 54.
99 Midgley, M. (Scrutton). 1952. 'The Natural History of Contradictions'. *Mind* 61(244), p. 590.
100 *Iris Murdoch Journal* 7, 11 August 1951, p. 67.
101 Labour Party Women's Organisation. 1952. *Annual Conference Report, April 1952*, p. 12, In Pugh, M. 1992. *Women and the Women's Movement in Britain, 1914-1959*. London: Macmillan, p. 291.
102 Zweiniger-Bargielowska, I. 1994. 'Rationing, Austerity and the Conservative Party Recovery after 1945'. *Historical Journal* 37(1), p. 186.
103 'Letter from Iris Murdoch to Hal Lidderdale', 29 June 1951. In Horner, R. & Rowe, A. (eds.), Living on Paper: Letters from Iris Murdoch 1934-1995. London: Chatto & Windus, p. 128.
104 Murdoch, I. 1976. *Sartre: Romantic Rationalist*. London: Penguin, p. 7. (orig.

1953)
105 Murdoch, I. 1952. 'The Existentialist Political Myth'. *Socratic Digest* 5, pp. 52-63, reprinted in *Existentialists and Mystics* (EM). London: Chatto & Windus, p. 236.
106 Murdoch, I. 1952. 'The Existentialist Political Myth'. In *Existentialists and Mystics* (EM). London: Chatto & Windus, p. 239.
107 Conradi, P. J. 2001. *Iris Murdoch: A Life*. London: HarperCollins, p. 294.
108 Murdoch, I. 1952. 'The Existentialist Political Myth'. In *Existentialists and Mystics* (EM). London: Chatto & Windus, p. 239.
109 Murdoch, I. 1956. 'A House of Theory'. In *Existentialists and Mystics* (EM). London: Chatto & Windus, p. 171.
110 Broackes, J. 2012. *Iris Murdoch, Philosopher*. Oxford: Oxford University Press, p. 30.
111 Murdoch, I. 1956. 'A House of Theory'. In *Existentialists and Mystics* (EM). London: Chatto & Windus, pp. 172, 182.
112 위의 문서, pp. 171-174.
113 위의 문서, p. 171.
114 Anscombe, G. E. M. 1957. 'Does Oxford Moral Philosophy Corrupt the Youth?', *Listener*, 14 February, pp. 226-271, at p. 267.
115 위와 같음.
116 Conradi, P. J. 2001. *Iris Murdoch: A Life*. London: HarperCollins, p. 317.
117 Conradi, P. J. 1998. Notes taken from a conversation with Polly Smythies. The Peter Conradi Archive, KUAS6/1/50/1, Kingston University.
118 Kenny, A. 1999. *Brief Encounters*. London: SPCK, p. 176.
119 *Iris Murdoch Journal* 7, 5 March 1952, p. 104.
120 위의 문서, pp. 104-5.; Conradi, P. J. 2001. *Iris Murdoch: A Life*. London: HarperCollins. p. 315
121 'Letter from Iris Murdoch to Hal Lidderdale', n.d., IMC KUAS78/17.
122 *Iris Murdoch Journal* 7, 5 March 1952, p. 105.
123 Lord, G. 1997. *Just the One: The Wives and Times of Jeffrey Bernard*. London: Headline; see also Conradi, P. J. 2001. *Iris Murdoch: A Life*. London: HarperCollins, p. 316.; Conradi, P. J. 2001. *Iris Murdoch: A Life*. London: HarperCollins, p. 316.
124 *Iris Murdoch Journal* 5 March 1952, pp. 104-105.
125 이 글들은 메리 미즐리와 주디스 휴스(Judith Hughes)가 공동으로 집필한 것으로, Women's Choices: Philosophical Problems Facing Feminism(London: Weidenfeld & Nicolson, 1983), p. 41에 수록되어 있다.
126 Midgley, M. (Scrutton). 1952. 'Letter to Posterity', *Listener*, 27 March, pp. 510-511.

127　위의 문서, p. 511.
128　Midgley, M. (Scrutton). n.d. 'Rings & Books', p. 1. Mary and Geoff Midgley Papers, MID/C/3, Durham University Library Special Collections.
129　위의 문서, p. 3.
130　Midgley, M. 2005. *The Owl of Minerva: A Memoir*. London: Routledge, p. 181.
131　Murdoch, I. 1951. 'The Image of Mind', in *Existentialists and Mystics*, p. 129. London: Chatto & Windus (1997).
132　Broackes, J. 2015. 'Iris Murdoch's First Encounters with Simone Weil', *Iris Murdoch Review* 8, pp. 17-20.
133　Weil, S. 2001. *Oppression and Liberty*. Translated by Arthur Wills and John Petrie. London: Routledge Classics, pp. 9-10.
134　Blum, L. A. and Seidler, V. J. 2009. *A Truer Liberty: Simone Weil and Marxism*. London: Routledge.
135　Weil, S. and Holoka, J. P. 2003. *The Iliad, Or, The Poem of Force: A Critical Edition*. Oxford: Peter Lang, p. 3.
136　Murdoch, I. 1951. '"Waiting on God": A Radio Talk on Simone Weil', *Iris Murdoch Review* 8 (2017), ed. Justin Broackes, p. 10; see fn. 1.; Broackes, J. 2017. '"Waiting on God": Prefatory note on the text'.
137　Murdoch, I. 1951. '"Waiting on God"', p. 11. *Iris Murdoch Review* 8 (2017).
138　Murdoch, I. 1970, *The Sovereignty of Good*, Routledge & Kegan Paul, p. 52, 이병익 옮김.《선의 군림》. 이숲(2020).
139　Conradi, P. J. 2001. *Iris Murdoch: A Life*. London: HarperCollins, p. 384.
140　Batchelor, B. 1968. *Revisions in Iris Murdoch's Under the Net*. Books at Iowa, 8, pp. 30-36.
141　Sagare, S. B. and Murdoch, I. 2001. 'An Interview with Iris Murdoch'. *Modern Fiction Studies* 47(3), pp. 696-714, at p. 697.
142　Murdoch, I. 1959. 'The Sublime and the Good'. *Chicago Review* 13(3), pp. 42-55, at p. 51.
143　Purton, V. 2012. *An Iris Murdoch Chronology*. Basingstoke: Palgrave Macmillan, p. 40.
144　Rozelle-Stone, A. R. and Davis, B. P. 2020. 'Simone Weil'. *Stanford Encyclopedia of Philosophy* (Fall 2020 Edition).
145　위와 같음.
146　Glover, J. 1970. 'Obligation and Value'. *Proceedings of the Aristotelian Society* 44, pp. 59-76, at p. 75.
147　Murdoch, I. 1970, *The Sovereignty of Good*, Routledge & Kegan Paul, p. 85, 이병익 옮김.《선의 군림》. 이숲(2020).
148　Broackes, J. 2017. 'Prefatory note'. *Iris Murdoch Review* 8, pp. 9-10, at p. 9.

149 Murdoch, I. 1951. "Waiting on God": A Radio Talk on Simone Weil'. *Iris Murdoch Review* 8 (2017), pp. 9-16, at pp. 15-16.
150 Adler, J. and Fardon, R. 2022. *Franz Baermann Steiner: A Stranger in the World.* New York: Berghahn Books.
151 Conradi, P. J. 2011. *Iris Murdoch: A Life.* London: HarperCollins, p. 319.
152 Filkins, P. 2019. *H. G. Adler: A Life in Many Worlds.* Oxford: Oxford University Press.
153 Adler, J. and Fardon, R. (eds). 1999. *Taboo, Truth and Religion: Franz Baermann Steiner Selected Writings, Vol. 1.* Oxford: Berghahn Books, p. 88.
154 Conradi, P. J. 2001. *Iris Murdoch: A Life.* London: HarperCollins, p. 317.
155 Adler, J. and Fardon, R. (eds). 1999. *Taboo, Truth and Religion*, pp. 92-93.
156 Conradi, P. J. 2001. *Iris Murdoch: A Life.* London: HarperCollins, p. 317.
157 Adler, J. and Fardon, R. (eds). 1999. *Taboo, Truth and Religion*, p.89
158 위의 책, p. 18.
159 Conradi, P. J. 2001. *Iris Murdoch: A Life.* London: HarperCollins, p. 318.
160 Adler, J. and Fardon, R. (eds). 1999. *Taboo, Truth and Religion*, p. 89
161 Steiner, F. B. 1952. Journal entry, 31 October. Deutsches Literaturarchiv Marbach, Zugangsnummer HS.1996.0151.00892, Mediennummer HS001523034.
162 Conradi, P. J. 2001. *Iris Murdoch: A Life.* London: HarperCollins, p. 325.
163 Canetti, E. 1995. 'Franz Steiner'. *Akzente* 3 (June), p. 205. In Adler, J. and Fardon, R. (eds). 1999. *Taboo, Truth and Religion*, p. 80.
164 Steiner, F. B. and Adler, J. D. 2000. *Am Stürzenden Pfad: Gesammelte Gedichte.* Goettingen: Wallstein(lower-case orthography preserved), trans. Mara-Daria Cojocaru, p. 326.
165 In Adler, J. and Fardon, R. (eds). 1999. *Taboo, Truth and Religion*, p. 97.
166 Conradi, P. J. 2001. *Iris Murdoch: A Life.* London: HarperCollins, p. 337.
167 Black, M. 1992. *A Cause for Our Time: Oxfam, the First Fifty Years.* Oxford: Oxford University Press, pp. 37-40.
168 Foot, P. 1978. Preface (1977). In *Virtues and Vices: and Other Essays in Moral Philosophy.* Oxford: Basil Blackwell.
169 Rée, J. 2002. 'Philosophical Lives: Philippa Foot interview'. *Philosophy Now* 38, p. 3.
170 저자들과 메리 미즐리가 나눈 대화, 2016년 9월.
171 *Iris Murdoch Journal* 8, 12 November 1953.
172 Mitchell, B. 1998. *Looking Back.* London: SCM Press, p. 257.
173 Murdoch, I. 1970, *The Sovereignty of Good*, Routledge & Kegan Paul, p. 22, 이병익 옮김.《선의 군림》. 이숲(2020). 수업에 참석했던 버나드 윌리엄스는 머독의 '일반적'(general)과 '특화된'(specialized) 대신 '얇은'(thin)과 '두

꺼운'(thick)이라는 용어를 사용한다. 관련 내용은 B. Williams, *Ethics and the Limits of Philosophy* (Cambridge, MA: Harvard University Press, 1985)를 참고하라.

174 Purton, V. 2012. *An Iris Murdoch Chronology*. Basingstoke: Palgrave Macmillan, p. 67.
175 Scrutton, M. 1951. 'Review'. *New Statesman and Nation*.
176 Midgley, M. 2005. *The Owl of Minerva: A Memoir*. London: Routledge, p. 182.
177 'Mary Midgley interviewed by Paul Merchant'. British Library Oral History, track 2, p. 28.
178 Braithwaite, R. B. 1954. 'Hare, R. M.-*The Language of Morals*'. *Mind* 63, pp. 249-262.
179 저자들과 메리 미즐리가 나눈 대화, 2016년 9월.
180 Lorenz, K. 2002. *King Solomon's Ring: New Light on Animal Ways*. London: Routledge Classics.
181 Midgley, M. 2005. *The Owl of Minerva: A Memoir*. London: Routledge, p. 6.
182 Midgley, M. 2002, *Beast and Man: The Roots of Human Nature*, Routledge, p. 235, 권루시안 옮김.《짐승과 인간: 인간 본성의 근원에 대하여》. 위고(2025).
183 Midgley, M. 2005. *The Owl of Minerva: A Memoir*. London: Routledge, p. 30.
184 위의 책, p. 189.
185 위의 책, p. 31.
186 Midgley, M. 1998. *Animals and Why They Matter*. Athens, Georgia: University of Georgia Press, pp. 112-124.
187 Midgley, M. 2005. *The Owl of Minerva: A Memoir*. London: Routledge, p. 202, 208.
188 Midgley, M. (Scrutton). n.d. 'Untitled Essay'. MGMP, uncatalogued essay, p. 9.
189 Midgley, M. 2005. *The Owl of Minerva: A Memoir*. London: Routledge, p. 188.
190 'Mary Midgley interviewed by Paul Merchant'. British Library Oral History, track 1, p. 8.
191 Foot, P. 1958. 'Moral Beliefs'. *Proceedings of the Aristotelian Society* 59, p. 94.
192 Foot, P. 2003. 'Interview with Rick Lewis'. *Philosophy Now* 41 (May/June).
193 Hare, R. M. 1952. *The Language of Morals*. Oxford: Clarendon Press, pp. 96-97.
194 'Editorial'. 1946, *Cactus and Succulent Journal of Great Britain* 8(3).
195 Foot, P. 1961. 'Goodness and Choice'. *Aristotelian Society Supplementary Volume* 35(1), p. 55.
196 Black, M. 1992. *A Cause for Our Time: Oxfam, the First Fifty Years*. Oxford:

Oxford University Press, pp. 36-37.
197 Murdoch, I. 1970, *The Sovereignty of Good*, Routledge & Kegan Paul, p. 85, 이병익 옮김.《선의 군림》. 이숲(2020).
198 Foot, P. 1951. 'Review: *The Philosophy of Ernst Cassirer*: The Library of Living Philosophers Vol. VI, ed. Paul Arthur Schilpp'. *Philosophy* 26(98), p. 274.
199 Cassirer, E. 1944. *An Essay on Man: An Introduction to a Philosophy of Human Culture*. New Haven: Yale University Press, pp. 23-26.
200 *Iris Murdoch Journal* 8, 12 March 1953.
201 *Iris Murdoch Journal* 4, 13 June 1947, p. 5.
202 Wittgenstein, L. 1953, *Philosophical Investigations*, Blackwell, p. 415, 이영철 옮김.《철학적 탐구》. 책세상(2019).
203 Anscombe, G.E.M. n.d. 'The Moral Environment of the Child'. Manuscript. In: Geach, M. & Gormally, L. (eds.) *Faith in a Hard Ground: Essays on Religion, Philosophy and Politics*. Exeter: Imprint Academic, 2008, pp. 224-233, at p. 230.
204 Hare, R. M. n.d. 'An Apology for Being a Philosopher'. Typescript. R. M. Hare Papers, Balliol College Archives, p. 2.
205 Foot, P. 1952. 'The Philosopher's Defence of Morality'. *Philosophy* 27(103), p. 311.
206 위의 문서, p. 319.
207 Purton, V. 2013. *An Iris Murdoch Chronology*. Basingstoke: Palgrave Macmillan, p. 70.
208 'Letter from Iris Murdoch to Mrs Smallwood', 2 May 1955. In: Horner, A. & Rowe, A. Living on Paper: Letters from Iris Murdoch 1934-1995. London: Chatto & Windus, pp. 170-171.
209 Murdoch, I. 1956. 'Metaphysics and Ethics'. In: *Existentialists and Mystics*. London: Chatto & Windus, p. 75.
210 Conradi, P. J. 2001. *Iris Murdoch: A Life*. London: HarperCollins, p. 385.
211 Midgley, M. 2005. *The Owl of Minerva*. Abingdon: Routledge, p. 183.
212 Midgley, M. (Scrutton), n.d. *Wintersault*. Manuscript. Mary and Geoff Midgley Papers, MID/C/22.
213 Erbacher, C. 2020. *Wittgenstein's Heirs and Editors*. Cambridge: Cambridge University Press, p. 13.
214 Wittgenstein, L. 1956. *Remarks on the Foundations of Mathematics*. Oxford: Blackwell, part 1, section 3.
215 Morris, J. 1977. *Oxford*. London: HarperCollins, p. 42.
216 위와 같음.
217 Oxford University Archives. 1955. 'Report of 11 February 1955'. Central

University Administrative Correspondence File for the Committee on Honorary Degrees, UR6/HD/7/3.

에필로그—끝내 인간을 향하다

1 Anscombe, G. E. M. 1956. *Mr. Truman's Degree*. Pamphlet, self-published. Collegium Institute Anscombe Archive, Box 531.
2 Anscombe, G. E. M. 1938. 'I Am Sadly Theoretical'. *Catholic Herald*, 8 July, p. 7.; Berkman, J. 2021. 'Justice and Murder: The Backstory to Anscombe's "Modern Moral Philosophy"'. In: Teichmann, R. (ed.) *The Oxford Handbook of Elizabeth Anscombe*. Oxford: Oxford University Press.
3 'Letter from 14 Park Town', 2 May 1956, CIAA, Box 394.
4 'Letter from Women's International League for Peace and Freedom', 4 May 1956.; 위와 같음.
5 'Letter from General E. C. O. Murphy', 2 May 1956.; 위와 같음.
6 'Letter from General E. C. O. Murphy', 8 May 1956.; 위와 같음.
7 'Letter from Vera Farnell', n.d.; 위와 같음.
8 MacKinnon, Donald M. 1954. "Reflections on the Hydrogen Bomb." The Listener 52, no. 13: 239.; 'Letter from Donald MacKinnon', 2 May 1956.; 위와 같음.
9 'Letter from An American Woman', 4 May 1956.; 위와 같음.
10 'Letter from Carrie Packinton[?]', 4 May 1956.; 위와 같음.
11 'Letter from Ordnance Research Institute, Taipei', 3 May 1956, ibid.
12 'Letter from Jessie Street'. 5 May 1956.; 위와 같음.
13 Anscombe, G. E. M. *Mr. Truman's Degree*. Pamphlet published by the author, 1956. Collegium Institute Anscombe Archive, Box 531, p. 71.
14 위의 문서, pp. 64-65.
15 위의 문서, p. 70.
16 위의 문서, pp. 65-66.
17 위의 문서, pp. 70-71.
18 위의 문서, p. 71.
19 R. M. Hare and P. H. Nowell-Smith, letters, *The Listener* Issue 1456.; Anthony Flew, *The Listener* Issue 1458.; P. H. Nowell-Smith, *The Listener* Issue 1459.; Anthony Flew, *The Listener* Issue 1460.; R. M. Hare, *The Listener* Issue 1461.
20 Williams, Bernard. *Letter to R. M. Hare*, 26 January 1957. R. M. Hare Archive, Hare 2018, Box of Letters. Cited with permission of Patricia Williams.; 위의 문서.

21 McCullough, David. Truman. New York: Simon & Schuster, 1992, p. 439.
22 Anscombe, G. E. M. *Mr. Truman's Degree*. Pamphlet published by the author, 1956. Collegium Institute Anscombe Archive, Box 531, p. 64.
23 *Wickedness*. vii.
24 Anscombe, G. E. M. *Mr. Truman's Degree*. Pamphlet published by the author, 1956. Collegium Institute Anscombe Archive, Box 531, p. 64.
25 위의 문서, p. 70.
26 위의 문서, p. 64.
27 MacKinnon, Donald M. 1974. *The Problem of Metaphysics*. Cambridge: Cambridge University Press, p. 110.

그 후 이야기

1   *Iris Murdoch Journal* 4, 25 July 1947, p. 25.
2   Letter from Philippa Foot to Janet Vaughan, 3 November 1957. Somerville College Archive, University of Oxford.
3   Foot, P. 1952. 'The philosopher's defence of morality', *Philosophy* 27(103), pp. 311–328.
4   Foot, P. 1954. 'When is a principle a moral principle?', *Aristotelian Society Supplementary Volume* 28(1), pp. 95–110.
5   Foot, P. 1957. 'Free will involving determinism', *The Philosophical Review* 66(4), pp. 439–450.
6   Foot, P. 1958. 'Moral beliefs', *Proceedings of the Aristotelian Society* 59, pp. 83–104.
7   Foot, P. 1958. 'Moral arguments', *Mind* 67(268), pp. 502–513.
8   Foot, P. 1961. 'Goodness and choice', *Aristotelian Society Supplementary Volume* 35(1), pp. 45–60.
9   Foot, P. 2000. 'Does moral subjectivism rest on a mistake?', *Royal Institute of Philosophy Supplement* 46(107), p. 107.
10 Foot, M. n.d. *Memories of an S.O.E. Historian*. London: [publisher not stated], p. 130.
11 Somerville College Archive, University of Oxford. 2001. Philippa Foot Papers, Box 3, 'Green hardback notebook with diary entries from August 1996', entry 15 January.
12 Rée, J. n.d. 'Philosophical lives: Philippa Foot', *Philosophy Now*, p. 2.
13 Gornall, R. n.d. 'Philippa Foot and thoughts about Oxfam', [publication details not stated], p. 10.
14 Anscombe, G. E. M. 1958. 'Modern moral philosophy', *Philosophy* 33(124),

pp. 1-19.
15 Anscombe, G. E. M. 1975. 'The first person', in Guttenplan, S. D. (ed.) *Mind and Language*. Oxford: Oxford University Press, pp. 45-65.
16 Anscombe, G. E. M. 1981. *From Parmenides to Wittgenstein: Collected Philosophical Papers, Volume I*. Oxford: Basil Blackwell.; Anscombe, G. E. M. 1981. *Metaphysics and the Philosophy of Mind: Collected Philosophical Papers, Volume II*. Oxford: Basil Blackwell.; Anscombe, G. E. M. 1981. *Ethics, Religion and Politics: Collected Philosophical Papers, Volume III*. Oxford: Basil Blackwell.
17 Davidson, D. 2000. Endorsement blurb on cover of *Intention* by G. E. M. Anscombe. Cambridge, MA: Harvard University Press.
18 Smith, S. n.d. *The Morning Light*. London: [publisher not stated], p. 240.
19 Murdoch, I. 1990. *The Fire and the Sun: Why Plato Banished the Artists*. New York: Viking.
20 Horner, A. and Rowe, A. 2015. *Living on Paper: Letters from Iris Murdoch 1934-1995*. London: Chatto & Windus, p. 357.
21 Midgley, M. 2005. *Owl of Minerva: A Memoir*. London: Routledge, p. 183.
22 Heal, J. 2018. 'Mary Midgley obituary', *The Guardian*, 12 October.
23 Midgley, M. 2002, *Beast and Man: The Roots of Human Nature*, Routledge, 권루시안 옮김. 《짐승과 인간: 인간 본성의 근원에 대하여》. 위고(2025).
24 위의 책, 초판 서문.
25 Midgley, M. 1978. 'The objection to systematic humbug', *Philosophy* 53(204), pp. 147-169.
26 Midgley, M. 2018. *What Is Philosophy For?* London: Bloomsbury Academic, pp. 207-208.

참고문헌

엘리자베스 앤스콤 Elizabeth Anscombe

Anscombe, G.E.M. 1938. 'I Am Sadly Theoretical'. *Catholic Herald*, 8 July, p. 7.
Anscombe, G.E.M. (with Norman Daniel). 1939. *The Justice of the Present War Examined*. Oxford.
Anscombe, G.E.M. 1948. 'A Reply to Mr. C. S. Lewis's Argument That "Naturalism" is Self-Refuting'. *Socratic Digest* 4, no. 2, pp. 7-16.
Anscombe, G.E.M. 1950. 'The Reality of the Past'. In *Philosophical Analysis*, ed. Max Black, Ithaca, NY: Cornell University Press, pp. 36-56.
Anscombe, G.E.M. 1953. 'The Principle of Individuation'. *Proceedings of the Aristotelian Society*, Supplementary Volume 27, pp. 83-96.
Anscombe, G.E.M. 1956. *Mr Truman's Degree*. Self-published.
Anscombe, G.E.M. 1957. 'Does Oxford Moral Philosophy Corrupt the Youth?' *Listener*, 14 February, pp. 266-271.
Anscombe, G.E.M. 1957/2000. *Intention*. Cambridge, MA: Harvard University Press.
Anscombe, G.E.M. 1958. 'Modern Moral Philosophy'. *Philosophy* 33, no. 124, pp. 1-19.
Anscombe, G.E.M. 1973. 'Hume and Julius Caesar'. *Analysis* 34, no. 1, pp. 1-7.
Anscombe, G.E.M. 1971. *Causality and Determinism*. Cambridge: Cambridge University Press.
Anscombe, G.E.M. 1975. 'The First Person'. In *Mind and Language*, ed. S. Guttenplan, Oxford: Oxford University Press, pp. 45-65.
Anscombe, G.E.M. 1981. *From Parmenides to Wittgenstein: Collected Philosophical Papers Volume I*. Oxford: Basil Blackwell.
Anscombe, G.E.M. 1981. *Metaphysics and the Philosophy of Mind: Collected Philosophical Papers Volume II*. Oxford: Basil Blackwell.
Anscombe, G.E.M. 1981. *Ethics, Religion and Politics: Collected Philosophical Papers Volume III*. Oxford: Basil Blackwell.
Anscombe, G.E.M. 1965/1981. 'The Intentionality of Sensation: A Grammatical Feature'. In *Metaphysics and the Philosophy of Mind*, Oxford: Basil Blackwell, pp. 3-20.
Anscombe, G.E.M. 1976/1981. 'The Subjectivity of Sensation'. In *Metaphysics*

and the Philosophy of Mind, Oxford: Basil Blackwell, pp. 44-56.
Anscombe, G.E.M. 1963/1981. 'Events in Mind'. In *Metaphysics and the Philosophy of Mind*, Oxford: Basil Blackwell, pp. 57-63.
Anscombe, G.E.M. 1974/1981. 'On Transubstantiation'. In *Ethics, Religion and Politics*, Oxford: Basil Blackwell, pp. 107-112.
Anscombe, G.E.M. 1995. 'Cambridge Philosophers II: Ludwig Wittgenstein'. *Philosophy* 70, no. 273, pp. 395-407.
Anscombe, G.E.M. 2005. *Human Life, Action, and Ethics: Essays by G.E.M. Anscombe*, ed. M. Geach and L. Gormally, St Andrews Studies in Philosophy and Public Affairs. Exeter: Imprint Academic.
Anscombe, G.E.M. 2008. *Faith in a Hard Ground: Essays on Religion, Philosophy, and Ethics*, ed. M. Geach and L. Gormally. Exeter: Imprint Academic.
Anscombe, G.E.M. Undated/2008. 'The Moral Environment of the Child'. In *Faith in a Hard Ground: Essays on Religion, Philosophy and Politics*, ed. M. Geach and L. Gormally. Exeter: Imprint Academic, pp. 224-233.
Anscombe, G.E.M. 2011. *From Plato to Wittgenstein: Essays by G.E.M. Anscombe*, ed. M. Geach and L. Gormally. Exeter: Imprint Academic.
Anscombe, G.E.M. 2000. 'Grammar, Structure and Essence'. *Areté. Revista de Filosofía* 12, no. 2, pp. 113-120.

필리파 풋 Philippa Foot

Foot, P. 1951. Review of *The Philosophy of Ernst Cassirer*, ed. Paul Arthur Schlipp, *The Library of Living Philosophers*, Vol. VI. *Philosophy* 26, no. 98, pp. 273-274.
Foot, P. 1952. 'The Philosopher's Defence of Morality'. *Philosophy* 27, no. 103, pp. 311-328.
Foot, P. 1954. 'When is a Principle a Moral Principle?' *Aristotelian Society Supplementary Volume* 28, no. 1, pp. 95-110.
Foot, P. 1958. 'Moral Arguments'. *Mind* 67, no. 268, pp. 502-513.
Foot, P. 1957. 'Free Will Involving Determinism'. *The Philosophical Review* 66, no. 4, pp. 439-450.
Foot, P. 1958. 'Moral Beliefs'. *Proceedings of the Aristotelian Society* 59, pp. 83-104.
Foot, P. 1961. 'Goodness and Choice'. *Aristotelian Society Supplementary Volume* 35, no. 1, pp. 45-60.
Foot, P. 1978. *Virtues and Vices and Other Essays in Moral Philosophy*. Oxford: Basil Blackwell.
Foot, P. 2000. 'Does Moral Subjectivism Rest on a Mistake?' *Royal Institute of*

Philosophy Supplement 46, pp. 107-123.
Foot, P. 2001. Natural Goodness. Oxford: Oxford University Press.
Foot, P. 2004. 'Rationality and Goodness'. Royal Institute of Philosophy Supplement 54, pp. 1-13.

메리 미즐리 Mary Midgley (Scrutton)

Midgley (Scrutton), M. 1978/2002. Beast and Man: The Roots of Human Nature. Routledge, 권루시안 옮김. 《짐승과 인간: 인간 본성의 근원에 대하여》. 위고(2025).
Midgley (Scrutton), M. 1952. 'Letter to Posterity'. Listener, 27 March, pp. 510-511.
Midgley (Scrutton), M. 1951. 'The Natural History of Contradictions'. Listener, 11 October, pp. 489-490.
Midgley (Scrutton), M. 1956. 'On Being Reformed'. Listener, 9 August, pp. 196-197.
Midgley, M. 1978. 'The Objection to Systematic Humbug'. Philosophy 53, no. 204, pp. 147-169.
Midgley, M. 1992. 'Philosophical Plumbing'. Royal Institute of Philosophy Supplement 33, pp. 139-151.
Midgley, M. 1983/1998. Animals and Why They Matter. Athens, Georgia: University of Georgia Press.
Midgley, M. 1984/2001. Wickedness: A Philosophical Essay. London: Routledge.
Midgley, M. 1981/2003. Heart and Mind: The Varieties of Moral Experience. London: Routledge.
Midgley, M. 2011. The Myths We Live By. London: Routledge.
Midgley, M. 2005. The Owl of Minerva: A Memoir. London: Routledge.
Midgley, M. 2016. 'Park Town'. MGMP (Mary and Geoff Midgley Papers).
Midgley (Scrutton), M. 1950s. 'Rings & Books'. MGMP (Mary and Geoff Midgley Papers).
Midgley, M. 2000. 'Sorting out the Zeitgeist'. Changing English 7, no. 1, pp. 89-92.
Midgley, M. 2016. 'Then and Now'. MGMP (Mary and Geoff Midgley Papers).
Midgley, M. 2018. What Is Philosophy For? London: Bloomsbury Academic.
Midgley, M. and Hughes, J. 1983. Women's Choices: Philosophical Problems Facing Feminism. London: Weidenfeld & Nicolson.

참고문헌

아이리스 머독 Iris Murdoch

Murdoch, I. 1970, *The Sovereignty of Good*, Routledge & Kegan Paul, 이병익 옮김. 《선의 군림》. 이숲(2020).
Murdoch, I. 1951. 'Thinking and Language'. *Proceedings of the Aristotelian Society* 25, pp. 25-34.
Murdoch, I. 1952. 'The Existentialist Political Myth'. *Socratic Digest* 5, pp. 52-63.
Murdoch, I. 1953/1976. *Sartre: Romantic Rationalist*. Glasgow: Fontana Collins.
Murdoch, I. 1987/1989. *Sartre: Romantic Rationalist*. London: Penguin Books.
Murdoch, I. 1957. 'Metaphysics and Ethics'. In Pears, D.F. (ed.), *The Nature of Metaphysics*, London: Macmillan, pp. 99-123.
Murdoch, I. 1959. 'The Sublime and the Good'. *Chicago Review* 13, no. 3, pp. 42-55.
Murdoch, I. 1997. *Existentialists and Mystics: Writings on Philosophy and Literature*, ed. P.J. Conradi, foreword by G. Steiner. London: Chatto & Windus.
Murdoch, I. 1950/1997. 'The Novelist as Metaphysician'. In *Existentialists and Mystics*, London: Chatto & Windus, pp. 101-107.
Murdoch, I. 1950/1997. 'The Existentialist Hero'. In *Existentialists and Mystics*, London: Chatto & Windus, pp. 108-115.
Murdoch, I. 1951/1997. 'The Image of Mind'. In *Existentialists and Mystics*, London: Chatto & Windus, pp. 125-129.
Murdoch, I. 1956/1997. 'A House of Theory'. In *Existentialists and Mystics*, London: Chatto & Windus, pp. 171-186.
Murdoch, I. 1972/1997. 'Salvation by Words'. In *Existentialists and Mystics*, London: Chatto & Windus, pp. 235-242.
Murdoch, I. 1977. *The Fire and the Sun: Why Plato Banished the Artists*. London: Chatto & Windus.
Murdoch, I. 1998. 'A Woman Don's Delight'. In *Occasional Essays by Iris Murdoch*, ed. Hullah, P. & Muroya, Y., Okayama: University Education Press, pp. 193-196.
Murdoch, I. 1992. *Metaphysics as a Guide to Morals*. London: Chatto & Windus.
Murdoch, I. 2017. '"Waiting on God": A Radio Talk on Simone Weil (1951)'. *Iris Murdoch Review* 8, pp. 9-16.

그 외 참고문헌

Adams, P. 1996. *Somerville for Women: An Oxford College, 1879-1993*. Oxford: Ox-

ford University Press.
Addison, P. 1994. 'Oxford and the Second World War'. In *The History of the University of Oxford Volume VIII*, edited by B. Harrison, Oxford: Clarendon Press, pp. 167-188.
Adler, J. and R. Fardon (eds). 1999. *Taboo, Truth and Religion: Franz Baermann Steiner, Selected Writings Vol. 1*. New York and Oxford: Berghahn Books.
Aldwinckle, S. and I. Murdoch. 1990. *Christ's Shadow in Plato's Cave: A Meditation on the Substance of Love*. Oxford: Oxford University Press.
Audi, R. 2015. 'On Mary Glover's "Obligation and Value"'. *Ethics* 125(2), pp. 525-529.
Austin, J. L. 1979. 'The Meaning of a Word'. In *Philosophical Papers*, edited by J. O. Urmson and G. J. Warnock, pp. 55-75. Oxford: Oxford University Press.
Austin, J. L. 1962. *Sense and Sensibilia* (Reconstructed from the Manuscript Notes by G. J. Warnock). Oxford: Oxford University Press.
Austin, Jean. 1968. 'Pleasure and Happiness'. *Philosophy* 43(163), pp. 51-62.
Ayer, A. J. 1972. *Language, Truth and Logic* (First published 1936). Harmondsworth: Penguin Books, 송하석 옮김.《언어, 논리, 진리》. 나남출판(2010).
Ayer, A. J. 1978. *A Part of My Life: The Memoirs of a Philosopher*. Oxford: Oxford University Press.
Beaney, M. 2013. *The Oxford Handbook of the History of Analytic Philosophy*. Oxford: Oxford University Press.
Beaney, M. and S. Chapman. 2017. 'Susan Stebbing'. In *The Stanford Encyclopedia of Philosophy*, edited by Edward N. Zalta.
Berkman, J. 2021. 'Justice and Murder: The Backstory to Anscombe's "Modern Moral Philosophy"'. In *The Oxford Handbook of Elizabeth Anscombe*, edited by Roger Teichmann. Oxford: Oxford University Press.
Berkman, J. 2021. 'The Influence of Victor White and the Blackfriars Dominicans on a Young Elizabeth Anscombe. An Essay Accompanying the Republication of Elizabeth Anscombe's "I Am Sadly Theoretical: It Is the Effect of Being at Oxford" (1938)'. *New Blackfriars*, September 2021.
Berlin, I. (ed.) 1973. *Essays on J. L. Austin*. Oxford: Clarendon Press.
Berlin, I. 1980. *Personal Impressions*. London: Hogarth Press.
Biletzki, A. and A. Matar. 1998. *The Story of Analytic Philosophy: Plot and Heroes*. New York: Taylor & Routledge.
Birks, C. 2020. 'From Pacifism to Popular Front: The Changing Views of the Left and the Liberal Intelligentsia in Oxford, 1933-1938'. *Master of Studies in Historical Studies* dissertation, University of Oxford.
Black, M. 1992. *A Cause for Our Time: Oxfam, the First Fifty Years*. Oxford: Oxford University Press.

Blum, L. A. and V. J. Seidler. 2009. *A Truer Liberty: Simone Weil and Marxism*. London: Routledge.
Bowyer, A. 2015. *Donald MacKinnon's Moral Realism: To Perceive Tragedy Without the Loss of Hope*. Edinburgh: T&T Clark.
Broackes, J. (ed.) 2011. *Iris Murdoch, Philosopher*. Oxford: Oxford University Press.
Broackes, J. 2011. 'Introduction'. In *Iris Murdoch, Philosopher*, edited by J. Broackes.
Broackes, 'Introduction'. In *Iris Murdoch, Philosopher*, Oxford: Oxford University Press.
Broackes, J. 2017. 'Iris Murdoch's First Encounters with Simone Weil'. *The Iris Murdoch Review* 8, pp. 17-20.
Broackes, J. 2017. '"Waiting on God": Prefatory Note on the Text'. *The Iris Murdoch Review* 9, p. 9.
Broackes, J. 2022. *Sovereignty of Good: A Philosophical Commentary*. Oxford: Oxford University Press.
Brown, S. and H. T. Bredin. 2005. *Dictionary of Twentieth-Century British Philosophers*. London: Bloomsbury Academic.
Browning, G. 2018. *Why Iris Murdoch Matters*. London: Bloomsbury.
Buber, M. 1958. *I and Thou*, translated by Ronald Gregor-Smith. Edinburgh: T&T Clark.
Bullock, A. 1952. *Hitler: A Study in Tyranny*. London: Odhams Press.
Cassirer, E. 1944. *An Essay on Man: An Introduction to a Philosophy of Human Culture*. New Haven: Yale University Press.
Chapman, S. 2013. *Susan Stebbing and the Language of Common Sense*. London: Palgrave Macmillan UK.
Collingwood, R. G. 1957. *An Essay on Metaphysics* (first published 1940). Oxford: Clarendon Press.
Connell, S. M. and F. Janssen-Lauret. 2022. 'Lost Voices: Women in Philosophy 1880-1970'. *British Journal for the History of Philosophy*.
Conradi, P. J. 2001. *Iris Murdoch: A Life*. London: HarperCollins.
Conradi, P. J. 2019. *Family Business: A Memoir*. Brigend: Seren.
Conradi, P.J. 2014. '"The Guises of Love": The Friendship of Professor Philippa Foot and Dame Iris Murdoch'. *Iris Murdoch Review* 5, pp. 17-29.
Conradi, P.J. 2011. *Iris Murdoch, a Writer at War: Letters and Diaries, 1939-1945*. Oxford: Oxford University Press.
Conradi, P.J. 2013. *A Very English Hero: The Making of Frank Thompson*. London: Bloomsbury.
Crawford, S., Ulmschneider, K. and Elsner, J. 2017. *Ark of Civilization: Refugee*

Scholars and Oxford University, 1930-1945. Oxford: Oxford University Press.
Currie, R. 1994. 'The Arts and Social Studies, 1914-1939'. In Harrison, B. (ed.) *The History of the University of Oxford Volume VIII: The Twentieth Century*. Oxford: Clarendon Press, pp. 109-138.
Darwin, J.G. 1994. 'A World University'. In Harrison, B. (ed.) *The History of the University of Oxford Volume VIII: The Twentieth Century*. Oxford: Clarendon Press, pp. 607-638.
Descartes, R., Anscombe, G.E.M., Geach, P.T. and Koyré, A. 1970. *Philosophical Writings*. Middlesex: Nelson (orig. pub. 1954).
Dewey, J. 1997. *Experience and Education*. New York: Touchstone.
Dodds, E.R. 1977. *Missing Persons: An Autobiography*. Oxford: Clarendon Press.
Dudley Buxton, L.H. 1935. *Oxford University Ceremonies*. Oxford: Clarendon Press.
Edmonds, D. 2020. *The Murder of Professor Schlick: The Rise and Fall of the Vienna Circle*. Princeton: Princeton University Press.
Edmonds, D. and Eidenow, J. 2001. *Wittgenstein's Poker*. New York: Ecco, Harper Collins, 김태환 옮김.《비트겐슈타인과 포퍼의 기막힌 10분》. 웅당(2012).
Emmet, D. 1946. 'On the Idea of Importance'. *Philosophy* 21, no. 80, pp. 234-244.
Emmet, D. 1966. *The Nature of Metaphysical Thinking*. London: Macmillan (orig. pub. 1945).
Emmet, D. 1996. *Philosophers and Friends: Reminiscences of Seventy Years in Philosophy*. Basingstoke: Macmillan.
Emmet, D. 1993. *Role of the Unrealisable: Study in Regulative Ideals*. London: Macmillan.
Erbacher, C. 2016. 'Wittgenstein and His Literary Executors'. *Journal for the History of Analytical Philosophy* 4, no. 3, pp. 1-40.
Erbacher, C. 2020. *Wittgenstein's Heirs and Editors*. Cambridge: Cambridge University Press.
Fann, K.T. and Wittgenstein, L. 1967. *Ludwig Wittgenstein: The Man and His Philosophy*. Atlantic Highlands, NJ: Humanities Press.
Farnell, V. 1948. *A Somervillian Looks Back*. Privately printed at the University Press.
Feyerabend, P. 1996. *Killing Time: The Autobiography of Paul Feyerabend*. Chicago: University of Chicago Press.
Filkins, P.H. 2019. *H.G. Adler: A Life in Many Worlds*. Oxford: Oxford University Press.
Flowers III, F.A. and Ground, I. 2018. *Portraits of Wittgenstein*. London: Bloomsbury Academic (orig. pub. 1999).

Foot, M.R.D. 2008. *Memories of an S.O.E. Historian*. Barnsley: Pen & Sword Books.
Fraenkel, E. 1950. *Aeschylus: Agamemnon, Vol. 1: Prolegomena, Text, Translation*. Oxford: Oxford University Press.
Gardiner, J. 2016. *Wartime Britain 1939-1945*. London: Headline.
Geach, P. 1991. 'A Philosophical Autobiography'. In Lewis, H.A. (ed.) *Peter Geach: Philosophical Encounters*. Dordrecht: Springer Netherlands, pp. 1-25.
Gibson-Wood, C. 2000. 'Raymond Klibanksy and the Warburg Institute'. *Canadian Art Review* 27, no. 1/2, pp. 137-139.
Glover, J. 2001. *Humanity: A Moral History of the Twentieth Century*, Yale University Press, pp. 106-107, 김선욱 외 옮김. 《휴머니티: 20세기의 폭력과 새로운 도덕》. 문예출판사(2008).
Glover, M. 1938. 'Obligation and Value'. *Ethics* 49, no. 1, pp. 68-80.
Glover, M., Reaveley, C. and Winnington, J. 1947. *Democracy and Industry*. London: Chatto & Windus.
Glover, M. and Reaveley, C. 1945. 'Wrong Things to Teach'. *Spectator*, 2 February, pp. 101-102.
Glover, M. and Reaveley, C. 1945. 'Could We Go Nazi'. *Spectator*, 5 October, p. 175.
Griffin, P. 1986. *St Hugh's: One Hundred Years of Women's Education in Oxford*. London: Palgrave Macmillan.
Grimley, M. 2004. *Citizenship, Community and the Church of England: Liberal Anglican Theories of the State between the Wars*. Oxford: Oxford University Press.
Hacker-Wright, J. 2018. *Philippa Foot on Goodness and Virtue*. Cham: Springer International Publishing.
Hacker-Wright, J. 2013. *Philippa Foot's Moral Thought*. London: Bloomsbury.
Haddock, A. and Wiseman, R. 2022. *The Anscombean Mind*. London: Routledge.
Haldane, J. 2019. 'Anscombe: Life, Action and Ethics in Context'. *Philosophical News* 18, pp. 45-75.
Hämäläinen, N. and Dooley, G. 2019. *Reading Iris Murdoch's Metaphysics as a Guide to Morals*. Cham: Springer International Publishing.
Hare, R.M. 1949. 'Imperative Sentences'. *Mind* 58, no. 229, pp. 21-39.
Hare, R.M. 2002. 'A Philosophical Autobiography: R. M. Hare'. *Utilitas* 14, no. 3, pp. 269-305.
Hare, R.M. 1952. *The Language of Morals*. Oxford: Clarendon Press.
Harris, D. and Unnsteinsson, E. 2018. 'Wittgenstein's Influence on Austin's Philosophy of Language'. *British Journal for the History of Philosophy* 26, no. 2, pp. 371-395.
Harrison, B. 1994. 'College Life, 1918-1939'. In Harrison, B. (ed.) *The History*

of the University of Oxford Volume VIII: The Twentieth Century. Oxford: Oxford University Press, pp. 81-108.

Harrison, B. (ed.) 1994. The History of the University of Oxford: Volume VIII: The Twentieth Century. Oxford: Clarendon Press.

Heck, J.D. (ed.) 2012. Socratic Digest 1943-1952. Austin, Texas: Concordia University Press.

Hopwood, M. and Panizza, S. 2022. The Murdochian Mind. London: Routledge.

Horner, A. and Rowe, A. (eds.) 2015. Living on Paper: Letters from Iris Murdoch. London: Chatto & Windus.

Howarth, J. 1986. 'Anglican Perspectives on Gender: Some Reflections on the Centenary of St Hugh's College, Oxford'. Oxford Review of Education 12, no. 3, pp. 299-304.

Howarth, J. 1994. 'Women'. In Harrison, B. (ed.) The History of the University of Oxford: Volume VIII: The Twentieth Century. Oxford: Clarendon Press, pp. 345-376.

Ignatieff, M. 1998. Isaiah Berlin: A Life. London: Chatto & Windus.

Inglis, F. 2011. History Man: The Life of R.G. Collingwood. Princeton: Princeton University Press.

Joad, C.E.M. 1940. 'Appeal to Philosophers'. Proceedings of the Aristotelian Society 40, no. 1, pp. 27-48.

Joseph, H.W.B. 1933. 'Purposive Action'. Hibbert Journal 32, no. 2, pp. 213-226.

Joseph, H.W.B. 1933. Some Problems in Ethics. Oxford: Oxford University Press.

Kenny, A. 2015. 'Peter Thomas Geach 1916-2003'. Biographical Memoirs of Fellows of the British Academy XIV, pp. 185-203.

Kidd, I.J. and McKinnell, L. (eds.) 2015. Science and the Self: Animals, Evolution, and Ethics-Essays in Honour of Mary Midgley. London: Routledge.

Lanneau, C. 2008. L'Inconnue Française: La France et les Belges Francophones, 1944-1945. Bruxelles: Peter Lang.

Leeson, M. 2011. Iris Murdoch: Philosophical Novelist. London: Bloomsbury.

Levine, E.J. 2013. 'The Other Weimar: The Warburg Circle as Hamburg School'. Journal of the History of Ideas 74, no. 2, pp. 307-330.

Lindsay, A.D. 1924. 'What Does the Mind Construct?'. Proceedings of the Aristotelian Society 25, pp. 1-18.

Lindsay, A.D. 1926. 'The Idealism of Caird and Jones'. Journal of Philosophical Studies 1, no. 2, pp. 171-182.

Lindsay, A.D. 1945. 'Wilhelm Dilthey'. Nature 156, no. 3964, pp. 461-461.

Lipscomb, B. 2021. The Women Are Up to Something: How Elizabeth Anscombe, Philippa Foot, Mary Midgley, and Iris Murdoch Revolutionized Ethics. Oxford: Oxford University Press.

Loner, J.D. 2018. *Wittgenstein and His Students, 1912-1968*. PhD Thesis. University of Cambridge.
Lorenz, K. 2002. *King Solomon's Ring: New Light on Animal Ways*. London: Routledge.
Lynn, V. and Lewis-Jones, V. 2017. *Keep Smiling Through: My Wartime Story*. London: Random House.
Mabbott, J.D. 1986. *Oxford Memories*. Oxford: Thorntons of Oxford.
MacKinnon, D.M. 1938. 'And the Son of Man That Thou Visitest Him'. *Christendom* 8 (September and December), pp. 186-192 and 260-272.
MacKinnon, D.M. 2011. 'The Function of Philosophy in Education (1941)'. In McDowell, J. (ed.) *Philosophy and the Burden of Theological Honesty*. London: T & T Clark, pp. 11-14.
MacKinnon, D.M. 2011. 'Revelation and Social Justice (1941)'. In McDowell, J. (ed.) *Philosophy and the Burden of Theological Honesty*. London: T & T Clark.
MacKinnon, D.M. 1949. 'Preface'. In Marcel, G. *Being and Having*, trans. Katharine Farrer. Westminster, London: Dacre Press, pp. 1-3.
MacKinnon, D.M. 1954. 'Metaphysical and Religious Language'. *Proceedings of the Aristotelian Society* 54, pp. 115-130.
MacKinnon, D.M. 1954. 'Reflections on the Hydrogen Bomb'. *The Listener* 52, no. 13, pp. 239-240.
MacKinnon, D.M. 1957. *A Study in Ethical Theory*. London: A & C Black.
MacKinnon, D.M. 1992. 'Philosophers in Exile'. *The Oxford Magazine*, pp. 15-16.
MacKinnon, D.M. 1974. *The Problem of Metaphysics*. Cambridge: Cambridge University Press.
Magee, B. and Quinton, A. 1971. *Modern British Philosophy*. Oxford: Oxford University Press.
Mander, W.J. 2016. *Idealist Ethics*. Oxford: Oxford University Press.
Mander, W.J. 2014. *British Idealism: A History*. Oxford: Oxford University Press.
Marcel, G. 1949. *Being and Having*. Translated by Katharine Farrer. Westminster, London: Dacre Press.
Marcel, G. 1951. *The Mystery of Being, Vol. 1: Reflection & Mystery*. London: Harvill.
Mascall, E.L. 1951. 'The Doctrine of Analogy'. *Cross Currents* 1, no. 4, pp. 38-57.
Mascall, E.L. 1992. *Saraband: The Memoirs of E.L. Mascall*. Leominster: Gracewing.
Masterman, J.C. 1975. *On the Chariot Wheel: An Autobiography*. Oxford: Oxford University Press.
Matherne, S. 2021. *Cassirer*. London: Routledge.

McCullough, D. 1992. *Truman*. New York: Simon & Schuster.
McElwain, G. 2019. *Mary Midgley: An Introduction*. London: Bloomsbury.
McGuinness, B. (ed.) 2012. *Wittgenstein in Cambridge: Letters and Documents 1911-1951*. Oxford: Wiley-Blackwell.
Mehta, V. 1962. *Fly and the Fly-Bottle: Encounters with British Intellectuals*. New York: Columbia University Press.
Mitchell, B. 2009. *Looking Back: On Faith, Philosophy and Friends in Oxford*. Durham: Memoir Club.
Mitchell, L. 2010. *Maurice Bowra: A Life*. Oxford: Oxford University Press.
Monk, R. 1992, *Ludwig Wittgenstein: The Duty of Genius*. London: Vintage, 남기창 옮김.《비트겐슈타인 평전》, 필로소픽(2019).
Moore, A.W. 2012. *The Evolution of Modern Metaphysics: Making Sense of Things*. Cambridge: Cambridge University Press.
Moore, G.E. 1903. 'The Refutation of Idealism'. *Mind* 12, no. 48, pp. 433-453.
Moore, G.E. 1922. *Principia Ethica*. Cambridge: Cambridge University Press.
Morris, J. 2001. *Oxford*. Oxford: Oxford University Press.
Morris, J. 2007. *The Life and Times of Thomas Balogh: A Macaw among Mandarins*. Eastbourne: Sussex Academic Press.
Muirhead, J.H. 1927. 'How Hegel Came to England'. *Mind* 36, no. 144, pp. 423-447.
Muller, A. 2010. 'Donald M. MacKinnon: The True Service of the Particular, 1913-1959'. PhD dissertation, University of Otago.
Mure, G.R.G. 1958. *Retreat from Truth*. Oxford: Blackwell.
Murray, G. 1960. *Gilbert Murray: An Unfinished Autobiography*. Oxford: Oxford University Press.
Nagel, E. 1936. 'Impressions and Appraisals of Analytic Philosophy in Europe. I'. *The Journal of Philosophy* 33, no. 1, pp. 5-24.
Paton, H.J. 1946. *The Categorical Imperative: A Study in Kant's Moral Philosophy*. London: Hutchinson's University Library.
Pevsner, N. and Sherwood, J. 1974. *Oxfordshire*. Harmondsworth: Penguin.
Phillips, A. 1979. *A Newnham Anthology*. Cambridge: Cambridge University Press.
Price, H.H. 1945. 'The Inaugural Address: Clarity is Not Enough'. *Proceedings of the Aristotelian Society*, Supplementary Volumes 19, pp. 1-31.
Price, H.H. 1940. 'The Permanent Significance of Hume's Philosophy'. *Philosophy* 15, no. 57, pp. 7-37.
Price, H.H. 1963. *Hume's Theory of the External World*. Oxford: Clarendon Press.
Prichard, H.A. 1912. 'Does Moral Philosophy Rest on a Mistake?'. *Mind* 21, no. 81, pp. 21-37.

Prichard, H.A. 1949. *Moral Obligation: Essays and Lectures*. Oxford: Clarendon Press.
Pugh, M. 2013. *We Danced All Night: A Social History of Britain between the Wars*. London: Random House.
Pugh, M. 1992. *Women and the Women's Movement in Britain, 1914-1959*. Basingstoke: Palgrave Macmillan.
Purton, V. 2007. *An Iris Murdoch Chronology*. Basingstoke: Palgrave Macmillan.
Ridler, A. 1967. *Olive Willis and Downe House: An Adventure in Education*. London: Murray.
Robinson, J. 2009. *Bluestockings*. London: Viking.
Rogers, A.M.A.H. and Rogers, C.F. 1938. *Degrees by Degrees: The Story of the Admission of Oxford Women Students to Membership of the University*. Oxford: Oxford University Press.
Rogers, B. 1999. *A. J. Ayer: A Life*. New York: Grove Press.
Ross, W.D. 1930/2002. *The Right and the Good*, ed. Philip Stratton-Lake. Oxford: Clarendon Press.
Rowe, M. forthcoming. *J. L. Austin: Philosopher and D-Day Intelligence Officer* (unpublished manuscript). Oxford: Oxford University Press.
Rozelle-Stone, A.R. and Davis, B.P. 2020. 'Simone Weil'. In *The Stanford Encyclopedia of Philosophy* (Fall 2020 ed.), ed. Edward N. Zalta. https://plato.stanford.edu/archives/fall2020/entries/simone-weil/.
Russell, B. 1948. *Human Knowledge, Its Scope and Limits*. New York: Simon & Schuster.
Russell, B. 1905. 'On Denoting'. *Mind* 14, no. 56, pp. 479-493.
Sagare, S.B. and Murdoch, I. 2001. 'An Interview with Iris Murdoch'. *Modern Fiction Studies* 47, no. 3, pp. 696-714.
Sartre, J.-P. 1946/1991. 'Existentialism is a Humanism', trans. Philip Mairet. In *Existentialism from Dostoyevsky to Sartre*, ed. Walter Kaufman, London: Penguin. pp. 345-369.
Savage, J. 2008. *Teenage: The Creation of Youth Culture*. London: Pimlico.
Schwenkler, J. 2019. *Anscombe's Intention: A Guide*. Oxford: Oxford University Press.
Scott, D. 1971. *A. D. Lindsay: A Biography*. Oxford: Basil Blackwell.
Searle, J. 2015. 'Oxford Philosophy in the 1950s'. *Philosophy* 90, no. 2, pp. 173-193.
Sheridan, D. (ed.) 2002. *Wartime Women: A Mass-Observation Anthology 1937-1945*. London: Phoenix.
Smith, P. 2000. *The Morning Light: A South African Childhood Revalued*. Cape Town: David Philip.

Stadler, F. 2001. *The Vienna Circle: Studies in the Origins, Development, and Influence of Logical Empiricism*. Vienna/New York: Springer.
Stebbing, S.L. 1939. *Thinking to Some Purpose*. Harmondsworth: Penguin Books.
Stray, C. 2015. 'A Teutonic Monster in Oxford: The Making of Fraenkel's *Agamemnon*'. In *Classical Commentaries: Explorations in a Scholarly Genre*, eds Christina S. Kraus and Christopher Stray. Oxford: Oxford University Press.
Teichman, J. 2002. 'Gertrude Elizabeth Margaret Anscombe 1919-2001'. *Proceedings of the British Academy* 115, pp. 31-50.
Teichmann, R. 2022. *The Oxford Handbook of Elizabeth Anscombe*. Oxford: Oxford University Press.
Teichmann, R. 2008. *The Philosophy of Elizabeth Anscombe*. Oxford: Oxford University Press.
Thompson, M. 2004. 'Apprehending Human Form'. *Royal Institute of Philosophy Supplement* 54, pp. 47-74.
Umachandran, M. 2019. '"The Aftermath Experienced Before": Aeschylean Untimeliness and Iris Murdoch's Defence of Art'. *Ramus* 48, no. 2, pp. 223-247.
Urmson, J.O. 1969. 'Austin's Philosophy'. In *Symposium on J. L. Austin*, ed. K.T. Fann. London: Routledge & Kegan Paul.
Voorhoeve, A. 2011. *Conversations on Ethics*. Oxford: Oxford University Press.
Vrijen, C. 2007. 'The Philosophical Development of Gilbert Ryle: A Study of His Published and Unpublished Writings'. PhD dissertation. Groningen.
Walsh, B. 1992. 'From Outer Darkness: Oxford and Her Refugees'. *Oxford Magazine*, pp. 5-7.
Warnock, G.J. 1976. 'Gilbert Ryle's Editorship'. *Mind* 85, no. 337, pp. 47-56.
Warnock, G.J. 1969. 'John Langshaw Austin: A Biographical Sketch (1963)'. In *Symposium on J. L. Austin*, ed. K.T. Fann. London: Routledge & Kegan Paul.
Warnock, M. 2000. *A Memoir: People and Places*. London: Duckworth.
Weber, R. 2012. *Lotte Labowsky (1905-1991): Schülerin Aby Warburgs, Kollegin Raymond Klibanskys*. Berlin and Hamburg: Dietrich Reimer Verlag.
Webster, W. 2018. *Mixing It: Diversity in World War Two Britain*. Oxford: Oxford University Press.
Weil, S. and Holoka, J.P. 2003. *Simone Weil's The Iliad, or, The Poem of Force: A Critical Edition*. London: Peter Lang.
Weil, S. 2001. *Oppression and Liberty*, trans. A. Wills and J. Petrie. London: Routledge.
White, F. 2014. *Becoming Iris Murdoch*. London: Kingston University Press.
White, R., Wolfe, J.E. and Wolfe, B.N. 2015. *C. S. Lewis and His Circle: Essays and

Memoirs from the Oxford C. S. Lewis Society. Oxford: Oxford University Press.
Williams, B. 1985, *Ethics and the Limits of Philosophy*. Cambridge, MA: Harvard University Press, 이민열 옮김.《윤리학과 철학의 한계》, 필로소픽(2022).
Williams, B. 1993. *Shame and Necessity*. Berkeley, CA: University of California Press.
Wimmer, M. 2017. 'The Afterlives of Scholarship: Warburg and Cassirer'. *History of Humanities* 2, no. 1, pp. 245-270.
Winch, P. 1989. *Simone Weil: "The Just Balance"*. Cambridge: Cambridge University Press.
Wiseman, R. 2016. *Routledge Philosophy Guidebook to Anscombe's Intention*. London: Routledge.
Wittgenstein, L. and Anscombe, G.E.M. 2001. *Philosophical Investigations: The German Text, with a Revised English Translation*. Oxford: Blackwell.
Wittgenstein, L. 1966. *Wittgenstein: Lectures and Conversations on Aesthetics, Psychology and Religious Belief*, ed. C. Barrett. Oxford: Basil Blackwell.
Wittgenstein, L. 1969, *On Certainty*, ed. Anscombe and von Wright, Blackwell, 이영철 옮김.《확실성에 관하여》. 책세상(2020).
Wittgenstein, L., Geach, P.T., Shah, K.J. and Jackson, A.C. 1989. *Wittgenstein's Lectures on Philosophical Psychology, 1946-1947*. Chicago: University of Chicago Press.
Wittgenstein, L., Luckhardt, C.G., von Wright, G.H. and Nyman, H. 1982. *Last Writings on the Philosophy of Psychology, Volume 1*. Chicago: University of Chicago Press.
Wittgenstein, L. 1921. *Tractatus Logico-Philosophicus*, Routledge, 이영철 옮김.《논리-철학 논고》. 책세상(2005).
Wittgenstein, L., von Wright, G.H., Anscombe, G.E.M. and Rhees, R. 1956. *Remarks on the Foundations of Mathematics*. London: Blackwell.
Wragg, D. 2012. *Wartime on the Railways*. Stroud: The History Press.

(여기에 수록되지 않은 인용 자료의 출판 정보는 주석에 표시하였다.)

그림 출처

46 Somerville College Archive (SCA). 1938. *Iris Murdoch and Mary Scrutton in Somerville matriculation photograph*. Ref. C/IA/P4/19 (0163). Courtesy of The Fellows and Principal of Somerville College.
48 Durham University Archives and Special Collections (MGMP). n.d. *Note from Vera Farnell to Mary Scrutton regarding academic dress*. Ref. MID/F.
58 Somerville College Archive (SCA). 1930s. *Somerville College Dining Hall*. Ref. SC/IA/P21/1 (0036). Courtesy of The Fellows and Principal of Somerville College.
61 St Hugh's College Archive (SHCA). 1938. *Elizabeth Anscombe in the St Hugh's College garden*. Ref. SHG/M/2/7/12. Courtesy of The Fellows and Principal of St Hugh's College.
70 Keele University Special Collections and Archives. 1938. *A. D. Lindsay campaign flyer, Oxford by-election*. Lindsay Papers, GB172 L192.
75 Durham University Archives and Special Collections (MGMP). n.d. *Hand-drawn postcard from Iris Murdoch to Mary Scrutton*. Ref. MID/E. © Audi Bayley.
90 Creative Commons. *Bust of Ernst Mach, Rathauspark, Vienna*.
115 Somerville College Archive (SCA). c. 1938. *Philippa Bosanquet on a horse*. Philippa Foot Papers, Box 14. Courtesy of The Fellows and Principal of Somerville College. © Lesley Brown.
119 St Hugh's College Archive (SHCA). c. 1940. *Temporary ward huts in St Hugh's College garden*. Ref. HHA/6/3/9. Courtesy of The Fellows and Principal of St Hugh's College.
122 Balliol College Archive. 1938. *Richard Hare with the Balliol Eights*. Ref. PHOT 39.15A. Courtesy of The Master and Fellows of Balliol College.
124 Collegium Institute Anscombe Archive (CIAA), University of Pennsylvania. n.d. Pamphlet: *"The Justice of the Present War Examined"* by Elizabeth Anscombe. No. 535, Box 13. Kislak Center for Special Collections, Rare Books and Manuscripts.
135 Creative Commons. *Dunkirk Evacuation, June 1940*.
148 Private Collection (Kate Price, Richard Glover, and Jane Glover). n.d. *Mary Glover*.
156 JPI Media. n.d. *Donald MacKinnon*. © JPI Media.

그림 출처

171 Animal & Zoo Magazine. 1940. *Elephant ploughing*. Vol. 5, no. 4, p. 12.
174 Cambridge University. 1939/1940. *ARP drill at Emmanuel College*.
184 Creative Commons. *Westminster Abbey with bomb damage*.
187 The National Gallery, London. *Titian, Noli Me Tangere*. Public domain image.
189 n.d. *Interior of 5 Seaforth Place, London*.
212 Authors' own photograph. *The Tower, Whewell Court, Cambridge*.
223 Newnham College Archive (NCA). 1945. *Elizabeth Anscombe research plan*. Ref. AC/5/2. Courtesy of The Fellows and Principal of Newnham College © M. C. Gormally.
244 Authors' own photograph. *16 Park Town, Oxford*.
253 New York Times. 9 August 1945. *Allied Occupied Zones in Austria and Vienna*. p. 11. © New York Times.
255 Creative Commons. c. 1950. *Mariabunn Hotel*.
257 Bodleian Library, University of Oxford. n.d. *Oxfam newspaper advertisement*. MS. Oxfam APL/3/1/1. Courtesy of The Bodleian Library, Oxford University; and Oxfam. Oxfam does not necessarily endorse any text or activities that accompany the materials.
258 Bodleian Library, University of Oxford. c. 1948. *Oxford Committee for Famine Relief shop*. Per. G. A. Oxon C.86 (V.71) 1940/41. Courtesy of The Bodleian Library, Oxford University; and Oxfam. Oxfam does not necessarily endorse any text or activities that accompany the materials.
265 JT Interiors. n.d. *Somerville Senior Common Room*.
270 Newnham College Archive (NCA). 1946. *Iris Murdoch letter withdrawing from Sarah Smithson Studentship, 4 June 1946*. Ref. AC/5/2/1. Courtesy of The Fellows and Principal of Newnham College © Audi Bayley.
273 Iris Murdoch Archive (IMA). n.d. *Dog of Happiness by Iris Murdoch*. Ref. KUAS100/1/38. © Kingston University.
320 Imperial War Museum. c. 1942. *Interior of Lyons' tea room*. Photograph D6573. Ministry of Information Second World War Official Collection.
338 Iris Murdoch Collections (IMC). 29 February 1948. *Sketch: Husserl and Wittgenstein as a hydra*, in 'Letter from Iris Murdoch to Hal Lidderdale'. Ref. KUAS78/60. © Kingston University.
346 Authors' own photograph. *Exterior of 27 St John Street, Oxford*.
353 Oxford University Archive. 24 January 1951. *Letter from Elizabeth Anscombe to Senior Proctor*. Ref. PR 1/12/4. Courtesy of The Bodleian Library, Oxford University © M. C. Gormally.
354 Creative Commons. *Cave painting at Lascaux*.
362 John Wiley & Sons Ltd. n.d. *Duck-Rabbit*.

394 Durham University Archives and Special Collections (MGMP). n.d. *Letter from Mary Scrutton to Geoff Midgley*. Ref. MID/F. © David Midgley.
398 n.d. *Lotte Labowsky*.
400 Hapag-Lloyd AG, Hamburg. *Steamboat Hermia*. (No date provided).
408 Authors' own illustration. *Geometric proof*. (No date provided).
413 M. C. Gormally. n.d. *Elizabeth Anscombe and Peter Geach with John and Mary*. © M. C. Gormally.
431 Durham University Archives and Special Collections (MGMP). n.d. *Mary Scrutton, "Rings & Books", p. 1*. Ref. MID/C/3. © David Midgley.
442 Routledge. 2002. *Illustration from Konrad Lorenz, King Solomon's Ring*.
444 Chatto & Windus. n.d. *Illustration from David Garnett, Lady into Fox*.
447 St Hugh's College Archive (SHCA). n.d. *The Dell in St Hugh's College garden*. Ref. SHG/M/4/3 (9-3). Courtesy of The Fellows and Principal of St Hugh's College.
449 Oxford University Press. n.d. *Three Roman coins*, from *Natural Goodness*. © Oxford University Press.
474 Anscombe Bioethics Centre, Oxford. n.d. *Elizabeth Anscombe*. © The Anscombe Bioethics Centre.
Peter Conradi and Jim O'Neill. n.d. *Philippa Foot & Iris Murdoch*. © Peter Conradi and Jim O'Neill.
Ian Ground. n.d. *Mary Midgley*. © Ian Ground.

옮긴이 **이다희**

펜실베이니아주립대학교에서 철학을, 서울대학교 대학원에서 서양고전학을 공부했다. 옮긴 책으로 토니 모리슨의 《타인의 기원》《보이지 않는 잉크》를 비롯하여 《이야기는 진료실에서 끝나지 않는다》《일터의 소로》《미셸 오바마 자기만의 빛》《거실의 사자》 등이 있다. 2023년 첫 에세이 《사는 마음》을 출간했다.

형이상학적 동물들

초판 1쇄 발행 2025년 11월 28일

지은이 클레어 맥 쿠얼 · 레이철 와이즈먼
옮긴이 이다희
책임편집 김정하
디자인 주수현

펴낸곳 (주)바다출판사
주소 서울시 서대문구 신촌로3길 15 6층
전화 02-322-3675(편집) 02-322-3575(마케팅)
팩스 02-322-3858
이메일 badabooks@daum.net
홈페이지 www.badabooks.co.kr

ISBN 979-11-6689-385-8 03100